北京延庆年鉴

BEIJING YANQING NIANJIAN

2023

北京市延庆区档案史志馆 编

中国文史出版社

图书在版编目（CIP）数据

北京延庆年鉴. 2023 / 北京市延庆区档案史志馆编
. -- 北京 : 中国文史出版社, 2024.1
ISBN 978-7-5205-4294-4

Ⅰ. ①北… Ⅱ. ①北… Ⅲ. ①延庆区－2023－年鉴
Ⅳ. ①Z521.3

中国国家版本馆CIP数据核字(2023)第177102号

责任编辑：牟国煜

出版发行：**中国文史出版社**
社　　址：北京市海淀区西八里庄路69号院　邮编：100142
电　　话：010-81136606　81136602　81136603（发行部）
传　　真：010-81136655
印　　装：北京联合互通彩色印刷有限公司
经　　销：全国新华书店
开　　本：787×1092　1/16
印　　张：33.125　　字数：789千字
插　　页：3
版　　次：2023年11月第1版
印　　次：2023年11月第1次印刷
定　　价：220.00元

北京延庆年鉴

《北京延庆年鉴（2023）》编辑部

编 辑 说 明

一、《北京延庆年鉴》是一部大型的综合性资料工具书和史料文献，在中共北京市延庆区委员会和延庆区人民政府的领导下，北京市延庆区档案史志馆编纂。

二、《北京延庆年鉴》以马克思列宁主义、毛泽东思想、邓小平理论、“三个代表”重要思想、科学发展观、习近平新时代中国特色社会主义思想为指导，坚持辩证唯物主义和历史唯物主义的立场、观点和方法，遵循实事求是的原则，真实、客观地反映实际情况。

三、《北京延庆年鉴》自2004年开始，逐年编纂出版。当年出版的年鉴，记述上一年度延庆经济和社会发展各方面的基本情况和重大事件。本部年鉴记述时限为2022年1月1日至2022年12月31日（部分内容依据实际情况时限，略有前后延伸）。书中的“该年”“年内”及直书月、日的，均指2022年。

四、《北京延庆年鉴》采用分类编辑法，采取文章和条目两种形式，以条目体为主，用规范的语体文、记述体，直陈其事，文字力求言简意赅。全书设类目、分目、次分目、条目4个层次。条目标题统一用黑体字并外加【】标明。各目之间的标题分别用不同型号的字体加以区别。

五、《北京延庆年鉴》所载的政治、经济、文化和社会各业情况栏目采用分类编纂法。内容包括区情综述、特载、专文、大事记、专记、冬奥会延庆赛区筹办、中共北京市延庆区委员会、延庆区人民代表大会、延庆区人民政府、政协延庆区委员会、纪检监察、民主党派、人民团体、法治、军事、经济管理、农业农村、工业和信息化建设、商贸服务业、金融保险、旅游、交通邮电、生态环境、城乡规划与建设、城乡管理、科技、教育、文化、卫生健康、体育、社会民生、人物荣誉、街道乡镇、统计资料、附录共35个类目。全书除文字部分外，还配以地图、彩照、表格，力求全面、具体、准确地反映全区年度发展的全貌。

六、《北京延庆年鉴》收有延庆区党、政、军、团体、乡镇和部分企业负责人名录，所列均以2022年内任职为限，其中有任免情况的分别予以注明。因此，在条目中涉及区级领导，均直书姓名、不写职务，具体职务详见年鉴“2022年延庆区组织机构及负责人”。

七、选入《北京延庆年鉴》的文章和条目，主要由各部门、各单位确定的专人撰写或提供，并经部门、单位主要领导审阅，区委、区政府有关部、委、办领导审查；全书收录的彩图，均由各供稿单位提供。

八、《北京延庆年鉴》中引用的统计资料，原则上由区统计局提供。数字一般记至万以上，小数点后保留两位小数，但在记述人均收入、人均生活支出和在岗职工平均工资时，记述至个位。

九、《北京延庆年鉴》中计量单位名称的使用，除特例之外一律采用中华人民共和国法定计量单位。考虑到“亩”仍是农村最主要的土地面积计量单位，在记述农业事项时，均在公顷数之后括注同比例“亩”作为补充。在记述体育赛事时，使用的是行业通例“公里”和“公斤”。

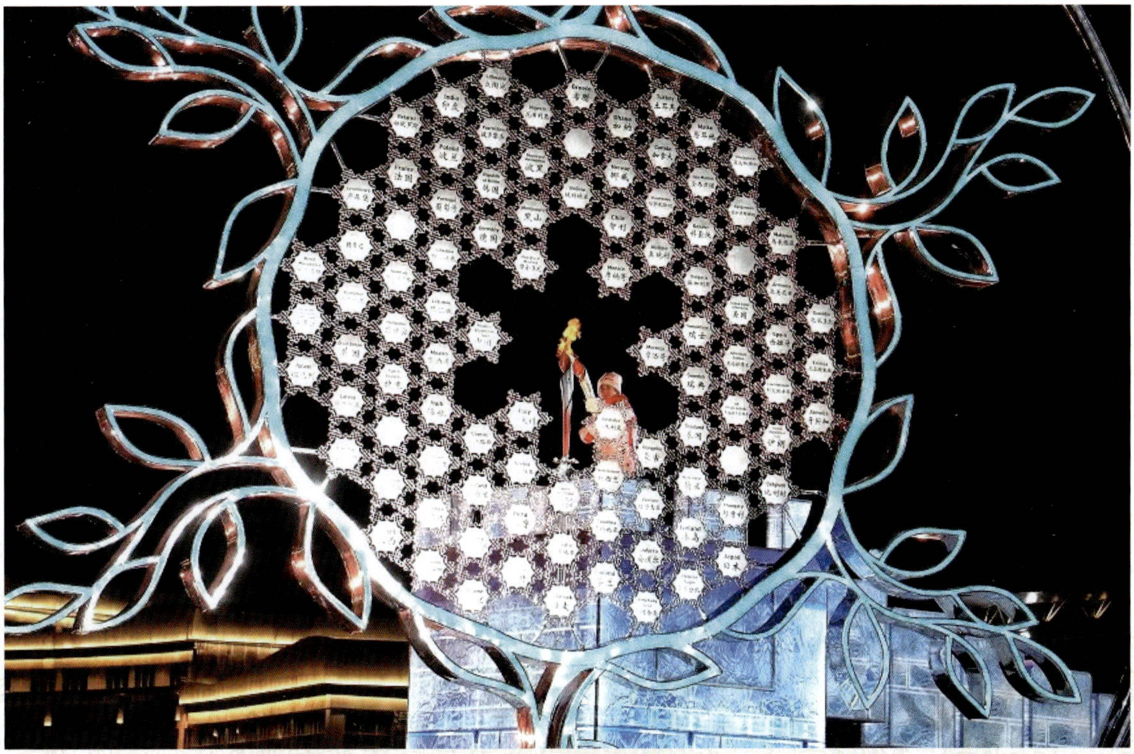

2月4日晚，延庆赛区火炬台“长城之光”在延庆冬奥文化广场正式点燃（区委宣传部供稿）

八达岭夜长城（八达岭文旅集团供稿）

野鸭湖国家湿地公园（八达岭文旅集团供稿）

莲花山初雪（大庄科乡供稿）

延庆区人民代表大会

延庆区人民政府

政协延庆区委员会

纪检监察

民主党派

人民团体

法 治

军　事

经济管理

农业 农村

工业和信息化建设

商贸服务业

金融 保险

旅 游

交通 邮电

生态环境

城乡建设与规划

城乡管理

科技

教育

文 化

卫生健康

体 育

社会民生

人物荣誉

街道 乡镇

统计资料

附录

区情综述

基本地情

延庆区是北京市郊区之一，是京津冀协同发展格局中西北部生态涵养区的重要组成部分，是保障首都可持续发展的关键区域。根据《北京城市总体规划（2016—2035）》，延庆区是首都西北部重要生态保育及区域生态治理协作区、生态文明示范区、国际文化体育旅游休闲名区、京西北科技创新特色发展区。

历史沿革：延庆区春秋晚期和战国初期地属燕国。秦统一六国后，属上谷郡。西汉在延庆境内设夷舆、居庸二县，属上谷郡。东汉撤夷舆合入居庸县。唐初属北燕州，唐贞观八年（634）改称妫州。后晋天福元年（936）归辽；设儒州缙山县。元延祐三年（1316）缙山县升为龙庆州。明永乐十二年（1414）设隆庆州，辖永宁、怀来二县，直隶京师宣府；隆庆元年（1567）改为延庆州。1912年，延庆州改为延庆县。1928年，成立察哈尔省，延庆县属之。1952年改属河北省，1958年10月划归北京市。2015年12月延庆撤县设区。

区划设置：1949年底，全县合为7个区，下辖281个行政村；1951年9月，撤四海县，将其原属两个区划入延庆县，全县设9个行政区，下辖330个行政村；1958年8月，全县合并为5个大公社；1961年又划分成27个公社；1983年公社改为乡建置，全县共设25个乡、1个镇，辖383个行政村。历经1990年至2009年期间的5次调整区划，成为今之延庆11个镇、4个乡、3个街道办事处、376个村委会、55个居民委员会的建制。

地理位置：延庆区地处北京市西北部，地理坐标处于东经115°44′～116°34′、北纬40°16′～40°47′，位于延怀盆地东部、燕山沉降带西端，区域呈东北西南走向的半椭圆形板块。东邻北京怀柔区，南接北京昌平区，西与河北省怀来县接壤，北与河北省赤城县相邻。地域东西最长70千米，南北最宽45.5千米，总面积1994.88平方千米，占北京市总面积的12.6%，其中山区面积占72.8%，平原面积占26.2%，水域面积占1%。

地形气候：延庆地势东高西低，平均海拔500米以上。北、东、南三面环山，西临官厅水库；中部为广阔平原，是典型的山间盆地。地势由东北向西南倾斜，盆地中部有妫河贯穿其间。区域内山地面积广大，海拔在千米以上的山峰有海陀山、佛爷顶等10余座。其中海陀山海拔2241米，是北京市第二高峰。延庆地处长城以北，属于暖温带半湿润大陆性季风气候区的北部边缘，处于温带与中温带、半干旱区与半湿润区的过渡地带。四季分明，冬季稍长，夏季偏短，春来迟，秋去早，冷暖干湿变化明显。山地多，海拔高，太阳辐射强，昼夜温差大；冬冷夏凉，年平均气温8℃，年平均降水量434.60毫米，川区无霜期185天。7月最热，平均气温21℃～30℃，有首都北京的“夏都”之称。

自然资源：境内有铁、铜、金、银、钨、钼、铂、钯、铅、锌等20余种金属矿产；有石灰石、石英石、钾长石、大理石、花岗石、海泡石、磁黏土矿和天然气等非金属矿藏。其中，铜、大理石、石灰石、石英石等已开采利用。能源方面，延庆风力资源丰富，风能资源占比70%，年有效风能储值5382兆焦耳/平方米·年。年有效发电小时数为1800小时以上。北京首座风电场——官厅风电场坐落于此。该风电场工程总装机容量为150兆瓦，安装风机100台，每年提供绿色电力2.5亿千瓦时。年日照时数2800小时以上，总辐射量5600～6000兆焦耳/平方米·年，是北京市太阳能资源最丰富的地区。区域内有105平方千米的地热带，有丰富的浅层地热资源。地热出水一般温度大于50℃，最高可达70℃以上；深层地热资源可供暖300万平方米。

生物资源：有药用类、观赏类以及含油脂类、果类、纤维类、野菜类、单宁类和蜜源类等多种野生植物121科364属704种，兽类、鸟类、爬行类、两栖类、鱼类等野生动物50科184种。林地面积15.6万公顷，松山国家级自然保护区内保留华北地区唯一原始油松林。全区水资源总量7.8亿立方米，其中地表水5.64亿立方米、地下水2.23亿立方米，93%的地表水质达到国家二级标准，地下水全部达到国家饮用水标准；人均水资源占有量2088立方米，是全市人均占有量的5倍。有四级以上河流18条，三级河流有白河、妫水河2条，分属永定河、北运河和潮白河水系，是密云水库、官厅水库的重要水源供应地。年可利用水资源总量1.9亿立方米。

土地资源：全区土地资源总面积198217.17公顷，其中，耕地14306.21公顷、园地11208.27公顷、林地152306.72公顷、草地792.79公顷、湿地516.14公顷。城镇村及工矿用地10527.42公顷。交通运输用地4053.80公顷。水域及水利设施用地4505.82公顷。

人口民族：延庆区共有36个民族，在全区常住人口中，汉族人口占96.4%，各少数民族人口占3.6%。各少数民族人口中，排名前4位的依次是满族、蒙古族、回族和朝鲜族。2022年末，全区户籍总数147784户。其中，农业户69322户。户籍人口290343人。其中，女性144805人。常住人口34.4万人，其中，常住外来人口7.6万人，占常住人口的22.1%。常住人口中，城镇人口20.5万人，占常住人口的59.6%。常住人口出生率4.52‰，死亡率7.21‰。常住人口自然增长率-2.69‰。根据北京市延庆区第七次全国人口普查数据：全区18个乡、镇、街道中，常住人口在4万人以上的有两个，分别是延庆镇和香水园街道；常住人口在3～4万人之间的有两个，分别是百泉街道和康庄镇；常住人口在2万～3万人之间的有三个，分别是儒林街道、张山营镇和永宁镇；在1万～2万人之间的有四个，分别是旧县镇、沈家营镇、大榆树镇和八达岭镇；在1万人以下的有七个，分别是井庄镇、千家店镇、香营乡、刘斌堡乡、四海镇、大庄科乡和珍珠泉乡。全区常住人口中，男性人口为181790人，占52.6%；女性人口为163881人，占47.4%。全区常住人口中，0～14岁人口为40472人，占11.7%；15～59岁人口为225641人，占65.3%；60岁及以上人口为

古崖居秋景（八达岭文旅集团供稿）

79558 人，占 23.0%，其中 65 岁及以上人口为 54209 人，占 15.7%。全区常住人口中，拥有大学(指大专及以上)文化程度的人口为 81064 人；拥有高中(含中专)文化程度的人口为 57753 人；拥有初中文化程度的人口为 114645 人；拥有小学文化程度的人口为 62127 人（以上各种受教育程度的人包括各类学校的毕业生、肄业生和在校生)；15 岁及以上常住人口的平均受教育年限为 10.7 年，文盲人口（15 岁及以上不识字的人）为 9486 人，文盲率为 2.7%。

历史文化：延庆古称夏阳川，亦谓妫川，六七千年前已有人类活动。延庆张山营镇的上、下板泉村为上古“炎黄阪泉之战”遗址。金代始创真大道教第五代祖师郦希成、明朝户都尚书李衍等出生于延庆。全区有各类文物遗存点473处、非物质文化遗产项目180项。其中，国家级重点文物保护单位4处，市级重点文物保护单位6处，区级重点文物保护单位116处。国家级非物质文化遗产项目2项，市级非物质文化遗产项目3项，区级非物质文化遗产项目15项。2011年，延庆硅化木国家地质公园核心区发现距今约1.5亿年、侏罗纪晚期的恐龙足迹化石。辽代“大庄科矿冶遗址群”入选2014年度全国十大考古新发现。

区情特色：延庆是天然生态园和全国知名旅游区，有A级及以上景点24个；2019年获首批国家全域旅游示范区和全国民宿产业发展示范区称号。全区森林覆盖率59.28%，林木绿化率71.67%，人均绿地面积53.14平方米，人均公园绿地面积46.13平方米。有松山、玉渡山、野鸭湖等12个国家和市、区级自然保护区，总面积530余平方千米，占区域面积的27%；湿地面积6667公顷，占区域面积的5%。城区公园占区域面积的20%，其中妫水公园占地面积400公顷，是全市最大的水上公园。全年空气质量二级和高于二级的天气达到84%，连续多年居北京市前列。20世纪80年代以来，在县（区）委领导下，先后实施“冷凉”战略、“三动”战略和生态文明战略，全面推进改革开放和绿色北京示范区（美丽延庆）建设。延庆先后获得“全国绿化模范县”“国家园林县城”“国家卫生县城”“国家生态县”“全国生态文明建设试点县”“国家绿色能源示范县”“国家卫生城市（区）”“国家森林城市”和“全国水生态文明城市”等称号。2019年，北京世界园艺博览会在延庆成功举办。2022年，延庆区承办北京冬奥会雪车、雪橇大项和滑雪大项中的高山滑雪比赛等项目。

2022年国民经济和社会发展

2022 年，延庆区实现地区生产总值 2102553 万元，按不变价计算，比上年增长 3.7%。其中，第一产业实现增加值 73623 万元，增长 14.9%；第二产业实现增加值 412791 万元，下降 4.1%；第三产业实现增加值 1616139 万元，增长 5.4%。三次产业结构比例为 3.5 ∶ 19.6 ∶ 76.9 。按常住人口计算，全区人均地区生产总值为 61121 元。全年全区能源消费总量 64.64 万吨标准煤，比上年增长 4.29%，现价单位地区生产总值能耗 0.307 吨标准煤 / 万元，按不变价计算，增长 0.61%。全年完成固定资产投资（不含农户），比上年下降 0.6%。其中，基础设施投资增长 31.6%；建安投资完成下降 6.8%；房地产开发投资增长 13.8%。

农　业

年内，全区粮食播种面积11058.39公顷（165875.8亩），包括玉米10447.89公顷（156718.3亩）。粮食总产8441.16万千克，其中玉米8285.17万千克。蔬菜播种面积3045.31

公顷（45679.7亩），蔬菜总产量9575.58万千克。能繁母猪保持在5700头左右、奶牛和肉牛稳定在7000头、蛋鸡70万羽、羊突破4万只。全年猪肉产量6197吨、鲜奶产量2.9万吨、禽蛋产量1.16万吨，同比增加20%。畜牧业产值突破新高，较去年提高13.8个百分点，达到 5.12亿元。全区实现农林牧渔业总产值18.48亿元，同比增长18.8%。其中，种植业实现产值6.41亿元，增长8.2%；林业实现产值6.15亿元，增长44.6%；牧业实现产值5.12亿元，增长13.8%；渔业实现产值174.7万元，下降81.4%。

全区共有农民专业合作社示范社51家，其中国家级示范社13家、市级示范社7家、区级示范社31家。共有家庭农场示范户35家，其中市级示范户20家、区级示范户15家。全区绿色蔬菜认证企业3家25个产品，产地规模41.8公顷，年产量2752吨。有绿色有机农产品生产基地49个，获得有机认证和有机转换认证60个，涉及333个产品，全年总产量1.89万吨。一产农业试点示范项目10个，经市、区两级一产农业试点示范联席会审议，北京绿富隆蔬菜产销专业合作社、八达岭里炮村股份经济合作社入选北京市一产农业试点示范项目，北京茂源广发合作社入选一产农业试点示范项目库。参加第八届“北京草莓之星”评比成绩优异；获得1个五星奖、4个四星奖、2个三星奖。茂源广发企业品牌、龙海源草莓产品品牌纳入“北京优农”品牌目录，全区“北京优农”品牌达到14个。

全区实现农村集体经济总收入6.79亿元，同比下降23.1%；农户收入132.82亿元，同比下降3.6%；实现农民人均所得28123元，同比增长11.3%；农村集体资产总额113.91亿元，同比下降18.9%；农民人均净资产27295元，同比下降26.6%；农村劳动力就业率96.6%，同比下降0.4个百分点。全区90个薄弱村集体经营性收入全部达到10万元目标。农村居民人均可支配收入26753元，同比增长3.5%，高于城镇居民收入增长1.2个百分点。

工业　建筑业

年内，全区规模以上工业企业43家，实现工业总产值133.8亿元，同比下降0.2%。新能源和环保产业完成产值83.4亿元，同比下降6.3%；食品饮料产业完成产值2.9亿元，同比下降20.3%；纺织服装产业完成产值3.6亿元，同比下降16.7%；基础和新材料产业完成产值27亿元，同比增长28.3%；机械制造产业完成产值2.5亿元，同比下降2.6%；医药制造产业完成产值6.7亿元，同比增长22%。全年实现工业重点产业固定资产投资1.5亿元，疏解一般制造业退出企业4家，完成全年任务的133%，占地面积共6287平方米，涉及人员37人，涉及印刷制品、水泥制品、服装及机械加工制造等行业。

全区建筑业完成建筑业总产值243084.7万元，同比下降43.3%；其中在本市完成建筑业产值166260万元，同比下降9.5%。固定资产投资（不含农户）同比下降0.6%，其中房地产开发投资增长13.8%、建安投资下降6.8%。

商贸　交通

全年实现社会消费品零售总额104.15亿元，同比下降4.5%。其中，限额以上单位实现零售额53.40亿元，下降2.9%；限额以下单位实现零售额50.74亿元，下降6.2%。聚焦“餐饮、零售、百货”三大板块，面向广大消费者推出“延庆商业消费券”发放活动，共计22.2万张，总价值840万元。全区供销合作社系统完成营业收入额1369万元，税金完成120万元，实现利润63万元；资产负债率83.22%。因新冠疫情影响，落实商户租金减免政策，共计减免租金549万元。截至年底，全区总消费实现210.8亿元，同比增长0.4%，社零额实现104.1亿元，同比增长-4.5%；全市排名第七。认真落实收购政策，全年重点涉粮企业收购玉米0.9万吨。完成区级储备玉米5000吨和区级储备小麦3000吨的轮换工作。全区进出口企业完成直接进出口总额10.6亿元，同比下降15.1%。其中直接出口总额人民币4.6亿元，同比下降53.5%；直接进口总额人民币6亿元，同比增长135.3%。新增外商投资企业23家，合同外资14202万美元，实际利用外资1172万美元。

截至年底，辖区共有地面公交运营企业1家，从业人员1146人；涉及运营线路51条，运营线路2123千米，运营车辆380辆，公交场站5个。巡游出租汽车企业3家（含区域纯电动小客车企业1家），出租汽车618辆（含纯电动车辆434辆、个体出租汽车工商户车辆5辆）；巡游出租汽车驾驶员480人（含个体出租汽车工商户5户）；旅游客运企业3家，运营车辆235辆，从业人员200人；汽车租赁备案经营企业7家，备案车辆32辆；道路货运经营企业983家，车辆3354辆；危险化学品运输企业1家，运输车辆5辆，从业人员14人；水路运输企业4家，船舶总数105艘，船员45名。全区备案维修企业118户，其中一类企业9户、二类企业27户、二类摩托1户、三类企业81户，从业人员598人。备案机动车停车场52个，备案停车位13872个；停车企业36家，从业人员315人。冬奥会期间投入服务保障车辆310辆，开通线路87条；为工作人员发车2.16万车次、运送39.72万人次；为观众发车248车次、运送8012人次。冬残奥会期间投入赛时服务保障车辆240辆，累计发车0.82万车次，运送工作人员16.76万人次，运送观众1414人次。

财政　金融

2022年，全区实现财政收入30.14亿元，同比下降0.9%；其中一般公共预算收入完成24.29亿元，增长3.6%。按收入性质分：税收收入17.60亿元，同比下降4.0%；非税收入6.70亿元，同比增长30.8%。财政支出156.32亿元，增长7.2%。其中一般公共预算支出122.19亿元，同比下降3.0%。主要支出科目情况：农林水支出29.63亿元、社会保障和就业支出8.38亿元、卫生健康支出10.94亿元、城乡社区支出11.66亿元、交通运输支出1.52亿元、政府性基金预算支出34.06亿元、国有资本经营预算支出764万元。全区完成各项税费83.93亿元，同比增长4.0%。其中，增值税完成10.30亿元，下降46.0%；企业所得税完成54.43亿元，增长17.2%。税费收入形成地方级收入37.35亿元，增长2.5%。地方级收入形成区级收入19.61亿元，增长1.9%。

年内，持续加大金融活水助企纾困力度，修订完善区金融产品服务手册、担保费补贴工作实施方案等文件。联合银行组织实施利用政府资金撬动金融资本工作方案，同步健全完善中小微企业融资需求快速响应服务机制。协调金融机构解决21家企业融资需求16.6亿元，为7家企业减免担保费9.5万元，为中小微企业等贷款2983笔约107亿元。全区10家银行贷款余额288亿元，较上年同期增长2.8%；存款余额662.4亿元，较上年同期增长8.4%。

城乡建设　环境保护

2022年，按照《延庆区背街小巷环境精细化整治提升三年（2020—2022）行动方案》，结合延庆区争创全国文明典范城区工作要求，精准做好115条街巷的环境精细化整治提升和动态管护工作。全区全品类垃圾处理体系基本建立，垃圾终端处理设施实现全品类100%覆盖，资源化、减量化、无害化水平显著提升，在北京市生活垃圾分类推进工作综合考评中，延庆区排名生态涵养区第二。全区有3个居住小区、9个行政村获得北京市垃圾分类示范小区（村）称号，2个楼宇获得垃圾分类示范楼宇称号。实施冬奥景观小品、灯饰、道旗、橱窗等氛围营造项目，在15家签约酒店、29条涉奥及城区重要道路以及多个景观节点重点布置，共安装道旗1900组，加装中国结390组、灯笼50组。对9条道路两侧灯杆和电箱共计5600平方米进行美化，更换320个公交站亭的宣传画面，在重要保障道路沿线张贴冬奥主题宣传画面8000余平方米。完成“海陀塔”“京礼高速冬奥LOGO”两处大型冬奥景观，营造热烈祥和的冬奥氛围。年内首都环境建设管理考评，延庆区再次排名全市第一，连续七年排名生态涵养区第一。

全年PM2.5平均浓度27微克/立方米、全市领先。7个考核断面水质均达到或优于考核标准，河长制工作获国务院通报表扬、全市唯一。全区无受污染耕地，重点建设用地安全利用率达到95%以上。生态环境状况指数连续三年优等级，公众生态环境满意度连续五年全市第一。成功举办生态文明实践展。新一轮百万亩造林栽植1.6万亩，“延海花园”二期项目基本完工。截至年底，全区376个村庄已有286个村完成煤改清洁能源改造，基本实现川区无煤化。攻坚挥发性有机物治理，完善挥发性有机物（VOCs）环境监测网络，对2个重点园区开展VOCs走航监测。多措并举打赢碧水保卫战，优先水资源保护，推进饮用水水源地规范化建设，实施集中式饮用水水源地环境保护状况评估。持续开展清管行动，全区污泥处置42328吨，全部实现无害化处理。严格农用地污染预防，持续开展农药、化肥减量增效，减少化肥5322.2吨，减少化学农药14.12吨；有序开展废弃物回收等249.7吨；收集利用秸秆等废弃物11.24万吨。完成冬奥会延庆赛区216.3万平方米生态修复任务，统筹完成规划环评矩阵表54项环保措施和可持续34项承诺，推进落实冬奥空气质量保障各项措施。

旅　游

全区现有A级以上旅游景区12家，包括5A级景区1家（八达岭长城景区），4A级景区6家（龙庆峡、百里山水画廊、北京世园公园、水关长城、野鸭湖湿地公园和世界葡萄博览园）。共有星级以上酒店16家，旅行社及其分支机构37家。共有星级民俗村68个、星级民俗户1331户；精品民宿290家、民宿小院560个；10个全国乡村旅游重点村、1个全国乡村旅游重点镇。延庆区获评“2022年冰雪旅游十佳城市”、入选“冰雪京张·冬奥之城”全国冰雪旅游精品线路和“2022年春节假期体育旅游精品线路”，北京世园公园旅游度假区入选北京市首批旅游度假区。

“清明”小长假全区乡村旅游共接待游客30.8万人次，实现旅游收入3114万元，同比分别增长25.1%和53%，接待量全市第一。“五一”期间，全区共接待游客27.8万人次，旅游收入3327万元。“中秋”假日全区共接待游客36.5万人次，实现旅游收入4303.7万元，同比分别增长73%和87%。国庆假日旅游再创新高，全区共接待游客126万人次，实现旅游收入1.5亿元，同比增长50.9%和77%。其中乡村旅游接待量再创全市第一。

科教文卫体

2022年，全区有科普场馆9个，其中科技馆3个、科学技术博物馆6个；市级科普教育基地14个、国家级科普教育基地4个；城市科普（技）活动场地329个。按照《延庆区科普基地管理办法》，为马铃薯博物馆、北京市水生野生动植物救护中心、詹天佑纪念馆等10家首次评选的延庆区科普基地授牌。组织实施《延庆区全民科学素质行动规划纲要实施方案（2021—2035）》，举办“第二十四届北京延庆科普之春”“全国科普日”“全国科技工作者日”和“延庆区公民科学素质大赛”等活动，全年举办各项实用技术培训班48个，聘请市级专家21人次，实际培训2763人次。年内，出台《延庆区关于加强高新技术企业认定事中事后监管工作方案》《关于加快延庆区高新技术企业创新发展的支持办法》等文件，落实研发费用加计扣除等普惠性政策，为153家企业兑现双创补贴资金831万元；新认定国家高新企业211家，总数达到401家。

全区教育单位82个，其中幼儿园30所（教

9月29日，延庆二小学生在世园公园开展综合实践活动（区教委供稿）

育部门办园15所、民办园15所）、小学21所、初级中学9所、完全中学2所、高级中学2所、九年一贯制学校6所、特殊教育学校1所、中等职业学校1所、其他法人单位10个。年内在校生33486人，其中幼儿园9539人、小学13837人、初中5597人、高中4079人、中等职业学校349人、特殊教育学校85人。教职工总数5148人，其中幼儿园1413人、小学1469人、中学2024人、中等职业学校202人、特殊教育学校40人。专任教师中，高级职称452人、中级职称1132人，北京市特级教师17人、北京市骨干教师59人、北京市学科教学带头人9人。中小学固定资产总值19.24亿元。设立学区12个，其中幼儿园4个、小学4个、初中3个、高中1个。推进中小学奥林匹克教育和冰雪运动普及，掌握滑冰滑雪基本技能的学生达到3.2万人，获评国家级、市级冰雪运动特色学校9所，奥林匹克教育示范学校14所。

全区各类文物遗存点 486处，其中国家级文物保护单位4处、市级文物保护单位9处、区级文物保护单位115处。编制发布《延庆区落实〈长城国家文化公园（北京段）建设保护规划〉实施方案（征求意见稿）》《居庸路及黄花路重点组团延庆片区详细规划》，全年累计修缮城堡19座、墙体21892.23延米、敌台103座、烽火台10座。完成65个村级文化活动室修缮，图书流转60余万册，农村公益电影放映1.5万余场。举办公益性惠民文化演出、展览、培训等各类群众文化活动2500场。区文化馆获得国家一级馆称号。

全区有三级医疗机构1家、二级医疗机构3家。在编卫生技术人员1870人，其中执业（助理）医师989人、注册护士557人、药剂人员144人、检验人员98人、其他卫生技术人员82人。共有社区卫生服务中心18家，社区卫生服务站60家，社区卫生技术人员705人，其中医生403人、护士166人。全年门诊量135.87万人次，上门服务8.34万人次。家庭医生签约19.24万人，签约率55.66%，其中重点人群签约9.23万人，签约率98.78%。二、三级医院向基层医疗机构派出医疗技术和管理人才897人次。建立健康档案27.62万份，建档率79.90%，使用率70.71%。年内，全区311个村卫生室完成标准化建设，实现村级医疗机构全覆盖。共有乡村医生223人，其中执业医师5人。区属医院全年出院6936人次，病床使用率为45.59%，平均住院日7.05天（不含精神专科医院），全年住院手术1940人次。

全区有43个体育生活化社区、1个全民健身示范街道、14个体育特色乡镇、23个体育单项协会。共有14所学校被命名为体育传统项目学校，其中市级体育传统项目学校5所、区级体育传统项目学校10所（1所既为市级也为区级）、青少年体育俱乐部1所。区人均公共体育用地面积2.21平方米，人均体育场地面积7.54平方米，均位居全市第一。区体育场全年接待健身人群约36万人次，全区经常参加体育锻炼人数比例占全区总人口的51.32%。年内，顺利完成2022年冬奥会、冬残奥会火炬传递保障任务。举办区级及以上全民健身活动44次，其中市级赛事活动9次、京津冀赛事1次、国家级比赛3次、区级赛事活动31次，活动参加人数达3.5万人次。组织冰雪赛事活动12场，其中国家级1场、京津冀2场、市级3场、区级6场，带动2.2万人次上冰上雪。选派150余人参加田径、乒乓球、举重、短道速滑锦标赛和十六届市运会7个项目的比赛，共取得11金、5银、8铜的成绩，12人达到二级运动员等级标准。

社会保障 人民生活

年内，促进城乡劳动力就业11494人，其中城镇登记失业人员就业5052人、农村劳动力转移就业6442人。帮扶城乡就业困难人员就业8890人，其中城镇就业困难人员就业2448人。城镇登记失业率3.77%，城镇登记失业人员就业率64.82%。截至年底，全区三险（养老保险、工伤保险、失业保险）累计收缴16.72亿元，比上年增加2.25亿元，增幅15.55%；三险累计发放20.83亿元，比上年增加3.43亿元，增幅19.70%。全年审核医疗费用481.62万人次，支付基金6.89亿元（按审核地统计），其中实时结算费用480.76万人次，基金支付6.75亿元；手工报销费用0.49万人次，基金支付0.14亿元。核准生育津贴1207笔，基金支付4043.57万元。全区共有城乡低保对象1781户3032人，累计支出低保金4773.22万元；城乡特困人员955户959人，累计支出资金3064.34万元；城乡低收入家庭97户228人，累计支出资金29.01万元。共为9.44万人次发放困难残疾人生活补贴资金2918.24万元，重度残疾人护理补贴资金375.41万元。新建2家养老照料中心、6家养老驿站，基本养老服务对象签约率80.64%。

全年全区居民人均可支配收入41206 元，比上年增长2.6%，人均生活消费支出25825元，下降2.8%。其中，城镇居民人均可支配收入55451元，增长2.3%，人均生活消费支出32202元，下降2.5%。

精神文明 民主法制

年内，统筹推进文明培育、文明实践、文明创建，深化百姓宣讲品牌建设，组织示范宣讲、汇讲比赛等宣讲活动72场。持续做好16项典型人物评选，选树“中国好人”1名、北京榜样1名、延庆榜样10名，打造“榜样一条街”3条。开展未成年人思想道德建设活动151场，选树“新时代好少年”10名。统筹推进文明村镇、文明单位、文明家庭、文明校园等群众性精神文明创建，开展162次社会动员活动。开办文明实践推动日、大讲堂29期；组织“光盘行动”“文明祭扫”等主题宣传实践活动；实施“延庆乡亲”志愿服务3.1万次；“点单派单”平台覆盖22万人次，“打造点单派单服务平台”成为北京市唯一一个全国农村公共服务典型案例。依托新时代文明实践大讲堂，开展“以案释法”线上直播，覆盖市民30万余人次。依托“双报到”“周末卫生大扫除”等机制，持续开展“废旧物品置换”“低头一秒捡文明”等活动；各单位党员群众参与志愿服务活动12万余次，置换大件废旧物品6000余件，清理各类垃圾400余吨，捡拾烟头1万余斤。区“首都老兵”退伍军人冬奥志愿服务队、“文明香水园、花开新时代”香水园街道志愿服务协会2个组织获得“首都最佳志愿服务组织”称号；长城蓝文艺文化宣传志愿服务、传承百年记忆致敬抗战老兵志愿服务、延庆“山里人”爱环保志愿服务3个项目，获得首都最佳志愿服务项目称号；百泉街道湖南社区1个社区获首都最美志愿服务社区称号；延庆区平北抗日烈士纪念园服务中心、延庆区平北红色第一村、中国长城博物馆3家文明实践基地，获评北京市第二批市级新时代文明实践基地。

全区共收到行政复议申请115件，同比增长23.7%。受理111件、审结103件（往年结转9件），其中决定维持56件、驳回复议申请7件、确认违法2件、撤销1件、撤销并责令重作10件、终止27件；纠错率12.6%，调解成功率26.2%。办理以区政府为被告的行政诉讼案件共165件（含往年结转）。其中一审案件75件、二审案件49件、再审案件41件；审结120件，其中一审审结57件。全区行政机关负责人出庭应诉87件，占法院通知出庭案件的90.6%。全年开展行政检查481250件、行政处罚14902件、人均执法790.05件，位列全市第一。开展社会面普法

6000余场次。创建全国民主法治示范村1个、北京市民主法治示范村（社区）32个。

全年区人大召开7次常委会会议，完成64项议题，依法任免国家机关工作人员93人次。区人大常委会先后对法治政府建设、行政事业性国有资产管理、北京市公共文化服务体系示范区建设、分区规划执行、农民增收、老年助餐点建设等工作进行监督，针对《北京市突发公共卫生事件应急条例》《北京历史文化名城保护条例》《北京市城乡规划条例》《北京市非机动车管理条例》《北京市生态涵养区生态保护和绿色发展条例》等开展执法检查，并提出相应意见和建议。区人大各专门委员会对"八五"普法规划年度落实、审计发现问题整改、医养结合试点、乡村路网建设、农村安全饮水工程等工作进行监督，推动相关问题解决。年内接待群众来信来访35件次，其中群众来信9件次，来信来访总量较上年有所下降。

冬奥会服务保障

在市委、市政府领导下，延庆区全面践行"四个办奥"理念，高质量完成场馆建设、生态修复等46项工程，建成国际一流的奥运场馆群。高标准开展赛事服务，构建"三处十二组一团队"指挥系统，内外一体做好疫情防控、城市运行、环境整治、氛围营造等工作，圆满完成86个国家和地区的626名冬奥运动员、37个国家和地区的180名冬残奥运动员服务保障。

年初，区四套班子领导慰问赛事综合保障组工作人员，了解冬奥会综合服务保障工作准备情况，实地察看赛事调度指挥中心，视频连线听取部分驻店（点）保障小组工作运行情况的汇报；并到京张高铁延庆站、延庆停保中心、下屯交通场站、阪泉服务区指挥部，察看赛时各类人群进出站防疫流线、赛前各阶段运行保障计划及赛时服务保障工作准备情况。其间召开北京2022年冬奥会和冬残奥会倒计时30天延庆赛区誓师动员部署大会。按照从训练道到主赛道的顺序，竞速区域采用浇水方式，竞技区域采用注水器注水方式，投入1800多人次，完成高山场馆全部比赛和训练雪道冰状雪制作。赛会期间，全区高质量完成赛时观众组织工作，有序组织4039人次观看30场比赛；赛时开展闭环人员心理疏导等志愿服务900余次，充分展现"延庆乡亲"东道主风貌。

2月14日，中关村延庆园投入60辆氢能大巴为延庆赛区工作人员提供接驳服务（中关村延庆园服务中心供稿）

延庆冬奥村自1月27日开村至3月16日闭村，共接待近90个国家和地区的1200多名运动员及随队官员。延庆赛区33个闭环酒店接待各类冬奥会相关住客（媒体记者、单项组织人员、各国超编官员、志愿者、合同商、各类保障人员）约1.24万人，组织服务保障人员力量约2600人。至3月底，各酒店驻店保障小组陆续完成冬残奥会后隔离健康监测期服务保障工作，标志着历时近百天的冬奥和冬残奥延庆赛区住宿保障任务圆满完成。4月8日，北京冬奥会、冬残奥会总结表彰大会在人民大会堂隆重举行。延庆赛区运行保障指挥部市公安局延庆分局、奥运村运行保障组延庆村保障专班被授予"北京冬奥会、冬残奥会突出贡献集体"称号；延庆赛区吕立鑫、严晗获得"北京冬奥会、冬残奥会突出贡献个人"称号；延庆运行中心常务副主任张素枝作为筹办工作人员代表做大会发言。4月19日，北京冬奥组委召开总结表彰大会，延庆区38个先进集体、172个先进个人受到表彰。

（栏目编辑：王新华）

特载

中共北京市延庆区委员会工作报告

——在区委三届六次全会上的工作报告
（2022年12月16日）

中共延庆区委书记　于波

各位代表、同志们：

现在，我受区委常委会委托，向全会报告工作。分两个部分。

第一部分　关于今年工作

今年是党的二十大胜利召开和冬奥会成功举办之年，也是勇担重任、奋发进取的一年，更是披荆斩棘、砥砺前行的一年。面对大事交织、疫情叠加的复杂形势，我们深入学习贯彻习近平新时代中国特色社会主义思想和党的十九届历次全会精神，全面落实市第十三次党代会和市领导来延调研指示精神，紧紧围绕迎接、宣传、贯彻党的二十大这条工作主线，聚焦交出决战决胜冬奥会和地区高质量绿色发展两张优异答卷，按照“疫情要防住、经济要稳住、发展要安全”的要求，坚定信心、迎难而上，勇于担当、苦干实干，全区各项事业取得了新进展新成效。

一年来，常委会着眼全区大局，突出抓了三项重点工作。

一是深入学习宣传贯彻党的二十大精神。这是今年工作的首要政治任务。我们高标准完成安保维稳等相关服务保障，全方位开展学习宣传贯彻，以党的二十大精神指引方向、凝聚人心、鼓舞斗志。传达学习全面覆盖。组织全区各级党组织及广大党员干部群众第一时间收听收看开幕会、新闻发布会。迅速召开区委常委会扩大会进行集中传达学习，系统部署学习宣传贯彻工作。区委理论学习中心组专题学习研讨，处级领导干部、基层党代表、村“两委”干部开展专题培训，实现1447个基层党组织、3.4万名党员及各界干部群众学习教育全覆盖。宣传宣讲步步深入。邀请市级宣讲团来延宣讲，区级党员领导干部带头开展“四讲七进”，25支宣讲团进行交叉巡讲，报、台、网、端、微各平台综合发力，全方位、多层次、大力度开展专题宣传，让党的二十大精神处处可见、深入人心。融会贯通落地落实。把学习宣传贯彻党的二十大精神，与深入贯彻习近平总书记对北京一系列重要讲话精神紧密结合起来，与践行“延庆是属于未来的”嘱托紧密结合起来，与贯彻落实市第十三次党代会精神、服务新时代首都发展紧密结合起来，与全面落实区第三次党代会部署的各项任务紧密结合起来，引导全区广大党员干部群众在学懂弄通做实上下功夫，切实把学习成果转化为谋划工作的思路举措、干事创业的强大动力。

二是圆满完成冬奥会服务保障任务。这是中央和市委、市政府交办的重大政治任务。我们全面践行“四个办奥”理念，深入落实“简约、安全、精彩”的办赛要求，交出了服务保障冬奥会的优异答卷。赛事举办圆满成功。高质量完成场馆建设、生态修复、环境提升等46项工程，建成国际一流的奥运场馆群。高标准开展赛事服务，构建“三处十二组一团队”指挥体系，实行内外“双环”管理，圆满完成86个国家和地区的626名冬奥运动员、37个国家

12月16日，区委三届六次全会召开（区融媒体中心供稿）

和地区的180名冬残奥运动员服务保障任务，以及开闭幕式1744名观众的组织工作，服务保障工作受到各方好评。坚持全区保外围、外围保核心，内外一体开展疫情防控、城市运行、环境整治、氛围营造等工作，有效保障了政治安全、赛事安全、防疫安全、舆论安全、城市安全。赛后利用扎实推进。把冬奥效应与发展战略有效结合，提前谋划赛后可持续发展。编制实施延庆赛区赛后运营方案和场馆遗产利用计划，高效完成场馆改造和园区转型，延庆奥林匹克园区实现精彩开园、有序运营，被评为2022年北京市体育旅游十佳目的地，国家级滑雪旅游度假地、高山滑雪北京延庆国家训练基地正式挂牌亮相。加快发展冰雪体育产业，北京国际奥林匹克学院项目启动设计招标，累计吸引300余家冰雪体育科技类企业落地。全面备战后冬奥时期首个雪季，大众雪场办理开工手续，西大庄科商业设施建设、万科石京龙和八达岭滑雪场升级改造完成，国家高山滑雪中心冬奥赛道首次对外开放，推出10条精品冰雪旅游线路，举办12场规模以上的冰雪赛事活动，带动2.2万人次参与冰雪运动。

三是坚决筑牢疫情防控安全防线。这是今年工作的重中之重。面对三年来首都最为严峻复杂的疫情防控形势，我们始终坚持以人民为中心，毫不动摇坚持科学精准，严格落实第九版防控方案和二十条优化措施，坚持“一防五保”，高效统筹疫情防控和经济社会发展。指挥调度坚决有力。坚持“平战”结合转换，高强度实体运行8小时指挥部，充实“5+N”专班力量，组建区、乡镇街道两级650人规模的战时流调队伍，建立扁平化指挥调度机制，以快制快做好流调溯源、转运隔离、封控管控、舆情回应等各环节工作。卫生疾控人员、基层一线干部、政法干警、志愿者等防疫工作人员昼夜奋战，区领导深入基层行业部门、乡镇街道，各部门单位、各乡镇街道主动作为，党员干部职工“双报到”助力防疫7.8万人次，引领全区形成强大抗疫合力，以最坚决的态度、最果断的措施，迅速有效处置疫情，齐心守护妫川家园。常态防控依法有序。坚持外防内控相统一，严格落实进返京政策，强化外围查控，加强非指定进京小路口管控，严密风险地区进返延人员监测管理。按照“快、准、严、实、细”的要求，全面压实“四方责任”，落细落实“三口”查验、“四件套”等措施，加强重点行业“放大器”场所的防疫管理和服务保障，科学精准做好风险研判，依法依规维护防疫秩序。引导市民增强防护意识、遵守防疫规定，疫苗接种率超过100%。能力建设扎实有效。坚持硬件软件双提升，设立集中隔离点23个、房间5979间，接收服务跨区隔离人员1.2万余人次，建成并启用近1200张床位规模的两个方舱医院，同步用好“黄码医院”“红码医院”“健康驿站”，加强医疗机构规范管理，配足专业化服务力量，科学分类收治患者。统筹调度全区核酸检测力量，不断优化检测流程，建成全域“15分钟核酸采样服务圈”，日最大检测能力超4万管。74家医疗机构开设发热门诊，全力做好涉疫药品供应保障。组织动员近千人次医务人员支援兄弟区。坚持问题导向，严格监督管理，适时优化调整各项防控举措，加强防疫政策宣传解读，及时回应社会关切，全面保障民生需求。统筹发展积极有为。落实市级统筹疫情防控和稳定经济增长实施方案，发布区级“1+1+N”系列文件，用好“政策服务包”、企业12345等工作机制，260项企业诉求办结率100%，市场主体活力加速恢复。出台财源建设工作评估和考评办法，全口径税费收入超过120亿元，新增企业首超1万家。出台商业促消费措施、餐饮企业房租补贴实施细则，大力推动商超、餐饮等恢复发展，市场总消费预计同比增长2%。实施生活必需品日监测预警、区域供应网点帮扶机制，建立保供“白名单”，畅通直达社区村的供应渠道，全区生活必需品市场供应充足、价格平稳。

在抓好以上重点任务的同时，常委会以超常规的努力全面推进全区各项事业发展。

第一，生态本底持续厚植。始终把守护好绿水青山作为头等大事，坚持污染治理、生态扩容和低碳发展一体发力，生态底色更亮。环境质量保持领先。深入打好蓝天、碧水、净土保卫战，强化污染防治跨区联建联防联控，预计全年PM2.5平均浓度28微克/立方米、全市领先。协同做好官厅水库、白河堡水库、密云水库流域水源保护，7个考核断面水质均达到或优于考核标准，河长制工作获国务院通报表扬、全市唯一。全区无受污染耕地，重点建设用地安全利用率达到95%以上。生态环境状况指数连续三年优等级，公众生态环境满意度连续五年全市第一。绿色空间扩容提质。率先形成生态环境分区管控“三线一单”成果。巩固提升国家森林城市建设成果，新一轮百万亩造林栽植1.6万亩，龙庆峡森林公园景观提升、“延海花园”二期项目基本完工。15个乡镇全部建立新型集体林场，年度林长制督查考核全市第一。率先编制实施区级生物多样性保护规划，野鸭湖湿地完成全市首个国际重要湿地申报工作。低碳发展扎实推进。生态文明实践展成功开展。初步完成全区碳达峰碳中和路径研究，完成森林和草原碳汇核算、高精度温室气体排放清单编制工作。完成生态文明建设示范区及“两山”基地年度自评估，在全市率先完成2019—2021年度全区和乡镇生态系统生产总值（GEP）核算。评选发布10个氧吧景区和氧吧乡村，“中国天然氧吧”品牌内涵挖掘不断深入，“两山”转化探索迈出坚实步伐。

第二，经济运行稳中向好。积极融入“五子”联动格局，用好长城、世园、冬奥三张“金名片”，用最大努力克服疫情对经济的影响，全年地区生产总值预计完成213亿元，按不变价计算同比增长4%；区级和地方级一般公共预算收入分别完成24.3亿元、43.1亿元，同口径分别增长8.8%、5.5%。全域旅游持续回暖。深化国家文化和旅游消费试点城市建设，推出140项文旅产品，世园公园获评国家体育旅游示范基地、国家青少年自然教育绿色营地，公园及周边区域（RBD）提升策略与实施路径策划编制完成，中国长城博物馆升级改造进展顺利，八达岭长城文化特色商业街获评北京市特色消费街区，露营、夜长城等新业态势头良好，永宁古城、柳沟等热门打卡地广受欢迎，火烧营村、大吉祥村入选第四批全国乡村旅游重点村，10个项目获评北京市体育旅游精品项目，星级酒店、精品民宿节假日入住率达到70%和90%，6个重要节假日乡村旅游接待量居全市第一，全年旅游综合收入预计完成73.8亿元，与去年持平。特色产业持续集聚。制定实施中关村延庆园改革发展提升方案和三年行动方案，加快“一核四区”建设，完成创新家园一期土地一级开发，氢能产业园、无人机创新园一期有序推进，航天九院“飞鸿”无人机创新产业基地等重点项目签约落地。新引进企业3085家，4个重点培育产业企业、高新技术企业、“专精特新”企业累计集聚1529家。现代农业持续提质。强化科技赋能、服务融合，国家农业科技园区建设加速推进。打造3个重点片区、10个美丽休闲乡村和10个休闲农业园区，全国休闲农业重点区基本框架逐步拉开。北京市林果花草蜂药种业创新孵化基地建设专项行动扎实开展。首创特色产业首席专家机制，“妫水农耕”品牌加盟企业20家。成功入选第三批国家农业绿色发展先行区创建名单。

第三，城乡品质有效提升。坚持规划建设管理相衔接、软件硬件相统筹，推动城乡功能不断完善。规划引领更有力。开展“规划工作双百攻坚行动”，3个街区控规获市政府审批通过，6个乡镇国土空间规划上报审批，8个乡镇国土空间规划完成编制，规划体系日臻完善。统筹实施疏整促、规自领域问题整改和无违建区创建成果巩固提升，持续发力推进违建治理，销账违法建设17.72万平方米、腾地19.55公顷，分别完成市级任务的354.3%、325.9%，均为全市第一。人居环境更舒适。稳步推进城市更新，提前完成年度市级“拔钉子”任务，6个棚改项目加速推进，“南三村”项目完成回迁。完成10个住宅小区物业市场化改革，新完工、新开工老旧小区改造92万平方米。新增城市道路10条，精细化整治街巷115条，率先制定实施乡村公路管理办法，获评“四好农村路”全国示范县。制定实施乡村建设行动方案，深入实施农村人居环境提升五年行动，开展乡村景观化试点，累计完成260个美丽乡村建设。城乡治理更有效。一体推进文明城区建设提升和城乡环境整治，持续细化文明城区常态化创建19项措施，每月双主题专项整治五大不文明行为，集中攻坚整改“30+”重难点问题，统筹开展五大领域群众性文明创建，高质量完成中央文明办实地测评迎检，连续七年首都环境建设管理考评全市第一。

第四，群众生活不断提质。落实以人民为中心的发展思想，坚持接诉即办和民生实事两手抓，切实解决群众急难愁盼问题。稳定就业促增收。强化“四业”联动，靶向实施“鹊桥”培训1万余人次，促进农村劳动力转移就业5900人。实施促进增收16条措施，因地制宜扶持发展集体经济，新型集体林场带动2596名本地农民享受“五险一金”，居民人均可支配收入与经济增长同步。接诉即办解民忧。全面落实接诉即办工作条例，坚持有一办一、举一反三与主动治理、未诉先办相结合，靶向发力破解共性难题，诉求解决率、满意率同比分别提高4.6和2.9个百分点，综合成绩全市第四。提升服务暖民心。扎实办好民生实事，“七有”“五性”监测评价总指数全市第五，新一轮三年行动计划编制启动。优质教育资源加速落地，北京八一实验学校开工建设，四中教育集团和职业学院组建运行，第八幼儿园、第四幼儿园等项目投入使用。健康延庆深入推进，全国健康促进区创建通过市级验收，区中医医院新院正式投用，18个乡镇街道急救站点实现全覆盖，呼叫满足率99.7%。养老服务体系持续优化，累计建成运营27家养老服务驿站、11家养老照料中心，基本养老服务对象签约率80.6%。高标准创建北京市公共文化服务体系示范区，三级公共文化设施实现全覆盖，全区人均公共体育用地面积、人均体育场地面积均居全市第一。东西部协作不断深化，延海结对26

件协作实事全部完成。

第五，民主法治扎实推进。坚持党的领导、人民当家做主、依法治国有机统一，为干事创业凝聚各方合力、提供法治保障。加强党对人大、政协工作的领导。全面贯彻落实中央人大工作会议和市委第六次人大工作会议精神，积极支持区人大及其常委会依法履职行权，基本完成年度88项重点任务，审议议题70项，开展监督59次，任免干部93人次，办理人大代表议案建议76项，有力推动了疫情防控、生态保护、法治建设等重点工作开展。全面实施市委关于加强和改进新时代区政协工作的实施意见，积极支持人民政协发挥专门协商机构作用，全面落实年度33项任务清单，围绕优化营商环境、促进农民增收、发展民宿产业等重要问题，形成并办复提案151件，开展各类视察考察、专题调研180余次，有效推动了相关问题解决。抓好爱国统一战线工作。制定实施《贯彻落实中国共产党统一战线工作条例重点任务分工方案》，18个乡镇街道全部成立统战工作领导小组和工作站，同民主党派和无党派人士的联系更加紧密，民族、宗教工作扎实开展，大统战工作格局逐步完善。工青妇等群团组织桥梁纽带作用有效发挥，全国双拥模范城建设成果持续巩固。深化法治延庆建设。成功创建全国法治政府建设示范区，累计建成5个国家级、106个市级民主法治示范村（社区），公共法律服务累计5.8万人次，尊法学法守法用法的社会风气日益浓厚。强化平安延庆建设。以服务保障党的二十大为主线，全面贯彻总体国家安全观，常态化开展扫黑除恶斗争，集中开展反诈“百日会战”，专项打击整治养老诈骗，持续推进市域社会治理现代化试点建设，强化延怀赤区域治安联防联控，深入开展安全生产隐患大排查大整治，统筹防疫、防火、防汛、防极端天气等工作，群众安全感位居全市首位。

第六，党的建设全面加强。牢固树立“抓好党建是最大的政绩”理念，层层压实管党治党政治责任，党建凝聚人心、提振干劲、引领发展作用充分发挥。政治建设坚定有力。牢记“看北京首先从政治上看”，以学习宣传贯彻党的十九届六中全会和党的二十大精神为契机，加强党员干部政治历练和思想淬炼，全区党员干部坚决捍卫“两个确立”、增强“四个意识”、坚定“四个自信”、做到“两个维护”的自觉性进一步提高。高标准完成中央政法委对贯彻落实《中国共产党政法工作条例》情况的督查检查，基本完成市委巡视区委组织部、区纪委区监委机关，以及市审计局审计区委区政府原主要领导经济责任和自然资源资产270项内容整改。持续深化政治巡察，完成9家单位党组织巡察以及2个镇党委和所辖村社区专项巡察。完成三届区委常委会工作规则修订，完善区、处两级“三重一大”决策制度，今年主动向市委请示报告59件次。认真落实中央、市委重大改革决策部署，完成年度61项改革任务，出台重要改革文件72项，国企改革、职教转型升级等重点任务取得新突破。思想共识广泛汇聚。持之以恒学习宣传贯彻习近平新时代中国特色社会主义思想，组织区委理论学习中心组学习12次，理论宣讲“七进”活动覆盖各行各业党员群众20万余人次。围绕举办冬奥会和迎接党的二十大，加强网络舆情监测研判和新闻宣传引导，牢牢守住各类舆论阵地。加强新时代文明实践中心、所、站规范化建设，“点单派单”累计服务群众22万余人次。基层组织持续巩固。全面开展党支部标准化规范化建设突出问题自查整改，深入实施村党组织分类提升计划，3个市级示范村建设稳步推进，3个村获评全市首批抓党建促乡村振兴示范村。组织第一书记乡村振兴擂台赛等系列活动，培训“1+3+1”队伍1.9万人次，动态保持800人左右的村级后备干部队伍。全面开展排查整顿农村发展党员违规违纪问题工作，累计排查、严肃处置党的十八大以来涉及违规违纪问题114人。队伍建设不断深化。坚持以正确用人导向引领干事创业导向，围绕后冬奥时期发展需要，调整区管处级干部8批次200人次，72人得到提拔或进一步使用，6人调整出领导岗位，推动干部“能上能下”。建立区级重点工作干部人才储备库，健全年轻干部跟踪培养机制，选派67名优秀年轻干部参与全区重点专项工作。制定实施人才工作促进高质量绿色发展的20条措施，抓牢服务企业和人才资源引进。政治生态向上向好。坚持工作落实和作风纪律两手抓，深入实施进一步提高会议效率的六项措施、进一步严肃会议纪律的通知等文件，会风、学风、文风、作风改进成效明显。坚持抓“四风”不松劲，查处违反中央八项规定精神问题61人，给予党纪政务处分46人。保持反腐败高压态势，重点查处园林系统系列腐败案、开发区领域专案、国企领域职务犯罪案，处置问题线索356件，立案143件，给予党纪政务处分120人，采取留置措施9人，移送司法机关9人，形成有力震慑。深入开展乡镇积压问题线索专项清理，218件乡镇积压问题线索取得结论率99.1%。

这些成绩的取得，是党中央、国务院和市委市政府坚强领导、大力支持的结果，是全区上下同心同德、团结奋斗的结果。在此过程中，全区各部门单位、各乡镇街道知责担责、密切配合，广大党员干部敢于担当、带头拼搏，基层一线同志不怕疲劳、冲锋在前，社会各界和广大群众同心同向、献计出力，共同凝聚起了攻坚克难、向上奋斗的强大力量。在此，我代表区委常委会，向大家致以诚挚的敬意和衷心的感谢！

区委常委会也清醒认识到，工作中还存在一些困难和不足：一是推动“两山”转化和后冬奥发展尚未破题，绿色产业根基尚不牢固。二是“七有”“五性”还存在不平衡不充分问题，劳有所得、学有所教、住有所居等方面短板较多。三是治理体系和治理能力现代化水平尚有差距，法治观念、治理手段、文明素养有待提升。四是落实全面从严治党“两个责任”层层递减，基层党组织政治功能和组织功能不强，党员干部能力素质、实干作风不够，人才规模质量差距明显，高质量绿色发展对强有力组织纪律保障的需求更加迫切，等等。对这些问题，今后必须加大解决力度。

第二部分 关于明年工作

明年是全面贯彻落实党的二十大精神的开局之年，也是实施“十四五”规划承上启下的关键之年，做好全年各项工作意义重大、责任重大。

一、深学细悟笃行党的二十大精神

党的二十大擘画了全面建设社会主义现代化国家、全面推进中华民族伟大复兴的宏伟蓝图，是党团结带领全国各族人民在新时代新征程坚持和发展中国特色社会主义的政治宣言和行动纲领，为我们推进各项事业发展指明了前进方向、确立了行动指南。大会胜利闭幕后，我们以多种形式开展学习宣传贯彻工作，以上率下、步步深入，全区学习宣传贯彻党的二十大精神的热潮已经兴起，良好局面正在形成。学习宣传贯彻党的二十大精神是长期的政治任务，必须持续推动，真正学懂弄通做实，不断取得新的更大成效。下一步，关键要在“深”字上下足功夫。

一是要在学深悟透、把握精髓上再深一步。就是要坚持原原本本学、深入系统学、以上率下学，力求把精神实质领会深、领会透。要分层次抓好各级理论学习中心组专题学习和交流研讨，分批次做好处级领导干部全员轮训，全覆盖开展老干部、离退休人员、非公经济组织、社会组织中党员以及统一战线成员的学习教育，引导广大党员领导干部深刻把握党的二十大的重大思想观点、重要论断、重大举措。深入全面抓好宣传宣讲工作，引导广大党员干部群众深刻领悟“两个确立”的决定性意义，增强“四个意识”、坚定“四个自信”、做到“两个维护”。

二是要在联系实际、解决问题上再深一

层。就是要坚持以习近平新时代中国特色社会主义思想为指导，有的放矢，深入研究解决延庆发展面临的各种现实问题。特别是要聚焦落实“延庆是属于未来的”嘱托、建设生态文明幸福的最美冬奥城，把自己摆进去、把职责摆进去、把工作摆进去，坚持问题导向，加强研究分析，抓住主要矛盾，找准解决办法，真正把党的二十大提出的战略部署转化为推动延庆发展的思路举措。

三是要在真抓实干、狠抓落实上再深一重。就是要突出结果导向，用实实在在的工作业绩来检验学习贯彻的成效。要根据党的二十大精神，结合实际深入研究贯彻落实的具体思路、路径、抓手，转化为任务清单、项目清单、进度清单、责任清单，以钉钉子精神推进落实，一步一个脚印地把党的二十大做出的重大决策部署付诸行动、见之于成效，不断取得阶段性成果。

二、全力以赴完成明年目标任务

学习宣传贯彻党的二十大精神最直接、最实际的体现，就是面向未来、坚持首善，加快建设生态文明幸福的最美冬奥城，更地好服务党和国家事业全局，更好地服务新时代首都发展，更好地满足人民群众美好生活需要，在谱写全面建设社会主义现代化国家、全面推进中华民族伟大复兴的北京篇章中展现延庆新作为。

展现新作为，我们必须进一步提高政治站位、筑牢政治忠诚。新征程上，为我们掌舵领航的，就是党的领导核心习近平总书记；为我们提供科学指引的，就是习近平新时代中国特色社会主义思想。“两个确立”是新时代最大政治成果、最重要历史经验、最客观实践结论，是党应对一切不确定性的最大确定性、最大底气、最大保证。我们必须始终把坚持和捍卫“两个确立”、坚决做到“两个维护”作为最高政治原则和根本政治责任，以更高要求、更严标准、更实举措落实到延庆工作中、体现在自身言行上，始终在思想上、政治上、行动上同以习近平同志为核心的党中央保持高度一致。

展现新作为，我们必须进一步增强战略定力、坚定发展信心。尊重自然、顺应自然、保护自然，是全面建设社会主义现代化国家的内在要求。我们必须深入学习贯彻习近平生态文明思想，牢固树立和践行绿水青山就是金山银山的理念，坚守生态涵养区功能定位，深入落实《关于新时代高质量推动生态涵养区生态保护和绿色发展的实施方案》，坚持走生态优先、节约集约、绿色低碳的高质量发展之路，努力打造大国首都美丽底色和生态文明建设全国样板。

展现新作为，我们必须进一步站稳人民立场、走好群众路线。为民造福是立党为公、执政为民的本质要求。我们必须深入落实以人民为中心的发展思想，坚持把实现人民对美好生活的向往作为现代化建设的出发点和落脚点，紧紧抓住人民群众最关心、最直接、最现实的利益问题，尽力而为、量力而行，着力解决好人民群众急难愁盼问题，鼓励共同奋斗创造美好生活，不断实现发展为了人民、发展依靠人民、发展成果由人民共享。

展现新作为，我们必须进一步增强斗争精神、提高斗争本领。当前，延庆发展面临着外部拉力减弱和内生动力不足的双重挑战，同时疫情风险仍然存在，不确定难预料因素增多，需要解决的矛盾和问题比以往更加错综复杂。我们必须敢于斗争、善于斗争，加强斗争精神和斗争本领养成，不断增强志气、骨气、底气，着力增强防风险、迎挑战、抗打压能力，知难而进、迎难而上，全力防范化解来自各方面的风险挑战，依靠顽强斗争打开事业发展新天地。

展现新作为，我们必须进一步加强党的领导、深化自我革命。坚持党的全面领导是坚持和发展中国特色社会主义的必由之路，全面从严治党是党永葆生机活力、走好新的赶考之路的必由之路。我们必须全面、系统、整体落实党的领导，把党的领导贯彻到延庆事业发展各领域各方面各环节，永葆“赶考”的清醒和坚定，坚定不移把全面从严治党向纵深推进，用强有力的党建把握方向、凝聚人心，提振士气、推动落实，为推动地区高质量绿色发展提供坚强的政治、思想、组织和纪律保证。

明年工作的总体要求，就是高举中国特色社会主义伟大旗帜，坚持以习近平新时代中国特色社会主义思想为指导，全面深入学习宣传贯彻党的二十大精神，深入贯彻落实习近平总书记对北京一系列重要讲话精神，弘扬伟大建党精神，坚持稳中求进工作总基调，完整、准确、全面贯彻新发展理念，牢记“延庆是属于未来的”嘱托，立足生态涵养区功能定位，主动融入服务新时代首都发展大局，坚定不移地践行“两山”理念，更好地统筹疫情防控和经济社会发展，更好地统筹发展和安全，全面建设生态文明幸福的最美冬奥城，更好地满足全区人民日益增长的美好生活需要，奋力推动延庆高质量绿色发展迈上新台阶。

明年工作的主要指标，综合考虑外部发展环境和经济增长基础条件，建议明年地区生产总值增速安排6%，固定资产投资完成100亿元，区级一般公共预算收入同比增长3.5%，居民人均可支配收入增长与经济增长基本同步。这是区委、区政府经过认真研究确定的，兼顾可能与需要，有利于引导预期、提振信心，引导各方面把精力集中到推动地区高质量绿色发展上来。

明年工作的重点任务，要抓好以下几个方面。

第一，守护好山好水，在巩固生态优势上实现新进展。坚持山水林田湖草沙一体化保护和系统治理，着力推进生态优先、节约集约、绿色低碳发展，努力打造北京美丽的后花园和“两山”实践延庆样板。深入开展污染防治。坚持精准治污、科学治污、依法治污，深化“0.1微克”行动，协同控制PM2.5和臭氧污染，保持空气质量全市一流。统筹水资源、水环境、水生态治理，加快推进官厅水库库滨带生态修复工程，开展密云水库、白河堡水库上游流域保护和生态修复，推动全区污水处理率提高到94%，确保水环境质量全市领先。坚持农用地、建设用地、未利用地“三地”齐抓共管，确保耕地零污染、重点建设用地安全利用率达到市级要求。着力优化生态系统。高标准完成国家森林城市、中国天然氧吧复查和全面评估，大力推进彩色树种造林等绿化美化项目，加强自然保护地体系建设，落实生物多样性保护规划，推进野鸭湖湿地修复工程，提升生态系统多样性、稳定性、持续性。加快推动低碳发展。积极稳妥推进碳达峰碳中和，着力提升生态系统碳汇能力，积极开展碳排放交易市场建设，推动建设零碳低碳示范点，确保碳排放总量和强度“双控”达标。落实全面节约战略，大力推广绿色低碳的生产生活方式。持续开展生态系统生产总值（GEP）核算，深化成果应用。

第二，着眼量质并举，在推动经济发展上实现新突破。坚持以推动高质量发展为主题，用好“五子”联动资源平台，做好后冬奥、后世园文章，促进经济实现质的有效提升和量的合理增长。做实遗产利用。深化延庆奥林匹克园区改造，加快大众雪场建设，大力发展户外运动、山地赛事等休闲娱乐项目，努力实现四季运营。持续推进国际冰雪赛事申办，积极引进举办国家级、市级冰雪赛事。统筹抓好冰雪运动普及、人才培养等工作，带动更多人上冰上雪。推动世园公园完善功能配套、提高服务能力，办好北京国际花园节等品牌活动，积极创建国家旅游度假区。做好经济调度。健全党委领导经济工作的体制机制，推动全区上下合力抓经济、促发展。加强项目全生命周期服务管理，加快52个续建重点项目复工复产和22个计划新开工项目落地，围绕文化旅游等重点领域批次储备重大项目，全力扩大有效投资。精心开展主题促消费活动，加快推进八达岭长城天地商场改造升级、世园碧桂园商业综合体开发建设等重点商业项目，增加高品质消费产品供给。按照市场化、法治化、国际化要求，加大“放管服”改革力度，开展新一轮优化营商环境提升行动，全面落实“新12条”等助企纾困政策，助力市场主体高质量发展。扎实推进京津冀协同发展、延海协作、延兴协作任务落地。做精产业体系。出台新一轮全域旅游发展三年行动计划，积极推出精品文旅产品，精心打造旅游品牌活动，加快推进全域旅游提档升级。稳步推进中国长城博物馆改造提升、八达岭长城世界遗产核心展示区建设，建好长城国家文化公园，当好长城文化带建设领头雁。高水平建设中关村延庆园，提高现代园艺产业创新中心运营水平，推进民用无人驾驶航空试验区、无人机创新园二期、氢能创新产业园等重点项目建设，园区年度新引进企业不少于1000家。坚持农业和服务业融合发展，统筹抓好国家农业科技园区、全国休闲农业重点区、北京市林果花草蜂药种业创新孵化基地建设，探索打造“延庆东南山·九沟十八湾”农文旅融合发展品牌，做精做响“妫水农耕”，提升农业组织化、规模化、科技化、品牌化水平。

第三，统筹城乡布局，在促进融合发展上实现新成效。统筹城乡基础设施和公共服务布局，打造宜居、韧性、智慧的城乡空间。抓实规划执行。加快乡镇国土空间规划编审和功能区规划、街区控规编制，一体推进疏整促和规自领域问题整改。落实好“村地区管”实施办法，加强宅基地、自建房管理和农村风貌管控，坚决遏制耕地“非农化”，严格管控耕地“非粮化”。深化城市更新。出台城市更新专项规划，以RBD区域、万达商圈为重点，推进休闲度假商务区和城市综合服务区建设。加快棚户区改造，完成全部5个棚改项目安置房建设，加快回迁安置。完成51万平方米老旧小区综合改造，提升物业服务市场化规范化水平。建好美丽乡村。深入开展农村人居环境整治提升，打造15个整治标杆，促进村庄景观化。着力补齐乡村基础设施和公共服务短板，累计完成300个美丽乡村建设，打造宜居宜业和美乡村。

第四，突出法治先行，在社会治理效能上实现新提高。深化以法治带共治、以共治促精治，不断完善社会治理体系，推进基层治理现代化。深化法治延庆建设。完成全国法治政府建设单项示范创建，提高行政效率和公信力。完善基层综合执法体制机制，全面推进严格规范公正文明执法。深化司法体制综合配套改革，规范司法权力运行，确保严格公正司法。严格落实“谁执法谁普法”普法责任制，深入开展法治宣传教育，完善现代公共法律服务体系，引导全区人民做社会主义法治的忠实崇尚者、自觉遵守者、坚定捍卫者。积极推进共建共治。巩固拓展市域社会治理现代化试点成果，完善网格化管理、精细化服务、信息化支撑的基层治理平台，增强城乡社区群众自我管理、自我服务、自我教育、自我监督的实效，建设人人有责、人人尽责、人人享有的社会治理共同体。着力提高文明程度。紧盯全国文明典范城区目标，统筹抓好全国文明城区、文明村镇、文明单位、文明校园、文明家庭创建与新时代文明实践中心三级体系建设，广泛践行社会主义核心价值观，精细开展各类专项整治，进一步优化志愿服务，持续培育时代新风新貌。全力保障安全稳定。坚持把维护政治安全放在首位，完善政治安全、反间谍、涉外安全和抵御非法宗教等协调机制，严密防范敌对势力渗透、破坏、颠覆、分裂活动。严格落实意识形态工作责任制，健全意识形态领域研究报告、会商研判等工作机制，加强对敏感问题和热点问题的正面正向引导，稳妥处置涉意识形态敏感事件，培育积极健康、向上向善的网络文化。大力推进全国信访工作示范区创建，推进安全生产风险专项整治，强化社会治安整体防控，推进扫黑除恶常态化，统筹抓好防火防汛、粮食安全、食品药品监管等安全工作，提高公共安全治理水平。

第五，站稳人民立场，在增进民生福祉上实现新跃升。坚持在发展中保障和改善民生，实施好新一轮“七有”“五性”三年行动计划，采取更多惠民生、暖民心举措，让发展成果更多、更公平惠及全区人民。抓好接诉即办。深入落实接诉即办工作条例，深化依法治理、主动治理、综合治理，完善首接负责、“吹哨报到”双向考核、“每月一题”等工作机制，以办好一件诉求推动解决一类问题，进一步实现接诉即办降量、提率、增效。坚持就业优先。健全就业公共服务体系、终身技能培训制度和促进创业带动就业制度，实施后冬奥产业发展等五大培训项目，做好重点群体帮扶，保障城镇登记失业人员就业率达到60%、应届高校毕业生就业率不低于95%。落实城镇居民和农民增收若干措施，促进城乡居民收入持续提升。推进新型农业经营主体培育创建项目，拓展集体经济发展路径，推动巩固脱低、脱薄成果与乡村振兴有效衔接，逐步实现由集中资源支持向常态化帮扶、内生发展转变。优化公共服务。着力构建高质量教育体系，完成北京市八一实验学校建设项目主体工程，推进国际奥林匹克学院（一期）项目开工，用好职业学校资源，统筹职业教育、高等教育、继续教育协同创新，切实办好人民满意的教育。着力促进优质医疗资源扩容和均衡布局，统筹开展全国健康促进区和国家卫生乡镇创建，做好区医院、区中医医院与市级医院新一轮合作共建，以农村和社区为重点壮大医疗卫生队伍，提升基层医疗卫生服务能力。制定实施新一轮健全公共卫生应急管理体系三年行动计划，科学精准、因时因势优化完善疫情防控工作，加强医疗救治、药品供应、疫苗接种、生活保障、心理疏导等服务供给，引导广大市民群众当好自己健康的第一责任人。持续健全养老助老服务体系，推动养老机构规范化建设运营。统筹抓好社会救助、残疾人事业、妇女儿童保障等工作。全力创建北京市公共文化服务体系示范区，不断提升公共文化服务供给水平。

三、坚定不移推进全面从严治党

落实新时代党的建设总要求，持之以恒推进全面从严治党，为全区各项事业提供坚强的政治、思想、组织和纪律保证。

坚持把政治建设摆在首位。深刻领悟“两个确立”的决定性意义，严明政治纪律和政治规矩，切实增强“四个意识”、坚定“四个自信”、做到“两个维护”。完善党中央和市委、市政府重大决策部署落实机制，在实践中不断提高政治判断力、政治领悟力、政治执行力。健全以党章为根本的党内法规制度体系落实机制，增强党内法规权威性和执行力。加强巡视巡察整改和成果运用，推进政治监督具体化、精准化、常态化，增强对“一把手”和领导班子的监督实效。推动全面从严治党主体责任和监督责任一贯到底，把每条战线、每个领域、每个环节的党建工作抓具体、抓深入。

坚持以党的创新理论凝心铸魂。制定实施党的创新理论学习教育计划，坚持不懈用习近平新时代中国特色社会主义思想武装头脑、指导实践、推动工作。推动理想信念教育常态化制度化，解决好世界观、人生观、价值观这个总开关问题。坚持理论武装同常态化长效化开展党史学习教育相结合，引导党员干部不断学史明理、学史增信、学史崇德、学史力行，传承红色基因，赓续红色血脉。加强全媒体传播体系建设，及时跟进最美冬奥城建设、高质量绿色发展成果宣传，唱响延庆声音、讲好延庆故事。

坚持大抓基层的鲜明导向。以“1+3+1”队伍建设和党支部标准化规范化建设为重点，集中攻坚农村基层党建短板，实现软弱涣散村全部“摘帽”。统筹推进城市、机关、国企、学校、公立医院、“两新”组织等领域党建工作，强化党建带工建、带团建、带妇建。持续深化党建引领基层治理，深入推进抓党建促乡村振兴，建好红色美丽村庄试点，不断增强基层党组织的政治功能和组织功能。做好发展党员违规违纪问题排查整顿处理，优化党员队伍结构，激励党员发挥先锋模范作用。

坚持选人用人正确导向。落实新时代好干部标准，把政治标准放在首位，统筹做好干部选拔任用、考核评价、管理监督、关心激励等工作，选优配强处级单位领导班子，推动干部“能上能下”。加强干部斗争精神和斗争本领养成，增强干部推动高质量发展本领、服务群众本领、防范化解风险本领，锻造忠诚干净有担当的高素质专业化干部。围绕地区高质量绿色发展需要，坚持适用、实用人才一起抓，真心爱才、悉心育才、倾心引才、精心用才，做到人才“能进能出”，培养造就一批德才兼备的高素质人才。

坚持以严的基调正风肃纪反腐。锲而不舍落实中央八项规定精神，持续深化纠治“四风”。推进纪律作风建设常态化长效化，督促党员干部严于律己、严负其责、严管所辖，坚决整顿作风不严不实不硬、慵政懒政怠政现象，大力弘扬笃行奋发、真抓实干的工作作风。一体推进不敢腐、不能腐、不想腐，常态化开展警示教育，坚决惩治侵吞国有资产、坑农害农、操纵采购招标、跑官要官等现象，深化整治规自、园林、交通、住建等领域问题，持续开展乡镇积压问题线索处置清理，坚决打赢反腐败斗争攻坚战持久战，不断推动党内正气上升、社会风气上扬。

区委常委会要加强自身建设、率先垂范引领，切实履行管党治党责任，坚持不懈抓班子、带队伍，抓基层、打基础，提高把方向、谋大事、抓党建、保平安的能力，充分发挥区人大、区政府、区政协党组的作用，支持和保证人大、政府、政协依法依章程履行职能、开展工作、发挥作用。加强对统一战线的领导，完善大统战工作格局。推进工会、共青团、妇联等群团组织改革和建设，倾情做好老干部工作。全面落实党管武装制度，深化军民融合发展。各级党组织要切实履行好全面从严治党主体责任，全面加强自身建设，始终做团结群众、服务大局、推动发展的中坚力量。各级党员领导干部要牢记“三个务必”，弘扬党的光荣传统和优良作风，扑下身子保生态、谋发展、惠民生，带领全区广大党员干部群众团结奋斗、意气风发向前进。

以上报告的是区委常委会今年工作情况和明年部署安排，希望同志们提出意见建议。

北京市延庆区人民政府工作报告

——在北京市延庆区第三届人民代表大会第三次会议上
（2022年12月21日）

北京市延庆区人民政府区长　叶大华

各位代表：

现在，我代表北京市延庆区人民政府，向大会报告工作，请予审议，并请政协委员提出意见。

第一部分　2022年工作情况

2022年是极不平凡的一年。一年来，在市委、市政府和区委的坚强领导下，在区人大及其常委会的监督和区政协的支持下，我们牢记习近平总书记“延庆是属于未来的”嘱托，坚持以习近平新时代中国特色社会主义思想为指导，认真学习贯彻党的十九大及十九届历次全会和党的二十大精神，贯彻落实市第十三次党代会和区第三次党代会决策部署，经受住冬奥举办之年的政治考验和三年以来最严峻、最复杂的疫情考验，迎难而上、担当作为，以超常规努力和举措，着力发挥有效市场和有为政府作用，高效统筹疫情防控和经济社会发展，圆满完成服务保障党的二十大和冬奥会重大政治任务，经济保持较快增长，全口径税费收入首次超120亿元，新增企业首次超1万家，社会保持和谐稳定，各项事业取得新成绩新进步，国际一流的生态文明示范区建设迈上新台阶。

今年，全区地区生产总值预计完成213亿元，按不变价计算增长4%，实现市政府调控目标；固定资产投资预计完成100亿元，同比增长1.5%，其中建安投资完成70亿元；市场总消费预计完成214亿元，同比增长2%；地方级一般公共预算收入预计完成43.1亿元，同口径增长5.5%，区级一般公共预算收入预计完成24.3亿元，同口径增长8.8%，增速均创近年新高，居全市前列；全区居民人均可支配收入预计完成41754元，农民人均可支配收入同比增长4%，与经济增长保持同步。271项区政府折子工程、31项民生实事全面完成。主要做了以下几方面工作。

一、冬奥服务保障圆满成功

服务保障高水平完成。全面落实绿色、共享、开放、廉洁的办奥理念，按照“简约、安全、精彩”的办赛要求，如期完成场馆建设、生态修复和城乡环境提升等46项工程，高标准建成国际一流奥运场馆群，场馆全部达到绿色三星级建筑标准，“山林场馆、生态冬奥”由蓝图变现实。构建“三处十二组一团队”指挥体系，有效调动区外各方和全区上下力量，坚持全区保外围、外围保核心，内外一体统筹、“双环”管理，历经51天紧张有序的工作，有力服务了86个国家和地区的626名冬奥运动员、37个国家和地区的180名冬残奥运动员有序训练、顺利参赛，有效保障了政治安全、赛事安全、防疫安全、通信安全、舆论安全和城市安全，延庆赛区筹办举办任务圆满完成，得到国际国内广泛赞誉，“美丽延庆 冰雪夏都”的知名度美誉度大幅提升。

赛后利用高效率推进。提前谋划赛后发展，制定实施赛区赛后运营方案和场馆遗产利用计划，91项冬奥可持续利用任务基本完成并持续推进。高效完成场馆改造和园区转型，延庆奥林匹克园区实现精彩开园，累计接待游客19万人次，入选2022年北京市体育旅游十佳目的地、北京市旅游热门打卡地。国家级滑雪旅游度假地、高山滑雪北京延庆国家训练基地正式挂牌亮相。引进国际国内高水平赛事，取得未来五年国际雪车联合会赛事举办权。举办首都高校大学生第十五届滑雪比赛等12场冰雪赛事，带动2.2万人次上冰上雪。中关村（延庆）体育科技前沿技术创新中心成功获评国家体育产业示范基地，吸引368家冰雪体育科技企业入驻。大众雪场办理开工手续，首都体育学院（北京国际奥林匹克学院）新校区办学规模、校园规划设计方案已确定，冬奥势能进一步释放，利用合力进一步汇聚。

二、疫情防控科学精准有效

指挥保障高效得力。坚决落实国家和市级要求部署，精准研判区域疫情形势，合理制定全区疫情防控策略，动态调整优化防控措施，切实提高工作的科学性、可行性和有效性。8小时指挥部超常规高强度实体运行，充实“5+N”专班力量，组建区和街乡镇两级战时流调队伍，上下一体联动、内外衔接高效、区域协同互动扁平化指挥调度，以快制快做好流调溯源、信息发布、接诉即办等各环节工作。建成全域“15分钟核酸采样服务圈”，日最大检测能力超4万管。设立集中隔离点23个，建成并启用近1200张床位规模的两个方舱医院，同步用好“黄码医院”“红码医院”“健康驿站”，服务保障水平广受好评。下营检查站京外涉疫车辆中转站启动运行，协同织密首都“外防输入”防线。

防控成效有力彰显。全民动员、全面统筹做好“一防五保”。超常施策保障生产生活秩序，出台实施促消费、稳增长等措施，补贴市场主体房屋租金3600余万元，留抵退税、减税降费、缓缴税费共计超12亿元。建立每日监测预警和区域供应网点帮扶机制，保障生活必需品市场物资供应充足、货源渠道稳定、价格秩序平稳，确保了生产链条不断、群众生活秩序不乱。卫生疾控人员、一线干部、政法干警、志愿者等防疫工作人员昼夜奋战，7.8万人次党员干部职工下沉一线共同抗疫，近千人次医务人员支援兄弟区，接收服务跨区隔离人员1.2万余人次。群防群控力量空前，市民测温扫码戴口罩成为行动自觉，全区疫苗接种率100%。全区上下共抗疫、促发展的强大合力在一场又一场实战中壮大，有力守护了延庆美丽家园，为全区经济社会快速有序发展创造了条件。

三、生态品质保持全市一流

空气更清新。深入开展“0.1微克”行动，加强污染防治跨区联防联控，冬奥会期间空气质量达到历史同期最佳、实现“冬奥蓝”。PM2.5年均浓度26微克/立方米，保持全市领先，降尘量全市最低，六项污染物综合指数全市最低。加强“三尘”精细化治理和移动源排放监管，煤改清洁能源项目持续推进，年度污染防治攻坚战成效考核获“优秀”等次。

水土更秀美。强化共管共护，共促密云水库、官厅水库流域水源保护。加强水源地保护区水质监测，完成4个入河排口整治，3个国考和4个市考断面水质均达到或优于考核标准，保持全市一流。完成碓臼石生态清洁小流域等综合治理，新建污水管网379千米，全区污水处理率提高到93%，年度河长制工作获全市唯一国务院通报表扬。完成27万亩耕地保护空间划定和耕地质量提升任务，废弃矿山修复、噪声污染防治等4项环保工程全部完成，全区无受污染耕地，重点建设用地安全利用率达到95%以上。

环境更宜人。率先完成生态系统生产总值（GEP）核算和运用，为国家和北京市探索生态产品价值实现提供有益实践。率先印发实施《延庆区生物多样性保护规划（2022—2035）》，率先形成生态环境分区管控“三线一单”成果，野鸭湖湿地成为全市首个国际重要湿地。新一轮百万亩造林完成1.6万亩，森林覆盖率61.8%，创建首都森林村庄7个，打造2个古树村庄创新试点。新型集体林场改革实现乡镇全

12月21日，区三届人大第三次会议召开（区融媒体中心供稿）

覆盖，全区林业有害生物成灾率控制在1‰以下，成为全市唯一美国白蛾非疫区，年度林长制督查考核全市第一。人均公园绿地达到45.5平方米，公园绿地500米服务半径覆盖率达到97.7%，生态涵养区第一。编制完成延庆世界地质公园行动纲要，开展"中国天然氧吧"品牌建设，评选发布10个氧吧景区和氧吧乡村，生态环境质量指数连续三年优等级，公众生态环境满意度连续五年全市第一。

四、绿色发展势能不断增强

全域旅游强劲回暖。全域旅游三年行动计划（2020—2022）全部完成。加快长城文化带建设，率先出台国家级长城保护重要点段八达岭长城保护规划，长城博物馆改造提升有序推进、云展厅上线运行。一体化推进《京张体育文化旅游带建设规划》落实和世园后续利用，40项建设任务有序开展，成功举办第二届京张体育文化旅游带发展论坛、第三届京张大众滑雪交流赛、北京国际花园节等品牌活动，北京世园公园被评为国家青少年自然教育绿色营地、国家体育旅游示范基地和北京市首批旅游度假区。开展乡村景区化试点，推出140项文旅产品，精品民宿增至282家、560个院，火烧营村、大吉祥村入选第四批全国乡村旅游重点村。露营、夜长城等新业态势头良好，10个项目获评全市体育旅游精品项目，15个文旅业态点位获评北京网红打卡地，全年7个重要节假日中乡村旅游接待量6次居全市第一，全年旅游综合收入预计完成73.8亿元，与去年持平。

特色产业加速聚集。坚持"五子"联动、抓实"两区"建设，延庆园发展实现新突破。持续更新政策清单、空间资源清单和目标企业清单，新增"两区"入库项目162个，落地项目超过半数。夯实"一核四区"基础，完成创新家园一期土地一级开发，全年新注册企业3109家，无人机、体育科技、新能源与节能环保、园艺科技等202家特色企业入驻，桑普新源、美正等重要项目顺利竣工。航天时代飞鸿等龙头项目签约落地，过渡厂房建成投产，投资和产值带动作用明显。园区企业缴纳全口径税收70.4亿元，形成区级财政收入同比增长9.7%。出台支持高新技术企业创新发展政策"延十条”，并协助园区企业获得市级支持资金近4000万元。高新技术企业达到459家，同比增长17.4%，格灵深瞳智能、瑞芯谷、增材智造、杰诺医学等一批高科技头部企业落户延庆，创新能力进一步增强。

现代农业全面发展。优先农业农村发展，统筹推进92项乡村振兴重点任务，完成1.48万亩土地复耕复垦，开展8600亩高标准农田建设，完成土壤深松3.73万亩，推广有机肥4.37万亩，超额完成全年粮食、蔬菜和生猪生产任务，农产品保障能力进一步提高。深化全国休闲农业重点区建设，打造3个重点片区、10个美丽休闲乡村和10个休闲农业园区，休闲农业与乡村旅游收入同比增长24.6%，增速全市前列。首创特色产业首席专家机制，培育鲜食玉米、蔬菜、食用菌等特色产业，王仲营村获得北京市特色专业示范村称号，20家企业农产品入驻“妫水农耕”品牌线上销售平台。林果花草蜂药种业创新孵化基地建设有序推进，成为北京市四大种业基地之一。获评本年度全市唯一国家农业绿色发展先行区创建单位。扶持发展集体经济，90个经济薄弱村实现全部“消薄”。全年农林牧渔产值预计增长15%。

五、城乡融合发展全面提速

规划引领更加有力。开展规划工作“双百攻坚”行动，完成45项规划任务，切实发挥规划引领发展作用。“三区三线”成果获自然资源部批复，生态生产生活空间更加科学合理。新城南部3个街区控规获市政府审批通过，休闲度假商务区（RBD）规划方案国际征集、综合方案和中关村延庆园城市设计完成，6个乡镇国土空间规划上报审批，8个乡镇国土空间规划编制完成，实现乡镇国土空间规划全覆盖，全区分区规划、街区控规、乡镇域国土空间规划、乡村规划相互衔接，规划体系得到历史性深化和完善，为地区高质量发展打下扎实基础。首创冬奥场馆“第五立面”核验并在全市推广，首次制定实施区地价评审制度，建立试行集体产业用地“九步法”审批机制，分区规划年度体检质量进一步提高，依规划办事的理念更加牢固。

城乡品质更加优良。有序开展城市更新，完工、新开工老旧小区改造92万平方米，老楼加装电梯15部。6个棚改项目加速推进，“南三村”项目完成回迁，3个地块9.3公顷土地具备入市条件。新建商品房住宅供应4.3万平方米，重点群体多元住房需求得到满足。深入推进智慧延庆建设，5G网络率先实现全域覆盖，43个系统完成入云部署，30个部门数据实现汇聚对接。深化规自领域问题整改，巩固“基本无违法建设区”创建成果，销账违法建设和腾退土地面积完成率全市第一，城乡建设用地净减量0.3平方千米。精细化整治提升115条街巷，累计完成260个区级美丽乡村建设，补齐村庄基础设施和公共服务短板，完成新庄堡、下垙村农房质量提升试点建设，柳沟村、石峡村入选北京市首批15个“不可不去的村庄”。加快推进地表水供水工程，城区地表水供水比例提高到70%。城东供热管网改造完成。率先制定实施乡村公路管理办法，新增10条城市道路，南山环线三期工程、京藏高速（G6）辅路改建工程扎实推进，昌赤路云龙山隧道通车运行，香龙路与营王路获评北京市“最美乡村路”称号，成功创建“四好农村路”全国示范县。

社会治理更加高效。贯通落实“五个条例”，全国文明城区创建成果进一步巩固，全国“市域社会治理现代化试点”成效明显。完成10个住宅小区物业市场化改革，基本便民服务业态和垃圾前端回收站点实现全覆盖，生活垃圾回收利用率提高到37.5%。全区管道天然气形成“一张网”，完成6.6万户燃气安全配件安装，建成7508个电动自行车充电接口。完成5.3万个凌乱架空线点位和25处城市交通治理，首都环境建设管理考评连续七年全市第一。交通综合指数保持“畅通”级别，交通治理综合评价连续两年全市第一。深入推进平安延庆建设，深化矛盾排查、信息预警、人员管控、现场处置等协调联动机制，在党的二十大等重点时期全部实现“三个不发生”。坚持主动治理、高频调度对单，“接诉即办”提质增效，区级25项“每月一题”全部完成，解决率、满意率分别提高4.6和2.9个百分点，综合成绩全市第四。常态化开展扫黑除恶，安全生产、食品药品监管、禁毒工作力度不断加大，社会面保持和谐稳定，群众安全感99.7%，全市第一。

六、民生福祉得到持续改善

就业增收稳步提高。坚持“四业”联动，突出抓好疫情冲击下的就业增收工作。力促就业形势保持稳中向好，全区单位就业人数达到9.7万人，较去年末增加828人。实施促进城乡居民增收若干措施，发放促进就业政策资金超7亿元，浇冰师、压雪车驾驶员、民宿管家3个新职业工种成功纳入《国家职业分类大典》，累计培训1.1万余人次，促进农村劳动力转移就业5900人。应届高校毕业生就业率96.7%，城镇登记失业率控制在4.3%以内。追偿欠薪2756万元，实现欠薪线索动态“清零”。“中国创翼”创业创新大赛我区推荐项目获全国二等奖、北京市一等奖。东西部协作深入推进，延海结对协作26件实事全部完成。

保障能力扎实提升。紧盯民生重点领域和关键环节，补短板、强弱项，“七有”“五性”监测评价结果全市排名提高到第五。医疗能力持续增强，区中医医院新院投入使用，医疗急救站实现街乡镇全覆盖，呼叫满足率99.7%。重点人群家庭医生签约率98.8%。全国健康促进区创建通过市级验收。教育条件持续完善，新增学前学位1110个，北京市八一实验学校开工建设，第一职业学校建成，职教改革深入推进，组建延庆区职业学院。“双减”成效明显，学生作业负担和校外培训负担明显减轻。高考本科升学率提高到87%，居生态涵养区前列。养老保障持续用力，累计建成运营27家养老服务驿站、11家养老照料中心，基本养老服务对象签约率达到80.6%。社会救助持续加强，残疾人康复服务覆盖率提高到90.9%，社会心理服务中心建设实现街乡镇全覆盖。

文体服务有效提质。推进北京市公共文化服务体系示范区建设，完成65个基层公共文化设施修缮，档案史志馆新馆建成。首次线上线下相结合，举办群众文化赛事活动，全年开展各类群众文化活动2500余场，我区群众在首都市民文化活动比赛中成绩突出，选送节目首次入围全国“群星奖”决赛，群众文化和艺术水平明显提升。大柏老村笼式篮球场等4处专项体育场地建成，全民健身中心对外开放，维护更新100处公共体育设施，全区人均公共体育用地面积2.2平方米、人均体育场地面积7.5平方米，均列全市第一。成功创建4个市级体育特色乡镇、64个区级体育特色村，组织全民健身活动27场，群众科学健身意识进一步增强。

七、政府自身建设持续加强

深化改革有序落实。做好机构改革“后半篇文章”，开展乡镇机构改革评估，制定实施《延庆区权力清单动态管理办法》。全面完成事业单位转企工作。推进国资国企改革发展，形成董事会工作制度体系，压减“两非”企业3家、提级管理6家，国企运营效率逐步提升。实施国企负责人薪酬制度改革，加强绩效考核约束，国企改革稳步落实。

依法行政深入推进。成功创建“全国法治政府建设示范区”。深入落实法治政府建设实施意见，公开发布18项区政府重大行政决策事项目录，全流程规范行政规范性文件制发程序。完成综合执法制度和考评体系建设，行政处罚案卷评查优秀率94%，人均执法量居全市前列。行政复议体制改革全市领先，案件审结率80.4%。区政府负责人出庭应诉7件。全面实施“八五”普法规划。规范建成区级公共法律服务中心，实现三级调解组织全覆盖，受理法律咨询3.5万人次。累计建成5个国家级、106个市级民主法治示范村（社区），培养“法律明白人”近2000人。

营商环境持续优化。落实营商环境5.0版，302项改革任务落地，促进营商环境市场化、法治化、国际化。精准落实“服务包”机制，260

项企业诉求办结率100%，企业满意度进一步提升。深化“放管服”改革，328项审批完成“告知承诺”改革，市场主体全部纳入“双随机、一公开”检查对象库。完善区级“一网通办”平台建设，区级审批系统办理事项“全程网办”率达100%。完成415个村（社区）政务服务规范化建设，政务服务“家门口办”成为新常态。全年新增市场主体1.2万家。

作风建设富有成效。坚持严的主基调，落实全面从严治党“一岗双责”，毫不松懈纠治“四风”。依法接受人大工作监督、法律监督和政协民主监督，全年办理人大代表议案建议76项、政协提案150件，代表委员对建议提案办理满意同意率100%。司法建议和检察建议按期办复率100%，政府信息公开依申请办结率100%。坚持政府过“紧日子”，修订实施大额专项资金、政府投资项目等管理办法，形成成本预算绩效管理闭环，财政支出结构进一步优化，财评平均审减率25.9%。强化审计监督，完成70家单位、98项审计任务，政府效能进一步提高。

各位代表，即将过去的一年，我们心往一处想、劲往一处使，咬定目标不放松，埋头苦干抓落实，较好完成了年度任务，较快推动了地区发展。这些成绩的取得，得益于市委、市政府和区委的坚强领导，得益于区人大及其常委会的监督和区政协的全力支持，得益于广大干部群众的艰苦奋斗、无私奉献。在此，我代表区政府，向奋战在全区各条战线上的干部群众、向关心支持延庆发展的各界人士，表示崇高的敬意和衷心的感谢！

在肯定成绩的同时，我们也清醒地认识到，延庆发展还面临一些突出问题，政府工作还存在一些不足。主要是：经济发展的压力依然很大，“两山”转化成效不够明显，赛会资源的后续利用还有很大提升空间；城乡区域发展不平衡不充分问题依然突出，基础建设还有很多短板，促进农民就业增收渠道还需进一步拓宽；社会治理方面的一些环节依然薄弱，治理体系和治理能力现代化水平还不够高，市场意识、法治思维还需要进一步增强；不作为、慢作为现象依然存在，敢于斗争的能力不够强，政府系统干部队伍在抓落实、提效率等方面还需要不断提升。对于这些问题，我们一定高度重视，在今后的工作中采取切实有效措施，下更大力气加以解决。

第二部分　2023年重点任务

党的二十大描绘了全面建设社会主义现代化国家、全面推进中华民族伟大复兴的宏伟蓝图，为我们奋进新征程、建功新时代注入强大信心和动力。2023年是学习宣传贯彻党的二十大精神的开局之年，经济社会发展面临冬奥世园遗产带动效应进一步释放、经济新动能有望集中发力、内需恢复潜力较大等诸多有利条件，我们要坚定必胜的信心决心，树牢高质量发展理念，坚持以规划引领方向、以指标激励行动、以项目支撑发展，真抓实干、争先创优，全力推进生态建设、财源建设、文旅建设、园区建设、“三农”建设、城乡建设、民生建设、法治建设和政府自身建设，推动全区经济社会发展再创新高、再获佳绩，让新时代发展成果更好地惠及延庆人民。

2023年工作的总体要求是：坚持以习近平新时代中国特色社会主义思想为指导，全面深入学习宣传贯彻党的二十大及中央经济工作会精神，深入贯彻落实习近平总书记对北京的一系列重要讲话精神，弘扬伟大建党精神，坚持稳中求进工作总基调，完整、准确、全面贯彻新发展理念，牢记“延庆是属于未来的”嘱托，立足生态涵养区功能定位，主动融入服务新时代首都发展大局，坚定不移践行“两山”理念，更好地统筹疫情防控和经济社会发展，更好地统筹发展和安全，全面建设生态文明幸福的最美冬奥城，更好地满足全区人民日益增长的美好生活需要，奋力推动延庆高质量绿色发展迈上新台阶。

2023年经济社会发展主要预期目标是：地区生产总值按不变价计算增长6%；区级一般公共预算收入增长3.5%；固定资产投资完成100亿元；市场总消费和社会消费品零售额分别增长10%和9%；居民人均可支配收入增长与经济增长基本同步。主要做好以下九方面重点工作。

一、深化生态建设，提升环境品质

坚持把生态指标作为“一号指标”，坚守一流标准，坚决打好污染防治攻坚战，深化山水林田湖草沙一体化保护和系统治理，打造生态建设延庆样板。

持续优化空气质量。深入实施“0.1微克”行动，推动减污降碳协同增效。聚焦移动源管控、工业污染防治，狠抓裸地、道路、工地扬尘治理，巩固扩大“无煤化”成果，加强大气污染联防联控，PM2.5年度平均浓度达到市级要求，大气质量保持全市一流水平。开展碳达峰碳中和工作谋划，积极推进绿色低碳发展，确保碳排放总量和强度“双控”达标。

持续加强水土保护。加强区域协同联动，与赤城、怀来等强化生态共建、环境共保、成果共享，加快推进官厅水库库滨带生态修复工程。以总氮控制为重点，开展密云水库、白河堡水库上游流域保护。加快推进蔡家河、三里河等生态修复，水环境质量保持全市一流水平。完成10个村饮水提升改造和6座污水处理站建设，完成全部美丽乡村污水项目建设，全区污水处理率提高到94%。完成市级节水型单位和村庄创建，开展6条河流“找空间、定方案”工作。落实土壤污染源头预防和管控，保持耕地零污染，重点建设用地安全利用率达到市级要求。

持续扩大生态效益。推动零碳低碳示范点建设，加快推进城市滨水空间提升项目，打造城市新活力空间。聚焦国家森林城市建设36项新国标、“中国天然氧吧”16项考核指标，加强乡镇集体林场养护工人技能培训，高水平开展17.8万亩平原生态林养护。扩大森林防火视频监测覆盖面，创建全市首个无人机园林绿化场景应用基地。创建林果、林花、林草、林蜂、林药、林地场景应用试验示范基地，高效发展林业产业，优质果品年产量增加3%。落实生物多样性保护规划年度任务，持续开展“绿盾”行动，加大自然保护地监督力度，提升硅化木地质公园生态系统质量。持续推进生态文明体制改革，统筹做好生态系统生产总值（GEP）核算工作，深化成果应用。

二、突出财源建设，增强发展动能

统筹抓好“五子”联动和“两区”建设，坚持稳存量与促增量并举，加强财源建设，稳定经济增长，为高质量发展提供有力保障。

夯实发展基础。落实《关于新时代高质量推动生态涵养区生态保护和绿色发展实施方案》，抓实抓细北京市高质量发展综合绩效评价体系，对标“减量、创新、协调、绿色、开放、共享”发展考评指标，全力扬优势、补短板，全面夯实“1+4+1”产业发展体系。推动项目落地，优化服务环境，提高推进效率，加快城乡住房、基础设施、公共服务、产业发展等续建重点项目和计划新开工项目建设。聚焦后疫情时期居民消费提质升级新需求，推出文化消费、绿色消费、冰雪消费等主题活动，进一步拉动消费，促进经济快速回暖。

做优营商环境。深化全区“一盘棋”思想，推动营商环境不断优化，高标准完成新一轮营商环境改革任务，做好世行、国家和北京市评价迎检参评工作。发挥“服务包”机制对财源建设的支撑作用，坚持“有求必应、无事不扰”，全面强化主动服务、高效服务、精准服务，全力支持市场主体发展，实现存量企业提质增效，持续加大潜力中小微和高新技术企业培育，增强高新技术等重点企业的吸附力。

强化招商引资。树牢“全民招商”理念，统筹招商资源，强化招商平台企业和“集群注册”平台管理，综合运用“以商招商、以链招商、以赛招商”等多种模式，完善专业化、市场化招商机制，拓展招商渠道，引进一批高、新、强、优项目，新增市场主体保持在1万家左右并持续提高有税率。加大队伍专业能力建设力度，准确研判经济发展形势，加强重点行业和企业数据分析，提升企业落地实效。创新体制机制，发挥政策激励作用，完善财源与预算管理挂钩机制，落实区级财源建设评估、考评办法，形成工作合力。

三、强化文旅建设，加速提档升级

贯彻落实京张体育文化旅游带建设规划，强化文旅产业龙头作用，着力打造国际知名休闲度假旅游目的地。

促进文旅融合联动。擦亮三张“金名片”，用好长城文化、世园文化、冬奥文化，加大“美丽延庆 冰雪夏都”城市品牌宣传推介，提升城市旅游形象。完善旅游基础建设，改造升级百里山水画廊、四季花海等景区景点，提升乡村旅游载体功能，推进全域旅游示范乡镇提质增效，促进精品民宿规范有序发展，丰富“北京礼物”等文旅产品创意。创新引入新兴业态，统筹办好长城文化节、北京国际花园节、冰雪欢乐季等品牌活动，举办10场以上国家级赛事活动。做精元宵节、端午节等特色活动，实现文旅深度融合，提升文旅供给产品内涵和游客体验品质。

促进资源整合联动。依托八达岭长城、世园公园、奥林匹克园区等重点资源，积极举办高水平的品牌活动、展览会议、国际赛事，打造一批“小而精”的展会活动。以八达岭文旅集团、世园公司、国家高山滑雪公司为重点，整合全域旅游资源，推动旅游产业组团发展，形成“四大主题”旅游景区。促进“旅游+”融合发展，联合开发“春骑行、夏露营、秋健跑、冬冰雪”特色精品旅游线路和项目，以点串线、以线带面联动全区旅游资源，促进全季候、全区域旅游共赢发展。

四、聚焦园区建设，夯实发展能力

坚持科技创新驱动，发挥延庆园聚集企业、承载项目、推动发展的主平台作用，打造产业发展高地，培育经济增长极。

提升园区承载能力。以挖潜、提质、增效为主线，落实中关村延庆园城市设计方案，优化产业空间资源供给，提升集中连片发展水平。构建“一园两区”创新发展格局，建设“民用无人驾驶航空试验区”“国际体育（冰雪）产业示范区”。推进低效产业用地“腾笼换鸟”，盘活京仪绿能、雪润羊毛衫厂等闲置土地和厂房。推动无人机创新园二期、绿色云计算中心等重点项目建设，深化与八达岭机场合作，不断拓展产业承载空间。完善园区电力、道路、管网，补齐基础设施短板。

做精做强特色产业。坚持“专、精、特、新”发展思路，聚焦4个重点培育产业，围绕产业强链补链，推动一批标志性、引领性项目入库落地。加快航天时代飞鸿项目进度，建设延庆无人机低空航路，发挥龙头企业“链长”作用，带动无人机上下游企业集聚。积极建设体育文化综合体，提升中关村（延庆）体育科技前沿技术创新中心发展水平。以国家农业科技园为统领，加快中关村现代园艺产业创新中心、林果花草蜂药种业创新孵化基地建设。加大高新技术、“专精特新”、“独角兽”、央企及其子公司等重点类型企业引进力度，园区新引进企业不少于1000家。

优化创新创业环境。实施《中关村延庆园改革发展提升方案》，开展高新技术企业“筑基扩容”“小升规”“规升强”三大工程，落实高新技术企业创新发展等系列支持政策。建立应用场景征集和发布机制，聚焦特色产业、关键技术，实行“揭榜挂帅”等制度，建设一批带动性强的标杆性应用场景，为园区高质量发展提供科技支撑。实施“一企一策”服务措施，支持三吉利、中泰邦等重点传统企业提质升级，推动注册型企业实体化。完善住房、教育、医疗、商务等公共配套服务，与中关村发展集团合作构建创新生态体系，建设功能完善、宜居宜业的高品质园区。

五、紧抓“三农”建设，促进乡村振兴

深入落实《北京市乡村振兴促进条例》，聚焦年度目标和长远需求，不断夯实乡村产业、人才、文化、生态、组织振兴的基础。

加快传统农业转型升级。围绕稳产保供目标，完成粮食播种面积16.57万亩、蔬菜播种面积3.88万亩，新建高标准农田1.2万亩，推进农副产品深加工，加快“黑六”核心种猪场等重点项目进度。实施北京市“十百千万”休闲农业项目，深化“妫水农耕”品牌建设。发展林下经济，鼓励中药材、蜂业等产业发展，拓展生态产品价值实现路径，打造“延庆东南山·九沟十八湾”“网红路边网红村”等农文旅融合发展品牌。推进新型农业经营主体培育创建项目，规范提升农民专业合作社示范社，培育家庭农场。

加快推进和美乡村建设。实施美丽乡村风景线建设规划纲要，累计完成300个美丽乡村建设任务，创建一批全国美丽休闲乡村，增强美丽乡村风景线吸引力。持续开展农村人居环境整治，创建优秀示范村庄，打造15个农村人居环境整治标杆。加强宅基地管理，规范宅基地审批，保护乡村特色风貌。完善服务“三农”和农村电商的快递末端网点，健全区、乡镇、村三级物流体系。以点带面建立村级议事协商机制，健全自治、法治、德治相结合的乡村治理体系。

加快推动农民增收致富。拓宽农民增收渠道，深化农民增收措施。发展绿色产业吸纳就业，开展订单、定向、定岗职业技能培训，提升农民就业质量。发展壮大集体经济，完善农村集体资产经营管理，“一村一策”支持集体经济薄弱村发展，建立与市场经济接轨的新型集体经济组织运行机制，增强集体经济组织服务能力。激发“三块地”活力，深化“村地区管”，探索以点状供地、经营租赁、盘活置换等方式发展农村新业态，推动城乡要素平等交换、双向流动，为乡村振兴注入新动能，有效促进农民收入持续增长。

六、加快城乡建设，提高城市品质

坚持规划建设和城乡治理系统化、精细化，加快重点项目建设进度，着力提升城市品质，进一步增强城市吸引力。

持续强化空间管控。以北京城市总规和分区规划为引领，进一步完善规划管控体系，落实“三区三线”划定成果，坚守生态底线不动摇。完成“十四五”规划中期评估、2022年度城市体检和14个乡镇国土空间规划审批，编制报批0205街区控规和永宁、张山营等镇中心区控规，按需启动其他控规编制工作，为重点区域加快发展提供规划保障。持续深化规自领域问题整改，严防“大棚房”问题反弹，坚持新生违建“零容忍”，统筹用好腾退空间。完成自然资源督察整改及年度减量任务，做好减量地块后续利用。推进国土空间生态修复规划实施，完成区级国土空间生态修复规划（2022—2035）编制。持续开展农村乱占耕地建房专项整治。完成新增耕地及地灾治理项目，坚决遏制耕地“非农化”，严控耕地“非粮化”。做好自然资源确权登记工作。

着力提升城乡功能。贯彻落实《北京市城市更新条例》，立足功能定位，制定实施我区城市更新专项规划，梳理闲置资源，建立项目库，推动永宁铸造厂等项目开工建设。加快棚改进度，实现5个棚改项目安置房主体结构封顶，加快回迁安置，34个地块达到入市条件，推动土地上市交易。坚持“三上三下”确定改造方案，完成51万平方米老旧小区综合整治。持续开展“疏整促”专项行动，巩固提升“基本无违法建设区”创建成果，确保无证无照、开墙打洞动态清零，完成城乡环境提升等工程。不断完善租购并举的住房保障体系，开工建设司家营地块公租房项目，提高轮候家庭房源供给率。加强商品房项目监管，抓投资、促开工、保交付，满足群众改善住房需求。落实《北京市住房租赁条例》，坚持群租房动态清零。新推动10个小区实现物业市场化，“以考促改”提高物业服务水平。完成自建房排查和房屋安全重点隐患治理。建成平原区地表水供水二期工程、农村供水提升改造二期工程，推进城乡供水一体化。完成小营中路、石河营中街、龙顺路等道路工程建设，加快南山环线三期建设进度，推进京藏高速（G6）辅路改建项目。完成耿家营110千伏输变电工程等电力项目建设。

纵深推动社会治理。巩固提升全国文明城区创建成果，优化完善城乡环境建设管理考评体系，提升城乡环境精细化治理水平。加快推进循环经济产业园、再生资源分拣中心、镇级生活垃圾转运站项目建设，生活垃圾回收利用率提高到39%，居民垃圾分类自主投放率进一步提升。完成综合交通治理5项疏堵工程。打造5个“一刻钟便民生活圈”。加强平安延庆建设，深入落实《信访工作条例》，持续开展矛盾纠纷排查化解，推进全国信访工作示范区创建。持续提升“延庆乡亲”影响力。做好全国双拥模范城迎评工作。坚持扫黑除恶常态化，健全社会治安防控体系，有效打击违法犯罪。加强韧性城市建设，抓细抓实安全生产、食药安全、防火防汛防灾、应急救援等工作，防范化解重大安全风险，不断提高群众安全感。

七、着眼民生建设，增进百姓福祉

坚持以人民为中心，紧紧围绕“七有”要求和“五性”需求，着力补齐民生保障短板，持续提升群众幸福感获得感。

全面促进就业增收。落实就业优先战略，深入实施协调发展若干措施等促进就业政策。强化“四业”联动，实施“鹊桥”计划和“金钥匙”就业专项行动，精准帮扶、精准培训1.3万人次。促进城乡劳动力就业8000人，城镇登记失业人员就业率达到60%，应届高校毕业生就业率不低于95%。农村居民人均可支配收入增速继续快于城镇，城乡居民收入差距进一步缩小。持续推进东西部协作，加快京津冀协同发展，加强延海协作，使更多协作成果惠及百姓。

完善基础民生保障。办好人民满意的教育，巩固“双减”工作成效，深入推进中小学校党组织领导的校长负责制改革和校长教师交流轮岗工作，补充学前学位150个，新增小学学位400个。完成北京市八一实验学校建设项目主体工程，推进首都体育学院（北京国际奥林匹克学院）新校区开工建设，完善职业教育和培训体系。促进优质医疗资源扩容和均衡布局，深化市区两级医院合作共建，推进区医院三级医院复审。大力开展爱国卫生运动，深化全国健康促进区创建。提升基层医疗服务能力，30个村卫生室开通医保。实现重点人群家庭医生签约9万人。制定实施新一轮健全公共卫生应急管理体系三年行动计划，科学精准、因时因势优化完善疫情防控工作，加强医疗救治、药品供应、疫苗接种、生活保障、心理疏导等服务供给，引导广大市民群众当好自己健康的第一责任人。完善养老助老服务体系，着力推进农村养老助餐工作，精准开展特殊群体社会救助。

增加文体服务供给。完成市级公共文化服务示范区创建，深入推进街乡镇文化活动中心社会化运营改革试点，不断提升公共文化服务效能。完成60个以上基层文化室修缮，搭建线上、线下相结合的群众文化活动平台。举办各类群众文化活动，推动云演出、云观展、云竞赛，提升数字文化服务配送能力。增强全民体质，新建更新51处室外健身场所，升级改造江水泉公园健走步道。开展3000名中小学生冰雪技能培训，举办30场以上区级全民健身活动，带动8万人次参与，实现全民健身示范街道和体育特色乡镇全覆盖。

八、深化法治建设，营造公平环境

坚持“法”字当先，不断提高行政行为的规范化法治化水平。

强化依法行政。完成全国法治政府建设单项示范创建。规范重大决策事项目录制定，抓好事前评估程序履行和事后评价制度落实。充分发挥法律顾问和公职律师在依法决策中的积极作用，提升行政执法能力和规范化水平。开展行政执法“大练兵、大比武”，推进严格规范公正文明执法。深化行政复议体制改革，强化行政机关负责人出庭，实现应出尽出。坚持区政府常务会会前学法常态化，抓好领导干部依法行政培训工作。完成“八五”普法市级中期验收。有效提升乡镇街道依法行政工作能力水平，进一步夯实法治政府建设基础。

优化政务服务。巩固各项机构改革成果，完善机构编制资源配置，加强医疗卫生机构编制保障，强化编外人员员额管理。持续深化“放管服”改革，推进“一业一证”、“告知承诺”、减证便民、政务服务标准化，降低审批门槛，优化审批流程。完成“6+4”综合监管改革试点，强化数据共享应用。做好政府信息公开和政务公开，健全社会信用体系，强化信用监管支撑保障。

九、强化自身建设，不断争先创优

围绕建设有力有为、廉洁高效、人民满意的法治政府，持续增强干事创业的凝聚力、战斗力、执行力，进一步提高政府效能。

坚持勇争一流。深入落实区委对政府工作的全面领导，坚持在融入首都发展大局中谋划开展工作，以“争先进、创优秀”为标准，全面提高政府工作执行力。坚持目标导向，牢固树立全区一盘棋思想，围绕重点任务指标定责、定量、定时，确保一分部署、九分落实。坚持问题导向，围绕区域发展的重点问题、标志性项目，盯紧不放、盯出办法、盯出成果。坚持结果导向，围绕“延庆样板”“特色品牌”，坚持清单式管理、项目化推进，抓好时间控制、质量控制和成本控制，对标先进、务求质效、争创一流。

坚持改革创新。全面优化督查工作机制，强化以督查促执行，落实督查工作延庆“政八条”，做到决策督查有高度、督查调研有深度、专项查办有力度。持续深化国资国企改革，区属国有企业董事会应建尽建，国企负责人薪酬制度全面落实，试行经理层人员任期制、契约化管理，增强企业发展活力。持续强化审计监督“利剑”作用，做好审计整改“后半篇文章”，以审计监督护航政府工作高质高效。持续提高预算绩效管理水平和财政资金使用效能，以政府的“紧日子”守护百姓的“好日子”。

坚持改进作风。坚持眼睛向下、脚步为亲，扑下身子干实事、谋实招、求实效，锤炼为民务实的作风。锲而不舍落实中央八项规定及其实施细则，持续深化纠治“四风”，进一步精文减会，为基层减负。解决群众急难愁盼问题，做好议案提案办理，自觉接受各界监督，让政府权力在阳光下运行。发扬斗争精神、掌握斗争策略、练就斗争本领，实现斗争效果最大化，做到平常时候看得出来、关键时刻站得出来、危难关头豁得出来，全力推动政府工作高效运转、有效落实。

各位代表、同志们，百年征程风正劲，冬奥之城谱新篇。让我们紧密团结在以习近平同志为核心的党中央周围，深入贯彻落实党的二十大精神，在市委、市政府和区委的坚强领导下，在区人大及其常委会的监督和区政协的支持下，紧紧团结依靠全区广大干部群众，坚持一张蓝图绘到底，以时不我待的紧迫感、苦干实干的责任感和赶考答卷的使命感，齐心协力、接续奋斗，全力推动延庆经济社会发展迈上新台阶，奋力谱写新时代美丽延庆新篇章！

专文

关于党建引领农村集体经济发展和农民增收的实践与思考

中共北京市延庆区委书记　于波

党的十八大以来，以习近平同志为核心的党中央坚持把解决好“三农”问题作为全党工作的重中之重，启动实施乡村振兴战略。党的二十大报告将“全面推进乡村振兴”摆在了更加突出的位置，明确指出，“全面建设社会主义现代化国家，最艰巨最繁重的任务仍在农村”，要求“抓党建促乡村振兴”。中央农村工作会议强调，“全面推进乡村振兴是新时代建设农业强国的重要任务，人力投入、物力配置、财力保障都要转移到乡村振兴上来”。发展壮大农村集体经济、促进农民持续增收，既是新时代实施乡村振兴战略的重要举措，更是引领广大农民实现共同富裕的重要途径。党建引领作为乡村振兴的前提，在农村集体经济发展和农民增收中起着极为关键的作用。本文对延庆区党建引领农村集体经济发展和农民增收的实践探索和问题不足进行了总结探讨，对下一步思路举措进行了思考梳理，为地区深入实施乡村振兴战略、扎实推进共同富裕提供参考。

一、做法和成效

近年来，延庆区全面贯彻落实中央、市委、市政府关于乡村振兴战略的决策部署，以党的建设为引领，以冬奥会世园会筹办举办为契机，以集体经济发展和农民增收为重点，集中精力抓发展、综合施策促振兴。“十三五”期间，农村居民人均可支配收入从18088元提高到25838元，低收入村全面消除，低收入农户全体脱低，集体经济薄弱村全部清零，集体经济发展和农民增收工作取得了积极成效。

（一）强化制度引领，凝聚工作合力

牢固树立大抓基层的鲜明导向，通过搭平台促协同、明责任促落实、建制度促成效，充分发挥各级党组织在抓发展、促增收中总揽全局、协调各方的领导核心作用。一是建立目标导向明确的组织体系。把乡村振兴特别是集体经济发展和农民增收作为“一把手”工程，区委农村工作领导小组牵头抓总、统筹协调；区委、区政府主要领导定期专题调度、亲自研究推动；区乡村振兴局成立五大工作专班，及时督促指导；乡镇落实乡村振兴主体责任，党委书记一线指挥；村级党组织发挥战斗堡垒作用，支部书记担当工作队长，形成一盘棋抓“三农”、三级书记抓振兴的工作格局。统筹开展乡镇机构改革、农口改革，农口56%人员编制下沉乡镇，形成“1+4+6+15”①的系统服务管理框架，为推动农村集体经济发展和农民增收搭建起坚强有力的组织体系。二是强化效果导向严格的责任体系。着眼真发展、真增收，区级领导以“党建引领全面推进乡村振兴”为主题，带头深入15个乡镇、376个村开展全覆盖调研，强化分类管理、做好重点帮扶。充分发挥人大、政协监督作用，围绕乡村振兴目标任务，高效办理区人大人大代表议案建议42项，形成并办复政协委员提案40件，有力促进了工作落实。把抓党建促乡村振兴作为全区处级班子年度考核、基层党组织书记抓党

① 1即农业农村局（乡村振兴局），4即农业综合执法队、农村合作经济经营管理站、新农村建设服务中心、农业技术综合服务中心，6即农业技术推广站、植物保护站、农业科技服务中心、农产品质量安全中心、新农村经济组织服务中心、动物疫病预防控制中心，15即各乡镇分中心。

建述职评议考核、月度点评会的重要内容，切实以严考促实绩。三是健全需求导向精准的政策体系。围绕党建引领农村集体经济发展和农民增收需求，先后印发实施抓党建促乡村振兴工作的若干措施、扶持壮大村级集体经济的实施方案、关于做好稳就业促创业工作的若干措施等系列文件，从人才、资金、产业、项目等多方面为村级集体经济发展和农民增收提供政策保障。坚持规划引领乡村振兴，高标准推进乡镇国土空间规划编制，高质量制定乡镇“十四五”规划，为15个乡镇逐一确定功能定位、发展方向和乡村振兴的主要任务，量身定制土地、人口、环保、产业等指标要求，以日臻完善的规划体系保障乡村振兴依法依规有序推进。

（二）强化组织引领，提升带动能力

坚持把夯实基层组织作为发展壮大农村集体经济和促进农民持续增收的基础工程，通过“两整顿、两提升、两示范”，全面激活村集体经济发展动能。一是抓整顿增强动能。动态整顿软弱涣散党组织，持续开展党支部标准化规范化建设，促进软弱涣散村党组织转化提升，基层党组织引领发展功能逐步加强。全面排查整顿农村发展党员违规违纪问题，严把党员入口关、严格党员管理链，促进党员队伍优化结构、提高质量、发挥作用。二是抓提升优化环境。着力提升硬件环境，深入推进农村人居环境整治，获评2020年度全国村庄清洁行动先进（区）县；建成260个美丽乡村，成功创建25个示范村和10个精品村，乡村振兴底色更亮、成色更足。着力提升软件环境，坚持法治文明两手抓，按照全国文明城区创建标准建设乡风文明，刘斌堡乡姚官岭村、八达岭镇等9个村镇获评全国文明村镇；以“法治建设年”为抓手，加强法治乡村、平安乡村建设，常态化开展扫黑除恶，全区民主法治示范村覆盖率32.7%，乡村发展环境更加安全稳定。三是抓示范以点带面。突出支部示范，实施村党组织分类提升计划，总结推广优秀党支部工作法，张山营镇西大庄科村、刘斌堡乡姚官岭村、大庄科乡沙塘沟村获评全市抓党建促乡村振兴示范村。突出党员示范，先后培育选树“合宿”品牌创始人张晓静、返乡致富能手梁志鑫等一批村党支部书记先进典型，2人均当选为市第十三次党代会代表，沙塘沟村党组织书记张红霞、董家沟村第一书记王峰登上了全市抓党建促乡村振兴“支书论坛”。

（三）强化人才引领，激发发展活力

将人才建设作为党建引领农村集体经济发展和农民增收的“牛鼻子”，多措并举锻造过硬的“三农”人才队伍，为乡村振兴注入“源头活水”。一是抓牢“带头人”。坚持干部年轻化、专业化，高标准完成乡镇领导班子、村“两委”换届，15个乡镇均实现“88后”年轻干部百分百配备到位。重点选拔“致富能人型”村党支部书记，村“两委”班子年龄、学历实现“一降一升”，结构进一步优化。做实换届“后半篇”文章，实施“1+3+1”队伍培训1.9万人次，突出抓好党支部书记队伍建设，组织“党建引领乡村振兴”支书论坛、“当头雁、促振兴”等系列培训，开展第一书记乡村振兴擂台赛，强化第一书记作用发挥，激发“1+3+1”队伍干事创业活力。如刘斌堡乡与民宿运营商深度合作，兴建北方民宿学院，培训农旅产业人才，促进村民本地就业增收，培养了一批想干事、能干事的乡村干部和致富带头人。依托北京市农村基层干部人才培养平台，持续开展村务管理专业大专学历教育，92名村“两委”干部能力和学历得到双提升。严格落实村级后备人才星火计划和村级后备干部队伍建设五年规划，实现村级后备干部动态保持在800人左右。二是建好人才库。推进农村实用人才开发培养“1+1+X工程”[①]，培育民宿旅游、休闲农业、果蔬种植等领域实用人才132名，

① 一支以北京农学院专家教授为主的市属专家队伍、一支延庆区本土专业技术人才队伍、若干名延庆区农村实用人才。

依托“人才京郊行”等平台，柔性引进农业专家26名。加强与北京农学院、农林科学院等高校院所、科研机构深度合作，建立特色产业首席专家制，聘请10名农业领域专家与延庆区农业技术骨干组成专业团队，围绕鲜食玉米、绿色有机蔬菜、食用菌、中药材等8大农业特色产业发展出谋划策、提供技术支持、培训技能人才，全方位激活乡村振兴“人才引擎”。用好绿富隆、北菜园、丰森源、金粟等农业、园艺创新企业力量，依托专业化人才推进品种研发、技术服务、生产组织、产品营销，加快实现农业发展的组织化、专业化、品牌化。

（四）强化服务引领，增添内生动力

聚焦农村集体经济发展和农民增收实际需求，强化主动服务意识、优化服务措施流程，打好外力输血、自我造血组合拳，不断提高乡村发展内驱力。一是服务产业发展。发挥党组织在统筹资源、整合政策、集成项目、集中攻坚和统一调度上的作用，以培育特色产业为根本谋发展、促增收。创立北京市首个农产品区域公用品牌“妫水农耕”，打造有机杂粮、精品蔬菜、花卉园艺、优质果品、精品畜牧五大特色产品体系，借助乡村休闲旅游促进农产品地产地销。出台一系列支持民宿发展政策，大隐于世、山楂小院、龙源里、左邻右舍等一批民宿品牌相继落户延庆，构建了北方民宿发展高地。特别是通过采取党支部引领下的“村集体+企业”“村集体+企业+农户”等模式，统筹盘活、集中整合农户分散资源，形成“握指成拳”的聚势效应，持续为村集体带来固定收益，为农民就业提供岗位。如延庆镇唐家堡村坚持“支部引领+合作社生产+党员示范+农户种植”，建立金粟种植专业合作社，推动以葡萄为主产业的休闲农业发展规范化、系统化、规模化，流转土地面积60%以上，流转费每5年递增10%，有效保证村集体经济壮大。同时，通过集中管理、集中种植、集中销售、按股分红形式，“抱团”发展促进群众增收致富，周边150余户农户参与葡萄种植管理，年均收入3.5万元以上，农民收入逐步提高。大庄科乡成立股份经济联合社，围绕铁皮山楂干等优质农产品，实现收购、加工、制作、包装、销售一体化，2022年刺激带动全乡山楂单斤同比提价0.55元，农民预计增收110万元。刘斌堡乡统筹19个农业和旅游合作社，推出果品采摘、蔬菜配送、杂粮预定、农事体验等服务，实现了精品民宿村农产品就地供应，推动了有机杂粮、精品蔬菜、优质果品等农产品商品化和精品化，农产品就地销售实现收入205万元，农民持续增收效果良好。二是服务项目实施。用足用好中央、市级财政转移支付资金和“延海协作”平台，实施推动集体经济薄弱村发展任务计划，建立健全乡村振兴项目建设协调推进、涉农惠民资金使用监管等机制，统筹利用异地置业、光伏发电等各种增收模式，有效服务推动31个壮大集体经济项目顺利实施、96个市级国企结对协作项目扎实推进。如珍珠泉乡南天门村积极探索以“飞地经济”模式为主的新经济发展模式，联合周边村庄，利用低收入帮扶资金购置底商，成功引进华夏银行落户，每年为村集体增收约34.4万元，年均收益率达到9.13%。三是服务农民就业。实施促进农民增收16条措施，通过促进充分就业、发展高效农业、盘活闲置资产、完善社会保障等方式，促进农民收入持续稳定增长。特别是把新型集体林场作为促进增收的重要手段，15个乡镇全部建立新型集体林场，带动本地近3000名农村劳动力实现绿岗就业、享受“五险一金”。积极开展十万人次大培训行动，在全市率先启动创建区级“冰雪技能大师工作室”工作，压雪车驾驶员等3个新职业工种纳入国家职业分类大典，累计培训农村劳动力2.9万人次，实现培训后促进就业6000余人。特别是以海陀农民滑雪队为代表的1400余人“变身”冰雪教练员、裁判员，在冬奥会服务保障和冬奥遗产利用中展现出积极作用。

二、问题和不足

尽管延庆区通过党建引领推动农村集体经济发展和农民增收取得了积极成效，但整体上看，问题还比较突出。

一是集体经济整体较弱。2021年，我区376个村集体经济组织中有9个年经营性收入达到500万元以上、56个年收入处于100万－500万元之间、275个年收入处于10万－100万元之间、36个年收入低于10万元，集体经济组织经营效果不佳，收入来源渠道不宽，个别村有“空壳”现象。2021年，全区村集体经济组织实现经营性收入29259.8万元，同比增长5336.9万元，增长22.3%。其中主营业务收入（产业类收入）0万元、占0%，其他业务收入（造林土地流转、固定资产租金等）29068.2万元、占99.3%，投资收益191.6万元、占0.7%，整体收入偏低、增长缓慢，且结构比例不协调。

二是农民收入水平较低。2021年，我区农村居民人均可支配收入为25838元，低于全市（33303元）水平，在5个生态涵养区中，绝对值排名最后，比排名第4的门头沟区少5000元。其中，工资性收入（19389元）、经营性收入（631元）、财产性收入（1303元）、转移性收入（4515元）均低于全市水平（全市农村居民人均工资性收入23434元、经营性收入1874元、财产性收入3443元、转移性收入4552元），整体收入不高，并且工资性收入占比最大，同全市平均水平相比差距也最大，达到4045元。全区农村劳动力（男16～59岁，女16～49岁）总量70994人，稳定参保的39450人，中断缴费、终止缴费的10486人，未缴纳过城镇职工保险的21058人，整体就业参保率不高，仅为55.6%。

剖析深层次的原因，主要有四个方面。

一是主动意识不强，“不想”引领。近年来，区委、区政府高度重视集体经济发展和农民增收工作，采取一系列举措压实三级责任、推动任务落实。但仍然存在三级体系作用发挥不充分、主动性不够强的问题。区级层面，尽管制定了抓党建促乡村振兴若干措施，但部分职能部门对集体经济发展和农民增收在全区工作中的重要性紧迫性认识不深刻、重视不充分，信心不足、决心不大，工作思路、具体举措、统计口径等没有形成“一盘棋”，资金、人员、技术没有完全下沉到基层，仍然存在各自为战现象，没有真正形成合力。乡镇层面，党委政府作为责任主体，在整体规划、系统推进方面主动研究不够，普遍存在相对看重资产管理、轻视产业发展的现象；一些乡镇干部对各村的集体经济和农民收入底数不清，重视程度、工作力度还不够，缺少对镇村集体经济组织发展产业的长远谋划。村级层面，村“两委”作为实施主体，大多存在等靠要思想，主动谋发展、想出路的意识不够。调研中发现很多村干部对于产业扶持资金不敢用，一方面缺少思路和途径，找不到使用方向，另一方面担忧考核问责，使用时畏手畏脚，导致帮扶资金使用效果不好。有的村书记主任更倾向于自己牵头成立农民专业合作社，并把大部分精力投入其中，但对于集体经济合作社的发展却不愿花费心血，欠缺思考。

二是能力素质不高，“不会”引领。经过近年来换届选举，我区村“两委”班子结构持续优化，但就目前来看，在年龄结构、文化素质、专业能力等方面仍跟不上发展需求。比如年龄结构上，现任村干部平均年龄近50岁，55岁以上人员占比超过三分之一，缺乏年富力强的村干部，导致干事创业存在“有心无力”的现象。文化程度上，村党支部书记中初中及以下学历占比23%，严重缺乏高学历人才，存在思想落后、不敢改革、不会创新的现象。再比如专业能力上，缺少会管理、懂市场、高素质的“领头羊”，大部分村干部市场知识、经济知识匮乏，特别是涉及产业方向、产销营销等专业领域时，往往出现束手无策的现象。另外，在全区培养的4820名农村实用人才中，中、高级仅占11.8%，农村实用人才培养任重道远。

三是经济基础不实，“不好”引领。一方面底子薄，全区部分村有绿水青山的生态资源优势，山区村拥有丰富的山场资源，部分搬迁村还有闲置的集体房产资源，但由于没有优质企业经营管理和项目牵引带动，难以推动资源整合转化为资产，导致全区376个集体经济组织中，279个村集体经营性资产总额为0，占比高达74.2%。另一方面产业弱，从2020年起，全区农村集体经济经营性收入呈连年下降态势，根源上还是产业支撑不足。当前重点发展的特色种植和乡村旅游两大产业，特色种植业小而散特征突出，质量效益和品牌竞争力不强，由于土地流转成本和劳动力成本较高，在与企业合作实现规模化生产、持续发展上存在较大难度；乡村旅游则由于村级与企业的利益联结机制不够完善，农民参与不充分，且村级对新产业新业态的培育不够，往往出现企业获得大量利润、集体和村民却极少获利的情况，带动增收作用没有充分发挥。比如井庄镇柳沟村引入社会资本推动旅游开发，仅2022年国庆假期就接待游客7万多人次，但村集体并未从中获得经营性收入。

四是发展环境不优，“不便”引领。近年来，各村通过政府引导、市区帮扶等措施，在基础设施、产业发展方面有了很大提升，但自身发展环境还没有明显改观。首先是项目实施有难度，随着农业“调转节”的推进和“疏整促”的深入，农业生产空间有所压缩，门槛低、短平快的项目（比如畜禽养殖）发展受到限制，高技术、高附加值的项目立项难、审批进程缓慢、实施效果不突出且缺乏资金、技术和人才，又因生态保护红线、环保红线等限制要求，导致各村项目落地少、带动不明显。其次是长效机制有欠缺，借助市、区两级结对帮扶契机，短期内人才、资金、资源等快速向农村集聚，集体经济发展和农民增收得到显著提升，但从长远看，村集体与市属院校、园所、企业长期合作的利益联结机制还不够完善，既有产业项目持续性发展很难。同时，小农意识有制约，从数据上看，工资性收入占农民人均可支配收入比重达75%，是农村居民收入增长主要支撑。但农民“小富即安”意识强，更多农民倾向于就地就近就业或“吃低保”“吃瓦片”，而不愿意通过外出就业、劳动创业实现增收致富，且“家门口”就业多为劳动密集型职业，待遇低、潜力差，导致农民工资性收入长期在全市最低工资线上停滞不前。

三、思路和对策

抓党建促乡村振兴，是党的二十大对各级党组织提出的鲜明要求。当前，延庆正在加快建设生态、文明、幸福的最美冬奥城，奋力交出地区高质量绿色发展的优异答卷，更好地服务新时代首都发展大局。这其中，重点任务在乡村振兴，难点问题在乡村振兴，发展空间也在乡村振兴。要坚持把农村集体经济发展和农民增收作为加速乡村振兴的重中之重，发挥党建指引方向、聚合资源、推动落实的作用，聚焦“谁来引领”“引领什么”“怎么引领”，以组织化、市场化、社会化模式切实推动农村集体经济发展壮大、转型提质，促进农民持续增收、共同富裕，为加快乡村振兴进程、建设最美冬奥城提供有力支撑。

（一）聚焦“谁来引领”，以三级联动压实主体责任

一是区级强统筹。党建引领农村集体经济发展和农民增收，是当前和今后一个时期全区工作的重点和难点，要通过区级层面的职能统筹、任务统筹、资源统筹，进一步形成纵向贯通、横向联动的协同发展局面。要坚持“一把手”高位抓，建立三级书记联席会议制度、党建引领乡村振兴部门联动机制，以上率下、层层带动，定期分析、研判、调度、解决难点问题。增加农村集体经济发展和农民增收任务在处级班子考核中的比重，推动各乡镇、部门、单位把更多力量集中在抓发展促振兴上。继续深化农口改革，提高凝聚力战斗力执行力。

要形成“一本账”统一抓，打通部门间信息和数据壁垒，整合各系统各领域关于农村集体经济发展和农民增收的基础信息、目标要求、任务举措等，形成口径统一、数据清晰的总账、底账、明细账，制定覆盖全面、一贯到底的目标清单、任务清单、责任清单，便于各乡镇、部门、单位步调一致合力实施。要明确“一班人”专职抓，强化乡村振兴局产业振兴专班作用，组织区级相关部门对发展农村集体经济的组织登记、立项审批、税收优惠、融资担保、市场监管、宣传推广等方面给予指导和支持，形成齐抓共管的工作格局。

二是镇级强谋划。乡镇在抓发展、促振兴中承担着主体责任，要切实增强主动意识、发展意识，从镇域经济发展全局谋划推进集体经济发展和农民增收工作。要全面摸清家底，实行班子成员包联农村集体经济项目发展工作责任制，摸清集体资产资源家底，对属地农村集体经济发展和农民增收工作进行通盘谋划，探索发展乡镇股份经济合作社，分村制定集体经济发展规划和项目库，实现各村闲置资源、资产、资金的最大效益。要动态进行监测，结合各村的集体经济运营实际和带动农民增收效果，建立动态监测台账，健全先富带后富机制，对“造血”功能强的村级产业进行复制推广、扩大增量，对收入不达标、带动能力差的村提前预警、介入干预。要严格落实规划，加强对村级盘活资产、发展产业的指导、监督和审核，确保具体操作依法依规依程序，切实维护好镇村秩序和农民利益。

三是村级强主导。村级是发展集体经济、促进农民增收的一线前沿。要实行好支部书记负责制，以平等互利、取长补短的心态与企业开展合作，处理好集体资产增值、企业利润增长、农民收入增加、村庄治理增效的关系，在资源流转、村民组织、利益协商等环节主动作为，对农民流转宅基地和房屋进行严格把关，对村集体盘活资源集中发展产业进行组织动员，对与企业合作中的集体和农民权益进行充分争取，维护集体资产权益和村民合法利益；在配套保障、业态扩展等领域积极参与，培育一条龙服务链、全要素产业链，促进产业深度融合和村企密切联结；在环境保护、市场秩序等方面严把关口，守住生态保护红线、安全生产底线，实现持续健康发展。

（二）聚焦“引领什么”，以“三化”协同增强造血功能

一是推动产业发展融合化。培育壮大乡村产业是发展农村集体经济、促进农民增收的根本之策。要大力发展以品质为核心、以品牌为引领的“农业+服务业”，实现组织化、规模化、品牌化。要以“延庆人家”精品民宿为核心做大乡村旅游，在保持民宿适度规模、提高民宿特色品质的前提下，鼓励村集体通过与企业合作建设运营精品民宿，并围绕民宿游客和经营者需要，发展特色餐饮、休闲农庄、手工作坊、生态体验、亲子娱乐等旅游休闲业态，以及民宿物业服务、农产品销售等配套服务业，通过民宿带动农业和服务业深度融合，丰富业态形式和收益渠道，实现村、企业和农民三方共赢。要以“妫水农耕”为核心做精特色种植，紧抓地处北京大都市和气候冷凉、生态优良的优势，从宣传、营销、质量多方面发力，进一步打响“妫水农耕”品牌，着重发展以“健康优质”为特色的有机农业，以设施草莓、国光苹果、八棱海棠、鲜食玉米为代表的高品质鲜果蔬产业，以北京市林果花草蜂药种业创新孵化基地为依托的高技术种业，以金果园老农为基础的农产品加工业，由乡镇党委牵头把企业和分散的农户组织起来，促进信息、技术、资金、品牌等市场资源共享，为农民提供产供宜销一条龙服务，努力提高农业产业效益。

二是推动运营管理集团化。“抱团”发展、联动发展是农村集体经济发展的必由之路。要建立成本共担机制，发展“合作制”或“股份合作制”，村集体和村民以资金、资源、资产、技术等要素入股，实现“资金变股

金、资产变股权、农民变股民”。要健全经营共管机制，明确企业、村集体、农户等经营主体在经营管理、利益分配中的权利和义务，共同参与经营管理、决策和监督。要完善利益共享机制，在党组织引领下，建立村集体入股、群众自筹、扶持资金助力的多方投入机制，探索实施公益支出、公积投入、入股分红、绩效考核等收益分配机制，根据实际经营模式和投入机制推行保护价收购、返利、按股分红、利润二次分红等多种利益分配方式，让村民真正成为集体经济发展的受益者。

三是推动村民增收多元化。农民增收致富根本要靠自立自强、勤劳奋斗。要帮助农民转变就业观念，倡导劳动致富理念，依托新时代文明实践站所等载体，在农村精神文明建设中更多宣传勤劳奋斗的典型模范和身边案例，营造人人创造、创业、创收、奋斗的良好氛围。要开展精准技能培训，结合乡村旅游、冰雪体育等产业以及中关村延庆园发展需要，以订单式、定岗式模式，开展特色餐饮、赛事服务、体育指导、产业技能等专项培训，提高培训与就业的匹配度。要培育特色劳务品牌，聚焦首都市场需求量大的月嫂、保洁、护理等行业，以及冰雪、园艺、民宿管家等区域发展急需人才，加强针对性规模性培训，培育一批具有影响力的劳务品牌，推动农村劳动力更多实现外出就业。要完善配套就业服务，用好各乡镇就业服务专员，摸清农村劳动力就业条件和就业需求，对接区内区外就业岗位，帮助实现劳动力供需的精准匹配；继续争取市级政策支持，推进灵活就业补贴政策城乡一体化，让弹性就业、自由职业的农村劳动力享受更高水平的社会保障，提高就业稳定性。

（三）聚焦“怎么引领”，以“三优”赋能提升工作质效

一是培优市场主体。农村集体经济发展必须依靠强大的市场主体和强有力的市场体系。镇级层面，要加强与国企、民企的合作，广泛开展农技指导、农资供应和统一收购等传统服务，探索开展农产品生产加工、农产品冷链物流、文化休闲旅游等新型业务，搭建“农户+合作社+企业+网络”的电商平台，各方力量集体跑市场，为农产品谋求好出路。重点发展新型集体林场，积极培育特色林农产品、森林观光旅游、康养医疗等林下经济，拓宽农民家门口高质量就业渠道，增加镇村集体经济发展途径。村级层面，要积极参与市场竞争，强化党支部引领作用，鼓励以“合作社+农民”“合作社+企业+农民”等模式，开展物业服务、旅游开发、农业生产、社会化服务和农村环境长效管护等工作。对于自身资源优势相对明显、集体经济实力较强的村集体，可以以村集体独资形式成立经营主体，因地制宜发展资源经济；对于不具备区位优势、资源较少的村集体，可以探索突破村域、镇域限制，加强多村联合投资，实现联建联营。农民层面，要多元培育种养大户、家庭农场等新型市场主体，推动家庭经营向规模化、集约化生产经营转型，提供专业服务和生产托管等全程化服务，带动普通农户连片种植、规模饲养，真正成为现代农业发展的生力军。

二是建优人才队伍。人才是发展农村集体经济的源头活水。要关注在乡、返乡和入乡三类人才，提高人才队伍建设水平。对于在乡人才，要着重选好“带头人”，把有思想、懂经营、有技术、懂管理、能奉献的高素质“能人”选配到村级领导岗位上来，探索村集体经济收入与村干部报酬挂钩机制，对发展壮大村集体经济做出突出贡献的村干部进行奖励激励，激发村干部发展壮大村级集体经济的内生动力。对于返乡人才，要着重培育“内行人”，用好青年、退役军人、女性和残疾人等重点群体创新创业基地，完善税费减免、一次性创业补贴、创业担保贷款等奖补资金政策，鼓励农业领域高校毕业生等青年人才、“三农”领域专业人才返乡创办领办农业企业、家庭农场、合作社等，为农村发展提供智力支撑、注入强劲活力。对于入乡人才，要着重引

进“懂行人”，争取鼓励人才为农服务的政策，制定发布农村集体经济发展意向单和项目库，吸引更多外来人才带着资本、市场、技术等，参与到乡村振兴中来；将优秀年轻干部选派到农业农村一线“蹲苗”锻炼成长，将农村基层工作经历和工作实绩作为干部提拔任用的重要加分项，确保基层工作人才招得来、干得好、上得去。

三是做优发展环境。发展环境是农村集体经济壮大的必然要求。要优化村级营商环境，健全常态化联系服务村级合作社和企业机制，全面打通村级政务服务网络通道，提升镇村两级平台“一门式”办理、“一站式”服务水平；完善村级招商引资和项目管理系列制度，规范合同、建设、租赁等经营行为；健全消除集体经济薄弱村长效机制，持续抓好项目、资金、技术支持，积极采用以工代赈、生产奖补和劳务补助等方式，持续做好农民增收；完善土地资源配置政策，深化“三权分置”改革，加快土地流转，探索实施“点状供地”模式，提高土地利用率。要优化村级人文环境，总结推广乡村振兴示范村经验做法，将基层党组织建设与常态化全国文明城区创建、法治乡村建设和扫黑除恶斗争常态融合、同步推进，不断增强基层党组织组织功能和服务功能，不断塑造文明发展的乡村人文环境，为集体经济发展壮大保驾护航。

关于借势冬奥加快建设京张体育文化旅游带的实践与思考

北京市延庆区人民政府区长　叶大华

2021年1月18日，习近平总书记主持召开北京2022年冬奥会和冬残奥会筹办工作汇报会时，首次做出“要积极谋划冬奥场馆赛后利用，将举办重大赛事同服务全民健身结合起来，加快建设京张体育文化旅游带”的重要批示，为推动京津冀协同发展国家战略注入了全新内涵。2022年1月29日，文旅部、国家发改委和国家体育总局联合印发了《京张体育文化旅游带建设规划》，将延庆定位为“三核引领”中的重要一核，为延庆努力争当京张体育文化旅游带建设的推动者、实践者提供了上位依据。2022年3月13日，北京冬奥会和冬残奥会圆满落幕，留下丰厚的奥运遗产，如何扎实做好后冬奥、后世园文章，创新体育文化旅游融合发展新模式，将延庆打造成为京津冀协同发展的示范标杆、多元文化交汇的重要节点、引领文旅体产业增长的区域典范，成为当前和今后一段时间延庆工作的重中之重。本文梳理了延庆区借势冬奥加快建设京张体育文化旅游带的规划布局、实践探索、现实差距，提出了下一步思路举措，旨在助力开启京张体育文化旅游带建设延庆新篇章，奋力推动延庆绿色发展迈向未来。

一、战略布局

延庆区以《京张体育文化旅游带建设规划》为引领，结合区域概况，建立健全具有区域特色的“2+2+3”规划落实体系，进一步明确在京张体育文化旅游带建设中的功能定位和发展布局，有利于实现与各区（县）协同联动、错位发展，让延庆在京张体育文化带建设过程中有指南、有行动、有未来。

（一）基本概况。京张体育文化旅游带涉及北京市东城区、西城区、朝阳区、海淀区、石景山区、昌平区、延庆区，以及张家口市宣化区、崇礼区、怀来县等17个区（县）。其中，延庆区地处北京西北部，与河北省张家口市怀来县、赤城县毗邻，大致处于京张体育文化旅游带中间位置，自然和人文资源是京张体育文化旅游带资源丰度最高的区域，在京张体育文化旅游建设中拥有先天优势、具有重要作用。

（二）规划体系。第一个“2”，即编制完成《京张体育文化旅游带空间发展研究报告》《京张体育文化旅游带空间发展规划实施方案》，明确了用足用好冬奥、世园、长城三张“金名片”，将延庆建设成国际滑雪度假旅游胜地、国家长城文化金色名片、首都生态休闲乐园和京张体育文化旅游融合示范样板的发展定位，以及“三核三带”（“三核”指张山营—延庆园体育运动核、世园—新城综合发展核、八达岭长城文化核；“三带”指北山体育度假带、中部园艺休闲带、南部长城文化带）的发展格局。第二个“2”，即率先发布《延庆区〈京张体育文化旅游带建设规划〉实施三年行动计划（2022—2024）》（含42项重点任务）《延庆区建设“国际滑雪度假旅游胜地”三年行动计划（2022—2024）》（含15项重点任务），部署了加强奥运场馆赛后利用、建设度假功能齐备的国际滑雪度假旅游胜地、共筑文化发展高地、创建国家级旅游度假区等一批重点任务，谋细谋实京张体育文化旅游带建设具体路径。第三个“3”，即编制完成《延庆区全域旅游三年行动计划》《延庆区“户外运动城市”建设三年行动计划》《延庆区

“九沟十八湾”旅游规划研究咨询报告》，围绕冬奥、世园和长城三张“金名片”联动发展，先期谋划“户外体育之城”运动基地、休闲度假商务区（RBD）、“延庆东南山 九沟十八湾”等50余个重大文旅体项目，提出了打造一批特色鲜明、影响广泛的体育赛事品牌、旅游品牌和主题文化名片，为延庆加快打造体育文化旅游融合发展示范区提供有力支撑。

二、实践探索

近年来，延庆区乘冬奥之风集聚要素、借势发展，依托丰富多样的体文旅资源，按照“体育牵引、文化赋能、旅游带动”发展思路，加快构建全域全时全民全业的综合产业带，着力打造最美冬奥城和国际知名休闲度假旅游目的地，为京张体育文化旅游带建设打下坚实基础、积蓄丰厚底蕴。

（一）聚焦冬奥筹办举办，京张体育文化旅游带建设的基础优势巩固拓展

冬奥会的筹办举办为延庆注入了新的发展动力，目前区域内交通更加便捷、配套服务更加均衡、城市品牌更加响亮，已经具备在更高起点上建设京张体育文化旅游带的良好条件。

1.近——半小时可达、成为近郊高频出游目的地。借势冬奥筹办举办，延庆系统完备、适度超前的城市基础设施体系基本建成，“十三五”时期固定资产投资累计突破千亿，超过之前25年的总和。特别是在交通方面，形成了以京张高铁、京包铁路以及京藏、京新、京礼高速为骨干的“两铁三高速”对外交通格局，延庆融入到首都半小时交通圈，并连接怀来、崇礼，直至乌大张、呼和浩特，成为轨道上京津冀的一个重要支点，旅游的可进入性显著增强，有效带动延庆成为北京周边休闲度假的近郊高频出游区。一批区内城市公路、内部道路新改扩建，乡村公路实现“村村通”，10余条旅游休闲步道、180余公里旅游风景道、300公里骑游线路遍布全域，自行车通租通还系统全面开通，具有了较为完备的“快行慢游”系统和相对完善的交通路网结构。

2.优——服务优质、配套基础设施品质高。借势冬奥筹办举办，延庆以“冰”“雪”为核完善体育配套设施，在拥有万科石京龙、八达岭两个老牌滑雪场基础上，国家雪车雪橇中心建成全球第一条360度回旋赛道，国家高山滑雪中心拥有中国唯一符合冬奥会标准的雪道，北京市冰上项目训练基地是亚洲单体最大的综合性冰上中心、北京市规模最大且专业级别最高的室内冰场；以“住”为核完善文旅配套设施，成功运行生态旅游智慧服务系统，建成五星级酒店4家、四星级酒店6家，位列生态涵养区第1，成立北方地区首个民宿行业组织延庆民宿联盟，“延庆人家”民宿整体品牌实现全域布局，拥有500余个民宿院落，数量在京张沿线区县中排名第一，获评首批全国民宿产业发展示范区，并建成万达、环球新意等大型商圈，长城文化、首农食中心等特色街区、餐饮聚集区，能够满足多层次文旅消费需求。

3.亮——品牌响亮、世界舞台展示新风采。近年来，延庆以优良的生态环境为基础，先后承办举办了世界马铃薯大会、世界葡萄大会、世界花卉大会等多个国际盛会，特别是长城、世园、冬奥已经成为延庆三大世界级“金名片”。长城是世界上认知度最高的中国文化符号，八达岭长城更是中国长城最杰出代表之一。2019北京世园会成为参展国家和国际组织最多、展示内容最丰富、办会影响最广泛的全球性园艺盛会，世园公园成为推动美丽中国建设、传播绿色发展理念重要基地。北京2022年冬奥会是历史上收视率最高的冬奥会，延庆赛区从无路、无水、无电、无通信的“四无”山区，变成国际一流的奥运场馆群，绘就了“无与伦比”的“最美冬奥城”壮丽画卷，带动地区方方面面实现跨越式发展，得到了相应国际组织和参赛运动员等多方认可，延庆在世界舞台向国内外展现了一个生态优良、开放包容、热情好客的美好形象，“美丽延庆 冰雪夏都”

城市品牌的知名度和影响力与日俱增，延庆赛区国际知晓率从2018年的8.6%逐年提升到2022年的54.63%。

（二）聚焦冬奥会后利用，京张体育文化旅游带建设的重要节点加快形成

冰雪体育快速发展为京张体育文化旅游带建设提供庞大市场客源，延庆区紧抓背靠北京市场契机，按照国家级滑雪旅游度假地的标准，深度谋划“后冬奥”转型发展，扎实做好赛后场馆利用，不断拓展体育、文化、旅游和休闲娱乐等综合功能，大力激发群众性冰雪消费，据相关调研显示，2021年度北京市人均冰雪运动消费是人均体育消费的7倍。

1.冬奥遗产快速“活起来”。2021年12月15日，延庆奥林匹克园区获国际奥委会批准，成为继北京奥林匹克森林公园、北京冬季奥林匹克公园后，北京市第三个被冠以奥林匹克称号的区域。为充分利用好冬奥遗产，实现全民共享冬奥成果，聘请国内外知名团队，以《场馆遗产计划》（V3版）为基础策划延庆奥林匹克园区赛后运营方案，主要围绕赛区三大功能分区、四大定位力争打造国际一流、国内领先的山地度假目的地。冬奥会成功举办后，争取产业资金100万元，第一时间启动“赛区”向“景区”提升改造工作，仅用时36天即完成对主要场馆的初步改造以及300余项景观提升工程，2022年4月29日，延庆冬奥赛区顺利转为景区运营，“延庆奥林匹克园区”“国家级滑雪旅游度假地”“高山滑雪北京延庆国家训练基地”等正式挂牌。自顺利开园以来，着力丰富园区文旅资源供给，承接2022年北京自行车联赛、第九届北京延庆徒步大会、第二届京张体育文化旅游带建设论坛、八达岭长城高峰论坛等活动，推出啤酒花园、亲子研学等文旅产品，当选2022年北京市体育旅游十佳目的地、北京市旅游热门打卡地。截至目前，园区已累计接待游客12万人次，冬奥村客房销售突破3万间次，已经成为春赏花、夏避暑、秋观山、冬嬉雪的国际知名旅游度假目的地。

2.冰雪运动逐步“燃起来”。落实蔡奇书记、陈吉宁市长来延调研指示精神，以滑雪场地设施提升和举办高端品牌赛事为核心，高标准建设“国际滑雪度假旅游胜地”。着力完善冰雪设施，完成西大庄科商业设施建设、万科石京龙和八达岭2座滑雪场升级改造，大众雪场办理开工手续，力争2024年底前可滑面积达到100万平方米，滑雪旅游人次突破50万。着力举办高端赛事，与国际雪车联合会签署五方合作备忘录，约定未来5年定期在国家雪车雪橇中心举办国际雪车联合会赛事，2022年举办12场冰雪赛事（国家级1场、京津冀2场、市级3场、区级6场）。着力开展冰雪培训，吸引首都体育学院来延办学，创建全国首批奥林匹克教育示范校11所、全国冰雪特色校6所，组建完成13支特色冰雪队，10万人次大培训促进7000余人次吃上“冰雪饭”，推动压雪车驾驶员等冰雪新职业成功纳入《国家职业标准》。截至目前，累计带动20余万人次上冰上雪。

3.冰雪产业正在“热起来”。努力把冰雪“冷资源”变成带动地区转型发展的“热产业”。集聚发展冰雪体育产业，围绕建设户外运动城市，串联中关村（延庆）体育科技前沿技术创新中心、世园公园、首体院等资源，着力推动“校区－园区－城区”三区联动，累计引进铭星冰雪、雪族科技、必胜体育等体育相关企业300余家，基本形成冰雪体育全产业链。大力发展冰雪旅游产业，串联北京世园公园冰雪嘉年华、万科石京龙和八达岭滑雪场、固定翼空中看延庆等近60个特色冰雪旅游资源，打造100家“冬奥人家”，推出10条精品冰雪旅游线路，策划冰雪巴士、畅游最美冬奥城、璀璨冰灯、年俗大集等冰雪主题产品，连续举办37届冰雪欢乐季活动，冬奥带来的冰雪热为延庆发展四季旅游提供了坚实支撑，有效拉动旅游消费增长。自申冬奥成功以来，延庆共接待冰雪旅游和冰雪运动游客超千万人次，实现冰雪体育旅游收入超10亿元。

（三）聚焦冬奥效应放大，京张体育文化

旅游带建设的融合样板加速打造

文旅产业是京张体育文化旅游带建设主体，延庆区以三张“金名片”联动为重点，坚持以文塑旅、以旅彰文，统筹建设的全域发展格局和“旅游+”融合发展模式，逐渐成为京张体育文化旅游游客心中的诗与远方。

1.长城文化引领新高地。延庆区作为京张体育文化旅游带中文化资源集中度最高的地区，聚焦游客体验需求，以长城国家文化公园和长城文化带建设为抓手，着力将“延庆文化”打造成京张带璀璨明珠，争当长城文化带建设排头兵。保护优先，率先出台国家级长城保护重要点段八达岭长城保护规划，有序开展延庆长城文化标识体系建设工作。兼顾效益，以八达岭景区—水关长城—古长城大长城景区为核心组团发展，升级改造八达岭长城文化街，推进景区5A扩容、中国长城博物馆改造提升、青龙桥火车站展示区建设、“八达岭长城传说”非物质文化遗产展示中心建设、八达岭长城文化小镇打造等一批项目，“长城冰雪帽”“明小兵长城滑雪笔筒”等文创产品广受关注，“长城 · night”、八达岭长城文创大赛、北京长城文化节等特色品牌活动反响热烈，广泛征集创新创意类项目300余个，长城文化氛围彻底点燃、长城文化效益不断增大。

2.世园公园带来新增点。世园公园作为京张体育文化旅游建设中不可或缺的关键一环，继世园会成功举办后，延庆区迅速印发实施《世园会会后利用三年行动计划》，推动世园公园有序运营，连续举办北京国际花园节、草莓音乐节等节事品牌活动，以及“世园夜跑”“彩虹跑”等体育赛事，推动北京世园公园获评国家AAAA级景区，成为延庆绿色发展又一张“金名片”。特别是2022年，延庆区积极应对疫情带来的冲击，成功举办生态文明展等活动，紧抓户外消费热点发布《延庆区景区帐篷露营管理指引（试行）》，露营等新业态引领新消费。自世园公园开园以来，累计接待游客176万人次、门票收入2128万元。同时，加快建设休闲度假商务区（RBD），编制完成《世园公园及周边区域（RBD）提升策略与实施路径策划》，带动城市南部地区发展。

3.全域旅游铺就新底色。作为京张体育文化旅游中旅游资源覆盖率最高、分布最分散的地区，延庆区坚持把全域旅游作为主导产业蓄势聚力，着力在提质增效上狠下功夫，加快打造国际知名休闲度假旅游目的地。以试点创建促提升，制定实施全域旅游三年行动计划，统筹推进2个全域旅游示范乡镇、4个示范项目、5个景区化村庄建设，获评国家文化和旅游消费试点城市。以品牌打响带发展，深化文旅体商农深度融合，有机结合自然资源、文旅资源与冰雪运动、度假休闲，举办“春来延庆城 · 花开漫延庆”“点亮北京 · 消夏延庆”“乐享金秋 · 悦游延庆”等全时四季品牌活动，推广“妫水农耕”“长城礼物”等本土特色品牌，定期举办文旅产品发布会，聚集旅游人气。以优化供给为重点，聚焦民宿完善“吃住行游购娱”全要素供给，出台平日住宿促消费措施、重点节假日乡村旅游促进奖励办法等多项支持政策，建设6个精品民宿“共生社区”示范样板，2022年推出20余处网红打卡地、30条精品旅游线路、300余项“+旅游”产品，培育自驾游等新消费业态，助推京张体育文化旅游建设蓬勃发展。以危中寻机为突破，紧抓疫情常态化背景下郊区游、周边游成发展主流的契机，从北京市文旅局发布的数据来看，北京市民郊区游比重从2019年的53.6%、2020年的55.2%上升到2021年的66.8%，呈现出“更周边、更户外、更乡村”的旅游新趋势。

（四）聚焦冬奥成果共享，京张体育文化旅游建设的协同机制建立健全

京张体育文化旅游建设既有“张”，还有“京”，既涉及“文、旅、体”，还涉及环境、交通、公服等领域，延庆区主动协同其他沿线地区共同谋划、各尽优势，力争实现共赢发展、共生互惠。

1.京张合作机制进一步健全。着力完善

“政府+企业+专家”京张协作模式，将京张体育文化旅游带建设纳入延庆区京津冀协同发展工作内容，以“共享冬奥机遇 共创发展未来”“把握后冬奥 共创新未来”为主题，邀请北京市、河北省张家口市、内蒙古乌兰察布市政府主管部门、行业专家和企业代表等共聚一堂，共同举办两届京张体育文化旅游带发展论坛，成立京张体育文化旅游带文旅联盟和京张体育文化旅游带专家智库，为京张体育文化旅游带建设提供强大支撑。着力深化京张协作项目支撑模式，以体文旅高质量发展为主线，依托京张体育文化旅游带发展论坛，聚焦国家级滑雪旅游度假地打造、区域生态空间优化、安全应急服务体系构建等，开展项目谋划、路演、推介。

2.京张合作领域进一步拓宽。着力推进京张体育、文化、旅游、生态等领域发展协作。联合用好京张两地冬奥遗产资源，携手举办冰雪资源推介及洽商会、全国大学生滑雪挑战赛、京张大众滑雪交流赛等系列活动，共同培育冰雪文化、冰雪运动等特色产品，推进“3亿人参与冰雪运动”的愿景逐步实现。联合加强区域性文化资源的创新利用，共同开展“长城内外迎冬奥 京张携手闹元宵”等活动，凸显两地体育、旅游、冰雪等方面多元文化特征。联合加快京张旅游发展协作，邀请怀来、宣化、兴和等北方地区民宿从业者参与北方民宿大会，共同评选一批“京张网红打卡地”，合作共建冬奥冰雪之旅、长城古道之旅等精品旅游线路。联合实施官厅水库上游永定河流域、密云水库上游白河流域综合治理与生态修复工程，为京张体育文化旅游带建设构建良好的“绿水青山”生态空间。

三、现实差距

对标习近平总书记考察北京2022年冬奥会和冬残奥会筹办工作时的讲话要求，对照京张体育文化旅游建设美好规划蓝图，对比京张其他区县先进做法，延庆在争当京张体育文化旅游建设排头兵方面还有不小差距，京张体育文化旅游建设体制机制还需持续加强，主要体现为“四个有待”。

（一）错位发展路径有待进一步谋细。冬奥会的筹办举办加速了冰雪体育产业发展，掀起了一波奥运冰雪热，全国各地比学赶帮超竞争激烈。从全国来看，在冰雪热潮的引领下，哈尔滨、杭州、成都等城市纷纷发力，逐渐构筑冰雪产业发展的竞争优势，如哈尔滨依托“奥运冠军之城”，先后出台冰雪规划和政策文件，大力推进冰雪产业发展；杭州、上海等多个南方城市开始打造室内滑雪场，不仅打破了户外滑雪场的季节性限制，还能通过数字化控制为消费者营造更好的滑雪体验环境，具有明显竞争优势。

从京津冀区域来看，延庆与张家口冰雪资源具有很大的相似度，在功能定位、发展领域等方面尚未形成明确的分工错位和统筹协调机制，很容易形成同质化竞争，不利于构建京张体育文化旅游带，实现区域整体联动。从延庆来看，随着冬奥效应逐渐减弱、其他城市冰雪产业的迅速崛起，以及未来疫情结束后放开对人流管控和交通、旅游等发展限制，延庆冰雪产业发展面临较大挑战。

（二）文创产品开发有待进一步加强。近年来，北京各旅游景点非常注重对文创产品的开发利用，通过融入高科技、红色文化、传统园林文化等，实现产品的创新升级，如香山公园开发的双清别墅主题优盘、《七律——人民解放军占领南京》文件夹等红色文创产品，紫竹院公园围绕口罩、手机壳、帆布袋、桌垫等开发了以“都绿马”为设计元素的文创产品，颐和园利用高科技手段开发了“远眺颐和”“金光穿洞”AR数字明信片，北海公园、玉渊潭公园等开发了北海荷花冰激凌、第七代玉渊潭樱花冰激凌等，均受到市场的青睐和欢迎。相比较，延庆文创产品开发不足，冬奥、世园、长城等特色相关元素融入不够，2015—

2020年，延庆门票收入比重一直保持在70%左右水平，而商品销售收入比重不足1%，门票经济依然突出，尚未形成有效带动经济增长和文旅消费的产品体系。

表1：2015—2020年延庆门票、商品销售收入占比

	2015	2016	2017	2018	2019	2020
门票收入占比	71.35%	69.85%	69.51%	71.29%	76.40%	76.67%
商品销售收入占比	0.88%	0.54%	0.55%	0.73%	0.29%	0.07%

（三）旅游要素短板有待进一步补齐。聚焦吃住行游购娱六要素，延庆“住”方面较为完善，但短板是“吃”和“购”。一方面，延庆柳沟火盆锅豆腐宴、旧县羊蝎子、李记炸糕等特色美食虽然有一定知名度，但与民宿等要素联动不足，未形成“吃美食、住民宿、购美物、看美景”的全程服务；另一方面，延庆仅有万达、环球新意两大商圈，引领时尚消费的首店经济规模少，顺应居民品质消费的供给不够。从北京市文旅局发布的数据来看，2022年前三季度，延庆区旅游收入构成中的餐饮、购物收入分别占比3.76%、8.42%，在五大生态涵养区占比最低，与北京市20.53%、24.77%的平均水平有较大差距。

表2：2022年前三季度北京各区旅游收入构成

分区	餐饮	住宿	交通	游览	购物	文化娱乐及其他
北京市	20.53%	16.00%	15.53%	13.41%	24.77%	9.76%
门头沟区	10.95%	20.44%	18.98%	15.33%	16.06%	18.24%
怀柔区	11.79%	20.31%	16.38%	14.63%	14.41%	22.48%
平谷区	12.39%	12.39%	19.47%	17.70%	15.04%	23.01%
密云区	8.18%	19.86%	18.93%	16.82%	9.81%	26.40%
延庆区	3.76%	44.44%	12.72%	15.77%	8.42%	14.89%

（四）产业融合模式有待进一步探索。当前，冬奥、世园、长城等核心引领作用还不强，体育、文化、旅游多产业融合程度还不深，尚未形成绿色可持续融合发展大格局。全区体育功能稍显薄弱，滑雪产业仍以冰雪运动、教育培训为主，季节性限制较大，尚未有效形成融入全域旅游的四季运营模式。以长城为代表的文化资源挖掘不够，八达岭长城景区与八达岭镇发展脱节，大量客流资源尚未引流到周边村镇，镇区没有形成良好互动。文旅资源分散、运营效率不高，当前重点旅游景区经营主体多且各自为战，统筹协调、联动发展难度大，缺乏高水平景区运营和旅游市场主体，尚未形成融合发展合力。

四、思路对策

经过近年来的探索实践，我们初步明确了建设京张体育文化旅游带的努力方向。放眼未来，京张体育文化旅游带建设已经到了深耕厚植、行稳致远的关键阶段，延庆作为“体育文化旅游发展”的重要一核，势必发挥不可替代的支撑作用。下一步，将继续认真贯彻落实习近平总书记考察冬奥会冬残奥会筹办工作的重要讲话精神，不断强化延庆作为京张体育文化旅游带建设的主力军、推动者、排头兵的角色定位，全面落实《京张体育文化旅游带建设规划》，大力弘扬北京冬奥精神，扎实做好后冬奥、后世园文章，进一步探索赛后场馆利用新方式，创新体育文化旅游融合发展新模式，加

快推进最美冬奥城和国际知名休闲度假旅游目的地建设，将延庆打造成为京津冀协同发展的示范标杆、多元文化交汇的重要节点、引领文旅体产业增长的区域典范，在推动地区高质量绿色发展中展现延庆作为，在服务新时代首都发展中做出延庆表达，在促进京津冀协同发展中书写延庆篇章。

（一）强化提档升级，推动全域旅游高质量发展。按照特色品牌引领、重点项目支撑，体育文化旅游融合发展的思路，对旅游产品、旅游要素等进行系统性优化提升，促进门票经济转型，打造国际知名休闲度假旅游度假目的地。

加强品牌创建。以全域旅游示范区、高等级旅游景区、旅游度假区和旅游休闲街区创建和发展为抓手，联合“长城、世园、冬奥”三张“金名片”，持续打造国际花园节、骑游大会、徒步大赛、世园公园半程马拉松、端午文化节、长城文化节等品牌活动，培育长城礼物、世园生态、冬奥冰雪等特色旅游品牌，鼓励文旅企业开发“五大夜经济”“云旅游”“直播带货”等消费新业态，加强百里山水画廊、延庆世界地质公园等景区旅游基础设施更新升级，让冬奥园区及周边成为“春赏花、夏避暑、秋观山、冬嬉雪”的国际一流四季旅游度假目的地。

加强项目支撑。加强冬奥遗产在资本引进、项目拉动方面的带动作用，积极参与服贸会、旅游商品博览会等国家、市级各类大型活动，吸引社会投资力量落地，引入“吃、住、行、游、购、娱”六大旅游特色业态进园区，为后续全区旅游转型提供更多融资渠道及资源。大力发展户外运动，建设首批户外运动基地和冰雪户外运动示范基地。结合“九沟十八湾”项目、百里山水画廊转型提升及东部旅游品牌打造项目、八达岭景区基础设施提质项目等，立足延庆休闲度假商务区（RBD）建设，持续推进八达岭长城大景区建设、世园会后持续利用，打造翠鸟谷、碓臼石等低成本景区，以多元化景区联动互补助推京张体育文化旅游带建设。

加强业态丰富。聚焦吃住行游购娱六要素持续发力。高标准研制延庆特色美食体系，加快绘制延庆美食宣传手册和美食地图，包装推出一批不同主题的文化美食综合体、美食街区、特色主题美食村，不断探索创新“大厨下乡”机制。推动精品民宿由特色化向品牌化、集群化发展，依托“四大人家”所在村镇建设乡村型度假区，打造北方民宿标杆。着力推进京畿长城国家风景道建设，积极引进体育自驾游和露营地连锁品牌，培育打造冬奥冰雪之旅、“漫步北京”文旅骑行线路等一批精品路线。合理规划建设特色旅游商业街区，围绕冰雪体育、高端消费等领域加强免税店研究布局，积极利用长城文化、百年京张文化，在八达岭长城、世园公园、张山营冬奥赛区等热点区域开展夜间演艺、夜间节会等活动，打造一批网红文旅引爆点。

（二）强化遗产利用，建设国际滑雪度假旅游胜地。继续发挥奥运品牌影响力，以冬奥遗产转型利用为重点，强化顶层设计，打造国际知名的极限滑雪运动训练地和高端滑雪赛事举办地，促进以滑雪运动为特色的全季户外运动发展，建设度假功能齐备的国际滑雪度假旅游胜地。

以设施强基础。全面提升景区大门、场馆区、园区主干道的形象景观，对国家高山滑雪中心山顶出发区、山地新闻中心、雪车雪橇中心进行休闲化改造，逐步完善园区交通体系和引导标识系统，加快智慧景区建设，力争园区2023年完成市级旅游度假区创建，切实把延庆奥林匹克园区功能和价值发挥出来。

以赛事增活力。加快制定年度赛事举办清单，构建多层级、多样化的品牌赛事体系，形成“品牌赛事+地方赛事”四季精品赛事体系。利用冬奥这块金字招牌，积极承办举办国际雪联高山滑雪积分赛、全国高山滑雪锦标赛、雪车雪橇世界杯等高端专业冰雪体育赛事，不让奥运场馆“闲”下来、奥运热度“凉”下来。

积极筹划举办具有延庆特色的冰雪赛事活动，将延庆大众农民滑雪赛、延庆森林半程马拉松等培育成品牌性赛事活动，把延庆打造为赛事举办高地。

以训练带发展。依托国家高山滑雪中心、国家雪车雪橇中心和北京市冰上训练基地等国际一流的冰雪运动设施，建设技术领先、环境优美的国际化冰雪专业训练基地。强化国际国内冰雪训练保障，与国内外、地市级等专业训练组织机构密切合作，吸引国内外专业冰雪运动队伍长期驻训，做好冬奥村住宿保障服务；加强与国内外知名体育高校交流合作，加大冰雪运动人才培训力度，高水平建设北京国际奥林匹克学院，构建国际一流冰雪人才培训系统。

以度假促转型。加快冬奥遗产转型利用，拓展滑雪运动、户外运动、山地赛事、娱乐休闲、文化展览、康养度假等特色业态，实现冰雪运动“四季拓展”。完成西大庄科大众雪场建设，与石京龙滑雪场、八达岭滑雪场、高山滑雪赛道形成补充和联动。推广举办冰雪欢乐季、冰雪嘉年华等群众性冰雪活动，串联龙庆峡、玉渡山、世葡园、石京龙滑雪场等旅游热点，以及京张沿线旅游接待资源，策划一批场景化、体验式的冬季旅游线路，打造北山冰雪旅游产业带。

（三）强化保护利用，打造区域文化发展新高地。守住文物安全底线，重点加强长城文化和百年京张文化挖掘研究和活化利用，擦亮延庆文化“金名片”。

提升文化保护传承水平。以长城防御体系为核心，加强有形文化遗产和长城沿线无形非遗的系统保护和展示，加快八达岭长城大景区建设，改造提升中国长城博物馆，推进长城国家风景道、关沟七十二景、八达岭长城传说研究中心等项目。推进“百年京张”沿线环境整治提升建设项目，完成京张铁路康庄站文物保护和展示利用工程，挖掘铁路文化和红色文化，培育塑造百年京张文化品牌。

提升文化产品开发水平。加大奥运、长城、世园、京张铁路等主题文化创意产品开发力度，加快推动延庆本地优质商品向旅游产品转化，培育一批具有延庆特色的文创产品和旅游商品。参与服贸会、“北京礼物”大赛等各类展会活动，举办文创大赛，为具有京张地区特色文化元素的文化创意产品和旅游商品搭建展示、交流与合作平台。

提升文化产业集聚水平。以八达岭长城景区为核心，整合水关长城、古长城、青龙桥车站等资源，打造八达岭长城大景区。以八达岭长城文化小镇为载体，发展以长城文化为核心的文化创意产业，培育主题体验、文化研学、文化演艺、特色文创、节事论坛等形式多样的业态产品。加快建设一批特色鲜明、带动性强的文化产业园区，积极推进世园音乐文化产业园、北京世园摩玛影像艺术空间等项目建设，打造京冀奥运文化艺术节、北京长城文化节、世园系列音乐节、怀来天漠音乐节等一批有影响力的文化活动品牌，实现产业高效发展。

（四）强化协同联动，树立京张发展共赢典范。以京张体育文化旅游建设为契机，充分发挥延庆区位和节点优势，在机制、产业等重点领域深化区域协作，不断实现资源共享、产业共促、品牌共建，实现共赢发展。

持续健全沟通协调机制。聚焦“政府＋企业＋专家”，推进成立延庆区京张体育文化旅游建设协调推进工作机制办公室，完善联席会议制度和督办督察制度，形成综合产业综合抓、多部门联动支撑的工作格局；与张家口、乌兰察布等地区建立协作共生机制，围绕设施建设、活动组织宣传、旅游环境执法、产业项目、智慧管理等方面加强联动；争取文旅部、国家发改委、国家体育总局和市局部门支持，联合京张各地建立京张体育文化旅游带建设论坛常态机制，定期举办论坛活动，持续完善发展智库，定期召开政府、企业、智库三方会商，为京张体育文化旅游建设持续提供智力支持。

着力强化产业分工协作。联合张家口共建

京张奥运场馆联盟、京张区域品牌赛事目录，共同策划京津冀相关赛事活动，实现奥运场馆科学运营、错位发展；探索构建延张体育产业跨区域联动机制，建立体育产业领域重大协作项目清单，组建体育产业联盟，推进体育产业人才联合培训，构建“延庆研发定制+张家口生产销售”体育产业链条模式；强化与张家口怀来等地合作，加快建设延庆无人机装备产业基地，大力推进无人机产品在体育文化旅游领域应用等；积极探索区域文旅合作新方式，联合举办特色节庆文化活动，推出一批京张精品路线和网红打卡地。

（栏目编辑：孙越凡）

大事记

1月

1日 八达岭长城数字纪念票上线，通过支付宝小程序，发售纪念票10万张。作为全国首款数字纪念票，以八达岭长城为主体，展现了“北国风光，千里冰封，万里雪飘”的壮观画面。

2日 市政协党组书记、赛事综合保障组组长魏小东到延庆赛区调研。先后到北京金隅八达岭温泉度假村（签约饭店）、北京快乐假日大酒店（志愿者住地），实地察看疫情防控、住宿服务、食品安全等方面工作情况。

4日 习近平总书记到延庆赛区调研。先后到国家速滑馆，北京冬奥会、冬残奥会主媒体中心，北京冬奥村（冬残奥村），北京冬奥运行指挥部调度中心，二七厂冰雪项目训练基地，实地了解北京2022年冬奥会、冬残奥会筹办备赛工作情况，看望慰问运动员、教练员、运行管理人员、服务保障人员、科研人员、媒体记者和志愿者等，并向大家致以新年祝福。

4日 延庆区召开北京2022年冬奥会和冬残奥会倒计时30天延庆赛区誓师动员部署大会。会议深入学习贯彻习近平总书记关于冬奥筹办系列重要指示精神，传达北京2022年冬奥会和冬残奥会誓师动员大会精神。区四套班子领导和场馆运行团队负责人参会。

4日 “冬奥之约”冬奥主题艺术雕塑在八达岭文化广场落成。“冬奥之约”主题雕塑由著名雕塑家、中国建设环境艺术专业委员会公共艺术研究部主任、世界华人华侨精英联合会雕塑分会会长黄剑赠送。

4日 “2021北京榜样”揭晓。北京2022年冬奥会和冬残奥会延庆赛区核心区联合党委获得2021年度特别奖，延庆区百泉街道湖南社区党委书记、居委会主任马里当选2021年度“北京榜样”。

5日 以“迎冬奥　上冰雪　美丽中国新内涵”为主题的“2022中国冰雪旅游发展论坛”在北京召开。根据论坛发布的《中国冰雪旅游发展报告（2022）》，延庆区获得“2022年冰雪旅游十佳城市”和“2022年热门冰雪旅游景区（度假区）”两项称号。

7日 市委书记蔡奇参加市第十五届人大五次会议延庆代表团审议。蔡奇强调，延庆是冬奥之城，是未来之城。要抓住举办冬奥会的历史机遇，坚定不移地走生态保护和绿色发展的路子，打造生态文明幸福最美冬奥城，努力交出决战决胜冬奥会、推动区域转型发展两份优异答卷。

8日 区委书记、北京冬奥组委延庆运行中心主任穆鹏接受北京“两会”期间媒体特别节目“一把手访谈”栏目专访。穆鹏从场馆建设、团队建设、疫情防控、城市运行等方面介绍冬奥会筹办情况，从场馆赛后利用、全域旅游等方面介绍冬奥后续可持续发展设想。

11日 “一起向未来·走进北京2022冬奥会”第五届书画摄影作品交流展开幕。参展作品以冰雪题材为主，弘扬中国传统文化和奥运精神，展示中国冰雪运动发展成果。活动由延庆区、西城区和河北张家口市三地文联共同策划，在北京民族文化宫展览馆举办，持续至2月6日。

14日 延庆区与北京市农林科学院签署战略合作协议。北京球根花卉产业技术研究院同步揭牌。北京市农林科学院和区政府相关领导参加。

14日至15日 北京（延庆）颁奖广场运行团队在延庆颁奖广场（世园公园国际馆）举行以颁奖仪式为主轴，各业务领域参与的全流程全要素演练。标志着延庆颁奖广场各项工作全面就绪。

15日 以“与冬奥同时　与中国同步”为主题的2022年北京龙庆峡冰灯冰雪季在龙庆峡文化广场正式开幕。20万平方米展区分为彩灯展区、冰灯展区及娱乐区三大区域，以500余件冰建作品、350余件冰雕作品及16组雪雕作品，传递奥运精神、推广冰雪运动、弘扬中华传统文化。活动持续至2月底。

17日 市人大常委会主任、奥运村运行保障组组长李伟带队到区调研。先后到延庆冬奥村隔离点，检查隔离点人员安排、物资等准备情况；到延庆冬奥村（冬残奥村），察看访客预约、采访流程、音响设备及整体环境布置等情况。

23日 北京冬奥会延庆赛区冬奥村预开村。27日正式开村，至3月16日闭村。其间共接待近90个国家和地区的1200多名运动员及随队官员。

25日 北京2022年冬奥会和冬残奥会延庆赛区新闻通气会召开。会议就延庆赛区外围服务保障工作筹办、闭环酒店运行、交通组织保障和春节民俗文化活动等内容向媒体进行通报。新华社、人民日报、中央电视台、人民网等27家媒体55人参加通气会。

26日 北京市延庆区文物局挂牌仪式在区文化和旅游局举行。根据市委编办精神，北京市延庆区文化和旅游局加挂北京市延庆区文物局牌子，承担全区文物保护规划管理相关工作。

27日 延庆区"最美冬奥城冰雪体验之旅"入选国家体育总局、文化和旅游部联合发布的"2022年春节假期体育旅游精品线路"榜单。作为北京市唯一位于全国14条入选线路之首。

2月

2日 国际雪橇联合会主席埃纳斯、秘书长德怀特和国际雪车联合会秘书长海克，先后到国家雪车雪橇中心考察。

3日 延庆赛区举行北京2022年冬奥会火炬接力活动。冬奥火炬先后在八达岭长城和世界葡萄博览园进行传递。区委副书记、区长于波出席火炬接力延庆区起跑仪式，并宣布火炬接力延庆赛区传递正式开始。八达岭传递距离1.47千米，40名火炬手参与；世葡园传递距离2.49千米，50名火炬手参与。

4日 冬奥延庆赛区火炬台"长城之光"在延庆区冬奥城市文化广场正式点燃。活动主题为"冬奥圣火点亮长城之光"，将冬奥主题内涵与长城文化有机结合，从视觉上体现"长城脚下的冬奥会"。区四套班子领导出席活动。延庆服务冬奥各个领域的一线干部职工、延庆赛区指挥部"三处十二组一团队"工作人员代表、群众代表、家庭代表等150余人参与现场联欢。

9日 延庆赛区新闻发言人出席"北京冬奥会场馆服务保障"专题发布会，重点从疫情防控、食宿保障、城市运行三个方面介绍延庆区服务保障冬奥会情况，并就赛区医疗服务保障、气象服务保障情况现场回答记者提问。

11日 百集《登上长城的100位外国元首》系列微视频第一期15集，经外交部审核通过后，在北京新闻中心举办发布仪式。微视频自2020年8月开始由市委宣传部联合中国公共外交协会、延庆区委宣传部和八达岭长城管理处制作。主要依托八达岭长城近70年的视频资料，以及外事接待中的珍闻逸事。

11日 在延庆赛区国家雪车雪橇中心举行的男子钢架雪车比赛中，中国选手闫文港以4分01秒77的成绩摘得一枚铜牌，成为首位登上奥运领奖台的中国钢架雪车选手，实现奥运奖牌"零"突破。另一位中国选手殷正以4分02秒13的成绩位列第五名，并以4.58秒刷新了该项目的赛道出发纪录。

13日 北京市委副书记、市长、北京2022年冬奥会和冬残奥会组织委员会执行主席陈吉宁，到区调研检查赛区竞赛组织和服务保障等工作；听取工作情况汇报并通过视频监控察看延庆冬奥村就餐、健身、医疗、密接人员管理、媒体接待等情况；通过视频连线慰问闭环内运行团队工作人员。

15日 延庆区线上元宵节花会展演活动在北京世园公园举办。活动以"福满京城　春贺九州"为主题，通过与八达岭长城休闲街区、世界葡萄博览园、阪泉体育公园、珍珠泉村文化广场4个分会场的连线互动，集中展示区内17支花会节目。活动通过央视频、中国网、今日头条等近20家知名新媒体平台直播，513万人次线上观看。

20日　区政府与国家体育总局冬季运动管理中心、北京市体育局、北京北控京奥建设有限公司及国际雪车联合会五方签署《谅解备忘录》。各签署方约定未来5年，定期在延庆国家雪车雪橇中心举办国际雪车联合会赛事。

21日　区纪委三届二次全会召开。区纪委书记、区监委主任杨新光做题为《牢记政治嘱托，深化政治监督，以优异成绩迎接党的二十大胜利召开》的工作报告。会议讨论并表决通过全会报告和全会决议。区四套班子领导及各部门、乡镇、街道负责人在主会场和分会场参加会议。

25日　延庆冬残奥村于上午8时正式开村。冬残奥村共有无障碍房79套，每套两个房间，共158间。赛会期间共接待37个代表团的500余名运动员和随队官员。

3月

2日　北京2022年冬残奥会火炬接力城市火种采集仪式在八达岭古长城举行。五大洲青年代表手持代表残奥会会徽的红、蓝、绿三色绸带共跳和平之舞，并将绸带挥向采火器点燃“和平之火”，随后20名火炬手进行1千米火炬传递。

3日　北京2022年冬残奥会火炬接力展示活动在北京世园公园中国馆前举行。活动以“迎接冰雪之约，奔向美好未来”为主题，以“健康、欢乐、活力”为口号，立足冰雪文化、长城文化、冬奥文化，组织残疾人艺术家、专业表演团队、残疾人代表和延庆区文化表演团队进行现场表演。

4日　北京2022年冬残奥会延庆赛区火炬台正式点燃。延庆区残疾人代表孟玉林高举火炬，乘坐轮椅，在志愿者的帮助下登上平台点燃火炬台。活动现场以长城、雪花、城市形象logo等为主元素进行点缀装饰，残疾人观众、残疾人艺术团共同参与全场联欢。

6日　国际残奥委会主席安德鲁·帕森斯先生到访延庆赛区高山场馆。详细了解场馆设施、赛时运行、赛后利用等情况。

13日　北京2022年冬残奥会闭幕式在国家体育场隆重举行，习近平、李克强、栗战书、汪洋等党和国家领导人出席。北京冬奥组委主席蔡奇和国际残奥委会主席帕森斯分别致辞。延庆区基层党员群众及各界人士291人参加。

25日　市长陈吉宁到张山营镇后黑龙庙村调研。察看“后进村”通过“一、三产”融合发展，打造美丽乡村示范村等情况。并强调，要用好冬奥成功举办契机，巩固拓展办奥成效，聚焦功能定位，抓好生态环境保护建设，发挥特色优势，释放发展潜能，加快推动区域发展转型升级。市政府办公厅、市水务局、市应急管理局相关领导及区政府主要领导参加。

31日　国家文旅部、国家发改委、国家体育总局相关人员到区调研。在延庆奥林匹克园区了解京张体育文化旅游带建设情况，并召开座谈会。区政府相关领导参加。

4月

8日　北京冬奥会、冬残奥会总结表彰大会上，延庆区2个先进集体、2个先进个人被授予“北京冬奥会、冬残奥会突出贡献集体”和“北京冬奥会、冬残奥会突出贡献个人”称号。延庆运行中心常务副主任张素枝作为筹办工作人员代表做大会发言。

13日　北京世园公园首届郁金香生态文化节开幕。活动持续至5月8日，共有红、黄、白、紫4类49个品种30万株郁金香，分为早、中、晚三个花期，历时26天。

14日　全区领导干部大会召开，市委组织部相关领导主持会议并宣布中共北京市委决定：于波同志任中共北京市延庆区委员会书记，叶大华同志任中共北京市延庆区委员会副书记。

18日　市委书记蔡奇到延庆冬奥村调研，

听取延庆赛区场馆设施赛后利用工作汇报，了解延庆区加紧筹备延庆奥林匹克园区开园，做好冬奥场馆设施赛后可持续利用等情况。

19日　北京冬奥组委总结表彰大会上，延庆区38个先进集体、172个先进个人受到表彰。

19日　荷兰驻华大使馆农业参赞一行到北京世园公园参观，并就园区国际展园后续利用和延庆区园艺产业发展与区相关领导座谈交流。旨在为荷兰王国与延庆区及北京世园公园在园艺产业方面继续深化合作交往奠定基础。

20日　4·23世界读书日暨2022年延庆区全民阅读活动启动仪式举行。活动以“书香延庆·阅向未来”为主题，邀请著名作家曹文轩老师做主旨演讲并开展线上直播互动，现场发布《妫川文集》。区图书馆18个街乡分馆共开展主题活动41场，14家实体书店和特色阅读空间共开展各类阅读活动28场。

21日　延庆作家撰写的《妫川文集》新书发布会在京版大厦举行。全书共十二卷，涵盖诗歌、散文、小说、报告文学、摄影艺术等多种体裁，展现出延庆作家群扎根故乡土壤书写的“最美冬奥城”当代故事。

23日　中国致公党北京市延庆支部委员会成立。大会通过《中国致公党北京市延庆区第一届支部委员会委员选举办法》，选举产生致公党延庆区第一届支部委员会领导机构。

24日　延庆区发生首例新冠肺炎输入性本土疫情，病例2人为牛某良、郭某晴。全区按照“不放过任何一条线索，全过程管控到位；不放过任何一个点位，全方位排查到位；不放过任何一名风险人员，全时空管理到位”的原则，以快制快，第一时间果断处置，区内未发生二代病例传播。

28日　以“绿色生活　美丽家园”为主题的延庆区第三届“北京国际花园节”在北京世园公园开幕。花园节以13个专类园设计为特色，以郁金香、海棠、牡丹、百合、百草和红叶6个花卉文化节为平台，展现园内春、夏、秋不同特色的景观效果，为游客提供不同的游园体验。活动持续至11月15日，为期162天。

29日　北京延庆奥林匹克园区正式开园，“延庆奥林匹克园区”“国家级滑雪旅游度假地”“高山滑雪北京延庆国家训练基地”同时揭牌。

5月

18日　中国共产党北京市延庆区第三届委员会第三次全体会议召开。会议投票确定延庆区出席北京市第十三次党代会代表候选人预备人选，决定5月下旬召开中国共产党北京市延庆区代表会议，选举区出席北京市第十三次党代会代表。

30日　市委常委、市纪委书记、市监委主任陈健带队到北京大学第三医院延庆医院检查调研疫情防控工作，向奋战在疫情防控一线的干部群众表示诚挚问候。区领导于波、杨新光重点围绕疫情防控工作分别进行汇报。

31日　以“和满京城　奋进九州”为主题的北京端午文化节线上活动在延庆区文化馆微信公众平台举办。端午文化节以“‘粽’情端午　线上过节”为特点，开展涵盖民俗知识、手工技艺及旅游资源等内容的线上推广传播活动。文化节线上活动至6月5日结束，其间共吸引近万个家庭、2万余人次关注或参与。

6月

8日　中国航天科技集团九院无人装备产业基地项目在延庆落地。无人装备产业基地是国务院国资委和北京市军民融合“十四五”的重点产业项目，总投资超12亿元。旨在打造具有柔性、职能、精细化生产能力的无人机生产线。区政府主要领导参加签字仪式。

16日　延庆区与河南省内乡县签订南水北调对口协作框架协议。双方立足延庆与内乡的资源禀赋和发展需求，聚焦“十四五”时期生态环保、乡村振兴、科技创新、产业发展等7个方面开展协作。

23日　北京冬奥会冬残奥会延庆区·延庆赛区总结大会召开。会议全面回顾申办、筹办、举办的艰辛奋斗历程，系统总结服务保障成功经验；提出要大力弘扬北京冬奥精神，在新起点上接续奋斗建设生态文明幸福最美冬奥城，努力向市委、市政府和全区人民交出新的优异答卷。区委书记、冬奥延庆赛区运行保障指挥部执行指挥长于波出席会议并讲话；场馆团队代表、工程建设代表、医疗保障代表和最美冬奥家庭代表做大会发言。各领域代表和延庆区机关、企事业单位、人民团体等单位主要负责人分别在主会场和视频分会场参加。

28日　市长陈吉宁参加市第十三次党代会延庆代表团讨论。他指出：坚持以新时代首都发展为统领，扎实推动高质量发展；保护好利用好生态资源优势，挖掘自身禀赋特点，做深做精生态、文旅等符合定位的绿色低碳环保产业；推进冬奥场馆设施赛后利用，把绿水青山真正转化为金山银山。

30日　延庆区2022年新一轮百万亩造林任务全部完成。项目建设总任务1.6万亩，种植油松、樟子松、元宝枫、国槐等树种63万株，涉及八达岭、千家店、四海等11个乡镇。

7月

5日至6日　区委宣传部长马红寰就延庆区新增本土新冠肺炎病例及相关风险点位等情况，在北京市新冠肺炎疫情防控工作第378和第379场新闻发布会上进行通报。同时通报全区积极采取有效措施，第一时间管控风险点位和风险人员，全力做好应急处置、管控措施、保障服务、社会面防控等各项工作开展情况。

7日　延庆区纪念全民族抗战爆发85周年活动在千家店镇花盆村“三同”红色教育基地举行。活动现场发布延庆区第二批4条红色精品体验课程线路。

14日　延庆区与中关村发展集团签署“构建新型政企关系”全面合作协议。双方聚焦延庆区新能源和能源互联网、现代园艺、体育科技、无人机4个重点培育产业，以长城脚下的创新家园为发展核心，共同构建延庆绿色高精尖产业结构，合力将中关村延庆园建成京西北科技创新新高地。

14日　“点亮北京·消夏延庆”暨2022年北京市文旅促消费·微度假趣京郊系列活动启动仪式在世园公园举行。活动现场发布延庆区消夏避暑季、延庆露营季多项旅游产品，并启动“十大网红景点打卡地”“十大网红美食”等十大品牌的评选工作。

16日　以“绿色生活、美丽家园”为主题的首届露营文化节在北京世园公园开幕。现场开设12个营地、总占地面积28万平方米，可同时为3300名游客提供1096个露营营位。文化节持续到10月，其间公园推出各类活动30余场，包括房车、木屋、自助、音乐营地、湿地等特色露营住宿旅游产品。

18日　延庆四中教育集团正式成立。延庆三中、四中组建成为延庆四中教育集团，并将第八中学、刘斌堡中学纳入成员单位。旨在强化对集团内人、财、物等优质资源的统筹与共享，激发各成员校的办学活力，促进校际间优质均衡发展。

28日　第二届澜湄水果节在北京世园公园举办。活动由农业农村部国际合作司主办，农业农村部对外经济合作中心及延庆区政府承办。水果节以“云聚果园、共享发展”为主题，举行云赏特色果园、现场果园参观、交流研讨、产销对接直播等一系列活动。农业农村部、外交部及9省市农业部门、企业和农业科研机构，湄公河国家驻华使馆等100余人线上线下出席活动。

29日　区委三届五次全会召开。全会牢记习近平总书记“延庆是属于未来的”嘱托，全面贯彻市委十二届十八次全会、市第十三次党代会、市委工作务虚会精神；认真落实蔡奇、陈吉宁到区调研指示精神；总结2022年上半年工作，部署下半年任务。会议表决通过关于区委委员调整的决定。

8月

4日　第二届京张体育文化旅游带发展论坛在北京延庆奥林匹克园区举办。论坛以“把握后冬奥　共创新未来”为主题，邀请政府主管部门、行业专家和企业代表等深度谋划“后冬奥”转型发展，共同展望区域协同建设美好前景。相关领导以及业内专家、企业代表等50余人参加论坛。

8日　延庆区多项目入选“2022年北京市体育旅游精品项目”：“万科石京龙滑雪场”“野鸭湖国家湿地公园、北京世园公园”获评十佳精品景区；“北京国际自行车骑游大会”获评十佳精品赛事；“最美冬奥城冰雪体验之旅”“妫河骑游、百里山水画廊骑行线路”获评十佳精品线路；“北京延庆奥林匹克园区”获评十佳目的地。

9日　“2022年中国（京津冀）鲜食玉米大会分会暨第一届延庆鲜食玉米节”在区举行。大会以“旧县玉米，领鲜未来”为主题，在全国范围内征集并展出京科糯2000、万糯2000、农科糯336等113个国内鲜食玉米主流品种。

10日　区体校学生刘文杰在北京市第十六届运动会田径比赛中获得青少年竞技组男子丙组跳高金牌。

11日　延庆区入选农业农村部等八部门联合公布的第二批49个国家农业绿色发展先行区创建名单，为全市唯一入选区。

13日　2022年徒步京津冀活动在北京世园公园举行。北京、天津、河北的徒步爱好者700人参加活动。全长7公里的徒步路程贯穿公园所有标志性场馆及景观。

17日　延庆区与市农村经济研究中心签订乡村振兴战略合作协议。双方重点围绕“调查研究、农民培训、试点示范、典型宣传”等4个方面，开展为期4年的战略合作。

17日　第四届“社区邻里节”启动仪式在夏都公园音乐广场举行，各相关单位及社区居民150余人现场参加。邻里节采取“主会场+分会场”联动、“线上+线下”并行的方式，开展嘉年华系列活动，全区427个新时代文明实践站4万余群众线上参与。

19日　市科委与中关村科技园区管委会对2021年度市科技奖评审结果进行公示，中关村延庆园有3家企业获奖。其中北京美正生物科技有限公司的“果蔬真菌毒素防控关键技术创制及应用项目”获得技术发明二等奖。

22日　延庆区第28届科技周活动启动仪式在中关村延庆园举行。活动以“走进科技　你我同行”为主题，以线上线下相结合的方式，重点展示无人机、体育科技、新能源和能源互联网、现代园艺、医药健康、天文科普等产业成果，共有35家企业参加。延庆区科普联席会成员单位、市区两级科普基地及相关企业代表约200余人参加活动。

23日　首都志愿服务项目大赛组委会公布2022年首都志愿服务项目大赛获奖项目。延庆区6个志愿服务项目分别获得1个金奖、2个银奖、1个铜奖和2个提名奖，获奖总量创历史新高。金牌数量和获奖总量均在生态涵养区中排名第一。

23日　延庆区举行“德耀妫川献礼党的二十大　踔厉奋发建设最美冬奥城”延庆区新时代文明实践“2021延庆榜样”颁奖典礼活动。10人获得“2021延庆榜样（道德模范、身边好人）”称号，20人获得提名奖，3个团队获得“2021延庆榜样（道德模范、身边好人）”特别奖。

26日　全区首座公园内书屋——夏都书屋开放。书屋位于延庆区夏都公园内，占地面积10000平方米，建筑面积560平方米，现有各类藏书3000余册。设置功能性阅览室5个，面向市民提供免费阅读服务。

28日　以“传承民俗文化　印象长城脚下”为主题的首届长城民俗文化节，在八达岭镇石佛寺村开幕。活动现场设置民俗展览、民俗市集、民俗体验、民俗美食四大板块24个展位，展销延庆特色美食火勺、火盆锅、豆腐宴；传统手工艺品毛猴、堆绣、面人；长城文创产品以及当地特色农产品。

28日至29日 2022八达岭长城高峰论坛活动在延庆奥林匹克园区举办。活动以“保护、传承、发展、共生”为主题，邀请相关领域专家学者、长城沿线各省市驻京代表及各区代表近100人，通过主题讨论、圆桌对话、夜访长城的形式，共同为长城保护与发展建言献策。

9月

9日 以“月圆京城　情系中华”为主题的延庆区2022年“独山夜月”中秋文化节活动在旧县镇妫州牡丹园举行。活动过程中设置传统月饼制作、盆窑陶艺、“妫水农耕”品牌展示、文旅推介等环节，宣传展示传统民俗文化，助推农业产业与区域旅游融合发展。

11日 延庆、高雄两地举办“十五月亮十六圆　长城脚下是故乡”中秋视频连线活动。京台两地社区居民（里民）100余人通过大屏幕“云相聚”，共享中秋诗歌、民俗文化、非遗节目，进一步凝聚“两岸一家亲”的思想共识。

16日至17日 第二届人民安防（八达岭）低空安全峰会在区举行。会议期间，延庆区与驭剑实验室、中国移动成都研究院达成战略合作协议，并与长捷航空、拓扑联创等10家无人机企业现场签约，预计投资总额3.4亿元。

20日 京津冀科协深化合作对话会暨北京市科协与延庆区全面合作启动会在区举办。会议以“科技赋能　协同发展”为主题，由北京市科协、天津市科协、河北省科协和延庆区共同主办。中国工程院院士金涌及北京市科协、延庆区相关领导现场参加，河北省和天津市科协线上参加。

21日 区委书记于波带队到内蒙古自治区乌兰察布市兴和县对接东西部协作工作。先后到兴和县现代农业产业科技示范园区、鄂尔栋镇大坡底村“百美村宿”，察看京蒙协作项目进展情况；与乌兰察布市、兴和县相关领导交流座谈。

21日 以“展海陀风情，游冬奥小镇，赏金秋果园，享丰收喜悦”为主题的第六届延怀河谷葡萄文化节在世界葡萄博览园开幕。活动现场举办京津冀协同发展优质晚熟葡萄擂台赛，通过线上展销会、网红直播体验等方式，进一步宣传推介优质果品资源销售和秋季旅游项目等。

24日 2022年中国农民丰收节暨第六届延怀河谷葡萄文化节在八达岭望京文化广场开幕。开幕式分为“妫水农耕”“清凉夏都”“长城秋色”“冰雪延庆”四个篇章，同时还有“庆丰收、迎盛会”乡村振兴图片展和优质农产品现场展示展卖活动。

24日 世园公园入选北京市文化和旅游局公布的首批市级旅游度假区名单。评选活动为全市首次开展，是北京旅游度假产品的最高等级。

25日 以“乡情京韵颂盛世，凝心聚力促振兴”为主题的第33届北京农民艺术节延庆区专场展演活动启动。活动设置“乡村大舞台、美丽乡村印象、乡村文化故事”三个部分8项内容，开展群众文艺节目展演、影像美术文学作品征集展示、典型案例征集宣传等。相关活动持续至12月底结束。

27日 “外交官看湿地”活动在北京野鸭湖国家湿地公园举行。邀请14个国家的16名外交官员实地察看湿地保护成效。旨在向国际社会展示延庆生态文明建设成果。

30日 “喜迎二十大·影像话妫川”暨《行走妫川·乡村记忆》摄影展在区文化馆举行。摄制组历时五年，走进全区各行政村、自然村，行程5万余华里，拍摄照片12万余张。此次展出作品140余幅，展期17天。

10月

3日　“孝满京城　德润人心”延庆区新时代文明实践2022年重阳节文化活动，在百里山水画廊举办。开展“情满重阳节、百年老树祈福、体验汉服文化、登高赏景林间品茶、网红打卡拍照”五大主题活动。设置1个主会场、2个分会场和3个网红打卡地。北京榜样和延庆榜样代表、千家乐助老志愿服务队代表、当地村民以及游客欢聚一堂，共同感受浓厚的重阳文化。

11日　“掀起历史的一角——延庆区生态文明实践展”正式开展。展区位于北京世园公园园艺小镇内，展陈面积1000平方米，展出历史照片200余张以及珍贵实物和各类影片、雕塑等20余件。

16日　北京冬奥组委医疗防疫组将首批2套从冬奥赛事场馆撤出的AED一体机，捐赠给延庆区体育馆。用于提高体育赛事及日常参与体育运动民众的应急救护和生命健康服务。

21日　于波接受北京日报与天津日报、河北日报联动采访。党的二十大期间三报联动采访北京、天津、河北的二十大代表，共话京津冀协同发展。于波接受采访时用“四个更”（空气更清新、水体更洁净、物种更丰富、发展更协调）概括延庆区生态协同保护交出的“成绩单”。

26日　延庆区香龙路、营王路获评2022年度北京市“最美乡村路”。全市共18条公路入选，香龙、营王两条路依托“公路+旅游”“公路+休闲”优势获评。

27日　《八达岭长城保护规划》获国家文物局批复并由市文物局正式公布。规划范围70.4平方千米，规划期限14年（2022—2035），全文共16章。性质属于全国重点文物保护单位专项规划。

11月

1日至3日　“学习宣传贯彻党的二十大精神　建设最美冬奥城”百姓宣讲汇讲活动举行。全区24支宣讲团72名宣讲员，通过“百姓宣讲+文艺”的形式，利用“现场宣讲+线上直播”的方式讲述感人故事、传递延庆声音。全区21万人次线上观看。

4日　延庆区一年两熟葡萄栽培标准化示范区项目，通过国家市场监管总局和国家标准化委员会、北京市市场监管局考核评估。

5日　2022中国公路自行车公开赛（北京世园公园站）在北京世园公园举办。赛事由中国自行车运动协会主办、延庆区人民政府协办，70名国内知名公路自行车选手参与。第十二届北京国际自行车骑游大会同时举行，500余名自行车选手和骑行爱好者参与。

15日　延庆区香龙路、营王路获北京市“最美乡村路”称号。全市共18条公路入选，香龙、营王两条路依托“公路+旅游”“公路+休闲”优势获评。香龙路起点为旧小路龙庆峡路口，终点与刘千路相交，长22.6千米；营王路起点永宁镇营城村南与昌赤路相交，终点与永偏路相交，全长5.5千米。

15日至16日　延庆区第三届人民代表大会第二次会议召开。会议选举产生22名北京市第十六届人民代表大会代表；选举叶大华为北京市延庆区人民政府区长、张双锁为北京市延庆区第三届人民代表大会常务委员会副主任。

18日　区委举行学习贯彻党的二十大精神宣讲报告会，党的二十大代表、区委书记、区志愿服务总队队长于波做宣讲报告。于波从如何领会把握重大意义、伟大变革、使命任务、战略部署、根本保证五个方面，对党的二十大精神进行全面系统深入解读。区四套班子领导、法检“两长”及全区处级班子单位、社区（村）党支部书记分别在主会场和视频分会场参会。

23日　中关村延庆园3家企业获2021年度北京市科学技术奖。其中北京美正生物科技有限公司凭借果蔬真菌毒素防控关键技术创制及应用项目，获得技术发明二等奖。

12月

7日　延庆区康庄镇火烧营、四海镇大吉祥2个村入选国家文化和旅游部公布的第四批全国乡村旅游重点村名单。至此全区共有10个全国乡村旅游重点村，数量居全市第一。

9日　北京市冰雪文化旅游季暨延庆区第37届冰雪欢乐季启动仪式在国家高山滑雪中心举行。冰雪欢乐季以“Hi延庆High冰雪——当燃！最美冬奥城”为主题，持续至2023年2月底。冰雪欢乐季联动冰雪运动、冰雪乐园、民俗非遗、酒店民宿、美食采摘、景区景点等多种文旅要素，推出戏冰雪、享私汤、品暖锅、赏冰灯、乐采摘、微度假共6个板块近60项活动。

14日　延庆区九眼楼敌台、北京世园公园、延庆奥林匹克园区、野鸭湖湿地公园等15处景点入选市文旅局发布的“2022北京网红打卡地推荐榜单”。

16日　区委三届六次全会召开。于波代表区委常委会做工作报告并讲话。全会深入学习贯彻习近平新时代中国特色社会主义思想和党的二十大精神，总结回顾2022年工作，研究部署2023年任务。

20日　中国长城博物馆改造提升项目计划及遗产影响评估报告，获得国际古迹遗址理事会认可。该报告是全国第一次在重大工程项目方案确定前，向世界遗产组织报告项目计划及遗产影响评估报告，并获得认可。

21日至22日　延庆区第三届人民代表大会第三次会议召开。会议听取并审议北京市延庆区人民政府工作报告；审议北京市延庆区2022年国民经济和社会发展计划执行情况与2023年国民经济和社会发展计划（草案）的报告，审查和批准北京市延庆区2022年国民经济和社会发展计划执行情况的报告与2023年国民经济和社会发展计划；审议北京市延庆区2022年预算执行情况和2023年预算（草案）的报告，审查和批准北京市延庆区2022年预算执行情况的报告和2023年预算；听取并审议北京市延庆区人民代表大会常务委员会工作报告；听取并审议北京市延庆区人民法院工作报告；听取并审议北京市延庆区人民检察院工作报告。

21日至22日　政协延庆区第三届委员会第二次会议召开。会议听取并审议《政协延庆区委员会常务委员会工作报告》和《政协延庆区委员会常务委员会提案工作报告》；听取并讨论《政府工作报告》及有关报告；补选张河为区政协第三届委员会秘书长。

25日　延庆最美冬奥城入选市文化和旅游局首批推出的6个“北京微度假”目的地品牌。

25日　世葡园第七届冰雪大世界活动正式开园。作为2022年北京冬奥会后的首个冰雪季，活动占地5万平方米；分为冰雪体验和休闲娱乐区，可同时容纳近千人；游玩体验项目总数达到20多个。活动持续至下年2月底。

26日　北京市2022年农村人居环境综合考核结果公布，延庆位列全市13个涉农区中第2名。

28日　延庆区大榆树镇高庙屯村北京绿惠种植专业合作社获得“国家级生态农场”称号。评定结果由农业农村部农业生态与资源保护总站、中国农业生态环境保护协会联合发布，全市共6家入选。

（栏目编辑：王新华）

专记

新冠肺炎疫情防控

延庆区新冠肺炎疫情应急指挥工作领导小组

2022年，延庆区坚决落实党中央疫情防控方针政策，在市委、市政府的坚强领导下，坚持人民至上、生命至上，坚持科学防治、精准施策，稳扎稳打、平稳转段，最大限度保护全区人民群众生命安全，最大限度减少疫情对我区经济社会发展的影响。

冬奥赛时54天中，作为三大赛区之一，全区守牢疫情防控底线，将冬奥防疫和城市防疫全面融合、一体推进，统筹交通、防疫、安保“三位一体”联动部署，实施内外“双环”管理，科学防控、精准防疫，实现工作人员“零感染”、社会面疫情“零发生”。

4月30日，百泉街道服务核酸采样点
（百泉街道供稿）

4月22日北京市疫情发生后，全区坚持外防输入、内防反弹，不折不扣执行“三口”查验、社会面风险排查、核酸检测等各项常态化防控措施。按照“不放过任何一条线索，全过程管控到位；不放过任何一个点位，全方位排查到位；不放过任何一名风险人员，全时空管理到位”的原则，以快制快，第一时间果断处置“4·24”牛某良、郭某晴，“7·4”长城脚下公社，“10·7”过境货车司机等本土疫情，区内均未发生二代病例传播。进入11月，全区疫情呈现多点散发态势，迅速启动应急指挥体系，强化风险处置，按照“出阳即灭、逢密即调、报备即管、接诉即办”的处置原则，以最快的速度遏制了疫情扩散蔓延。尤其是二十条措施、新十条措施相继出台后，延庆区第一时间对各项措施进行落实，因时因势进一步优化疫情防控举措，做好政策的平稳有序衔接。

12月7日，国务院联防联控机制宣布进一步优化落实疫情防控措施（新10条），对风险区划定和管理、核酸检测、隔离方式等进行重大调整，持续三年的防疫政策出现重大转向。延庆区坚决贯彻党中央、市委、市政府各项决策部署，更加科学精准落实各项防控措施，不断巩固向好态势，围绕“重症患者救治、重点地区人群和场所防控、抓好复工复产”3个环节，突出医疗救治应对能力建设、加强救治手段的研究和优化、加大民用检测设备和药品投放力度、做好重点群体防疫（学生群体、老年群体等）、提高殡葬服务能力、优化常态化核酸点设置以及舆情监测等重点工作，全力恢复市民群众正常生活状态，恢复经济社会发展正常秩序。

截至年底，全区核酸检测31636754人次。新冠疫苗接种总数90212剂次，其中第一剂接种17514人，第二剂接种17432人，第三剂接种48875人，第四剂接种6391人。新冠肺炎发病人数1614人，其中确诊病例1183人（包括普通型163人、轻型891人、中型96人、重型28人、危重型5人），无症状感染者431人；境外输入101例；涉及新冠肺炎死亡病例31人；判定密接4911人、次密接2238人。

区委、区政府指导疫情防控的主要举措和经验：

（一）坚持高位指挥，调度坚决有力。本土疫情发生后，第一时间“平急转换”，启动应急处置机制，迅速启动区级指挥体系。区疫情防控战时工作领导小组实体化运行，人员集中办公，一办十三组全体就位，迅速进入战时状态进行指挥调度，制定了歼灭战、保卫战、总体战三个阶段战术打法。区8小时应急处置指挥部、“5+N”溯源流调专班、社区防控组等各工作组高效运转，分秒必争做好流调溯源、封控管控、核酸检测、人员转运、舆情回应等各环节工作，坚决阻断疫情传播。区纪委监委组成监督指导组进行全过程监督，各街道乡镇、各部门单位闻令而动、主动作为，形成了扁平高效的指挥体系和步调一致的工作状态。

（二）坚持党建引领，形成抗疫合力。区领导深入基层包行业部门、包乡镇街道，党政机关、企事业单位建立帮扶机制，全区1300余名党员领导干部冲锋在前，党员干部职工“双报到”助力防疫7.7万人次，尤其是广大卫生疾控人员、基层一线干部、政法干警、志愿者等党员干部带头、防疫工作人员昼夜奋战，为疫情防控筑起坚固防线。各乡镇街道主动作为，一把手带头，班子成员“包片”，充分发动社区（村）党支部、网格员、物管、楼栋党员、入党积极分子、居民代表、志愿者等人员，形成抗击疫情的强大合力。同时，全区以文明城区创建为牵引，统筹开展无疫社区创建、全国健康促进区创建、爱国卫生运动、人居环境整治等多项工作，确保各项工作互相融合，共创共建，一体推进。

（三）完善制度体系，处置有章可循。通过不断总结复盘，结合全区实际，提炼出“接报、会商、预警、启动；控制、流调、溯源、落位；转运、隔离、管控、核酸；沟通、服务、保障、解封；报告、发声、维稳、保供”5个环节、20个关键词的全链条处置流程，制定《8小时涉疫风险人员应急处置工作流程图》《密接次密接人员闭环转运管控流程图》《大数据派单落位管控工作流程图》《高中风险区划定工作流程图》《高中风险区解封工作流程图》等。结合第九版防控方案等最新政策，修订完善各组方案和各项预案，形成区级《应对规模性疫情应急处置工作方案集V2版》。

11月16日，新体育馆方舱医院建成并投入使用
（区机关事务中心供稿）

（四）强化能力建设，提升保障水平。坚持硬件软件双提升，设立集中隔离点23个、房间5979个，接收服务跨区隔离人员1.2万余人次，建成并启用近1200张床位规模的两个方舱医院，同步用好“黄码医院”“红码医院”“康复驿站”，科学分类收治患者。统筹调度全区核酸检测力量，不断优化检测流程，建成全域“15分钟核酸采样服务圈”，日最大检测能力超4万管。组织动员近千人次医务人员支援兄弟区。

（五）坚决落实新政，确保平稳转段。加强发热门诊急诊、急危重症与120转运等方面的医疗救治能力建设，优化就诊流程、扩容救治空间、增加医护力量，着力实现“保健康、防重症、降病亡”的目标。持续扩大货源渠道，加大儿童用药、发热用药等药品和物资的采购储备力度，畅通物流配送环节，精准投放各级医疗机构、社区卫生服务中心、零售药店等，全力保障市民购药、用药需求。加大老幼病残孕等重点人群关心关爱，多措并举做好特殊群体的服务保障。持续做好政策宣传解读，提高全民“健康第一责任人”意识，营造全民参与、共克时艰的良好氛围。

（栏目编辑：王新华）

冬奥会延庆赛区筹办

概　述

2022年，延庆区全面践行“四个办奥”理念，在高质量完成场馆建设、生态修复等46项工程、建成国际一流奥运场馆群的基础上，高标准开展赛事服务，内外一体做好疫情防控、城市运行、环境整治、氛围营造等工作，圆满完成86个国家和地区626名冬奥运动员、37个国家和地区180名冬残奥运动员的服务保障。

高位指挥强化战时组织领导。年内，区委主要领导、场馆群主任下沉场馆、靠前指挥，区政府主要领导统筹指挥城市运行和外围保障，区人大常委会主任协调延庆冬（残）奥村服务保障，区政协主席牵头综合服务保障；场馆主任带头进入闭环，调动28个业务领域保障场馆运行、赛事组织。各场馆团队、各处组内外联动、无缝衔接，一盘棋保赛会。坚持战时运行，科学配置服务保障力量，一级响应33天、二级响应19天、三级响应20天。坚持重点点位保障与网格化管理相结合，制定涉冬奥重点场所网格分布图、力量部署表和保障任务手册，全面动员干部职工、城市和“延庆乡亲”志愿者、34.6万延庆人民参与冬奥、奉献冬奥，为成功举办冬奥会、冬残奥会奠定坚实基础。城市运行全区保外围、外围保核心。建立内外衔接、应急支援等机制，12支1400人的应急抢险队伍24小时在岗在位，全力保障城市生命线平稳运行。根据响应等级合理部署外围保障力量，3街5镇100个涉奥点位、58个哨卡24小时不间断巡查，“延庆乡亲”每天1.2万人次值守看护，妥善处置应急事件。快速高效开展扫雪铲冰，场馆和核心区主要道路保持畅通，雪后72小时，全区49条公交线路全部恢复通车，创造了扫雪铲冰“延庆速度”。采取最严措施保障空气质量，联防联控应对2次天气污染过程，冬奥会期间PM2.5平均浓度15微克/立方米，冬残奥会期间PM2.5平均浓度32微克/立方米，实现“冬奥蓝”。

科学精准守牢疫情防控底线。全区树立“没有防疫安全就没有成功办奥”的意识，压实防疫“一岗双责”，实施内外“双环”管理，“一馆一策”“一店一策”“一地一策”“一站一策”落实防疫措施。认真落实“流线不交叉、分区不重叠、界面须严管、人员不跨区”要求，2.1万名闭环内外涉奥人员全部集中住宿、统一管理，100个涉奥点位及周边区域实施一级响应管控。组建817人的保障团队，保障防疫物资44种328.3万件，公立医疗机构每日单样本核酸检测能力提升到2.4万份，每天核酸检测率保持在99.9%以上，累计检出阳性81件，5处涉奥隔离设施累计收住和服务外籍人员90名。每日开展预防性消杀、终末消杀，累计消杀880.84万平方米。累计流调处置阳性人员81名，占闭环内人员总数的0.38%，其中确诊病例5名、无症状感染者76名，工作人员实现“零感染”。根据大数据派单落位管控各类风险人员，滚动开展高危人员和重点人群核酸检测筛查，社会面疫情“零发生”，为冬奥会、冬残奥会成功举办创造安全的外部环境。

精益求精保障场馆顺畅运行。相关部门严把雪质关、湿度关、安全关，在国家高山滑雪中心总造雪80万平方米、储雪23.2万立方米，安装A网24千米、B网35.5千米；如期完成电力、计时记分、成绩处理、电视转播等线缆敷设和调试；打造出符合世界顶级赛事、备受运动员称赞的冰状雪赛道。细致完成无障碍设施

2月，冬奥会期间，区交通局驻店保障小组为冬奥相关工作人员做好交通服务保障工作（区交通局供稿）

铺设、临时设施调整，如期完成赛道冰状雪清除任务，确保赛道转换，每天开展除雪、压雪作业，为赛事提供有力支撑。国家雪车雪橇中心24小时不间断，两班倒开展赛道洒水制冰、修冰补冰等工作，围绕赛事需求收放遮阳帘，动态强化冰务管理、塔台播报，场馆设施、冰面质量得到各参赛队及国际单项组织高度评价。延庆冬（残）奥村坚持全员在岗责任制，24小时全天候运转，44小时完成残奥转换，运行53天打造了宾至如归的“运动员之家”。高质量完成27场颁奖。制服和注册分中心如期完成证件注册和制服装备发放，赢得各类客户群广泛赞誉。

严谨专业确保赛事精彩纷呈。延庆赛区运行服务保障指挥部（领导小组）坚持以竞赛为核心，建立场馆与国际单项组织、体育领域与各代表团领队官员分类分层沟通机制，通过代表团会议、领队会议反馈问题、提出要求、改进工作，组建语言服务团队和30支驻店保障小组，畅通沟通渠道，主动征集需求。建立接诉即办回应诉求和分类解决问题机制，研判运动员和各客户群体需求，每日会商、及时协调解决问题，最大限度地提供优质服务，实现住宿人员“零投诉”。保障食品安全实现餐饮食材“零断供”、食品安全“零事故”、冷链食品“零风险”。服务保障外籍人员交通需求，实现场馆交通“零延误”、外籍人员“零滞留”。针对高山滑雪和雪车雪橇项目难度大、受伤概率高的特点，选优配强一线医疗救治力量，设置12个医疗站、26个FOP医疗站，配备2架救援直升机、13辆急救车，建立场馆、延庆冬（残）奥村、冬奥医疗保障中心联动响应机制，冬奥医疗保障中心累计诊疗522人，其中外籍68人，运动员24人，开展手术16例，预后良好，救治速度、质量赢得赞誉，医疗团队被誉为“金牌医疗团队”。全区严格按照竞赛日程，全力以赴服务保障86个国家和地区的626名冬奥运动员、37个国家和地区的180名冬残奥运动员参训参赛。克服大风、暴雪、低温等极端天气影响，延庆赛区顺利举办冬奥会、冬残奥会竞赛项目51个，组织官方训练37场、非官方训练75场，产生金牌51枚，其中冬奥会金牌21枚、冬残奥会金牌30枚，奖台、奖牌、吉祥物、国旗、国歌等颁奖全流程实现6分钟内完成，运动员在“雪飞燕”“雪游龙”创造了3次出发纪录和6次赛道纪录，刷新了2项世界纪录和17项冬奥会纪录。累计有6393人次观众参加冬奥会、冬残奥会开闭幕式，6942人次观众到场馆观看比赛。延庆冬奥村自1月27日开村至3月16日闭村，共接待近90个国家和地区的1200多名运动员及随队官员。延庆赛区33个闭环酒店接待各类冬奥会相关住客（媒体记者、单项组织人员、各国超编官员、志愿者、合同商、各类保障人员）约1.24万人，组织服务保障人员力量约2600人。

2月10日，冬奥定点医院接诊延庆赛区首例直升机转运运动员（区卫健委供稿）

4月8日，北京冬奥会、冬残奥会总结表彰大会在人民大会堂隆重举行。延庆赛区运行保障指挥部市公安局延庆分局、奥运村运行保障组延庆村保障专班被授予“北京冬奥会、冬残奥会突出贡献集体”称号；延庆赛区吕立鑫、严晗获得“北京冬奥会、冬残奥会突出贡献个人”称号；延庆运行中心常务副主任张素枝作为筹办工作人员代表做大会发言。4月19日，北京冬奥组委召开总结表彰大会，延庆区38个先进集体、172个先进个人受到表彰。

（王新华）

重要活动

【市领导到延庆赛区调研】 1月2日，市政协主席魏小东到北京金隅八达岭温泉度假村（签约饭店）、北京快乐假日大酒店（志愿者驻地），实地察看疫情防控、住宿服务、食品安全等方面工作情况。1月11日至12日，副市长卢彦到区调研涉奥场所医疗防疫工作；副市长崔述强、谈绪祥带队到区调研冬奥会城市运行和环境保障工作。1月17日，市人大常委会主任李伟带队到区调研。先后到延庆冬奥村、冬残奥村隔离点，检查隔离点人员安排、物资等准备情况；到延庆冬奥村（冬残奥村），察看访客预约、采访流程、音响设备及整体环境布置等情况。2月9日，市政协副主席王宁带队到区调研，察看延庆冬奥文化广场各分区运行情况，就疫情防控、技术保障、宣传推介等方面提出工作要求。2月13日，市长陈吉宁调研检查延庆赛区竞赛组织和服务保障等工作，听取工作情况汇报并通过视频监控察看延庆冬奥村就餐、健身、医疗、密接人员管理、媒体接待等情况，视频连线慰问闭环内运行团队工作人员。2月15日，市政协主席魏小东到延庆赛区检查指导赛时服务保障工作，听取赛时服务保障工作运行情况汇报，并与驻点保障小组进行视频连线。

（侯海清　阎国平）

【延庆赛区誓师动员部署大会】 1月4日，延庆区召开北京2022年冬奥会和冬残奥会倒计时30天延庆赛区誓师动员部署大会。会议深入学习贯彻习近平总书记关于冬奥筹办系列重要指示精神，传达北京2022年冬奥会和冬残奥会誓师动员大会精神。区委书记、北京冬奥组委延庆运行中心主任穆鹏出席会议并讲话，区委副书记、区长于波主持会议，区人大常委会主任吕桂富，区政协主席张远，北京冬奥组委延庆运行中心常务副主任张素枝出席会议。

（侯海清）

1月4日，北京冬奥延庆赛区誓师动员部署大会召开（区融媒体中心供稿）

【各级媒体集体采访延庆赛区】 1月4日，中新社、中国日报等20余家中央、市级和其他省市媒体走进延庆，聚焦延庆冬奥筹办和带动发展开展集体采访，全面呈现延庆为成功举办一届简约安全精彩的冬奥盛会、为北京“双奥之城”做出新贡献的坚定决心。

（侯海清）

【区委领导接受专访】 1月8日，区委书记、北京冬奥组委延庆运行中心主任穆鹏，接受北京“两会”期间媒体特别节目“一把手访谈”栏目专访。访谈由北京日报、北京晚报、北京日报客户端共同举办。穆鹏从场馆建设、团队建设、疫情防控、城市运行等方面介绍冬奥会筹办情况，从场馆赛后利用、全域旅游等方面介绍冬奥后续可持续发展设想。

（侯海清）

【冬奥延庆赛区新闻通气会】 1月25日，北京2022年冬奥会和冬残奥会延庆赛区新闻通气会召开。区冬奥综合处、文旅局、商务局及驻点酒店等行业部门及相关处组分别就外围服务保障工作筹办、闭环酒店运行、交通组织保障和春节民俗文化活动等内容向媒体进行通报，会后组织媒体集体前往井庄镇三司村，现场了解井庄镇“民俗过大年”主题活动，体验民俗文化，并到柳沟村参观旱船博物馆。新华社、人民日报、中央电视台、北京日报、人民网等27家媒体55人参加通气会。2月15日，延庆赛区第二场新闻通气会召开。会议从场馆运行、医疗服务、交通组织、气象服务四个方面向媒体现场通报延庆赛区服务保障情况，并视频连线采访医疗服务、交通保障等工作典型人物代表，实地采访延庆冬奥城市文化广场，全面讲好延庆攻坚克难、全力以赴确保冬奥会成功举办的生动实践。新华社、人民日报、北京日报等21家中央、市级及其他省市媒体参加通气会。2月25日，延庆赛区赛时第三场新闻通气会召开。通过现场通报和视频连线采访，向媒体介绍延庆赛区冬残奥会服务保障、冬奥会志愿服务及冬残奥会志愿服务安排、冬奥工作人员关心关爱、残疾人事业服务保障等相关情况。全面立体展示延庆赛区无缝衔接转入冬残奥会服务保障，确保“两个奥运同样精彩”工作格局。新华社、北京日报、北京电视台、凤凰卫视等23家中央、市级和其他省市媒体参加。

（夏超）

【延庆赛区火炬接力】 2月3日，延庆赛区举行北京2022年冬奥会火炬接力活动。冬奥火炬先后在八达岭长城和世界葡萄博览园进行传递，约90名火炬手参加。区委副书记、区长于波出席火炬接力延庆区起跑仪式，并宣布火炬接力延庆赛区传递正式开始。八达岭长城点位主题为“民族之脊”，约40名来自各行各

2月3日，北京冬奥会火炬在八达岭长城传递
（八达岭长城管理处供稿）

业的火炬手，不仅有奥运冠军、教练员，还有国家一级演员等。传递距离为1.47公里，整体线路在望京广场举行起跑仪式，穿过居庸外镇门洞，经过东平台、北二楼、北三楼，至北四楼；在西平台点火，经关城广场、北门锁钥门洞等处，至八达岭文创咖啡馆处收火。世葡园火炬传递主题为“大众冰雪”，火炬接力路线2.49公里，途经天井、圆形铁艺异形建筑、科普馆等标志性景观，约50名火炬手参与。

（康海涛）

【延庆赛区火炬台点燃】 2月4日，冬奥延庆赛区火炬台“长城之光”在延庆区冬奥城市

2月4日，延庆赛区火炬台“长城之光”正式点燃（区委宣传部供稿）

文化广场正式点燃。火炬台高10米，重约160吨，属于永久设施，主要用于北京冬奥会和冬残奥会开闭幕式表演和开幕式至闭幕式期间的展示。整个火炬台点燃活动以“冬奥圣火点亮长城之光”为主题，将冬奥主题内涵与长城文化有机结合，从视觉上体现“长城脚下的冬奥会”。当晚10时31分，火种护卫队护送着奥运圣火来到火炬台前，点燃短道速滑世界冠军俞勇俊手中的火炬，随后由延庆区冰雪运动好少年王瀚一点燃火炬台。延庆服务冬奥各个领域的一线干部职工、延庆赛区指挥部“三处十二组一团队”工作人员代表、群众代表、家庭代表等150余人参与现场联欢。区四套班子领导出席活动。

（侯海清 阎国平）

【冬残奥会火种采集仪式】 3月2日，北京2022年冬残奥会火炬接力城市火种采集仪式在

3月3日，北京冬残奥会火炬在北京世园公园传递
（世园公司供稿）

八达岭古长城举行。火种采集的主题是“和平之火”，五大洲青年代表在现场手持代表残奥会会徽的红、蓝、绿三色绸带共跳和平之舞，将绸带挥向采火器，点燃“和平之火”。随后20名火炬手进行1公里火炬传递。中国残联、市委宣传部、市残联、延庆区等相关领导参与全程调度。

（侯海清 康海涛）

【冬残奥会火炬接力展示】 3月3日，北京2022年冬残奥会火炬接力展示活动在北京世园公园中国馆前举行。作为北京冬残奥会重要仪式之一，活动以“迎接冰雪之约，奔向美好未来”为主题，以“健康、欢乐、活力”为口号，立足冰雪文化、长城文化、冬奥文化，组织残疾人艺术家、专业表演团队、残疾人代表和延庆本地文化表演团队，出演《冰雪竹马》《一起向未来》等充满力量与激情的表演，体现残健融合、残健共荣理念，表达首都人民共同庆祝冬残奥会的热情。市政协、市委组织部、市委宣传部、市总工会、延庆区等相关领导出席活动。

（阎国平）

【北京冬残奥会开幕】 3月4日，北京2022年冬残奥会开幕式在国家体育场隆重举行，习近平主席出席开幕式并宣布北京冬残奥会开幕。北京冬奥组委主席蔡奇和国际残奥委会主席帕森斯分别致辞。延庆区基层党员群众和各界人士332人参加开幕式。

（侯海清）

【冬残奥会延庆赛区火炬台点燃】 3月4日，北京2022年冬残奥会延庆赛区火炬台正式点燃。在延庆冬奥文化广场点燃仪式现场，延庆区残疾人代表孟玉林高举火炬，乘坐轮椅，在志愿者的帮助下登上平台点燃火炬台。活动现场以长城、雪花、城市形象logo等为主元素进行点缀装饰，结合歌曲《延庆是个好地方》《一起向未来》的欢快节奏，残疾人观众、残疾人艺术团共同参与全场联欢。延庆赛区火炬台是三大赛区中唯一设立在闭环之外的火炬台。

（侯海清）

【北京冬残奥会闭幕】 3月13日晚，北京2022年冬残奥会闭幕式在国家体育场隆重举行，习

近平、李克强、栗战书、汪洋等党和国家领导人出席。北京冬奥组委主席蔡奇和国际残奥委会主席帕森斯分别致辞。延庆区基层党员群众及各界人士291人参加。

（侯海清）

【北京冬奥总结表彰大会】 4月8日，北京冬奥会、冬残奥会总结表彰大会在人民大会堂隆重举行，习近平等党和国家领导人为北京冬奥会、冬残奥会突出贡献集体和突出贡献个人代表颁奖。包括延庆赛区运行保障指挥部市公安局延庆分局、奥运村运行保障组延庆村保障专班等148个集体被授予“北京冬奥会、冬残奥会突出贡献集体”称号；包括延庆赛区吕立鑫、严晗等147人获得“北京冬奥会、冬残奥会突出贡献个人”称号。延庆运行中心常务副主任张素枝作为筹办工作人员代表做大会发言。区领导及延庆乡亲、驻点保障小组等代表现场参会。

（侯海清）

【北京冬奥组委总结表彰大会】 4月19日，北京冬奥组委总结表彰大会召开。会议深入学习贯彻习近平总书记在北京冬奥会、冬残奥会总结表彰大会上的重要讲话精神，全面总结冬奥成功经验，隆重表彰先进集体和先进个人。延庆区38个先进集体、172名先进个人受表彰。区领导于波、叶大华及先进集体、先进个人代表参会。

（侯海清）

【延庆赛区总结大会】 6月23日，北京冬奥会冬残奥会延庆区·延庆赛区总结大会召开。会议深入学习贯彻习近平总书记在北京冬奥会、冬残奥会总结表彰大会上的重要讲话精神，认真贯彻落实全市总结表彰大会精神；全面回顾申办、筹办、举办的艰辛奋斗历程，系统总结服务保障成功经验；提出要大力弘扬北京冬奥精神，在新起点上接续奋斗建设生态文明幸福最美冬奥城，努力向市委、市政府和全区人民交出新的优异答卷。于波出席会议并讲话；场馆团队代表、工程建设代表、医疗保障代表和最美冬奥家庭代表做大会发言。延庆区、延庆赛区领导，优秀运动员、场馆运行团队、赛区贡献单位、国家和市级先进集体、国家和市级先进个人、最美冬奥家庭、最美冬奥人、延庆乡亲志愿者、社会企业、“两代表一委员”等各领域代表和延庆区机关、企事业单位、人民团体等单位主要负责人分别在主会场和视频分会场参加。

（韩丹）

项目比赛

2月10日，国际冬奥委会主席巴赫到延庆赛区观看高山男子全能滑降比赛（区融媒体中心供稿）

【国家高山滑雪中心赛事】 2月4日，北京冬奥会开幕，至2月20日闭幕，历时16天。在此期间，高山滑雪项目比赛在延庆赛区的国家高山滑雪中心举行。国家高山滑雪中心共有7条赛道，是国内首次符合国际奥运标准的高山滑雪赛道，也是目前世界上难度最大的比赛场地之一。2月7日至11日、13日、15日至17日和20日，包括男女大回转、全能滑降、混合团体等项目在国家高山滑雪中心举行，比赛共产生11枚金牌。中国高山滑雪队有男女4名队员参赛。

（王新华）

2月7日，高山男子竞速项目比赛现场（区融媒体中心供稿）

【国家雪车雪橇中心赛事】 2月5日，北京冬奥会雪车雪橇赛事在国家雪车雪橇中心正式开始。位于延庆赛区的国家雪车雪橇中心赛道全长1.9千米，垂直落差127米，设置16个弯道，用于雪车、钢架雪车、雪橇3个项目的全部比赛内容。国家雪车雪橇中心是北京市冬奥工程竞赛场馆中设计难度最高、施工难度最大的新建场馆。北京冬奥会雪车雪橇比赛包括男女单双人雪车、四人雪车、钢架雪车和单人、双人雪橇以及雪橇团体接力等项目。分别于2月5日至15日和18日至20日举行，共产生21枚金牌。中国雪车、雪橇代表队共有男女16名队员参赛，其中雪车队12人、雪橇队4人，于2月11日获得铜牌一枚。

（王新华）

【奥运奖牌“零”突破】 2月11日，在延庆赛区国家雪车雪橇中心举行的男子钢架雪车比赛中，中国选手闫文港以4分01秒77的成绩摘得一枚铜牌，成为首位登上奥运领奖台的中国钢架雪车选手，实现奥运奖牌“零”突破。另一位中国选手殷正以4分02秒13的成绩位列第五名，并以4.58秒刷新了该项目的赛道出发纪录。

（侯海清）

【延庆赛区冬残奥会赛事】 3月4日，北京冬残奥会正式开幕，至3月13日闭幕，共设6个大项、78个小项。其中残奥高山滑雪赛事分别于5日、6日、8日和10日至13日在延庆赛区国家高山滑雪中心举行。男子和女子均包括回转、大回转、超级大回转、全能、滑降等比赛项目，每个比赛项目分站姿、坐姿和视力障碍三种，共产生30枚金牌。中国队男女22名运动员参赛，取得高山滑雪项目3金9银7铜共19枚奖牌的优异成绩。

（王新华）

产业发展

【区领导专题研究冬奥世园遗产利用与产业发展】 2月18日，区政府召开世园会后冬奥赛后利用与产业发展工作专题会，听取相关工作汇报，分析研究推进过程中遇到的难点堵点问题，为做好下阶段工作进一步厘清思路、明晰方向。会议强调，各有关部门要切实增强做好冬奥赛后利用与产业发展工作的责任感、使命感、紧迫感，牢固树立“一盘棋”思想，准确把握着力点，切实将冬奥赛后利用作为延庆转型发展的强大引擎，持续加强协调联动、凝聚工作合力。要立足实际，盯紧时间节点，按照既定“路线图”，进一步梳理工作重点、明确工作关键，有力推动重点项目落地落实。要持续强化系统思维，以科学严谨的态度、求真务实的作风，不断细化、优化实施方案和任务清单，高效有序推进各项工作，大力推动冰雪运动普及，推动冰雪体育产业合力发展，建设生态文明幸福最美冬奥城。于波主持会议。区领导叶大华、丁章春、任江浩等出席。

（韩丹）

【五方签署《谅解备忘录》】 2月20日，国家体育总局冬季运动管理中心、北京市体育局、北京市延庆区政府、北京北控京奥建设有限公司与国际雪车联合会五方签署《谅解备忘录》。各签署方就国家雪车雪橇场馆赛后可持续利用工作达成一致性意见，约定未来5年，定期在国家雪车雪橇中心举办国际雪车联合会赛事。

（张小利）

【区首张外国人工作许可证发出】 3月31日，延庆区紧抓后冬奥时代发展的黄金窗口期，吸引留住国际高层次人才，在区政务服务中心五层开通外国人来华工作许可受理点，并发出首张外国人工作许可证。

（侯海清）

【市委领导到延庆冬奥村调研】 4月18日，市委书记蔡奇到延庆冬奥村调研。听取延庆赛区场馆设施赛后利用工作汇报；察看延庆区加紧筹备延庆奥林匹克园区开园、做好冬奥场馆设施赛后可持续利用等情况。市领导张延昆、张家明及区四套班子领导参加。

（侯海清）

【延庆奥林匹克园区开园】 4月29日，北京延庆奥林匹克园区正式开园。“延庆奥林匹克园区”“国家级滑雪旅游度假地”“高山滑雪北京延庆国家训练基地”揭牌，标志着园区进入冬奥遗产可持续利用的快车道，实现“赛区”向“景区”的快速转换。

（阎国平）

【京张体育文化旅游发展论坛在区举行】 8月4日，第二届京张体育文化旅游带发展论坛在延庆冬奥村举办。论坛由文旅部、市文旅局、市发改委、市体育局指导，延庆区人民政府、张家口市人民政府、乌兰察布市人民政府主办。论坛以“把握后冬奥、共创新未来”为主题，解读京张体育文化旅游带建设规划，深度谋划“后冬奥”转型发展。

（侯海清）

国际交流

【国际雪橇和雪车联合会官员考察】 2月2日，国际雪橇联合会主席埃纳斯、秘书长德怀特和国际雪车联合会秘书长海克先后到国家雪车雪橇中心考察。

（侯海清）

【国际残奥委会主席到访】 3月6日，国际残奥委会主席帕森斯到访延庆赛区高山场馆，详细了解场馆设施、赛时运行、赛后利用等情况，夸赞高山场馆，充分肯定场馆的便利性、美观性和可持续性。

（侯海清）

服务保障

【区领导赛区调研】 1月1日，穆鹏、于波、吕桂富、张远围绕贯彻落实市委全会、区党代会、区“两会”精神，以“办冬奥、开新局”为主题，聚焦决战决胜冬奥会，对接赛前闭环服务保障任务，并实地调研检查疫情防控措施落实、森林防火和消防安全等工作。先后到冬奥延庆赛区竞技结束区、高山滑雪中心场馆指挥部、冬奥村场馆指挥部等地慰问一线工作人员，参加有关会议并进行调研检查。1月2日，穆鹏慰问赛事综合保障组工作人员，了解冬奥会综合服务保障工作准备情况，察看赛事调度指挥中心，视频连线听取部分驻店（点）保障小组工作运行情况的汇报。到京张高铁延庆站、延庆停保中心、下屯交通场站、阪泉服务区指挥部察看赛时各类人群进出站防疫流线、赛前各阶段运行保障计划及赛时服务保障工作准备情况。

（侯海清）

【国家高山滑雪中心完成冰状雪制作】 1月9日，国家高山滑雪中心正式开始制作冰状雪。按照从训练道到主赛道的顺序，竞速区域采用浇水方式，竞技区域采用注水器注水方式，投入1800多人次。至1月29日，高山场馆全部比赛和训练雪道均已完成冰状雪制作。

（侯海清）

【清华大学领导调研志愿者服务保障】 1月14日，清华大学党委书记陈旭到快乐假日酒店调研延庆赛区志愿者住宿服务保障工作。了解疫情防控措施、住宿、餐饮保障情况，听取住宿服务保障工作的整体介绍。团市委书记李军会及区领导黄克瀛参加。

（侯海清）

【延庆赛区颁奖广场全要素演练】 1月14日至15日，北京（延庆）颁奖广场运行团队在延庆颁奖广场（世园公园国际馆）举行以颁奖仪式为主轴、各业务领域参与的全流程全要素演练。选择冬奥速度滑冰男子5000米、速度滑冰女子团体追逐，及冬残奥高山滑雪男子滑降—视障、高山滑雪男子全能—坐姿等4个项目的颁奖仪式，根据赛时真实场景进行演练。标志着延庆颁奖广场各项工作全面就绪，具备赛时运行条件。区领导于波等出席活动。

（阎国平）

【极端天气交通运输综合保障演练】 1月20日，北京冬奥会极端天气交通运输应急联动综合保障演练在区举行。演练由交通运输部、市政府联合延庆公路分局在康张路K12+300m路段共同举办。共设置“涉奥公路地质灾害处置”“铲冰除雪”“冬奥公路交通事故救援”“公共交通应急服务保障”四大板块，包含滑坡体处置、机械化桥架设、高速公路铲冰除雪、直升机转运等22个科目。北京冬奥组委成员、演练评估专家等参加现场观摩。

（侯海清）

【延庆赛区启动赛时“大闭环”】 1月23日，冬奥会延庆赛区启动赛时“大闭环”，场馆、设施、各保障机构正式进入冬奥赛时运行模式。延庆全区100个涉奥点位均已启用，开始分级分类开展服务保障，全力保障赛事举办。

（韩丹）

【赛时城市风景摄像机运行保障】 1月24日至3月13日，按照奥林匹克赛事惯例，北京2022年冬奥会和冬残奥会期间，奥林匹克转播服务公司（OBS）在主办城市——八达岭长城设置城市风景摄像机。24小时实时向世界展示景区风貌。直播机位设置在南1敌楼，直播拍摄画面为八达岭长城西平台至北7敌楼。城市风景摄像机运行保障期间，八达岭长城管理处按照各科室职责设立服务保障工作组，统一安排做好安装点位、安装设备、拍摄画面、运维动线的安全保障和疫情防控工作，圆满完成直播任务，也向全世界展现了八达岭长城的绝美风光及历史风貌。

（康海涛）

【冬奥村正式开村】 1月27日，北京冬奥会北京、张家口、延庆3个赛区的冬奥村正式开村。延庆冬奥村依山而建，平均海拔940米，南北高差最大46米，总建筑面积11.8万平方米。分为居住区、广场区和运行区3个区域，为各代表团提供24小时全天候优质的住宿、餐饮、后勤等各项保障服务。运动员抵达冬奥村后，第一站就是运行区的代表团接待中心，经过安检和证件激活确认后，“村民”直接进入居住区。在居住区，除有温馨舒适的住宿服务外，还有健身中心、娱乐中心、综合诊所等相关功能空间。此外冬奥村还提供健康安全、丰富多样的餐饮服务，菜单经国际奥委会批准，共有678道菜品，每8天循环一次。防疫安全方面，要求所有人员每日进行核酸检测；在村内多点位设置防疫标识“一米线提醒”；在餐厅就餐区设置隔板，在健身中心、娱乐中心及广场区各店铺都有人流限制，工作人员走专门通道。延庆冬奥村1月23日预开村，3月16日闭村，期间共接待近90个国家和地区的1200多名运动员及随队官员。

（王新华）

【世园酒店完成冬奥接待】 1月至3月，世园凯悦酒店共接待19个相关利益方团队，包括美、加、法、德、瑞、日等国际转播商及合作商，高峰期239间客房满员，总接待量超过4000人次。世园凯悦·嘉轩酒店封闭接待冬奥村服务保障工作人员，高峰期118间客房，总接待量超过8000人次；冬残奥期间接待转播商及服务保障人员，高峰期121间客房，总接待量约3000人次。世园汤泉酒店接待参与冬奥的全美广播公司及探索频道的转播商及残奥会的工作人员，共接待冬奥客人65人次，残奥客人120人次。

（王密）

【“北京冬奥会场馆服务保障”专题发布会】 2月9日，延庆赛区新闻发言人、区委副书记黄克瀛出席2022北京新闻中心系列新闻发布会之“北京冬奥会场馆服务保障”专题发布会，重点从疫情防控、食宿保障、城市运行三个方

2月25日，世园凯悦酒店接待冬奥保障服务团队（世园公司供稿）

面介绍延庆区服务保障冬奥会情况，并就赛区医疗服务保障、气象服务保障情况现场回答记者提问。发布会涉及朝阳、海淀、石景山、延庆4个区，50余家媒体80余名记者参加。

（夏超）

【公安部领导到延庆赛区检查指导】 2月13日，公安部副部长林锐到延庆赛区检查指导冬奥安保工作，听取延庆赛区安保工作汇报，通过视频连线方式，调度国家高山滑雪中心、国家雪车雪橇中心、延庆冬奥村和冬残奥村等地安保团队。

（侯海清）

【冬残奥村开村】 2月25日，延庆冬残奥村于上午8时正式开村。冬残奥村由冬奥村转换而来，共有无障碍房79套，每套两个房间，共158间。北京和张家口冬残奥村同时开村。北京冬残奥会期间共接待49个代表团1700余名运动员和随队官员，其中延庆冬残奥村接待37个代表团500余名运动员和随队官员。

（侯海清）

【相关专家考察调研冬奥气象服务】 3月5日，中国气象局、北京市气象局、科技部21世纪中心及相关专家到区调研冬奥气象服务保障情况。考察组一行在冬奥延庆气象服务分中心了解赛区气象探测设施和冬奥业务平台运行情况。中国气象科学研究院院士张小曳、国家气象中心主任郝丽萍、北京市气象局局长张祖强和区领导穆鹏等参加。

（侯海清）

【世园公园冬残奥颁奖广场运行7天】 3月6日至12日，北京世园公园国际馆作为延庆冬残奥颁奖广场运行7天。为冬残奥会延庆赛区进行的27个项目比赛举行颁奖仪式。延庆冬残奥颁奖广场与张家口冬残奥颁奖广场交替进行颁奖仪式并向全球直播。

（王密）

（栏目编辑：王新华）

中共北京市延庆区委员会

6月5日，区委领导邀请党外人士参加调研检查（区委统战部供稿）

8月28日至29日，八达岭长城高峰论坛在延庆奥林匹克园区举办（区委宣传部供稿）

9月9日，在旧县妫州牡丹园举办延庆区2022年“独山夜月”中秋文化节（区委宣传部供稿）

年内，区委常委会专题学习《信访工作条例》（区信访办供稿）

年内，区委领导在德蕴清风警示教育基地参观教育整顿成果展（区委政法委供稿）

概 述

2022年，区委常委会坚持以习近平新时代中国特色社会主义思想为指导，深入学习宣传贯彻党的二十大精神，全面落实市第十三次党代会决策部署，聚焦交出决战决胜冬奥会和地区高质量绿色发展两张优异答卷，按照“疫情要防住，经济要稳住，发展要安全”的要求，统筹推进疫情防控和经济社会发展，各项事业取得新进展新成效。

冬奥举办圆满成功。全面践行“四个办奥”理念，高质量完成场馆建设、生态修复等46项工程，建成国际一流的奥运场馆群。高标准开展赛事服务，内外一体做好疫情防控、城市运行、环境整治、氛围营造等工作，圆满完成86个国家和地区的626名冬奥运动员、37个国家和地区的180名冬残奥运动员服务保障。扎实推进赛后利用，延庆奥林匹克园区实现精彩开园、有序运营，被评为2022年北京市体育旅游十佳目的地，国家级滑雪旅游度假地、高山滑雪北京延庆国家训练基地挂牌亮相。吸引300余家冰雪体育科技类企业落地，北京国际奥林匹克学院项目启动设计招标，大众雪场办理开工手续，西大庄科商业设施建设完成。举办12场规模以上冰雪赛事活动，带动2.2万人次参与冰雪运动。

疫情防控有力有序。因时因势调整防控措施，科学精准做好常态化防控工作。坚持以快制快，高强度实体运转8小时指挥部，充实“5+N”专班力量，组建650人规模的战时流调队伍，理顺扁平化指挥调度机制，以最坚决的态度、最果断的措施，迅速有效处置疫情。坚持硬件软件双提升，设立集中隔离点23个、房间5979间，接收跨区隔离人员1.2万余人次，建成并启用近1200张床位的两个方舱医院，同步用好“健康驿站”“红黄码医院”。积极应对防控措施优化转段，聚焦“保健康、防重症、降病亡”，加强发热门诊急诊、急危重症与120转运等方面的医疗救治能力建设，优化就诊流程、扩容救治空间、增加医护力量，做到“早介入、早治疗”。扩大货源渠道，全力保障群众用药需求。加大老幼病残孕等重点人群关心关爱，全面做好特殊群体的服务保障。持续加强政策宣传解读，提高全民“健康第一责任人”意识，营造全民参与、共克时艰的良好氛围。

生态本底持续厚植。把守护好绿水青山作为头等大事，坚持污染治理、生态扩容和低碳发展一体发力，深入打好蓝天、碧水、净土保卫战，全年PM2.5平均浓度27微克/立方米、全市领先。7个考核断面水质均达到或优于考核标准，河长制工作获国务院通报表扬、全市唯一。全区无受污染耕地，重点建设用地安全利用率达到95%以上。生态环境状况指数连续三年优等级，公众生态环境满意度连续五年全市第一。成功举办生态文明实践展。新一轮百万亩造林栽植1.6万亩，“延海花园”二期项目基本完工。年度林长制督查考核全市第一。率先编制实施区级生物多样性保护规划，野鸭湖湿地完成全市首个国际重要湿地申报工作。初步完成全区碳达峰碳中和路径研究及森林和草原碳汇核算、高精度温室气体排放清单研究。率先完成2019—2021年度生态系统生产总值（GEP）区级和乡镇核算并积极应用。

经济运行稳中向好。积极融入“五子”联动格局，用好长城、世园、冬奥三张“金名片”，全年地区生产总值按不变价计算同比增长3.7%，区级和地方级一般公共预算收入同口径分别增长8.8%、5.5%，全口径税费收入超120亿，年度新注册企业首超1万家。深化国家文化和旅游消费试点城市建设，世园公园获评国家体育旅游示范基地、国家青少年自然教育绿色营地，八达岭长城文化特色商业街获评北京市特色消费街区，露营、夜长城等新业态势头良好，星级酒店、精品民宿节假日一房难求，6个重要节假日乡村旅游接待量全市第一。加快中关村延庆园“一核四区”建设，航天九院

“飞鸿”无人机创新产业基地等重点项目签约落地，4个重点培育产业企业、高新技术企业、“专精特新”企业累计集聚1529家。国家农业科技园区建设加速推进，全国休闲农业重点区基本框架逐步拉开，北京市林果花草蜂药种业创新孵化专项行动扎实开展，成功入选第三批国家农业绿色发展先行区创建名单，现代农业持续提质。

城乡品质有效提升。坚持规划建设管理相衔接、软件硬件相统筹，3个街区控规获批，6个乡镇国土空间规划上报审批，8个乡镇完成编制，规划体系日臻完善。统筹实施疏整促和规自领域问题整改，持续发力违建治理，销账违建面积、腾地面积完成率均为全市第一。稳步推进城市更新，新完工、新开工老旧小区改造92万平方米，精细化整治街巷115条。率先制定实施乡村公路管理办法，获评“四好农村路”全国示范县。开展乡村景观化试点，累计完成260个美丽乡村建设。持续细化文明城区常态化创建19项措施，高质量完成中央文明办实地测评迎检，连续七年首都环境建设管理考评全市第一。

群众生活不断提质。坚持接诉即办和民生实事两手抓，切实解决群众急难愁盼问题，“七有”“五性”监测评价总指数全市第五，接诉即办综合成绩全市第四。强化“四业”联动，实施促进增收16条措施，因地制宜扶持发展集体经济，新型集体林场带动2596名本地农民享受“五险一金”，居民人均可支配收入与经济增长同步。北京八一实验学校开工建设，四中教育集团和职业学院组建运行。全国健康促进区创建通过市级验收，区中医医院新院正式投用，18个乡镇街道急救站点实现全覆盖。累计建成运营27家养老服务驿站、11家养老照料中心。高标准创建北京市公共文化服务体系示范区，人均公共体育用地、场地面积均居全市第一。东西部协作不断深化，26件延海结对协作实事全部完成。

民主法治扎实推进。加强党对人大、政协工作的领导，贯彻落实中央、市委会议和文件精神，积极支持区人大和区政协履职行权、发挥作用。制定实施《贯彻落实中国共产党统一战线工作条例重点任务分工方案》，18个乡镇街道全部成立统战工作领导小组和工作站，大统战工作格局不断完善。全国双拥模范城建设成果持续巩固。成功创建全国法治政府建设示范区，累计建成5个国家级、138个市级民主法治示范村（社区）。常态化开展扫黑除恶斗争，持续推进市域社会治理现代化试点建设，深入开展安全生产隐患大排查大整治，群众安全感居全市首位。年内，区委保密办获评2018—2022年度北京市保密工作系统先进集体。

单位名称：中共北京市延庆区委员会
地　　址：延庆区湖北西路1号
电　　话：69140245

（侯海清）

重要会议与活动

【区委相关委员会首次会议】 年内，三届区委各相关委员会分别召开首次会议，传达中央和市委精神、听取工作汇报、审议相关规划、部署年度工作。其中：3月7日，区委全面依法治区委员会第一次（扩大）会议召开；3月15日，区委审计委员会第一次会议召开；5月27日，区委网络安全和信息化委员会第一次会议召开；7月12日，区委外事工作委员会第一次会议召开；7月14日，区委城市工作委员会第一次会议召开。

（侯海清）

【区委相关领导小组会议】 年内，三届区委各相关领导小组先后召开会议，传达全国、市级相关精神，审议通过工作方案和领导小组成员调整建议，研究部署年度工作。其中：5月17日，区委统一战线工作领导小组（区委对台工作领导小组）第一次全体会议召开；5月19日，区委平安延庆建设领导小组第一次全体会议召开；同日，区扫黑除恶斗争领导小组第一次会议召开；5月20日，区推进京津冀协同发展领导小组（区支援合作工作领导小组）全体会议召开；5月26日，区财源建设工作专班领导小组会议召开；5月27日，区推进全国文化中心建设领导小组第一次会议召开；6月10日，社会建设工作领导小组第一次全体会议召开；6月22日，区委退役军人事务工作领导小组第一次会议召开；7月12日，区委教育工作领导小组第一次会议召开。

（侯海清）

【区委专题会议】 年内，区委召开相关专题会议，研究部署具体工作。其中涉及接诉即办、河长制、生态林管护、行政执法和信访、党管武装、公租房项目设计方案、区人民防空分区规划、乡镇国土空间规划、与北京第二外国语学院合作等事项。

（侯海清）

【区委领导调研】 年内，区委主要领导深入基层调研、检查指导工作40余次。主要聚焦“办冬奥开新局”、坚持冬奥会筹备和疫情防控两手抓，建设生态文明最美冬奥城和全国文明城区常态化创建，统筹推进疫情防控和经济社会发展，贯彻落实党的二十大精神和市委第十三次党代会精神等。

（侯海清）

【区委常委会专题民主生活会】 1月13日，穆鹏就区委常委会专题民主生活会征求“两代表一委员”意见。“两代表一委员”对照全面贯彻习近平新时代中国特色社会主义思想，牢记习近平总书记政治嘱托，联系首都和延庆工作实际，对区委常委领导班子成员提出具体意见建议。1月24日，穆鹏主持召开区委常委会党史学习教育专题民主生活会。市委副书记、市人大常委会副主任张延昆和市委组织部、市纪委、党史学习教育市委第四指导组相关负责人在主会场和视频分会场出席会议。

（侯海清）

【区委常委会（扩大）会议】 1月17日，区委常委会（扩大）会召开。会议学习贯彻习近平总书记关于冬奥会、冬残奥会筹办工作重要讲话精神，按照市委常委会（扩大）会议和冬奥组委党组（扩大）会议要求，部署抓好最后阶段各项工作落实，切实把总书记的殷切关怀转化为做好筹办举办工作的强大动力，向着成功办奥的最终目标全力冲刺。穆鹏主持会议，区四套班子及延庆运行中心领导出席。4月20日，区委常委会（扩大）会召开。会议传达蔡奇书记到区调研指示和座谈会精神及北京冬奥会冬残奥会北京市·北京冬奥组委总结表彰大会精神，弘扬北京冬奥精神，全面落实区第三次党代会决策部署，接续奋斗建设生态文明幸福最美冬奥城，努力交出地区转型发展的优异答卷。于波主持会议并讲话，叶大华等出席。12月26日，区委常务会（扩大）会召开。会议深入学习贯彻中央经济工作会议、中央农村工作会议和市委十三届二次全会、市委常委会（扩大）会议精神，落实好一系列新任务新要求，引导全区党员干部群众自觉把思想和行动统一到中央和市委、市政府决策部署上来，以奋发有为的精神状态和“时时放心不下”的责任意识做好各项工作。于波主持，叶大华、吕桂富等出席。

（侯海清）

【区委2022年工作会】 2月22日，区委2022年工作会召开。会议部署2022年全区组织工作、宣传思想工作、统战政法工作、党委系统办公部门工作、调查研究及群团工作等。区四套班子领导、法检“两长”及各相关部门负责人参会。

（侯海清）

【“基本无违法建设区”创建工作总结会】 2月22日，全区“基本无违法建设区”创建工作总结大会召开。会议总结“基本无违法建设区”创建工作并部署下一步工作，与会人员共同观看延庆区“基本无违法建设区”创建总结宣传片。穆鹏对全体推进拆违工作人员的辛苦付出表示感谢，要求以巩固创建成果为抓手，持续厚植环境底色，强化规划战略引领和刚性管控作用，推动整治型拆违向规划引领精细化治违转变。延庆镇、张山营镇、儒林街道综合执法队、大榆树镇大榆树村相关负责人进行交流发言。区四套班子领导参会。

（侯海清）

【基层党建述职评议会】 2月23日，穆鹏主持召开2021年度基层党建述职评议会，听取18名乡镇、街道党（工）委书记和6名系统党（工）委（党组）书记现场述职并逐一点评。区委常委以及区委党建工作领导小组成员、区“两代表一委员”、基层干部群众代表对述职人员抓基层党建工作情况进行现场测评。组织部门同步指导各党（工）委（党组）有序开展本系统本领域基层党组织书记述职评议考核，全区1447个基层党组织相继通过现场、书面等形式完成述职。

（侯海清　郜鹏飞）

【中组部部务委员到区调研】 3月23日，中央组织部部务委员齐家滨带队到区调研集中换届后镇村班子建设情况。先后到永宁镇利民街村、延庆镇石河营村进行调研，了解村党支部团结带领党员群众服务保障及棚改拆迁工作情况并召开座谈会，听取集中换届后镇村班子建设相关工作情况汇报。区领导穆鹏、于波、李志遂参加。

（侯海清）

【全区领导干部大会】 4月14日，全区领导干部大会召开。市委常委、组织部部长孙梅君出席会议并讲话。市委组织部副部长、市委非公有制经济组织和社会组织工作委员会书记迟行刚主持会议并宣布市委关于于波、叶大华同志任职的决定。中共北京市委决定：于波同志任中共北京市延庆区委员会书记；叶大华同志任中共北京市延庆区委员会副书记。市委同意提名叶大华同志为北京市延庆区人民政府区长人选。市委建议免去于波同志北京市延庆区人民政府区长职务。区四套班子领导、法检“两长”以及全区各委办局、街乡镇党政正职参加会议。

（侯海清）

【区委三届三次全会】 5月18日，中国共产党北京市延庆区第三届委员会第三次全体会议召开。会议投票确定延庆区出席北京市第十三次党代会代表候选人预备人选，决定5月下旬召开中国共产党北京市延庆区代表会议，选举区出席北京市第十三次党代会代表。

（侯海清）

【全面从严治党约谈反馈】 6月14日，区委贯彻落实《党委（党组）落实全面从严治党主体责任规定》和《延庆区关于进一步深化落实全面从严治党主体责任的实施意见》，组织开展2021年全面从严治党（党建）检查考核结果暨政治生态分析研判约谈反馈工作。12位区领导面对面约谈15个乡镇、3个街道及分管领域6个重点单位党组织主要负责人。

（侯海清）

【十九届六中全会精神研讨班】 6月23日至24日，全区正处职领导干部学习贯彻党的十九届六中全会精神专题研讨班在区委党校举行。于波做开班动员和专题辅导报告，要求认真分析当前延庆发展面临的主要矛盾，聚焦建设最美冬奥城目标，善作善成抓落实。

（侯海清）

6月23日，区委领导在学习贯彻六中全会精神研讨班做专题辅导（区委党校供稿）

【区委书记接受采访】 6月27日，于波到北京日报客户端演播室接受“一把手访谈”栏目专访。分享参加党代会感受并介绍延庆区过去五年以及下一个五年的工作开展情况及安排。于波表示：过去五年，延庆借世园会、冬奥会“两件大事”的举办，基础设施有了跨越式发展，生态品质进一步提升。今后，延庆区将贯彻好党代会精神，坚守生态涵养区功能定位，主动融入新时代首都发展大局，夯实生态本底，筑牢发展之基，增进民生福祉，做好后冬奥文章，加快建设生态文明幸福的最美冬奥城。10月21日，于波接受北京日报与天津日报、河北日报联动采访。党的二十大期间，三报联动采访北京、天津、河北的二十大代表，共话京津冀协同发展。于波接受采访用时“四个更”——“空气更清新，水体更洁净，物种更丰富，发展更协调”，概括近年来京津冀生态协同保护交出的“成绩单”。

（侯海清）

【市领导参加延庆代表团讨论】 6月28日，市委副书记、市长陈吉宁参加市第十三次党代会延庆代表团讨论。他指出：坚持以新时代首都发展为统领，扎实推动高质量发展；保护好利用好生态资源优势，挖掘自身禀赋特点，做深做精生态、文旅等符合定位的绿色低碳环保产业；推进冬奥场馆设施赛后利用，把绿水青山真正转化为金山银山。

（侯海清）

【市第十三次党代会精神宣讲会】 7月19日，区委举行市第十三次党代会精神宣讲报告会。于波围绕市委书记蔡奇在市党代会上所做报告和延庆实际做全面系统辅导报告，从深入学习领会、加强宣传宣讲、坚持学以致用三方面提出要求；强调要把学习宣传市党代会精神与推进382项年度折子工程、做好下半年各项工作相结合，切实把学习领会转化为实实在在的工作举措。报告会以视频会议形式召开，区四套班子领导和“法检”两长，各部门各单位主要负责人，各乡镇、街道班子成员，各社区、村党支部书记等750余人参会。

（侯海清）

【区委三届五次全会】 7月29日，区委三届五次全会召开。全会牢记习近平总书记“延庆是属于未来的”重要嘱托，全面贯彻市委十二届十八次全会、市第十三次党代会、市委工作务虚会精神；认真落实蔡奇、陈吉宁到区调研指示精神；总结2022年上半年工作，部署下半年任务。会议表决通过关于区委委员调整的决定。

（侯海清）

【市委领导到区调研】 8月23日，市委副书记殷勇围绕“统筹推进疫情防控和乡村振兴”到区调研。先后察看香营乡下垙村、旧县镇白河堡村疫情防控措施落实、村集体经济发展等情况。市委副秘书长孙文锴，市委农工委书记、市农业农村局局长付兆庚，市委办公厅副主任庞学栋以及区领导于波、叶大华等参加。

（侯海清）

【延庆区与兴和县对接交流】 8月30日，内蒙古自治区乌兰察布市兴和县委书记王会雨带队到区座谈，双方围绕东西部协作工作进行交流。于波、叶大华等区领导参加。9月21日，于波带队到兴和县对接东西部协作工作。先后到兴和县现代农业产业科技示范园区、鄂尔栋镇大坡底村“百美村宿”等地，察看京蒙协作项目进展情况，并与乌兰察布市、兴和县相关领导座谈交流。

（侯海清）

9月21日，区四套班子领导率团赴乌兰察布市兴和县对接京蒙协作工作（区发改委供稿）

【新冠肺炎疫情管控】 11月7日，于波、叶大华到区8小时应急处置指挥部一线指挥调度部署全区集中隔离点阳性病例相关流调排查、判密转运、落位管控、核酸检测、环境消杀等处置工作。12月24日至27日，于波到区医院察看120分中心、发热门诊、冬保中心重症病房，了解120急救运行及转运、发热门诊接诊现场秩序、危重症病人救治、床位使用等情况；到南菜园社区卫生服务中心察看发热门诊、药房，了解基层卫生服务中心接诊及药品保障情况。到区中医医院察看急诊、发热门诊，了解接诊现场秩序、病人救治、病床使用及医护人员到岗等情况；到康庄镇瑞康缘老年养护中心，了解老年人身体状况、疫苗接种及属地、定点医疗机构“三握手”（指养老机构与属地、医疗机构、120以及转运专班对接）等情况。

12月，区委领导连续调研疫情防控工作
（区融媒体中心供稿）

（侯海清）

【党的二十大精神宣讲报告会】 11月9日，于波主持召开北京市学习贯彻党的二十大精神宣讲团延庆区报告会。市宣讲团成员、《前线》杂志社总编辑李明圣从深刻把握大会主题、深刻把握精髓要义、深刻把握中心任务、深刻把握战略部署、深刻把握党的全面领导和全面从严治党五个方面，对党的二十大精神进行系统阐述和深刻解读。报告会以视频会议形式举行，区四套班子领导、法检“两长”，以及各委办局、区属国企主要负责人，街道乡镇班子成员 、社区（村）党支部书记等700余人在主会场和视频分会场参加。会议要求实现教育培训全覆盖，营造浓厚学习宣传氛围，对照区第三次党代会部署的目标任务，在党的二十大报告中找定位、找任务、找责任，推动各项工作落地见效。11月18日，区委举行学习贯彻党的二十大精神宣讲报告会，党的二十大代表、区委书记、区志愿服务总队队长于波做宣讲报告。于波从如何领会把握重大意义、伟大变革、使命任务、战略部署、根本保证五个方面，对党的二十大精神进行全面系统深入解读，强调要在全面学习上更进一步，在全面把握上更深一层，在全面落实上更快一筹。叶大华主持宣讲报告会，区四套班子领导、法检“两长”及全区处级班子单位、社区（村）党支部书记分别在主会场和视频分会场参会。

（侯海清）

【区委三届六次全会】 12月16日，区委三届六次全会召开。于波代表区委常委会做工作报告并讲话。全会深入学习贯彻习近平新时代中国特色社会主义思想和党的二十大精神，总结回顾2022年工作，研究部署2023年各项任务。

（侯海清）

12月16日，区委三届六次全会召开
（区融媒体中心供稿）

组织工作

【概况】 中共北京市延庆区委组织部（简称区委组织部）是负责全区党的建设工作以及组织、干部、人才等工作的区委工作机构。2022

年，深入贯彻《2019—2023年全国党政领导班子建设规划纲要》，紧紧围绕“后世园”“后冬奥”时期延庆高质量发展需要，统筹考虑各单位冬奥会服务保障、疫情防控、查违控违、接诉即办、乡村振兴等重点工作落实成效，科学配备处级单位领导班子。坚持德才兼备、以德为先，坚持事业为上、依事择人，坚持五湖四海、任人唯贤，注重在急难险重岗位一线考察识别干部。全年区委共调整处级干部200人次，其中有72名在工作中敢于担当、敬业负责、做出贡献的干部得到提拔或进一步使用。加强干部多岗位历练和梯队建设。注重发挥“头雁效应”，选优配强党政正职，对35个党政正职进行调整。统筹选好用好女干部、少数民族干部和党外干部，择优选拔11名女干部提拔到正职岗位或在正职岗位上进一步历练，选拔2名专业素质好的年轻党外干部调任进入公务员队伍，注重强化少数民族干部多岗位历练。加大不担当、不适宜担任现职干部调整力度，推动干部“能上能下”。充分发挥职级正向激励作用，结合日常调研了解与单位推荐情况，累计为68名工作实绩突出，长期兢兢业业、履职奉献、一贯表现良好的干部晋升职级，鼓励干部安心干事，激励干部担当作为。年内，对标中央、市委工作要求，制定《2022年全区基层党建工作重点任务清单》（40项），聚焦基层干部主题培训、巡视巡察反馈问题整改、抓党建促乡村振兴、党建引领基层治理等工作，明确各领域抓基层党建工作重点任务，推动基层党建工作任务明确、职责明晰，进一步提升基层党组织组织力。区委党建工作领导小组召开2次全体会，全面贯彻落实市委党建工作领导小组全体会议精神，以学习贯彻党的二十大精神为主线，总结部署延庆区党建工作重点任务，研究审议议题8个，覆盖城市、农村、教育、卫生、国企等领域党建工作，进一步压紧压实各级党委（党组）全面从严治党责任，推动党建工作与中心工作互促共融。印发《延庆区2022年党建调研指导方案》，研究制定《区委党建调研组基层联系点制度》，推动区委党建调研组对18个乡镇街道开展全覆盖党建调研，发现问题及时督促整改，进一步压实党建工作“四梁八柱”责任。依托冬奥、世园、长城三张“金名片”，聚焦冬奥世园遗产利用，深入开展“五彩党建”品牌创建工作。先后组织研讨交流、业务培训等活动，激发各部门参与创建工作的积极性。全年举办2期党员发展对象培训班，培训党员发展对象347名，发展新党员320名。走访慰问党员1918名，其中市级生活困难党员100名、区级生活困难党员194名、其他生活困难党员1624名，累计发放帮扶资金596.414万元。

单位名称：中共延庆区委组织部
地　　址：延庆区湖北西路1号
电　　话：69103954

（刘灿　郜鹏飞　李新雪　杨鑫）

【代表委员选举和推荐提名】 年内，坚持严把关口、严格程序，根据中央、市委要求，通过自下而上、上下结合、反复酝酿、严格把关的方式，精心做好代表委员推选工作，推荐提名北京市出席党的二十大代表建议人选1名，选举产生延庆区出席市第十三次党代会代表15名、市第十六届人大代表22名，推选出市第十四届政协委员6名。

（刘灿）

【调研走访处级班子单位44个】 年内，坚持近距离、经常性面对面直接接触干部，建立完善日常调研了解工作机制，通过重点任务调研、调训谈话等形式调研走访处级班子单位44个，围绕冬奥会服务保障、乡镇换届运行情况，持续加强对班子和干部工作表现的日常了解，深入实际和工作一线了解干部表现，提升知事识人水平。加强日常分析研判，动态掌握、科学分析各处级班子“十四五”规划、折子工程、接诉即办等重点工作落实情况，为干部选拔任用提供科学依据。

（刘灿）

【干部交流】 年内，加强区直部门与乡镇街道干部纵向交流培养，选拔18名优秀干部到乡镇街道任职，加强乡镇领导班子力量，提升干部基层工作能力。建立区级重点工作干部人才储备库，全面梳理全区各单位优秀干部情况并进行动态管理，结合区级重点工作定期组织选派参与实践锻炼，先后选派24批89人次参加隔离点服务保障，14人参加区防控办工作，引导干部在急难险重岗位加强锻炼、成长提高。选派6名专业素养好、培养潜力大的处、科级干部到市级部门挂职锻炼，选派2名优秀处级干部到河南内乡、河北张家口挂职，进一步开阔视野、培养能力。接收中央、市直单位和高校、科研院所等部门9名优秀干部人才到区直单位和乡镇挂职，加强班子专业工作力量。

（刘灿）

【区领导全覆盖回访调研】 年内，围绕“班子运行顺不顺、工作能力强不强、精神状态好不好、群众反映怎么样、矛盾问题有没有”等五个方面，区级领导班子成员带头深入15个乡镇、376个村开展全覆盖回访调研，梳理形成示范村144个、中间村216个、重点村（或软弱涣散村）16个，强化分类管理、重点帮扶，推动村级工作整体提升。

（郜鹏飞）

【年轻干部培养】 年内，开展优秀年轻干部专题调研，抽调骨干力量成立4个调研组，深入11个处级班子单位开展实地调研，了解掌握年轻干部个性特点、能力素质、缺点不足等情况，分领域、分层级掌握和储备一批优秀年轻干部。建立健全年轻干部跟踪培养机制，组织16名乡镇换届配备的“88后”干部开展谈心谈话、实践培训，加强年轻干部培养锻炼。聚焦干部队伍专业化、年轻化建设，敢于为年轻干部压担子、给位子，共选拔10名40岁左右优秀年轻干部提拔到正职岗位或在正职岗位上进一步历练，择优提拔3名35岁左右副处级干部，推动11名选调生走向科级实职岗位，着眼未来发展需要做好年轻干部队伍储备。

（刘灿）

10月25日，第3期选调生培训班在大庄科进行现场教学（区委党校供稿）

【抓党建促乡村振兴】 年内，出台《延庆区抓党建促乡村振兴工作的若干措施》，紧盯31项年度重点任务落实，依托月督办、季调度等机制压实工作责任，实现90个集体经济薄弱村全部“消薄”，大庄科乡沙塘沟村被确定为红色美丽村庄试点村，张山营镇西大庄科村、刘斌堡乡姚官岭村和大庄科乡沙塘沟村获评全市抓党建促乡村振兴示范村。

（郜鹏飞）

【第一书记乡村振兴擂台赛】 年内，依托思、议、评、展、验、考“六位一体”模式，成功举办“践行嘱托 振兴有我”第一书记乡村振兴擂台赛，有力激发干事创业活力，108名第一书记派出单位支持资金725万元，带动发展赤松茸等产业项目76个，有效激活农村发展要素。

（郜鹏飞）

【村级党组织活动场所改造提升】 年内，全面摸清17个村级组织活动场所“危旧狭小”具体情形，以乡镇为主体，研究制定建设或修缮计划，统筹考虑建设面积、乡镇（村）财力等因素，积极争取区级财政资金590万元，并按照“区财政支持一部分、乡镇配套一部分、村级自筹一部分”的原则，统筹推进和强化农村基层党组织阵地建设。

（郜鹏飞）

【软弱涣散村党组织整顿】 年内，严格落实“五个一”工作机制和“一村一策”整顿措施，扎实推进16个软弱涣散村整顿转化提升工作。9月7日组织召开专题调度会，压紧压实相关乡镇、村工作责任，按照村级书面申请、乡镇实地自查、区级复查评审、市级检查验收等程序，旧县镇白河堡村、大榆树镇北红门村、井庄镇三司村，沈家营镇兴安堡村、临河村、孙庄村6个村完成“摘帽”。

（郜鹏飞）

【村党组织书记系列培训】 年内，组织开展村党组织书记“当头雁、促振兴”系列培训。邀请区领导、资深教师、一线工作者进行3期专题授课，在“普训制”基础上，围绕产业发展、美丽乡村建设、乡村治理、乡村旅游、发展壮大集体经济5个主题，常态化开设专题研修班，实现“大水漫灌”向“精准滴灌”转变。

（郜鹏飞）

9月15日 村党组织书记乡村旅游研修班参观怀柔区北沟村史馆（区委党校供稿）

【“吹哨报到”和“接诉即办”工作末位约谈】 5月17日，建立延庆区党建引领“吹哨报到”“接诉即办”工作末位督促约谈制度，对“接诉即办”综合成绩连续排名靠后的街乡镇、委办局、公服企业等单位主要领导进行督促约谈，年内督促约谈15人次，压紧压实第一责任人职责。

（王栩丹）

【“两新”组织党建】 年内，制定落实《2022年延庆区“两新”组织党建工作要点》，采取单独建、联合建、指导建等方式，新成立5个非公企业党支部，发展“两新”领域党员6名，实现全区规模以上非公有制企业党组织覆盖率95.4%、社会组织党组织覆盖率88.7%，全年拨付“两新”组织党组织书记补贴、新成立党组织补贴39.67万元。

（王栩丹）

【党建引领疫情防控与基层治理】 年内，将联防联控机制转化为党建引领下的共建共治共享工作机制。以社区（村）自身力量为基础，协调联动机关、企事业单位、“两新”组织等多方力量共同参与，激发社区（村）自治活力。抓实楼道、网格等最小治理单元，强化楼长、网格长作用发挥，健全“敲门行动”自主摸排、街镇之间“手拉手”、属地企业“结对子”等机制。广泛开展“关爱不‘延’时‘庆’心送温暖”志愿服务，动员“两新”组织、社区（村）党员、新业态新就业群体满足送快递、采买物资等需求6.5万余人次。

（王栩丹）

【公务员招录和转任调任】 年内，完善招录程序，创新工作方法，在公务员招录过程中强化政治素质、专业素养考察，严格报名、笔试、面试、体检考察等环节，经层层筛选，为全区招录公务员（参公人员）92名，其中普通公务员79名、定向选调生11名，面向优秀社区、村书记招录公务员2名。不断规范公务员转任、调任相关程序，严格条件审核、材料上报、呈报审批等环节，2022年共转任46人、调任6人，稳妥做好15名冬奥P1人员安置。

（鲁乙繁）

【人民满意公务员（集体）推荐评选】 年内，坚持把政治标准放在首位，严把“德、能、勤、绩、廉”等关卡，注重从基层一线、从重大任务、从重点工作中发现优秀对象。经过自下而上、综合比选，向市委报送拟推荐“人民满意的公务员”3人、“人民满意的公务员集体”2个。最终经市委评选，北京市延庆区儒林街道综合执法队获评“北京市人民满意的公务员集体”。

（高磊）

【科级及以下公务员年度考核】 年内，围绕全区中心工作和重点任务，紧盯建设高素质专业化公务员队伍的目标，坚持客观公正、注重实干的工作原则，指导全区各机关开展公务员（参公人员）2021年度考核工作。其中获优秀等次414人、获嘉奖奖励465人、记三等功奖励116人。坚持精神奖励和物质奖励并重，为获得奖励人员发放奖励证书、奖章。

（鲁乙繁）

【过渡进入公务员队伍219人】 年内，按照市委组织部工作部署，积极推进参公过渡调整、行政执法改革等工作。通过人员摸底、制定方案、组织报名、档案审核、公示、考核考试等程序，通过过渡进入公务员队伍219人，其中新增参公过渡17人、行政执法改革过渡202人。

（高磊）

【调整职级晋升工作流程】 年内，制定《北京市延庆区一级主任科员及以下公务员职级晋升工作流程（试行）》。加强对全区公务员职级晋升工作的指导，规范一级主任科员及以下公务员职级晋升工作程序，同时强化各单位党委（党组）的主体责任，文件于7月13日印发。

（高磊）

【1032人报告个人有关事项】 年内，严格落实领导干部个人有关事项报告制度。组织39名市管干部、993名区管干部集中填报个人有关事项。加大随机抽查、重点查核工作力度，全年随机抽查领导干部个人有关事项74人，查核一致率97.3%。因查核不一致问题提醒干部31人次、函询4人次、诫勉1人次。

（赵策）

【处级领导班子年度考核】 年内，根据《北京市延庆区处级领导班子年度（实绩）考核办法（试行）》及2021年度考核指标体系，区委组织部会同区委办、区委党建办、区政府办、区国资委对100个处级领导班子开展年度考核工作。经区委研究确定，评选表彰先进单位30个。

（赵策）

【选人用人专项监督】 年内，坚持问题导向，严把程序标准，深入开展选人用人专项检查，细化8方面34条负面问题清单。在三届区委第一轮巡察过程中，对9个处级领导班子开展选人用人专项检查。贯彻落实《干部选拔任用工作监督检查和责任追究办法》，严格落实干部选拔任用“一报告两评议”制度，对全区处级班子单位选人用人工作和新提拔科级干部开展测评评议。拓宽监督渠道，依托“初心室”，以个人、家庭等形式，常态化开展领导干部“政治生日”工作，累计1112人次参与。发放党员干部“8小时外”提示卡、制作《领导干部违纪违法典型案例警示录》，引导广大干部自警自省、自我净化。对40名党政正职进行离职交接监督；对3名处级干部开展宴席备案监督；引导处级干部及时报告有关事项52人次。

（赵策）

【干部培训】 年内，贯彻落实《干部教育培训工作条例》《延庆区贯彻落实〈2018—2022年北京市干部教育培训规划〉实施意见》，深入开展习近平新时代中国特色社会主义思想教育，加强处级干部和年轻干部的专业化培训。根据疫情形势和疫情防控要求，采取多种形式开展干部教育培训，以党的十九届五中全会和党的二十大精神为重点，举办轮训班2期、主体班9期、专题班45期，选调干部参加中组部、市委组织部举办的各类培训班50期，累计培训干部1.1万余人次。开发北京延庆奥林匹克园区现场教学点，做好北京干教网在线学习督学促学工作，全区3245名在线报名学员全部完成学习任务。

（张新宇）

8月17日，处级干部研修班学员论坛活动现场
（区委党校供稿）

【农村实用人才开发培养】 年内，统筹推进全区农村实用人才开发培养“1+1+X工程”，确定管理、技术人才培养对象130人，匹配区级指导教师31人、乡土专家42人，落实多种形式的结对帮带、管理服务。选派57名农村实用人才带头人参加中组部、农业部组织的6期专题实训。通过加强农村实用人才自主培养，打造高效实用“三农”工作队伍。

（刘庆）

【“人才京郊行”活动】 年内，按照市委组织部、市人才工作局部署要求，引进体育、农林、生态等领域11名专家人才到区挂职。召集会议总结第十三批工作情况，部署动员第十四批挂职工作，开展“妫川人才乡村行”活动，组织两批专家人才与接收单位开展业务交流及农业、冰雪旅游产业调研活动，引导各位专家人才联络派出单位的技术、平台、人才等优质资源，实现“以才引才、以才引智”。

（刘庆）

【人才工作交流合作】 年内，助力东西部协作，围绕教育、医疗、农林领域，累计开展6期共504人的培训，超额完成年度任务。用好延海协作平台，组织重点企业到中关村海淀科技园区、海淀区农技中心试验基地学习交流科创模式、产业规划、人才引育、市场应用等方面的先进经验，加深两地间管理部门及企业的联系，为谋求更深层、更广泛的“产学研”一体化长期合作开拓思路。

（刘庆）

【优秀人才培养资助】 年内，修订《延庆区优秀人才培养资助实施办法》，提升项目资金，围绕科技创新、主导产业、乡村振兴、民生保障等重点领域，支持一批科技含量高、实施效果好、对经济社会有贡献的项目。2022年度通过项目评审会遴选15个优秀项目，以项目挖掘、跟踪、培养优秀人才。

（刘庆）

【人才服务保障】 年内，出台延庆区“妫川人才驿站”建设管理工作方案，举行驿站揭牌动员仪式并向管家单位拨付专项建设资金。着力打造咨询服务的窗口、研讨汇商的平台、柔性引才的基地、沟通交流的纽带，进一步优化人才服务工作平台载体，为人才提供“管家式”服务体验。集中开展3次涉及50多家重点企业的引才政策宣讲，发布“致广大人才的一封信”，引起社会面广泛关注。建立《妫川人才引进需求专项台账》，走访联络全区企事业单位50余次，摸底需求47件，为符合条件的15人申请引进。针对四大产业、教育医疗等重点领域，“服务包”“重点税源”“专精特新”等重点企业，积极沟通市人才工作局，快速引进紧缺急需人才3人。以引才为切入点，招揽优质企业“落户”延庆，实现“招才招商一体化，引智引资同步走”。为37家企业开通北京市工作居住证业务办理权限，为59家企业新办241件、续签119件证件，办理证件变更类业务210件。耐心细心联系解答各类工作居住证业务800余次，处理“接诉即办”工单6件，解决率、满意率均为100%。

（刘庆）

【党建课题调研】 年内，整合全区党建研究力量，将“抓党建促乡村振兴”作为全区“一号党建课题”，制定专题系列调研工作方案，明确“四个一批”工作目标和“4+1+X”研究成果，调动全区各处级班子单位课题组深入基层、挖掘典型、发现问题、破解难题。其间，区委组织部通过建立健全蹲点调研工作机制，制定工作台账和“三项清单”，全员参与开展6轮34次蹲点调研，实地走访24个村，以“小切口”解决问题11件次，形成调研信息8篇、调研心得6篇。

（冯学敏）

【党建宣传平台建设】 年内，“延庆组工”公众号聚焦新时代党的组织路线和全区重点工作，打造党建引领乡村振兴、强两新促发展、聚焦二十大、新征程新作为、合力战“疫”、关爱不“延”时 “庆”心送温暖、党群阵地@你、选培计划等专栏。共推送图文信息1146

条，全年总阅读量59.8万人次。同时增强实用性和趣味性，上线“妫川党建云课堂”线上答题小程序，搭载“京抗原”小程序，拓宽智慧党建思路，讲好美丽延庆党建故事，把互联网的最大变量转化为传播正能量的最大增量。

（冯学敏）

【组工信息宣传】 年内，加大组工宣传队伍建设，建成全区104人的组工信息宣传员队伍和119人的网评员队伍。紧扣中心重点工作，全年累计上报信息750篇。

（冯学敏）

【首都高校暑期实习活动】 7月21日，召开2022年首都高校学子暑期实习活动动员部署会。来自人大、农大、北体大的38名在校生被分配至10家党政机关、国企及事业单位，开展为期1个月的实习工作。通过组织相关单位落实人员、工作管理及生活、安全保障，为优秀学子搭建了解延庆，谋划来延发展的平台，经过实习，24名学子明确表示愿意到延庆就业。

（刘庆）

【院士专家学术休假保障】 8月30日至9月2日，按照市人才工作局相关通知及安排，中国科学院、中国工程院17位院士及10位知名专家学者到区开展为期4天的院士专家学术休假活动。通过建立院士专家服务中心，落实相关服务保障，促进顶尖人才进一步了解、关注延庆，为拓宽交流合作渠道，集聚智慧力量奠定基础。

（刘庆）

【区委人才工作领导小组会议】 10月12日，召开区委人才工作领导小组会议。会议传达市委人才工作领导小组会会议精神；审议2022年前三季度工作报告和2022年工作要点、关于加强人才工作促进高质量绿色发展的若干措施、延庆区2022年度乡村人才振兴工作方案、中共北京市延庆区委人才工作领导小组工作规则及中共北京市延庆区委人才工作领导小组办公室工作细则；书面审议北京市延庆区区级领导干部联系优秀人才制度和2022年区级领导干部联系优秀人才一览表；明确区委人才工作领导小组重点抓好统筹，各成员单位落实本领域、本系统、本行业人才队伍建设，形成上下联动、协作高效的工作机制。要求在增数量、调结构、活机制、强平台、优服务上下更大功夫，为推动地区高质量绿色发展提供人才支撑和智力保障。

（刘庆）

【政工职评评审会】 10月20日，召开2022年度政工职评评审会。共有24名申报人员通过资格预审，8名申报人员通过笔试进入评审环节。按照程序严格、实事求是、评审公正的原则开展评审推荐，共有8名申报人员获评政工师职称资格，其中5名申报人员获得助理政工师任职资格、3名申报人员获得政工师任职资格。

（刘庆）

区直机关党建

【概况】 中国共产党北京市延庆区委员会区直属机关工作委员会（简称区直机关工委）是区委的派出机构，所属党、政、群机关72个单位，包括3个党委、20个机关党委，基层党总支12个、基层党支部364个、6950名党员。年内，区直机关工委以党的政治建设为统领，紧扣“围绕中心、建设队伍、服务群众”的职责定位，认真贯彻中央、市委、区委关于加强机关党建的各项决策部署，坚持党建引领服务保障中心工作，着力夯实基础，推动机关党建提质增效。引导各基层党组织深入学习贯彻习近平总书记重要讲话精神，开展“弘扬北京冬奥精神 践行党员干部风采”主题党日，动员各基层党组织和党员干部用好“党员E先锋”，通过双报到、支部共建等方式积极参与基层治理。统筹协调55家机关单位1084名干部职工全力以赴参与冬奥会、冬残奥会观众组织工作。强化日常沟通、应急上报机制，组织核酸检测38场9852人次。深入总结服务保障北京冬奥会冬残奥会的工作经验，把加强党建引领、选树先进典型等好的做法固化下来，组建“百姓宣讲团”，挖掘机关干部奋战在冬奥保障一线的先进典型，宣讲北京冬奥精神，讲好身边的冬奥故事。坚持落实“第一议题”制度，及时跟进学习党的二十大精神。强化政治机关意识教育，依托“党建大课堂”开展理论培训，加强榜样选树宣传推广，围绕建设最美冬奥城、疫情防控等内容，挖掘机关单位典型人物、典型事迹，评选“机关榜样”53名。组织工委系统企事业单位8920名党员干部职工、7.88万人次下沉到社区（村）参与卡口执勤、核酸检测等工作，织密织牢疫情防控网底。借鉴冬奥防疫成功经验，严格落实疫情防控措施，压实“四方责任”，做好疫苗接种督促工作。召开疫苗接种工作推进会10次，推动机关单位在职干部职工疫苗接种工作应接尽接。组织发动1700余名党员完成党的二十大代表和市十三次党代会代表推荐提名工作。组织364个党支部开展党支部标准化规范化建设专项自查，落实换届选举提醒制度，指导45个党组织完成选举，调整30个党组织书记。严把发展党员入口关，发展党员和预备党员转正59人。通过“理论学习+党务实操+线上考核”模式，组织446名党务干部开展1个月的线上轮训，制发《党建品牌创建工作方案》，召开党建品牌创建推进会，培育成熟的机关党建品牌。

单位名称：中共延庆区委区直机关工委
地　　址：延庆区新城街2号
电　　话：69101131

（庞晓娜）

【北京冬奥精神主题党日】 年内，以大力弘扬北京冬奥精神为主题，确定2022年4月为区直机关工委系统弘扬“北京冬奥精神主题党日”活动月，指导200多个党组织4000余名党员开展北京冬奥精神研讨、“讲好北京冬奥故事”、重走冬奥道路等主题党日活动，激励和动员广大党员干部立足本职岗位做贡献，在践行“北京冬奥精神”上走在前做表率。

（于江红）

【创建全国文明城区】 年内，分三批次召开常态化文明城区创建工作推进会，引导区直机关工委各基层党组织在交通、环境整治、社会文明新风中带好头、做示范。通过发出倡议书、签订承诺书等方式，指导各机关单位创建工作持续推进。健全网申材料逐月上报机制，建立微信群，对各单位进行针对性培训指导，引导各机关单位将创建指标融入日常工作。发动干部职工积极参与“垃圾分类”“光盘行动”“礼让斑马线”“倡导网络文明”等活动，推动全民参与。开展路口文明引导志愿服务活动，62家机关单位认领25个文明路口，开展志愿服务近万人次。

（刘娜）

【文明单位创建】 年内，围绕道德风尚、工作实绩、创建活动、文化建设、服务保障冬奥会等10个方面评选内容和标准，严把文明单位创建质量关。建立文明单位创建的内容标准、申报评选、测评标准等制度，文明单位创建步入规范化、制度化轨道。将创建工作融入日常工作中，深入开展结对共建和党员双报到活动，组织党员志愿服务队深入社区参加社区治理，整改薄弱环节。对照《延庆区文明单位创建评分细则》，开展文明单位自评，扎实推进文明单位创建工作。按照单位自荐、部门协审、优中选优的原则，推荐全国、首都等各级文明单位62家。通过分片联系组成调研督导组，深入基层单位开展常态化巡查，及时发现问题和不足，采取措施加强整改。建立文明单位创建工作台账，对各单位创建工作情况及时跟踪督促。

（庞晓娜）

【“机关榜样”选树】 年内，区直机关工委开展“机关榜样”选树活动，按照从严把关、优中选优的原则，经过组织推荐、层层选树，最终确定2022年度“机关榜样”53名。持续加强宣传引导，在北京延庆微信公众号、北京延庆APP持续推出12期事迹展示，持续开展“学榜样 我行动”活动，营造“崇尚先进、学习榜样、争当典型”的浓厚氛围。

（刘娜）

【学习宣传贯彻党的二十大精神】 年内，区直机关工委组织系统内72家单位主管政工副职领导、2021年“延庆榜样”（道德模范）获得者代表、区直机关全体党员干部共同收听收看开幕直播盛况，学习习近平总书记二十大报告。制定《延庆区直机关工委关于学习宣传贯彻党的二十大精神的工作方案》，第一时间组织学习研讨，推进学习全覆盖。为基层党组织和党员领导干部配发《党的二十大文件汇编》《党的二十大报告学习辅导百问》《二十大党章修正案学习问答》等学习资料和党的二十大精神学习专用笔记本5800余册。与区融媒体中心联合开展“学习宣传贯彻党的二十大精神”线上答题活动，围绕党的二十大报告、党章等内容，在北京延庆客户端、微信公众号上推送题目，组织72家机关单位9000余名党员干部职工参与线上答题。举办延庆区学习贯彻党的二十大精神宣讲团区直机关工委报告会，为工委系统500余名党组织书记、委员宣讲党的二十大精神。

（刘娜）

【理论宣讲】 年内，依托工委“党建大课堂”平台，开展习近平新时代中国特色社会主义思想进机关、新时代意识形态工作面临的形势与任务等专题理论宣讲5期，累计培训党务干部2500余人次。组织6950名党员开展“党的二十大报告金句诵读”、讲好冬奥故事等主题党日活动，推动机关党组织和党员干部学习常态化。举办学习宣传贯彻党的十九届六中全会精神和市第十三次党代会精神宣讲报告会，工委系统400余名党务干部宣讲。组建由机关榜样、党务工作者等12人组成的区直机关工委“喜迎二十大 强国复兴有我”百姓宣讲团，开展进机关、进农村、进社区宣讲5场次，受众400余人次。选派3名宣讲员参加区百姓宣讲汇讲，区直机关工委获得延庆区2022年百姓宣讲先进单位称号，2名宣讲员获得“十优”百姓宣讲员称号。

（刘娜）

【党员干部下沉社区（村）防疫】 年内，区直机关工委“五带头”抓实党员干部下沉社区（村）防疫工作。①带头下沉值守，典型示范引领。工委第一时间响应区委“机关干部带头下沉”的号召，及时下发《关于选派干部职工下沉社区（村）开展核酸检测服务保障工作的通知》，按照“单位包社区”、志愿服务应急支援模式，分三个梯队组建下沉队伍，动员73家机关单位，12家国企的1426名干部职工迅速对接全区4个镇街52个社区（村），第一时间下沉基层一线，配合社区做好疫情防控相关工作。②带头认领岗位，服从社区（村）调度。下沉干部职工严格按照社区（村）防疫工作统一安排，主动认领急难险重防疫工作岗位，开展大规模核酸检测、双日核酸检测、常态化核酸检测点位值守和24小时社区卡口值守等重点工作。③带头督查督导，压实主体责任。在安排各单位自查的基础上，选派区直机关工委干部分片开展下沉工作督导14批次，实现督导全覆盖。④带头组织培训，提升专业水平。工委组建由204名业务骨干组成的防疫志愿服务队，联合区委组织部分批次开展疫情防控基础知识、应急处置、个人防护等专业知识培训，为应对突发事件奠定实践基础。⑤带头关心关爱，激励担当作为。通过走访慰问、配备防疫物资、加强心理疏导等多种方式，为下沉干部解决工作、生活后顾之忧。将在防疫工作中的现实表现作为干部选拔任用、评优评先的参考依据，及时选树宣传先进典型，激励干部担当作为。“两节”及二十大期间，积极与社区（村）对接，第一时间配齐配强人员力量，每日安排200名干部职工投身疫情防控一线，确保重点部位、重点环节有人盯、盯得住。建立与社工委、社区（村）的联动工作机制，加强日常沟通联系，明确职责分工。其间开展走访慰问活动，72家机关单位分别深入卡口、点位，对下沉干部职工进行走访慰问，发放口罩2.2万只。

（庞晓娜）

【新冠肺炎疫苗接种】 年内，按照区委、区政府统一安排，多次组织区直工委系各单位进行一针、二针、三针集中接种。建立区直工委系统66家单位二针、三针和60岁及以上人员共5个统计报表日报制度，各单位随报随更新，每周进行一次数据汇总分析。定期召开疫苗接种推进会，全年召开区直工委系统重点单位参加的疫苗接种推进会10次。截至年底，66家单位二针接种率96.04%，三针接种率98.47%，60岁及以上人员接种率92.21%。

（杨杰）

【党建带工建】 年内，党建带工建推动工会工作高质量发展。指导协调区直机关工会联合会完成区医保局、区政务服务局工会主席调整和区工商联工会组织组建。开展“喜迎二十大 共建冬奥城 建功新时代”答题活动，举办“喜庆二十大 建功新时代”会员乐享活动，组织“工会基层组织建设实务”“工会经费审计实务”及市总工会“公益送教”培训5批160人次，开展消费帮扶帮助珍珠泉乡下水沟村实现集体经济“消薄”目标。

（张红刚）

【“党组织标准化规范化建设”专项检查】 年内，开展“党组织标准化规范化建设”专项检查。对标政治建设不到位、党组织设置不规范等7个方面38项问题，组织364个基层党支部开展自查。对存在的7个方面19项121条次问题建立集中整改工作台账，分组开展督查11次，共抽查机关党组织78个。通过听取汇报、交流座谈、查阅资料等方式，针对“三会一课”记录不规范，学习市委、区委文件精神不及时等问题，进行督导纠正。以整改落实为契机，指导各党委、党总支、党支部建立工作责任清单，压实“第一责任人”职责。

（于江红）

【基层党组织换届选举】 年内，区直机关工委对所属党组织进行全面梳理，建立完善2022年换届选举工作台账，落实换届选举提醒制度。向42家党组织发放换届选举提醒单，为党组织按期换届打好基础。截至年底，指导45个党组织完成选举，调整30个党组织书记。

（于江红）

【党代表推荐提名】 年内，组织完成党代表推荐提名工作。制定二十大代表和市十三次党代会代表推荐方案，全面组织发动各级党组织和全体党员进行推荐提名。按照自下而上、上下结合、反复酝酿、逐级遴选的方式，推荐提名二十大代表3名、北京市第十三次党代会代表20名。

（于江红）

【党务干部线上轮训班】 4月20日至5月20日，区直机关工委组织开展为期一个月的党务干部线上轮训。轮训人员范围包括各单位机关党委书记、副书记和党（总）支部书记、副书记，涉及20个机关党委、364个党支部，共计435名党务干部。轮训内容涵盖党的十九届六中全会精神、《中国共产党支部工作条例（试行）》《中国共产党基层党组织选举工作条例》、基层党建工作实务等方面11门课程，共计14学时。培训引入线上考核机制，充分发挥“以考促学”的积极作用，党务干部业务能力得到全面提升。

（于江红）

【党建重点任务推进会】 6月21日、23日、26日，区直机关工委分三片召开2022年党建重点任务推进会。落实全区基层党建工作重点任务推进会精神，制定区直机关工委《2022年基层党建工作重点任务清单》，明确5方面21项重点任务。区直机关工委系统各单位主管政工副职领导参加会议，交流党建工作，部署年度党建重点任务。

（于江红）

【“光荣在党50年”纪念奖章颁发仪式】 6月29日，区直机关工委举办“光荣在党50年”纪念章颁发仪式，区直机关工委班子成员为出席现场活动的5名老党员代表佩戴纪念章。邀请5名青年党员进行座谈，发动机关党员向老党员学习，弘扬光荣传统，赓续红色血脉。

（于江红）

宣传工作

【概况】 中共北京市延庆区委宣传部（简称区委宣传部）是负责全区宣传思想文化工作的区委工作机构，主要职责是贯彻落实党的宣传思想文化工作方针政策及党中央、市委和区委意识形态工作决策部署，统筹指导协调理论研究、理论学习、理论宣传工作，规划全区思想政治工作；分析研判和引导本区社会舆论，拟定新闻出版业管理的政策措施并组织实施，统筹指导本区互联网宣传，推动精神文化产品创作和生产，管理电影行政事务；对全区新闻出版、广播影视、文化艺术业改革发展研究提出政策性建议；统筹舆论信息工作、对外宣传工作、新闻发布工作，统筹协调组织区精神文明建设工作。年内，将迎接宣传贯彻党的二十大作为全年首要政治任务，制发学习宣传贯彻党的二十大精神实施方案，开设“非凡十年看延庆”“奋进新征程 建功新时代”等专题专栏，刊发报道720条次；组建区级党的二十大精神宣讲团，深入开展集中宣讲51场。加强冬奥会新闻宣传和媒体服务，精心讲好冬奥故事，组织新闻通气会6场、集体采访2次，刊播延庆冬奥报道2.7万条次，制作《最美冬奥城》《我为冬奥倒计时》等节目400余期；精彩做好延庆文化表达，策划举办“长城之光”火炬台点燃、冬残奥会展示等文化活动，推广632款延庆特色文创产品；高质量完成赛时观众组织工作，有序组织39家成员单位4039人次观看30场比赛，充分展现“延庆乡亲”东道主风貌；建设冬奥主题新时代文明实践示范社区5个，开展冬奥百姓宣讲，推出冬奥主题系列培训课程及体验项目；赛时开展闭环人员心理疏导等志愿服务900余次；赛后组织开展后冬奥时期延庆城市认知度调查，延庆国际和国内知晓率分别提升至54.63%和93.73%。

全年组织区委理论学习中心组学习13次，列席旁听23家单位理论学习中心组学习。精心组织党的创新理论宣传宣讲，刊发理论专版12个，开展“七进”宣讲活动500余场，加强“学习强国”推广应用和学习管理，启动延庆学习平台试点建设，常态化开展13项党史学习教育活动。压紧压实意识形态工作责任制，对33家单位开展专项检查，完成“扫黄打非”11个专项行动，收缴非法出版物41册，妥善处置敏感舆情13件。围绕习近平总书记重要讲话、市第十三次党代会、区委全会和区“两会”等重大主题和文明城区创建、生态建设等全区中心工作，精心组织报道3万条次，其中央属市属媒体刊发1.3万条次；完成3期《向前一步》节目拍摄，展现高质量绿色发展新篇章。统筹推进文明培育、文明实践、文明创建，深化百姓宣讲品牌建设，组织示范宣讲、汇讲比赛等宣讲活动72场；持续做好16项典型人物评选，选树“中国好人”1名、“北京榜样”1名、“延庆榜样”10名，举办延庆榜样颁奖典礼，打造“榜样一条街”3条，加强榜样事迹宣传和关爱礼遇；筹办举办生态文明实践展；开展未成年人思想道德建设活动151场，选树“新时代好少年”10名。统筹推进文明村镇、文明单位、文明家庭、文明校园等群众性精神文明创建，开展社会动员活动162次，开办文明实践推动日和大讲堂29期；集中攻坚“30+”重难点问题，完成中央文明办年度实地测评和网上材料申报。组织“光盘行动”“文明祭扫”等主题宣传实践活动；实施“延庆乡亲”志愿服务3.1万次，“点单派单”平台覆盖22万人次；“打造点单派单服务平台”成为北京市唯一一个全国农村公共服务典型案例。发挥区推进全国文化中心建设领导小组作用，统筹协调完成38项年度重点任务。开展大庄科长城研究性修缮项目，完成中国长城博物馆闭馆、文物搬迁等工作，举办八达岭长城高峰论坛和首届长城民俗文化节；推进平北红色第一村纪念馆展陈升级，厚植“独山夜月”等传统节日文化品牌，策划打造首届文创市集、“好汉杯”文创大赛等品牌活动，推出“冰雪欢乐季”等文化消费产品，策展服贸会文旅专题展区；强化实体书店、电影院行业管理服务，推进“书香延庆”建设，开展各类全民阅读文化活动197场。

单位名称：中共延庆区委宣传部

地　　址：延庆区湖北西路1号

电　　话：69174789

（刘丽）

【冬奥会宣传报道】 年内，全区搭建闭环内外协调联动的新闻宣传渠道，精心讲好冬奥故事，打造最美冬奥城崭新形象。充分做好媒体服务，及时精准提供各类新闻素材，编制《冬奥会延庆赛区媒体手册》《冬奥会延庆赛区新闻素材库》《冬奥会延庆赛区人物素材库》等近12万字文字材料。创新组织新闻通气会6场、集体采访2次，邀请央属、市属和其他省市200余家主流媒体300余人次参加。年内刊播延庆冬奥报道2.7万条次。

（夏超）

【学习宣传贯彻党的二十大精神】 年内，全区新闻宣传围绕会前预热、会中宣传、会后学习三个阶段，精心组织党的二十大宣传报道。先后制发《北京市延庆区关于深化党的二十大宣传报道工作的实施意见》《关于认真学习宣传贯彻党的二十大精神的实施方案》等方案4个，开设专栏专题近20个，刊发报道近千条次，深入反映延庆区基层干部群众的生动实践。组建24支百姓宣讲团，重点培养72名宣讲员，在全区范围内开展“学习宣传贯彻党的二十大精神 建设最美冬奥城”百姓宣讲汇讲活动，在线观看直播20.8万人次。以“新时代文明实践推动日”为载体，依托446个新时代文明实践所站，开展原文朗诵、唱红歌、文艺演出等学习宣传贯彻活动700余场次，参与群众10万余人次。扶持全区4.6万文明实践志愿者，开展践行党的二十大精神主题志愿服务活动4000余次。从党的二十大开幕至12月底，理论宣讲实现“四讲七进”（通过引领学习示范讲、动员培训集中讲、走进群众广泛讲、线上线下深入讲的联动方式，推动党的二十大精神进机关、进校园、进企业、进社区、进农村、进家庭、进网络）。其中，开展党的二十大市级宣讲1场，区委四套班子领导到基层开展理论宣讲和座谈活动11场，区级宣讲团16位成员宣讲32场，各行业主管部门主要领导、区委党校专家深入基层单位、网络企业、村（社区）、学校等宣讲21场。

（夏超　兰玉芳　李岩）

【区委理论中心组学习】 年内，印发党委（党组）理论学习中心组专题学习重点内容安排，围绕习近平生态文明思想、法治思想、《习近平谈治国理政》第一至四卷等主题，高标准服务保障区委理论学习中心组学习13次，督促指导、列席旁听23家单位中心组学习。

（李岩）

【宣传队伍建设】 年内，针对全区400余名社区（村）党组织宣传委员，开展“当好新时代宣传战线擎旗手”系列专题培训，加强全区宣传思想文化队伍最后“一米”建设。用好“每月一稿”“月度策划”等机制，组织各单位累计报送“每月一稿”1000余篇，基层新闻策划、稿件撰写能力进一步提升。压紧压实工作纪律，围绕冬奥会筹办举办、疫情防控等重点工作，下发宣传提示42期，进一步明确口径制定、采访接待、舆情处置等各环节要求，确保宣传工作精准规范。

（夏超）

【新冠肺炎疫情防控宣传】 年内，精细精准、高质高效开展疫情防控舆论引导、新闻宣传、舆情处置等各项工作。充分用好线上线下各类宣传阵地和“村书记播报”“延延提示”等品牌栏目，制发各类政策宣传、防护提示79期。做好权威信息发布工作，坚持24小时在岗在位，不断优化信息收集和发布流程，将新增病例及风险点位信息发布时间从8小时缩短至2小时。

（夏超）

【创城指标基层培训】 年内，编制文明城区创建指标体系参考汇编，建立上位依据库，梳理指标联系、工作进度、评价对接三张清单。以线上线下多种形式，围绕网申重难点材料，邀请专家进行点对点现场审核指导6轮，面向基层开展业务培训45场。

（李维娜）

【全国文化中心建设】 年内，编制2022年延庆区推进全国文化中心建设重点任务折子工程38项。围绕冬奥文化活动、中国长城博物馆改造提升、延庆大戏等重点任务，组织召开区推进全国文化中心建设领导小组及办公室会议17次，研究重点议题44项。

（阎国平）

【新闻出版行业管理】 年内，围绕意识形态、安全生产、疫情防控等重点，深入影院、印刷企业和实体书店，开展检查指导260家次，推动行业健康稳定发展。

（阎国平）

【文化企业招商】 年内，通过服贸会、文创大赛等产业活动的举办，有效促进文化企业招商落地。引进徽腾文化传媒公司、润德智汇（北京）文化有限公司、北京水木华清文化产业园有限公司3家文化企业，注册资金2050万元，实现纳税3.1万元。

（阎国平）

【冬奥会集体采访】 1月4日，落实蔡奇书记关于加强冬奥会带动延庆区群众就业和生活水平提升宣传报道的重要指示精神，组织开展集体采访。中新社、中国日报、中国青年报、北京日报、北京广播电视台、东方卫视、广州日报等20余家中央、市级和其他省市媒体走进延庆，实地了解电力供应、气象保障、“五年十万人次大培训”和青少年冰雪运动普及等工作成效。刊发《精细气象服务为冬奥比赛提供有力保障》《北京冬奥会，有这么一群“追风逐雪”人》《北京延庆校园冰雪运动“遍地开花”》《1400余位延庆青年开启冬奥新人生》等报道，全面呈现延庆为北京“双奥之城”做出新贡献的坚定决心。

（夏超）

【“冬奥之约”主题艺术雕塑落成】 1月4日，“冬奥之约”冬奥主题艺术雕塑在八达岭文化广场落成。著名雕塑家、中国建设环境艺术专业委员会公共艺术研究部主任、世界华人华侨精英联合会雕塑分会会长黄剑向区赠送“冬奥之约”主题雕塑。长城文化街再添新的文化符号。

（李维娜）

1月4日，“冬奥之约”冬奥主题艺术雕塑在八达岭文化广场落成（区融媒体中心供稿）

【冬奥延庆赛区新宣组誓师大会】 1月7日，延庆赛区运行保障指挥部新闻宣传及文化活动组召开誓师大会。会议播放冬奥延庆赛区誓师专题片《冬奥明珠华彩绽放——我们准备好了》，4名专项小组代表发言，区委宣传部领导带领70名代表集体誓师，各专项小组领队依次发出行动宣言。会议在《一起向未来》的歌声中结束。黄克瀛、马红寰等区领导出席。

（李蕴哲）

【区委宣传思想工作领导小组全体会】 1月11日，区委宣传思想工作领导小组召开2022年第1次会议，重点研究冬奥赛时意识形态工作。会议要求增强对涉意识形态问题的敏感度、预见性、鉴别力，完善突发事件舆情引导应对机制，抓好出版物市场及网络空间专项整治、打击“黑广播”等专项行动落实，确保冬奥意识形态绝对安全。3月18日，区委宣传思想工作领导小组召开第2次全体会，部署2022年宣传思想文化工作，通报3月涉市意识形态风险研判情况，听取部分单位2022年宣传思想文化工作安排。要求突出迎接宣传贯彻党的二十大这条主线，全力抓好理论武装、意识形态责任制落实、正面舆论引导、文明城区常态化创建、文化高质量发展五项重点宣传思想工作任务。4月19日，区委宣传思想工作领导小组召开第3次全体会，通报二季度涉市意识形态风险研判情况，听取区委政法委、区委网信办等7家单位一季度意识形态工作情况并分析研判二季度问题。要求认清当前国内外形势，认真落实意识形态工作责任制，重点围绕意识形态专项检查工作进行自查，进一步压紧压实各级党委（党组）责任；依托情况通报机制，经常“敲边鼓”“响警钟”，强化论坛、讲座、年会、公共空间艺术品等阵地管理，确保各级各类意识形态阵地可管可控。

（李岩）

【迎冬奥社会文明行动大培训】 1月19日，延庆区举办“冬奥有我 文明有我”延庆乡亲迎冬奥社会文明行动大培训第二场活动。区第二小学学生王凯文宣讲《滑雪吧！爸爸》；延庆冬奥村媒体运行经理邢国军围绕延庆区赛事项目和防寒知识进行介绍讲解。活动现场还开展文明观赛知识问答，全区2.3万人次参加线上培训。

（兰玉芳）

【“双奥之城新气象”特色采访】 2月5日，“双奥之城新气象——2022中外媒体北京行”城市形象特色采访活动在区举行。活动由2022北京新闻中心主办，于大年初五走进延庆。国内外的32家媒体、60余名中外记者登长城、吃饺子、看冬奥、入民宿、赏民俗，亲身感受延庆浓厚的冬奥氛围，近距离了解独具魅力的中国春节民俗文化和延庆特色民俗文化，亲眼见证中国乡村振兴背景下的产业发展、人民幸福的新时代新农村面貌。

（夏超）

【区领导出席专场新闻发布会】 2月13日，副区长任江浩出席2022北京新闻中心北京历史文化保护专场新闻发布会。向中外媒体记者介绍延庆区长城文化带建设有关情况，并就如何系统推进长城文化带建设等情况回答新京报等媒体记者提问。2月15日，副区长颛孙永麒出席2022北京新闻中心北京生态文明建设专场新闻发布会。从生态修复、植物保护、动物保护、绿色低碳4个方面介绍延庆赛区以“绿色办奥”理念为指导，将“两山理念”贯穿场馆建设全过程，历时六年将“山林场馆、生态冬奥”的核心设计理念由蓝图变成现实的生态文明实践成果。并从文化旅游擦亮生态底色、高新技术产业突出生态友好、农业农村着眼生态惠民3个方面，阐述延庆致力于将“绿水青山”转化为“金山银山”，着力推动高质量绿色发展的经验和成果。7月5日和6日，北京市新冠肺炎疫情防控工作第378和第379场新闻发布会举行。区委宣传部部长马红寰就延庆区新增本土新冠肺炎病例及相关风险点位等情况进行通报；同时通报全区积极采取有效措施，第一时间管控风险点位和风险人员，全力做好应急处置、管控措施、保障服务、社会面防控等各项工作开展情况；传递延庆争分夺秒、以快制快、深挖彻查、全面压上，全力阻断病毒传播，确保以最快速度打赢疫情防控歼灭战的决心。

（夏超）

【延海文化交流】 3月10日，区委宣传部带队区属文化企业到海淀区开展延海文化交流活动。实地踏勘圆明园拾光买卖街、光科普馆、清华艺术博物馆等重点文化资源点位，并结合延庆区资源禀赋，围绕文化产业园建设、文化品牌活动交流、文艺精品打造、文化赋能乡村振兴等方面进行深入交流座谈。区文旅局、八达岭文旅集团、世园投资公司、延广融媒文化传媒公司相关负责人参加调研。

（霍东方）

【“扫黄打非”工作领导小组全体会】 3月22日，区“扫黄打非”工作领导小组第1次全体会召开。会议总结2021年工作，部署2022年行动方案及春季开学期间中小学校园周边文化市场专项整治行动，要求紧紧围绕“二十大”聚焦发力，积极营造良好社会文化环境，坚决守牢意识形态主阵地。

（李岩）

【与市文物局交流】 3月29日，区委宣传部赴市文物局交流工作。重点介绍延庆区中国长城博物馆改造提升项目工作进展情况和2022年北京长城文化节策划思路，并就中国长城博物馆人员编制、征地拆迁、展陈设计和北京长城文化节举办时间、地点、参与范围等提出意见建议。市文物局相关负责人围绕近期工作进展、下一步工作思路以及需要延庆区配合的工作等方面交流发言，提出要提高政治站位，按照国内一流、国际领先目标，打造成具备长城遗产监测、学术研究、文化体验、非遗展示、文创研发的长城主题博物馆。市文物局和区委宣传部主要领导参加交流座谈会。

（阎国平）

【意识形态工作责任制专项检查】 4月12日至6月12日，在三届区委第一轮巡察工作中，区委宣传部启动意识形态工作责任制落实情况专项检查工作。其间针对城市管理委、统计局等9家单位党组，围绕6方面17项检查清单内容，就近三年工作情况开展常规检查。还配合区纪委区监委针对24家工委、乡镇街道开展全面从严治党动态抽查，进一步压紧压实全区各级党委（党组）意识形态工作责任制。

（李岩）

【公益广告征集大赛】 6月至7月，区委宣传部、区文明办联合开展延庆区2022年公益广告征集大赛。活动主要围绕习近平新时代中国特色社会主义思想（金句）、社会主义核心价值观、精神文明创建、乡村振兴、志愿服务（新时代文明实践）、关爱未成年人、地域特色7个主题，面向社会征集优秀公益广告作品。其间共征集平面类作品1241幅、视频类作品62个。经过专业评审，选出入围平面类作品61幅、视频类作品7个。所有入围作品均纳入延庆区公益广告库，用于开展全国文明城区常态化创建氛围营造工作。

（李维娜）

【纪念全民族抗战爆发85周年】 7月7日，延庆区纪念全民族抗战爆发85周年活动在千家店镇花盆村“三同”红色教育基地举行。活动由区委宣传部指导，区退役军人事务局、千家店镇主办，平北抗日烈士纪念馆联合千家店镇花盆村“三同”红色教育基地承办。其间干部群众共同上微党课、聆听平北红色故事宣讲，参观花盆村革命斗争纪念馆、“三同”教育展厅和讲习所。活动现场发布延庆区4条红色精品体验路线：包括千家店镇的“三同”之路、井庄镇的信念之路、八达岭镇的先锋之路和张山营镇的圆梦之路。平北抗日战争纪念馆的3辆“红色大篷车”沿千家店镇的红色体验路线出发，为沿线群众送去平北抗战史、党史等红色知识。

（阎国平）

【“文化消费促进行动”相关政策解读会】 7月8日，区委宣传部组织召开2022年度“文化消费促进行动”申报工作政策解读会。会议针对重点部门、重点经营主体，部署2022年度文化消费促进行动、第十届惠民文化消费季申报工作，对财政补贴支持对象、申报方式、补贴标准等进行深入解读。同时，依托延庆区官方新媒体平台及文化企业微信群发布政策申报通知，做好政策答疑，切实为文化企业纾困，提振文化消费市场信心。区委宣传部、区文旅局、区商务局以及八达岭文旅集团、相关实体书店、万达影院等部门参加会议。

（阎国平）

【北京冬奥精神宣讲报告会延庆专场】 8月8日，新时代文明实践“强国复兴有我”北京冬奥精神宣讲报告会举办延庆专场活动。7名宣讲员围绕弘扬北京冬奥精神宣讲服务保障冬奥会的感人事例及切身体会。延庆乡亲代表、冰雪协会代表、机关党员干部群众等5万余人次线上、线下聆听报告会。

（兰玉芳）

【社区（村）党组织宣传委员培训】 8月17日至19日，区委宣传部组织开展2022年社区（村）党组织宣传委员“当好新时代宣传战线擎旗手”系列培训。通过理论授课、实践课堂、交流研讨等方式，提升基层宣传委员业务能力和素质。北京大学孙华教授围绕新形势下的宣传工作任务和基层宣传委员必备知识与能力素养，为学员进行深入讲解。全区各街道宣传工作主管领导、各乡镇宣传委员，55个社区、376个行政村党支部宣传委员参加培训。

（夏超）

【全国优秀新闻工作者调研培训】 8月22日至26日，全国新闻战线资深夜班编辑和优秀新闻工作者调研培训活动在区举办。活动由中国记协主办，市新闻工作者协会协办，延庆区委宣传部承办。37家中央主要新闻媒体、全国性行业类媒体和地方主流新闻媒体的一线采编骨干和近年来在脱贫攻坚、疫情防控以及新闻评奖、“好记者讲好故事”等重大宣传和重要活动中表现突出的新闻工作者代表参加活动。围绕延庆区冬奥会、世园会服务保障和地区高质量绿色发展成就等进行专题调研。中国记协、北京市记协、区委宣传部相关领导出席开班式。

（夏超）

【思政实践课教育基地揭牌】 8月24日，北京大学新闻与传播学院、延庆区委宣传部思政实践课教育基地共建揭牌仪式在区举行。活动以“红色基地传承百年伟业，冬奥之城再创时代新风”为主题。北京大学新闻与传播学院的20余名实践团成员，围绕冬奥服务保障、地区高质量绿色发展和传承红色文化等主题，到延庆奥林匹克园区、平北抗日烈士纪念园等地进行实践教学，开展为期3天的思想政治教育实践活动。区委宣传部和北京大学新闻与传播学院主要领导出席仪式。

（夏超）

【第三届“好汉杯”八达岭长城文创大赛】 8月至9月，在市委宣传部、市文促中心指导下，区委宣传部、八达岭文旅集团共同筹办第三届“好汉杯”八达岭长城文创大赛。这届大赛更加注重“科技赋能”含量的引入，更加注重对本地特色文化的挖掘与展示，更加注重产品的落地转化，共征集到优秀创新创意项目200余项。经过初赛、复赛，最终评选出20个优秀项目晋级决赛，并推荐优秀项目晋级市级大赛。其中8个项目入选市级大赛500强，2个项目晋级市级大赛总决赛；“万里之约中国情”系列产品获得北京文创大赛总决赛文创赛道三等奖。八达岭文旅集团与中艺（北京）建筑设计研究院有限公司签订合作协议，与杭州万事利丝绸文化股份有限公司达成战略合作意向，与北京清创文旅科技有限公司等13家企业或个人达成继续深化合作计划，意向合作率75%。

（阎国平）

【服贸会延庆展区签约3个项目】 9月1日至5日，2022中国服贸会文旅服务专题延庆展区在首钢园2号馆开展。展区以“以展促销、以展促贸、以展聚业”为目标，重点展示延庆后冬奥时期“高质量”发展态势和延庆区“高端”文旅资源。在设计上突出最美冬奥城，搭建高山索道模型、设置雪车模型VR体验，让游客身临其境感受奥运遗产魅力。同时搭建延庆区文旅企业展览展示、推介交流平台，组织区内重点企业经理现场推介，包括设置现场直播、开展抽奖推介活动。其间实现签约项目3项，累计增收5万元。活动邀请新华社、中央电视台、人民日报、北京电视台、北京日报、北京广播电台京津冀之声等20余家重量级媒体采访报道，检索转载量近百万条次。

（阎国平）

9月1日至5日，服贸会文旅服务专题延庆展区在首钢园2号馆开展（区委宣传部供稿）

【《向前一步》栏目拍摄】 10月9日，《向前一步——八百年古村的焕新之路》开播。该期节目由区委宣传部、区农业农村局、八达岭镇等单位与北京广播电视台《向前一步》栏目组联合策划拍摄，以八达岭镇大浮坨村为例，引导部门、群众同向发力，聚焦美丽乡村新发展，凝聚乡村振兴新力量，共同推动美丽乡村建设。截至年底，策划拍摄《向前一步》专题节目3期。

（夏超）

【区生态文明实践展正式开展】 10月11日，“掀起历史的一角——延庆区生态文明实践展”正式开展。展区位于北京世园公园园艺小镇内，分为室外生态体悟空间和“矢志青山 绿满妫川”“生态治理 厚植本底”“两山实践 生态答卷”“中国名片 盛会典范”“生态福祉地 最美冬奥城”五个展览篇章，以“思想—实践—成果—精神”为主线，通过空间的合理划分串联起延庆生态建设的发展历程和践行“绿水青山就是金山银山”的生动实践。展陈面积1000平方米，展出历史照片200余张以及珍贵实物和各类影片、雕塑20余件。

（兰玉芳）

【百姓宣讲汇讲活动】 11月1日至3日，区委宣传部策划组织开展“学习宣传贯彻党的二十大精神 建设最美冬奥城”百姓宣讲汇讲活动，全区24支宣讲团72名宣讲员参加。通过“百姓宣讲+文艺”的形式，利用“现场宣讲+线上直播”的方式讲述感人故事、传递延庆声音，将党的二十大精神以平实、朴实、切实的语言在群众中广泛传播。市委讲师团、区委宣传部、区人大、区政府、区政协相关领导出席活动。全区21万人次线上观看。

（兰玉芳）

【二十大精神宣讲动员部署会】 11月22日，延庆区学习贯彻党的二十大精神宣讲工作动员部署会召开。区委宣传部部署宣讲活动工作安排，区委研究室结合延庆实际解读、分析党的二十大精神宣讲提纲，会议提出“七个讲清楚”等工作要求。会后对宣讲团成员进行专题培训，邀请首都师范大学马克思主义学院王洪波教授以《如何开展政治理论宣讲》为主题，细致讲解理论宣讲的目的意义、方法技巧、注意事项等内容。区委党校教研室主任王建军教授结合新时代十年延庆各项工作成绩，以区级宣讲提纲为依据，开展示范宣讲。延庆区学习贯彻党的二十大精神宣讲团成员，各工委、各领域牵头单位负责人，各乡镇街道宣传委员等40余人参加培训。

（李岩）

统战工作

【概况】 中共北京市延庆区委统一战线工作部（简称区委统战部）是区委主管统一战线工作的职能部门，统一管理民族宗教侨务工作，对外加挂区民族宗教侨务办公室（简称区民宗侨办）牌子；中共北京市延庆区委台湾工作办公室（北京市延庆区人民政府台湾事务办公室）（简称区委台工办〔区政府台办〕），与区委统战部合署办公，负责全区对台工作；北京市延庆区海外联谊会，负责全区海外联谊工作；北京市延庆区党外知识分子联谊会，负责全区党外知识分子联谊工作。年内，区委主要领导就统战工作批示34次，带头同党外人士联谊交友、邀请党外人士参加调研活动、参加重点议题协商议政，推动构建大统战工作格局；区委常委会、统战工作领导小组会、书记专题会等研究统战工作11次；先后召开统战工作和民族宗教工作会议，研究制定统战工作重要文件12个。区委统战部落实市委部署和区委要求，围绕中心服务大局，在统一思想中团结凝聚各方面资源力量，在守正创新中推进各领域工作取得新实效。深入学习宣传贯彻党的二十大精神，组织开展统一战线“喜迎二十大·奋进新时代”主题教育活动，广泛开展党的二十大精神学习宣讲，成功举办统战人士培训班、同心圆大讲堂、“同心·延”马克思主义读书会、书画展等各类活动。完成冬奥会、冬残奥会开闭幕式1744名观众组织工作，3名干部被评为冬奥会市级先进个人。开展统一战线“同心抗疫”行动，组建5支志愿服务团下沉社区开展服务，捐赠各类防疫物资价值120余万元。牵头疫情防控指导组，对2000余个点位指导检查。加强多党合作和政治协商，制定落实政党协商计划，组织召开优化营商环境、发展冰雪产业协商议政会。完成市政协委员推荐考察、区政协委员增补调整工作。组织统战人士围绕全区中心工作建言献策，提交调研成果21篇，报送《统战直通车》建言专报3期。助力招商引资和财源建设，引进10家企业落户延庆，召开政企银企座谈对接会12次，帮助企业纾困解难。开展民族团结进步“九进”活动36场次，成立全市首个铸牢中华民族共同体意识“石榴籽工作站”。帮助宗教团体协调解决实际困难，全面摸排宗教领域风险隐患，民族团结、宗教和谐的局面进一步巩固。长城博物馆成功申

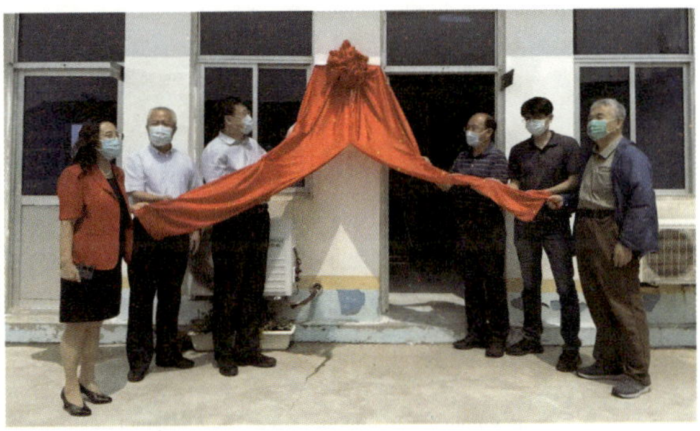

8月2日，全市首个铸牢中华民族共同体意识石榴籽工作站揭牌（区委统战部供稿）

报“中国华侨国际文化交流基地”，成功举办“十五月亮十六圆 长城脚下是故乡”京台视频连线活动。区委统战部常务副部长、区民族宗教侨务办公室主任、区台办主任齐鲁延被推荐为北京海促会理事人选。年底，区委常委、统战部部长索铁军兼任第十届北京海外联谊会常务理事。

单位名称：中共延庆区委统战部

地　　址：延庆区城隍庙街2号

电　　话：69103030

（段航燕）

【服务保障冬奥会】 年内，圆满完成冬奥会、冬残奥会开闭幕式1744名观众组织工作，3名干部被评为冬奥会市级先进个人。统战各界积极献智出力，宗教团体积极参与志愿服务，为冬奥成功举办营造和谐稳定的社会环境。

（段航燕）

2月，区统战系统服务保障冬奥会（区委统战部供稿）

【新冠肺炎疫情防控】 年内，区委统战部牵头疫情防控指导组，全年对社区（村）卡口、“七小”门店、景区、隔离点等1787余个点位开展指导检查152次，发现问题562个，均及时督促立行立改。全年开展“同心抗疫”行动，组建5支志愿服务团下沉社区参与核酸检测、卡口值守。累计向基层单位捐赠口罩27万只、抗原11万支、面屏4260个等。

（段航燕　贾茜）

【同心圆大讲堂】 年内，区委统战部举办3期同心圆大讲堂活动，分别解读《党的十九届六中全会精神与港澳台历史现状》《当前国际格局变动与中国国家安全形势》和《中国共产党政治协商工作条例》，共计培训350余人次。

（段航燕）

【“同心·延”马克思主义读书会】 年内，区委统战部举办5期“同心·延”马克思主义读书会活动。以各民主党派组织为主导，区委统战部全程参与的形式开展，交流分享《新时代统一战线知识简明读本》《民革前辈与新中国》《马克思传》《长城距北（延庆卷）》等

书籍，团结引领统战成员深入学习领会习近平新时代中国特色社会主义思想，增进政治认同、思想认同、理论认同、情感认同，共同为建设生态文明幸福的最美冬奥城做出贡献。

（段航燕）

3月31日，“同心·延”马克思主义读书会活动现场（区委统战部供稿）

【“喜迎二十大·奋进新时代”主题教育】年内，区委统战部组织开展“喜迎二十大·奋进新时代”主题教育活动。4月16日，召开区统一战线服务北京冬奥会、冬残奥会工作总结会暨“喜迎二十大·奋进新时代”主题教育活动启动会。5月9日至6月30日，面向全区统战干部、统战成员征集“喜迎二十大·奋进新时代”书画摄影作品，共征集作品125幅。7月26日，组织全区统一战线各界代表、机关干部赴平北抗日烈士纪念园、青龙桥火车站联合开展“喜迎二十大·奋进新时代”主题教育活动，深入了解红色火种在延庆大地播种的历史渊源。8月1日至17日，在“延庆统战”公众号平台开展“喜迎二十大·奋进新时代”书画摄影优秀作品线上巡展活动，共展出作品72幅。

（段航燕）

【区政协委员届中增补】年内，区委统战部在区委领导下，认真落实政协章程及有关规定，坚持推荐单位党委（党组）把关到位、民主协商到位、人选审查考察到位，完成区政协委员届中增补工作。12月22日，政协延庆区三届二次会议增补徐志中、曹增新、孙建华、赵俊杰、何玉俊、韩峥、鲍捷、徐瑾为区三届政协委员。

（贾茜）

【全面从严治党主体责任工作会】4月16日，延庆统战领域2022年度落实全面从严治党主体责任工作会议召开。会议观看警示教育纪录片，传达学习十九届中央纪委六次全会、市纪委十二届七次全会和区纪委三届二次全会精神，部署2022年任务。区委统战部部长出席并讲话。区纪委区监委第三联合派驻纪检组组长到会指导。

（段航燕）

【统一战线工作领导小组全体会】5月17日，三届区委统一战线工作领导小组（区委对台工作领导小组）第一次全体会议召开，于波主持会议，相关区领导参加。会议传达学习全国统战部部长会议、市委常委会会议、市委统战工作领导小组会议及全市统战部部长会议精神，研究审议工作领导小组2022年工作要点、关于贯彻落实中国共产党统一战线工作条例重点任务分工方案等事宜。

（段航燕）

【区委书记邀请党外人士参与调研检查】6月5日，区委书记邀请民建延庆支部副主委、区水务局副局长王伟叶，民革延庆支部委员、北京通成达水务建设有限公司延庆项目部项目经理王宝海2名民主党派人士，参与区防汛工作调研检查，征求防汛工作意见建议，为党外人士参政议政拓展平台、创新实践。区委统战部相关领导陪同调研检查。

（段航燕）

【招商引资】6月30日，市台办副主任带领北京优质台资企业家到区座谈，对接招商引资工作。主管副区长出席，区委统战部常务副部长、区台办主任主持座谈会。截至年底，区委统战部共引进10家企业落户延庆，助力招商引资和财源建设工作。

（段航燕）

【18个街道乡镇成立统战工作站】6月，全区18个街乡镇党群服务中心全部挂牌统战工作站。统战工作站重点着眼于做好新的社会阶层

统战工作，着力打造有组织、有阵地、有制度、有队伍、有载体、有品牌的新阶层人士工作阵地。

（贾茜）

【基层统战干部轮训】 7月5日至8月19日，区委统战部组织机关统战干部及18个街乡镇副书记、统战委员参加4期市委统战部基层统战领导干部轮训班。学员围绕学习贯彻中央统战工作会议精神、统战理论知识、基层统战工作实务等集中脱产学习。

（段航燕）

【跨区交流共建】 7月20日，延庆区委统战部、区新联会与门头沟区委统战部、区新联会开展共建活动，参观平北抗日战争纪念馆、延庆奥林匹克园区，追寻红色记忆，弘扬冬奥精神。8月26日，延庆区知联会与西城区知联会开展学习交流共建，参观北京世园公园，了解世园公园基本情况及园区后续利用情况。

（段航燕）

【市第十三次党代会精神宣讲报告会】 8月3日，延庆统战系统举行学习宣传落实北京市第十三次党代会精神宣讲报告会。区委宣讲团成员、区委统战部副部长齐鲁延做宣讲报告。报告围绕蔡奇书记在市党代会做的报告、于波书记在延庆区报告会上的讲话精神进行解读。并结合全区统战工作实际，分析统战工作面临的形势和任务，明确统战工作推进要求。各民主党派代表人士、无党派代表人士、民族宗教界代表人士、民营经济代表人士、区委统战部全体机关干部共100余人参加。

（段航燕）

【党外代表人士进修班】 8月16日至17日，区委统战部、区社会主义学院共同举办全区党外代表人士进修班。授课围绕《中国共产党的百年奋斗历程与统一战线》《大数据时代党外人士建言资政的“道”与“术”》《冬奥会推动创新发展》等专题进行，全区统战各界代表120余人参加。

（段航燕）

【民营经济人士进修班】 8月25日至26日，区委统战部、区工商联及区社会主义学院共同举办2022年延庆区民营经济人士进修班。采取讲座和实地教学相结合的方式进行培训，开展《中小企业如何借力金融和科技促进发展》等4场讲座；走访北京北斗星通导航技术股份有限公司等3个企业；参观香山革命纪念馆和双清别墅2个爱国主义教育基地。区工商联、商会领导班子和工商联常委、执委及部分会员企业60余人参加。

（段航燕）

8月25日，延庆区民营经济人士进修班开班
（区委统战部供稿）

【区知联会工作会】 8月26日，区知联会召开半年工作会。传达中央统战工作会议精神，通报区知联会有关人事事项及知联会上半年工作开展情况。与会人员结合自身工作、资源，围绕知联会今后工作的开展进行座谈交流。区委统战部、区知联会相关负责人参加。

（段航燕）

【区委书记与党外干部联谊交友】 9月4日和18日，区委书记带头与党外干部开展联谊交友活动，了解党外干部的工作和生活状况及党派自身建设情况，进一步拉近与党外人士的距离，更好凝聚共识。

（段航燕）

【统战干部培训班】 9月19日至27日，区委统战部举办延庆区统战干部培训班，面向全区统战工作主管领导及各街乡镇副书记开展3期培训。学习讲解《台湾问题与新时代中国统一事业白皮书》《民族宗教热点问题与铸牢中华民族共同体意识》《学习中央统战工作会议精神》3个专题。

（段航燕）

【北京社院领导调研】 9月28日，市委统战部副部长、市社会主义学院党组书记、分管日常工作的副院长吕仕杰，带队到区开展冬奥实践教学基地开发调研。先后调研冬奥展示中心、国家高山滑雪中心、冬奥村等场馆，了解延庆冬奥赛区建设历程、后期规划利用等情况，并与区委统战部、区社会主义学院主要领导座谈交流。

（段航燕）

【区委统战工作会】 10月8日，区委统战工作会议召开。传达市委统战工作会议精神，研究部署全区统战工作。要求抓好民主党派和无党派人士统战工作，维护民族团结和宗教和谐，加强非公有制经济领域统战工作，推动统战工作在守正创新中迈上新台阶，在服务保障大局中展现新作为。区委书记于波主持会议并讲话，全区49家成员单位参会。

（段航燕）

【学习宣传贯彻党的二十大精神】 10月16日，区委统战部第一时间组织全区统战成员集中收看党的二十大开幕会，认真聆听大会报告。10月27日，召开全区统一战线学习宣传党的二十大精神动员部署会，传达党的二十大精神及市、区相关会议精神，并就全区统一战线学习宣传贯彻党的二十大精神进行动员部署。11月22日至23日，连续两次召开延庆统一战线学习贯彻党的二十大精神宣讲报告会，区委统战部主要领导做宣讲报告。全区统战各界代表人士参加。

（段航燕）

11月22日，区统一战线系统学习贯彻党的二十大精神宣讲报告会（区委统战部供稿）

社会主义学院

【概况】 延庆区社会主义学院是在区委领导下的党政干部培训重要组成部分、党外代表人士教育培训主阵地、民主党派和无党派人士联合党校。社院领导体制是：区委常委、统战部部长兼任社院院长，区委党校常务副校长兼任社院常务副院长，区委统战部常务副部长和区委党校主管培训工作的副校长兼任社院副院长。学院与区委党校两块牌子一套机构。年内，以深入贯彻落实《中国共产党统一战线工作条例》《社会主义学院工作暂行条例》为依据，做好教育培训、科研创新、队伍建设三项工作。继续加强社会主义学院培训需求调研，针对不同培训对象分类管理，坚持开放办学，利用好统一战线各领域及社会资源。坚持“高层次、有特色、正规化”的办学方针，坚持“爱国、团结、民主、求实”的校风，坚持一致性和多样性统一的工作主线和基本方针，落实教育培训党外代表人士的重要职责。课题研究方面，完成校级课题《关于加强延庆区民主党派思想政治建设的思考》。

单位名称：延庆区社会主义学院

地　　址：延庆区庆园街69号

电　　话：69103148

（李桂新）

【教育培训】 年内，开办统战干部培训班、党外代表人士培训班共10期，培训学员862人次。培训采用专题讲授、现场教学和“同心圆”大讲堂等方式，开展习近平新时代中国特色社会主义思想教育、“四史”专题教育和统战知识培训，重点设置习近平总书记关于新时代统一战线工作的重要思想、《中国共产党政治协商工作条例》精神解读、中央统战工作会议精神解读、中国共产党的百年奋斗历程与统一战线、大数据时代党外人士建言资政的道与术、中小企业如何借力金融和科技促进发展等课程。

（李桂新）

机构编制

【概况】 中共北京市延庆区委机构编制委员会办公室（简称区委编办），是中共北京市延庆区委机构编制委员会（简称区委编委）的常设办事机构，承担区委编委日常协调服务工作，列入区委工作机关序列，归口区委组织部管理。年内，区委编办认真学习贯彻习近平新时代中国特色社会主义思想，围绕服务保障冬奥会、疫情防控和地区高质量绿色发展等全区中心工作，优化机构编制配置，巩固机构改革成果，为建设生态文明幸福的最美冬奥城提供强有力的机构编制保障。切实增强深化基层管理体制改革的责任感、使命感。认真研究二十大和二十届二中全会对深化改革提出的新任务和新要求，通过聆听专家讲解、深入实际调研、召开务虚会研讨，提前研究谋划新一轮机构改革。坚持党管机构编制，修订完善《区委编委工作规则》和《区委编办工作细则》。研究制定《延庆区权力清单动态管理办法》，编制公布《北京市延庆区部门权力清单（2022版）》共计1705项。研究制定《关于进一步明确延庆区政府部门实施公共资源交易活动监督管理职责分工的通知》，进一步规范和加强公共资源交易活动的监督管理。与市委编办深入沟通学习，建成以实名制系统、电子档案系统和公文审批流转为主体的延庆区机构编制业务综合管理系统，实现机构编制档案数据电子查阅，逐步建设无纸化办公环境，提升工作效率。进一步健全完善机构编制部门与纪检监察机关、巡察机构、组织、人保、财政、审计等部门的协作配合机制，充分发挥监督合力。以机构编制重要事项报告为抓手，督促全区各部门、各街乡，按要求定期报告机构编制重要事项。督促6家区级单位，积极推进经费自理事业单位改革，按要求报告工作进展，对于推进改革缓慢的单位，及时下发督查单，督促整改落实。助力疫情攻坚，积极参与区核酸检测组工作，深入各方舱实验室和社区卫生服务中心一线调研，摸清医疗卫生队伍现状，提出有针对性的医护力量调整优化方案。厘清市场、城管、商务、卫健等部门在疫情防控中的执法职责，确保职责清晰，责任落实。针对42类重点人群，明确各类人员监管责任主体，建立台账，督促落实，确保重点人群按规定的频次进行核酸检测。完善核酸检测的数据统计机制，推动核酸检测数据“一口进、一口出”。及时调整优化核酸检测点位布局和采样时间，充分保障群众核酸检测需求。

单位名称：中共延庆区委机构编制委员会办公室
地　　址：延庆区儒林街道西街2号
电　　话：69102430

（房晔）

【服务保障冬奥会】 年内，认真贯彻习近平总书记对冬奥筹办举办的系列重要指示精神，制定延庆赛区综合服务保障驻店（点）工作组“三定”总规定和30个分规定，确保责任落实。强化延庆冬奥医疗保障中心组织领导，为区医院、区中医院核增领导职数，推进公立医院干部队伍建设，加强党对医院的领导。围绕赛后场馆利用和人员安置，提前研究机构编制保障工作，助力后冬奥时期成果转化，擦亮冬奥“金名片”。

（房晔）

【体制和机构改革】 年内，根据上级对国防动员体制改革的决策部署，在全市率先挂牌，稳步推进国防动员体制改革工作。落实应急执法体制改革，调整应急执法队机构规格，及时研究制定“三定”规定，督促调整组建到位。根据行政复议体制改革的有关要求，结合延庆实际，完善行政复议机构设置和职能配置，加强行政复议编制保障。针对职业教育机构改革中的难题，探索提出“不明确机构级别”的工作思路，化解改革中的难点。优化完善中关村延庆园管理体制机制，双管齐下，多措并举，推动园区管理体制改革走深走实。针对经费自理事业单位改革后续的经费保障、资产处置、编外人员划转等问题，加强与组织、人保、财政等相关部门沟通联动，积极研究政策，明确答复口径，最大限度保障涉改人员合法利益，消除不稳定因素和隐患。坚持“开门管编制”，树立“一盘棋”思想，探索建立健全“编制周转池”制，通过编制单列等形式，统筹盘活编制资源，提高编制使用效益。根据相关政策，结合延庆实际，优化完善了全区党政机关、处级事业单位内设机构和科级事业单位科级领导职数核定标准。

（房晔）

【机构编制保障】 年内，坚持机构编制瘦身与健身相结合，聚焦区委巡察、政协服务、档案执法、贸易促进、两区建设等方面，进一步加强区委巡察办、区政协机关、区委办、区商务局等部门的机构编制保障。围绕党的建设、社区矫正、中小企业管理等方面，进一步优化区委组织部、区司法局、区经济和信息化局等部门的内设机构设置，完善职能配置。按照最新核定标准，分批次为23个部门和乡镇街道核增科级领导职数，优化拓宽年轻干部的晋升渠道。完善内设机构设置，对职能配置进行优化，进一步理顺街道管理体制机制。研究推进《社区工作者管理实施办法》，为百泉街道、刘斌堡乡招录优秀社区党组织书记，补充人员力量。探索为街道设立社区专员职位，负责联系、指导街道社区专项工作，夯实基层基础。

（房晔）

【服务保障民生】 年内，坚持优化、协同、高效原则，根据学校师生比变化情况，及时调整中小学、幼儿园机构设置和人员编制。研究落实党组织领导的校长负责制，测算各类学校领导职数变化情况，统筹核定学校的党组织领导职数，加强管理、分步使用。调整基层社区卫生服务中心编制，支持120急救站点建设。深入全区4家公立医院、16家社区卫生服务中心、疾控中心实地调研，积极研究完善公立医院、社区卫生服务中心、疾控中心人员编制的意见，探索通过“周转池”和“员额制”等方式，优化加强医疗卫生领域人员力量。

（房晔）

【编制职数审核】 年内，严格按照编制、职数使用原则，认真审核全区各单位编制、职数使用事项，共受理编制、职数核定单282件，使用行政编制64名、事业编制265名；使用科级职数正职249个、副职256个；受理工资基金追加单985人次。

（房晔）

【机构改革评估】 年内，开展乡镇机构改革评估，制定改革评估方案，深入乡镇实地调研，起草评估工作报告，帮助基层解决实际问题，推动乡镇机构改革落地见效。开展党校机构改革评估，切实巩固改革成果。推进白河堡水库管理中心改革评估，针对运行管理中存在的困难和问题，研究深入推进改革的具体措施。

（房晔）

【议事协调机构调整完善】 年内，贯彻落实党中央、国务院、市委、市政府关于碳达峰碳中和、国防教育、农业科技园区建设的决策部署，及时研究设立、调整完善相关议事协调机构，为推进落实重点工作提供有力保障。截至年底，共有56个议事协调机构和14个临时机构登记在账、规范运行。

（房晔）

【事业单位法人登记注销】 年内，共办理事业单位法人登记设立1个、变更登记55个、注销登记28个、补领证书1个，事业单位年度报告提交207个。79个废止冻结的“僵尸”事业单位法人完成注销，83个改革后需注销的事业单位完成注销工作。推动《事业单位法人证书》电子证照申领工作，为207家事业单位办理电子证照，完成率100%。

（房晔）

【编外用工管理】 年内，组建专班，按单位、按岗位分类统计编外数额，以及政策依据、用工形式、工资来源等，建立基础信息台账。建立联席会议制度，根据编外用工环节，梳理财政、人保、民政等部门及用人单位的职责分工，研究编外人员管理办法，逐步建立各司其职、相互配合的工作机制。按照“总量控制、动态调整、逐步规范、科学确定”的原则，深入相关单位和点位调研，综合考虑编外用工依据、财政负担等因素，严格控制编外人员总量。

（房晔）

【机构编制大讲堂】 年内，举办机构编制大讲堂。邀请市委编办监督检查处领导，在区处级干部研修班上解读《机构编制监督检查法规制度综述》。邀请市委党校教授董晓宇，为区政府工作部门、乡镇（街道）负责人事工作的主管领导讲解《新形势下如何做好编制工作》。邀请市委编办三处领导在区理论学习中心组学习（扩大）会上，专题解读《北京市乡镇职责规定》。会后在全市率先研究落实乡镇“三定”规定，制定乡镇职责清单。

（房晔）

【专题调研成果】 年内，深入区农业农村局（区委农工委）和部分乡镇开展农口改革调研，了解农口改革后运行情况，形成《延庆区农口改革调研报告》。开展编外人员管理前瞻性研究，探索区机关事业单位编外用工管理方式，提出关于解决问题的思考建议。开展机构编制绩效管理课题研究，提出全区机构编制绩效考核工作建议，形成《机构编制绩效管理专项考评建设的研究》。

（房晔）

政策研究

【概况】 中共北京市延庆区委研究室（简称区委研究室，挂中共北京市延庆区委全面深化改革委员会办公室牌子），主要负责全区调查研究的组织协调、区委重要文稿起草等工作。年内，围绕落实习近平总书记“延庆是属于未来的”重要嘱托，聚焦服务区委高效统筹疫情防控和经济社会发展，全面建设最美冬奥城、加快推动地区高质量绿色发展需要，统筹开展调查研究、文稿起草等工作。着力提升以文辅政、以策资政功能，文稿服务有力有效。及时跟进区委主要领导思路想法，持续改文风、转作风，高质量完成区委三届五次、六次全会报告等全区重要文件，区委主要领导参加全国、全市等重要会议的发言、区级重要会议的讲话，以及其他临时性文稿近200篇。调查研究持续深入，坚持站位全局、整合资源、全程管理、深学笃行抓调研，聚焦全区“办大事、保生态、谋发展、惠民生、强党建”各项重点工作，制发2022年度调研工作要点和课题重点参考领域，认真组织实施市级课题研究和区级课题统筹，指导推动各部门单位、各乡镇街道“深、实、细、准、效”做好各自年度调研任务，做到调研工作始终服务中心工作，出实招、见实效。

单位名称：中共延庆区委研究室
地　　址：延庆区湖北西路1号
电　　话：69143273

（祁颖）

【调研成果】 年内，高质量完成区级领导调研课题30篇、处级班子单位调研课题81篇，编发17期《延庆调研》，集结形成《2021年度优秀调研成果汇编》，为服务区委、区政府决策积极助力。《深挖冬奥冰雪资源 培育后冬奥经济新动能》《乘着冬奥会东风推动冬奥冰雪小镇发展》《延庆区开展街乡综合执法改革提升基层治理质量研究》等专题研究成果分别在市委《北京工作》《北京调研》上刊发。

（祁颖）

深化改革

【概况】 中共北京市延庆区委全面深化改革委员会办公室（简称区委改革办），作为常设性工作机构设在区委研究室，一个机构、两块牌子，主要负责处理区委全面深化改革委员会日常事务，对各专项工作统筹、协调、督促、检查和推动，做好统筹谋划。全年召开区委深改委会议3次、区委改革办主任会议4次，研究审议区属国有企业负责人薪酬管理暂行办法、韧性城市建设工作实施方案等重要议题17个。完善工作机制，创新建立改革“一把手”面对面访谈机制，通过改革专题会、半年总结会、延庆改革工作群加强对改革任务的全时段、全过程统筹督促和整体把控。强化督察问效，聚焦“两山”基地建设、公共卫生体系建设、全域旅游发展、生活垃圾分类4项已出台半年以上的重点改革方案，开展督导“回头看”，制定21项督察问题清单。

单位名称：中共延庆区委改革办
地　　址：延庆区湖北西路1号
电　　话：69143273

（张明湛）

【典型经验推广】 年内，编发全区改革简报14期，编制《学思践悟——延庆改革典型案例集》。“林长制改革经验”在市级《改革交流》刊发。“生态环境监管新模式”入选2022年度全市“微改革、微创新”典型案例。

（张明湛）

【第一次会议】 1月21日，区委全面深化改革委员会召开2022年第一次会议，研究审议《关于调整区委全面深化改革委员会组成人员及专项小组设置的方案》《区委全面深化改革委员会2021年工作总结报告》《区委全面深化改革委员会2022年工作要点》《延庆区区属国有企业负责人薪酬管理暂行办法》《延庆区区属国有企业负责人经营业绩考核暂行办法》和《2022年延庆区“接诉即办”改革工作要点》。

（张明湛）

【第二次会议】 8月4日，区委全面深化改革委员会召开2022年第二次会议，听取2022年上半年改革工作进展情况及下半年工作思路的汇报、延庆区国资国企改革工作情况的汇报；研究审议《关于调整区委全面深化改革委员会组成人员及专项小组设置的方案》《北京市延庆区加快推进韧性城市建设工作实施方案》《关于巩固全区政法队伍教育整顿成果 推进全面从严管党治警的工作措施》和《关于加强新时代全区政法干警素质能力培训的工作措施》。

（张明湛）

老干部管理与服务

9月30日，区雅蓝退休女干部联谊会举办文艺演出
（区老干部局供稿）

【概况】 中共北京市延庆区委老干部局是区委管理全区离退休干部工作的工作机构，归口区委组织部管理。年内，服务管理离休干部42

人，其中本地37人、代管4人、易地安置1人；副处级以上退休干部1157人，其中副区级以上36人、正处级497人、副处级624人。全年开展离退休干部政治建设、思想建设和党组织建设，引导离退休干部为党的事业增添正能量，精准做好离退休干部服务工作，不断推动老干部工作高质量发展。元旦、春节及重要节点期间，为全区1200余名老干部送上慰问品和学习资料。发挥老干部的政治、经验和威望优势，组织书法、绘画、文艺演出、五老宣讲、文明引导、垃圾分类、社区值守、疫苗接种、法制宣传等系列活动。

单位名称：中共延庆区委老干部局
地　　址：延庆区香苑街107号院
电　　话：69142410

（高斯）

【离退休干部服务】 年内，为离休干部和区级退休干部落实“家庭医生”签约工作，为破产转制困难企业离休干部核算发放住房补贴、物业补贴、遗属困难补助合计48.86万元，核发离休干部养老服务津贴5.4万元。看望生病出院老干部140余人，为老干部送生日祝福95人，送别老干部15人。

（高斯）

【为老干部办实事6项】 年内，落实“一对一”帮扶离休干部制度，完成延庆区老年大学升级改造项目、完成3名抗战时期离休干部居家生活设施升级改造、组织老干部参观冬奥赛区、为老干部订报刊、落实“家庭医生”签约、慰问老干部6项实事。

（高斯）

【老干部工作会议】 5月31日，延庆区2022年老干部工作会议召开，于波主持会议并讲话。会议播放延庆区2021年离退休干部工作纪实，传达全国老干部工作“双先”表彰大会、全国老干部局长会及全市老干部工作会议精神，总结部署全区老干部工作。区委教工委和区雅蓝退休女干部联谊会负责人分别进行交流发言。区四套班子领导、区委老干部工作领导小组成员单位主要领导、处级班子单位主要领导、退休干部代表等150余人参加会议。

（侯海清）

【老干部自行车协会骑行宣传】 6月30日，老干部自行车协会组织110余名会员开展“强国复兴有我、庆七一、迎二十大”骑行宣传活动。会员们由区体育场北门出发，环延庆城西高速路经团结路骑行至八达岭会展广场，以低碳骑行方式宣传、倡导绿色生活，迎接党的二十大召开。

（高斯）

【老干部参观延庆奥林匹克园区】 8月9日至12日，开展“喜迎二十大、一起向未来”主题活动，分批组织全区处级及以上退休干部500余人参观延庆奥林匹克园区。

（高斯）

【老年书画展】 9月6日，由区委组织部、区委老干部局主办，延庆区老干部文化艺术服务联合会、区老年书画研究会承办的延庆区老干部“喜迎二十大、奋斗新征程”书画展在区文化馆开幕。画展为期15天，展出作品154 幅，其中书法作品115幅、绘画作品39幅。

（高斯）

9月6日，延庆区老干部书画展开幕
（区老干部局供稿）

【重阳节慰问】 9月底，延庆区委老干部局领导分两组对区破产转制企业离休干部、局机关离休干部及75岁以上区级离退休干部共31人，进行重阳节走访慰问，送上节日祝福。

（高斯）

【关工委组织读书演讲】 10月17日，关心下一代工作委员会在全区青少年中组织开展“中华魂——中华好家风”主题教育活动。免费向学生赠送《中华好家风》读本500册。

（高斯）

【“五老”宣讲活动】 11月17日，延庆区“五老”宣讲团依托区新时代文明实践中心点单派单服务平台，应邀到香水园街道川北东社区，开展“学习党的二十大精神”主题宣讲活动，40余名社区党员参加。全年开展“五老”基层宣讲共46次。

（高斯）

党校教育

【概况】 中国共产党北京市延庆区委员会党校（延庆行政学院），是在区委直接领导下培养党员领导干部和理论干部的学校以及党的哲学社会科学研究机构。校园占地3.53公顷，建筑面积2.3万平方米。年内，举办各类培训班72期，培训学员6583人次；开发理论课程15门、区史微课50门、十八大关键词微课38门；各类课题结项23项，报送咨政建议2期。获评市委党校（行政学院）系统科研咨询管理优秀单位，2项课题被评为科研成果一等奖，1项课题被评为二等奖。

单位名称：中共产党北京市延庆区委党校

地　　址：延庆区庆园街69号

电　　话：69103148

（王盈）

【主业主课】 年内，实施模块化教学，设置理论教育、党性教育、专业能力与知识三大教学模块，创新开设建设最美冬奥城和入村调研实践两个教学单元，将学习贯彻习近平新时代中国特色社会主义思想课时比例设置为60%以上，把区情教育作为必修内容，“建设最美冬奥城”“两山”理论、“接诉即办”、基层治理、乡村振兴等重要工作以多种形式纳入培训班课堂。区委书记、区长走进党的十九届六中全会精神专题研讨班为学员进行专题辅导，各级领导干部到党校讲课比例达到30%。加大研究式教学比重，运用“课堂讲学+案例教学+实践研学”“线上+线下”“2.5+0.5”教学模式、“1+5+20”经典导读学习法、翻转课堂、辩论式案例教学、情景模拟式教学等教学方式。组织处级干部研修班121名学员深入村集体经济薄弱村开展“我为群众办实事”入村调研实践活动，推动16个项目成功立项并有序推进。

（蔺天娇）

8月15日，延庆区2022年第一期处级干部研修班人物访谈（区委党校供稿）

【基层党校建设】 年内，全区23家乡镇、街道、工委党校共举办培训班303期，累计培训党员干部22074人次。完成《基层党校“行动学习”理念的探索与思考》校级课题。

（李桂新）

【新课开发】 年内，推进“用学术讲政治”教学改革。按照《“十四五”期间重点课程开发指导目录》，开发区史区情课程。全校教职工参与，组织2次专家评课，共开发《北京市接诉即办工作条例》解读、《党建引领乡村振兴》等15门课程；开发《延庆是个好地方》《延庆是属于未来的》等微课程50门；开发十八大以来关键词微课38门，集中挂在新时代文明实践网站、北京延庆APP和延庆组工等平台。

（王建军）

【理论宣讲】 年内，面向全区机关企事业单位、乡镇（街道）、村（社区）开展新时代文明实践理论宣讲。围绕宣传党的二十大精神，开展集体备课，辅导一名教师参加党的二十大北京市宣讲团，两名教师参加区委党的二十大精神宣讲团，并为区委宣讲团开展学习党的二十大宣讲。克服疫情影响，依托新时代文明实践网站和点单派单平台上线29门党史微课和20门理论课程，教师围绕党的二十大、党的十九届六中全会精神、习近平生态文明思想、南荒滩精神、疫情防控所体现的集中力量办大事的制度优势等课程，在全区各单位累计宣讲105场次。

（王建军）

【师资建设】 年内，安排教师参加中组部党的二十大精神网络专题班、组织教师在干教网、北京市继续教育网等网络平台开展集中学习。引进1名马克思主义理论专业的硕士研究生，1名教师被评为北京市四个一批青年人才，1名教师获得教授专业技术任职资格。在完成组织部人才项目的基础上，申报2023—2024年度组织部人才项目，共计10万元。

（王建军）

【理论研究成果】 年内，校内课题结项13项、北京市委党校（行政学院）系统重点调研课题结项2项、北京市党校（行政学院）系统智库项目1项、北京市思想政治工作研究会课题1项。向区委、区政府呈送《党校咨政建议》2期，获得区级领导肯定性批示3次。发表学术文章7篇。延庆区红色文化研究中心结项课题8项、开发课程2门，资助《海岳》和《红色妫川》两本著作出版。组织开展“传承红色基因 强国复兴有我”征文比赛，参赛征文124篇，其中29篇获奖。

（邓国军）

党史研究

【概况】 年内，完成市委党史研究室相关书稿的编写任务并提出修改意见，开展党史宣传教育，参与延庆区红色文化课题——《康庄火车站党支部建立始末》研究，挖掘革命文物背后的红色元素、红色基因。配合区网信办排查存在历史虚无主义的问题及其隐患，与成员组共同分析研判延庆存在的历史虚无主义形势并研究对策。提供党史服务，为区相关领导呈送市委党史研究室编写的《不忘初心，砥砺奋进》书籍，为组织部等相关单位了解地方党史提供延庆党史人物和事件资料6000余字，参与大庄科红色体验基地升级改造工作，为全区各单位提供各类党史书籍30本。

单位名称：延庆区档案史志馆
地　　址：延庆区妫水北街14号
电　　话：69144530

（张鹏）

【撰写审读党史稿件】 年内，组织撰写《北京执政纪事（2021）》延庆部分稿件2万余字，并上报市委党史研究室。对《北京市委执政纪事2020》《北京市第十二次党代会以来大事记》《北京市推进京津冀协同发展大事记》《中国共产党北京历史大事记》《踔厉奋发 笃行不息——党的十九大以来首都发展纪实》5本书稿共140多万字进行审读，并反馈修改意见15条。

（张鹏）

【协助查找革命烈士8名】 年内，对大榆树镇挖掘红色资源工作提出建议，推荐两名区内史志专家，全面搜集与阜高营村相关的重要历史事件、重要人物的记述，查找出该村在抗日战争时期牺牲的烈士1名、解放战争时期牺牲的烈士7名。

（张鹏）

【延庆党史连载】 3月14日起，在“北京延庆”APP档案史志专栏连载《中国共产党北京市延庆区历史》文稿和图片，全年共登载200余篇。同时在《延庆报》进行连载。

（张鹏）

（栏目编辑：王新华）

延庆区人民代表大会

概 述

年内，北京市延庆区第三届人民代表大会常务委员会（简称区人大常委会）围绕区三届人大一次会议确定的各项任务，召开7次常委会会议，完成64项议题，依法任免国家机关工作人员93人次。区人大常委会先后对法治政府建设、行政事业性国有资产管理、北京市公共文化服务体系示范区建设、分区规划执行、农民增收、老年助餐点建设等工作进行监督；针对《北京市突发公共卫生事件应急条例》《北京历史文化名城保护条例》《北京市城乡规划条例》《北京市非机动车管理条例》和《北京市生态涵养区生态保护和绿色发展条例》等开展执法检查，并提出相应意见和建议。区人大各专门委员会对“八五”普法规划年度落实、审计发现问题整改、医养结合试点、乡村路网建设和农村安全饮水工程等工作进行监督，推动相关问题解决。截至年底，接待群众来信来访35件次，其中群众来信9件次，来信来访较上年有所下降。

单位名称：延庆区人大常委会

地　　址：延庆区高塔路70号

电　　话：69142876

（常淼）

重要会议和活动

【蔡奇参加延庆代表团审议】 1月7日，市委书记蔡奇参加市第十五届人大五次会议延庆代表团审议。蔡奇强调，延庆是冬奥之城、未来之城，要抓住举办冬奥会的历史机遇，坚定不移地走生态保护和绿色发展的路子，打造生态文明幸福最美冬奥城，努力交出决战决胜冬奥会、推动区域转型发展两份优异答卷。

（侯海清）

【第一次常委会】 3月22日召开。会议传达学习全国“两会”、全市领导干部会议和区委常委会扩大会议精神；决定有关人事事项；通过北京市延庆区第三届人民代表大会常务委员会代表资格审查委员会名单；通过区人大常委会和专门委员会相关制度；听取并审议区人民政府关于2022年重点工作折子工程安排情况的专项工作报告；通过区人大常委会2022年工作要点、监督工作计划、代表工作计划；听取区人民政府关于2021年法治政府建设工作情况的报告。

（常淼）

【区委第三次人大工作会议】 4月21日召开。会议认真学习贯彻党的十九届六中全会精神，深入贯彻落实中央、市委人大工作会议精神，研究部署当前和今后一个时期我区人大工作。叶大华主持会议并对区委《贯彻落实中央人大工作会议和市委第六次人大工作会议重点任务分工方案》做说明，于波出席并讲话。

（常淼）

【人大代表初任培训班】 4月21日至22日，举办人大代表初任培训班。围绕贯彻落实中央人大工作会议精神、反腐倡廉、代表履职等内容开展专题培训。区和乡镇人大代表、基层人大工作者等1000余人在主会场和分会场参加培训。

（常淼）

4月21日，区人大代表初任培训班开班（区人大供稿）

【第二次常委会】 5月10日召开。会议传达学习全国人大常委会《关于推动贯彻落实中央〈关于加强地方人大对政府债务审查监督的意见〉的工作建议》；决定有关人事事项，表决通过关于接受于波辞去北京市延庆区人民政府区长职务请求的决定，决定任命叶大华为北京市延庆区人民政府代理区长，任命31个政府工作部门负责人；通过关于贯彻落实全国人大常委会《关于推动贯彻落实中央〈关于加强地方人大对政府债务审查监督的意见〉的工作建议》的工作措施；听取并审议区人民政府关于2022年新增地方政府债务限额及区级预算调整方案的报告；听取并审议区人民政府关于环境状况和环保目标完成情况的报告；听取区人民政府关于“妫水农耕”区域品牌建设效果的报告、推进北京市公共文化服务体系示范区建设情况的报告；听取区人民法院多元调解、诉源治理工作情况报告；通过区人大常委会关于检查《北京市非机动车管理条例》实施情况的工作报告；通过关于接受个别代表辞去代表职务请求的决定。

（常淼）

【第三次常委会】 7月7日召开。会议传达学习市十三次党代会精神，学习《北京市国民经济和社会发展计划审查监督条例》；决定有关人事事项；通过《北京市延庆区人大常委会视察、调研、检查工作暂行办法》等3项制度；听取并审议区人民政府关于2022年第二次新增地方政府债务限额及区级预算调整方案的报告；听取区人民政府关于新型集体林场改革情况的报告、关于《北京市城乡规划条例》贯彻实施及乡镇规划编制实施情况的报告、关于《延庆分区规划（2017—2035）》执行情况的报告、关于《北京市物业管理条例》贯彻落实情况的报告、关于《北京市非机动车管理条例》贯彻落实情况的报告；听取区人民检察院关于法律监督工作情况的报告；听取延庆区人大常委会关于检查《北京市接诉即办工作条例》实施情况的报告。

（常淼）

【第四次常委会】 7月28日召开。会议传达学习市委工作务虚会、北京市党政代表团赴内蒙古自治区对接东西部协作工作和区委常委会有关精神；决定有关人事事项；听取并审议区人民政府关于2022年上半年国民经济和社会发展计划执行情况的报告、关于2021年决算（草案）的报告、2022年上半年预算执行情况的报告、关于2021年度区级预算执行和其他财政收支审计工作的报告、关于区三届人大一次会议代表建议办理情况的报告、关于《延庆区林长制实施方案》落实情况的报告；听取区人大常委会关于检查《北京历史文化名城保护条例》实施情况的报告；听取扫黑除恶专项斗争常态化推进情况的报告；对《北京市接诉即办工作条例》实施情况开展专题询问。

（常淼）

【“万名代表下基层”活动】 8月11日，市人大代表、副市长张建东到区参加“万名代表下基层”活动，与区人大代表、相关部门负责人座谈，听取部分政府工作部门、乡镇街道和人大代表就《北京市城市更新条例（草案）》和《北京市节水条例（草案）》提出的意见建议。吕桂富、叶大华等区领导参加座谈。

（常淼）

【代表和委员考察北京城市副中心】 8月30日，区人大常委会组织代表、委员考察北京城市副中心。其间参观城市副中心规划展厅、张家湾设计小镇未来设计园区、大运河森林公园、两区建设展厅、运河商务区，了解副中心规划建设、老工业园区转型升级、生态景观建设、两区建设等情况。市人大延庆团部分代表、区人大常委会和各专门委员会组成人员、基层人大负责人、人大机关干部等70余人参加。

（常淼）

8月30日，区人大常委会组织代表、委员考察北京城市副中心（区人大供稿）

【市人大延庆团参观奥林匹克园区】 9月20日，市十五届人大延庆团代表开展集中参观活动。其间到延庆奥林匹克园区参观，了解园区运营、生态修复以及冬奥遗产开发利用等情况。

（常淼）

【第五次常委会】 9月27日召开。会议传达学习中共中央政治局会议精神；通过区人大常委会关于接受郭雄强等同志辞去代表职务的决定；通过区人大常委会关于补选区和乡镇人民代表大会代表的决定；通过《北京市延庆区人大常委会关于对区人大常委会任命的区人民政府组成部门负责人述职评议的暂行办法》；听取并审议区人民政府关于新中考改革政策与我区应对举措及成效的报告；听取区人民政府关于延庆区扶持壮大农村集体经济工作进展情况的报告、关于《北京市突发公共卫生事件应急条例》贯彻落实情况的报告、关于冬奥会后续利用工作情况报告。

（常淼）

【第六次常委会】 11月8日召开。会议传达学习北京市学习贯彻党的二十大精神宣讲报告会精神；决定有关人事事项，决定免去许杰北京市延庆区人民政府副区长职务；通过北京市延庆区第三届人民代表大会常务委员会代表资格审查委员会关于代表资格的审查报告；通过召开北京市延庆区第三届人民代表大会第二次会议的决定及有关事项；听取并审议区人民政府关于2021年度行政事业性国有资产管理情况的专项报告；书面审议区人民政府关于2021年度国有资产管理情况的综合报告、关于行政事业单位资产管理使用情况专项审计的报告；听取区人民政府关于国有企业改革工作情况的报告、关于全域无隐性债务工作完成情况的报告、关于老年助餐点建设情况报告；对区人民政府贯彻落实“双减”政策工作开展专项评议。

（常淼）

【区第三届人大二次会议】 11月15日至16日，延庆区第三届人民代表大会第二次会议召开。会议表决通过《北京市延庆区第三届人民代表大会第二次会议选举办法》；选举于波等22人为北京市第十六届人民代表大会代表；叶大华当选为北京市延庆区人民政府区长；张双锁当选为北京市延庆区第三届人民代表大会常务委员会副主任。新当选的国家工作人员与代表见面并进行宪法宣誓。

（常淼）

【第七次常委会】 12月15日召开。会议通过召开北京市延庆区第三届人民代表大会第三次会议的决定及有关事项；通过区人大常委会工作报告、各专门委员会工作报告和代表工作报告；听取区人民政府关于2023年重要民生实事安排情况的专项工作报告、关于2021年度区级预算执行和其他财政收支审计查出问题整改情况的报告、关于《延庆分区规划（国土空间规划）（2017—2035）》修改方案的报告、关于2022年度延庆区农民增收情况的报告、关于《北京市生态涵养区生态保护和绿色发展条例》贯彻落实情况的报告、关于乡村振兴工作情况的报告；听取A类代表建议落实情况的报告；听取区人大常委会法制办公室关于全区规范性文件备案审查情况的报告。

（常淼）

【区第三届人大三次会议】 12月21日至22日，延庆区第三届人民代表大会第三次会议召开。会议听取并审议北京市延庆区人民政府工作报告；审议北京市延庆区2022年国民经济和社会发展计划执行情况与2023年国民经济和

12月22日，区三届人大三次会议举行第二次全体会议（区融媒体中心供稿）

社会发展计划（草案）的报告，审查和批准北京市延庆区2022年国民经济和社会发展计划执行情况的报告与2023年国民经济和社会发展计划；审议北京市延庆区2022年预算执行情况和2023年预算（草案）的报告，审查和批准北京市延庆区2022年预算执行情况的报告和2023年预算；听取并审议北京市延庆区人民代表大会常务委员会工作报告；听取并审议北京市延庆区人民法院工作报告；听取并审议北京市延庆区人民检察院工作报告。

（常淼）

（栏目编辑：王新华）

延庆区人民政府

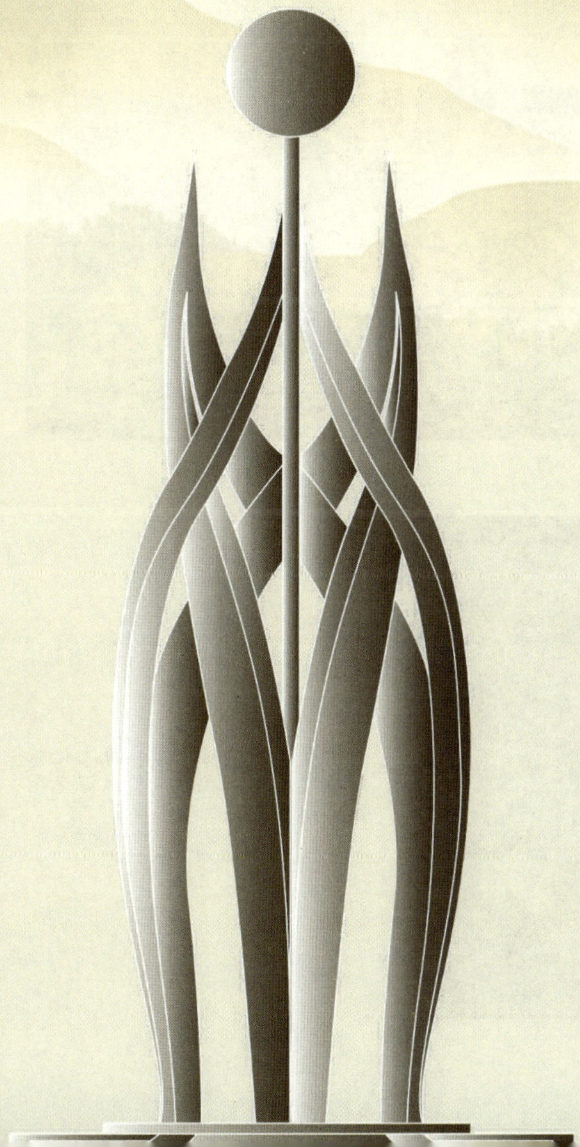

2月2日，区领导带队开展春节、冬奥期间保供稳价调研（区发改委供稿）

6月24日，区政府行政复议委员会办公室揭牌（区司法局供稿）

8月4日，第二届京张体育文化旅游带发展论坛在延庆奥林匹克园区举办（区发改委供稿）

概　述

2022年，在市委市政府和区委的坚强领导下，全区上下牢记习近平总书记“延庆是属于未来的”嘱托，坚持以习近平新时代中国特色社会主义思想为指导，深入学习贯彻十九届历次全会、党的二十大和习近平总书记对北京一系列重要讲话精神，贯彻落实市第十三次党代会和区第三次党代会决策部署，顶住经济下行的巨大压力，高效统筹疫情防控和经济社会发展，圆满完成服务保障冬奥会和党的二十大重大政治任务，经济保持较快增长，社会保持和谐稳定，各项事业取得新成绩新进步。全区地区生产总值预计完成213亿元，按不变价计算增长4%，实现市政府调控目标；固定资产投资预计完成100亿元，同比增长1.5%，其中建安投资完成70亿元；市场总消费预计完成214亿元，同比增长2%；全口径税费收入首次突破120亿元；地方级一般公共预算收入预计完成43.1亿元、同口径增长5.5%，区级一般公共预算收入预计完成24.3亿元、同口径增长8.8%，增速均创近年新高，居全市前列；全区居民人均可支配收入预计完成41754元，增速与经济发展同步。主要做了以下几方面工作。

冬奥延庆赛区举办任务圆满完成。全面落实绿色、共享、开放、廉洁的办奥理念，按照“简约、安全、精彩”的办赛要求，如期完成场馆建设、生态修复和城乡环境提升等工程，高标准建成国际一流奥运场馆群，场馆全部达到绿色三星级建筑标准，“山林场馆、生态冬奥”由蓝图变现实。构建“三处十二组一团队”指挥体系，有效调动区外各方和全区上下力量，历经51天紧张有序的工作，有力服务了86个国家和地区的626名冬奥运动员、37个国家和地区的180名冬残奥运动员有序训练、顺利参赛，有效保障了政治安全、赛事安全、防疫安全、通信安全、舆论安全和城市安全，延庆赛区筹办举办任务圆满完成，得到国际国内广泛赞誉，“美丽延庆、冰雪夏都”的知名度美誉度大幅提升。制定实施赛区赛后运营方案和场馆遗产利用计划，91项冬奥可持续利用任务基本完成并持续推进。高效完成场馆改造和园区转型，延庆奥林匹克园区精彩开园并有序运营，大众雪场办理开工手续。国家级滑雪旅游度假地、高山滑雪北京延庆国家训练基地正式挂牌亮相。引进举办国际国内高水平赛事，取得未来五年国际雪车联合会赛事举办权，举办首都高校大学生第十五届滑雪比赛等12场冰雪赛事，带动2.2万余人次上冰上雪。吸引368家冰雪体育科技类企业入驻，首都体育学院（北京国际奥林匹克学院）新校区建设扎实推进。

疫情防控保障高效得力。坚决落实国家和市级要求部署，精准研判区域疫情形势，合理制定全区疫情防控策略。8小时指挥部超常规高强度实体运行，充实“5+N”专班力量，组建区和街乡镇两级战时流调队伍，坚持扁平化指挥调度，分秒必争、以快制快，高效处置了“4·24”以来多起输入性疫情及“11·22”以来的高发疫情。合理布局采样点，建成“15分钟核酸采样服务圈”，日最大检测能力超4万管。23个集中隔离点有效运行，方舱医院、“健康驿站”“红码医院”“黄码医院”建成投用。下营检查站京外涉疫车辆中转站建设运行，协同织密首都“外防输入”防线，疫情防控歼灭战、阻击战、保卫战有力有序。全面统筹做好“一防五保”。超常施策保障生产生活秩序，出台实施促消费、稳增长等措施，补贴市场主体房屋租金3600余万元，留抵退税、减税降费、缓缴税费共达12亿元。以日监测预警机制，保障生活必需品市场物资供应充足、货源渠道稳定、价格秩序平稳，确保了生产链条不断、群众生活秩序不乱。夯实群众个人防护基础，全区疫苗接种率100%。近千人次医务人员支援兄弟区，7.8万人次党员干部职工下沉一线共同抗疫。

生态环境建设持续推进。深入开展“0.1微克”行动，加强污染防治跨区联防联控，冬奥会期间空气质量达到历史同期最佳，实现“冬奥蓝”。截至11月底，全区PM2.5平均浓度28微克/立方米，保持全市领先，降尘量全市最低，重污染天数实现“零”的纪录，六项污染物综合指数全市最低。加强“三尘”精细化治理和移动源排放监管，煤改清洁能源改造持续推进，年度污染防治攻坚战成效考核获“优秀”等次。强化共管共护，协同做好密云水库、官厅水库流域水源保护。加强水源地保护区水质监测，完成4个入河排口整治，3个国考和4个市考断面水质均达到或优于考核标准，保持全市一流。完成碓臼石生态清洁小流域等综合治理，新建污水管网371千米，全区污水处理率提高到93%。完成1.8万公顷（27万亩）耕地保护空间划定和耕地质量提升任务，废弃矿山修复、噪声污染防治等4项环保工程全部完成，全区无受污染耕地，重点建设用地安全利用率达到95%以上，年度河长制工作全市唯一获国务院通报表扬。率先完成GEP核算和运用，率先印发实施《延庆区生物多样性保护规划（2022—2035)》，率先形成生态环境分区管控“三线一单”成果，野鸭湖湿地成为全市首个国际重要湿地。全面落实林长制，新一轮百万亩造林栽植1067公顷（1.6万亩），创建首都森林村庄7个，打造2个古树村庄创新试点。新型集体林场改革实现乡镇全覆盖，全区林业有害生物成灾率控制在1‰以下，成为全市唯一美国白蛾非疫区，年度林长制督查考核全市第一。人均公园绿地达到45.5平方米，公园绿地500米服务半径覆盖率增到97.7%，居生态涵养区第一。开展“中国天然氧吧”品牌建设，评选发布10个氧吧景区和氧吧乡村，生态环境状况指数连续三年实现优等级，群众生态环境满意度连续五年全市第一。

绿色产业体系全面夯实。全域旅游三年行动计划（2020—2022）全部完成。加快长城文化带建设，率先出台国家级长城保护重要点段八达岭长城保护规划，长城博物馆改造提升有序推进、云展厅上线运行。一体化推进《京张体育文化旅游带建设规划》落实和世园后续利用，40项建设任务有序开展，成功举办第二届京张体育文化旅游带发展论坛、第三届京张大众滑雪交流赛、国际花园节等品牌活动，北京世园公园被评为国家体育旅游示范基地和北京市旅游度假区。开展乡村景区化试点，推出140项文旅产品，精品民宿增至282家、560个院，火烧营村、大吉祥村入选第四批全国乡村旅游重点村。10个项目获评全市体育旅游精品项目，15个文旅业态点位获评北京网红打卡地，露营、夜长城等新业态势头良好，全年7个重要节假日中乡村旅游接待量6次居全市第一。坚持“五子”联动、抓实“两区”建设，延庆园发展实现新突破。持续动态更新管理政策清单、空间资源清单和目标企业清单，新增“两区”入库项目144个，落地项目超过半数。夯实“一核四区”基础，完成创新家园一期土地一级开发，全年新注册企业3085家，引入四个重点培育产业企业185家，桑普新源、美正等重要项目顺利竣工，航天时代飞鸿等龙头项目签约落地。形成全口径税收70.4亿元，贡献率持续提高。出台支持高新技术企业创新发展政策“延十条”，协助园区企业获得市级支持资金近4000万元。高新技术企业达到459家，同比增长17.4%。优先农业农村发展，完成986.67公顷（1.48万亩）土地复耕复垦，开展573.33公顷（8600亩）高标准农田建设，完成土壤深松2466.67公顷（3.73万亩），推广有机肥2913.33公顷（4.37万亩），超额完成全年粮食、蔬菜和生猪生产任务。深化全国休闲农业重点区建设，打造3个重点片区、10个美丽休闲乡村和10个休闲农业园区，休闲农业与乡村旅游收入同比增长24.6%，增速全市前列。培育鲜食玉米、蔬菜、食用菌等特色产业，王仲营村获得北京市专业特色示范村称号。打造“妫水农耕”品牌，20家企业农产品入驻线上销售平台。林果花草蜂药种业创新孵化基地建设有序推进，成为北京市四大种业基地之一。持续扶持发展集体经济，90个经济薄弱村实现全部“消薄”，全年农林牧渔产值增长15%，获评2022年全市唯一国家农业绿色发展先行区创建单位。

城乡治理能力全速提升。开展规划工作“双百攻坚”行动，完成45项规划任务，新城南部等三个街区控规获市政府审批通过，6个乡镇国土空间规划上报审批，8个乡镇国土空间规划完成编制，休闲度假商务区（RBD）规划方案国际征集、综合方案和中关村延庆园城市设计完成，国土空间管控“三区三线”划定运用，全区规划体系进一步完备。首创冬奥场馆“第五立面”核验并在全市推广，建立试行集体产业用地“九步法”审批机制，分区规划年度体检质量进一步提高。有序开展城市更新，完工、新开工老旧小区改造92万平方米，老楼加装电梯15部。6个棚改项目加速推进，“南三村”项目完成回迁，3个地块具备入市条件。新建商品房住宅供应4.3万平方米。深入推进智慧延庆建设，5G网络率先实现全域覆盖，43个系统完成入云部署，30个部门数据实现汇聚对接。深化规自领域问题整改，巩固“基本无违法建设区”创建成果，销账违法建设和腾退土地面积完成率全市第一，城乡建设用地净减量0.3平方千米。精细化整治提升115条街巷，累计完成260个区级美丽乡村建设，补齐村庄基础设施短板，完成新庄堡、下垙村农房质量试点提升，柳沟村、石峡村入选北京市首批15个“不可不去的村庄”。加快推进地表水供水工程，城区地表水供水比例提升30%，城东供热管网改造完成。率先制定实施乡村公路管理办法，新增10条城市道路，南山环线三期工程、G6辅路改建工程扎实推进，昌赤路云龙山隧道通车运行，香龙路与营王路获评北京市“最美乡村路”称号，成功创建“四好农村路”全国示范县。贯通落实“五个条例”，全国“市域社会治理现代化试点”成效明显。完成10个住宅小区物业市场化改革，基本便民服务业态和垃圾前端回收站点实现全覆盖。完成6.6万户燃气安全配件安装，建成7508个电动自行车充电接口，完成5.3万个凌乱架空线点位和25处城市交通治理，首都环境建设管理考评连续七年全市第一。交通综合指数保持“畅通”级别，交通治理综合评价连续两年位列全市第一。推进平安延庆建设，持续深化矛盾排查化解。坚持主动治理、高频调度对单，接诉即办提质增效，区级25项“每月一题”全部完成，解决率、满意率分别提高4.6和2.9个百分点，综合成绩全市第四。圆满完成党的二十大服务保障各项任务，常态化开展扫黑除恶，社会面保持和谐稳定，群众安全感99.7%，全市第一。成功创建“全国法治政府建设示范区”。公开发布18项区政府重大行政决策事项目录。完成综合执法制度和考评体系建设，行政处罚案卷评查优秀率94%，人均执法量居全市前列。行政复议体制改革全市领先，案件审结率80.4%。区政府领导出庭应诉7件。全面实施“八五”普法规划。规范建成区级公共法律服务中心，实现三级调解组织全覆盖，受理法律咨询3.5万人次。累计建成5个国家级、106个市级民主法治示范村（社区），培养“法律明白人”近2000人。落实营商环境5.0版，302项改革任务落地，促进营商环境市场化、法治化、国际化。精准落实“服务包”机制，260项企业诉求办结率100%，企业满意度进一步提升。深化“放管服”改革，328项审批完成“告知承诺”改革，市场主体全部纳入“双随机一公开”检查对象库。完善区级“一网通办”平台建设，区级审批系统办理事项“全程网办”率达到100%。完成415个社区（村）政务服务规范化建设，政务服务“家门口办”成为新常态。全年新增市场主体1.1万家，有税率达14.7%。

民生福祉改善全力促进。坚持“四业”联动，全区单位就业人数达到9.7万人，较去年末增加828人。实施促进城乡居民增收措施若干条，发放促进就业政策资金7.5亿元，浇冰师、压雪车驾驶员、民宿管家3个新职业工种成功纳入《国家职业分类大典》，累计培训超1万人次，促进城乡劳动力转移就业5900人。应届高校毕业生就业率95.7%，城镇登记失业率控制在4.5%以内。追偿欠薪2500余万元，实现欠薪线索动态“清零”。创新创业项目代表北京晋级全国总决赛。东西部协作深入推进，延海结对协作26件实事全部完成。农民人均可支配收入同比增长3%。“七有”“五性”监测评价结果全市排名提高到第五。区中医医院新院投入使用，医疗急救站实现乡镇全覆盖，重点人群家庭医生签约率98.8%、呼叫满足率99.7%。全国健康促进区创建通过市级验收，医疗能力持续增强。教育条件持续完善，新增学前学位1110个，北京市八一实验学校开工建设，第一职业学校建成，组建区职业学院。“双减”成效明显，高考本科升学率提高到87%，居生态涵养区前列。养老保障持续用力，累计建成运营27家养老服务驿站、11家养老照料中心，基本养老服务对象签约率达到80.6%。残疾人康复服务覆盖率提高到90.9%，社会心理服务中心建设实现街乡镇全覆盖。推进北京市公共文化服务体系示范区建设，完成65个基层公共文化设施修缮，档案史志馆新馆建成。举办首届群众文化赛事活动，延庆群众在首都市民文化活动比赛中成绩突出，选送节目首次入围全国“群星奖”决赛，群众文化和艺术水平明显提升。大柏老村笼式篮球场等4处专项体育场地建成，全民健身中心对外开放，维护更新100处公共体育设施，全区人均公共体育用地面积2.2平方米、人均体育场地面积7.5平方米，均列全市第一。成功创建4个市级体育特色乡镇、64个区级体育特色村，组织全民健身活动27场，群众科学健身意识进一步增强。

单位名称：延庆区人民政府
地　　址：延庆区湖北西路1号
电　　话：69170959

（韩丹）

重要会议与活动

【区政府党组会议】 年内，区政府党组召开16次会议，研究加强党的建设和全面从严治党工作。具体内容包括党史学习教育、专题民主生活会、传达学习市委领导来延调研指示精神和市第十三次党代会精神、学习《习近平谈治国理政》第四卷、学习宣传贯彻党的二十大精神、传达学习区委三届六次全会精神、审议《2022年度区政府领导班子工作总结》以及部署区政府相关工作等。

（韩丹）

【区政府常务会议】 年内，区政府召开常务会议40余次，研究决定相关事项。主要涉及各类发展规划和计划、区政府折子工程、经济社会发展形势分析、优化营商环境、国有资产管理、国有企业改革、大气污染防治、法治政府建设、行政执法、政务公开、城市运行、农民增收等。

（韩丹）

【区政府专题会议】 年内，区政府召开各类专题会议近20次，做出相关决策和部署。主要包括冬奥延庆赛区运行保障、冬奥世园遗产利用与产业发展、重点工程推进、大气污染防治、降温降雪应对、文明城区创建、固定资产投资、财源建设、经济运行、安全生产、廉政建设、接诉即办、森林防灭火以及“三农”工作等相关内容。

（韩丹）

【区疫情防控领导小组调度会】 年内，区新冠疫情防控领导小组调度会召开近50次。主要是传达学习中央政治局常委会会议和市级疫情防控调度会精神，解读市级相关文件；通报全区疫情防控情况，研究部署全区疫情防控工作；部署假日期间疫情防控和旅游接待、城市运行等服务保障工作；听取各乡镇、部门关于辖区核酸检测、落位管控、新冠疫苗接种、常态化防控措施落实等情况的汇报；研究调度全区疫情处置防控等工作。

（韩丹）

【区政府领导调研】 年内，区政府主要领导深入基层调研、检查指导工作近40次。主要聚焦“冬奥外围环境整治及景观布置”“统筹推进疫情防控和经济社会发展”“生态立区建设最美冬奥城”和“文明城区常态化创建”等方面。其他主题还包括：城乡环境建设、城市运行保障、安全生产和应急管理、农村人居环境整治、农民增收和乡村振兴、重点工程项目进展、驻延中央企业建设运营、法治政府建设、拆违百日攻坚、产业发展、复工复产、防火防汛等。

（韩丹）

【农村人居环境建设】 年内，全区在农村人居环境建设方面，充分发挥142人长效管护检查队伍作用，实施“排查建账—集中整治—检查验收”闭环管理，严格落实“月检查、季考核、年评比”考评机制，强化“回头看”督查，不断推进农村人居环境整治提升常态化、长效化、精细化。

（侯海清）

【接诉即办工作总结和点评】 1月4日，延庆区2021年接诉即办年度工作总结会召开。穆鹏出席会议并讲话，于波主持会议。区四套班子领导，相关委办局、公共服务企业，各街乡镇、社区村主要负责人在主会场和视频分会场参加。会议传达《市民热线反映》日报第365期刊首语及蔡奇书记批示精神，通报2021年12月全区接诉即办情况，总结2021年接诉即办工作并部署2022年工作。全区2021年共接办工单7.2万件，响应率95.5%、解决率90.1%、满意率92.7%，综合成绩92.47分，排名全市第六。5月11日，全区接诉即办月度工作点评会暨全国文明城区创建第10次调度会召开。会议通报全区接诉即办情况和全国文明城区创建工作，部署下阶段工作。区文明委法治环境建设工作组、旧县镇、刘斌堡乡和区人力社保局依次发言，接受于波现场点评。康庄镇东官坊村党支部书记作为接诉即办工作排名靠前的村社区代表，进行经验分享。区领导叶大华、吕桂富、张远参加。

（韩丹）

【与市农林科学院签署战略合作协议】 1月14日，区政府与北京市农林科学院举行战略合作协议签约仪式。双方旨在“都市型现代农业发展、特色农业产业升级”等领域开展友好务实合作，逐步形成科技、资源、示范基地、人才队伍等共享共建共用的良好格局，为全面推动乡村振兴保驾护航。北京球根花卉产业技术研究院同步揭牌。北京市农林科学院以及延庆区相关领导出席。

（韩丹）

【经济薄弱村与市属单位结对帮扶座谈会】 1月18日，延庆区集体经济薄弱村与市属单位结对帮扶工作座谈会召开。会议深入贯彻落实中央及市、区农村工作会议精神，为进一步深化合作、落实好发展壮大农村集体经济各项工作任务凝聚力量，推动帮扶单位与集体经济薄弱村实现双向促进和共赢发展。市国资委、市农业农村局相关负责人以及区领导出席会议。

（韩丹）

【区领导与市相关公司座谈】 3月8日，于波带领相关部门负责人，赴中国石油国际勘探开发有限公司（简称“中油国际公司”），与中油国际公司总经理座谈，深入了解企业发展情况，面对面倾听企业需求，并就进一步深化合作进行沟通交流。中油国际公司和区政府相关领导参加。3月17日，穆鹏、于波带队到中国农业发展银行总行，与中国农业发展银行总行相关领导座谈，向企业送去感谢信，共谋合作新篇。4月16日，中国石油国际勘探开发有限公司董事长、总经理带队到区，就进一步深化合作与区领导进行座谈。7月8日，北京林业大学党委书记到区，就深化校地合作与区领导座谈交流。7月28日，中国测绘学会理事长带队到区，就推动高新技术企业入驻、提升区域测绘地理信息行业水平、助力延庆高质量发展与区领导座谈。8月16日，国家开发银行副行长、北京分行行长带队到区进行对接交流，与区领导就进一步深化双方合作，助力区域发展进行座谈。11月14日，首都体育学院主管领导到区，就首都体育学院延庆校区建设、深化校政合作等事宜与区领导交流座谈。

（韩丹）

【“疏解整治促提升”动员大会】 3月11日，延庆区深化“疏解整治促提升”促进生态文明与城乡环境建设推动高质量发展动员大会召开。会议深入落实市委市政府要求，对抓好疏解整治促提升和生态文明、城乡环境建设、推动地区高质量绿色发展进行再动员、再部署。穆鹏出席会议并讲话，于波主持会议。叶大华部署2022年深化“疏解整治促提升”促进生态文明与城乡环境建设推动高质量发展工作。区领导及各有关部门、各乡镇街道负责人参加会议。

（韩丹）

【市领导到区调研】 3月25日，市委副书记、市长陈吉宁到延庆区调研经济社会发展情况。到张山营镇后黑龙庙村，察看“后进村”通过“一、三产”融合发展打造美丽乡村示范村情况。他强调，要用好冬奥成功举办契机，巩固拓展办奥成效，聚焦功能定位，抓好生态环境保护建设，发挥特色优势，释放发展潜能，加快推动区域发展转型升级。清明假期将至，要扎实做好森林防火工作，倡导文明祭扫，加强隐患源头排查整治，提升应急处置能力，筑牢防火安全底线。市政府办公厅、市水务局、市应急管理局相关领导及区政府主要领导参加。

（韩丹）

【文旅部、发改委、体育总局到区调研】 3月31日，文旅部、国家发改委、国家体育总局相关部门负责人到区调研。在延庆奥林匹克园区了解京张体育文化旅游带建设情况，并召开座谈会。区领导叶大华等参加。

（侯海清）

【无人装备产业基地项目落地】 6月8日，区政府与航天时代飞鸿技术有限公司正式签订土地出让合同，标志着中国航天科技集团九院无人装备产业基地项目落地延庆。该项目是国务院国资委重点项目和北京市军民融合“十四五”重点产业项目。项目建设主体为航天九院旗下的航天时代飞鸿技术有限公司，总投资超12亿元，分两期建设“1个数字化制造管理平台+4条无人机数字化制造生产线+5个共性能力中心”，基地建成后将形成具有一定经济规模、产业链完整、与相关行业融合发展的无人机产业体系。

（侯海清）

【与内乡县签订协作框架协议】 6月16日，区政府与河南省内乡县签订南水北调对口协作框架协议。双方立足资源禀赋和发展需求，聚焦“十四五”时期生态环保、乡村振兴、科技创新、产业发展等7个方面开展协作，促进两地在更高层次、更多领域、更广空间合作共赢，推动南水北调对口协作向更宽领域、更深层次、更高水平迈进。

（侯海清）

【支援兴和县防疫物资】 6月，延庆区支援内蒙古兴和县医用防疫物资，助力兴和县早日打赢疫情防控阻击战。包括N95口罩5万只、医用外科口罩5万只、84消毒液4.6万瓶等价值86.4万元的医用防疫物资。

（侯海清）

【与中关村发展集团签署全面合作框架协议】 7月14日，区政府与中关村发展集团签署“构建新型政企关系”全面合作协议。双方聚焦延庆区新能源和能源互联网、现代园艺、体育科技、无人机4个重点培育产业，以长城脚下的创新家园为发展核心，共同构建延庆绿色高精尖产业结构，合力将中关村延庆园建成京西北科技创新新高地。双方将围绕集成服务导入、创新家园建设、高精尖项目引进、产业基金设立等方面深化战略合作。中关村发展集团将科技股权投资、科技金融服务、科技专业服务、科技园区发展运营等20大类180余项创新生态集成服务产品全面导入延庆区；双方共同打造长城脚下的创新家园，首期计划投资4亿元建设科技载体3.5万平方米；“十四五”时期，计划引入高精尖企业30～40家；共同发起设立生态数智特色产业基金，搭建一批关键共性技术平台及应用场景，举办一系列有影响力的论坛活动，提升延庆区创新发展的内生动能。

（韩丹）

【增材智造公司落地延庆座谈会暨揭牌仪式】 7月16日，增材智造公司落地延庆座谈会暨揭牌仪式举行。于波与浪潮集团副总裁、增材智造公司董事长庞松涛共同为公司揭牌。增材智造（北京）信息科技有限公司是由中国企业500强浪潮集团设立的国有控股有限公司，以增材制造终端产品、增材制造深加工服务和增材制造铝基复合材料销售完整产业链条为主营业务，拟在延开展企业智能化改造服务、增材制造行业平台综合服务和增材制造产业集群建设三大核心业务。区发改委、区经信局、区财政局、区商务局、区科委、延庆园服务中心、延庆园投资公司等主要经济部门负责人参加仪式。

（韩丹）

【区入选国家农业绿色发展先行区】 8月11日，农业农村部、国家发改委、科技部、财政部、自然资源部、生态环境部、水利部、国家林草局等八部门联合发布《关于公布第三批国家农业绿色发展先行区创建名单的通知》，同意将北京市延庆区等49个申报单位列入第三批国家农业绿色发展先行区创建名单，并予以公布。延庆区是全市唯 入选区。

（侯海清）

【项目管理与组织发展力建设专题讲座】 8月16日，区政府组织开展项目管理与组织发展力建设专题讲座，旨在提升党员干部项目管理能力，强化政府执行力，为三、四季度工作打下坚实基础。清华大学教授、博士生导师强茂山深度解读了项目管理如何为组织创造价值，从政府工作角度如何看待项目，怎样结合延庆实际，通过项目管理推动区域向前发展等内容。

叶大华出席并讲话，区政府相关领导参加。

（韩丹）

【与市农村经济研究中心签订合作协议】 8月17日，区政府与北京市农村经济研究中心签订乡村振兴战略合作协议。双方围绕调查研究、农民培训、试点示范、典型宣传等4个方面开展为期四年的战略合作，旨在打造乡村振兴延庆样板。北京市农村经济研究中心和区政府主要领导出席。

（韩丹）

【首都生态文明建设研讨会在区召开】 9月8日至9日，“建设生态环境国家战略科技力量，支撑首都生态文明建设研讨会”在区召开。市生态环境局、中国科学院生态环境研究中心相关领导出席，区领导于波等参加。

（侯海清）

【第二届低空安全峰会在区举行】 9月16日至17日，第二届人民安防（八达岭）低空安全峰会在区举行。会议期间，区政府与驭剑实验室、中国移动成都研究院达成战略合作协议，并与长捷航空、拓扑联创等10家无人机企业现场签约，预计投资总额3.4亿元。

（侯海清）

9月16至17日，第二届人民安防（八达岭）低空安全峰会在区举行（民生网）

【市政府领导到区检查节日安全】 9月28日，副市长张建东到区开展国庆节前安全检查。先后到国家高山滑雪中心、区全民健身体育中心、北京市冰上项目训练基地进行检查。市政府办公厅、市体育局、市卫健委、市应急局、市消防救援总队、北控集团等部门负责人以及区领导参加。

（侯海清）

【**智能检测装备产业发展规划座谈会**】 11月19日，叶大华主持召开中关村延庆园智能检测装备产业发展规划座谈会。中关村延庆园介绍园区有关情况，哈工汇宇介绍中关村延庆园智能检测装备产业发展规划情况。工信部、市经信局、区经信局、延庆园服务中心、延庆园投资公司、智能制造系统解决方案供应商联盟等13个部门参加。

（韩丹）

【**党的二十大精神宣讲报告会**】 11月21日，区政府举行学习贯彻党的二十大精神宣讲报告会。叶大华紧扣党的二十大报告，从“学习领会党的二十大精神”“深化理论创新成果的认识”“着力推动经济高质量发展”“全面推进乡村振兴”“提高领导能力和领导艺术”五个方面，对党的二十大精神进行深入全面阐释和系统讲解。报告会以视频会议形式召开。各处级班子单位主要负责人、街道乡镇班子成员在主会场和分会场参加。

（韩丹）

政务工作

【**概况**】 北京市延庆区政务服务管理局（简称区政务服务局）是区政府工作部门。所属事业单位3个，即便民服务中心、政府信息和政务公开管理服务中心、公共资源交易中心。主要负责统筹推进全区简政放权、放管结合、优化服务改革和行政审批制度改革工作；协调推进政务服务体系建设，区级政务服务中心的建设、运行和管理，区“互联网+政务服务”工作；统筹规划政务服务“一张网”建设；推进、指导、协调、监督区政府信息公开和政务公开，以及负责区公共资源交易场所服务管理工作。年内，区政务服务中心进驻事项1576项，“一门”进驻率94.83%。进驻“委托事项”1419项，授权审批事项1485项，“双授权”事项进驻比均超过95%。设立“办不成事”反映窗口，建立“办不成事”处理机制，对“难办”事项进行梳理并协调解决，5项“办不成事”得到圆满解决。设立“水电气暖有线电视”咨询联办专窗，市民在办理完房产过户后，可在该窗口直接办理相关过户手续，累计受理事项117件、解答咨询1163件。开展窗口工作人员培训143次，累计培训人员2205人。“办好一件事”主题事项窗口共计受理241件。实现全国高频“跨省通办”的事项77项、“京津冀+雄安”通办事项清单173项、乡镇街道政务服务中心可办“跨省通办”事项30项。

单位名称：延庆区政务服务管理局
地　　址：延庆区庆园街60号
电　　话：69146493

（郭秉森）

【**政务公开**】 年内，各公开单位开展政务公开活动18次。指导全区56个公开单位完成政务公开全清单修订工作。改版意见征集栏目，规范意见征集流程。引进AI技术，推出数字人政策解读3篇。推出延庆区政务公开工作盘点栏目。编辑出版延庆区政府公报2期。公开2022年度政府会议26次，解读15篇。

（郭秉森）

【**政务服务标准化建设**】 年内，镇街级事项100%委托政务服务中心受理。完成415个村（社区）规范化政务服务站建设，统一全区社区（村）级政务服务事项清单，各社区服务站（村政务服务站）对外均已公示事项清单及办事指南。

（郭秉森）

【**编制行政许可事项清单**】 年内，编制行政许可事项清单，将250个依法设定的行政许可事项全部纳入清单管理，清单之外一律不得违法实施行政许可。

（郭秉森）

【政务服务好评率99.99%】 年内，完成延庆政务服务“掌上办”微信端、北京延庆APP、网上政务服务大厅与市级“好差评”系统对接并上线使用。完成区政务服务中心窗口评价器升级改造，区级综窗受理平台、固资平台与全市“好差评”系统对接上线使用，镇街大厅好差评系统升级。线上线下政务服务评价39.8万余次，好评率达99.99%。

（郭秉森）

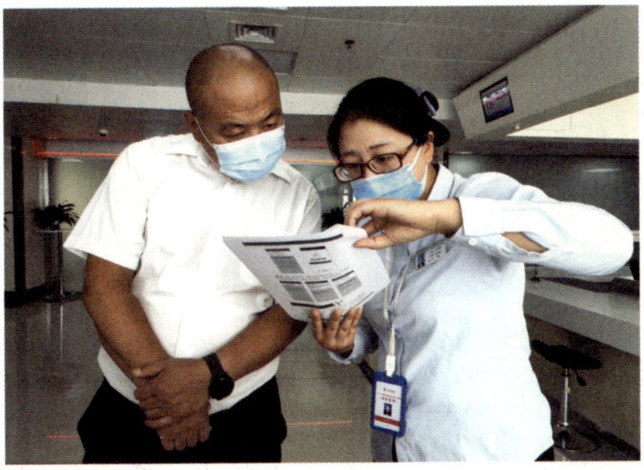

9月28日，延庆便民中心提供政务服务
（区政务管理局供稿）

【“放管服”改革】 年内，全区328项审批实现“告知承诺”办理。持续开展“减证便民”行动，取消3项、新增3项、保留47项证明目录；清理规范39项中介服务事项；推进“一业一证”改革，研提乡村民宿、烟酒店两项“一业一证”改革行业目录。

（郭秉森）

【电子证照共享应用】 年内，实现区级大厅综合窗口688个事项、镇街政务大厅68个事项免带身份证、户口本等证照，刷脸即可授权应用。462个事项17类电子证照实现应用，调取证照次数约1万次。

（郭秉森）

【政府信息公开】 年内，全区主动公开信息16886条，公开执法数据384559条。各公开单位按时完成上一年度政府信息公开年报的编纂公开工作。受理依申请公开141件，其中区政府受理101件，截至年底，办结140件，1件结转至下一年度办理，区政府受理的依申请已在法定时限内全部办结。全区持续推进依申请协调会商机制，确保依申请公开答复准确，全年共召开依申请协调会议13次。

（郭秉森）

【政府网站建设】 年内，推进延庆区政府门户网站功能升级工作，优化智能搜索功能，实现专题图片搜索；丰富智能问答知识库，达到即问即答的显示效果；政策文件库添加新标签，加入政策文件精准搜索功能。开展政府网站自查工作，共发现69处错误链接、219处错误信息、栏目更新不及时3个，均完成整改。

（郭秉森）

【“政民互动”栏目上线】 年内，政府系统政务新媒体账号上线“政民互动”栏目，实现政府网站与政务新媒体互联互通。全区共有政务新媒体44个，全年完成5个政务新媒体账号的注销、1个政务新媒体开设。下发错误信息督办单149件，均完成整改。每月开展全区政府机关联系电话督促检查，全年共检查12次并通报。全区共有64部政府机关联系电话，因职能变化删除5部电话、变更2部电话号码及工作时间。

（郭秉森）

【公共资源交易项目483个】 年内，全区完成公共资源交易项目483个，交易金额约33.15亿元。其中，政府采购项目交易数321个，交易额约9.56亿元；建设工程项目交易数13个，交易额约6.63亿元；水利工程项目交易数43个，交易额约5.95亿元；其他工程项目106个，交易额约11.01亿元。

（郭秉森）

【服务企业发展专区设立】 年内，设立服务企业发展专区。培育政务服务“全能管家”10名，全程跟踪指导服务企业89家。通过“办好一件事”场景办理业务235件。

（郭秉森）

年内，设立服务企业发展专区，政务服务“全能管家”上岗（区政务服务局供稿）

外事及港澳台侨事务

外事工作

【联合国开发计划署与区达成项目合作】 年内，在国合署的推动下，联合国开发计划署与延庆区达成“提升赋能环境 助力延庆区残障人士实现共同富裕”项目合作。该项目以旧县镇“温馨家园”为基础，以烘焙项目为载体，通过传授烘焙技能、辅导销售心理、礼仪服务、团队文化及人际关系合作等内容，激发残障人士的生活热情，助力其体面就业。

（韩丹）

【五方签署《谅解备忘录》】 2月20日，延庆区政府与国家体育总局冬季运动管理中心、北京市体育局、北京北控京奥建设有限公司及国际雪车联合会五方签署《谅解备忘录》。各签署方约定，未来5年定期在延庆国家雪车雪橇中心举办国际雪车联合会赛事。国际雪车联合会主席伊沃·费瑞亚尼在签约仪式上对冬奥场馆的设施建设、场馆运行团队的管理和赛事的组织运行表示高度认可，表示将全力支持国家雪车雪橇中心的赛后利用和发展，接下来的赛季与中方一起致力于举办世界杯赛事、策划筹办亚洲杯赛事和开展训练营。延庆区将积极推动国际雪车联顶级赛事，做好属地支持保障工作，充分利用北京冬奥会遗产，将国家雪车雪橇中心作为奥林匹克公园对外开放，推动延庆区体育、旅游一体化发展。

（韩丹）

【荷兰驻华使馆参赞到访世园公园】 4月19日，荷兰驻华大使馆农业参赞一行到北京世园公园参观，并就园区国际展园后续利用和延庆区园艺产业发展与区相关领导座谈交流。旨在为荷兰王国与延庆区及北京世园公园在园艺产业方面继续深化合作交往奠定基础。区政协、市农林科学院相关领导陪同。

（王密）

【外事委工作会】 7月12日，区委外事工作委员会暨延庆区推进国际交往中心功能建设工作专班会议召开。会议传达市委外事工作委员会第四次全体会议、北京推进国际交往中心功能建设领导小组第五次全体会议精神；审议《区委外事工作委员会暨延庆区推进国际交往中心功能建设工作专班2022年工作要点》；书面审议《区委外事工作委员会暨延庆区推进国际交往中心功能建设工作专班2021年工作总结》《中共北京市延庆区委外事工作委员会组成人员及北京市延庆区推进国际交往中心功能建设工作专班组成人员调整事项》。区委外事工作委员会主任于波主持会议，对全区外事工作取得的成绩成效给予充分肯定，对下一步如何更好地开展外事工作提出要求。区领导叶大华、李志遂、刘瑞成、丁章春、马红寰参加。

（韩丹）

【第二届澜湄水果节在区举办】 7月28日，第二届澜湄水果节在北京世园公园举办。活动由农业农村部国际合作司主办，农业农村部对外经济合作中心、延庆区政府承办。水果节围绕“云聚果园、共享发展”的主题，举行云赏特色果园、现场果园参观、交流研讨、产销对接直播等一系列活动。与会代表实地参观北京世园公园“百果园”，并通过视频方式“云”参观广东特色荔枝和贡柑果园、江西特色脐橙果园及湄公河国家各类热带果园。农业农村部、外交部，广东、江西、北京、河北、江苏、浙江、重庆、云南、陕西等有关省市农业部门、企业，农业科研机构，湄公河国家驻华使馆、农业部门代表等100余人线上线下出席活动。

（韩丹）

【多国记者到区摄影采风】 8月16日，由北京市外办、中国公共外交协会主办的“光影见证·国际交往中心”纪实摄影主题采风活动在北京世园公园和延庆奥林匹克园区举行。来自阿根廷、巴西、多米尼加、吉尔吉斯斯坦、圭亚那等国的媒体记者参加。此次摄影采风活动旨在通过组织外国记者打卡北京世园公园和延庆奥林匹克园区两大国际交往活动重要遗产地，让世界了解相关遗产的后续利用。

（韩丹）

【驻华外交官看湿地】 9月27日，《湿地公约》第十四届缔约方大会系列宣传活动之“驻华外交官看湿地”活动，在延庆区野鸭湖国家湿地

9月27日，“外交官看湿地”活动
（区自然保护地管理处供稿）

公园举行。新西兰、纳米比亚等14个国家的16名外交官实地考察野鸭湖湿地生态修复示范项目，了解中国湿地保护成效、经验做法及《湿地公约》第十四届缔约方大会筹备情况。向国际社会展示延庆区生态文明建设成果。多位外交官高度认可中国生态保护治理取得的成效。

（韩丹）

港澳台侨事务

【京台基层交流基地颁牌】 6月30日，京台基层交流基地颁牌仪式在八达岭长城管理处举行。

6月30日，延庆区京台基层交流基地颁牌仪式
（区委统战部供稿）

区领导卫洪英致辞，市台办综合处处长刘清介绍北京市京台基层交流基地情况，市台办副主任李长远为八达岭长城管理处颁授京台基层交流基地牌匾，并与区委统战部常务副部长、区台办主任共同揭牌。

（段航燕）

【延庆、高雄中秋视频连线】 9月11日，“十五月亮十六圆 长城脚下是故乡”——延庆、高雄中秋视频连线活动在两地举办。活动

9月11日，延庆、高雄中秋视频连线活动
（区委统战部供稿）

由区海联会和中华两岸人民和平交流协会共同主办，旨在进一步增进京台两地基层民众心灵契合，深化“长城连心 妫水延情”京台基层交流品牌，最大限度凝聚“两岸一家亲”共识。

京台两地社区居民（里民）100余人通过大屏幕“云相聚”，共享中秋诗歌、民俗文化、非遗节目，进一步凝聚“两岸一家亲”的思想共识。市台办和区委统战部领导出席活动。

（段航燕）

应急管理

【概况】 北京市延庆区应急管理局（简称区应急局），是区政府工作部门。负责全区应急管理工作，指导各乡镇、街道及各部门各单位应对安全生产类、自然灾害类等突发事件和综合防灾减灾救灾工作。负责安全生产综合监督管理和工矿商贸行业安全生产监督管理工作。2022年，印发《2022年北京冬奥会和冬残奥会延庆区赛时涉奥场所应急救援工作方案》等赛时保障、应急救援方案预案。建立冬奥会、冬残奥会涉奥点位200米范围内生产经营单位台账，应急、消防等部门牵头成立4个督查检查组，累计督查23次，消除隐患94项。印发党的二十大应急保障、安全生产、森林防灭火3份保障工作方案并紧盯落实，完成各项重大活动保障任务。夯实安全发展基础。保质保量完成23项全年安全生产目标任务。对16家单位开展区级安全生产督察；督导保险机构走访宣传企业6706家，覆盖率达146.1%；完成安全生产标准化创建达标企业265家，其中三级达标企业29家、小微岗位达标企业236家，完成年度目标创建任务的115%；完成风险评估企业核查299家；安全生产专项整治三年行动圆满收官，3个专题、9个专项256项目标任务全部完成；截至年底，全区共录入检查生产经营单位15042家次，发现隐患1212项、限期整改1021项。全区挂账隐患647项、销账647项，销账率100%，256项目标任务清单全部完成，全区挂账隐患整改率100%。开展安全生产大检查、安全生产整治“百日行动”等12个专项整治工作，重点行业领域隐患排查治理成效显著。印发领导干部安全生产“两个”清单、安全生产职责分工规定等制度文件，进一步梳理明确安全生产责任。全年未发生较大及以上生产安全事故，一般事故起数、死亡人数同比均降低33.3%。制定区级应急管理体系建设实施意见，突发事件现场指挥部组建实施方案，涉奥、涉疫场所应急救援工作方案等系列制度文件。牵头制定应急预案体系建设三年行动方案，推动完成区级总体应急预案和34部专项应急预案编修工作。打通短信发布最后一公里，实现辖区极端天气预警信息发布全覆盖，创新预警信息靶向发布，全年共发布各类预警信息286条，接报并快速妥善处置各类突发事件49起，均未造成严重社会

2月13日，冬奥延庆赛区雪车雪橇场馆应急清雪（区应急局供稿）

影响。加强森防办日常调度和督导检查，持续开展隐患排查治理等专项行动，其中打击封建迷信殡葬用品专项行动被市森防办评为亮点工作在全市推广；加强区级综合救援队伍规范化建设，打造延庆特色应急主力军，近二十年来首次实现全区“零火灾”重大突破。印发《北京市延庆区加快推进韧性城市建设工作实施方案》及相关配套制度，明确10项年度重点任务并顺利实施。高质量完成第一次全国自然灾害风险普查工作，区气象、住建等部门顺利实现普查成果日常应用。建立应急救灾物资采购、调拨、使用等全过程管理办法，购置区级应急救灾物资、设备71类2.5万件，满足安置2000名

受灾人员及保障全区较大和一般性突发事件处置需要。会同规自、水务等部门开展6个山区乡镇59个避险转移安置点安全评估，推动完成22处17.74公里3.5万株阻碍河道行洪片林清除工作，汛期及时处置道路塌方1次、道路积水20次，全区安全度汛。印发年度应急演练计划，高水平组织策划防汛、森林防火等专项演练，督导60家成员单位演练192场次。实施“公共安全宣教年”活动，在全区开展事故警示教育等5个专项工作，累计组织开展“5·12”等宣传活动70余场。年内，完成应急系统调查成果核查、综合减灾能力权重专家打分、综合评估与区划权重专家打分、历史灾害评估结果确认、历史灾害信息补充等工作。组织区气象局、区住建委、公路分局将调查数据应用于日常工作，并总结形成成果应用材料报市普查办。截至年底，新建北京邮电大学世纪学院1处应急避难场所，位于北京市延庆区康庄镇西官路1号。全区共有8个社区参加创建并获得北京市综合减灾示范社区命名，15个市级与5个全国级综合减灾示范社区复评全部通过。

单位名称：延庆区应急管理局
地　　址：延庆区城隍庙街4号
电　　话：69183175

（张新亮）

【专职安全员队伍改革】 年内，延庆区安委会办公室根据市安委会办公室《关于进一步深化区职能部门安全生产专职安全员队伍改革的指导意见》，制定延庆区改革方案并落实。把区水务局、区民政局、区交通局、区体育局、区交通支队、区机关事务管埋服务中心专职安全员8人抽调出来，结合工作实际优化队伍人员分配，做到配有专职安全员的区住房城乡建设委、区城市管理委、区教委、区经济和信息化局、区商务局、区文化和旅游局、区卫生健康委、区国资委、中关村延庆园均达到“生态涵养区单独配备安全员的职能部门不少于3人”的配备标准，加强职能部门专职安全员队伍规范化建设，推动“一量一率一账”考核指标落实。

（张燕燕）

【防汛救灾抢险】 年内，全区发生6次强降雨，启动预警响应12次，其中暴雨预警响应5次、地质灾害预警响应7次。出动备勤值守及巡查人员15.6万人次，累计转移安置险村险户群众9人次，及时处置道路积水、塌方等各类险情21次；旅游部门关闭涉山涉水景区8次；各项重点工程停工10次。

（康伟明）

5月6日，向区森林消防大队集中调拨应急救灾物资（区应急局供稿）

【突发事件处置】 年内，共接报并妥善处置各类突发事件及突出情况51起，共23人死亡、24人受伤。其中事故灾难类39起、社会安全类9起、自然灾害类3起。

（李伟）

【处置举报投诉16件】 年内，处置各类线上举报投诉案件16件，其中市应急局“12350”转派件1件、12345非紧急救助服务中心派单7件、“街乡吹哨”报到8次，所有举报投诉案件均在规定时限内处置完毕，回复率、反馈率、满意率均达到100%。

（张亚泽）

【经营许可现场核查】 年内，严格落实行政许可现场核查，邀请安全基础管理、工艺、设备、仪表与电气、设计与总图、消防与应急管理等相关专业领域的5位专家协助进行现场核查，完成15家危化经营企业延期行政许可和现场审核。

（张平）

【培训考试】 年内，组织电工作业、焊接与热切割作业、有限空间作业培训2440人，其中初学1089人、复审1351人。组织考试3期共1231人参加，其中初学19人、复审1302人。

（池江洋）

【执法检查】 年内，共检查生产经营单位4127家次，下达执法文书4409份，共查处隐患374项。行政处罚131起，其中简易处罚75起、一般处罚56起，罚款金额39万元。按照人均检查量排名全市第五，按照人均处罚量排名全市第六。截至年底，共完成“双随机、一公开”执法检查211家。其中内部检查任务70家、牵头联合检查共计47家、参与其他部门牵头的检查94家。

（李雪艳）

4月8日，升级改造的全过程执法调查询问室投入使用（区应急局供稿）

【安全生产台账管理】 年内，各属地安全生产企业台账系统累计新增企业1026家、修改企业1952家、核销企业517家，审核发现问题302项并驳回属地重新审核。生产经营单位台账数量相比上年减少1.4%，全年台账及时审核率97.99%。

（张冉）

【城市安全风险评估】 年内，在原有建筑、交通等10个重点行业（领域）基础上研究推进教育、医疗、物业和养老等4个重点行业（领域）开展安全风险评估工作。建立风险管控体系，形成延庆区风险源清单和数据库、绘制安全风险电子地图。完成50家新增非小微企业风险评估，对299家已开展风险评估的企业开展核查。截至年底，已在北京市安全风险云服务系统完成企业注册评估4873家，共辨识评估风险源21788项，其中重大风险6项、较大风险120项、一般风险10317项、低风险11345项。安全风险云服务系统填报率100%。

（张冉）

【安全生产责任保险】 年内，区生产经营单位投保安责险994家，保险费328.31万元。督促2家保险机构开展宣导会49场，入户6706家。

（王坤尧）

【危险化学品行业安全管理】 年内，共有危险化学品企业39家，其中危险化学品使用企业1家（国家雪车雪橇中心氨制冷项目，为三级危险化学品重大危险源企业），危险化学品经营企业38家，包括加油站33家（中石化23家、中石油7家、社会站3家），油库1家（停业），涉及储存经营工业气体企业2家、无储存经营企业2家。全年未发生生产安全事故。

（张平）

【政务服务】 年内，受理并完成政务服务事项52件，其中危险化学品建设项目行政许可4件、危险化学品经营单位行政许可23件、危险化学品重大危险源备案1件、安全生产事故应急预案备案24件，受理事项网上审批率达100%。

（张平）

【专家服务+执法监管模式】 年内，创新建立“专家服务+执法”监管模式，对全区53家重点工业企业开展为期两个月的“专家服务+执法”专项检查，聘请专家对危化企业及涉危工业企业进行技术指导45次，完成企业现场检查指导98家。

（陈旭）

【城镇燃气安全排查整治】 年内，全年持续开展城镇燃气安全排查整治，发现问题隐患540项，完成整改537项。其中现实隐患459项、中期隐患69项、长期隐患12项。使用燃气的居民78249户，安装燃气报警器的居民14117户。

（杨光）

【生产安全事故调查处理】 年内，对北京龙庆峡旅游发展有限公司“2·15”一般生产安全事故（2月15日，该公司1名工人清扫积雪时坠落，经抢救无效死亡）开展调查，并按照区政府批复进行行政处罚，罚款30万元。

（陈旭）

【森林防火护航冬奥】 1月20日，举行延庆区森林防火护航冬奥党员突击队授旗仪式。从区森防大队永宁中队层层选拔出的20名森防队员，组成党员突击队，自1月21日入住人文公寓，实行封闭管理，进驻冬奥核心区开展为期71天的赛区驻防巡逻，主要负责在冬奥核心区重点地区及路段巡逻、排查火灾隐患、检查防火设施、应急救援，保证赛事平稳运行。

（段春艳）

【区应急委、安委会全体会】 1月27日，延庆区应急委、安委会2022年第一次全体会议召开。会议传达全国、全市安全生产电视电话会议精神，听取2021年度应急委、安委会工作和2022年工作安排的汇报，对冬奥会和春节期间以及全年安全生产、应急管理工作进行再强调、再动员、再部署。于波主持会议并讲话。

（韩丹）

【冬奥火炬传递保障】 2月3日，区森防大队派出延庆中队、张山营中队共68名指战员，完成八达岭长城、世葡园火炬传递保障工作。

（段春艳）

2月3日，冬奥会延庆赛区火炬传递应急保障团队（区应急局供稿）

【危险化学品安全风险集中治理】 3月，制定下发《北京市延庆区安全生产委员会关于印发〈北京市延庆区危险化学品安全风险集中治理实施方案〉的通知》（延安发〔2022〕2号）。重点对照安全发展理念不牢、安全生产责任不落实两大类突出问题和危险化学品生产储存、交通运输、使用、废弃处置4个环节的重大安全风险进行排查，并明确完善5个方面22条重点保障制度措施。

（张平）

【安全生产大检查】 4月29日，印发《延庆区安全生产大检查工作方案》（延安办发〔2022〕6号），明确危化品、燃气、道路交通、建筑施工等19个重点行业领域的安全生产检查内容及工作要点，要求各单位深入开展安全生产大检查工作。全区共检查生产经营单位13224家次，下达文书287份，查处隐患2561项。区应急局、区住建委、区城管委、区市场监管局、区文旅局、区消防救援支队牵头的6个督导检查组对各乡镇、街道和中关村延庆园开展全覆盖督导检查，共开展督查检查74组次，查处问题隐患185项。

（康静）

【防灾减灾救灾宣传培训】 5月至6月开展“线上+线下”防灾减灾宣传活动。定期在“北京延庆”APP上连续登载内容丰富、涉及面广、针对性强的科普视频，延庆融媒体在延庆电视台对“5·12”防灾减灾宣传活动进行专题报道。同时，要求全区各部门、各单位自行登录公共邮箱下载视频资料，组织学习。活动发放和张贴宣传海报10445份，科普视频点击量3万人次。在第33个国际减灾日组织各乡镇、街道防灾减灾救灾工作人员及各村、社区干部、灾害信息员共计106人，通过腾讯会议参加线上专题培训班，播放《逆境求生——应急避险与救护知识》宣教片，连续在“北京延庆”APP上登载涉及自然灾害防范、自救逃生等科普视频；依托区红十字会、蓝天救援队、安全生产宣讲团等组织，采取“线上+线下”相结合，“缩小规模、多点开花”的方式，深入儒林、百泉、香水园街道的部分社区组织居民开展防灾减灾科普宣传和培训。

（常政威）

【安全生产月活动】 5月27日，制定并印发《2022年延庆区“安全生产月”暨延庆区第四届安全文化嘉年华活动方案》，将“安全生产月”活动开展情况作为重要内容列入年终安全生产综合考核。安全生产月共分为10项任务。区应急局获得2022年北京市安全宣传“五进”工作优秀组织奖；区应急局杨光获得2022年北京市安全宣传“五进”工作优秀宣传个人。《遵守安全法 当好第一责任人》安全宣传“五进”沙画获得2022年应急管理优秀公益宣传作品征集展示活动视频类二等奖；区应急管理局获优秀组织奖。

（王坤尧　杨光）

【区危险化学品安全专业委员会成立】 7月，区应急局牵头成立北京市延庆区危险化学品安专业委员会，以延庆区安全生产委员会名义印发《关于成立北京市延庆区危险化学品安全专业委员会的通知》（延安发〔2022〕8号），进一步明确工作职责、成员组成，并下发监管职责清单，有力促进全区危险化学品的安全监管工作。

（张平）

【区应急管理综合执法大队成立并挂牌】 7月，延庆区应急管理综合执法大队成立并挂牌。大队成立后严格落实队伍标准化建设，制定应急管理综合执法大队18项管理制度，全面升级调查询问室，设置更衣室、档案室、装备室等专用房间，完成执法服装换装和执法装备更新升级。

（李雪艳）

【应急救灾物资调拨发放】 8月30日至31日，为支援区总工会新冠疫情专项体检服务，调拨8顶8平方米帐篷，为医护人员、志愿者和体检人员提供应急保障。9月至12月，分3批次向卫健委调拨棉大衣220件。

（常政威）

【安全生产督察】 8月15日至9月2日，区政府成立3个安全生产督察组，分别对区卫生健康委、区人防办、区经济和信息化局、区生态环境局、区园林绿化局、延庆公路分局、区融媒体中心、延庆镇、康庄镇、沈家营镇、香营乡、千家店镇、四海镇、珍珠泉乡、刘斌堡乡、八达岭长城管理处等16个单位开展安全生产督察。通过查阅资料、座谈以及延伸抽查企业等方式，查看各单位2020年以来安全生产工作开展情况，查阅各类档案资料5600份，开展座谈130人次，实地延伸检查生产经营单位92家，查处各类问题隐患301项。

（杨光）

【党的二十大安全服务保障】 9月20日，印发《党的二十大期间安全生产服务保障工作方案》，督促各成员单位抓好燃气、消防、道路交通、建筑施工、旅游、危险化学品等重点行业领域的隐患排查整改。保障期间，全区各成员单位共检查生产经营单位7302家次，排查隐患594项，行政处罚110起，罚款金额7.19万元。组织6个督导检查组深入开展重点行业领域安全生产督导检查，共开展督查检查28组次，下达督办单13份，发现问题隐患39项。10月6日至31日，延庆区森林大队开展辖区巡逻宣传工作，加大对违法农事用火、祭祀用火等安全隐患的制止力度；进行人员防控，查看是否有人员吸烟、旅游人员烧烤、在外宿营人员搭建帐篷使用明火、爬山人员用火等安全隐患；同时，利用车载标语、播放警示语和发放宣传材料等方式，做好森林防火宣传工作。

（段春艳）

【森林“火灾”扑救应急演练】 10月14日，延庆区开展森林火灾扑救无脚本应急演练，提升森林火灾应急响应和指挥扑救能力。本次演练着力磨合信息报送、应急响应、指挥调度、现场处置等机制，提高森林火灾应对处置能力，为经济社会发展保驾护航。演练检验火情接报、应急响应、信息报送、火场勘查、通信保障、专业处置、部门协同、火场看护等环节，各参演单位职责清晰，响应及时，处置到位。演练达到预期效果，市应急局给予高度认可。

（段春艳）

年内，在永宁四司开展无人机防火应用示范
（区应急局供稿）

【制定安全生产职责分工规定】 12月，区应急局制定《北京市延庆区安全生产工作职责分工规定》，12月23日由区委、区政府以“京延发〔2022〕20号”文件形式印发，对区72家单位安全生产职责分工进行明确。

（杨光）

城市服务管理

【概况】 北京市延庆区城市管理指挥中心（简称区城市管理指挥中心）是负责全区网格化管理、市民服务热线统筹指挥、非应急状态下城市运行协调调度及区委区政府总值班室工作的区政府直属正处级事业单位。年内，围绕春节、冬奥会和冬残奥会举办、党的二十大召开等重要节点，制定服务保障工作方案，启动响应机制，落实值班值守制度，全力应对突发情况，保障城市运行安全顺畅。制定《北京市延庆区2022年度应急值守综合评价方案》，规范全区各单位值班值守工作。全年刊发《延庆值班快报》404期、《重要会议时期热线反映快报》25期。逐日将市民未解决不满意工单报送区领导，高位推动问题解决。关注吹哨必要和报到解决，全区共“吹哨”322次，解决民生重点疑难问题190件。

单位名称：延庆区城市管理指挥中心
地　　址：延庆区城隍庙街4号
电　　话：69185698

（范焕余）

【冬奥会和冬残奥会服务保障】 年内，制定《北京2022年冬奥会和冬残奥会延庆赛区外围和城市运行服务保障方案》，全面搭建延庆赛区内外指挥平台，建立覆盖十二组、各街乡镇和重要职能部门的指挥调度体系，实现260个点位实时互联互通，牵头值班调度处和外围保障团队工作，组织12个领域139场综合演练。落实早晚例会制度，组织开展区级调度会118次，编制冬奥冬残奥信息专刊81期。建立冬奥期间“接诉即办”工单处置机制，对涉奥诉求、安全稳定、民生保障等重点情况提级响应，诉求2小时签收办理，24小时内报告反馈，共接收涉奥工单450件，重点问题均第一时间妥善处置解决。

（范焕余）

【网格化管理平台立案218230件】 年内，持续对纳入首环考核的136类部件进行数据采集并落点落图，共采集坐标点位和属性信息4.2万余条，实现网格化管理数据标准化采集、共享。更新城市空间信息系统，开展8个专题监测。全年卫星监测事件共派发17345件，办结16926件，结案率97.58%。网格化管理平台共立案218230件，办结217512件，结案率99.67%。

（范焕余）

【接诉即办改革】 年内，制定延庆区“17+8”“每月一题”项目清单，按照“五有”工作法，制定“一方案、三清单”，厘清职责，帮助基层破解难题。选取量高率低的35个社区村开展主动治理，各项治理任务目标全部圆满达成，持续开展“暖心行动”，重复诉求人由385人化解至43人，化解率达89%。

（范焕余）

【“12345”热线受理6.2万件】 年内，全区共受理市“12345”热线转派的群众诉求6.2万件，响应率99.83%，解决率94.75%，满意率95.48%，5月和11月两个月度成绩全市第一，年度综合成绩96.37，排名全市第五。

（范焕余）

机关事务管理

【概况】 北京市延庆区机关事务管理服务中心（简称区机关事务中心），主要负责各集中办公区机关运行经费管理，区属机关、事业单位的办公用房管理、公共机构节能，区内各单位公务用车管理，党政机关、事业单位车辆的更新和处置，办公区基建规划、拆迁维修等项目的计划编制、审核、建设监管，党政人才周转住房的管理及入住对象部分生活服务，规划展览馆的维护管理，23个部门财务代管服务，各集中办公区的供水、供电、供暖、食堂、卫生、保卫、绿化及设施维修等工作。年内，7个食堂接待用餐人员444966人次；4个会议中心接待各类会议6176场；为区委区政府等14个集中办公区派遣保安53名、巡防队员3名、保洁人员36名、绿化美化人员2名，开展电器设备、弱电工程、上下水等各类维修2071次；公务用车管理运行中心承接出车任务22550次。

单位名称：延庆区机关事务管理服务中心
地　　址：延庆区湖北西路1号
电　　话：69142289

（姚燕）

【公共机构节能管理】 年内，制定并印发《关于2022年公共机构能源资源节约和生态环境保护工作安排的通知》《延庆区“十四五”时期公共机构节约能源资源工作规划》，全区累计68家党政机关建成节约型机关，累计建成率达到91%，超出北京市累计建成率平均水平。组织完成2021年至2022年度公共机构能源资源节约示范案例征集，报送市机关事务局12份节能案例，4个案例入选国家级2021年至2022年度公共机构能源资源节约示范案例名单，在全市各区入选案例中位列第一。

（于海强）

【办公用房管理】 年内，先后3次对全区88家党政机关事业单位的土地、房屋及人员使用情况进行统计摸底，涉及土地面积约456万平方米，房屋建筑面积约174万平方米，人员15987名。组织协调解决11个机构土地、房屋问题。8月至12月，制定延庆区办公用房调整利用方案，共涉及22个机构。

（于海强）

【公务用车监督管理】 年内，完成40家单位公车使用监督检查，节日期间对45家单位开展公车使用巡查。10月，会同财政局重新核定全区公务用车底数，联合下发《北京市延庆区公务用车管理办法（试行）》。全年完成190辆老旧车辆报废工作，购置更新65辆公务用车，包含新能源汽车43辆。

（闫童）

12月26日，公车运行中心购置新车集中停放
（区机关事务中心供稿）

【机关食堂反食品浪费】 年内，区机关事务中心牵头，会同区委宣传部、区发改委、区城管委、区商务局、区市场监管局于2022 年9月6日联合印发《延庆区机关食堂反食品浪费工作成效评估和通报制度实施方案（试行）》，并在全区85家单位、53个食堂内开展反食品浪费评估工作。

（王晶）

【区委区政府办公楼环境提升】 1月，完成职工食堂改造并投入使用，扩大职工用餐面积847平方米，改善职工就餐环境。5月，将区政府闲置地块改造为自行车停车场，新建车棚面积280平方米，可停放自行车、电动车、摩托车217辆。10月，对区委区政府集中办公区开展绿化改造，增加绿化带75平方米。9月至10月，完成区委区政府南北门修缮，拆除台阶打通人行道、清理周边卫生死角、修补破损墙体和宣传设施、规范停车秩序等。

（李庆）

【冬奥火炬传递保障】 2月至3月，完成2022北京冬奥会、冬残奥会火炬传递活动服务保障工作。负责八达岭长城、世界葡萄博览园、古长城以及北京世园公园4处传递点相关物资保障以及车辆保障，提供餐包4306份，雨衣雨伞2360份，保障用车186车次。

（王晶）

【公务用车管理平台管理】 3月，启用北京市公务用车管理运行平台。共注册一级单位88家、二级单位737家，实有公务用车1952辆，注册使用人数6249人。公务用车管理运行中心对各单位进行现场培训、在线答疑2000余次。

（闫立凯）

【重点工程建设】 4月，完成原文委办公楼抗震加固及节能改造项目，总建筑面积3901.35平方米。主要包括主体结构抗震加固、室内安装和装修工程、外墙保温和粉刷及附属楼修缮工程。交付区社保大厅作为业务、办公用房使用。8月至9月，完成综合楼修缮改造项目，主要包括内墙粉刷、附属楼及主楼屋面修缮、强弱电改造等。9月至10月，完成市场监管局5个所改造维修项目，分别为三里河所、四海所、康庄所、儒林所和检测中心所。包括内外墙修缮粉刷、室内外地面铺设、服务台门窗修缮、网络安装、空调电梯设备修理等。10月，完成区档案馆新馆建设，主要包括档案馆库房、对外服务用房、档案业务和技术用房、管理用房以及附属用房等。同步建设室外管线、道路及广场、绿化、照明、化粪池、雨水收集池等配套设施。

（李庆）

10月15日，区档案馆新馆建设完工
（区机关事务中心供稿）

【疫情防控工程】 4月至11月，完成26处集中隔离点改造并按时交付使用，主要包括封堵屋内通风口和地漏、安装门磁、加装摄像头、设置“三区两通道”、搭设外围挡等。11月13日至16日，完成新体育馆方舱医院施工建设，满足200张床位使用条件。11月27日至12月5日，完成北京世园公园国际馆方舱医院施工建设，满足888张床位使用条件，主要包括规范设置“三区两通道”、搭建医务人员出入口，采用硬隔离方式，将主场区域分割为患者落客区、护理工作区、患者收治区、患者活动区。12月3日至5日，完成红码医院改造任务，主要包括搭设室外通道、设置穿脱区、新建卫生间及淋浴间等，并对中医院旧址和区疾控中心进行简单改造。

（李庆）

【闲置固定资产统管统用】 10月至12月，落实“过紧日子”要求，充分利用公物仓内闲置资产，为组织部、大榆树镇、集中隔离点等20余个部门及点位，调配办公家具、电脑、打印机、电暖器、空气源热泵等设备设施600余件套，节省财政资金约180万元，逐步实现全区闲置、低效固定资产统管统用。

（于海强）

【参与二十大服务保障】 10月，选派5名工作人员到北京会议中心参与党的二十大服务保障工作。主要从事餐厅服务、客房服务等工作，累计消毒桌面2890次，布置餐厅255次，摆放口布花8000个，补换消毒纸巾3060次、调料3100次，补餐5300次，更换台布2210次。

（王晶）

【4案例入选国管局示范案例】 12月1日，国家机关事务管理局发布《关于2021—2022年度公共机构能源资源节约示范案例的通知》，全市共有22个示范案例入选，延庆区推选的4个案例全部入选，在各区中居全市第一。其中，区机关事务中心“供热系统节能改造示范案例”、刘斌堡乡人民政府“生活垃圾分类示范案例”获评优秀示范案例，区文旅局“制止餐饮浪费示范案例”、四海镇人民政府“绿色办公示范案例”获评典型示范案例。

（侯海清）

信　访

【概况】 北京市延庆区信访办公室（简称区信访办），承担区委、区政府接待办理群众来访、来信等工作。下设立北京市延庆区社会矛盾排查调处工作中心，为区信访办所属公益一类正科级财政补助事业单位。年内，落实首接首办责任，严格依法分类处理信访诉求，推动合理诉求一次性解决。坚持信访复查前置机制，提前把脉问诊、及时会商研究、全程督办帮办，切实提升初信初访办理质量。组织制定“三项清单”，召开全面从严治党工作会部署重点任务，定期听取进展情况，推动工作层层落实。注重党组自身建设，落实民主集中制、“三重一大”集体决策等要求，召开党组会18次、主任办公会12次，科学规范议事决策。开展党组理论中心组学习16次，党员干部集中学习41次。

单位名称：北京市延庆区信访办公室

地　　址：延庆区苏子街10号

电　　话：69180671

（陈洋）

年内，区信访办到沈家营村开展“信访知识大讲堂”活动（区信访办供稿）

【信访服务保障】 年内，北京冬奥会冬残奥会期间，加强“延怀赤”三地协作，及时处置3批次5人次外埠涉访人员。党的二十大期间，综合施策防止人员上行，全区无人员到国家信访局走访，4批次5人次到市信访办“点卯”，占全市访量的0.37%，16区中最低。

（陈洋）

【信访联席会议机制】 年内，区委常委会、区政府常务会研究信访工作10次，区信访联席会议召开全体会4次部署重点任务，召开专题会21次，专题调度疑难复杂信访问题。

（陈洋）

【学习贯彻《信访工作条例》】 年内，区委常委会以会前学法形式专题学习《条例》，部署贯彻落实工作。开展“延庆区信访知识大讲堂”活动7次，深入乡村宣传《条例》，引导群众依法理性表达诉求。

（陈洋）

【全区信访数据】 年内，区信访总量2660件次3656人次，其中来访1626批次2309人次（集体访41批次467人次）、来信375件次614人次、网信659件次733人次，全部同比下降。到市信访办走访366批次430人次，同比批次下降61.1%；到国家信访局走访23批次55人次，同比批次下降81.6%。进入复查程序4件，办结4件。信访事项及时受理率100%，按期办结率

99.71%，群众参评率98.70%（16区中第一），群众满意率97.81%（16区中第三，生态涵养区中第一）。

（陈洋）

【信访积案攻坚化解】 年内，集中治理重复信访、化解信访积案专项工作中两批146件重复信访积案的审核化解率99.32%、倒流率0.68%。

（陈洋）

【矛盾纠纷排查】 年内，开展全区矛盾纠纷排查9次，其中大排查2次、专项排查5次、动态排查2次，共排查矛盾纠纷68件，已化解42件。

（陈洋）

（栏目编辑：孙越凡）

政协延庆区委员会

概　述

2022年，中国人民政治协商会议北京市延庆区委员会（以下简称延庆区政协）在中共延庆区委的领导、市政协的指导和社会各界的支持下，以习近平新时代中国特色社会主义思想为指导，团结带领广大政协委员，深入学习贯彻党的二十大精神，认真贯彻落实习近平总书记对北京重要讲话精神和市委、区委决策部署；紧紧围绕区委区政府中心工作，坚持团结和民主两大主题，不断提高政治协商、民主监督、参政议政水平，突出凝聚共识重要职能，充分发挥专门协商机构作用；较好地完成了三届一次会议提出的工作目标和任务，为建设生态文明幸福的最美冬奥城做出了积极贡献。年内，区政协与区委统战部联合开展“团结在光辉的旗帜下暨纪念‘五一口号’发布74周年”长走活动。举行主题党日活动，涉及“从冬奥读懂中国精神 从革命英烈事迹感悟党的奋斗历程”“党建引领　助力乡村振兴”“讲好冬奥故事 弘扬北京冬奥精神 汇聚团结奋进力量”“不忘初心强信念 牢记使命勇担当”“重温入党誓词，凝聚奋进力量”等5个主题。截至年底，全体政协委员、各界别和政协各专门委员会，共提出书面建议162件，经审查整理后形成正式提案151件。政协三届二次会议委员提案全部办复，大多数提案建议当年得到有效落实；少部分提案建议列入工作计划逐步办理；个别因客观条件所限不能解决的提案建议，与委员进行沟通并得到委员理解。提案办理工作中，办案部门与委员反复沟通，通过交流增进共识，推动一批难点问题的解决，充分发挥提案对各项工作的促进作用。

单位名称：政协北京市延庆区委员会

地　　址：延庆镇高塔路70号

电　　话：69101565

（乔晓燕）

重要会议和活动

【市政协及各区政协领导到区调研】　年内，市政协及各区政协领导多人次到区调研。其中，2月16日，北京市政协农业和农村委员会主任高华带队到区，围绕“聚焦共同富裕目标，多措并举促进农民增收”课题开展专题座谈。市政协农委及区政协相关领导，区农业农村局、区经管站相关负责人参加。3月23日，北京市政协副主席林抚生带队到区，围绕“聚焦共同富裕目标，多措并举促进农民增收”进行专题调研并开展座谈。市政协农业和农村委及区政协主要领导等参加。会后，实地察看张山营镇后黑龙庙村产业融合发展以及乡村集体经济、农民就业增收等工作情况。4月20日，通州区政协副主席甄宇围绕“加强低碳绿色城市建设、推进副中心高质量发展”到区调研。实地考察国家电投氢能创新产业园、冬奥延庆赛区实地考察新能源、低碳绿色城市建设，并进行座谈交流。6月29日，市政协农业和农村委主任高华围绕“强化创新体系建设，推动种业高质量发展”到区调研并召开座谈会，实地考察北京胖龙丽景科技有限公司和北京世园投资发展有限责任公司。9月19日，魏小东等市政协主席会议成员围绕“用好奥运遗产，推动冬奥场馆赛后可持续利用”主题，到区开展专题视察。市政协副主席王宁、张家明、杨艺文、程红、杨斌、王红、林抚生、陈军、燕瑛及秘书长于长辉参加。区政协领导陪同调研。

（吴连环）

【区政协主席调研】　年内，区政协主席张远深入基层调研20多次。主要围绕“优化营商环境，促进企业高质量发展”“聚焦共同富裕目标，多措并举促进农民增收”以及优化营商环境、疫情防控、企业发展等进行走访调研并座谈。

（吴连环）

8月3日，区政协领导调研重点商圈创建工作开展情况（区政协供稿）

【区政协副主席调研】 年内，区政协各位副主席分别深入基层调研。主要围绕“书香政协建设”“林果花草蜂药种业创新孵化基地建设”“全国法治建设示范区创建”以及全面依法治区、供热管网改造等进行专题调研。

（吴连环）

【区政协领导走访基层委员】 年内，区政协领导深入基层走访基层委员20多人次。其中包括北京土豆安网络技术有限公司、芒果未来（北京）文化传播有限公司、必胜国际体育文化（北京）有限公司、永宁镇孔化营村泽润寺、泽润公益图书园、永宁天主教堂、国网北京电力延庆供电公司、北京市冰上项目训练基地、北京三吉利新材料有限公司、北京美正生物科技有限公司、延庆区自然保护地管理处、华海田园天文科普教育基地、平北抗日烈士纪念园、区医保局、延庆四中教育集团、北京睿德布克文化传播有限公司、北京邮电大学世纪学院、延庆区康庄中学以及政协委员工作室等基层单位的政协委员。

（吴连环）

【区政协领导走访相关企业】 年内，区政协领导深入18家企业走访，了解经营情况、提供政策咨询服务。其中涉及：北京环都拓普空调有限公司、北京天立成信机械电子设备有限公司、北京光瑞机械制造有限公司、北京合锐赛尔电力科技股份有限公司、北京合锐清合电气有限公司、北京中材汽车复合材料有限公司、北京京城压缩机有限公司、北京卓文时尚纺织股份有限公司、北京卓欧制衣有限责任公司、北京庆和食品有限责任公司、北京长城华人怀思堂、北京中关村智连安全科学研究院有限公司、斯贝福（北京）生物技术有限公司、恒生市场、金果园老农（北京）食品股份有限公司、北京合锐赛尔电力科技股份有限公司等企业。

（吴连环）

【宣讲党代会精神】 1月14日，张远到珍珠泉乡围绕学习贯彻党的十九届六中全会精神及区第三次党代会精神进行宣讲报告。1月15日，张立新到党建基层联系点延庆镇东屯村，与两委干部见面，并围绕学习贯彻党的十九届六中全会精神及区第三次党代会精神进行宣讲报告。

（吴连环）

【第一次常委会议】 1月18日召开。会议传达学习市政协十三届五次会议和区第三次党代会精神；听取区委、区政府2022年重点工作折子工程和为群众拟办重要实事工程安排情况通报；审议通过《区政协常委会2022年工作要点（草案）》和《区政协2022年协商工作计划（草案）》，以及政协北京市延庆区第三届委员会专门委员会设置、提请任命副秘书长等决定草案和相关工作制度，并通报主席分工。区政协主席、副主席、秘书长出席会议。常务副区长叶大华应邀参加。

（吴连环）

【党史学习教育专题民主生活会】 1月20日，区政协党组召开党史学习教育专题民主生活会。会议通报2020年度民主生活会整改落实情况和本次专题民主生活会征求意见情况，张远代表区政协党组对照检查发言。区政协党组全员参加会议，非党员副主席以及区委组织部、区委党史学习教育领导小组办公室相关人员列席会议。

（吴连环）

【与市农林科学院座谈交流】 1月23日，刘明利一行到北京市农林科学院座谈交流院区科技合作。双方就深化科技合作的内容和形式，花卉、草莓种苗繁育技术推广等进行座谈交流。

（吴连环）

【与民主党派座谈交流】 1月25日，张远走访农工党延庆支部和民盟延庆总支部，征求各民主党派对政协工作的意见建议，主持召开座谈会，通报《区政协2022年协商工作计划》，围绕组织建设、参政议政等深入交流。区委统战部、区政协相关领导参加。1月26日，张远与九三学社延庆支社、民建延庆支部、民革延庆支部、民进延庆总支部的代表开展座谈交流，区人大、区政协相关领导参加。

（吴连环）

【委员年度工作会】 2月25日至3月17日，区政协各专委会分别组织委员召开2022年度工作会。以习近平新时代中国特色社会主义思想为指导，深入学习贯彻十九届六中全会精神、习近平总书记重要指示精神、区第三次党代会精神以及区政协第三届委员会第一次常务委员会精神，学习《区政协常委会2022年工作要点》，研究部署2022年工作计划及调研课题。

（吴连环）

【委员读书沙龙】 3月3日，区政协以“牢记嘱托，一起向未来！”为主题，开展第一期委员读书沙龙活动，与会人员共同阅读学习《深入学习习近平关于体育的重要论述》、观看视频《这些年，总书记的冬奥足迹》，并对《深入学习习近平关于体育的重要论述》中重点章节和重点内容进行导读，区政协主席、副主席参加。4月19日，区政协举行“读好妫川书籍 讲好延庆故事”第二期读书沙龙活动，区政协副主席以及区政协委员、《妫川文集》主创人员参加。6月21日，区政协围绕“读书沙龙”“悦读书屋”等读书活动进行研讨座谈，区政协副主席、政协委员读书活动领导小组副组长谷艳兰主持会议并讲话。6月23日，区政协在芒果24h文创书店开展“悦读聚共识，同心向未来”第三期读书沙龙活动，现场举行“悦读书屋”挂牌仪式，区政协副主席和秘书长参加。9月6日，区政协以“阅读《星瀚花海》，探索宇宙奥秘”为主题，在旧县镇北张庄村华海田园天文科普教育基地开展第四期读书沙龙活动，北京师范大学天文学系教授、博士生导师何香涛为大家讲授天文知识以及人类探索宇宙奥秘的历程。区政协主席、副主席、秘书长以及部分区政协委员及天文爱好者参加活动。

（吴连环）

【政协委员知情明政大课堂】 3月16日，区政协举办首场“政协委员知情明政大课堂”，区委党校党建与统战理论教研室主任、副教授王建军以“《中共中央关于百年奋斗成就和历史经验的决议》的整体逻辑”为题，围绕学习贯彻党的十九届六中全会精神进行解读。区政协主席、副主席、秘书长参加。8月31日，区政协举办第二场“政协委员知情明政大课堂”，就《习近平谈治国理政》第四卷做专题辅导报告。区委党校党建与统战理论教研室主任、副教授王建军对《习近平谈治国理政》第四卷做深入解读。区政协副主席、秘书长参加。

（吴连环）

【工商联界委员工作室挂牌】 4月1日，区政协工商联界委员工作室正式成立并举行挂牌仪式，张远为工作室授牌。挂牌仪式后召开“优化营商环境、激发民营企业活力”座谈会。区政协相关领导参加。

（吴连环）

【第二次常委会议】 5月19日召开。会议传达学习习近平总书记在北京冬奥会冬残奥会总结表彰大会上的重要讲话精神、习近平在中央全面依法治国工作会议上的重要讲话精神；听取区司法局关于“全国法治政府示范区”创建暨全面依法治区工作情况的通报；与会委员围绕加大法治建设宣传力度、加强执法队伍建设等方面进行协商座谈，提出意见建议；听取区政协关于委员工作室建立及职责要求的情况说明，并举行委员工作室授牌仪式；部分责任委员代表进行表态发言。区政协主席、副主席、秘书长出席会议。相关副区长应邀参加会议。

（吴连环）

【政协领导基层慰问】 7月1日，孟顺利到联系乡镇千家店镇大楝树村，慰问中华人民共和国成立前老党员及生活困难党员；张立新到付余屯村看望慰问区级困难老党员。7月5日，张远、谷艳兰到珍珠泉乡珍珠泉村，走访慰问中华人民共和国成立前老党员和生活困难党员；张立新、孟顺利分别到所联系乡镇走访慰问区部分新中国成立前入党的老党员和生活困难党员。

（吴连环）

【第三次常委会议】 7月21日召开。会议传达学习《中国共产党政治协商工作条例》和市第十三次党代会精神；听取区政府关于冬奥会、冬残奥会后续利用工作情况的通报并开展座谈交流；审议通过《政协北京市延庆区委员会协商工作规则》和《政协北京市延庆区委员会关于进一步健全完善制度机制充分发挥各民主党派在政协工作中作用的意见》并进行交流座谈。会前，与会人员到延庆奥林匹克园区对冬奥会、冬残奥会场馆设施会后利用情况进行实地调研。区政协主席、副主席、秘书长出席会议。相关副区长应邀出席。

（吴连环）

【“我是政协委员”主题宣讲】 7月27日，区政协举办“我是政协委员”主题宣讲报告会。市政协常委、副秘书长任学良围绕如何做一名尽职履责的政协委员进行宣讲。通过讲解，与会人员对如何履职尽责、发挥委员作用有了新的思考。区政协主席、副主席、秘书长以及市政协人事联络室联络处负责人参加活动。

（吴连环）

【第四次常委会议】 8月18日召开。会议听取区政府关于全区2022年上半年经济社会发展情况及重点项目推进情况的通报、区委办关于政协委员提案办理情况的通报、区政府办关于政协委员提案办理情况的通报，并开展座谈交流。会后，与会人员到区档案馆新馆建设项目和小营、石河营商品房项目建设现场进行实地视察。区政协主席、副主席、秘书长出席会议。相关副区长应邀出席。

（吴连环）

【第五次常委会议】 9月29日召开。会议审议通过政协机关干部任免事宜；听取区政府关于加强产业融合发展、壮大村集体经济、促进农民增收情况的通报，并围绕我区三农工作开展座谈交流。会后，与会人员到四海镇大吉祥村和刘斌堡乡青山园，实地视察乡村振兴工作开展情况。区政协主席、副主席、秘书长出席会议。相关副区长应邀出席。

（吴连环）

【文史工作座谈会】 10月20日，区政协召开“喜庆二十大 奋进新征程”延庆区政协文史工作座谈会。会议传达全国政协文史工作座谈会精神、北京市政协文史工作座谈会精神以及北京市政协《关于加强和改进新时代文史资料工作的实施意见》，通报区政协文史工作情况。张远为区政协聘请的文史专员颁发证书。区政协副主席出席会议。

（吴连环）

【第六次常委会议】 11月3日召开。会议传达学习党的二十大精神；听取区委宣传部关于巩固“创城”成果，助力全国文明典范城市创建情况的通报，并进行座谈交流。区政协主席、副主席、代秘书长出席会议，区委宣传部负责人应邀参加。

（乔晓燕）

【第七次常委会议】 12月16日召开。会议书面通报区纪委、区监委关于全区党风廉政建设和反腐工作情况、区政府2022年度工作情况及《政府工作报告（征求意见稿）》；听取区委统战部关于政协北京市延庆区第三届委员会委员届中调整及秘书长建议人选情况的说明；审议通过增补政协北京市延庆区第三届委员会委员联合建议书及建议名单、政协北京市延庆区第三届委员会秘书长联合建议书及候选人建议名单；审议通过政协三届二次会议有关事宜。区政协主席、副主席、代秘书长出席会议。

（乔晓燕）

【政协延庆区三届二次会议】 12月21日至22日，政协延庆区第三届委员会第二次会议举行。会议听取并审议《政协延庆区委员会常务委员会工作报告》和《政协延庆区委员会常务委员会提案工作报告》；听取并讨论《政府工作报告》及有关报告；补选张河为区政协第三届委员会秘书长。于波在闭幕式上讲话。

（乔晓燕）

12月21日，政协延庆区三届二次会议开幕
（区融媒体中心供稿）

参政议政

【专题协商座谈会】 5月7日，区政协围绕“促进户外运动与文旅产业融合发展”召开专题协商座谈会。区文旅局、体育局以及区户外运动协会负责人、相关政协委员等进行交流研讨。

（吴连环）

【提案办理协商工作会】 5月12日，区政协2022年第一次提案办理协商工作会召开。会议听取区民政局关于养老服务工作情况的报告和关于2022年政协委员提案办理进展情况的汇报。提办双方在座谈会上进行深入协商交流。张远、谷艳兰、张立新出席会议。5月26日，区政协第二次提案办理协商暨优化营商环境座谈会召开。会议听取区发改委关于优化营商环境工作情况的通报；区发改委、科委和经信局汇报2022年政协委员提案办理情况；与会人员围绕提案办理工作和优化营商环境展开座谈交流。区政协和区政府相关领导参加。6月9日，区政协召开第三次提案办理协商暨民宿产业发展座谈会。张远、张立新、程大庆、马岗以及副区长任江浩参加。

（吴连环）

【议政性主席会】 6月15日，张远围绕延庆“两区”建设，主持召开议政性主席会议。会后到北京三吉利新材料有限公司实地调研“两区”建设进展情况。9月2日，张远主持召开议政性主席会议，围绕“聚焦可持续发展，落实好世园会会后利用三年行动计划”进行协商议政。区政协副主席及党组成员、秘书长等参加会议。主管副区长应邀出席。

（吴连环）

【提案工作会】 8月10日，区政协召开提案工作会。会议听取区委办、区政府办关于提案办理情况的通报；总结上半年提案工作；提案委委员做交流发言，对提案办理提出意见建议。

（吴连环）

【优化营商环境议政会】 8月23日，区政协与区委统战部联合召开议政会。会议围绕“持续优化营商环境，进一步激发民营企业活力”进行深入研讨。会上，10余位民主党派、工商联和无党派人士代表及政协常委、委员、有关部门负责人发言，围绕改善涉农企业营商环境、解决企业用工难题、建立小微民企联合孵化机制、建立政企常态化沟通机制、促进“专精特新”企业高质量发展等建言资政。于波出席会议并讲话，区人大、区政府、区政协、区委统战部相关领导参加会议。

（吴连环　贾茜）

8月23日，“持续优化营商环境，进一步激发民营企业活力”议政会（区委统战部供稿）

【视频议政会】 12月15日，区委统战部与区政协联合召开线上视频议政会，围绕“大力发展冰雪产业，打造国际滑雪度假旅游胜地”协商议政。会上，8位民主党派、工商联代表以及政协委员、专家进行发言，围绕冬奥遗产利用、冰雪文化品牌打造、产业融合发展、冰雪产业发展保障等建言资政；4位冰雪产业专家和区有关部门负责人交流发言。叶大华、张远以及区委统战部、区政协相关领导分别在主会场和视频分会场参会。

（贾茜）

民主监督

【特约监督和行风政风评议】 年内，区政协选派部分委员分别担任纪检监察、司法等部门的特约监督员、行风政风评议员。受聘委员积极参加监督检查活动，悉心听取群众反映，及时反馈意见建议，有效履行监督职能，促进党风廉政建设和机关作风建设。

（乔晓燕）

【反映社情民意】 年内，通过创办《延庆诤友》，发挥社情民意信息在民主监督中的“直通车”优势，把人民群众诉求和委员建议报送区委、区政府，切实推动热点难点问题得以解决。全年共编发《延庆诤友》8期、《情况反映》12期。其中关于种业孵化基地建设、全国法治政府建设示范区创建等多项建议得到区领导重点批示。

（乔晓燕）

（栏目编辑：王新华）

纪检监察

概 述

中国共产党北京市延庆区纪律检查委员会（简称区纪委）与北京市延庆区监察委员会（简称区监委）合署办公，实行一套工作机构、两个机关名称。在市纪委市监委和区委领导下，加强对下级纪检监察组织的领导，履行党的纪律检查和国家监察两项职能，对区委全面负责。全系统共有派驻纪检监察组14个、区直纪检监察工委1个、乡镇纪委15个、街道纪工委3个。年内，全区纪检监察组织忠诚履行党章和宪法赋予的职责，深入学习宣传贯彻党的二十大精神，推动政治监督落实落细；一体推进“三不腐”实现常态化，纠树并举促进作风建设持续向好；统筹推进“两个责任”贯通协同，巡察监督质效全面提升；纪检监察工作规范化、法治化、正规化水平不断提升，全区党风廉政建设和反腐败斗争取得新进展新成效。全年区纪委召开常委会会议52次；向市纪委市监委请示报告16次，向区委请示报告89次；组织理论中心组学习20次；高质量召开了党史学习教育专题民主生活会和巡视整改专题民主生活会。制定《区纪委区监委宣传贯彻党的二十大精神实施方案》，开展专题宣讲3次，交流研讨1次；开设“喜庆二十大 榜样在身边”专题展览；利用延庆纪检监察微信公众号策划“喜庆二十大 我想对党说、青年干部谈心得体会、廉洁进万家、学习正当时、监督进行时”等多个专题，发布主题微信74篇，推动全区纪检监察系统掀起贯彻党的二十大精神热潮。制定年度学习培训计划，邀请中央纪委国家监委业务骨干、相关领域专家等8人进行授课；选派参加市、区两级培训50人次，常态化开展全员培训36轮次，5000余人次参训；组织4批10名基层纪检监察干部到机关参加“以干代训”，组织全区各级纪检监察干部306人次开展纪检监察业务测试。截至年底，区纪委区监委获得2022年冬奥会、冬残奥会北京市先进集体称号；韩平获得北京冬奥会、冬残奥会突出贡献个人，赵春生、张艳滨获得冬奥会、冬残奥会北京市先进个人。党风政风监督室（冬奥监督处）获得“北京市先进纪检监察组织”称号；孙和梅获评全国纪检监察系统嘉奖优秀纪检监察干部；黄坚翔获得首都劳动奖章；白玉获评2017—2020年度平安北京建设工作先进个人；何卫成、白玉、张星婕获得“北京市优秀纪检监察干部”称号。

3月25日，全区纪检监察干部业务测试
（区纪委供稿）

单位名称：中国共产党北京市延庆区纪律检查委员会、北京市延庆区监察委员会
地　　址：延庆区儒林街道苏子街4号
电　　话：69103160

（韩汝佳　张星婕　张潇　曹吉利）

【协助区委落实主体责任】 年内，协助区委制定全面从严治党（党建）年度重点任务安排，组织各级领导班子及领导干部制定重点任务清单，制定全面从严治党（党建）工作考核方案。召开反腐倡廉领导小组会议4次，通过重点检查、动态抽查、联合巡察、室组“联动”等方式对处级班子单位全覆盖检查考核。组织13名区领导对24家单位主要负责人进行约谈，制定《关于细化“一把手”监督责任清单》，参加处级班子单位年度民主生活会、专题民主生活会监督125次，有针对性约谈3家单位“一把手”。

（董禹）

【区纪委三届二次全会】 2月21日，区纪委三届二次全会召开。会议深入学习贯彻习近平总书记在十九届中央纪委六次全会上的重要讲话精神，传达市纪委十二届七次全会精神。穆鹏出席会议并讲话。区委常委、区纪委书记、区监委主任杨新光作题为《牢记政治嘱托，深化政治监督，以优异成绩迎接党的二十大胜利召开》工作报告。会议讨论并表决通过全会报告和全会决议。区四套班子领导以及各部门、乡镇、街道负责人在主会场和分会场参加会议。

（韩汝佳）

2月21日，区纪委三届二次全会召开（区纪委供稿）

【市委巡视组到区巡视】 3月29日至4月28日，市委第五巡视组对延庆区纪委区监委机关开展巡视。其间同步对区委选人用人和意识形态工作情况进行专项检查。6月7日，市委第五巡视组分别召开巡视区纪委区监委机关、区委组织部情况反馈会。区纪委区监委机关针对巡视反馈6方面48项问题制定121条整改措施，针对选人用人和意识形态反馈的7个方面19项问题制定45条整改措施，年内全部整改完毕。

（张冰 张潇）

【市纪委市监委领导调研】 4月13日，市纪委副书记、市监委副主任韩索华带队到区纪委区监委调研指导审查调查工作。市纪委市监委及区相关领导陪同调研。5月30日，市委常委、市纪委书记、市监委主任陈健带队到北京大学第三医院延庆医院检查调研疫情防控工作，向奋战在疫情防控一线的干部群众表示诚挚问候。区领导于波、杨新光重点围绕疫情防控工作分别进行汇报。10月12日，市纪委副书记、市监委副主任杨玉香到区纪委区监委调研服务保障党的二十大、疫情防控专项监督情况汇报和日常监督、审查调查工作。区领导杨新光陪同调研。

（张冰）

【生态环境部纪检组到区调研】 7月25日，生态环境部华北督察局纪检组组长李东林到区，就中央生态环境保护督察反馈问题及信访举报件整改情况进行调研。区领导于波、叶大华等参加。

（侯海清）

监督巡察

【冬奥会和冬残奥会运行保障监督】 年内，区纪委成立延庆赛区赛时运行保障监督工作组和督查专班，督办落实任务198项，发送工作提示40件次。与场馆群监督组建立内外联动监督协作机制，共同研究和解决监督过程中出现的各类问题。对冬奥会火炬传递活动开展专项监督，保障八达岭长城、世葡园两个火炬传递点位90名火炬手的传递活动圆满完成；对冬奥开闭幕式观众组织进行重点监督，保障延庆区参加全要素预演的376名观众及参加开幕式的424名观众、闭幕式的318名观众远端集结顺畅有序；对34家闭环酒店、28条重要线路、29个森林防火卡口进行多轮次明察暗访，累计开展监督检查415次，发现并督促整改问题85个。

（董禹）

【新冠疫情防控监督】 年内，区纪委成立疫情防控监督工作专班，开展全流程、全链条监督。累计督查5900余次，督促整改问题1800余个。与市纪委派出的延庆区监督组协同监督，根据市、区两级调度会工作部署，动态调整监督重点，先后对风险管控、人员排查、核酸检测、疫苗接种、就医购药等方面措施落实情况进行监督检查，及时发现问题，堵塞漏洞。制定《延庆区关于涉疫风险人员8小时快速转运监督工作方案》，抽调专人开展贴身式监督。对8起涉疫问题开展深入核查，制发督办单12份、工作提醒函34份，协助区委区政府压实各主责部门疫情防控责任。

（董禹）

【党的二十大服务保障监督】 年内，区纪委于党的二十大召开期间，强化服务保障监督。制定专项监督方案，建立专题调度机制，根据各主责部门职责，跟进监督各项任务落实。坚持问题导向，对意识形态、舆情管控、安保维稳、城市运行、大气污染防治等重点方面开展监督检查30余次，防范化解各类风险隐患。督促各乡镇（街道）、各单位、各部门履行主体责任，强化分析研判，对监督中发现的问题，督促相关部门举一反三，完成整改事项210余件。

（董禹）

【日常监督】 年内，开展经商办企业专项整治，核实37人相关问题，组织处理6人；开展党政领导干部在企业兼职（任职）问题专项整治，对6名干部违规问题进行核查。建立领导干部廉政档案库，整理完成领导干部廉政档案近1000份。对区委选人用人、评优评先严格把关，回复党风廉政意见579批次6121人次，提出否定性意见8人次。定期更新监察对象数据，梳理确认全区监察对象14973人。

（韩汝佳）

3月6日，区纪委区监委开展冬奥会和冬残奥会运行保障监督（区纪委供稿）

【巡察监督】 年内，制定《中共北京市延庆区第三届委员会巡察工作规划（2022—2026）（试行）》和《关于建立健全区委巡察机构与区纪委区监委机关、区委组织部、区委宣传部有关部门统筹衔接工作机制的意见》。全年开展两轮巡察，第一轮完成对区信访办等9家单位党组织的常规巡察，第二轮对沈家营镇、旧县镇及48个村（社区）党组织开展“实施乡村振兴战略推进美丽乡村建设”专项巡察；两轮巡察共发现问题828个、移交问题线索79个、提出巡察建议11条。组织开展区委巡察“大起底”，对二届区委巡察所有整改任务进行系统梳理，针对301项整改未完成任务，依托室组地联动机制，制定《巡察“大起底”整改情况统计表》，针对区委巡察办移送的19家被巡察单位正在整改的499项问题，统筹各级纪检监察组织开展日常监督，督促责任单位及时整改落实。

（冯跃　董禹）

【自我监督】 年内，学习研讨市纪委市监委关于纪检监察干部行为规范“六项要求”及违反“六项要求”予以处理的有关意见。开展重大事项请示报告制度落实情况专项监督，对冬奥监督、疫情防控监督、清理积压问题线索进行跟进监督36次，约谈提醒6人；出具党风廉政鉴定意见40人次，完善纪检监察干部廉政档案202份；处置纪检监察干部相关问题线索和反映11件，谈话函询6人。

（肖旭）

审查调查

【案件查办审理】 年内，全区各级纪检监察组织共处置问题线索367件、立案145件、结案161件、留置9人、涉嫌犯罪移送司法机关10人、给予党纪政务处分122人。其中县处级干部19人、乡科级干部30人、其他73人。开展乡镇纪委初核了结案件抽查，严把案件质量。加强基层业务指导，推动执纪执法规范化、法治化、正规化。深入基层开展处分执行检查，推进案件查办政治效果、纪法效果、社会效果有机统一。截至年底，累计受理违纪违法及职务犯罪案件177件，全部依规依纪依法精准审理。

（赵炳圳　成维超）

【办结积压线索217件】 年内，结合基层执纪审查工作实际，研究制定《延庆区乡镇街道纪检监察组织执纪审查工作考核办法（试行）》，压紧压实基层主体责任，进一步推动持续整治群众身边腐败和不正之风，化解基层矛盾，强化基层组织建设，促进基层治理提质增效。认真落实中央纪委、市纪委和区委要求，续力清理积压线索，各乡镇累计办结积压线索217件。

（郭育彤）

【信访举报】 年内，全面梳理三年信访举报问题表现形式，对国企、区管“一把手”、农村“三资”管理等领域开展专题分析。截至年底，受理信访举报501件次，其中检举控告类323件次，同比下降63.46%。举报涉及区管干部或党组织84个（人次）、科级干部或党组织97个（人次）、农村干部144人次、其他企业人员57人次、其他干部或人员8人次。

（张诗琪）

作风建设

【廉洁文化建设】 年内，开展“清风妫川 廉洁齐家”家风作品征集活动，共收到全区75家单位440余份廉洁家风作品；开展廉洁文化示范点创建评选工作，共有8家单位成功获选；推进廉洁文化“七”进工作，多角度深化警示教育，拍摄两部警示教育片；开展“以案为鉴、以案促改”警示教育巡展，通报曝光10批10件11人。多维度做好纪检宣传，延庆纪检监察微信公众号发布信息89期368条，延庆纪检监察网站发布信息317条，北京日报APP登载信息178篇，北京纪检监察网登载信息79篇。

（张星婕）

【查处违反中央八项规定精神问题65人】 年内，紧盯公车私用、公款旅游、滥发钱物等“四风”问题集中领域开展多轮次监督检查，专项检查110余家单位，检查点位2000余个。选聘新一届党风政风监督员，发挥社会监督作用，对18个乡镇街道、87个区直部门、6家区属国企进行明察暗访。将公车管理、公务接待等“四风”易发问题纳入全面从严治党（党建）动态抽查，督促整改问题160余项。对监督检查和案件查办中发现的“四风”问题快查快办，查处形式主义、官僚主义问题24个，给予党纪政务处分22人。紧盯重要时间节点，明确“十严禁”纪律规定并进行广泛宣传，对相关重要岗位负责人开展教育提醒500余人次；严肃查处违规吃喝、违规收受礼品礼金等典型案件；全年查处违反中央八项规定精神问题65人，给予党纪政务处分50人。

（董禹）

【查处群众身边腐败和作风问题18起】 年内，深化“接诉即办”专项监督，筛查工单2959件，重点核查122件，督促整改46件，主动约谈、批评教育47人。开展重点领域专项整治，针对开发区领域专项整治，督促查找问题10项，落实整改措施21项；围绕粮食购销领域专项整治，督促制定整改任务19项；结合国企“三类问题”专项整治，督促19家部门、企业开展自查自纠，立案查处5人；紧盯供销社领域腐败问题，立案查处4人。开展市场监管领域、高校毕业生就业创业、农民工工资发放、燃气安全管理等方面监督。全年查处群众身边腐败和作风问题18起，给予党纪政务处分16人。

（董禹）

【聘任党风政风监督员12人】 6月21日，区纪委区监委召开党风政风监督员聘任暨监督评议工作会，聘任赵卫坡、陈斌、王静、杨慧琦、吴铁琳、耿云、李岩、李锋、张晓丽、蔡玉芳、李瑞森、安秀涛等12人为党风政风监督员，聘任赵卫坡、吴铁琳、张晓丽、蔡玉芳等4人为特约监察员，聘期三年。截至年底，组织党风政风监督员和特约监察员开展明察暗访70余次，参与检查考核20余次，主动发现问题并提出意见建议21个。

（董禹）

制度建设

【纪检监察工作制度】 年内，编撰《15种监督检查审查调查措施文书文号及使用审批相关要求指南》，规范统一全区各级纪检监察组织文书格式，促进监督执纪执法工作规范化、法治化、正规化。研究制定《北京市延庆区纪检监察机关涉案财物管理工作规范（试行）》，全面梳理规范涉案财物管理各个环节的具体业务流程和文书模板，组织开展全区纪检监察系统涉案财物管理工作业务培训，提升涉案财物管理工作能力水平。制定下发《延庆区纪委区监委“室组地”协同联动监督工作办法（试行）》，聚焦重点、统筹力量，按照一事一立项原则，整合调动相关“室组地”人员力量，建立由工作室牵头抓总，派驻纪检监察组直接落实，乡镇（街道）纪（工）委支持配合的工作机制，促进纪检监察工作系统集成、协同高效，构建上下联通、左右联合、内外联动的监督工作体系。

（王萌　董禹）

【意识形态责任制度】 年内，筑牢意识形态领域思想阵地，将意识形态责任制纳入全区全面从严治党动态抽查和日常监督重要部分，开展意识形态专题培训。先后制定《区纪委区监委机关深化意识形态工作方案》《区纪委区监委机关信息审核发布制度》《区纪委区监委机关关于加强和规范各类报告会、研讨会、讲座及论坛等阵地的管理办法》以及《区纪委区监委机关重要敏感舆情应对处置实施方案》。

（张星婕）

（栏目编辑：王新华）

民主党派

概　述

延庆区共有7个民主党派，分别是中国国民党革命委员会（简称“民革”）、中国民主同盟（简称“民盟”）、中国民主建国会（简称“民建”）、中国民主促进会（简称“民进”）、中国农工民主党（简称“农工党”）、中国致公党（简称“致公党”）、

年内，区民主党派举办“学习二十大 奋进新征程”读书会（区委统战部供稿）

九三学社。截至年底，全区7个民主党派基层组织有成员290人。其中民革延庆支部22人、民盟延庆总支77人、民建延庆支部71人、民进延庆总支67人、农工党延庆支部28人、致公党延庆支部9人、九三学社延庆支社16人。年内，各民主党派成员认真履行政治协商、民主监督、参政议政职能，为延庆高质量绿色发展建睿智之言、献务实之策。田淑芳、魏慧丽、王宝海、王宏云、石建成、吴金淑、郭旭雄 7人获评2022年度优秀政协委员；魏佳、韩艳、雷艳智、王宏云、郭旭雄、吕毅夫、马艳芬7人的提案获评年度优秀提案。民革延庆支部副主委柳千训获“北京2022年冬奥会、冬残奥会北京市先进个人”，九三学社延庆支社宋素莉获北京冬奥组委运动会服务部表彰。党的二十大召开以后，民革延庆支部、民盟延庆总支、民进延庆总支第一时间召开专题学习会议，传达学习党的二十大精神，成员畅谈学习感受。民建延庆支部组织举办“学习二十大 奋进新征程”延庆区统一战线马克思主义读书会，读原文、悟原理、谈感受。农工党延庆支部、九三学社延庆支社召开学习会暨工作部署会，组织班子成员研究制定贯彻落实举措。致公党延庆支部通过线上会议、主委领学的形式深入学习领会大会精神。

（贾茜）

中国国民党革命委员会延庆支部

【民革中央企业家联谊会爱心捐赠】 7月21日，由中山博爱基金会、民革中央企业家联谊会、民革北京市委、北京荟聚三佳科技有限公司、民革延庆支部联合发起的爱心捐赠活动在延庆区会展中心举行。捐赠仪式上，中山博爱基金会、民革中央企业家联谊会、北京荟聚三佳科技有限公司捐赠价值17.5万元的“不染汤”植物饮料1000箱，为延庆区疫情防控一线送来清凉，为一线防控工作注入力量。区委统战部、民革中央企业家联谊会相关领导出席活动。

（贾茜）

7月21日，民革中央企业家联谊会到区爱心捐赠（区委统战部供稿）

【“民革送法延庆行”讲座】 8月30日，由民革延庆支部主办、延庆区大庄科乡人民政府协办的“我为群众办实事，民革送法延庆行”法律讲座在大庄科乡举办。讲座是民革延庆支部“法润妫川”送法下乡系列活动的一部分，由北京金诚同达律师事务所合伙人蔡滢炜律师

主讲。讲座采取案例教学方式，围绕《最高人民法院关于适用民法典婚姻家庭编的解释》展开，内容包括生育权纠纷、夫妻共同财产与夫妻共同债务、离婚事由中的过错等常见婚姻纠纷问题。全乡29个行政村两委干部和文化宣传员通过视频连线方式参加培训。

（贾茜）

中国民主同盟延庆支部

【盟史学习教育培训】 3月19日，为庆祝民盟组织成立81周年，民盟延庆总支通过线上会议的方式开展盟史学习教育培训活动。邀请北京市政协常委、民盟北京市委一级巡视员、北京社会主义学院特聘教授宋慰祖老师，以《做一名合格的参政党成员》为主题，为广大盟员讲述盟史故事、传授参政议政经验。民盟延庆总支新老班子成员、4个支部的部分盟员以及入盟积极分子50余人参加培训。

（贾茜）

11月2日，民盟延庆支部学习中共二十大精神
（区委统战部供稿）

【奥运冠军与小学生“云谈心”】 5月31日，民盟延庆总支联合民盟北京市委体育发展委员会开展弘扬奥运精神，争做文明少年——奥运冠军与小学生“云谈心·庆六一”活动。邀请悉尼奥运会跳水冠军李娜作为嘉宾，和北京市延庆区姚家营小学、河北省怀来县北辛堡学校的师生，一起畅聊个人成长经历、体育的乐趣、参加奥运会的感受等话题。两校师生及市区两级民盟组织成员70余人参加活动。

（贾茜）

中国民主建国会延庆支部

【网站宣传获民建北京市委表彰】 年内，民建北京市委召开宣传工作会，对2022年度网站工作先进集体和个人进行表彰。民建延庆支部被评为“网站工作先进集体”，民建延庆支部王伟叶、魏宏娜、韩艳、陈瑞鹏、田文君5名会员被评为民建北京市委网站工作优秀通讯员。

（贾茜）

【专项调研】 年内，民建延庆支部多措并举对区农民专业合作社进行专项调查研究。组织会员就《中华人民共和国农民专业合作社法》进行学习、交流；邀请区农业农村局负责农民专业合作社规范化建设的会员介绍全区合作社发展整体情况；组织会员到国家级示范社北京金粟种植专业合作社、北京五福兴农种植专业合作社联合社进行实地调研，了解相关企业的管理理念、经营状况、盈余分配、农产品销售、带动就业等情况并就现阶段存在问题、困难及未来发展规划进行讨论交流。

（贾茜）

10月29日，民建延庆支部开展助力乡村振兴调研活动（区委统战部供稿）

中国民主促进会延庆总支部

【新冠肺炎疫情防控】 年内，民进延庆总支成立防疫心理疏导、核酸采样检测和社区防疫值守3个小组，助力疫情防控。防疫心理疏导组进行心理辅导服务值守累计300小时，完成16次隔离学生心理疏导工作，在延庆区融媒体中心举办3场讲座；核酸检测组完成核酸采样5万余人次；社区防疫值守组下沉社区值守187次，累计616小时。

（贾茜）

年内，民进延庆总支部参与同心抗疫
（区委统战部供稿）

中国农工民主党延庆支部

【马克思主义读书会】 9月24日，农工党延庆支部举办“喜迎中共二十大，诵秋书香话妫川”同心·延马克思主义读书会暨“喜迎二十大·健康每一天”趣味运动健身活动。读书会分享《马克思传》，与会人员交流读书心得。

（贾茜）

中国致公党延庆支部

【致公党延庆支部成立】 4月23日，中国致公党北京市延庆支部委员会成立大会召开。区委常委、统战部部长索轶军，致公党北京市委专职副主委刘学增出席会议。会议选举产生致公党延庆支部第一届委员会，陈昕当选为主任委员，陈风奇、李璐当选为委员。

（贾茜）

4月23日，致公党延庆支部成立（区委统战部供稿）

九三学社延庆支社

【九三学社市委到区调研】 8月10日，九三学社中央常委、北京市政协副秘书长、九三学社北京市委专职副主委、一级巡视员李丽萍率九三学社专家团队到延庆开展专题调研。专家团队结合自身专业，围绕推动京张体育文化旅游带建设、长城遗产的保护利用、冰雪科技发展、农产品品牌建设、精品民宿发展等开展座谈交流，为延庆“后冬奥”时代利用好冬奥遗产、走好高质量绿色发展之路提出宝贵意见建议。

（贾茜）

10月29日，九三学社延庆支社下乡义诊
（区委统战部供稿）

【延庆支社义诊】 10月29日，九三学社延庆支社主委吴辰英带队，到刘斌堡乡观西沟村开展“践行二十大精神，牢记医心使命，奋进健康新征程”义诊活动。区医院、区中医院和社区卫生机构的11名医疗专家免费为村民提供医疗咨询、健康体检、医疗保健等卫生服务。现场分设骨科、妇科、中医科、中西医结合科、呼吸内科、神经内科、大内科、放射科、全科、用药咨询等10个科目，满足群众不同的看病需求。此次义诊共接待咨询患者70余名，现场量血压、测血糖60余人次，发放宣传材料200余份。

（贾茜）

（栏目编辑：王新华）

人民团体

延庆区总工会

【概况】 2022年，北京市延庆区总工会下辖北京市延庆区工人文化宫和北京市延庆区职工服务中心2个事业单位，全区有直属基层工会67个、基层工会507个，涵盖3277个单位。新建单独基层工会组织28个、工会联合会1个，其中联合工会新增涵盖单位1518家，百人以上新建会任务完成率250%，会员25人以上单位新建会任务完成率400%。新发展会员2545人，会员总数达到52483人，其中吸纳新就业形态劳动者会员3751名。截至年底，完成北京庆隆建设管理有限公司、北京夏都园林绿化有限公司两家国有企业工会组建工作，区管11家国有企业建会率100%。按照“会、站、家”合一的工作要求，新建示范职工之家1家、职工暖心驿站21家。年内，经北京市延庆区总工会第二届委员会第四次全体会议选举，延庆区人大常委会党组副书记、副主任贺常荣当选为北京市延庆区总工会第二届委员会主席。全年完成工会经费税务代收系统与基层组建系统对接升级基础工作；完成213家单位2022年度工会经费申报工作，累计收缴工会经费2665万余元，区总工会留成413万余元。完成115家小微企业158万元工会经费返还工作以及市、区两级总工会全年累计补贴、返还基层工会191.25万元。为12家“两新”组织工会补贴组建专项经费6.8万元、5家新建会单位补助刻制印章费用0.44万元，拨付市总工会组建专项经费26.01万元，其中2021年度新业态、新就业群体建会入会专项经费补助8.63万元。组织398名新就业群体职工参加免费体检，为961人次职工提供互助保障金176.26万元，二次报销2.8万人次491.35万元，普惠服务职工23万余人次。组织全区工会志愿者9000余人参加疫情防控工作，并设立50万元疫情防控工作专项资金，用于帮扶慰问工作。同时开展劳模宣讲会，成立“劳模应急志愿服务队”，组织全区1.7万余名职工参与“学习宣传二十大 推进五强工会建设”答题活动。全区共开展职工沟通会119场、企业沟通会22场、职工咨询3355人次。区总工会“线上+线下”普法宣传活动累计开展23场次，受众1.17万余人次。指导推进集体协商工作，187家企业开展工资集体协商，覆盖职工10378人。对4家燃气经营企业开展安全生产群众性监督检查工作。配合区人力社保局举办线上就业招聘会48场、就业技能培训20场，累计受益2334人次。成功调解劳动争议案件8件，涉及职工8人，为职工挽回经济损失31.5万元。全年提供法律咨询服务200余次。

单位名称：延庆区总工会
地　　址：延庆区高塔街66号
电　　话：69143298

（王慧欣）

【工会干部培训】 年内，组织53名工会干部参加基层组织建设工作视频会培训；为乡镇街道、中关村延庆园组建工作者开展“一对一”培训；联合市总工会、工会干部学院免费提供的4场“公益送教”活动。全年共组织培训12场次，受益950余人次。

（王慧欣）

4月12日，为外卖小哥发放职工户外暖心驿站服务卡
（区总工会供稿）

【工会组织规范化建设】 年内，基层组织建设系统上线，完成2553余家工作对象核实，指导518家基层工会完成工会组织建设新系统注册，累计注册率93.33%；已登录组建系统单位462家，登录率83.24%，位全市第二；规范

2678家有会员单位组织隶属关系，分配建会率99.93%，位全市第一。累计指导117家工会完善单位基础信息。完成市总对中关村延庆园的工会组织规范化建设验收工作。指导503家基层工会完成2022年度统计年报填报工作，填报率100%，完成年统任务。指导69家基层工会线上线下变更工会名称。

（王慧欣）

【工会服务体系建设】 年内，对基层工会申报的1家示范职工之家、1家百人以上新建会企业职工之家、21家职工暖心驿站建设情况进行实地验收，拍照留档。到年底，有持证工会453个，年度新申请工会30个；12351热线派单44件，完成率100%。

（王慧欣）

【劳模服务与管理】 年内，推荐评选全国五一劳动奖章1个、首都劳动奖状1个、首都劳动奖章3个、北京市工人先锋号2个。春节期间，慰问在职劳模（含享受市级劳模待遇）4人；为135名市级以上劳模申请发放春节慰问金（含全国劳模荣誉津贴）15.1万元；为市级以上劳模15人次申请特殊困难帮扶金及生活困难补助金25.2万元。组织34名在职全国劳模、省部级劳模和首都劳动奖章获得者参加“匠心守初心 喜迎二十大”主题劳模京内疗休养活动。国庆节期间，为65周岁以上全国劳模发放慰问金1500元。疫情防控期间，为支援一线的先进劳模拍摄宣传片，并在延庆在线、延庆电视台播出；成立“劳模应急志愿服务队”，开展“劳动创造幸福 奋斗开创未来”主题活动。目前，共有在职劳模41人、退休劳模93人；在职劳动奖章获得者21人、退休劳动奖章获得者16人。

（王慧欣）

【服务基层职工】 年内，开展持“工会会员互助服务卡”到指定医院就医免普通医事服务费活动、“魅力三八节 浓浓工会情”“扶贫助困暖人心 携手同心促发展”“喜迎二十大·创城做贡献·携手游妫川”等6个普惠制服务项目。组织398名快递员、网约配送员、网约车司机、货车司机在临时体检区参加免费体检。同时指导基层工会开展服务项目9个，会员参与率100%，累计服务职工23万余人次。

（王慧欣）

8月30日，新业态、新就业群体参加免费体检（区总工会供稿）

【“职工技协杯”职业技能竞赛】 年内，开展“喜迎二十大 建功新时代”2022年延庆区“职工技协杯”职业技能竞赛活动，同方药业集团有限公司、斯贝福（北京）生物技术有限公司、延庆法院、延庆区医院、延庆中医院、市政设施管理中心6家单位承办此次技能大赛，分别开展了精密仪器操作、小鼠尾静脉注射、司法警察、静脉留置针输液技术、中药辨识、防汛排水泵组装等19个竞赛项目，组织近40场次竞赛，1000余名职工报名参与。共有114名参赛职工取得区级竞赛名次，其中一等奖19人、二等奖38人、三等奖57人。

（王慧欣）

9月15日，市政职工技能竞赛（区总工会供稿）

【慰问相关人员】 年内，慰问核酸检测点位、社区卫生服务中心、方舱医院、集中隔离点、进京站点、社区卡口及快递员送餐员等疫情防控一线工作者及新就业形态劳动者6000余人次，共计发放慰问款物70余万元。在“两节”及冬奥会、冬残奥会期间，慰问驻店服务保障职工、新就业新业态职工和疫情防控一线工作者1万余人次，累计发放慰问款物270余万元。全年慰问困难职工195人次，发放慰问款物22.68万元，同时为5名职工及其家属申请0.8万元的温暖基金慰问金。

（王慧欣）

1月，区总工会慰问一线职工（区总工会供稿）

【职业技能人才发展助推工程】 年内，开展“市级（示范性）职工创新工作室”“首都职工自主创新成果”“名师带徒”申报活动、创新工作室创新项目助推工作。1月，北京中农绿康有限公司张丽霞创新工作室项目助推（草莓连作障碍的绿色防控技术示范推广），获得2021年助推项目资金5万元；延庆区林业保护站王长民创新工作室项目助推（不同颜色诱虫板诱集害虫效果研究），获得2021年助推项目资金10万元。其中张丽霞及其徒弟荣获“名师带徒”称号，组织中农绿康张丽霞创新工作室的抗重茬微生态制剂的研制与应用项目获得2021年全国总工会职工技术成果优秀奖，于4月参加深圳首届大国工匠创新交流大会。

（王慧欣）

【职工互助保障】 年内，推进职工住院医疗（津贴）、重大疾病、意外伤害“三位一体”的互助保障活动，吸纳26596名互助保障会员。为213个基层单位3.97万人次投保371.44万元，比上年同期增长0.94%；赔付非工伤意外伤害及家财损失综合互助保障计划66人次，赔付金额11.93万元；互助互济活动涉及会员二次救助、会员慰问以及非会员爱心慰问，受助职工289人次，二次救助金额28万元；6项会费型互助保障活动受助职工961人次，互助金共计176.26万元；为劳模、八大群体及新就业群体等特殊群体25人次理赔15.78万元。同时完成23名超封顶线职工理赔申报工作，累计核实二次报销信息28022人次，金额491.35万元。

（王慧欣）

【工会经费审计】 年内，对区总工会本级、工人文化宫、保险代办处、50家直属基层工会和1家基层工会2021年度财务收支及预算执行情况进行审计，出具审计报告54份；对15名基层工会领导干部任期工会经费使用情况进行审计，出具审计报告15份。

（王慧欣）

【单身职工联谊和“幸福家庭”评选】 年内，全区各单位200余名单身男女青年参加“爱满京城 相约幸福 缘来你在最美延庆”单身职工线上联谊活动。开展2021年度北京职工“幸福家庭”评选活动，共有4户家庭获得称号。

（王慧欣）

【冬奥服务保障】 2月3日，开展“喜迎二十大，助力冬奥冬残奥”活动。组织现场观众594人（含70个家庭）、工作人员51人在八达岭长城、世界葡萄博览园两个区域的11个重要点位

3月3日，区总工会组织职工在北京世园公园区参与冬残奥会火炬传递（区总工会供稿）

服务保障冬奥会火炬传递工作。3月3日，组织现场观众260人、工作人员46人在北京世园公园区域的11个重要点位服务保障冬残奥会火炬传递工作。

（王慧欣）

【夏送清凉活动】 6月至8月，慰问市政养护队、城管执法局、市场监管局综合执法大队、公安局派出所、园林管理中心、邮政快递等17家单位近千名一线工作者，为防疫抗疫一线职工和医护工作者送去绿豆、白糖、矿泉水、菊花茶等价值5万余元的防暑降温慰问品。

（王慧欣）

【文体活动】 7月至11月，区总工会联合区文联、区文化馆共同主办“学习宣传二十大 建设最美冬奥城”延庆区书法、美术、摄影、征文、诗词比赛暨区总工会第一届职工文化艺术节活动，共征集作品千余篇。8月17日，开展“强国复兴有我”延庆职工体质测试活动，200余名职工参与比赛。8月24日、25日，举办“喜迎二十大 建功新时代”延庆职工第四十届象棋比赛，72名职工参与比赛。11月24日至12月5日，开展“学习宣传二十大 推进五强工会建设”职工知识竞赛活动，16000余人参与活动，随机抽取300名答题正确的职工给予奖励。

（王慧欣）

【金秋助学活动】 9月，对15名困难职工子女进行救助，其中九年义务教育阶段5人、高中及中等职业教育阶段6人、大专及以上4人，共发放助学金9.18万元。

（王慧欣）

共青团延庆区委员会

【概况】 共青团北京市延庆区委员会（简称团区委）是在区委领导下的延庆区先进青年群众组织，是党联系青年的桥梁和纽带。全区有直属团组织92个，其中机关事业单位团组织37个、团教工委1个、国企和商业团组织11个，街乡镇团组织18个、“两新”团组织25个。新发展并录系统的团员共383名。截至年底，全区在“志愿北京”平台共有实名注册志愿者87023人，其中有志愿服务时间记录的志愿者72419人，有志愿服务时间记录的志愿者人数占注册志愿者总人数的比例为83.2%。在冬奥会服务保障期间，全区上岗城市志愿者近5万人次，累计服务时长超过10万小时，完成北京冬奥会和冬残奥会火炬传递保障，物资分发，冬奥会、冬残奥会开闭幕式观众的远端集结和冬奥会、冬残奥会比赛观众远端集结等志愿服务。年内，制定《疫情防控志愿服务项目发布指南》，引导共青团和志愿组织通过参与疫情防控志愿服务，在各社区（村）开展疫情防控工作。引导广大青年志愿者开展创城志愿服务活动，对标对表创城指标要求，会同相关部门，统筹做好网上申报材料撰写工作；及时更新志愿者实名注册、志愿项目发布和志愿时长的录入等内容。开展希望之星（1+1）、远洋之帆等专项捐助活动，为160余名经济困难学生争取“助学金”25万余元。重要节日期间走访慰问，为困境青少年发放24万余元的爱心物资。

单位名称：共青团北京市延庆区委员会
地　　址：延庆区新城街2号
电　　话：69140120

（卢佳）

3月4日，延庆乡亲志愿者服务八达岭古长城火炬传递（团区委供稿）

【星级评定】 年内，对全区48个团支部开展“对标定级”工作并进行汇总复核，针对涣散团支部进行分析，限期整改后进行重新复核。最终确定五星团支部12个、四星团支部20个、三星团支部16个。

（卢佳）

【“延庆乡亲”志愿服务项目扶持】 年初，评选出2个重点项目、10个特色项目、22个小微项目入围延庆区新时代文明实践“延庆乡亲”志愿服务项目。全年34个项目累计开展活动580场次，参与志愿者2万人次，累计志愿服务时长60639.5小时。其中“邻里守望齐参与‘三微’行动暖人心”志愿服务项目获得2022年首都志愿服务项目大赛金奖。另有5个项目分别获得2个银奖、1个铜奖以及2个提名奖。

（张景睿）

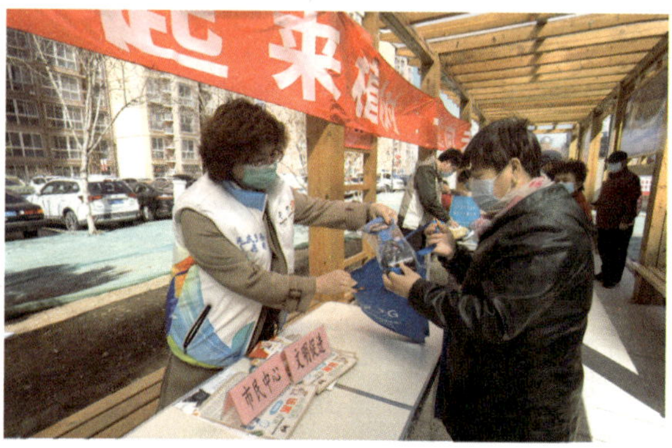

3月31日，团区委、区志联在儒林街道开展志愿服务展示交流活动（团区委供稿）

【“关爱城市守护者计划”活动】 1月，开展“关爱城市守护者计划”活动，为春节前入驻冬奥场馆基层保障人员的家人，以及节日期间留京过年青年群体发放“过年大礼包”2.8万余元。

（卢佳）

【“云端生日会·浓浓冬奥情”活动】 2月至3月，开展“云端生日会·浓浓冬奥情”活动。为冬奥闭环人员家属送去生日蛋糕及祝福，帮助闭环人员与家人过云端生日会。发放生日蛋糕102个，价值约1.6万元。为外区在延支援冬奥的服务保障人员家属共计239人送去元宵节慰问物资。

（卢佳）

【青少年系列活动】 3月7日，在延庆三中开展阳光普法大篷车之禁毒宣传进校园活动，近200名青少年参与。3月至4月，开展“为青春护航”青少年心理健康关爱活动。围绕青春期健康知识、心理健康知识、自我保护常识等内容，为延庆初中的青少年开展青春期心理健康关爱项目36场，直接服务青少年3000人次。7月至9月，先后开展爱国主义教育、消防安全、城市体验等系列活动，10家社区青年汇共计开展83场，2000余名青少年参加。

（卢佳）

3月7日，在延庆三中开展禁毒宣传进校园活动（团区委供稿）

【五四运动103周年线上宣讲】 4月29日，延庆区举办“建团百年正青春 冬奥有我绽芳华”纪念五四运动103周年线上宣讲活动。6名服务保障冬奥会、冬残奥会的优秀青年代表，通过宣讲形式充分展示延庆青年热情开朗、大气开放、积极向上、乐于奉献的精神风貌，践行好“延庆是属于未来的”殷切嘱托，接续奋斗建设生态文明幸福最美冬奥城，为迎接党的二十大献上青春贺礼。

（赵东冉）

4月29日，举行“五四”线上宣讲活动
（团区委供稿）

8月8日，青少年成长营活动启动
（团区委供稿）

【为抗疫一线人员筹集慰问物资】 5月至12月，开展“青力而为，战疫到底”慰问活动。团区委通过协调市级资源以及号召区内青创会等爱心企业捐赠，为抗疫一线人员筹集36万余元慰问物资。

（卢佳）

【七夕节特别活动】 7月31日，区委宣传部、团区委、区网信办共同主办的“爱满京城 相约幸福”2022七夕节文化活动，全区机关企事业单位的120余名单身青年参加。现场共计6对青年男女成功牵手。8月4日，在野鸭湖湿地公园开展《最强CP，等你来战》七夕特别活动，40名优秀的单身青年参加，活动通过线上直播互动、电商带货等形式，在服务青年婚恋交友的同时，推广延庆旅游业、推销农产品、宣传环保理念等，5000余人在线观看、4000余条评论、近万次点赞。

（赵东冉）

【青少年成长营活动】 8月8日至11日，开展“种下小梦想 团团伴成长”青少年成长营活动。以“物质帮扶+精神关爱”相结合的方式，共招募家庭困难、品学兼优、身体健康的31名适龄青少年参与，活动设置参观延庆三张“金名片”、讲红色故事、开设心理健康等内容。

（卢佳）

【庆中秋活动】 9月10日，延庆社区青年汇特举办“巧手做月饼 情暖中秋节”——中秋节手工月饼制作活动。9月中旬，中秋前夕延庆团区委联合北京市青少年发展青基会、金果园老农（北京）食品股份有限公司，开展“情暖中秋，有福童享”青少年中秋节关爱活动，慰问557名青少年及其家庭。9月25日，组织“秋日限定，相约世‘缘’”交友联谊活动。各机关企事业单位、中关村延庆园各类企业的50位单身青年在北京世园公园开启一整天的浪漫之旅。

（赵东冉）

【新青年城市体验营活动】 9月30日，“庆国庆喜迎二十大，助小哥同游八达岭”新青年城市体验营活动在八达岭长城举行。美团、京东、顺丰等多家企业的快递、外卖小哥及家人，还有近90名青少年与游客们一起观看表演，登夜长城，共庆国庆佳节，喜迎二十大召开。

（赵东冉）

【新青年助农体验活动】 10月5日，延庆社区青年汇组织130余位青少年在八达岭镇里炮苹果农场，开展新青年助农体验活动。活动设置现代农业种植技术讲解、农业专家现场与青少年互动交流、青少年助农体验、实地采摘苹果和以家庭为组动手挖花生5个项目。

（赵东冉）

【**新青年青春读书会主题活动**】 10月，康庄青春乐园·社区青年汇联合康庄消防救援站，恒安搭把手·社区青年汇联合美国语言学院，康庄青春乐园·社区青年汇联合康庄镇团委，振兴南·社区青年汇联合芒果24h文创书店，开展“喜迎二十大，永远跟党走，奋进新征程”“新青年青春读书会——带你走进《习近平与大学生朋友们》”主题活动，4场读书活动，覆盖80余人。

（赵东冉）

10月，开展青春读书会活动（团区委供稿）

【**夜场滑雪培训**】 12月，依托全区10家社区青年汇开展石京龙滑雪场夜场滑雪培训活动，聘请延庆滑雪协会会员为教练，累计培训青年1800余人次。

（赵东冉）

延庆区妇女联合会

【**概况**】 北京市延庆区妇女联合会（简称区妇联）是中共延庆区委领导下的延庆区各族各界妇女的群众团体组织，是党和政府联系妇女群众的桥梁和纽带，代表和维护妇女权益，促进男女平等。全区设15个乡镇妇联、3个街道妇联、376个村妇联、52个社区妇联，在全区机关事业单位中建立妇联组织68个，在机关事业单位下属单位中建立妇联组织106个，两新组织中建立妇联组织273家。区妇联始终坚持“党政所需、妇女所急、妇联所能”的工作定位，关爱服务保障冬奥会优秀女性9520人，开展3期“冬奥有她”赋能项目，受益近千人，组织50个家庭参与亲子滑冰培训。争取市级创业项目110万元，对接邮储银行发放贷款5625万元。组织3期网络直播带货培训推动复工复产，446个妇女议事会在基层治理中发挥重要作用。关爱抗疫一线女性群体，送去物资10350件。评选区级最美家庭文明家庭300户、市级5户、全国2户。成立家庭家教家风联席会，设立3个家庭教育指导服务中心，开展各类课程252场次，受益人群近10万人次。打造“法融万家”共建品牌，开展普法宣讲37场，矛盾排查及调解1560次。慰问困境妇儿632人次，发放慰问款近40万元，深入基层开展宣讲11场，各类媒体推送信息1099条。2022年获得北京市妇女儿童工作先进集体称号和2022年度妇女宣传舆论阵地建设先进单位称号。年内，延庆区家庭教育工作指导委员会在区妇女儿童社会服务中心挂牌成立区级家庭教育指导中心。建立动态管理机制，在“两新”组织中建立妇联组织273家，覆盖445家两新组织，实现组织广覆盖。

单位名称：延庆区妇女联合会
地　　址：延庆区新城街2号
电　　话：69143467

（刘雪雅）

2月16日，区妇联与区法院就品牌共建进行座谈
（区妇联供稿）

【**幼儿安全教育公益项目**】 年内，在北京妇女儿童发展基金会的支持下启动“护航成长

儿童安全进家庭”——延庆区妇联幼儿安全教育公益项目，为全区各乡镇街道0～3岁儿童家庭发放儿童安全座椅近300个，开展儿童安全教育线上课程36场次，发放安全教育图书6000余册。活动被北京市突发事件应急委员会办公室、北京市安全生产委员会办公室和北京市防火安全委员会办公室评为安全宣传“五进”最佳实践活动。

（冯雅洁）

【寻找“最美家庭”暨“文明家庭”创建】 年内，联合区委宣传部、区委组织部、区纪委监委等7家单位发布《延庆区2022年寻找“最美家庭”实施方案》，在全区范围内，开展寻找“最美家庭”“文明家庭”活动，通过“月寻、季推、年评选”的方式，评选“爱国爱家、科学教子、绿色环保、孝老爱亲、勤俭节约、邻里互助、热心公益、绿色家庭”等美德家庭。推选区级“最美家庭”“文明家庭”300户，13户获得“首都最美家庭”荣誉，1户获得“首都最美家庭”提名荣誉。1户获得全国“五好家庭”荣誉称号，1户获得全国“最美家庭”荣誉称号。

（冯雅洁）

【妇女儿童帮扶救助】 年内，依托北京妇女儿童发展基金会的平台，开展“一元捐”“春蕾计划”品牌募捐工作，募集善款40余万元。通过项目化运作的模式，慰问单亲母亲、两癌患病妇女、生活困难的抗疫工作者、留守儿童、低保女童等困境妇女儿童632人次，发放慰问款近40万元。为环卫女工和女外卖员发放价值4.4万余元的防疫物资。

（冯雅洁）

【新冠肺炎疫情防控】 年内，通过“妫川女性”微信公众号和各级妇联组织微信群发出疫情防控倡议书，76名乡镇街道专兼职主席副主席、428名村社区妇联主席、2800余名城口女干部女职工、巾帼志愿者5200余人、志愿家庭1359个持续参与常态化日常防疫工作。

（王曦然）

【“妇女之家”服务大讲堂】 年内，联合市妇干校开展第六期“妇女之家”服务大讲堂，以“点单+定制”“区外+区内”“线上+线下”培训的方式，为基层妇联干部开展乡村振兴、心理疏导、女性健康知识、信息写作与宣传及手工制作等48场培训，全区20余个单位参与，参训2805人次。

（王曦然）

【关心关爱新业态女性群体】 年内，对新业态新就业群体女性从业人员进行重新摸牌，有驿姐104名，其中快递员57名、外卖送餐员23名、网约车司机24名，通过各种形式在新业态新就业群体建立妇联组织17个，实现组织全覆盖。强化思想引领，邀请部分驿姐参与宣讲、培训等各类活动。加强关心关爱，争取市区两级资金支持，为其配发N95口罩、收纳包、暖暖杯、心理解压图册及妇字号基地参观体验卡，邀请巧娘开展手工制作培训活动。选树典型，安亚雷家庭获得首都“最美家庭”称号，徐恩霞获得北京市“最美妇联执委”称号。

（王曦然）

【“最美妇联人”评选】 年内，面向区、乡镇街道、机关事业单位、两新组织、新业态新就业群体中的专兼职妇联干部、代表执委，开展“延庆区最美妇联人”选树活动，共评选“延庆区最美妇联人”100名。

（王曦然）

【志愿服务】 年内，以服务冬奥会为契机，指导各基层妇联在志愿北京注册志愿家庭服务队397支，注册家庭1303户，注册志愿者5315人。常态化开展空巢老人残疾人服务、垃圾分类、环境整治、文明引领、安全维稳等志愿服务活动，全年共开展志愿服务12314次，参与志愿家庭、巾帼志愿者49462人次。

（王曦然）

【儿童绘画被妇儿博物馆展出并收藏】 年内，区妇联面向全区少年儿童开展“童绘冬奥”绘画作品征集活动，其中的优秀作品上报全国妇联、市妇联参赛。马语涵、王姬元等6

名小朋友的画作入选全国妇联家庭和儿童工作部、中国妇女儿童博物馆共同主办的“少年儿童迎冬奥——第二届全国儿童绘画展”，作品被中国妇儿博物馆展出并收藏。

（冯雅洁）

【两节走访慰问】 元旦春节期间，开展以“营造温暖之家，共享美好生活”访慰问活动，投入22.4万元，慰问延庆地区中华人民共和国成立前妇救会主任、单亲困难母亲、纯老年人家庭困难妇女、参加抗疫工作的困难女性、生活困难军人家庭的女性、服务冬奥生活困难的巾帼志愿者、患重大疾病的困难妇女等；关爱环卫女工，送去200个冬日暖心包（保温杯、棉手套和暖贴）；关爱未成年人，为52名山区儿童赠送棉马甲。

（冯雅洁）

【关心关爱冬奥闭环人员及家庭】 2月，陆续开展“缭绕在手腕 萦绕在心间 温暖过佳节”手绳编制活动，为延庆冬奥村服务保障人员、快乐假日住店大学生志愿者配发彩绳材料包2850份，邀请专业巧娘线上录制教程，大家线上学习线下体验制作；开展“彩绘秘密花园 放飞美丽心情”活动，为移出隔离期的女性冬奥闭环内工作人员和服务保障人员配发《秘密花园》心理解压图册和彩色铅笔5100套。

（王曦然）

【“三八”服务季主题活动】 3月初，区妇联领导分别带队，到区文旅局赛事综合保障组、区市场监管局、区商务局、区气象局、美团等单位慰问服务保障冬奥会的优秀女性；到康大姐志愿者协会、冬奥小镇、三个街道，慰问村、社区巾帼志愿者和志愿服务家庭。为延庆冬奥村、冬残奥会颁奖广场残疾人演职人员、冬残奥闭环人员、冬奥会隔离人员中的女性送去祝福和慰问，累计慰问9520人，慰问金和慰问物资达111.5万元。区妇联还通过“妫川女性”微信公众号、“北京延庆”APP，开设“冬奥有她”我和冬奥的故事及“巾帼喜迎二十大 建设最美冬奥城”典型宣传活动，开展“妇女之家”服务大讲堂，实施家庭成长项目，推进公益服务进社区；联合相关部门开展“三八”维权周普法宣传、网上招聘会、空中课堂等活动。

（王曦然）

【“三八”维权周活动】 3月2日至8日，区妇联持续开展以“共创平安家庭 共建法治延庆”为主题的“三八”维权周活动，通过微信公众号、微信群发布反家暴微视频、精选普法案例等进行线上微普法，进行民法典知识讲座21场，参与妇女780余人，开展普法宣传活动365场次，发放宣传品1.23万份，受益群众1.32万人次。举办心理健康知识讲座、两癌知识预防、趣味运动会、亲子课堂等活动。

（蔡润民）

【38人获“冬奥村巾帼榜样”称号】 3月8日，区妇联与全国妇联、市妇联共同到延庆冬奥村（冬残奥村），通过实地参观、视频连线等方式，祝村内女性朋友节日快乐，并对38位女同志授予“冬奥村巾帼榜样”称号。

（王曦然）

【“春风送暖农家女”活动】 3月30日，区妇联通过腾讯视频会议形式联合市民政局开展“春风送暖农家女”活动。市民政局社救处副处长王璐以视频形式送温暖，给予延庆创业女性代表贺玉玲慰问金5000元。

（蔡润民）

【家庭家教家风建设】 3月，区妇联结合延庆区实际情况，制定《关于延庆区进一步加强家庭家教家风建设的实施方案》，并与区委宣传部、区委组织部、区纪委监委等七家单位联合发文，建立联席会工作制度，推进全区家庭家教家风工作。

（冯雅洁）

【反家庭暴力宣传培训】 4月1日，区妇联、区法院联合开展线上《反家庭暴力法》讲座，区法院立案庭庭长王薇主讲，乡镇街道妇联干部、社区（村）妇女议事会成员、机关企事业单位妇联干部250人参与线上学习。11月25日——“国际反家庭暴力日”，区妇联邀请区法院立案庭庭长王薇围绕民法典视域下的反家庭暴力法、人身保护令新规、妇女权益保障法修订等3方面进行专题讲解，乡镇街道妇联干部、村（社区）议事会成员、机关企事业单位妇联干部300人参加学习。

（蔡润民）

【“4·15”全民国家安全教育日活动】 4月，全民国家安全教育日期间，多形式开展线上线下国家安全教育日宣传活动，取得良好成效。共开展活动246场，受益人数达1.7万余人次。

（蔡润民）

【家庭教育宣传周活动】 5月9日至15日，组织全区家庭收看“送法进万家 家教伴成长”全国家庭教育宣传周线上主题活动；引导和动员全区万余家庭成员参与“学习强国”APP内《中华人民共和国家庭教育促进法》线上答题活动；在区妇联微信公众号上发布“新蕊云课堂——居家学习期间如何进行自我心理调适”的直播课程，通过村（社区）家长学校和儿童之家组织家庭在线观看；在区妇联微信公众号上开设家庭教育栏目，结合家庭教育促进法内容，给予家长科学的育儿方法和建议；面向全区乡镇街道、村社区发放《中华人民共和国家庭教育促进法》读本500本。

（冯雅洁）

【妇联二届二次执委会】 5月，召开区妇联二届二次执委会，审议通过《北京市延庆区妇女联合会执行委员会工作制度（试行）》《北京市延庆区第二次妇女代表大会代表联系制度（试行）》。建立起“区妇联主席、副主席及常委—执委—妇女代表—妇女群众”四级联系网络，将全区202名代表，按照代表工作单位、行业领域等，分成9个代表活动小组，明确组长、副组长和联络员，重点推进“做好一个示范、开展一项调研、带动一个领域、帮扶一批群众及培育一批典型”的“五个一”工作要求。

（王曦然）

【国际家庭日活动】 5月，“国际家庭日”期间，邀请全国文明家庭荣誉获得者徐兰凤向广大家庭发出文明倡议，号召大家携手抗疫，沉住气、管住腿、少出门，在“北京延庆”和“妫川女性”微信公众号上发布；组织全区广大家庭线上观看北京市妇联举办的“最美家庭·共向未来”首都最美家庭宣讲活动，并进行线上交流讨论。

（冯雅洁）

【庆“六一”活动】 5月至6月，开展“给祖国妈妈的一封信”书信征集活动；面向全区小朋友征集“六一寄语”，并择优在“妫川女性”公众号展播；开设“家教大讲堂——依法带娃”栏目，推进《中华人民共和国家庭教育法》落地；发放《中华人民共和国家庭教育促进法》500本；慰问低保女童、留守儿童等困境儿童，发放慰问款和物资折合人民币90200元，惠及儿童228人。

（冯雅洁）

【“最美家庭、文明家庭”展示】 6月2日，联合区委组织部、区委宣传部、区文明办、区纪委、区监委、区教委开展“弘扬冬奥精神 展示家庭风采 建设最美冬奥城”延庆区2021年“最美家庭”“文明家庭”展示活动。通过

6月2日，“最美家庭”“文明家庭”表彰展示活动（区妇联供稿）

家庭访谈、家庭事迹宣传片展示的方式，生动讲述延庆区“最美家庭”的动人故事，展示家庭家教家风在基层社会治理中发挥的作用。活动现场为获得2021年延庆区寻找“最美家庭”和创建“文明家庭”活动组织单位颁发证书；宣读《关于2021年寻找“最美家庭”暨“文明家庭”创建活动的表扬通报》；区妇联部署2022年“最美家庭”“文明家庭”工作；启动“清风北京 廉洁

齐家”家风作品征集活动。

（冯雅洁）

【2家企业入驻女性双创基地】 6月10日，举办第二批企业入驻女性创新创业基地现场路演评审会，益启文化、乔尔鸽衫、宣奕闻告、爱UV传统版画、李氏灯笼文创5家文化类企业参加路演，通过专家评审，最终爱UV传统版画、李氏灯笼2家企业入驻女性双创基地。

（蔡润民）

【“6·26国际禁毒日”主题宣传】 6月，国际禁毒日前夕，通过广播、电子屏、张贴海报、发放宣传材料等形式开展禁毒宣传活动，共发放宣传材料6810余份，线上线下受益人群2.86万余人。

（蔡润民）

【未成年人暑期服务】 7月14日至22日，对全区18个乡镇街道的村（社区）家长学校的活动场地、档案记录和工作开展情况逐一进行检查，并对发现的问题进行整改指导。7月至8月，区妇联以“少年儿童心向党 用心用情伴成长”为主题，通过家校社协同，开展2022暑期儿童关爱服务活动。活动覆盖全区18个乡镇街道，共开展各类活动672场，参与活动的志愿者2798人，受益家长和儿童16553人次，走访慰问困境儿童686人次、留守儿童119人次。

（冯雅洁）

【滑冰滑雪培训】 8月10日至24日，联合区体育局、区第二幼儿园，组织开展2022年延庆区“小手拉大手”亲子滑冰培训，全区50组家庭参加。12月，组织巾帼滑雪队22名队员开展滑雪培训。

（冯雅洁）

【“建功冬奥城”主题宣讲】 8月18日，组建“巾帼心向党 喜迎二十大 建功冬奥城 强国复兴有我”先进事迹宣讲团，开展“巾帼心向党 喜迎二十大 建功冬奥城”群众性主题宣传教育首场宣讲活动。5名宣讲员讲述服务保障冬奥会、乡村振兴、志愿服务、最美家庭等感人故事，开展“强国复兴有我”实事服务活动，邀请巧娘、区妇联执委代表、志愿家庭服务队，为现场群众提供手工艺传承、法律咨询、健康诊疗、家教指导等服务。到年底，宣讲团深入乡镇、街道开展巡回宣讲11场次，直接参与600余人次。

（王曦然）

8月18日，“巾帼心向党 喜迎二十大 建功冬奥城”主题宣讲活动（区妇联供稿）

【“庆中秋 话家风 喜迎二十大”宣讲】 9月7日，区妇联与香营乡联合开展“庆中秋 话家风 喜迎二十大”宣讲活动。全国最美家庭、张山营镇滑雪“达人”郭军华讲述服务冬奥的故事——《圆梦冬奥，一起向未来》，全国文明家庭徐兰凤讲述传承家风的故事——《爱好各异，同聚文明力量》，墨墨祝福志愿者协会志愿者、书园公益课教师杨宗利讲述热心公益的故事——《我与书园的娃娃们》，康庄镇东红寺村巾帼志愿者张改平讲述志愿服务的故事——《康大姐——我永远的骄傲》。村级妇联主席、巾帼志愿者和妇女代表参加。

（冯雅洁）

【手工制作培训】 9月26日，区妇联联合延庆镇，在米家堡村委会开展“庆十一 共抒家国情 喜迎二十大”手工制作培训，40余名家庭代表参加。

（冯雅洁）

【网络直播带货培训进乡村】 10月26日至27日，区妇联开展网络直播带货培训进乡村活动，旧县镇各村妇女30余人参加培训。培训采用“理论加实操”相结合模式，以抖音平台为例，围绕直播内容打造、短视频剪辑、拍摄制作、引流技巧、开播筹备等方面授课。

（蔡润民）

【国家宪法日宣传】 12月4日至10日，组织妇联机关干部学习宪法、习近平法治思想等内容，在社区村宣传栏张贴海报、电子屏及现场咨询等，开展宪法宣传活动55场，受益群众8600余人。

（蔡润民）

延庆区科学技术协会

【概况】 延庆区科学技术协会（简称区科协），是区委领导下的科技工作者群众团体、北京市科协的地方组织。年内，组织实施《延庆区全民科学素质行动规划纲要实施方案（2021—2035）》，成功举办“第二十四届北京延庆科普之春”“全国科普日”“全国科技工作者日”和“延庆区公民科学素质大赛”等活动，全年举办各项实用技术培训班48个，聘请市级专家21人次，实际培训2763人次，向市、区报送各种信息23条。

单位名称：延庆区科学技术协会
地　　址：延庆区高塔街58-1号
电　　话：69141533

（郝合奎）

【市科协战略合作调研】 8月12日，市科协领导率市科协科普部、调宣部、科学中心等一行10人到区商讨战略合作事宜，实地调研世园公司的林果花草蜂药种业创新孵化基地和中关村e谷无人机检测中心，与区科协、中关村延庆园、区农业农村局、区文旅局、世园公司、八达岭文旅集团、北控京奥公司等单位座谈，就“京津冀科协推动冬奥遗产可持续发展行动”、院士专家服务中心建设（“千人进千企”活动）、科技助力乡村振兴工作站建设、公民科学素质建设等战略合作内容进行交流。

（郝合奎）

8月12日，市科协与延庆区战略合作座谈会在区举行（区科协供稿）

【行政文件合法性专业培训】 9月13日，就“北京市科学技术协会与延庆区人民政府战略合作协议”的合法性审查工作事宜，区司法局安排业务骨干主动到区科协给予上门服务。对“战略合作协议”的合作内容、合作机制、报审材料规范等相关内容进行专业指导，并针对延庆区行政规范性文件制定和管理办法等相关业务进行专门培训。

（郝合奎）

【科普论坛】 9月16日至17日，全国科普日“喜迎二十大，科普向未来”北京·延庆第六届天文科普发展论坛、天文教育研讨暨科普进校园活动在旧县镇文体中心和华海田园天文科普教育基地举办。北京市科协、国家天文台、

9月16日，区科协举办第六届天文科普发展论坛活动（区科协供稿）

北京天文馆、北京师范大学天文系、北京市延庆区政协、延庆区科协、延庆区科委等单位的领导、专家以及延庆区中小学的代表等出席开幕式。开幕式上，华海田园科普基地为延庆区

12所中小学校捐赠天文课程及书籍，北京华海田园农业科技有限公司、北京宇观未来科技发展有限公司、北京一片星空天文科普促进中心签署战略合作协议，国家天文台王炜研究员做主题为《系外行星的研究与命名》的科普短报告。开幕式现场，北京科学中心提供60件科普展品供与会者体验。16日下午至17日，在华海田园天文科普教育基举办基地参观、观测太阳、球幕天象厅观影、自由讨论等活动。16日夜间举办观星线上直播《2022年秋季线上星空大会》活动。

（郝合奎）

【京津冀科协深化合作对话会】 9月20日，京津冀科协深化合作对话会暨北京市科协与延庆区全面合作启动会在区举行。会议以“科技赋能 协同发展”为主题，由北京市科协、天津市科协、河北省科协和延庆区共同主办。中国工程院院士金涌、北京市科协党组书记沈洁、区领导于波等现场参加，河北省、天津市科协线上参加。北京市科协与延庆区签署战略合作协议，旨在加强与延庆的密切合作，全面对接引入在京科技资源，助力延庆培育龙头企业，打造具有国际竞争力的绿色产业集群，并挂牌成立延庆区院士专家服务中心和科技助力乡村振兴工作站。

（郝合奎）

9月20日，《北京市科协与延庆区人民政府战略合作协议》签署（区科协供稿）

【科普设施联合行动启动】 9月29日，由中国科学技术馆主办，北京市科学技术协会支持，区科协承办的“喜迎二十大·科普新征程”全国流动科普设施联合行动启动仪式在北京世园公园举行。启动仪式上，广大公众和科技工作者200多人共同观看联合行动的主题宣传片、为流动科普设施单位授旗、现场参观、沉浸式体验科普大篷车等。

（郝合奎）

【全国科普日系列活动】 9月，开展主题为“喜迎二十大，科普向未来”全国科普日系列活动。活动采取主会场+分会场的形式，以北京·延庆第六届天文科普发展论坛作为主场活动，联合53家全民科学素质纲要实施工作办公室成员单位、科普基地、多家企业开展院士讲座、“地学+生态”科普研学、探秘多彩蝴蝶世界暨科普下乡活动等45场科普活动。线上线下约2万人参与。其间，京津冀全民科学素质大赛、全国流动科普设施联合行动两次重大活动在延庆启动。

（郝合奎）

【京津冀公民科学素质线上大赛】 9月，启动京津冀公民科学素质线上大赛，由北京市全民科学素质纲要实施工作办公室和北京市科学技术协会主办，区委组织部、区教委、延庆镇等53家纲要办成员单位组织人员参与。截至年底，共有7966人参与，位列全市第三。11月，延庆赛区遴选出的3名选手参加北京市大赛线上复赛，复赛以线上科普主题演讲+限时竞答的形式进行，区参赛队选手周永刚、许菁、王思源最终以全市第四名的成绩晋级决赛，并在决赛中获得京津冀公民科学素质大赛三等奖。

（郝合奎）

【科学素质大赛】 11月18日，由北京市科学技术协会指导，延庆区公民科学素质纲要实施工作办公室、延庆区科学技术协会、北京科普发展与研究中心主办，延庆区融媒体中心协办的首都科普基层行项目之“科普挑战赛·延庆来参战”2022年延庆区公民科学素质大赛在延庆区融媒体中心落下帷幕。15支参赛队获奖，其中区地震局队获一等奖，区交通局队、康庄镇代表队获二等奖，区教委队、冬雪芬芳队、乘风破浪队、幸福团队、旧县镇代表队获三等奖，中共北京市延庆区委组织部、延庆区教育委员会、延庆区人民政府国有资产监督管理委员会、延庆区文化和旅游局、延庆区科学技术委员会、延庆区地震局等单位获优秀组织奖。

（郝合奎）

11月18日，延庆区公民科学素质大赛在区融媒体中心举行（区科协供稿）

延庆区工商业联合会

【概况】 北京市延庆区工商业联合会（简称工商联）是延庆区委、区政府领导下的由工商界组成的人民团体和民间商会，是党和政府联系非公有制经济人士的桥梁和纽带，是政府管理非公有制经济的助手。2022年，聚焦服务“两个健康”，坚持“信任、团结、服务、引导、教育”的方针，在基层商会建设、优化营商环境、助企纾困等方面发挥“联”字作用，以政治思想引领铸魂，创新服务发展赋能，实现工商联工作全面提升。全年召开线上执委会4次，举办“云培训”5次。组织领导班子成员及会员企业收看党的二十大开幕会，动员部署机关干部和会员企业学习党的二十大报告，收到学习心得30余份、学习感言百余条。在招商引资工作中完成率180%，位列全区处级班子单位第5名。五一、十一、春节期间慰问原工商业者及遗孀15人，共发放慰问金11.2万元。

单位名称：延庆区工商业联合会
地　　址：延庆区新城街2号
电　　话：69101374

（崔鹏）

【意识形态建设】 年内，定期召开党组会、全体会，传达意识形态领域会议文件精神，研究部署工作。通过走访、座谈、单独谈心、对工作群的监管等方式了解民营经济人士思想状况，发现思想偏差及时答疑解惑扭转思想，做好民营经济领域舆情研判。围绕二十大精神、促进民营经济发展等热点问题开展学习讨论，凝聚政治认同。组织会员企业向获得“北京榜样”“时代楷模”“延庆榜样”荣誉称号的6位延庆企业家学习活动，宣扬先进典型事迹。全年“延庆统战”微信公众号进行专刊宣传32期。

（崔鹏）

【非公企业党建】 年内，配合区委组织部创新非公党建融合发展模式，创建“党课联学、活动联搞、支部联建”党建品牌，扩大教育广度和深度，在市工商联第十五届二次执委会上得到通报表扬。全年组织工商联机关及非公经济人士理论学习13次，参与冬奥会服务保障、观赛等活动百余人次，联合会员企业开展文明城区创建，参与非公领域首都文明单位志愿服务活动。

（崔鹏）

【同心抗疫助企纾困】 年内，制定《延庆统一战线助力企业纾困解难工作方案》。全面梳理宣介惠企政策，组织企业收看线上直播政策解读会，转发市区两级相关政策措施和实施细则。发出《致全区广大民营企业和民营企业家的一封信》。深入民营企业开展调研30余次，了解企业的困难问题和意见建议，建立调研台账40条。召开“优化营商环境 激发民营企业活力”座谈会5次，各职能部门现场解答问题。组织“助企纾困 农商对接”洽谈会，促成北京绿野地葡萄种植专业合作社与延庆助农馆京东平台产销双方成功对接，实现销售收入30万元。

（崔鹏）

【“四个平台”服务企业发展】 年内，区工商联创新服务载体，积极搭建会议交流、长效服务、问题收集、宣传展示4个平台，促进民营经济高质量发展。全年组织政企座谈会、银企对接会8次，实现民营企业负责人与区委主要领导及部门领导的面对面沟通。撰写“关于为延庆氢能大巴车示范运行提供政策支持的意见建议”“生活性服务企业疫情面临困难问题的对策建议”等多篇问题建议类信息，为市、区各有关部门制定政策提供参考。

（崔鹏）

【民营企业承担社会责任】 年内，引导民营企业家大力弘扬企业家精神，在抗击疫情、乡村振兴、助力冬奥等行动中履行社会责任。在援驰河南洪灾、对兴和县结对帮扶、对见义勇为英雄周宏勃家的帮扶、抗击新冠疫情及红十字慈善救助中，区炫熿万溢（北京）科技有限公司、芒果未来（北京）文化传播有限公司等10余家企业踊跃捐款捐物127万。

（崔鹏）

【工商联界别政协委员工作室成立】 4月1日，在北京京西北发展集团有限公司挂牌成立延庆区第一个工商联界别政协委员工作室，就经济社会发展、社会民生等问题开展定期研讨，发挥委员专业特长、岗位特点等优势，开展经济政策咨询、创业就业指导等惠企便民服务和社会公益活动。

（崔鹏）

【理想信念教育】 4月19日，联合中关村延庆体育科技创新园企业联合党支部到青龙桥火车站开展“感悟百年京张故事 一起向未来”主题党日活动。8月25日至26日，举办延庆区民营经济人士进修班，共60多人参加；开展“喜迎二十大 永远跟党走”主题党日活动，并参观香山革命纪念馆和双清别墅。

（崔鹏）

【非公经济人士读书会成立】 4月22日，区工商联在会员企业“年轻之光”共享书店开展“创未来”当代马克思主义读书会暨“书香延庆·阅向未来”4·23世界读书日活动，挂牌成立第一家面向非公经济人士的读书会。以“创未来”当代马克思主义读书会的成立为起点，定期开展活动，研讨企业发展的机遇，共同为延庆的发展助力添彩。

（崔鹏）

【延海协作成立理想信念教育基地】 9月16日，延庆、海淀工商联共同举办“延海协作 助力高质量发展暨理想信念教育”活动。在大庄科乡沙塘沟村英雄广场揭牌成立北京首个两地非公经济人士共同的理想信念教育基地。

（崔鹏）

（栏目编辑：孙越凡）

法 治

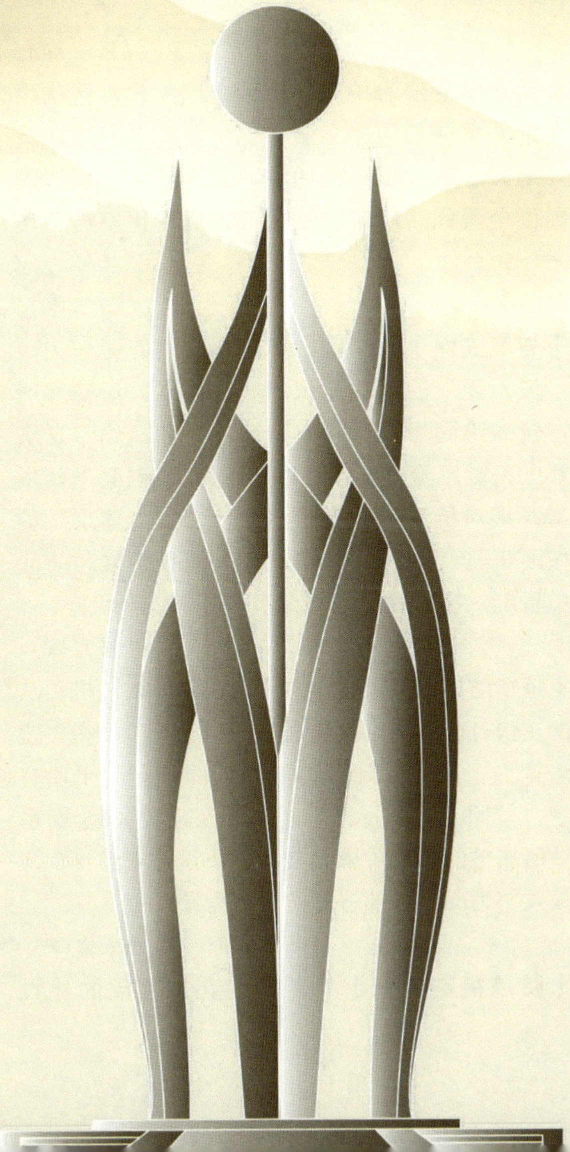

政法委与综治

【概况】 中共北京市延庆区委政法委员会（以下简称区委政法委），是区委领导和管理本区政法工作的职能部门。2022年，延庆区委政法委在区委区政府的坚强领导下，坚持以习近平新时代中国特色社会主义思想为指导，深入贯彻习近平法治思想，聚焦党的二十大安保维稳工作主线，完成冬奥安保各项任务，统筹推进维护政治安全、市域社会治理现代化、扫黑除恶常态化等重点工作，为加快建设生态文明幸福的最美冬奥城营造了安全的政治环境、稳定的社会环境、公正的法治环境、优质的服务环境。

单位名称：中共延庆区委政法委员会

地　　址：延庆区新城街2号

电　　话：69103498

（梁艺）

9月23日，中央政法委第十二督查组到区督查（区委政法委供稿）

【政法队伍教育整顿成果展】 年内，举办“锻造新时代政法铁军 护航最美冬奥城建设”全区政法队伍教育整顿成果展，区四套班子领导、部分人大代表、政协委员及全区政法干部干警分批进行参观，组织参观20批500人次。

（梁艺）

【扫黑除恶斗争】 年内，全面落实常态化开展扫黑除恶斗争的各项措施，聚焦线索深挖、案件严打、“伞”“财”彻查，依法宣判涉恶案件1件7人，9类涉恶因素6起案件全部破案，持续深挖彻查于振平恶势力团伙案件背后相关党员、干部失职失责问题，累计问责24人，依法查封、扣押、冻结涉案资产1885万元。

（王也）

【市域社会治理现代化试点】 年内，对照中央政法委下发的《全国市域社会治理现代化试点工作指引》第二版及北京市下发的《全国市域社会治理现代化试点工作—北京市区域特色工作指引（2022年版）》，全国指引63项重点任务细化分解的267个小项工作已完成262项，完成率98.13%。区域特色工作指引10项重点任务细化分解的43个小项工作全部完成，完成率100%。

（张世涵）

【区法学会法治护航冬奥会】 年内，区法学会推动司法部门建立服务保障冬奥专门团队，开通立、审、执绿色通道，为涉重点工作纠纷提供全流程高质量司法服务，成功化解涉冬奥案件30余件。

（王也）

【冬奥安保】 年内，牢固树立“万无一失、一失万无”的红线意识和底线思维，滚动开展多轮风险隐患排查和舆情风险评估，确定延庆赛区关键风险点45项，细化防范措施146项，反复开展对抗演练、攻防演习。深化“环京”护城河工程，与河北赤城、怀来两县建立联防联控机制，区域联动保障冬奥会期间安全稳定。

（朱雪峰）

【疫情防控期间维稳】 年内，统筹政法机关从严从快打击各类涉疫违法犯罪，处理涉疫相关违法行为多起，保障疫情防控期间社会面平稳有序。按照“冬奥标准”，对涉及延庆区6个街乡镇所属的20个集中隔离点，部署巡逻车组11个，投入警力66人，部署群防群治力量116人。

（朱雪峰）

【防控机制创新】 年内，在加强党的建设

方面，以“五个三”确保党对政法工作的绝对领导持续深入。在重大活动安保方面，形成“1+1+5+8”社会面防控机制，群防群治“12348”工作法，为首都政法工作高质量发展提供“延庆思路”。在维护安全稳定方面，搭建起“1+30+18”组织体系，形成纵向贯通、横向联动的“大安保”格局。

（梁艺）

【区委政法工作会议】 1月27日，区委政法工作会议召开。会议总结党的十九大以后政法工作取得的成效，分析全区政法工作面临的形势和存在的问题。会议要求，政法战线要紧扣贯彻落实党的十九届六中全会精神聚焦发力，紧扣决战决胜冬奥会聚焦发力，紧扣党的二十大安保工作聚焦发力，紧扣扫黑除恶常态化聚焦发力，紧扣市域社会治理现代化聚焦发力，紧扣法治护航最美冬奥城建设聚焦发力，紧扣深化政法领域改革聚焦发力，紧扣教育整顿成果巩固聚焦发力，努力推动全区政法工作再上新台阶，以护航平安冬奥、建设最美冬奥城的优异成绩迎接党的二十大胜利召开。

（梁艺）

1月27日，延庆区委政法工作会议召开
（区委政法委供稿）

【“4·15”全民国家安全教育日宣传】 4月12日，在区融媒体中心一层演播厅举办“喜迎二十大、建设最美冬奥城国家安全教育日”主题宣传活动。活动中播放《反恐法解读》《谨防12种保密违规行为》和国家安全宣传短片，治安志愿者代表、延庆镇及延庆公安分局围绕“维护国家安全、全力确保二十大”的主题分别做表态发言。活动现场向治安志愿者赠送《国家安全知识百问》《公民反恐防范手册》等普法书籍。25日，市委国安办向延庆区发来感谢函，对延庆区组织选派冬奥医疗防疫人员参与市级国家安全宣传活动表示感谢，对延庆区组织开展“4·15全民国家安全教育日”系列教育宣传活动予以充分肯定。

（程荣荣）

【区委平安延庆建设领导小组会议】 5月19日，召开三届区委平安延庆建设领导小组第一次全体会议，于波主持会议并讲话。会议传达市委平安北京建设领导小组2022年第一次全体（扩大）会议精神，审议并通过《2022年平安延庆建设工作要点》《关于建立健全重点行业平安建设协调机制的工作方案》《2021年平安延庆建设工作情况》。

（朱雪峰）

【扫黑除恶斗争领导小组会议】 5月19日，召开延庆区扫黑除恶斗争领导小组2022年第一次会议，于波主持会议并讲话。会议听取《延庆区常态化扫黑除恶斗争报告》，2022年“四大行业领域”牵头部门做表态发言，书面审议《关于建议调整延庆区扫黑除恶斗争领导小组成员的报告》《2022年延庆区常态化开展扫黑除恶斗争工作要点》，部署2022年常态化扫黑除恶工作。

（王也）

【反邪教工作会议】 5月19日，召开2022年区委平安延庆建设领导小组反邪教工作专项组会。会议要求提高政治站位，进一步增强做好反邪教工作的责任感、紧迫感；动态掌握全区邪教人员情况，以最高的责任担当，扎实推进全区反邪教各项工作；突出精准高效，防范化解邪教滋扰破坏风险。落实好防控预案，确保邪教人员及时发现、预警、管控到位。精细管控，严防邪教人员滋事闹事；坚持首善标准，持续推进教育转化、巩固帮教各项工作。抓好教育转化核准入库工作，坚持分类施策，提高转化工作实效，充分发挥“关爱之家”作用，及时开展思想教育、情绪疏导和行为干预；加强组织领导，狠抓工作落实，层层落实责任。要强化统筹推进，确保邪教不成为影响地区稳定的突出因素。

（王立军）

【《反有组织犯罪法》主题宣传月】 5月20日，举行延庆区政法宣传舆论工作部署会暨《反有组织犯罪法》主题宣传月启动仪式。宣传月启动后，全区重点开展《反有组织犯罪法》宣传活动，构建“1+1+2+6”模式推进《反有组织犯罪法》宣传贯彻走深走实，共开展专题学习活动35场，张贴宣传海报3000余张，发放宣传品1万余份，利用宣传屏播放标语、动画10万余次，受教育人数达18万余人，学习宣传情况被中央政法委《长安》杂志作为经验做法刊发推广。

（王也）

【区委国家安委会全体会议】 7月13日，召开区委国家安全委员会2022年第一次全体会议，于波主持会议并讲话。会上就《延庆区委国家安全委员会2022年工作要点》《2021年延庆区国家安全工作总结》《区委国家安全委员会组成人员调整的建议》进行审议。叶大华、吕桂富、刘瑞成等区领导出席会议。

（程荣荣）

【扫黑除恶斗争“回头看”】 7月，区扫黑办牵头组织开展线索核查、案件办理、行业整治3项工作“回头看”，坚持问题导向、严字当头，逐项对照考核内容查找存在问题，形成工作报告，提出整改意见，达到了补短板、强弱项、促提升的预期目的。

（王也）

【法学会换届选举】 8月2日，区法学会第二次会员代表大会暨第二届理事会第一次会议召开。会议审议第一届理事会工作报告，选举产生第二届理事会及领导机构。选举出会长1名、常务副会长1名、副会长9名、秘书长1名、常务理事17名、理事51名。刘瑞成当选延庆区法学会第二届理事会会长。

（王也）

【反诈“百日会战”专项行动总结会】 8月16日，延庆区反诈“百日会战”专项行动总结会召开。会议通报反诈“百日会战”专项行动工作情况，全面总结专项行动取得的阶段性成效，对下一阶段工作进行部署，为全面推进常态长效治理打基础、定基调。专项行动期间，区反诈中心处理预警信息4.5万人次，直接止损74.8万元；上门劝阻15次，挽回损失24万元；止付、冻结银行卡3051张，合计金额达1700余万元。在反诈“百日会战”期间，发案、损失分别下降8.9%、27.4%。

（朱雪峰　侯海清）

【区政法系统政治轮训班】 8月22日至26日，区政法系统举办为期5天的政治轮训班，全区政法各单位的处级干部、优秀年轻干部、政法专业人才、基层一线干警代表以及各乡镇（街道）政法委员共计51名学员参加。

（梁艺）

8月22日，区政法系统轮训班在区委党校开班
（区委政法委供稿）

【“1+3”法治保水框架协议签署】 8月30日，区法院、区检察院以及区委政法委、延庆公安分局相关负责人在延庆分会场参加密云水库上游流域两市三区五县“1+3”法治保水深度合作座谈会暨签约活动。在线观看《画境密云 在水一方》宣传片，签订密云水库上游流域两市三区五县“1+3”法治保水深度协作框架协议。

（梁艺）

【延一张“联防联控”工作联席会】 9月15日，延庆—张家口（怀来、赤城）“联防联控”工作联席会在延庆召开。会上播放2022年北京冬奥会、冬残奥会延庆赛区总结片；延庆区委政法委、延庆公安分局、区应急管理局、区信访办介绍相关工作情况；怀来县委政法委、赤城县委政法委介绍相关工作情况；进一步明确延—张（怀来、赤城）工作对接机制。延庆区、张家口市、怀来县、赤城县相关领导及相关单位负责人参加会议。

（朱雪峰）

9月15日，延庆—张家口（怀来、赤城）“联防联控”工作联席会召开（区委政法委供稿）

法治政府建设

【概况】 年内，召开专题会议动员部署法治建设工作，开展12次工作调度会，针对重点指标开展6次走流程式的督查核查。对标对表《市县法治政府建设示范指标体系（2021年版）》102项指标，制定任务细化分解表，逐项梳理落实举措和印证材料，明确责任单位和工作时限。制定创建工作总体实施方案和人民满意度测评、实地评估2个专项方案，聚焦随机抽考、案卷评查等7个重点环节，明确实施步骤和工作标准。邀请专家抽取重大行政决策、行政执法、复议和诉讼80余本案卷进行评查，解决标准不统一、内容不规范等具体问题；针对人民满意度7方面46项指标开展模拟测评，收集有效样本1200份，对评价较低的9方面突出问题提出整改提升举措；对实地走访、随机抽考、领导干部访谈等环节逐一模拟核验，到乡镇街道开展2轮次集中调研指导，对发现的5方面16个具体问题逐一整改完善。编印领导干部应知应会法律知识手册，精选500道模拟试题下发学习，组织142名新任领导干部集中进行法律知识考试；健全完善重大行政决策程序履行、目录制定和行政规范性文件制定管理各项制度，公开发布18项区政府重大行政决策事项目录，区政府重大行政决策和行政规范性文件公众参与、合法性审查、集体讨论决策率100%。成立中关村延庆园法治服务站。市场主体全部纳入“双随机一公开”检查对象库。审批服务办理时间及材料压减70%以上，328项审批完成“告知承诺”改革，415个社区（村）完成政务服务规范化建设，政务服务“家门口办”成为新常态。开展街乡综合执法改革评估，制发意见明确28项具体措施。组织开展3批次行政处罚案卷评查及质量抽验，优秀率94%。开设新时代文明实践法律大讲堂17期，向市民发送25万条创建信息，在《延庆报》专版刊登法治政府建设便民利民举措，分发到431个村居。

（庄萍）

【“全国法治政府建设示范区”核查评估】 6月30日至7月1日，司法部委托第三方核查组对区法治政府建设示范创建工作进行实地核查评估。核查组实地走访区政府服务中心和行政复议调解中心，访谈区政府和相关部门主要负责人，查看重大行政决策、行政规范性文件、行政执法和复议诉讼案卷材料，抽取50名行政执法人员、新任职处科级领导干部和公务员进行法律知识考试。11月28日，中央依法治国办印发《关于第二批全国法治政府建设示范地区和项目命名的决定》，延庆区成为第二批全国法治政府建设示范区。

（庄萍）

公安

【概况】 2022年，北京市公安局延庆分局紧扣党的二十大安保之“纲”，以决战决胜平安冬奥为牵引，以防范化解重大风险为重点，以加强社会治理创新、深化警务机制改革为动力，突出基础支撑、科技赋能、执法规范、党建引领，统筹发展和安全、安全与防疫，扎实推进战疫情、防风险、保安全、护稳定各项工作，全区政治社会环境持续保持安全稳定，人民群众安全感排名始终保持全市前列。全年开展分局党委理论学习中心组集体学习22次，交流研讨6次，组织开展支部书记讲党课活动166场次。发挥区反恐办牵动作用，推动相关部门和各街乡镇落实反恐防恐责任，严密在延关注群体动态管控，第一时间监测发现、核查管控来延关注群体人员246人，对防恐重点目标单位分级分类监管，推动落实主体责任，适用《反恐法》等处罚行业单位38家罚款4.25万元。外围检查站卡综合运用人查、机检、系统核录等措施，全年盘查检查车辆304.87万余辆、人员678.69万余人，查获拘留处理以上人员335名，劝返进京涉访人员1035名、关注群体403名，查缴危险品违禁品294件。坚持持续深化矛盾纠纷排查化解、重点人员教育稳控，主动托底、联动调处矛盾纠纷1960件；严密重点部位“围边、把口、看中心”措施，妥善处置群个体访1520人次。统筹110警情与12345热线，核查处置扬言线索166条；强化接诉即办、老访化解和积案攻坚，办结上级交办重复信访积案66件。依托“冰锋”“平安”“百日”等专项活动，打击电信诈骗、黑拐枪、盗抢骗、食药环、非法集资等违法犯罪，全年破获刑事案件441起、刑事拘留212人，其中命案现案侦破率连续17年保持100%，八类案件破案率达到97.6%。常态化推进扫黑除恶，核查涉黑涉恶线索4条，5·03敲诈勒索恶势力犯罪团伙案件取证移诉工作有序开展，9类涉恶因素案件破案率100%，查封扣押涉案财产1885万元。破获电信网络诈骗案件109起，刑事拘留38人。涉外违法犯罪打击工作取得突破，破获非法聘用外国人案件1起，刑事拘留偷越国边境犯罪人员14人。发挥“小兵团、小区域、小专项”作战优势，紧盯黑车黑摩的、涉黄涉毒、盗非等治安顽疾和市级挂账治安重点地区，强化系统牵动、资源整合。全年累计查处治安案件4959起、行政拘留600人，查获涉黄案件31起、拘留处理90人，查获涉赌案件13起、拘留处理51人、收缴赌资5.2万元，查扣黑车黑摩的25辆。坚持专群结合、人技融合、城乡统筹，深化公安武警联防联控机制，固化多警种网格化巡逻防控体系，充分发挥社会面巡逻、视频巡控、设卡盘查和“7×24小时”社区警务站等优势，加强学校、医院、商圈、公园等重点场所和严密水电气热油等基础设施防控，强化流动人口、出租房屋服务管理，全区110刑事、治安警情同比分别下降29.6%和43.6%。持续深化执法办案管理中心+建设、规范派出所指挥室职责运行，紧盯勤务运行、受立案等关键环节开展专项整治，接诉即办考核三率在全市十六分局始终排名靠前。

1月31日，延庆分局民警除夕夜安保执勤
（公安延庆分局供稿）

精细管理优化服务方面，户籍、出入境、交通等窗口全年办理服务事项20.5万人次；紧盯群众身边的“小案件”“小纠纷”“小事情”，深入开展“转作风、办实事、树形象”实践活动，共收到锦旗70面，感谢信、表扬电话27

件。深入推进“五型监所”创建。结合常态化文明城区创建、市域社会治理现代化试点，推进文明养犬管理和交通综合治理，收治流浪犬1906条，处罚不文明养犬行为431起、罚款6.18万元。查处各类交通违法行为为38.3万起，拘留处理交通违法犯罪人员84名，同时扎实推进预防煤气中毒、烟花爆竹禁放等工作。深化警务实战大练兵，坚持专项培训与岗位练兵相结合、线上授课与线下演练相结合，全年开展送教到岗、岗前培训、拉动演练专项培训演练107场次，参训3500人次。

单位名称：北京市公安局延庆分局

地　　址：延庆区湖南西路18号

电　　话：81198020

（万航　刘建军）

【新冠肺炎疫情防控】 年内，建立区8小时应急处置指挥部，固化完善5+N溯源流调、数据核查双进入等机制，协同区有关部门统筹协调推进追阳判密、风险筛查、区域管控、转运隔离等措施，高效应对丰台岳各庄市场、朝阳天堂超市酒吧等聚集性疫情关联风险，在处置长城脚下公社聚集性疫情和11月以后大量检出阳性病例等工作中发挥重要作用，全年筛查涉疫风险人员3846批230万人，配合隔离管控2.2万人。14处检查站卡持续启动高等级查控勤务，严格落实逢人必核、安全防疫双查等措施，按照规范劝返涉疫风险车辆4.92万辆、人员8.08万人；协同落实下营中转站防疫管理，对26处进京乡村小路，联合镇村力量，协调落实物理围挡、定点看控、动态巡视、远端疏导等措施，重点时期明暗两线依法查处非法进京72人。加强医疗、殡葬、核酸等场所秩序维护，组建刑侦、治安等部门捆绑作战的涉疫打击专班，快速妥善处置涉疫警情872件。

（万航　刘建军）

【冬奥安保反恐处突综合演练】 1月13日，在阪泉综合服务中心组织开展冬奥安保反恐处突综合演练，区社会治安与安全保卫组、驻区武警大队、消防救援支队、卫健委和分局指挥处、刑侦支队、反特巡支队、张山营派出所、阪泉综合服务中心安保团队等9家单位、60余人参加演练。

（刘建军）

1月13日，延庆分局组织开展冬奥安保反恐处突综合演练（公安延庆分局供稿）

【破获系列盗窃电缆案】 1月25日，破获系列盗窃电缆案件，抓获嫌疑人任某某。经审查，任某某对其在延庆区4起盗窃电缆的犯罪事实供认不讳，被分局依法刑事拘留。

（刘建军）

【北京冬（残）奥会安保】 2月4日至3月13日，按照“全区保外围、外围保核心”思路，搭建“一部四组十所”安保指挥架构，编制“1+14+N”方案预案体系，深化安保、防疫、交通“三位一体”协同机制，严密场馆住地、行车路线、专场专项等安保防疫措施落实，确保4场开闭幕式集散、2场火炬传递、53次三级以上警卫勤务、51项赛事活动安全顺利，延庆分局被党中央、国务院评为“北京冬奥会冬残奥会突出贡献集体”，51个集体和个人受到不同层级表彰奖励。

（万航　刘建军）

【党的二十大安保】 4月26日至10月22日，组建“一办十三组”，缜密制定安保总体方案和6个实施方案、23个专项方案，结合实际确定7方面38项重点任务，全面强化巡边、把口、盯人、看物、控地等安保措施，实现党的二十大期间政治安全零滋事、暴恐防范零盲区、涉访维稳零聚集、重点管控零失控、外围查控零疏漏、重大事故零发生、安保舆情零炒作和110刑事、治安警情同比下降66.7%和32%。

（万航　刘建军）

【查获两名非法种植罂粟原植物人员】　6月6日，发现延庆镇范某某在自家小区院内非法种植罂粟原植物19株，郭某某在自家院中非法种植罂粟原植物84株。经过做工作，二人对非法种植罂粟原植物供认不讳，被分局依法行政拘留。

（刘建军）

【冬奥安保总结表彰会】　6月17日，分局召开冬奥安保工作总结表彰会。分局党委班子成员、受表彰的集体和个人代表、局属各单位在岗领导和民警，分别在主会场和分会场参加会议。会上，播放《北京冬奥会、冬残奥会延庆赛区工作纪实》多媒体片；通报上级机关表彰情况，宣读分局记功奖励的命令；与会领导为全警实战大练兵工作专班、警务保障处等7个受表彰集体和522名个人代表颁发奖状和证书；获奖集体代表和个人代表分别做表态发言。

（刘建军）

【查获30名涉黄违法人员】　7月29日，在掌握涉黄窝点和违法犯罪人员情况的基础上，组织90名警力开展集中收网工作，在延庆、昌平、通州三地抓获涉黄人员30名。经做工作，分局共依法拘留处理违法犯罪人员24名，其中侯某某因组织卖淫被刑事拘留，何某某、陈某等23人因嫖娼被行政拘留，另陈某某等6人被批评教育。

（刘建军）

【校园反恐演练】　8月31日，在区特殊教育中心开展校园反恐处突拉动演练。演练现场模拟极端人员闯入校园内部，持械砍伤校园保安并欲伤害在校师生，在口头警告无效后，民警通过有效运用技战术配合，成功将嫌疑人控制并带离现场。通过演练进一步提高一线民警的应急处突能力，强化校园教师及安保力量的安全防范意识和反恐处突技能，为确保辖区校园安全稳定奠定实战基础。

（刘建军）

【侦破非法持有枪支和非法狩猎案】　9月8日，成功侦破一起非法持有枪支和两起非法狩猎案件，将涉嫌非法持有枪支和非法狩猎案嫌疑人闫某、吴某某、梁某等15人查获，缴获火或气动力枪状物5支。经做工作，上述人员均对违法犯罪事实供认不讳，9人被刑事拘留，1人被行政拘留，5人被批评教育。

（刘建军）

【破获卖淫嫖娼案】　11月11日，民警将在延庆镇北关村进行卖淫嫖娼的李某、冯某某、李某、郭某、姜某某查获。经询问，上述5人对卖淫嫖娼的违法事实供认不讳，被分局依法行政拘留。

（刘建军）

【党的二十大精神宣讲报告会】　12月12日，组织召开党的二十大精神宣讲报告会暨政治培训开班专题党课。分局党委副书记、政委做题为“深入学习贯彻党的二十大精神，踔厉奋发，勇毅前行，忠实践行新征程延庆公安职责使命”的宣讲。分局党委班子成员、学习宣传贯彻党的二十大精神政治培训班全体学员和局属各单位领导干部、党员民警分别在主会场、分会场参加会议。

（刘建军）

检　察

【概况】　北京市延庆区人民检察院（简称延庆检察院）是依法履行法律监督职能的国家机关。2022年，全力维护重要时间节点、重点工作任务的安全稳定，全年批准逮捕各类犯罪嫌疑人123人，提起公诉191人。常态化开展扫黑除恶斗争，依法惩治影响群众安全感的突出违法犯罪行为，特别是在办理长期流窜于京津冀地区实施诈骗的王某某等7人恶势力团伙案件中有效引导侦查。办理抢栽抢种类诈骗案6件15人、非法集资类案件5件47人，在检察环节追赃挽损700余万元。依法打击效果凸显，社会治安稳定向好，与2021年相比，起诉聚众斗殴犯罪率下降100%，寻衅滋事犯罪率下降93.1%，故意伤害犯罪率下降51.8%，危险驾驶犯罪率下降39.7%，盗窃犯罪率下降21.7%。推动区政法各单位在中关村科技园区延庆园联合设置“法治工作站”。开展“黑自流”打击专项，核查全区涉成品油企业，批准逮捕危险作业犯罪3人，约谈2家加油站、督促补缴税款183余万元，为提高区域精治共治法治水平提供“检察方案”。组成40人新冠疫情流调专班脱产工作，成立临时党支部；对区内首例确诊病例涉嫌妨害传染病防治罪一案审查引导侦查；就看守所在疫情防控中羁押管理不规范等相关问题制发检察建议10份；运用科技手段实现疫情期间“云接访”。依法审慎办理民营企业涉罪案件，最大限度保生产经营。强化派驻执法办案管理中心检察室工作，监督侦查机关立案，立案后判处有期徒刑以上刑罚4件、监督撤案19件，同比分别增长11.76%和23.53%。全面落实认罪认罚从宽制度和“少捕慎诉慎押”刑事司法政策，通过充分释法说理和精准量刑，认罪认罚率达到94.63%、同比增长13.31个百分点，量刑建议采纳率达到98.87%、同比增长3.11个百分点；依法不起诉53人，不起诉率为26.9%，同比增长7.9个百分点。全年受理民事检察案件166件、同比增长121%，其中依职权受理147件、占总体案件数的88.55%；受理行政检察案件97件、同比增长593%，其中依职权受理96件、占总体案件数98.96%。针对民事审判文书送达违法及超审限问题制发检察建议42份；针对审判机关执行活动存在相关问题制发检察建议40份；针对松泰公司民事纠纷案提请抗诉获上级院支持，同时移送相关人员违法犯罪线索。全年共立案82件，同比增长39.7%，案件涉及生态环境和资源保护、食药安全、国有财产保护、老年人权益、军人权益、个人信息等领域。与区内13家行政机关建立信息共享、线索移送、联合执法的共建机制，以“我管”促“都管”，与市场监管局开展“检察蓝”情系“春耕绿”专项检查；联合区政府、区园林局、区城管委对部分乡镇违规堆放垃圾实地督导。从严从快办理在冬奥会定点保障加油站发生的重大危害公共安全案件；依法追诉官厅水库治理领域职务犯罪案件中的同案犯；进一步规范涉冬奥专门羁押场所的检察工作，开发远程提讯，科技赋能案件办理。召开“全区社区矫正对象警示教育大会”，排查、消除不稳定因素；与多家行政机关开展涉冬奥知识产权、治安秩序、森林防火、冰雪游乐项目等领域的联合执法8次。主导召开延庆区南山环线（三期）道路工程警示教育大会，就过往征地拆迁中存在的问题提出整改意见；在办案中注重发现社会治理漏洞，全年共制发社会治理类检察建议书58份，同比增长34.7%。“法治副村长”团队深入基层镇村，开展联合主题党日、专题普法、接受法律咨询等活动。未成年人检查（简称未检）“雪融花”办案团队重组38人的“法治副校长”队伍，对辖区21所中小学校提供点对点法治服务。就公益诉讼、法律监督、行刑衔接工作，向区人大常委会报告工作4次，制定《业务绩效考评“控低、补弱、攻坚”指标分工及工作台账》定期督办、消除空白项，完成8小项空白指标破零。民事检察、行政检察和公益诉讼检察受理数较同期均明显提升，“四大检察”结构比得分位居全市首位。强化疫情期间派驻看守所检察、社区矫正检察，就各类监督管理不规范问题制发监督文书32件，同比增长310%。民事、行政检察依职权受理数分别占比95.83%、98.88%，案件总数分别上升124%、709%，案件结构比均持续保持全市前两名的优势。针对法院民事审判案件文书送达违法及超审限问题开展专项监督，制发类案检察建议40份；对法院的执行活动开展类案监督，发出执行活动监督类检察建议43件；对2021年以后法院做出的生效一审刑事裁判开展逐案审查，提请抗诉1件，制发再审检察建议2件，制发刑事审判活动监督检察建议9件。落实《中国共产党政法工作条例》，向上级党委、区委政法委请示报告工作22次。

单位名称：延庆区人民检察院

地　　址：延庆区庆隆街99号

电　　话：69141513

（唐硕）

【社区矫正检察监督护航冬奥会】 年内，第三检察部联合区司法局社区矫正科共同开展助力“平安冬奥”系列活动。针对冬奥会、冬残奥会期间非京籍社区矫正对象逐一进行摸排核实，监督落实管控责任，预防脱管失控。面向全区社区矫正对象召开“北京2022年冬奥会、冬残奥会安保维稳警示教育大会”，并以“做好两种角色”为题向全区60名社区矫正人员讲授法治课。到冬奥会举办属地的重点乡镇，就平安建设办公室履行社区矫正工作情况进行检查，督促属地做好冬奥会、冬残奥会期间社区矫正工作。

（唐硕）

1月26日，区检察院联合相关部门开展涉冬奥知识产权执法活动（区检察院供稿）

【“整治养老诈骗”专项行动】 年内，组建养老诈骗专项行动组，办理一批“提供养老服务”“房产抵押”诈骗案件，对相关犯罪嫌疑人做出批捕决定，顺利挽回涉案财物。依托调查取证和座谈沟通与区市民热线服务中心座谈并接洽养老领域线索，就区域老年人权益保障现状向老年人发放大字版调查问卷，了解老年人最关切的问题。推出“情注夕阳 检护万家”专栏，以原创微视频等喜闻乐见的方式进行法治宣传。

（唐硕）

【民事监督案件提请抗诉获法院改判】 年内，延庆院第四检察部就一起房屋租赁合同纠纷案件提请抗诉，获北京市人民检察院第一分院（以下简称一分院）支持，北京市第一中级人民法院（以下简称一中院）发回重审后改判。案件前后历经40余次开庭，双方当事人争议较大，第四检察部开展调查核实工作并组织公开听证、听取专业意见，最终向一分院提请抗诉，一分院支持提请抗诉理由，向一中院提出抗诉，案件发回重审后，延庆区法院全面支持抗诉意见，对该案进行改判。

（唐硕）

【民诉监督案件获评市级优秀】 年内，延庆院第四检察部办理的谢某某申请监督的确认合同无效纠纷提请抗诉案获评2021年度北京市检察机关民事诉讼监督优秀案件。案件承办检察官就办案中发现的国有资产流失问题向相关国有企业制发检察建议并将涉及的公益诉讼案件线索移送延庆院第五检察部办理；针对案件当事人涉嫌刑事犯罪线索移送本院侦查监督部门；对村集体公章监管过程中存在的不规范操作及漏洞隐患问题，制发检察建议。

（唐硕）

【与广州检察机关接力助少年迷途知返】 年内，未检“雪融花”团队对本院附条件不起诉的未成年人温某某开展帮教挽救工作时发现该未成年人户籍地、居住地均在广州，经联系其居住地的检察机关——广州市海珠区检察院，共同会商异地帮教工作，最终达成异地帮教工作协议。

（唐硕）

【检察建议促区域房地产开发规范升级】 年内，延庆院在办理一起受贿案件中发现本案发案原因在房地产开发市场领域具有典型性，该领域已有多名负有管理职责人员因受贿罪被判处刑罚，遂分别向北京市延庆区住房和城乡建设委员会（以下简称区住建委）、北京市某房地产开发有限公司（简称房地产开发公司）制发社会治理检察建议书。区住建委从制定整改方案入手，将整改责任落实到具体牵头部门和人员，聚焦问题建议逐条列明工作思路和整改措施。房地产开发公司通过开展警示教育、完善制度建设、组织专项整顿等措施及时进行整改并向延庆院书面回复。

（唐硕）

【法治副村长服务基层群众】 年内，延庆院驻珍珠泉乡八亩地村法治副村长联合第四检察部检察官到该村为村委会就一起承包地电线杆占地补偿款发放纠纷提供法律意见。延庆院检察人员详细了解基本情况后向村书记及村委员讲解关于土地承包、流转的相关法律规定，帮助村委会厘清该笔补偿款的性质，并就如何答复当事各方为村委会提供法律建议。

（唐硕）

【全市首例跨区域远程提讯】 1月18日，延庆院借助远程提讯系统对一名关押在门头沟区看守所的犯罪嫌疑人顺利完成提讯，该案系全市范围内首例跨区域远程提讯。

（唐硕）

【未检团队制发检察建议并获回复】 2月17日，延庆院未检“雪融花”团队在开展专项监督活动中发现部分网吧、KTV等娱乐场所存在违规接待未成年人等问题，迅速完成调查取证工作，依法对区文旅局未充分履行监管职责问题立案。经磋商、制发诉前检察建议、开展联合走访检查等办案环节，涉案问题全部整改，相关经营场所受到行政处罚。

（唐硕）

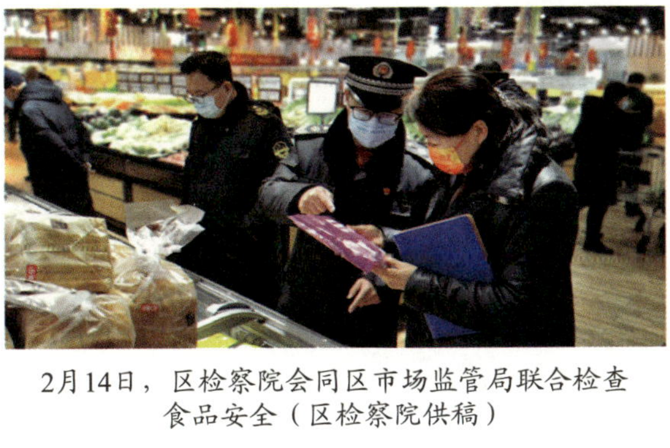

2月14日，区检察院会同区市场监管局联合检查食品安全（区检察院供稿）

【检校联手共话家庭教育】 2月19日，延庆院未检“雪融花”团队在区第一中学、第五中学开展检校联手共话家庭教育普法宣传活动，两所中学200余名教师、1000余名家长通过线上线下相结合的形式参与，重点宣传《中华人民共和国家庭教育促进法》，向教师和家长分享普及家庭责任和学校协同履行责任的重点内容。

（唐硕）

【与西城院结对共建】 3月10日，延庆院与西城区检察院召开首次线上结对共建工作会议，共同研究推进两院结对共建工作。两院党组成员、检委会专职委员、各部门负责人、机关党委、机关纪委、机关团委主要负责人参加，北京市人民检察院（以下简称市院）政治部宣教处领导列席。会上两院党组书记、检察长线上签订结对共建协议书，并对两院开展支部党建工作、检察业务特色工作等方面达成共识。

（唐硕）

【会签未成年人“一站式”询问工作办法】 3月14日，延庆院未检“雪融花”团队与区公安分局法制支队联合会签《关于涉未成年人一站式询问工作办法》，主要涉及三部分内容：即“一站式”办案场所的建设及管理、“一站式”办案场所的适用范围、适用“一站式”办案机制办理案件的工作要求。

（唐硕）

【与八达岭派出所开展联勤巡防】 5月1日至7日，延庆院第六检察部同八达岭派出所在八达岭长城景区开展“联防联治，履践致远”联勤巡防活动，主要围绕着疫情防控、秩序维护、消防监管三个核心巡防任务进行。

（唐硕）

【违规堆放垃圾点督导检查】 5月11日，延庆院检察长带领公益诉讼团队会同区政府、区城管委主管领导等到康庄镇、井庄镇部分违规堆放生活垃圾、建筑垃圾点位，进行实地督导检查。要求承办人根据现场发现的证据线索，深入调查核实线索情况，依法履行公益诉讼检察职责，发掘民事公益诉讼线索，督促有责机关积极履职。

（唐硕）

【检察听证助力企业合规】 6月20日，延庆院就一起发生在建筑施工领域的重大责任事故案召开拟不起诉公开听证会，现场邀请3名区级人大代表担任听证员。听证会上，承办检察官就基本案情及证据进行开示，与会各方充分发表意见，犯罪嫌疑人真诚悔罪，最终3名听证员一致建议对两名犯罪嫌疑人做相对不起诉处理。

（唐硕）

【特邀检察官助理聘任仪式】 8月5日，延庆院举行首批特邀检察官助理聘任仪式。延庆院党组书记、检察长及部分党组成员、相关部门负责人出席活动，邀请区委政法委常务副书记、区人大代表、区城管委、卫健委、园林绿化局、市场监管局等行政单位的主管领导、特邀检察官助理参加聘任仪式。

（唐硕）

【基层普法宣传】 8月11日，延庆院受邀为北京八达岭文旅集团有限公司讲授题为《守住法律底线、远离职务犯罪》的专题职务犯罪普法讲座。北京八达岭文旅集团有限公司党委书记、董事长、总经理及集团班子成员，各分公司经理、副经理等共计100余人参加讲座。

（唐硕）

【“延检为师”夜课堂开班】 8月24日，延庆院举办“延检为师”夜课堂开班仪式，邀请中国政法大学外国法查明研究中心副主任孙海波教授以《司法案例的研究与写作》为题讲授开班第一课。延庆区委政法委常务副书记、延庆院聘任的3位行政机关特邀检察官助理受邀参加活动，全体检察干警参加培训。“延检为师”夜课堂利用每周三晚上固定时间，采用线上与线下相结合的授课模式，截至年底，延庆院共组织“延检为师”夜课堂11次。

（唐硕）

【联合区公安分局开展成品油专项行动】 9月30日，延庆院联合区公安分局开展涉成品油违法犯罪联合执法突击检查专项行动，共在3个风险点位查获储油罐4个、加油机5个、流动加油车一辆及疑似储油桶30余个，传唤10余名涉案人员。

（唐硕）

【与区园林绿化局开展森林防火检查】 10月13日，与区园林绿化局联合开展“林长+检察长筑牢森林防火屏障”专项森林防火检查。延庆院领导带领公益诉讼团队会同区园林绿化局领导及林长办、防火科等相关人员重点对防火区护林员上岗、瞭望塔值守、防火措施以及监控分中心建设等情况开展联合检查督导。

（唐硕）

10月13日，区检察院与区园林绿化局联合开展专项防火检查（区检察院供稿）

【推动召开道路工程警示教育大会】 11月17日，推动召开延庆区南山环线（三期）道路工程警示教育大会。区政府主管副区长，延庆院党组书记、检察长以及延庆区纪委监委、延庆区重大项目服务中心、井庄镇、大榆树镇、永宁镇等单位负责人参加。会上，延庆院向有关乡镇及单位送达检察建议书及法律风险提示函，并就过往征地拆迁过程中存在的问题提出切实可行的整改意见。

（唐硕）

法院

【概况】 延庆区人民法院（简称区法院）属于北京市基层法院，主要负责辖区内第一审刑事、民事、商事、行政、环境资源类案件的审判执行工作，并对人民调解工作和行政执法工作进行法律指导。年内，新收案件14784件，同比下降23.74%；审结15327件，同比下降12.21%；结收比103.67%，同比上升13.62%。深入学习党的二十大精神，扎实开展“两项活动”，将“两个确立”主题教育、“为群众办实事示范法院”创建活动作为重大督办事项，始终坚持将“严”的主基调贯穿始终，开展谈心谈话百余人次，审务督察28次，评查、核查案件150余件。举办以“争当先锋榜样 争做岗位标兵”为主题的党员承诺仪式。活动宣读党员承诺倡议书，倡议全体党员做学习型党员、实干型党员、公仆型党员、廉洁型党员，为在“党员先锋岗”创建活动中获得“党员先锋岗”称号的7个团队进行授牌，全体干警在“党员承诺书”上郑重签字，许下司法为民的誓言。服务冬奥会筹办举办，成立“法融未来”冬奥司法服务保障队，采取10项举措，开辟立审执绿色通道，涉冬奥纠纷80%化解在诉前。服务法治政府建设，深化府院联动机制，建立联席会议等6项机制，行政机关负责人出庭应诉率同比上升10%。服务美丽延庆建设，充分发挥环境审判职能，设立“生态普法驿站”，共建生态环境保护的长效机制，民一庭（环资庭）荣获人民法院环境资源审判工作先进集体。服务乡村振兴，开展巡回审判100余场，以“乡土司法”促进乡风文明；立足审判职能，严惩各类犯罪。持续开展打击整治养老诈骗专项行动，共审结2件涉养老诈骗犯罪案件，发放宣传资料近万份，解答老年人法律咨询500余人次。对涉黑恶、抢栽抢种、破坏基层选举等治乱案件保持严惩的高压态势，在抢栽抢种案件中共责令退赔1.4亿余元；强化民生司法保障，审结“三农”案件487件、教育培训类案件168件，发放司法救助金142万余元。探索诉源治理新模式，办理12368司法需求36条，全年新收案件降幅全市法院第一。强化未成年人审判工作，成立北京法院首个家庭教育指导服务中心，创设“法融青春”司法服务品牌，明确20项“项目化”工作任务，制作“两书一表”，开发20余门课程，少年法庭获评北京法院少年法庭工作先进集体。构建执行工作长效机制，成立财产线索接转中心，共获取财产线索151条，查实率72%，向社会公布失信人员名单1282人次、拘留拘传45人次，为农民工追回血汗钱403万元。加强司法权力监督制约，召开专业法官会议120余次，院庭长带头办理重大疑难复杂案件5923件。深化司法责任制综合配套改革，推进多元解纷机制改革，全年调解成功案件3830件，调解成功率37.5%，全市基层法院排名第三，推进审级职能定位改革，向上级法院提级管辖民事、行政案件各3件。

单位名称：延庆区人民法院
地　　址：延庆区湖南西路20号
电　　话：61115113

（康晶）

【冬奥服务保障】 年内，成立“法融未来”冬奥司法服务保障队，组建延法冬奥服务保障人才库，选拔出涵盖环境法、司法鉴定、公司法、心理学、涉外诉讼等多领域的10位专家，完成首批10位专家入库与颁证工作。

（康晶）

【执行案款发还新闻通报会】 2月23日，召开“春风送暖进万家”执行案款发还工作新闻通报会。介绍2021年执行案款发还方面采取的工作举措以及取得的成效，拍卖包括搜查扣押的动产、房地产、车辆、股权等财产641件，成交金额7491万余元；发放执行案款5911笔，金额2.8亿元。受理涉农民工工资案件436件，执行到位案款1000余万元；受理农村土地承包案件300件，执行到位案款352万元；受理173件机动车交通事故责任纠纷案件，执行到位案款1229万余元；受理17件刑事附带民事赔偿案件，为受害人执行到位案款352万余元；受理抚养费、赡养费、扶养费“三费”案件270件，执行到位案款47万余元。通报会后，执行局为30余名申请执行人集中发放案款660万余元。

（康晶）

2月23日，延庆法院召开执行案款发还工作新闻通报会（区法院供稿）

【区首例“高空抛物罪”刑事案件审结】 2月28日，依法宣判延庆区首例“高空抛物罪”刑事案件，被告人杨某某因酒后发泄情绪，从建筑物高处抛掷菜刀至公共区域，法院一审判决其有期徒刑6个月，缓刑1年，并处罚金人民币3000元。该案是高空抛物罪入刑以后，延庆区发生的首宗高空抛物案。

（康晶）

【“法融万家”民法典培训】 3月，三八妇女节前后，联合区妇联开展“法融万家”民法典知识培训系列普法宣传活动。到张山营镇、八达岭文旅集团等地，以“民法典婚姻家庭编解读”为题，重点围绕民法典婚姻家庭编简介、家庭关系、结婚与离婚、收养、反家庭暴力解读五个方面进行讲述。

（康晶）

【家庭教育指导服务中心启用】 4月20日，举行北京法院首个家庭教育指导服务中心启用仪式。该中心设立法融青春未成年人工作室、心理疏导室2个配套部门，并精心设计包含5大主题类型、20余门具体课程的家庭教育指导课程清单，为接受教育指导的监护人提供普适性与针对性皆备的专业化家庭教育指导服务。

（康晶）

【千亩土地腾退案成功执结】 5月12日，执结一起土地腾退案件。该案系刘斌堡乡某村委会诉某生态公司农村土地承包纠纷案件，该生态公司承包刘斌堡乡某村1000余亩土地，因经营不善，致使农耕土地大面积撂荒，区法院判决该生态公司腾退土地并将土地恢复到可耕种状态。因被执行人不履行法律文书确定义务，村委会向本院申请强制执行。执行局依法做出强制腾退决定并连续开展工作，成功腾退全部涉案土地并移交给申请人。

（康晶）

5月12日，延庆法院成功执结千亩土地腾退案（区法院供稿）

【《妫水静流》院刊出版3期】 6月，首期院刊《妫水静流》成功刊发。该刊为综合性季刊，内容主要包括四大板块：特稿，即重要工作部署安排、重要讲话、工作总结等；学术探讨，包括学术论文、调研报告、案例分析等；工作成效，包括党建队建、纪检监察、业务分享等；生活感悟，包括散文、随笔、诗歌及摄影、书画等原创作品。到年底共出版3期。

（康晶）

【“推进多元解纷 优化营商环境”新闻通报会】 7月15日，召开“推进多元解纷 优化营商环境”新闻通报会。会上介绍区法院多元解纷机制在创新服务大局、强化诉源治理、深耕普法服务、提升审判质效等各方面所取得的明显成效，从创新多元解纷机制、搭建“延法e通”司法需求集约平台、培育特色审判亮点三个方面，详述经验做法与成效。同时通报股东知情权纠纷、租赁合同纠纷、买卖合同纠纷3起典型案例。

（康晶）

【服务冬奥主题舞台剧线上首演】 6月30日，区法院原创服务冬奥主题舞台剧《传承·绽放》于线上完成首次演出。该剧从一名青年干警的成长视角，生动讲述延庆法院“法融未来”冬奥司法服务保障队在助力2022年北京冬奥会、冬残奥会筹办举办过程中的感人事迹。到年底共演出2场次。

（康晶）

【生态环境保护共建签约仪式】 11月11日，区法院联合区检察院、区生态环境局举行三方共建签约仪式，共同签署《关于加强协作配合推进辖区生态环境保护的实施方案》。根据方案要求，三方将以支部共建、联席会议、线索移送反馈和联合开展专项行动、信息共享和人才共用、联合培训、普法宣传“六大机制”为抓手，进一步强化协同合作，提升大气、水、土壤污染防治和山水林田湖草一体化保护力度，共同织密延庆生态文明建设“保护网”。

（康晶）

11月11日，延庆法院与区检察院、区生态环境局举行生态环境保护共建签约仪式（区法院供稿）

司法行政

【概况】 2022年，区司法局在区委区政府的坚强领导下，深入学习贯彻习近平法治思想，聚焦市区两级重要会议、重点工作、重大事项，以法治政府建设示范创建为抓手，全面抓好任务落实，为服务保障冬奥会和推动地区高质量发展营造了良好法治环境、提供了有力法治保障。年内，组织召开依法治区会议5次，研究编制《北京市延庆区法治政府建设实施意见（2021—2025）》《关于全面加强乡镇街道法治建设的意见》等重要文件6件，推动在部门和乡镇街道分别成立法治建设工作领导小组，逐步完善法治建设领导体制机制。强化党政主要负责人履行推进法治建设第一责任人职责履行，制定工作指引，细化职责清单，通过“现场+书面”形式完成96名党政主要负责人年终述法。推动制发领导干部学法清单制度，组织区委理论学习中心组、区政府常务会集中学法9次，完成142 名新任处级领导干部集中考法，举办2期领导干部依法行政专题培训班，多举措强化领导干部法治思维意识。按期完成中央依法治国办法治政府建设督察北京24项问题整改落实，如期完成市区两级法治政府建设专项考评。成立法治政府建设示范创建领导小组，制定法治政府示范创建工作总体实施方案，明确责任分工，聚焦随机抽考、案卷评查等7个重点环节，明确实施步骤和工作标准。11月28日，中央全面依法治国委员会办公室发布关于第二批全国法治政府建设示范地区和项目命名的决定，延庆区成功创建“全国法治政府建设示范区”。

单位名称：延庆区司法局
地　　址：延庆区东外大街96号
电　　话：69143748

（庄萍）

【合法性审核】 年内，制定《北京市延庆区行政规范性文件制定和管理办法》，明确规范性文件制发程序和管理要求。严格落实合法性审核和备案监督制度，完成168件次区委党内规范性文件、区政府决策议题、行政规范性文件和合同协议的合法性审核，对262件法规规章草案、招投标方案、部门征求意见研提反馈意见。向市政府和区人大报备区政府规范性文件3件，接收部门报备行政规范性文件16件。完成全区行政规范性文件库的梳理核对工作。深度参与康西野鸭湖游乐园出租资产收回、马铃薯园区合作项目、高尔夫球场清理整治、“野冰场”整治等重难点问题、历史遗留问题的审查把关，确保合法合规。

（宫志勇）

【行政复议】 年内，全区共收到行政复议申请115件，同比增长23.7%，受理111件。审结103件（往年结转9件），其中决定维持56件、驳回复议申请7件、确认违法2件、撤销1件、撤销并责令重作10件、终止27件，纠错率12.6%，调解成功率26.2%。未发生复议败诉案件。组织申请人阅卷5次，召开听证会3次，开展实地查勘3次，召开案件研讨会5次。自7月1日起，全区行政复议职责由区政府集中统一行使，实现“一个窗口对外”。在全市案卷评查中，报送的6卷均被评为优秀，撰写的行政复议决定书被评为行政复议优秀文书，报送的案例入选全市十大典型案例。

（张金花）

【行政应诉】 年内，办理以区政府为被告的行政诉讼案件共165件（含往年结转）。其中一审案件75件、二审案件49件、再审案件41件。审结120件，其中一审审结57件，未发生败诉案件。办理行政复议案件5件，办理结果均为维持，协助市司法局办理国务院行政复议裁决1件。指导、督促各单位依法开展行政应诉工作，严格落实机关负责人出庭应诉工作，全区行政机关负责人出庭应诉87件，占法院通知出庭案件的90.6%。建议区领导出庭应诉，深化府院联动内部机制。

（刘爱玲）

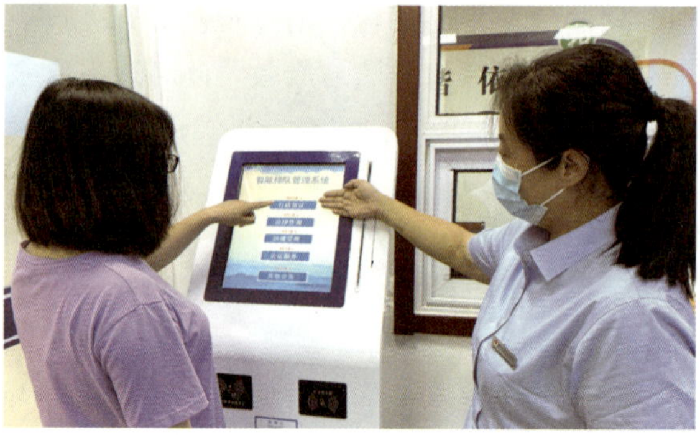

年内，区行政复议接待大厅工作人员为群众提供引导服务（区司法局供稿）

【依法行政培训】 年内，邀请区法院行政庭庭长面向全区行政机关正职领导开展依法行政培训，与区法院联合制发《关于深化府院联动机制的工作方案》，与区法院召开3次府院联席会议，互通法治政府示范创建和行政审判工作，推进诉源治理，促进重点领域难点问题解决。完成2022年街乡法律顾问年度考核和2023年度街乡法律顾问合同备案。

（刘爱玲）

【执法协调监督】 年内，印发《北京市延庆区行政执法音像记录管理制度》和《北京市延庆区行政执法全过程数据化记录工作暨数字化归档管理制度》并梳理完成《关于疫情防控期间检查、执法和服务市场主体工作指引》，进一步规范执法行为。组织重点执法单位在疫情期间开展行政执法日报。组织全区行政执法人员开展两次业务知识和法律法规培训，全区248人通过行政执法资格考试，通过率94.3%。严格落实行政执法“三项制度”，对行政执法统计年报、行政检查计划、行政检查结果、行政处罚决定等执法信息开展4次检索，督促存在问题的单位及时整改。完成全国统一标准行政执法证件集中换发及领取工作并督促执法单位在政府网站上及时公示。组织3批行政处罚案卷评查及质量抽验，优秀率94%。全年开展行政检查481250次，行政处罚14902件，人均执法790.05

件，位列全市第一。

（张惠）

【普法宣传】 年内，出台《北京市延庆区领导颁布学法清单制度（试行）》和《北京市延庆区行政执法全过程精准普法工作指引》，培养“法律明白人”1971名，开展社会面普法6000余场次。创建全国民主法治示范村1个（大庄科乡景而沟村）、北京市民主法治示范村（社区）32个。在全区普遍组织开展“学宪法、讲宪法”活动，局主要领导带头录制讲宪法微视频，带动各类群体广泛参与到宪法宣传中。“12·4”宪法日当天，区委政法委书记刘瑞成在全市“宪法宣传周”系列活动启动仪式上做交流发言，得到市级单位认可。整合20个重点部门同40家重点企业交流座谈，政法机关共同联手在延庆园创建法治工作站，优化营商环境。聚焦社会公众满意度，借助新时代文明实践法治大讲堂、延庆电视台、微信公众号、候车亭宣传展板等广泛开展全领域法治宣传教育。

（张振宇）

【公共法律服务】 年内，加大“七有”“五性”法律咨询监测力度，实现法律咨询“量”“质”双提升，“12348”热线法律咨询13740人次。与21家律师事务所102名律师签约，以“线上”和“线下”互补的方式为全区431个村居提供公益法律服务。在全区继续推广“法律门诊我来选”村居法律顾问坐班机制，采用“坐诊”和“出诊”相结合、“线上”和“线下”相补充的公益法律服务模式，服务248场次28739人次。

（何中文）

【人民调解】 年内，全区实现人民调解委员会全覆盖。创立老干部“海陀山”人民调解专家咨询志愿服务队，做好矛盾纠纷源头预防、排查预警和攻坚化解工作。《法治日报》、北京电视台《法治进行时》《第三调解室》等媒体相继报道。

（何中文）

【社区矫正】 年内，在全市率先完成区级和街道、乡镇社区矫正委员会全覆盖，严格落实社区矫正人员排查和分级分类管控机制，开展刑满释放人员“强排查、强攻坚、清底数、清隐患”专项行动，开展社区矫正隐患排查整治专项行动，在全区社区矫正对象中开展“喜迎冬奥会 守法塑新生”和“喜迎二十大 矫正新起程”主题教育活动。主管领导带队联合区检察院对司法所开展督查检查。强化“无缝衔接”和“减存量”，全面规范安置帮教工作，狠抓“接”和“送”关键环节，坚决防止感染疫情、脱管漏管、重新违法犯罪。

（吕桂满）

【法律援助】 年内，宣传、贯彻和落实《法律援助法》，受理援助案件427件，其中民事335件、刑事92件。为犯罪嫌疑人、被告人办理认罪认罚等提供法律帮助114件（人）次；为符合法律援助条件的257名农民工提供法律援助，涉案金额287.73万元。“七有”“五性”公正性4项考核指标分别为：12348法律服务热线法律咨询为16058人次，12348法律服务热线法律咨询满意率为99.30%，百人现场法律咨询人次为7.6（26214）人次，街道乡镇现场法律咨询人次占全区现场法律咨询人次比例为98.02%。

（丁锋）

【公证见证】 年内，参加延庆镇百眼泉村回迁选房、香营乡山底下村抽签选房工作，为451户村民、1319套房屋的选房工作提供公证见证；参加大榆树镇下屯棚改项目、南菜园1—5巷棚户区改造二期项目滞留非宅强制腾退工作，对物品清登环节进行公证见证。联合国泰公证处提供公证案件办理、法律咨询等公证服务，实行申请公证材料清单制，落实首问负责制和一次性告知制度。全年共解答公证法律咨询1572件，为当事人提供一次性告知单200余次，办理公证业务108件。设立“残疾人优先”窗口，为残疾人、军人军属、防疫人员等特殊群体及中小微企业开通“绿色通道”，提供服务7次。推出“北京市夏都公证处”微信公众号，制作5期《喜迎二十大、公证伴您行》系列宣传片。

（杨国萍）

【法律门诊服务】 年内，与21家律师事务所102名律师签约，采用“坐诊”和“出诊”相结合，以“线上”和“线下”互补的方式为全区431个村居两委和基层群众提供公益法律服务，进一步增强村居民的法治获得感。全年出诊共248场次，总计服务达28739次。其中参与接诉即办124次，为党委、政府部门提供咨询3388次，为街乡镇党委政府决策提供法律意见和建议900条，为村居民提供法律意见和建议1500条，代写法律文书129件，提供法律咨询服务8924人次。11月底，市司法局调研公共法律服务体系专项工作，以延庆经验材料代表北京向司法部推荐。

（何中文）

【法律助力优化营商环境】 年内，在区政务服务大厅开设“企业法治体检”“企业诚信建设”两个专席，开展11期，为企业免费提供法治体检和涉冬奥法律咨询156件次，服务企业110家。被区政府优化营商环境专报表彰2次。

（何中文）

【行政复议体制改革】 年内，规范化建设行政复议大厅，科学设置行政复议机构，完成新一届区政府行政复议委员会换届工作，成立区政府行政复议委员会办公室，6月24日揭牌。

6月，延庆区在全市率先完成行政复议体制改革
（区司法局供稿）

在全区18个街乡镇全面铺开设立“区政府行政复议接待咨询点”。制定行政复议接待工作规范、调解工作规范、立案审查工作规范等6项制度，构建覆盖行政复议案件办理全过程的制度体系。成功打造“复议为民”延庆样板，被法治网、京司观澜公众号宣传报道，延庆司法局受邀在全市行政复议体制改革情况新闻发布会上做典型经验发言。

（张金花）

【“迎接二十大 送法进万家”主题宣传】 7月20日，区司法局以“迎接二十大 送法进万家”为主题开展“送法进社区”普法宣传活动。活动中，司法局工作人员向居民宣传《宪法》《民法典》《法律援助法》等法律法规相关内容，对疫情防控、网上购物、合同纠纷等与百姓生活息息相关的法律内容进行解读，引导市民办事依法、遇事找法、解决问题用法、化解矛盾靠法。

（张振宇）

【老干部调解咨询志愿服务队成立】 10月，组建“海陀山”老干部人民调解专家咨询志愿服务队。有队员12名，由各委办局及乡镇街道退休的处级领导干部组成，服务队下设4个分队，协助相关街乡人民调解组织开展人民调解宣传，向群众宣讲有关法律法规和国家政策，将纠纷调解与法治宣传相结合，引导社会公众自觉提升道德能力、运用道德方法、化解矛盾纠纷、维护社会秩序。到年底，共调解成功小区停车等矛盾纠纷12件，举办法律讲座16场，开展普法宣传活动31次。

（何中文）

【国家宪法日宣传】 12月，区委宣传部、区司法局共同主办新时代文明实践大讲堂网络直播宪法专题活动，线上线下18个文明实践所、423个文明实践站、近3万人次在线观看，北京延庆APP进行全程直播。活动邀请北京常鸿律师事务所许云雪律师，围绕“学宪法讲宪法”主题，为直播间的群众进行法律知识讲解。许律师将宪法条文与实际案例相结合，把宪法、民法典等相关法律法规通过浅显易懂的语言呈现到直播间的群众眼前。直播现场设置有奖问答环节，群众竞相抢答宪法问题。

（张振宇）

表3：延庆区公益法律服务中心、公证处、律师事务所一览表

名称	地址	电话
公益法律服务中心名录		
八达岭镇公益法律服务中心	八达岭镇政府院内西楼大厅	69129735
百泉公益法律服务中心	益祥北街6号百泉街道司法所	59512721
大榆树镇公益法律服务中心	大榆树镇原毛衣厂院内	61182009
大庄科公益法律服务中心	大庄科乡政府院内	60189330
旧县镇公益法律服务中心	旧县镇综治中心	61151807
井庄镇公益法律服务中心	井庄镇农商银行对面二楼	61192561
康庄镇公益法律服务中心	康庄镇综治中心院内	69133299
刘斌堡乡公益法律服务中心	刘斌堡乡政府对面综治楼1楼	60181156
千家店镇公益法律服务中心	千家店镇综治中心三楼	60188155
儒林公益法律服务中心	延庆区儒林街道北街6号	69100305
沈家营镇公益法律服务中心	沈家营镇综治中心院内	69180148
四海镇公益法律服务中心	四海镇综治中心	60176420
香水园公益法律服务中心	新兴西社区42号楼东侧	69178375
香营公益法律服务中心	香营乡政府综治大院内	60176867
延庆镇公益法律服务中心	延庆镇人民政府1楼东侧	69187906
永宁镇公益法律服务中心	永宁镇东门口	60173614
张山营镇公益法律服务中心	张山营镇综治中心大厅	69111080
珍珠泉乡公益法律服务中心	珍珠泉村村西路南二楼	60176344
公证处		
北京市夏都公证处	香水园街道东外大街98号	69101807
律师事务所名录		
北京胡李律师事务所	延庆镇东街27号	13381117173
北京李顺存律师事务所	延庆镇恒安小区5-308	69189192
北京李自永律师事务所	南菜园北二区57号楼1门	61116228
北京刘世斌律师事务所	康安小区38号201室	69144035
北京赵建宇律师事务所	工业大厦403室	13693218127
北京延恒律师事务所	东外大街49号院5-811室	13691132886
北京妫川骄子律师事务所	格兰山水11#1层4-11-43	13720022070
北京高怀亮律师事务所	湖北西路23-8号	13810677885
北京宸轩律师事务所	康安小区38号楼302	69177717
北京静言律师事务所	延庆区东外大街22号（工业大厦）419室	13661197646
北京平辉律师事务所	延庆区延庆镇东街2号北5楼8号	13716092210
北京庄衡律师事务所	延庆区东外大街33号一层01号	13501322927

（栏目编辑：孙越凡）

军 事

人民武装部

【概况】 延庆区人民武装部（简称人武部）是延庆区委的军事部门和延庆区人民政府的兵役机关，负责本地区国防后备力量建设工作。2022年，延庆区人武部以迎接和学习贯彻党的二十大为主线，坚持把旗帜鲜明讲政治贯彻到国防动员工作全部实践，始终扭住首责首要强化“五部”职能，始终聚焦备战打仗推进国防后备力量建设，始终围绕全面合格过硬加强正规化建设，圆满完成了年度工作任务，保持了高度集中统一和安全稳定，正规化建设呈现出稳步发展的良好局面。按照学懂弄通做实要求，跟进学习党的二十大精神，采取党委组学、领导领学、集体研学、讨论深学、个人自学等方式，抓好党委理论中心组学习。班子成员带头坚持读原著、学原文、悟原理，深刻领会“两个确立”决定性意义，坚决做到“两个维护”，努力做到学用统一、知行合一，确保紧跟习主席思想步伐，增强认知认同，强化追随看齐。

单位名称：延庆区人民武装部
地　　址：延庆区鸿川北路6号院
电　　话：69143222

（高军）

【军地协作维稳】 年内，建立和完善军地协同机制，协调区59个任务单位对25类570余项数据信息进行统计，拟制上报区国防动员方案和参加抗震救灾、防洪抢险、森林救火预案。多次组织驻军部队召开防汛、防火和铲冰除雪协调会议，主动与14支援奥部队进行需求对接，配合区应急办现场参加怀柔山火救援，有力保障各项重大任务圆满完成。

（高军）

【民兵遂行安保执勤】 年内，共组织民兵2210人次参加冬奥会、冬残奥会和全国两会及党的二十大民兵安保执勤任务，共查车30万余辆，人员50余万人次，提供便民服务百余次，控制嫌疑人2人，查获烟花爆竹1箱。

（高军）

【民兵分队训练】 年内，通过军兵种对口保障专业训练锻炼民兵队伍。加强基础课目训练，按计划分批组织基干民兵应急分队教练员骨干集训、民兵应急分队集训、首都民兵比武人员集训、民兵无人机侦察分队专业训练和民兵网络安全防护分队挂钩训练等各类集训。在北京市民兵比武竞赛中取得综合保障第3名、总分第4名的良好成绩。突出重点课目训练，严密分批组织专武干部和应急分队实弹射击训练，消耗弹药9000发，民兵分队遂行多样化任务能力得到显著提升。

（高军）

【民兵整组】 年内，调整优化民兵结构布局，整组新质新域基干民兵分队，按要求编实基干民兵，对民兵香营乡无人机侦察排等分队进行点验、授旗，对旧县镇民兵应急排实施拉动点验，推动民兵整组抓建质效显著提升。

（高军）

【高标准完成征兵任务】 年内，严密组织征兵宣传、报名、体检、政考、役前教育等各项工作，会同相关部门研究制定优待措施，精准对接部队需求，提高人岗匹配率，征集适龄青年报名参军，组织上站体检。批准入伍的人员中，无退兵问题，无廉洁征兵问题。

（高军）

【国防教育】 年内，结合全民国防教育日，牵头区委宣传部、区教委进校园开展国防教育暨赠送军事图书活动，组织役前教育新兵到平北抗日烈士纪念园参观学习，完成国防教育长廊建设，全区国防教育氛围日益浓厚。

（高军）

【军政协作创建文明城市】 年内，配合做好双拥模范城创建届中考评工作，协调驻区部队上报各项材料300余份、照片1000余张。创新开展精神文明军地共建活动，深入有关单位开展国家安全、网络安全普法学习教育。

（高军）

【拥军优属】 年内，动员驻区部队为群众排忧解难，积极采购因疫情滞销蔬菜。妥善办理军地互涉“12345”工单500余单，积极协调驻区部队与施工方解决拖欠工人工资问题，累计追回工资50余万元。协助区疫防办排查大数据派单军队人员千余人次，帮助500余人次解决弹窗问题。针对驻延部队自身医疗保障力度有限、距离体系医院远的实际困难，积极协调区卫健委、区疾控中心等部门，为驻延部队派出核酸检测人员累计800余人次，检测官兵10万余人次。常态做好为立功受奖现役军人家属送喜报工作。

（高军）

【区领导参加军事日活动】 8月1日，区四套班子及区检察院领导到驻延某部队参加军事日活动，带头接受国防教育，增强国防意识；全方位了解驻区部队的特殊地位、作用和部队官兵献身国防、艰苦奋斗的优良作风；慰问部队官兵，并通过他们向广大驻延部队官兵致以节日的问候。

（韩丹）

人民防空

【概况】 北京市延庆区人民防空办公室（简称区人防办）是区国防动员委员会的常设办事机构，是区政府人防工作的主管部门。年内，《延庆区人民防空分区规划2021—2035年》在区委城市工作委员会第三次专题会议上通过。依托全民国防教育日，开展防空警报试鸣工作。根据各乡镇的土洞隐患实际情况，解决安全隐患20处。检验各专项预案实战性和可操作性，利用公用人员掩蔽工程开展人防工程平战转换演练，指导万达广场人防工程开展防汛演练。完成人防工程维护维修12处。参加社区疫情防控卡口值守工作300余人次。制作安装人防应急亭和人防宣传栏13套，社区人防志愿者队伍新增400余人。

单位名称：延庆区人民防空办公室
地　　址：延庆区湖北西路3号
电　　话：69143330

（赵建军）

【人防工程安全管理】 年内，与区23家人防工程使用单位签订年度《人防工程安全使用承诺书》《消防安全承诺书》《防汛安全承诺书》《卫生防疫安全承诺书》和《设备、设施维护维修承诺书》。全年共检查人防工程1415处次，开发1套人防工程视频监控管理平台，建设3个智能人防监控试点，链接6处重点人防工程视频监控，共计105路视频监控融入“雪亮工程”，实现“人防+技防”安全管理新模式。

（赵建军）

8月14日，检查天润和丽嘉苑小区内人防工程
（区人防办供稿）

【人防工程建设审批】 年内，建设项目修建人民防空设施标准审查20件，其中规划人防工程项目8件、易地建设项目10件。办理人防工程使用证30件，人防工程验收竣工备案6处，累计开展质量监督检查42次。

（赵建军）

【通信演练】 年内，作为训练组长开展京津冀跨区通信演练3次，京津冀人防“3+2”演练1次。参加日常演练（短波、800M、北斗、指挥车、地面站、海事卫星、IP电话等）每月1次，全部圆满完成任务。

（赵建军）

【修订防空袭方案】 年内，修订延庆区2022年防空袭方案，34家委办局和18家乡镇街道主管领导参加相关会议。10月修订方案通过专家评审。

（赵建军）

【人防宣传教育】 年内，制定《2022年度人民防空宣传教育实施方案》和《2022年度人防志愿者队伍建设实施方案》。面向机关、学校、社区、农村、企业开展人防宣传教育27场次，组织开展人防志愿者活动5场。在泰安社区和集贤社区建设人防志愿者之家各1个，建设完成人防宣传教育实践体验基地。

（赵建军）

【全民国防教育日警报试鸣】 9月17日，延庆区组织防空警报试鸣，旨在进一步贯彻落实人民防空法律法规、增强广大市民的国防观念、检验延庆区防空警报器的战备效能。市人防办和区人武部领导参加。当天上午10点，全区48台警报器依次鸣放预先警报、空袭警报和解除警报，鸣响率100%。预先警报鸣36秒、停24秒，反复3遍，时间3分钟。空袭警报鸣6秒、停6秒，反复15遍，时间3分钟。解除警报长鸣3分钟。鸣响期间，社会秩序良好。与此同时，区人防办联合儒林街道，在格兰山水二期社区内组织开展“全民国防教育日”宣传及演练活动。社区全体工作人员、辖区居民等60余人参加演练。

（赵建军）

9月17日，警报试鸣（区人防办供稿）

（栏目编辑：孙越凡）

经济管理

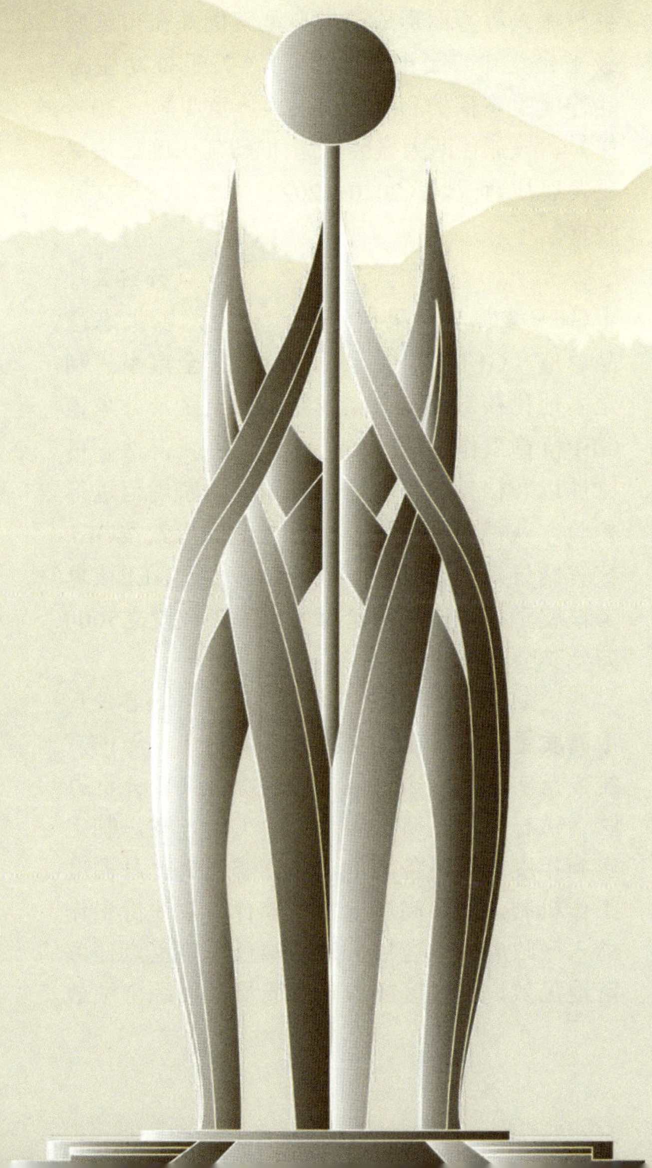

综合调控

【概况】 北京市延庆区发展和改革委员会，是负责全区国民经济和社会发展统筹协调、经济体制改革综合协调的区政府工作部门。年内，推动29个专项规划和15个乡镇规划发布并汇编成册，制发全区、乡镇年度计划指标。发挥赛会利用和产业发展组作用，冬奥可持续利用任务基本完成。编制完成“508”号文系统评估报告，梳理形成7个特色亮点案例并在市区媒体进行集中广泛宣传。统筹落实《北京市高质量发展综合绩效评价办法（试行）》，研究出台区级落实工作方案，制定实施年度重点任务清单。牵头落实中小微企业纾困“18条”、防疫情稳经济“45条”，出台区级指导说明、落实指引，配套发布体育、餐饮、文旅行业补贴细则，按周调度政策落实情况。修订印发延庆区金融产品服务手册，完善担保费补贴工作实施方案，研究制定政府资金撬动金融资本工作方案，全年为中小微企业贷款2335笔约82亿元。编制完成塑料污染治理示范区创建实施方案，全区范围内一次性塑料制品得到有效禁限。制发政府投资项目管理办法、投资项目招标代理机构选取指引，备案固定资产投资项目57项。建立实有人口综合服务管理机制，实现实有人口服务管理全覆盖。统筹推进疫情防控和经济社会发展，经济运行呈现稳中向好态势，完成固定资产投资（不含农户）97.9亿元、建安投资71.4亿元，有力支撑地区生产总值完成210.3亿元，按不变价计算增长3.7%，增速在全市排名第四。

单位名称：延庆区发展和改革委员会
地　　址：延庆区新城街98号
电　　话：69101063

（孙鑫晟）

【冬奥世园会后利用】 年内，统筹制定实施赛后运营方案和场馆遗产利用计划。推动冬奥落幕后用时36天实现延庆奥林匹克园区精彩开园、有序运营，协调推进国家滑雪中心南区训练赛道、首都体育学院（北京国际奥林匹克学院）新校区等重大项目取得阶段性进展。统筹落实《世园会会后利用三年行动计划（2021—2023）》，指导出台《北京世园公园2022年行动方案》，推动举办北京国际花园节等品牌活动400余场。

（孙鑫晟）

【生态保护和绿色发展】 年内，以《北京市生态涵养区生态保护和绿色发展条例》（《条例》）为牵引，修订《条例》区级落实工作方案，制定实施年度任务计划。以“特色任务+重点项目”清单形式抓实效，在生态保护、赛会遗产利用、“两山”转化、特色产业发展、乡村振兴等方面形成一批典型案例并在市区两级平台集中广泛刊登。推动《关于推动生态涵养区生态保护和绿色发展实施意见》（30号文）、《抓住两大盛会机遇 推动延庆区加快绿色发展行动计划（2020—2022）》（508号文）收官。

（孙鑫晟）

【GEP核算与结果应用】 年内，以生态产品总值（GEP）引领绿色发展，在全市率先制定本地化核算规范并完成新一轮全区及分乡镇GEP核算工作，从数据连续性、可获得性、可比性以及核算结果合理性方面对国家规范进行校验，获得国家发改委认可；率先探索按GEP核算结果对乡镇进行考核补偿，出台GEP核算考核奖励办法，利用延海协作等资金设立5000万元奖励资金。

（孙鑫晟）

【高质量发展综合绩效评价74.45分】 年内，统筹落实《北京市高质量发展综合绩效评价办法（试行）》，研究出台区级工作方案，制定实施年度重点任务清单，建立季通报、月调度工作机制，并将高质量发展综合绩效评价工作纳入区政府绩效考核，推动74项年度重点任务落地见效，促进区2021年高质量发展综合绩效评价得分74.45分，与2020年相比提高1.54，其中减量发展、开放发展2个领域均在生态涵养区排名第一。

（孙鑫晟）

【三次产业占比优化】 年内，深入开展后冬奥时期产业发展路径研究，成果接续转化为3批举措建议清单；着力加大产业项目谋划储备，推动井庄沟域、康庄农民就业基地基础设施等项目成功纳入市级补短板、强弱项项目库，三次产业占比由2021年的3∶21∶76进一步优化调整为2022年的3∶20∶77。

（孙鑫晟）

【复工复产】 年内，制定实施规模性疫情下重点企业生产闭环管理总体预案，分场景分类别动态更新重点行业防控指引，将区内81家防疫物资生产企业、城市运行保障企业、产业链龙头企业等纳入重点企业“白名单”，落实日调度工作机制，全区重点行业企业达产率稳定在92%左右。

（孙鑫晟）

【助企纾困】 年内，统筹落实中小微企业纾困“18条”、防疫情稳经济“45条”，出台区级指导说明、落实指引，配套发布体育、餐饮、文旅行业补贴细则，落实周调度工作机制，推动税费方面实现应退尽退、应减尽减、应缓尽缓，房租方面在全市率先完成区属国有企业房屋租金减免，“文旅体商”非国有房屋租金补贴全部兑现，促进区内市场主体应享尽享政策红利。

（孙鑫晟）

【综合经济运行】 年内，按季研究制定并分解压实经济指标目标及任务举措，依托书记月度点评、区长双周调度、主管副区长周调度等机制抓落实，全年完成月度、季度分析20余篇，有力助推经济快速恢复，地区生产总值完成210.3亿元，按不变价增长3.7%，增速在全市排名第四。

（孙鑫晟）

【固定资产投资】 年内，发挥“三级调度”“两办四组”机制作用，按季分解压实投资任务至牵头单位及重点项目，通过加快项目审批、强化协调调度、深入开展一线服务等措施，推动年度60个区级重点工程应开尽开，基本完成全年投资任务，其中建安投资超出年度计划目标1.4亿元；用好用实市级项目谋划经费，落实“1+6”项目谋划机制，共谋划生成40个重大项目，总投资约112亿元。

（孙鑫晟）

9月29日，区发改委在区委党校开展政府投资管理相关政策培训会（区发改委供稿）

【为政府投资项目争取资金】 年内，争取到位市政府固定资产投资9.3亿元，支持三里河路、妫水河南部水系连通工程、美丽乡村污水管网、南山环线三期道路工程以及北京市八一实验学校建设项目等30个公共服务和基础设施项目建设。

（孙鑫晟）

【重点民生项目完工】 年内，制定实施延庆区“七有”“五性”年度任务计划，统筹76项重点任务落地见效，推动刘斌堡中学整体改造工程、第九幼儿园新建工程、中医医院迁建一期工程、四个风雨操场、档案馆新馆建设等重点民生项目顺利完工。

（孙鑫晟）

【项目监督管理】 年内，制定实施《延庆区政府投资工程建设项目招标代理机构选取规则（试行）》，全年共审核政府投资工程建设项目招标实施方案124项，开展“线上+线下”招标投标执法检查20项；出台《延庆区政府投资项目管理办法》，组织全区38家部门及单位开展政府投资管理相关政策培训会；全年共审批（15项）、核准（14项）、备案（68项）项目97项。

（孙鑫晟）

【依法行政】 年内，制定执行党政主要负责人履行推进法治建设第一责任人职责清单，一体落实“大培训、大练兵”学习制度、“三重一大”决策制度等，全年共组织领导班子、科级干部会前学法4次，全体干部职工依法行政培训881人次，完成“线上+线下”执法检查1209项，报送普法信息97篇，以案释法26篇。

（孙鑫晟）

【疏解整治促提升】 年内，统筹推进“疏整促”专项行动，持续巩固“基本无违法建设区”创建成果，超额完成27项年度任务，疏解提质一般性制造业企业6家，拆除违法建设17.72万平方米，腾退土地19.56公顷，完成比例均位居全市第一，揭网见绿41.90万平方米，留白增绿6.93公顷；更加突出优化提升，实施米黄路沿线和张山营镇中心区域沿线环境整治提升项目，完成治理类社区村整治提升35处；加强宣传引导，完成3期《向前一步》节目录制。

（孙鑫晟）

【优化营商环境】 年内，统筹完成营商环境5.0版等302项改革任务，完成北京市营商环境试评价参评工作；夯实“服务包”工作体系，制发区、街乡领导联系企业工作方案，建立健全“服务包”企业动态调整、诉求分级协调解决等工作机制，组织区四套班子主要领导带头强化企业调研服务，“企业管家”全年集中走访回访4轮，350项企业诉求办结率100%。

（孙鑫晟）

【延海结对协作】 年内，制订实施延海结对协作年度重点任务计划，统筹安排1.5亿元年度协作资金，完成《延海结对协作资金与生态产品价值联动合作协议》签订、延庆区院前急救体系建设、2家实体企业引入、海淀“经济师”队伍下乡入村等26件协作实事，有序推动中关村延庆园生态园区提升项目等7个重点项目落地见效，助力4个集体经济薄弱村年经营性收入超过10万元，推动本轮（2019—2022）结对协作收官。

（孙鑫晟）

【对口协作】 年内，制发东西部协作年度工作要点，全面落实延兴结对协作协议，支持兴和县区级及以下资金1038万，协助推进9个乡村振兴示范村建设，协作共建2个产业园区，引导4家企业落地并投资2.4亿元，通过消费帮扶采购销售兴和县农产品5142万元，帮助兴和县2574名农村劳动力实现稳岗就业，动员社会力量捐赠款物1422万元，支持内乡县财政资金200万元。

（孙鑫晟）

【京津冀协同发展】 年内，制定实施京津冀协同发展年度工作要点，有力做好冬奥会冬残奥会服务保障，与怀来、赤城协同做好赛会期间新冠疫情防控、社会面维稳等工作；协同做好生态共治，推进密云水库、官厅水库等重点流域联保联治，支援怀来、赤城森林防火物资；加快京张体育文化旅游带建设，推动举办第二届发展论坛等活动，推出8条精品线路；推进其他重点领域协同发展，与张家口持续开展医疗帮扶、教育结对、劳务协作和警务协作，联合举办延怀河谷葡萄文化节活动。

（孙鑫晟）

【金融服务】 年内，修订完善区金融产品服务手册、担保费补贴工作实施方案等文件，联合银行组织实施利用政府资金撬动金融资本工作方案，同步健全完善中小微企业融资需求快速响应服务机制，协调金融机构解决21家企业融资需求16.6亿元，为7家企业减免担保费9.5万元，为中小微企业等贷款2983笔约107亿元。推动全区10家银行贷款余额288亿元，较上年同期增长2.8%；存款余额662.4亿元，较上年同期增长8.4%。

（孙鑫晟）

【防范化解金融风险】 年内，制发金融行业领域打击整治养老诈骗专项行动实施方案、金融放贷领域整治工作方案，对3394家类金融公司开展专项排查12次，成功排查并联防联控风险企业23家、立案18家、迁出48家、注吊销385家，同步线上线下组织376个行政村、54个社区宣传工作。

（孙鑫晟）

【价格认定】 年内，对区内纪检监察机关查办案件涉案财物、公安机关各类涉案财产进行价格认定，全年受理各类物品价格认定案件128件，认定金额5987.47万元。

（孙鑫晟）

【价格管理】 年内，完成冬奥会住宿、餐饮价格定点监测，对38种生活必需品开展价格日监测、日报告，对其他5大类250余种商品及服务进行周、旬、月、季和年监测、报告；落实社会救助和保障标准与物价上涨挂钩联动机制，发放价格临时补贴538万元，惠及4.4万人次，全年生活必需品和住宿餐饮价格均无明显波动，价格市场平稳有序。

（孙鑫晟）

【南山环线三期道路工程获市批复】 10月26日，延庆区南山环线三期道路工程取得市发改委项目建议书（代可行性研究报告）批复，工程总投资8.2亿元，全部由市级资金支持解决。

（侯海清）

财　政

【概况】 北京市延庆区财政局（简称区财政局）是负责本区财政收支、预算管理、经济调控、财务监管、行政事业单位国有资产管理等工作的区政府组成部门。年内，财政部门坚持稳中求进的工作总基调，应对外部环境变化，推进财政制度建设和管理改革，进一步增强支出有效性和精准度。

单位名称：延庆区财政局

地　　址：延庆区新城街108号

电　　话：69103146

（茅同心）

【财政收入】 年内，区级一般公共预算收入完成24.29亿元，同比增长3.6%，按收入性质分：税收收入17.60亿元，同比下降4.0%；非税收入6.70亿元，同比增长30.8%。

（茅同心）

【财政支出】 年内，一般公共预算支出完成122.19亿元，同比下降3.0%。主要支出科目情况：农林水支出29.63亿元，社会保障和就业支出8.38亿元，卫生健康支出10.94亿元，城乡社区支出11.66亿元，交通运输支出1.52亿元，政府性基金预算支出34.06亿元，国有资本经营预算支出764万元。

（茅同心）

【财源建设】 年内，制定2022年财源建设工作方案及考核评估办法，建立街乡镇财源建设成效与财政资金安排挂钩机制。完善乡镇财政管理体制，明确乡镇增量收入全额划归为乡镇自有财力；调整街道经费体制，按照年度街道区级收入情况核定税收奖励额度。全区新设企业户数首次突破1万家。

（茅同心）

【预算管理】 年内，制定《关于进一步厉行节约坚持过“紧日子”的若干措施》，细化管理举措、约束支出行为，切实严控机关运行成本。修订《北京市延庆区大额专项资金管理办法》，进一步明确申请主体、内容、程序，完善资金审核、审批流程。首次依托预算管理一体化系统，按照全面预算、零基预算、绩效预算的原则，编制2023年度部门预算，打破部门预算支出结构长期固化、项目支出只增不减的僵化局面。

（茅同心）

【国库管理】 年内，首次将财政专户资金转出开户银行进行定期存款。国库集中支付实现电子化，预算资金和专户资金均实现电子支付，资金当天拨付当天到账。将延庆区公安局纳入非税收入改革单位，提高非税收入收缴服务水平和收缴效率。收回预算单位上交结余资金17.6亿元，统筹拨付13.3亿元用于保障临时性必要事项。

（茅同心）

【基本支出】 年内，成立预算编审中心，统一负责全区行政事业单位基本支出预算的编制、执行与调整。编纂《部门预算编制指南》，为预算单位财政财务管理工作提供政策支撑。印发《延庆区财政支出项目管理办法》，构建以项目为基本单元的财政支出管理体系。

（茅同心）

【预算绩效管理】 年内，完善绩效评价工作机制， 以区委区政府名义印发《延庆区关于全面实施预算绩效管理的实施方案》，制定修订《延庆区预算绩效目标管理实施细则》《延庆区财政支出事前绩效评估管理办法》，初步形成预算编制有目标、预算执行有监控、预算完成有评价、评价结果有应用的绩效管理链条。建立项目成本预算绩效分析指标体系，进一步优化支出成本定额。

（茅同心）

【投资评审】 年内，制发《关于预算定额新旧衔接要求的通知》，明确工程“定额标准”适用规定要求。建立项目评审参考标准，形成《延庆区教育系统操场改造类项目清单单价测算表》，区第一小学等8个学校的操场改造类项目参照执行完毕，避免同类项目重复财评的问题。全年共完成评审项目234个，报审金额29.34亿元，平均审减率22.46%。

（茅同心）

【国有资产管理】 年内，制定印发《延庆区行政事业单位国有资产配置管理办法》《延庆区行政事业单位公物仓管理办法》，明确并完善资产配置数量、价格等标准体系，适当降低打印机、电脑、扫描仪3类资产的配置数量；建立区级公物仓制度，鼓励主管部门根据实际建立部门分仓，丰富拓展资产调配的形式和渠道。截至年底，区属行政事业单位245家，资产总额234.72亿元，较上年下降1.82%；负债总额18.0亿元，净资产216.7亿元。

（茅同心）

【政府采购】 年内，政府采购预算6.05亿元，实际采购5.93亿元，资金节约1171.1万元，资金节约率1.97%。推进北京市政府采购一体化信息平台建设，实现政府采购业务全流程电子化和“一网通办”。落实优化营商环境工作要求，将面向小微企业的价格扣除比例由6%～10%提高至10%～20%；降低中小企业参与门槛，将预留面向中小企业采购的份额由30%以上阶段性提高至40%以上。开展政府采购投诉处理和监督检查，全年对政府采购投诉案件中的2个违法违规行为做出警告及罚款的行政处罚。监控政府采购相关行为，审查招标实施方案135个，其中千万元以上项目45件。组织预算单位食堂和工会在832平台采购脱贫农副产品451.99万元。

（茅同心）

【财政监督】 年内，开展行政事业单位会计监督检查、预决算信息公开情况专项检查及“三公”经费预算执行情况检查。加强警示教育，编写《财政违规行为负面案例汇编》，强化财政干部法治意识。

（茅同心）

【往来款专项清理】 年内，制定往来款清理方案，设定清理基准日（2021年12月31日），明确清理范围，提出工作要求。截至基准日，各单位往来款项账面金额共计14.2亿元、1050笔，全年通过加快支出进度、追缴存量资金及债权追偿等方式清理501笔，共计3.8亿元。

（茅同心）

【行业管理】 年内，会计专业技术初级资格考试报名总人数1046人，参考人数677人，参考率65%；中级资格考试报名总人数691人（1542科次），综合参考率45%。组织开展会计人员培训班9次，培训内容涵盖会计人员职业道德、财务规则、电子票据、资产管理等多个方面，培训总人次达2322人次。

（茅同心）

【直达资金监管】 年内，直达资金中央下达指标合计4.83亿元，主要用于困难群众救助、优抚对象医疗、城乡居民医疗保险等，依托直达资金监控系统，实现资金的分配下达、拨付、使用的全流程监管。

（茅同心）

【重点事项保障】 年内，完成冬奥赛时资金结算，延庆赛区赛时总体投入4.03亿元。筹措2.5亿元用于疫情防控保障。建立综合性生态保护补偿机制，新增每年3000万元的财政资金分配给各乡镇。

（茅同心）

税 务

【概况】 国家税务总局北京市延庆区税务局（以下简称“区税务局”）设15个内设机构、11个派出机构、2个事业单位。年内，持续深化“三个打造”“两个支撑”，砥砺深耕、实干笃行，高标准高质量完成2022年各项税收工作任务。建立并落实党委与党委纪检组专题会商制度，纪检组长与党委书记就作风建设、廉政风险、问题线索等定期交换意见等工作机制。对服务冬奥、退税减税、疫情防控等工作累计开展监督检查156次，开展12次系列警示教育活动和“坚持严的主基调不动摇”等各类学习讨论50余次，在重要时间节点发送廉政短信4000余条。先后获得“北京市青年文明号”“全国节约型机关”等荣誉称号；获得税务总局、市政府领导肯定性批示4次，市局、区委区政府主要领导肯定性批示23次。全年完成各项税费收入（含社会保险基金收入）124.64亿元，同比增长6.5%。其中地方级一般公共预算收入37.35亿元，同比增长2.5%；区级一般公共预算收入19.61亿元，同比增长1.9%。实现连续两年税费收入超百亿，连续四年区级一般公共预算收入正增长。

单位名称：延庆区税务局
地　　址：延庆区庆园街4号
电　　话：69145640

（闫永杰）

【税收征管改革】 年内，组织召开落实办（《关于进一步深化税收征管改革的意见》落实领导小组办公室）全体会议12次，制定《延庆区税务局2022年深化税收征管改革重点任务》及责任分工表，一体推进140项改革事项和43项重点任务。开展“税费服务体验师”活动，推进全电发票受票方扩围试点工作。拍摄应用场景宣介短视频，制作新媒体宣介产品。开展税费政策落实风险应对抽查和税务执法督察审计。研提6类企业纳税人群体标签，向纳税人推送各类信息94条、覆盖23万余户次，新的组合式税费支持政策落地见效，开展“征管十率”通报12次、“征管开讲”培训24次。对个体工商户试行分级分类管理，探索风险指标动态分析模式。与中央民族大学管理学院开展税校联合实训活动，与区法院联动，成功挽回税收债权10余万元。

（闫永杰）

【税费征管】 年内，对新增税源开展“一对一”服务，对重点税源开展“管家式”服务，对存量税源加大税源涵养力度。开展“三代”手续费退费，确保手续费退费及时足额退付，全年退还“三代”手续费通知率100%，企业申请退付个人所得税手续费1006万元、其他手续费217.4万元。推出“个人代开就近办、网上领票免费送、税收政策寄到家、税控设备当天达”等“一揽子”便民服务项目，通过票e送和服务厅发放发票145万余份，为纳税人节约配送成本21万余元。通过委托设立的代征网点，累计办理业务2751笔，代征税款1602.67万元，延伸“非接触式”办税触角，打造“不见面”的办税驿站。采取点对点精准服务、面对面精细辅导和实打实全面联动等措施做好延期申报核准工作和延期及缴纳受理工作。开通“容缺办理、特事特办”绿色通道，专人全程跟踪辅导。继续开展“征管十率”征管质效指标评价体系。

（闫永杰）

【减税降费】　年内，落实“快退税款、狠打骗退、严查内错、欢迎外督、持续宣传”工作策略，办理留抵退税8.32亿元，惠及436户纳税人。助力辖区企业参与“一带一路”建设，办理出口退税额3973.79万元，免抵税额536.95万元，惠及纳税人113户次，合计出口145类商品，出口至美国、德国等72个国家，其中已与中国签署“一带一路”合作文件的43个。

（闫永杰）

【优化税收营商环境】　年内，深入开展“便民办税春风行动”，细化121条精细化服务措施，进一步塑造“优质服务桥头堡”特色党建品牌，在北京延庆税务公众号创新开设“夏夏讲热点”“阳阳爱培训”线上服务专栏，累计

10月13日，区税务大厅工作人员向实习大学生介绍税收业务工作（区税务局供稿）

解决企业诉求300余户次。开展组合式税费支持政策线上有奖答题活动，吸引4.2万人次广泛参与。挂牌成立冬奥会和冬残奥会及其测试赛增值税退税指定办税服务厅，增开绿色通道，开展“双语窗口”“税费服务体验师”等特色活动，累计为涉奥企业办理增值税增量留抵退税2.04亿元。持续推广“定制e服务”，惠及辖区22万余户次企业。依托线上平台，为辖区4万余户次纳税人提供23场次优惠政策宣传辅导。主动开展“一把手走流程”活动50余次，发现6个问题并全部解决。在市局满意度调查中，区税务局位列全市第2名。收到各类锦旗、表扬信等20余件。开展纳税信用等级评价24137条，完成首批54户个体户纳税信用评价发布工作。落实信用联合奖惩工作，帮助辖区企业通过银税互动平台获得贷款3.41亿元。

（闫永杰）

【冬奥服务保障】　年内，成立冬奥专班，协调全局各部门对涉奥工作优先办、提级办、极速办，确保冬奥涉税事项平稳高效办结。组织业务骨干就冬奥退税政策、涉外礼仪等开展专题集中学习。细化办税服务厅冬奥元素，制定《冬奥会服务保障工作应急预案》，设立“冬奥专窗”和自助办税专区，打造“网上办税+自助办税+实体办税厅”的24小时集成办税模式。定期开展“冬奥先锋行动”和“服务包走访调研”，一把手带队走访北控京奥、国家高山滑雪公司等涉奥企业50余次，累计解答解决建设项目拆迁用地、政策适用、企业入驻等问题600余次。依托“税企e+”服务品牌，开展“冬奥云课堂”宣讲答疑，更新、发放《北京2022年冬奥会和冬残奥会税收指南》等多种材料，助力涉奥企业更快更好享受优惠政策。累计为冬奥场馆建设企业办理增值税增量留抵退税2.04亿元，减免耕地占用税、水资源税等4001.3万元，为冬奥相关实体办理退税89.57万元，收到各级部门、企业、冬奥组委财务部等表扬信、感谢信近20件。

（闫永杰）

【国际税收】　年内，开展非居民日常管理，全面开展非居民税收后续管理，组织非居民税收收入1.84亿元；深入开展情报交换，关联申报及国别报告报送，同期资料审核等重点工作；服务“走出去”企业，开具中国税收居民身份证明2份；规范加强非居民企业享受税收协定待遇管理，减免税款955.47万元。

（闫永杰）

审　计

【概况】　北京市延庆区审计局是区政府综合经济监督部门。2022年完成审计项目97项，通过审计促进增收节支3.52亿元，其中上缴财政3.50亿元、归还原渠道资金222万元；促进相关部门调整账目9.90亿元；提出审计建议和意见261条，推动部门单位建立完善内部管理制度办法22项。向有关部门移送案件线索2件。向社会公告审计结果8篇。区审计局实施的延海协作项目专项资金审计项目，被北京市审计局评为2022年北京市审计机关优秀审计项目三等奖。区审计局课题组撰写的《多措并举，推动审计监督全覆盖》调研报告获评2019至2021年度全市审计机关优秀调研成果三等奖。

单位名称：延庆区审计局
地　　址：延庆区香苑街109号
电　　话：69101855

（刘宝生）

【重大政策措施落实情况跟踪审计】　年内，分季度对延庆区2022年政策措施落实情况进行跟踪审计，重点检查贯彻落实过“紧日子”要求、国

8月4日，审计人员实地检查延庆区冬奥会环境建设项目实施情况（区审计局供稿）

有房屋租金减免、中小企业账款清欠和新增财政资金直达基层政策落实情况等政策措施落实以及中央直达资金分配使用管理情况，对相关政策措施落实提出改进措施和审计建议。市区联动项目审计方面，配合市审计局开展2022年冬奥会及冬残奥会延庆赛区跟踪审计。

（刘宝生）

【专项资金审计】　年内，开展专项资金审计3项，包括区级信息化建设资金审计、延海协作项目专项资金审计、公共卫生应急管理体系建设及资金使用情况专项审计调查。对个别项目进度慢、成本控制不到位等问题，提出加强项目进度管理、严格审核工程变更内容等审计建议和意见。

（刘宝生）

【大数据审计】　年内，通过对全区63个一级预算单位150个账套6.17GB电子数据进行整合分析，核实疑点490个，确定问题109个，疑点转化率22.24%，较上年提高6.53%。

（刘宝生）

【内部审计】　年内，制定下发内部审计工作指导意见，对11家区属国有企业开展《北京市内部审计规定》落实情况专项检查，从建立健全内审制度、内审工作开展、整改落实三个方面对内审工作进行全面“体检”；组织召开国有企业监督工作联席会议和区属国有企业内部审计工作座谈交流，向全区各部门单位发送《中国审计报》《中国内部审计》等报刊279份。

（刘宝生）

【财政审计】　1月至5月，对区财政局具体组织区级预算执行和其他财政收支情况进行审计；对区教委、区城市管理委等6个部门预算编制及执行、“三公经费”等情况进行重点审计，对预算管理、资金使用、项目管理和财务管理等方面存在的问题进行纠正和处理。7月28日，受区政府委托，向区第三届人大常委会第四次会议报告本级预算执行审计工作情况。11月1日，通过延庆政务网将6个部门预算执行和其他财政收支审计结果向社会公告。12月15日，受区政府委托，向区三届人大常委会第七次会议报告审计发现问题整改情况。

（刘宝生）

5月6日，区审计局延伸审计区第三小学等7个学校食堂管理情况（区审计局供稿）

【全区审计工作会议】 3月28日，全区审计工作会议召开。会议深入学习贯彻落实全国审计工作会议、北京市委审计委员会第十一次会议和北京市审计工作会议精神，以及三届区委审计委员会第一次会议精神，总结2021年全区审计工作，部署2022年重点任务。区委审计委员会副主任于波主持会议。

（韩丹）

【经济责任审计】 3月至12月，对八达岭镇、大庄科乡、区发展改革委、区教委、区经济和信息化局、区司法局、区医保局、区退役军人局、区地震局、区总工会、原八达岭特区办事处、原八达岭旅游总公司、龙庆峡旅游公司和国投公司共14个单位17名主要领导干部开展经济责任审计。揭示部分单位重大经济事项决策制度不完善、执行不严格，国有企业内控缺失等问题，向相关单位提出严格执行重大经济事项决策制度，强化内部控制及约束力度等审计建议和意见。

（刘宝生）

【重大工程项目审计】 6月至8月，对区级冬奥专项资金管理使用情况实施专项审计，重点审计城市管理委、区水务局等7个单位主责的冬奥会环境建设项目工程、冬奥及冬残奥会期间景观布置工程等3个工程类项目和冬奥迁地保护基地移植树木养护项目、冬奥会延庆赛区外围供水保障工程等13个经费类项目，督促相关问题整改到位。

（刘宝生）

【国有企业监督工作联席会议】 6月23日，2022年延庆区国有企业监督工作联席会议在区审计局召开，7个联席会议成员单位和11家区属国企参加会议。会议传达三届区委审计委员会第一次会议精神，学习《北京市经济责任审计结果运用办法》。区审计局和区国资委分别通报近年来国企审计共性问题及整改情况、内审工作开展情况。

（刘宝生）

【领导干部自然资源资产离任审计】 8月至10月，对区发展改革委协调指导全区生态保护和绿色发展职责落实情况进行审计，对八达岭镇、大庄科乡2个乡镇开展土地、森林和水资源资产管理和生态环境保护责任履行情况进行审计。重点抽查京津风沙源治理二期工程、浅山台地造林、污水治理工程等17个项目，实地查看12个行政村造林、生态林管护、供水以及污水处理等情况，以及6条河流沿岸环境情况。揭示河长制工作落实不到位、个别资源环境目标任务未完成等31个问题。提出加大河长制、林长制等工作落实监督检查力度，强化重点项目全过程管理，推动项目建、管、用一体化闭环管理等审计建议和意见。

（刘宝生）

统　计

【概况】 北京市延庆区统计局、北京市延庆区经济社会调查队是对全区国民经济各行业进行统计和调查的职能部门。年内，统计督察整改工作全部完成，共整改3方面12项具体问题。部署北京市延庆区第五次全国经济普查工作准备工作。组织开展北京市延庆区第七次人口普查后续工作，发布北京市延庆区第七次全国人口普查公报。评定统计诚信单位2家，有效期2年。强化统计服务，深入开展全区经济运行情况分析研判。围绕热点问题，高质量完成中小微企业发展调查、垃圾分类意识及现状调查、《北京市优化营商环境条例》执行效果调查、小微企业融资状况调查、服务零售结构调查、社会心态调查、全面从严治党民意调查等，为全区经济社会高质量发展做出贡献。

单位名称：延庆区统计局
地　　址：延庆区西街1号
电　　话：69178333

（赵宁）

【统计执法】 年内，加大统计执法检查力度，对361家国家机关、企事业单位进行执法检查，同比增长14.6%。其中调查单位基本情况专项检查63家、统计查询专项执法检查220家、常规执法检查78家。在统计执法检查过程中，对存在统计违法行为的20家单位给予行政处罚。

（赵宁）

【专项调查】 年内，开展城乡居民垃圾分类意识及现状专项调查、中小微企业生产经营情况调查、优化营商环境调研、社会心态调查、法人单位经营情况调查、老旧小区综合整治（改造）实施效果及住房需求调查、2022年北京冬奥会知晓率及参与意愿调查等。

（赵宁）

6月2日，到北京玻钢院复合材料有限公司调研（区统计局供稿）

【信息分析与数据服务】 年内，撰写信息与分析216篇，其中统计分析70篇，被区委区政府及市局采用202篇，得到区委区政府主要领导批示49次。对外提供数据服务232次，涉及指标近44万个，查询数据量535.5万笔。

（赵宁）

烟草专卖与管理

【概况】 北京市延庆区烟草专卖局（公司）成立于1995年3月22日，负责延庆辖区的卷烟经营和市场管理。全年上缴税费10294.04万元。

单位名称：北京市延庆区烟草专卖局
地　　址：北京市延庆区妫水南街9号
电　　话：81196686

（王艺霏）

【文明吸烟环境建设】 年内，联合区委宣传部对万达广场、区党校、冬奥小镇、中关村创新中心等单位上报的文明吸烟环境建设拟建区域开展现场实地核查。全年在3个镇、3个社区、2个政府服务机构建成18处文明吸烟环境建设设施，已全部投入使用。

（王艺霏）

【卷烟打假打私】 年内，共查获各类违法卷烟案件69起，查获违法卷烟124.76万支，其中假烟14.24万支、走私烟3.7万支、真烟106.82万支。

（王艺霏）

【电子烟专项检查】 3月31日，延庆烟草联合区市场监督管理部门开展电子烟专项检查，对辖区电子烟实体店及中小学校园周边零售户进行监督检查。重点检查辖区电子烟售卖点是否采取有效年龄核验措施避免未成年人购买、经营场所显著位置是否张贴“两局通告”、是否存在发布虚假电子烟广告的情形，均未发现违法违规售烟行为。

（王艺霏）

【普法宣传】 3月、6月、12月，在延庆区中心商业区环球新意东门、京烟零售店门口开展“3·15”“6·29”“12·4”普法宣传活动，通过发放资料、现场咨询、设立展版等形式，广泛宣传习近平法治思想和宪法的基本原则及重点内容，并向零售户和消费者宣讲涉烟常见违法行为及处理办法、卷烟真伪鉴别知识及新修订的相关法律法规。

（王艺霏）

市场监督管理

【概况】 北京市延庆区市场监督管理局（简称延庆区市场监管局）主要负责本区市场综合监督管理、市场主体登记注册、市场监管综合执法、产品质量安全监督管理、食品药品安全监督管理、计量和标准化管理、知识产权保护等方面工作，共51个部门。年内，围绕区委区政府的决策部署，按照“疫情要防住、经济要稳住、发展要安全”的要求，以“强党建、稳秩序、促发展、保安全”为工作主线，主动担当、真抓实干，持续优化营商环境，切实维护辖区市场秩序，全力保障食品药品、产品质量、特种设备安全，做好疫情防控，助力冬奥筹办举办，勇于创新，完成全年各项工作任务。牵头成立日上、恒生市场创城驻场专班，形成常态机制。协调区政府投入资金，增派保洁、保安。组织局机关85名执法干部对日上、恒生市场开展为期一周的全天候创城攻坚治理，规范解决占道经营、乱停乱放等问题300余个，确保创城复检顺利通过。

单位名称：延庆区市场监督管理局
地　　址：延庆区东外大街70号
电　　话：69141535

（李志军）

【冬奥服务保障】 年内，制定冬奥会重点点位餐饮服务、市场秩序、特种设备等多个保障方案，任务清晰，职责明确，保障到位。冬奥期间，69名闭环人员入驻39个保障点位，每天24小时待命。累计接收各类食材220万千克，保障就餐人数146.9万人次，快检21150次，发现问题171个，保障冬奥期间食品安全。全程监管雪橇雪车中心氨制冷压力管道和压力容器、高山滑雪客运索道、冬奥村电梯等特种设备的安装调试，赛会期间全天候备勤值守并开展技术指导，未发生特种设备安全事故和重大影响事件。

（李志军）

2月15日，区市场监管局工作人员开展冬奥服务保障工作（区市场监管局供稿）

【药品供应保障】 年内，成立延庆区紧缺药品保供专班，着力解决医疗机构和药店新冠药品紧缺难题，累计协调连花清瘟、布洛芬、对乙酰氨基酚等6类药品71.1万盒、抗原试剂60余万人份。派驻18人进驻辖区21家医疗机构，保障药品和医疗器械质量安全、供应到位。

（李志军）

【优化营商环境】 年内，推行“多证合一”“证照分离”改革，简化办理流程，激发市场主体活力，实现一窗受理、一次办结、证照齐发。全年新设企业10738户，同比增长79.15%。现有市场主体60596户，其中企业40056户、个体户20540户。

（李志军）

【事中事后监管】 年内，以“双随机、一公开”监管和“6+4”场景化监管措施为抓手，构建事中事后监管一体化综合监管体系，在2个场景探索推进“6+4”一体化综合监管，效果良好。将“双随机、一公开”监管成员单位扩大至27家，监管事项增至2224项。全年开展内部检查1879户次、部门联合检查1162户次。

（李志军）

【食品安全监管】 年内，开展校园周边食品、保健食品、网络食品和食品安全“守底线、查隐患、保安全”等专项整治，完成食品抽检1400件，发现不合格食品19件，均立案查处。完成保健食品抽检40件、化妆品抽检40件，合格率100%。

（李志军）

【市场防疫】 年内，发挥区市场防疫专班牵头作用，统筹8个行业部门和18个街道乡镇检查各类市场主体26.8万户次，发现并整改问题5603个。对重点场所人员、食品及外环境累计开展核酸采样检测93.9万份，并按要求进行处置。组织排查来自西南郊市场、岳各庄市场以及天津、唐山的冷链食品33次，涉及食品18.4吨。发挥药店哨点作用，完成16.4万名购买“四类药品”顾客的追踪回访，筑牢市场领域防疫屏障。

（李志军）

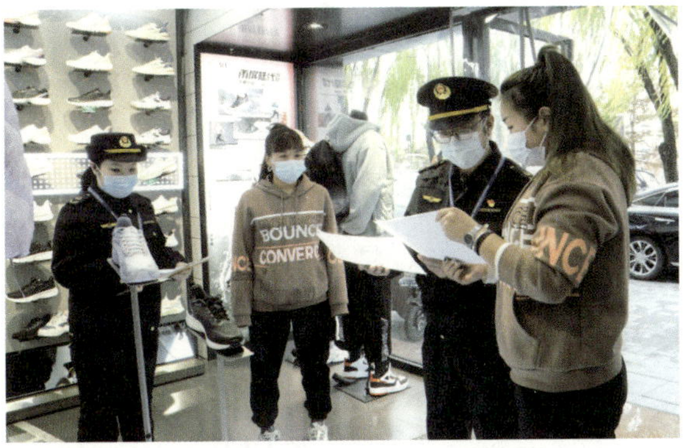

11月12日，区市场监管局执法人员开展疫情防控监督检查（区市场监管局供稿）

【药品安全监管】 年内，开展新冠病毒疫苗储存配送使用环节专项监督检查、药品安全专项整治行动、医疗器械风险隐患排查、含兴奋剂专项检查等10余项专项整治，立案70件，罚没款52.04万元。完成药品抽检127批次，合格率100%。

（李志军）

【产品质量监管】 年内，全面排查燃气器具产品质量安全，查办案件7起，没收不合格产品2件。组织开展油品、学生用品、消费类产品监督抽查，抽取样品89组，发现不合格产品10件，均立案查处。检查计量器具1895台件，对16件不合格计量器具立案查处。

（李志军）

【特种设备安全监管】 年内，制定《延庆区市场监督管理局城镇燃气安全排查整治工作方案》，检查电梯、锅炉、客运索道、大型游乐设施等特种设备1400余台套，发现并整改安全隐患102项。

（李志军）

【检验检测】 年内，建立延庆区质量基础设施一站式服务站，整合计量检测、特种设备检验等收发工作，为企业提供一站式服务。收发计量器具8578台件，发放特种设备检验报告1790份。

（李志军）

【网络交易监管】 年内，开展2022网络市场监管专项行动，重点打击网络违法行为。约谈网络经营主体，规范网络市场竞争秩序及重要节点网络集中促销活动。全年查处网络违法行为92起，罚没款34.42万元。

（李志军）

【普法执法】 年内，制发《延庆区市场监督管理局2022年法治宣传教育工作方案》，召开2022年法治宣传教育工作动员会，制定《普法责任清单》，拟定全年集中普法计划148项（次），落实普法部门37个。全年共办理案件3064件，行政检查47234件，罚没款266.46万元。

（李志军）

【价格类违法案件查办】 年内，延庆区公平竞争审查工作联席会议成员单位实现区政府组成部门全覆盖，全年审查新增文件900余份、清理存量文件900余份、制发整改建议书5份。严打价格欺诈、串通涨价、哄抬物价、囤积居奇等违法行为，共查办价格类违法案件237件，罚没款43.34万元。

（李志军）

【放心消费环境创建】 年内，通过线上线下相结合的方式，线下充分利用“3·15”“4·26”质量月等重要时间节点，强化宣传教育引导，开展消费大讲堂、消费教育活动40余场次，发放各种宣传用品3000余份，受众3.5万人。发展首批4家企业成为“北京市无理由退货承诺单位”。全年累计受理无理由退货120件，涉及金额5万元。线上制作《消费小课堂》系列短片6部，办好《大东说消费》等栏目，利用新媒体、广播、电视、LED大屏幕宣传消费提示1.5万余次。

（李志军）

【预付费管理】 年内，针对预付卡管理难点问题，经主管副区长调度，牵头区教委、区民政局、区人力资源保障局等15个相关部门召开推进落实《北京市单用途预付卡管理条例》工作会。各单位共检查商户313户，发放宣传材料675户，针对侵害消费者权益、预付卡管理等违法行为立案16件，罚款1万元。

（李志军）

【知识产权保护】 年内，制定《延庆区2022年打击侵犯知识产权和制售假冒伪劣商品工作方案》，开展铁拳行动、冬奥知识产权保护、假冒伪劣食品等专项整治，办理“双打”案件50件，罚没款21.96万元。因打击侵权假冒工作成效显著，受到北京市市场监管局提名表扬，被国家市场监管总局等3个部门联合评为冬奥会和冬残奥会奥林匹克标志知识产权保护突出贡献集体。

（李志军）

【校外培训机构规范治理】 年内，加强各类校外培训机构经营行为监督检查力度。对11家机构合同示范文本的规范使用和合同格式条款行为进行指导，开展校外培训机构价格、广告违法行为检查，清理面向未成年人培训广告8次，打击6起相关违法行为。

（李志军）

【接诉即办】 年内，全面落实“九项制度、两个穷尽”工作机制，全年共承办12345、12315工单4104件，其中，12345工单1892件，响应率100%，解决率与满意度均在90%以上；12315工单2212件均按时限办结。被评为北京市2022年接诉即办先进集体。

（李志军）

【食品安全推进会暨区食药安委全体会】 11月21日，区政府召开贯彻落实食品安全“两个责任”工作推进会暨区食药安委全体会。会议传达学习国务院食品安全办主任会议精神，对《企业落实食品安全主体责任监督管理规定》《延庆区食药安委关于贯彻落实〈建立健全分层分级精准防控末端发力终端见效工作机制推动食品安全属地管理责任落地落实的意见〉实施方案工作》贯彻落实工作进行安排部署。叶大华出席并讲话。

（韩丹）

延庆区私营个体经济协会

【概况】 延庆区私营个体经济协会（简称延庆私个协会）是连接市场监管部门和个体民营企业的社会团体组织。全年开展非公党建工作，认真履行协会职能，拓宽协会服务领域，充分发挥自身职能和桥梁纽带作用，以引导私营个体经济组织健康发展为重点，促进私营个体经济健康发展。

单位名称：延庆区私营个体经济协会
地　　址：延庆区东外大街64号
电　　话：69141191

（李志军）

【“个体工商户服务月”活动】 年内，组织市场所开展“全国个体工商户服务月”活动，共走访企业和个体工商户86家，发放调查问卷86份，问需求解难题，加大政策宣传，加强党建引领，达到送服务、办实事、促发展的目的，帮助个体工商户纾困解难17件，促进非公经济健康发展。

（李志军）

【志愿服务活动】 年内，为弘扬中华传统美德，践行雷锋精神，进一步体现协会会员在社会中的担当作为，私个协会部署开展学雷锋志愿服务活动，各市场监管所组织辖区20余家私营企业、个体工商户会员开展形式多样的学雷锋志愿服务活动。

（李志军）

消费者保护

【概况】 延庆区消费者协会（简称区消协）是开展保护消费者权益工作的团体组织。年内，延庆区消费者协会始终牢固树立以人民为中心的工作理念，紧抓“未诉先办”“接诉即办”工作，提升消费投诉解决效率和满意率。全年共受理投诉156件、解决156件，完结率100%。围绕热点消费、疫情防控、市民热线等话题，继续办好《大东说消费》栏目，坚持以案说法、以案普法，开展《消费者权益保护法》宣传活动，全面普及消费法律知识，保护消费者合法权益，引导广大消费者合理、科学消费。

单位名称：延庆区消费者协会

地　　址：延庆区妫水北街路西31号

电　　话：69187315

（李志军）

【消费投诉】 年内，共受理投诉156件、解决156件，完结率100%。其中服务类72件，占投诉总量的46.2%；百货类34件，占投诉总量的21.8%；食品类18件，占投诉总量的11.5%；电子电器类16件，占投诉总量的10.3%；建材类16件，占投诉总量的10.3%。

（李志军）

【放心消费环境创建】 年内，围绕“共促消费公平”年度主题，以热点消费、疫情防控、市民热线等话题为中心，开展节目策划和录制，做好消费教育的宣传和引导。通过《大东说消费》号召全区消费者文明消费、文明出行，促进经营者诚信经营，用行动保护消费者合法权益，全年共录制52期，播出260次。开展诚信在延庆大讲堂活动，倡议“光盘行动”，促进“四个条例”落实，服务延庆创建文明城区。围绕疫情形势开展消费宣传报道，共播出相关报道42次。

（李志军）

国有资产监督管理

4月15日，区国资委联合区委政法委在世园公园开展国家安全日宣传活动（区国资委供稿）

【概况】 北京市延庆区人民政府国有资产监督管理委员会（简称区国资委）是政府工作部门，根据区政府授权，代表区政府履行出资人职责。年内，国资系统12家企业1600名职工投身冬奥服务保障工作，圆满完成冬奥服务保障任务。常态化实行经济运行月调度机制，推动企业降本增效创收。落实“深化党建引领、建立现代企业制度专项改革”30项具体任务，国企改革三年行动如期收官，企业负责人薪酬制度改革稳步实施。压紧国企经济责任，区属国企多措并举，创收增效。压实国企社会责任，国资国企系统疫情防控、创城复检、京蒙协作等任务全面完成：有效落实疫情防控措施，3000余人下沉社区2.5万余人次；9家区属国企签订帮扶协议、落实京蒙协作任务，共投入资金56.55万元；落实租金减免政策，统筹区属国有企业为416户小微企业和个体工商户减免租金3483万元，实现应减尽减。组织10名区属国企干部赴海淀国企脱岗交流学习，市政府绩效任务暨延海合作实事项目圆满完成。11家区管企业“制度落实年”联合督导全覆盖，推动企业内部管理持续规范。围绕“长城、世园、冬奥”三张“金名片”，统筹推动企业重点经营项目落地。深入学习宣传贯彻党的十九届六中全会和党的二十大精神，组织理论学习中心组学习16次。召开系统全面从严治党工作会，清单化推进23项重点任务落实，不断增强党的领导力。举办国资委党校培训班5期，培训学员300余人。推动庆隆公司、延庆园投资公司改设党委、增设纪委，组建龙庆峡公司党支部，实现党建与国企改革同步推进。

单位名称：延庆区国有资产监督管理委员会
地　　址：延庆区西街1号
电　　话：60159740

（刘宏伟）

【国有资产总量与经营】 年内，区属国有企业累计实现营业总收入19.31亿元，同比增长31.16%，完成全年目标的103.81%；上缴税金1.05亿元，同比增长38.45%；累计发生成本费用27.50亿元，同比增长31.25%；累计实现利润总额-4.09亿元；资产负债率63.90%，同比增长0.3个百分点；国有资产保值增值率94.57%。各区属国有企业共计上缴2021年度国有资本经营收益1000.66万元，实现全年财政收入目标。

（刘宏伟）

【国企改革】 年内，落实“深化党建引领、建立现代企业制度专项改革”30项具体任务，促进企业经营发展持续健康向好。国企改革三年行动如期收官，与11家企业签订责任书，各项改革任务均已基本完成。实施区属国有企业负责人经营业绩考核和薪酬管理，构建以绩效约束为基础的薪酬激励机制，激发企业负责人干事创业动力。修订印发《关于规范区属国有企业董事会建设的指导意见》《区属国有企业董事会工作报告制度暂行办法》，初步形成董事会工作制度体系，助力企业治理逐步规范。落实《职业经理人市场化选聘实施方案》，世园公司、八达岭文旅集团、庆隆公司、绿富隆公司试点开展职业经理人市场化选聘。

（刘宏伟）

【国资监管】 年内，落实“两非”“两资”剥离处置，三年共计压减法人户数31户，超额完成55%，压减任务提前收官，主业集中度稳步提高。

（刘宏伟）

【冬奥服务保障】 年内，12家企业1600名国企职工投身冬奥服务保障，完成冬奥赛场索道运营维护、延庆制服和注册分中心场馆改造等任务。八达岭文旅集团秦志伟获评国家级表彰，延隆公司刘彦荣等6人获评市冬奥会服务保障先进个人。

（刘宏伟）

国有企业

【北京八达岭文旅集团有限公司】 北京八达岭文旅集团有限公司系区属国有企业。下辖经营性子公司13家，包括北京八达岭酒店投资管理有限公司、北京八达岭国际葡萄酒交易中心有限公司、北京八达岭饭店管理有限公司、

7月，九眼楼长城文化展厅经改造升级对外开放
（八达岭文旅集团供稿）

北京夏都文化传播有限公司、北京八达岭国际旅行社有限公司、北京八达岭景区运营管理有限公司、北京八达岭畅安地面缆车有限公司、北京八达岭物业管理有限公司、北京八达岭智慧旅游有限公司、北京妫川汽车出租有限公司、北京华兴实业有限公司、北京八达岭龙腾文化发展有限公司、北京延庆新华书店有限责任公司。其中，北京八达岭景区运营管理有限公司设立6家分公司，包括古崖居景区分公司、野鸭湖景区分公司、九眼楼景区分公司、世葡园景区分公司、阪泉体育分公司、八达岭陵园分公司。业务涉及“运输服务、景区运营、酒店管理、数字经济、文化创意”五大板块。年初，完成2022年北京冬奥会、冬残奥会的索道运维、火炬传递、交通运输、场馆服务、住宿保障等各项任务，获中国索道协会颁发“赛场

索道组织单位”荣誉。年内，一手抓疫情防控，一手抓复工达产，以“开源节流、增收节支”为原则，首次提出“NICE”理念，即去门票化、沉浸式体验、文化创新、科技赋能，并推出贯穿全年的“NICE”四季之旅活动共计百余项，重点打造“长城 · Night”八达岭主题夜游活动。12月，八达岭文旅集团7个景区景点上榜2022北京网红打卡地推荐榜单，包含自然观光、休闲娱乐、餐饮住宿等业态。八达岭文旅集团志愿服务队获“2020—2021年度北京市青年文明号”；世界葡萄博览园、古崖居景区获“首都文明单位”，野鸭湖景区获“2022年北京市体育旅游十佳精品景区”；北京八达岭智慧旅游有限公司获“北京市安全文化建设示范企业”，被推选为中国风景名胜区协会目的地旅游数字化专业委员会主任单位，其申报的“全国首款数字纪念票”入选光明网主办的“2022智慧旅游创新项目”；北京八达岭畅安地面缆车运营有限公司技术部获2022年“应急先锋号”荣誉。2022年注销企业1家，为北京圣世苑温泉大酒店有限公司。全年实现收入48648万元，比上年增加1672万元，上缴税金形成区级财政收入1319万元，比上年增加737万元，实现利润-14129万元，比上年减少4718万元。

地址：延庆区庆园街65号院

电话：69122910

（郭丽华）

【北京市龙庆峡旅游有限公司】 北京市龙庆峡旅游公司1987年成立，属国有企业。1990年8月，龙庆峡脱离水利部门，1998年10月加盟北京控股公司，成立北京龙庆峡旅游发展有限公司，属中外合资企业，2008年5月归属京泰实业集团有限公司。2020年11月18日，京泰实业（集团）有限公司宣布资产重组议案，将北京龙庆峡旅游发展有限公司股权全部转让给北控置业集团有限公司。2021年6月进行公司制改制，11月底，改制完成，公司由全民所有制企业改制为国有独资的有限责任公司。另有北京龙庆峡旅游发展有限公司、北京市龙庆峡旅游有限公司、北京腾龙游乐有限公司、北京玉渡山旅游发展有限公司4个公司联合办公。主要负责龙庆峡景区和玉渡山景区的日常管理、旅游开发、服务接待等工作。年内，举办以“与冬奥同时 与中国同步”为主题的第三十六届龙庆峡冰灯艺术节冰灯冰雪季。全年龙庆峡景区共接待游客50.15万人次，旅游收入5200万元。玉渡山景区共接待游客30.2万人次，旅游收入1500万元。

地址：延庆区旧县镇古城村北

电话：69191026

（李利赛）

4月，玉渡山植树（龙庆峡旅游公司供稿）

【北京市延庆区供销合作总社】 北京市延庆区供销合作总社（简称区供销社）是以农民社员为基础，服务“三农”的合作经济组织，属于集体所有制。机关设办公室、人事劳资保卫科、资产经营管理科及工会委员会、妇委会组织。有城关、康庄、大榆树、沈家营、永宁、大庄科、旧县、张山营、四海、千家店10家乡镇基层供销社，有鑫妫川购物中心、农业生产资料公司、永安宏业商贸中心、土产公司、供销社职工学校、绿都饭店管理中心、永安兴隆再生资源回收中心7家直属企业。截至年底，全系统完成营业收入1369万元，完成税金120万元，实现利润63万元；资产负债率83.22%，受新冠疫情影响，执行租金减免政策，共计减免租金549万元。全年完成升级改造基层社1个，升级改造农村综合服务社1个，新建改造乡镇综合超市1个，农业生产社会化服务7.26万亩次，领办农云仓农业科技（北京）有限公司、北京

2月11日，区供销社督查基层门店疫情防控
（区供销社供稿）

慈缘谷种植专业合作社2家企业。撤销城关、张山营、沈家营、旧县、康庄等5个乡镇供销社基层党组织，将12名党员组织关系转接至区社机关党支部统一管理，将北京神州惠美商贸有限公司党支部转接至属地香水园街道管理。对接市社及区级相关部门，在农业生产资料公司建立农药门市部，完成2笔共63.95万元业务。深入研究规划土地政策，摸清42宗不动产产权登记情况。同时明确补充登记办理路径，成立工作专班对1947年延庆供销社成立以来的档案进行清查，对接乡镇政府和村集体，推进相关工作。对井庄镇箭杆岭村1户五保户、2户低保户进行慰问，与兴和县五股泉乡壕堑村完成结对对接，签订帮扶协议，为脱贫户提供帮扶牧草款1万元，开展慰问老党员和贫困户活动，支付慰问款0.2万元。

地址：延庆区香水园街道东外大街26号

电话：69103358

（蔡晶宇　常一凡）

【北京绿富隆农业科技发展有限公司】 北京绿富隆农业科技发展有限公司为延庆区属国有全资农业企业。公司以“专注有机农业，引领绿色生活”为宗旨，大力发展有机农业。主要业务涵盖生产服务、营销流通、科技创新、金融保障四大板块，产品已通过有机、无公害等多项认证，是北京市政府蔬菜应急储备单位、北京市“专精特新”中小企业、北京市农业产业化重点龙头企业，获得多届中国国际农交会产品金奖、北京农业好品牌、北京 2008 奥运会商品供应先进单位、2019北京世界园艺博览会服务保障先进集体等诸多荣誉。建设运营的“妫水农耕”品牌在 2021 中国品牌区域农业形象品牌（全品类区域品牌）影响力指数榜单上以指数 526.35 位列第 90 名，与“绿富隆”品牌共同被收录入“北京优农”品牌目录，公司获“北京市商标品牌指导站”及“知识产权公共服务站”资质。年内，作为北京2022冬奥会和冬残奥会供应保障单位，圆满完成赛事期间供应保障任务。在中关村延庆园召开北京首款植保APP “烽火惠农”智能植保服务平台发布会，全国农技推广中心、中国农业科学院、中国科学院、中国农业大学、北京市植保站、北京市农林科学院、北京部分区县植保植检站、延庆区种植服务中心、区植保站等单位 26 名专家以及万达农场、首农延庆农场、北菜园等农业生产经营主体代表参与活动。“烽火惠农”作为大数据与人工智能在农业领域的典型应用，通过提供病虫害草害智能识别、专家咨询、植保服务、知识查询及文件宣传贯彻等服务，为农业生产安全、农业生态系统安全、农产品质量安全提供重要保障。

9月24日，延庆区农民丰收节展销
（绿富隆公司供稿）

承担旧县镇市级现代农业产业园建设相关任务，并与北京市农林科学院开展草莓种苗繁育战略合作。全年完成北京市及延庆区生活必需品政府应急储备（蔬菜）任务2250吨；扶贫帮销内蒙古兴和县、河北怀来、宣化及河南内乡县四地优质农产品，总金额350万元；与卢家营村开展京蒙协作，捐赠资金用于修建道路。开办“烽火学苑”引智课堂系列活动，邀请中国农科院、河北省农科院植保所、延庆区推广站等单位专家授课，主

题分别为“蔬菜蓟马生物防治技术的研究与应用”“灾害性天气下蔬菜病害与防治”“植保器械安全使用技术”以及“大田作业植保使用技术”。截至年底，“烽火学苑”引智课堂活动共开展3期，受益人数超 300 人。

地址：延庆区东外大街60号

电话：69101949

（董鹤敏　田星星　乔璐）

5月30日，会展中心志愿服务队支援颍泽洲社区核酸检测（延隆公司供稿）

【北京延隆商业发展有限公司】　北京延隆商业发展有限公司成立于2019年5月22日，将原延庆区商贸总公司、原延庆区饮食服务总公司、原北京八达岭国际会展中心和原延庆区物资总公司进行重组，成立北京延隆商业发展有限公司。公司有直属子公司19家，分别为北京市延庆人民商场有限责任公司、北京夏都顺祥糖酒商贸有限公司、北京华庆资产管理有限公司、北京八达岭国际会展中心有限公司、北京新风大酒店有限公司、北京延庆产燕春饭店有限公司、北京凯思大酒店有限公司、北京顺德祥达商贸有限公司、北京永宁豆腐宴餐饮有限公司、北京市延庆区工业供销公司、北京延交汽车检测有限公司、北京妫川大地人力资源有限公司、北京锦云商贸有限公司、北京安业顺农机技术服务中心、北京金拓野农机服务有限公司、北京顺达通装卸有限公司、北京龙庆机车驾驶培训学校有限公司、北京阳春酒楼有限公司、北京延庆育新餐饮有限公司。公司业务经营范围涵盖商超、餐饮住宿、管理及配送、会展服务、土地资产出租、汽车租赁服务、人力资源服务和仓储服务7个板块。推进企业改制进度，推进企业产权整合，完成原商贸总公司及服务总公司名下8宗土地的产权整合至延隆公司；完成人民商场、豆香轩、顺德祥达及延交救援公司的出资人变更至延隆公司，作为二级公司管理。2022年，北京延隆商业发展有限公司注册资本5852万元，房屋建筑面积16万平方米，出租面积9.3万平方米，经营面积12.5万平方米，拥有土地面积58万平方米。全年实现营业收入2.31亿元，比上年减少6.6%，实现利润-1580万元，增加亏损1180万元，增损295%，上缴税金738万元，比上年减少30%。持续开展东西部协作工作，与兴和县城关镇南官村签订年对接协作协议。提供5万元资金支持，用于村设施建设帮扶项目。开展区内经济薄弱村帮扶合作工作，续签房屋租赁协议，支付井庄镇房老营村项目合作资金8万元。会展中心完成冬奥制服和注册分中心服务保障任务，延庆赛区火炬台安全运行40天，延庆冬奥城市文化广场50天平稳运营，累计服务5800余人次的29场观赛观众集散、5场冬奥会和冬残奥会开闭幕式观众集散的服务保障。燕春饭店为冬奥会制服和注册中心提供住宿和用餐保障。人民商场承担延庆赛区冬奥、冬残奥会31个住宿点位防疫物资配送及赛后回收任务。延交汽车救援中心承担冬奥会延庆区交通保障组应急救援。顺达通公司服务保障新华家园酒店、中银酒店、夏都会议中心等多家酒店的运送布草任务。从公司抽调21名骨干作为注册人员服务冬奥保障，分布于冬奥制服和注册中心、雪山雪橇中心、冬奥办住宿餐饮、冬奥村餐饮住宿和高山滑雪等8个部门，1人获得市级服务保障冬奥先进个人表彰，公司服务冬奥非注册人员82人。阳春小吃参与“点亮北京 · 消夏延庆”暨2022年北京市文旅促消费 · 微度假趣京郊系列活动，在世园公园设立“阳春小吃”品牌展卖，推出鲜花玫瑰饼、牛舌饼、佛手酥等特色美食。参与“延庆十大旅游伴手礼及土特产”评选活动，鲜花玫瑰饼入选2022年度延庆区网红旅游伴手礼。

地址：延庆区东街11号（后院）
电话：69101143

（高爱霞）

【北京庆隆建设管理有限公司】 北京庆隆建设管理有限公司（简称庆隆公司），成立于2019年5月24日。主要负责政府投资类的道路工程、园林绿化工程、水务工程、工民建、幼儿园、医院及其他基础配套设施工程项目的实施和管理，承担着区委、区政府在不同阶段赋予的专项任务和重大项目。年内，庆隆公司圆满完成南三村棚改、老旧小区年度改造等区重点项目，利用公租房项目和南三村棚改项目消化李谷回迁安置房剩余房源，实现房款收入3.09亿元；对接八达岭镇大浮坨村39户村民安置房工作，售出李谷剩余房源80套，资金回笼约8000万元；投入60人次，完成18个街道乡镇的自建房排查和检查工作，增加收入1100万元。完成延庆区2020—2021年老旧小区综合整治项目，涉及6个乡镇街道、18个小区、92栋楼，约41万平方米的改造任务。拓展物业板块，与北京城建集团旗下的北京京城佳业物业管理有限公司合资注册成立北京佳业庆隆物业管理服务有限公司，弥补区内无国有物业公司空白，承接机关事务中心抢修工作、世园村售楼处案场服务、南三村回迁房前期物业服务工作，实现营收274.12万元。旗下北京市广厦房地产开发有限公司平稳完成全民所有制向有限责任公司转变，完成儒林苑小区6户住宅回迁安置房和3户货币安置，累计完成556户李谷回迁房产权证办理，顺利完成湖北4、5号楼移交；北京安华建设监理有限责任公司加大回款力度，全年实现营收1283.17万元、利润377.04万元的双增长；北京润升源企业管理服务有限公司先后承接区交通局交通站牌巡查、南三村等业务，全年营收1320.22万元，同比增长31.04%；北京京延翰盛测绘服务有限公司全年实现利润96.19万元，同比增长164.33%；北京庆隆市政工程有限公司圆满完成冬奥会开幕式延庆赛区火炬台建设工程。在疫情最关键时刻，分别用3天和7天时间完成新体育馆和世园国际馆方舱医院的改建工程，主动联系高塔社区，延庆镇北关村、莲花池村，湖北小区和会展中心核酸检测点，建立7支志愿者服务团队和2支常态化疫情工作值守小组，全力支援核酸检测和卡口值守工作。累计协助高塔社区、会展中心完成35000人次核酸检测工作，卡口值守800余人次。文明城区复审过程中，南三村施工现场作为京张高铁延庆站的门户，连夜制作搭设施工围挡800米，裸露苫盖20万平方米。截至年底，庆隆公司资产总额89.60亿元，累计实现营业收入4.81亿元，上缴税金1793万元，比上年增加610万元，国有资产保值增值率103.26%，超额完成年初制定指标。

地址：延庆区妫水北街5号院8号楼
电话：60155512

（刘涵）

【北京中关村延庆园投资发展有限公司】 北京中关村延庆园投资发展有限公司（简称延庆园投资公司），成立于2017年5月18日，公司注册资本1.06亿元，属区属国有独资企业。延庆园投资公司服务于中关村延庆园全面发展，承担开发建设园区、打造产业承载空间、运营特色园区、盘活资产资源等主责主业，围绕“一核四区”空间布局，开展体育科技园、辰龙产业园、八达岭新能源谷、无人机创新园建设。公司下属拥有正在运行的全资子公司北京金川永佳物业服务管理有限公司、北京八达岭信达资产管理有限公司、北京市宏益达土地开发整理有限公司等，控股子公司北京八达岭工发新能源科技企业孵化器有限公司。2022年，公司完善提升园区基础配套设施建设和园区环境美化、绿化、亮化工程，吸引更多优质企业入驻园区。生态园区项目顺利竣工，园区绿化覆盖率、街道亮化率得到进一步提高，引进风光互补路灯、智慧路灯等科技设施。孵化器保利万和影院、百品尚超市顺利开业，金川车服洗车房、哈啰共享单车正式投入运营，健身房建设项目顺利完成，有效形成专业园区餐饮服务全覆盖。着力推进存量资产盘活，加速推进瑞达博实闲置厂房及附属构筑物盘活利用，对环境、外观、安全方面重新装修，对漏水点、墙皮脱落等问题进行维修维缮，利用延海协作资金展开北京合力清源科技有限公司股权收购工作，取得合力清源公司闲置低效房屋及土地所有权，利用5000余平闲置厂房建成无人机检验检测中心和无人机科普馆，进一步巩固并延伸无人机产业链路。无人机组装车间及配套设施项目（一期）工程已基本完成，无人机组装车间及配套设施项目（二期）工程稳步推进，进一步推进延庆区高精尖产业发展，促进延庆绿色高质量发展，打造产业鲜明、创新成效显著的“科技、创新、绿色”的无人机科技产业园。完成区委区政府国企改革三年行动方案提出的各项任务，继续完善内部流程控制手册，新制定涵盖选人用人、薪酬福利、任期管理等多方位的规章制度，持续不断地完善中国特色现代企业管理方式。完成北京八达岭房地产开发有限公司、北京市延庆区南菜园房地产开发有限公司兼并重组，将管理层级压缩到二级以内，使内部业务流动加快，健全符合市场化的经营机制。公司与千家店镇红石湾村召开区域经济帮扶对接会，助力红石湾村打造高端民俗，支持乡村大力发展林下经济及中草药种植，探索和拓宽农产品销售渠道。年内，增材智造（北京）信息科技有限公司落地延庆座谈会暨揭牌仪式在中关村延庆园企业之家举办。延庆园投资公司控股子公司——北京八达岭工发新能源科技企业孵化器有限公司（简称孵化器公司）被认定为“北京市创业孵化示范基地”。中关村延庆园企业意谷检测技术（北京）有限公司获得由中国合格评定国家认可委员会颁发的CNAS实验室认可证书。代表中关村e谷无人系统检测中心已具备按有关国际认可准则开展检测服务的技术能力。检测中心是延庆区创建无人驾驶航空试验基地（试验区）打造的一项重点项目，可为无人机系统提供质量和安全性试验、评估、认证服务。检测范围涉及固定翼、多旋翼、单旋翼无人机系统，兼顾各种行业应用型无人机系统。检测内容包括一般环境力学、导航定位测试单元、飞行安全测试单元、电池系统测试单元、避障测试单元、无线电抗干扰测试单元、抗风抗雨试验测试单元、身份识别及人身损伤共计9个试验单元、49个试验科目。截至年底，实现新注册企业1914家，新引进实体企业26家，新增国家高新技术企业5家、中关村高新技术企业13家，园区企业缴纳全口径税收1220.23万元，实现区级财政收入324.52万元。为58家园区企业申请财政资金政策兑现，申请扶持资金支持达203.85万元。公司实现营业总收入达到6487万元，同比增长93.0%；累计实现生产总值4188万元；国有资产保值增值率76.22%；年化净资产收益率增至-16.21%；项目类固定资产投资总额5179万元。

地址：康庄镇中关村延庆园风谷四路8号院

电话：52597885

（卢炜）

【北京夏都园林绿化有限公司】 北京夏都园林绿化有限公司（简称夏都园林），主要业务包括园林绿化工程、种植/销售苗木花卉、园林绿化设计及技术咨询、租赁园林绿化机械等。年内，制定和实施公司21项规章制度，包括《公司“三重一大”事项实施办法（试行）》《公司财务管理制度》等一系列经济活动管理制度，《会议管理办法（试行）》《车辆管理办法》等一系列日常管理规章制度。在工程项目招投标工作中，公司共中标五河十路完善政策平原生态林管护工程、主城区及周边杨柳飞絮防治工程、林业有害生物防治项目等10项工程项目。企业实现营业收入5472.99万元。企业共处理12345接诉即办工单16件，涉及问题包括市容环卫、劳动合同及用工管理和危房改善，其中劳动合同及用工管理类诉求较为集中，截至2022年12月，企业共接办此类工单10件、申报剔除5件。因新冠疫情反弹，安排人员轮流值守登记人员岗位。安排30名员工在康安小区、格兰山水二期南区和燕水家园北区3个社区参与下沉志愿服务，公司下沉社区员工共计515人次，共执勤167天。

地址：延庆区中关村延庆园风谷四路8号院27号楼2754

电话：69149337

（张栩荻）

【北京市燕北保障性住房建设投资有限公司】

北京市燕北保障性住房建设投资有限公司于2019年5月22日正式成立。注册资金4.5亿，主要经营范围包括保障性住房投融资、收购、租赁，组织保障性住房建设，经房屋管理部门批准后出售保障性住房以及房地产开发、物业管理、房地产经纪等业务。年内，公司持有、运营公租房992套（悦安居小区127套、天成家园小区736套、博园雅居129套），用于满足“轮候家庭”及人才住房需求。主要来源为实物注资362套、新收购174套、代管北京保障房中心有限公司运营456套。代持天润和丽佳苑及中交富力雅郡共有产权房3126套。2022年组织三次公租房配租工作，实现190户轮候家庭精准配租入住；同时加快推进司家营新建公租房项目前期手续办理工作，取得延庆区人民政府关于对《延庆区YQ00-0408街区公租房项目规划综合实施方案》的批复（延政字〔2022〕56号）并完成土地框架协议签订及土地移交。

地址：延庆区东外大街97号院建行后院后楼

电话：69103100

（李悦）

【北京市延庆区国有资本投资运营有限公司】

北京市延庆区国有资本投资运营有限公司（简称国投公司），主要职责为依据区国资委授权，以财务性持股为主，对区属国有全资企业、控股企业和参股企业的股权进行统一运营管理。通过开展投资融资、产业培育、资本整合，推动产业集聚和转型升级，实现区委、区政府战略意图和政治导向。通过股权运作、价值管理、有序进退，促进国有资本合理流动，优化国有资本布局结构，确保国有资产保值增值。年内，将鼎华公司下属企业夏都信达产权无偿划转至国投公司，夏都信达由三级企业变更为二级企业。为区内结对帮扶村（千家店镇沙梁子村）提供种植鲜食玉米种子款4.56万元。疫情防控期间为支持中小企业发展，国投公司及子公司为符合条件的小微企业减免房屋租赁费用9.37万元。配合区国资委做好区属国企的全面预算管理和区属企业财务快报工作。加强参股企业管理，通过兼职董事、监事参与参股企业法人治理，行使国有股东权利。继续探索类金融业务，对接区金融办和金融机构，深入研究最新金融业务政策，推动金融业务的开展。首创担保延庆分公司为各类企业排忧纾困，完成2305万创业贷款担保业务。

地址：延庆区京张路口南康拓饲料公司院内

电话：60166902

（贾雅茹）

【北京延广融媒文化发展有限公司】 北京延广融媒文化发展有限公司注册成立于2018年11月，是以区属党媒功能为主，以服务文化市场需求为辅的特殊功能类区属国有企业，是融广播、电视、报纸、网络媒体、网络文化于一体的国有文化发展有限公司。2022年，北京延广融媒文化发展有限公司重点围绕冬奥会、喜迎二十大、创城等内容开展宣传，保质超量完成融媒产品生产，电视新媒体等四大平台平均超额完成总量的20.6%。完成冬奥会非注册媒体接待、新闻宣传等重点任务，抽调17人到闭环内参与赛时服务保障、6人参与冬奥会DIVA系统搭建运维，其中2人获得“2022年冬奥会、冬残奥会北京市先进个人”表彰。参与市区多项文化宣传活动，创作优秀作品。承办2022年延庆区百姓春晚（暨京津冀首届网络春晚）、中秋文化节、农民丰收节等节庆活动，线上参与人数达到100万+。服务北京电影节等大型活动。专题片《延庆是个好地方》获评北京市8K超高清视频制作专项扶持项目。5部作品获评“北京视听零距离活动”优秀短视频作品。北京延庆“两微一端”、抖音快手发布作品两万余条，浏览量累计达11669万次。北京延庆快手账号荣获2021快手政务账号优秀创作者。公司2022年荣获“北京市版权保护示范单位”称号。

地址：延庆区妫水北街5号院9号楼

电话：69106207

（张丽）

2月3日，在国家高山滑雪中心竞速结束区，媒体运行志愿者检查混合采访区设施及运行（延广融媒公司供稿）

【北京世园投资发展有限责任公司】 北京世园投资发展有限责任公司（以下简称“世园公司”）于2015年4月27日组建成立，为国有独资公司，注册地在北京市延庆区，主要承担世园会开发建设、会时保障和会后运营任务。2020年7月，经市政府批准，世园公司出资人、股东由北京世园局变更为延庆区国资委。世园公司下设9个职能部门、1个事业部、6个子公司、6个分公司。世园公司不仅出色完成保障世园会成功举办的历史使命，而且高度重视企业自身发展，以生态和园艺为核心，形成文旅、开发、酒店、商业、物业等多板块联动发展的新格局。年内，北京世园公园建筑物节能改造一期项目顺利完成，通过对园区门区、办公楼等7个建筑进行节能降耗改造，实现世园公司全面下沉园区办公。世园公司参加2022年服贸会文旅板块延庆展区成果发布，与盛力世家（上海）体育文化发展有限公司、赛尔教育科技发展有限公司、北京大潮研学国际旅行社有限公司签订战略合作协议，携手知名品牌共谋后世园可持续发展。与北京爱奇艺科技有限公司签订合作框架协议，约定在创新儿童线下娱乐等领域开展长期合作，以强IP、强品牌满足以家庭为单位的目的地消费需求，营造全感官寓教于乐的复合式亲子娱乐。根据中国旅游景区协会章程规定，经中国旅游景区协会审核认定，世园公司获准成为中国旅游景区协会会员单位。世园公司入选“2021年北京市统计诚信企业”名单；公司志愿服务队在北京团市委开展的2020—2021年度北京市青年文明号主题活动中，获评2020—2021年度北京市青年文明号。世园公司承担新冠疫情隔离保障服务，三家酒店全力以赴服务全市高风险隔离团队。世园凯悦酒店接待隔离人员500人，嘉轩酒店接待房山、延庆、西城隔离人员及医疗保障组551人，汤泉酒店接待丰台、延庆隔离人员194人。在隔离工作中，进环员工严格按照赛区保障组指导，安全有效地完成了接待工作。

地址：延庆区延康路10号院

电话：暂无

（王密）

9月5日，世园公司参加服贸会文旅板块延庆展区成果发布（世园公司供稿）

【北京市延庆粮油有限公司】 北京市延庆粮油有限公司隶属北京首农粮食储备有限公司，是由原延庆县粮食局整体转制组成的市属国有独资企业，从事粮食贸易经营，承担国家和地方储备粮储存、管理，军粮供应等职责。公司现有土地面积67.70万平方米，房屋面积14.02万平方米，有北京市隆庆粮食收储有限公司（下属大榆树、康庄、大柏老、永宁、张山营、沈家营6个粮库）、北京京粮隆庆贸易有限公司、北京市隆庆夏都军粮供应有限公司3家企业，业务涉及粮油贸易、粮油储备、不动产经营三大产业，形成以贸易为龙头、仓储和不动产经营齐头并进的经营格局。年内，公司坚持“以收储为基础、以经营为根本、以效益为中心”的工作方针，牢牢把握稳中求进的工作总基调，在首农食品集团、首农粮食储备公司的坚强领导下，通过公司上下共同努力，各项任务圆满完成。配合做好经济薄弱村帮扶工作，共采购杂粮416份，货款4.16万元。采购扶贫产品支出资金13.30万元。公司组织应急演练2次，线上安全培训1次，发放安全宣传材料90余份，200余人次参加。安全投入共计68.3万元，维修水塔、建设罩棚、电动车充电站整改、消防设施设备更新、路面硬化、仓房屋顶加盖阻燃板、楼顶做防水等项目。签订租赁合同126份，累计租金收入853.30万元。完成18份减免租赁合同的资料审核工作，共计减免租金58.41万元，涉及房屋面积7843.48平方米。举办了仓储管理组长、仓储管理员、药库管理员、农副产品食品检验员“一口清”比赛，共有31人参加。处理5件市民热线派工单，“响应率、解决率、满意率”均达100%。全年原粮总经营量为5.69亿千克，其中小麦2.28亿千克、玉米3.28亿千克、稻谷1280千克。储备粮入库5870万千克，其中市储备粮入库5070万千克、区储备粮入库802.55万千克；储备粮出库5170万千克，其中市储备粮出库4370万千克、区储备粮出库802.52万千克。公司储备粮总库存1.59亿千克，其中市储粮1.47亿千克、区级储备粮1150万千克。公司储备粮监管检查小组参与对北京市源益盛有限公司（怀柔）、北京市通州区粮油贸易有限责任公司、北京市粮食有限公司所属企业承储的5个储粮库点储备粮油的监管检查，监管库点数量6个，累计监管检查19次，监管库存数量10.50亿千克。截至年底，公司总资产1.93亿元，不动产经营土地面积19.80万平方米，经营房屋面积4.09万平方米，年汇总收入15.88亿元，汇总利润85万元。

地址：延庆区京张路口南400米

电话：69144716

（李薇）

（栏目编辑：孙越凡）

农业 农村

概 述

延庆区农业农村局（简称区农业农村局），与中共北京市延庆区委农工委合署办公。年内，超额完成稳产保供任务，粮油作物播种1.1万公顷（16.5万亩）、蔬菜播种0.3万公顷（4.5万亩）。强化“田长制”落实，坚持“三长”联动、一巡三查，坚决遏制耕地“非农化”“非粮化”。大力发展绿色农业，成功创建国家农业绿色发展先行区。深化全国休闲农业重点区建设，全力打造3个重点片区、10个休闲乡村、10个农业园区。全区深松整地作业完成2466.67公顷（3.7万亩）。履行农村防疫专项组办公室职责，成立15个指导组常态化联系督导服务乡镇。启动美丽乡村建设，260个村整村完工。提速山区搬迁和风沙源易地搬迁工程，13个村投入紧张施工。持续落实“村地区管”机制，进一步规范村级民主程序和乡镇审批程序。制定《农村建房设计导则》，建立宅基地联合执法机制，强化农村住宅建设管理。推进农民持续增收若干措施落实，2022年全区农村居民人均可支配收入26753元，同比增长3.5%，快于城镇居民收入增长1.2个百分点。逐镇逐村研究扶持壮大集体经济路径，建立多元化对接帮扶渠道，90个薄弱村集体经营性收入全部达到10万元目标。

单位名称：延庆区农业农村局

地　　址：延庆区西街2号

联系电话：69142610

（孙猛）

【农业执法】 年内，共开展执法检查2.4万余次、行政处罚175件，同比增长272%；处罚金额11.9万元，同比增长495%；违法行为纳入检查率100%。

（孙猛）

年内，开展农机领域执法（区农业农村局供稿）

【农产品质量安全异地监督】 年内，赴昌平区开展初级农产品定量检测200个，未发现超标样品；协助怀柔来延抽检200个样品，未发现超标的样品。

（孙猛）

【种植增绿通过核查验收】 年内，全区农业领域种植增绿专项任务面积5.91公顷（88.65亩），涉及6个乡镇84宗地块。在全市9个任务区中率先完成复种任务，并通过市级核查验收。

（侯海清）

【村干部教育培训】 年内，组织村干部及乡镇相关负责人53人参加“耕耘者”全国示范培训班。组织召开乡村振兴“辅导班”，农工委系统线上参加培训13000余人。

（孙猛）

【村“两委”干部大专学历教育】 年内，经过前期宣传，个人线上报名、村镇两级党组织推荐、参加考试面试选拔，15个乡镇村“两委”干部和具有意愿回村工作的社会人员共97名农村人才报名，其中25人被北京农业职业学院农村经营管理（村务管理方向）专业录取。“村务管理”专业是实施农村基层干部能力提升工程、培养农村基层后备人才、服务乡村振兴战略的重要举措。该专业学员将采取双主体培养、模块化教学、多岗位锻炼、搭建发展平台的培养模式，接受为期三年的全日制大专层次学历教育，享受在校大学生同等待遇。全区

2017—2022级共录取227人，目前在校92人（含2020级20人，2021级47人，2022级25人），其中在校村两委39人。截至年底，完成2019级扩招73名学生顶岗实习，统筹安排2020级20名学生顶岗实习。

（孙猛）

【法治政府建设】 年内，开展现场集中普法45次、联合普法5次、区级以上媒体普法33次。启动“农村学法用法示范户”培育工作，认定301户示范户，超额完成年度目标任务。

（孙猛）

【农业领域政务服务事项办理】 年内，持续深化“放管服”改革，26个事项实行告知承诺办理（本年度采取该方式办理42件），48项农业政务服务事项推行容缺受理。全年办理政务服务事项18.2119万件，其中动物和动物产品检疫证18.0726万件。

（孙猛）

【全区农村工作会议】 4月8日，全区农村工作会议召开。会议深入学习贯彻中央和全市农村工作会议精神，对今年“三农”工作进行部署安排。于波出席会议并讲话，强调要奋力开创乡村振兴新局面，助力建设最美冬奥城。12月27日，召开全区农村工作会议，传达贯彻落实中央农村工作会议精神，系统总结全区各乡镇全年工作，部署明年乡村振兴相关要求。

（韩丹）

【休闲农业秋季推介活动】 8月23日，2022年度北京市休闲农业“十百千万”畅游行动秋季推介活动暨石峡关谷开园仪式在八达岭镇里炮村举行。以“京华乡韵·悦享石峡关谷秀”为主题，通过“感妫水之情”“品妫水之境”“观田园之韵”“游园艺之美”四个篇章展现全市休闲农业最新发展成果。

（侯海清）

【乡村治理清单积分制工作推进会】 8月30日，区委农工委牵头组织召开在乡村治理中运用清单制、积分制工作推进会暨移风易俗工作推进会，区委组织部、区政务服务局、区民政局、区司法局等7家区直部门相关负责人、15个乡镇党委副书记共计22人参会。会上了解基层典型做法，分析讲解成熟案例，进行座谈交流研讨。会后梳理总结清单制、积分制典型案例11例，其中6例收录到《北京市乡村治理典型案例汇编》。

（孙猛）

【东西部协作调研交流】 9月20日，区农业农村局赴兴和县农牧和科技局进行座谈交流，双方对接专业技术人员交流事项及培训等情况，到兴和县大同夭乡兴胜庄村，就镇村两级情况进行座谈交流，了解乡村振兴试点示范村建设进程，农业农村局捐助资金使用、存在困难以及需要解决的问题。现场观摩兴胜牧业专业合作社。

（孙猛）

【2022中国农民丰收节开幕】 9月24日，延庆区2022年中国农民丰收节暨第六届延怀河谷葡萄文化节开幕式在八达岭长城望京文化广场开幕。活动由中国农学会葡萄分会、市农业农村局、市园林绿化局、延庆区人民政府和怀来县人民政府主办。开幕式分为“妫水农耕”“清凉夏都”“长城秋色”“冰雪延庆”四个篇章，同时还有“庆丰收、迎盛会”乡村振兴图片展和优质农产品现场展示展卖活动。通过线上展销会、网红直播体验等方式，进一步宣传推介优质果品资源销售、秋季旅游项目等。

（康海涛）

9月24日，延庆区中国农民丰收节活动现场
（区农业农村局供稿）

【农民艺术节延庆专场展演活动】 9月25日，由市委农工委、市农业农村局、延庆区政府和市农业农村宣传中心联合主办的延庆区第33届北京农民艺术节延庆区专场展演活动启动。活动主题为“乡情京韵颂盛世，凝心聚力促振兴”，设置乡村大舞台、美丽乡村印象、乡村文化故事3部分8项内容，开展群众文艺节目展演、影像美术文学作品征集展示、典型案例征集宣传等活动。全区18个街乡镇的基层农民群众代表参加，相关活动持续至12月底结束。

（阎国平）

种植业

【种植面积】 年内，全区粮食播种面积11058.39公顷（165875.8亩），包括玉米10447.89公顷（156718.3亩）。粮食总产8441.16万千克，其中玉米8285.17万千克。蔬菜播种面积3045.31公顷（45679.7亩），蔬菜总产量9575.58万千克。

（孙猛）

【政策性农业保险】 年内，承保总面积2854.06公顷（42810.84亩）。承保温室大棚165.36公顷（2480.44亩），惠及农户及农业企业（合作社）3664户。保费356.7万元，其中中央补贴73.7万元、市级补贴125.7万元、区级补贴68万元、农户自筹89.2万元。理赔合计120.96万元。

（孙猛）

【农户补贴】 年内，15个乡镇319个村25614户农民享受耕地地力保护补贴，补贴面积9993.04公顷（149895.55亩），补贴资金4496.87万元。分三批申报实际种粮农民一次性补贴。第一批惠及292个村23136户农民，补贴面积9713.39公顷（145700.9亩），补贴资金145.71万元；第二批惠及284个村22749户农民，补贴面积9733.15公顷（145997.25亩），补贴资金73.00万元；第三批惠及291个村23047户农民，补贴面积9774.76公顷（146621.34亩），补贴资金73.31万元。玉米良种更换补贴方面，全区15个乡镇288个村18424户农民享受玉米良种更换补贴。补贴面积9316.55公顷（139748.26亩），补贴资金698.74万元。农机购置补贴方面，受理农机购置补贴申请236份，办理涉农企业及农户购置补贴机具255台（套），受益179户，使用中央补贴资金 85.53万元，市级补贴资金1.55万元。

（孙猛）

【土壤普查和标准化基地建设】 年内，完成第三次全国土壤普查任务，在全市率先完成区462个样点的外业调查和样品寄送交接，经市级、国家质控专家现场核实，区所有样品全部合格。截至年底，全区有农业标准化基地84家，其中新备案9家。新建市级优级基地5个、全产业链示范基地2个。土壤墒情监测方面，全区7个川区乡镇设立11个土壤墒情监测点，分四层测定60厘米内土壤水分，3月至5月出具墒情监测报告7期，指导玉米春播生产。

（孙猛）

【农产品质量安全和网格化监管】 年内，持续推行食用农产品承诺达标合格证制度，开具合格证34.785万张，带证上市农产品5203吨。检测农产品样本3.2万个，合格率常年保持在98%以上，未发生重大农产品质量安全事件。推进基层网格化智慧监管项目建设，开发“延庆网格监管”系统，设置“3+X”网格，全区设有区级督导员4人、乡镇监管员107人、村级协管员389人。

（孙猛）

【面源污染防控】 年内，实施化肥减量增效项目，实施有机肥部分替代化肥技术推广面积2913.33万平方米（4.37万亩），全区减少化肥4855吨，化肥利用率达到42%。测土配方施肥技术推广面积1.4万公顷（21万亩），技术覆盖率稳定在98%以上。农业废弃物回收方面，共计回收处置农业投入品废弃物351.5吨，回收处置率92.1%，回收覆盖率100%。

（孙猛）

【农业技术推广】 年内，在四海镇西沟外村示范小型单垄双行马铃薯全程机械化作业6.67公顷（100余亩），效果良好。为推广适用于山区、半山区作业的小型农机奠定基础。推广玉米水肥一体化技术，应用耐密品种3个，建立示范点2个，推广面积146.67公顷（2200亩）。

（孙猛）

【蔬菜新品种推广】 年内，推广番茄、茄子、辣椒、黄瓜新品种8个，建立示范点5个，推广无土栽培、越夏一大茬、日光温室三种栽培模式，推广面积6.67公顷（100余亩）。推广特色食用菌新品种5个（赤松茸、羊肚菌、榆黄菇、猴头菇、刺五加黑木耳），建立示范点6个，推广林下、春秋棚和日光温室三种栽培模式，推广面积2公顷（30亩）。

（孙猛）

【草莓育苗】 年内，草莓育苗面积约46.67公顷（700亩）。其中，设施育苗面积约44.67公顷（670亩），露地2公顷（30亩）。生产商品苗约3800万株。

（孙猛）

【西瓜生产】 年内，全区西瓜播种面积79.51公顷（1192.7亩），其中春秋棚32.57公顷（488.5亩）、小拱棚38.37公顷（575.5亩）、日光温室9.41公顷（141.1亩）、露地0.27公顷（4亩）。

（孙猛）

【病虫草鼠害监测及防治】 年内，农作物病虫草鼠害发生面积3.99万公顷（59.83万亩），指导防治病虫草鼠害5.41万公顷（81.22万亩），病虫草鼠危害损失率0.24%。

（孙猛）

【农业机械化率72%】 年内，全区农机总动力9.7万千瓦，拖拉机保有量840台，各类配套农机具2627台件。农作物耕种收综合机械化率72%。

（孙猛）

林业

【林业有害生物测报】 年内，设置固定监测点280个、巡查路线75条，悬挂诱捕器610套、胶带围环共800多株、粘板1730张，设置太阳能诱虫灯38台，对美国白蛾、松材线虫病、红脂大小蠹、苹果蠹蛾、桃小食心虫、春尺蠖、纵坑切梢小蠹等30多种林业有害生物进行测报与监测巡查。开展越冬基数调查1次，发布林业有害生物预报趋势2次，上报市级测报信息49期，区内发布林保虫情信息51期2480份。

（刘艳萍）

【林业有害生物检疫】 年内，产地检疫苗圃41家、苗木2458.5万株，复检苗木51车、2.69万株。开具产地检疫合格证319份，苗木95.6万株、草坪3万平方米；开具植物检疫证书4份，苗木8068株；枯死木鉴定84份，树木1.5万株。

（刘艳萍）

【林业有害生物防治】 年内，围裹胶带2340余卷，树木9万株，防治春尺蠖146.67公顷（2200亩），悬挂黄绿色粘虫板1.02万张，悬挂红色粘虫板1.4万张，悬挂黄色粘虫板800张，防治落叶松叶蜂、蚜虫、粉虱类刺吸害虫；悬挂诱捕器1675套，防治纵坑切梢小蠹、松梢螟和红脂大小蠹；释放花绒寄甲10000头，管氏肿腿蜂50万头，蛹螨2亿头，蠋蝽5000头，异色瓢虫卵卡25万头，周氏啮小蜂1.4亿头，防治蚜虫、白蜡窄吉丁、天牛类害虫，防治面积554公顷（8310亩）。全区林业有害生物成灾率控制在1‰以下。

（刘艳萍）

【美国白蛾防控】 年内，在重点区域设置美国白蛾固定监测点120个，通过悬挂诱捕器监测到美国白蛾成虫80头，涉及康庄、永宁等13个乡镇38个点位。全区设置主要巡查路线10条，出动6000人次，2080车次，监测巡查22000千米，对幼虫和幼虫网幕不间断开展巡查，未发现网幕和幼虫危害。

（刘艳萍）

【松材线虫病预防】 年内，设置25个松墨天牛监测点对松材线虫病开展监测，出动无人机10架次，巡查面积1.007万公顷（15.1万亩），核实30架次。未发现此检疫病害。全年开展京津冀松材线虫协同防控。与河北省张家口、怀来、赤城、崇礼等市县开展联合踏查1次、开展经验交流1次。与赤城、怀来、涿鹿开展虫情信息交流8次，绘制延怀赤三区县松材线虫寄主分布图1张。支援河北张家口市崇礼、怀来、赤城、涿鹿、小五台、宣化等区县及保护区防治药品9吨、防控器械260件。

（刘艳萍）

【食用林产品质量安全管理】 年内，食用林产品安全检测抽样147份。其中风险监测79份、监督抽检8份、快速检测60份。杏、葡萄样品抽检合格率100%。年内继续实施果园农产品合格证制度。为15家公司（合作社）发放打印器材和纸张。为29家公司（合作社）发放2021年认证基地奖励资金40.2万元。新增碧森园生物科技（北京）有限公司“林产品追溯基地”1家。

（刘艳萍）

【退耕还林后续政策落实】 年内，制定下发《北京市延庆区退耕还林后续政策落实工作乡镇考核评分标准》。完成年度退耕还林区级核查及市级复查。验收合格的退耕还林后续政策面积2863.37公顷（42950.4752亩），涉及15个乡镇、230个村、25737个地块、11512户退耕户。其中流转为公益林地块面积为352.76公顷（5291.4172亩），生态经济兼用林面积2510.604公顷（37659.058亩）。

（刘艳萍）

【森林资源管理】 年内，审批占用林地项目14件，审批面积28.65公顷（429.75亩），收取森林植被恢复费3175.854万元；办理林木采伐审批482件，采伐林木22265.02立方米166935株；办理林木移植36件，移植林木12523株；办理危险树木砍伐审批29件，批准砍伐树木225株；批准树木移植2件14株；完成工程项目绿化审查16件；完成回复会商意见22件；完成生态公益林保险13.287万公顷（199.3万亩）；完成灾害预警理赔19.93万元；完成195个森林督查图斑的核查工作。

（刘艳萍）

【新型集体林场建设】 年内，编制完成《延庆区新型集体林场建设实施方案》并印发实施，完成15个乡镇集体林场组建、 2个区级集体林场下沉工作，延庆镇、张山营镇、旧县镇、沈家营镇4个集体林场纳入2022年“市级示范性集体林场”建设。各集体林场吸纳本地农民就近就业2900余人，其中2000余人享受北京市最低工资上浮1.2倍的工资待遇并缴纳“五险一金”。

（刘艳萍）

【“首都森林村庄”创建】 年内，创建“首都森林村庄”7个，分别为八达岭镇小浮沱村、康庄镇马营村、张山营镇小河屯村、千家店镇下湾村、沈家营镇下花园村、大庄科乡铁炉村、珍珠泉乡转山子村。另有北京龙庆首创污泥处理技术有限责任公司被评为“首都绿化美化花园式单位”。

（刘艳萍）

【森林防火】 年内，新建语音宣传杆63根，安装远红外视频监控97处、监控探头31处、防护网16.2千米，更新防火宣传牌200块，完成防火公路建设24.35千米；完成10个乡镇森林防火监控分中心建设并投入运行，分别是井庄镇、康庄镇、旧县镇、大庄科乡、珍珠泉乡、延庆镇、大榆树镇、八达岭镇、张山营镇、香营乡。完成延庆区防火监控系统和400兆数字通信系统建设。组织大规模集中宣传活动3次，发放防火宣传册、防火布袋等物品25万份。制止野外用火395起，未发生森林火灾。

（刘艳萍）

【果品产业】 年内，更新老旧果园50.53公顷（758亩）、改造提升低效果园99.93公顷（1499亩）；在八达岭镇里炮村新建老北京水果基地6.67公顷（100亩），对刘斌堡乡山西沟村8公顷（120亩）国光苹果进行提质增效；开展延庆特色小果类品种展示园建设项目，收集八棱脆海棠、沙果等特色小果类品种78个。

（刘艳萍）

【林木抚育7000公顷】 年内，实施森林健康经营林木抚育项目7000公顷（10.5万亩），涉及井庄镇、千家店镇、四海镇、大庄科乡、旧县镇、永宁镇及珍珠泉乡7个乡镇。国家级公益林管护工程1933.3公顷（2.9万亩），涉及千家店镇、刘斌堡乡、四海镇、珍珠泉乡、井庄镇、大庄科乡6个乡镇。南山环线两侧八达岭镇、大榆树镇，栽植元宝枫、黄栌等苗木8万余株，彩色树种造林266.67公顷（4000亩）。

（刘艳萍）

【林业产业】 年内，监管指导花卉种植面积1000公顷（1.5万亩），延庆镇唐家堡村发展郁金香种质资源6.67公顷（100亩）。全区蜂群总量5300群，分布范围涉及15个乡镇，带动农民就业210余户。新发展林药、森林旅游和林粮等林下经济704.28公顷（10564.2亩），其中栽植艾草、板蓝根、射干等经济作物143.453公顷（2151.8亩）。完成29家规模化苗圃验收工作。开展林果花草蜂种业资源调查，初步建立林草花果蜂种质资源台账。

（刘艳萍）

【新一轮百万亩造林任务完成】 6月30日，全区2022年新一轮百万亩造林任务全部完成。该项目于4月进场施工，建设总任务1.6万亩，种植油松、樟子松、元宝枫、国槐等树种63万株，涉及八达岭、千家店、四海等11个乡镇。

（侯海清）

【国家级葡萄栽培示范区通过验收】 11月4日，经国家市场监督管理总局和国家标准化委员会、北京市市场监管局考核评估，延庆区一年两熟葡萄栽培标准化国家示范区项目通过验收。创建期间，全区累计登记国家科技成果5项，获得授权技术专利6项，培训果农1000余人次。

（侯海清）

养殖业

【畜牧生产】 年内，能繁母猪保持在5700头左右、奶牛和肉牛稳定在7000头、蛋鸡70万羽、羊突破4万只。全年猪肉产量6197吨、鲜奶产量2.9万吨、禽蛋产量1.16万吨，同比增加20%。畜牧业产值突破新高，比上年提高13.8个百分点，达到 5.12亿元。

（孙猛）

【畜禽免疫】 年内，分别于3月、7月、10月开展畜禽集中免疫工作，共免疫高致病性禽流感135.85万只次、猪型口蹄疫2.64万头只次、牛二价口蹄疫3.58万只次、羊口蹄疫11.29万只次，应免免疫密度均为100%。全区共免疫犬15493条，狂犬病应免免疫率100%，免疫标识佩戴率100%。

（孙猛）

【“两病”净化】 年内，分别于4月和9月开展春、秋两季奶牛两病净化工作，结核病检疫净化共检测奶牛10257头，结果均为阴性；奶牛布鲁氏菌病净化共采集血样3023头份，结果均为阴性。

（孙猛）

【过敏反应鉴定及补偿】 年内，累计鉴定过敏现象270起。其中牛流产32头、牛死亡2头、羊死亡67只、羊流产35只、禽类死亡134只。过敏反应补偿资金共计47245元。

（孙猛）

【消毒灭源】 年内，分别于4月和9月开展春、秋两季集中消毒灭源工作和“大清洗、大消毒”专项行动，共投入消毒药品10吨，消毒面积达91.36万平方米，覆盖所有重点养殖场区以及养殖密区。

（孙猛）

【非洲猪瘟专项防控】 年内，落实非洲猪瘟防控机制，落实监管排查、路口管控、市场及调运监管、病死猪排查和风险筛查等多项防控措施。年内，共监测样品39597份，保障全区不发生非洲猪瘟疫情。对6个生猪养殖场户的13355头病死猪开展无害化处理，共补贴资金26.71万元。

（孙猛）

【应急物资储备】 年内，应急物资储备库储备各类消毒药品10吨、各类防护用品39672个/双/套、库存扑杀消毒器械94台，物资储备充足、齐全。

（孙猛）

【水域滩涂养殖证办理】 年内，全区共有20家渔场提交申报材料，其中19家渔场通过各项流程，完成系统上报和制证工作，颁证水面95.62公顷，基本实现养殖水面全覆盖。

（孙猛）

【水产资源普查】 年内，完成8家渔场，9个品种的具有水产养殖种质资源普查主体核查，实现水产种质资源繁育主体核查全覆盖。全区休闲渔业资源普查共有20家渔场经营休闲渔业。协助市农安中心进行水产品质量安全抽检，包括3家渔场的10份水产品样品、6份水环境样品。检测结果显示各项指标均合格。

（孙猛）

【外来物种普查】 年内，成立普查小组，水产行业设定3条踏查路线6个点位，未发现外来入侵水生动物；种植设定3条踏查路线，27个踏查点，共发现外来入侵病虫害3种、杂草11种。

（孙猛）

【畜禽粪污资源化利用】 年内，全区养殖规模备案场所33家，粪污处理设施实现全覆盖，畜禽粪污综合利用率提升到96.57%。选定旧县镇开展种养循环畜禽粪污还田利用试点，共消纳液体粪肥6.88万吨，对周边6个种植主体实施粪肥还田3926亩。同地块缓释肥投入减少20%左右，亩产增加10%左右。

（孙猛）

【畜禽强制免疫“先打后补”】 年内，动物疫病强制免疫“先打后补”工作覆盖全区养殖规模备案场，免疫出栏蛋鸡1135850羽、牛380头、生猪66382头，免疫存栏牛6880头、种猪5384头，发放免疫补贴120万元。

（孙猛）

【畜禽无害化处理监管】 年内，将动物及动物产品收集、暂存、转运和无害化处理，全流程正式纳入国家病死畜禽无害化处理信息平台管理，全年处理转运生猪12799头、奶牛2头、禽类33917只、狗25只，其他动物及动物产品12686千克。

（孙猛）

【“北京黑猪”落户延庆】 7月1日，延庆区联合北京黑六牧业公司启动“北京黑猪回归北京”项目，确定永宁镇河湾村和清泉铺村为繁育养殖基地。11月25日，第一批200头“北京黑猪”从河北省宣化区返京，安置在河湾村育肥场。

（孙猛）

农村经济管理

【农村经营统计】 年内，全区实现农村集体经济总收入6.79亿元，同比下降23.1%；农户收入132.82亿元，同比下降3.6%；实现农民人均所得28123元，同比增长11.3%；农村集体资产总额113.91亿元，同比下降18.9%；农民人均净资产27295元，同比下降26.6%；农村劳动力就业率达到96.6%，同比下降0.4个百分点。

（孙猛）

【农村涉地合同和集体资产核查】 年内，完成15个镇、376个村共391个集体经济组织现场核查工作。可视化平台中录入资产资源信息19610条；权属手续材料信息402份；集体经济合同8020份；换手集体经济合同40份；确权确地初次流转合同61942份，确权确地再流转合同41份；决策审批材料信息621份。截至年底，全区新增农村集体经济合同442份，其中涉地资源类合同252份、资产类合同138份、其他类合同52份。

（孙猛）

【村级专项补助资金监管】 年内，完成对

2021年村级公益事业专项补助资金审计工作的监督管理。全区应享受村级公益事业专项补助资金8425.7万元，15个乡镇专项补助资金均拨付到位，全年可支配资金总额为13875.40万元（含上年余额5366.20万元）。支出7861.59万元，占当年资金总额的93.30%，占可支配资金总额的56.66%。

（孙猛）

【涉农业务监管】 年内，农产品质量安全检验检测，共完成风险监测定性样品5378个，监督抽查定量样品600个，未发现超标样品。种子经营备案，办理种子生产经营备案的经营户38家，受理备案单512单。农产品运输通行证审批，全年办理北京市重要物资运输车辆通行证197张次。绿色食品认证，全区绿色蔬菜认证企业3家25个产品，产地规模41.8公顷（627亩），年产量275万千克。

（孙猛）

【镇级产权改革和村级产权交易】 年内，加快推进剩余10个乡镇的镇级产权制度改革，完成四海镇等8个乡镇改革任务，组建乡镇级股份经济合作联合社，全区累计13个乡镇完成改革工作。规范农村集体产权交易，指导农村集体资产租赁、流转、实物资产出让交易流程的规范工作，全年挂牌129宗，挂牌金额5918.33万元，交易数量位居全市前列。

（孙猛）

【结对帮扶】 年内，搭建市、区、延海协作三个结对帮扶平台。大庄科乡等9个乡镇41个集体经济薄弱村与北京电控等7家国企和市农林科学院等6家科研院所高校及1家市属单位建立结对帮扶关系。全区70个处级班子单位和12家国企与90个集体经济薄弱村建立结对帮扶关系。海淀区14家企业、单位与区28个集体经济薄弱村建立结对帮扶关系。

（孙猛）

【集体经济薄弱村减少90个】 年内，印发《2022年北京市延庆区推动集体经济薄弱村发展任务计划》，确定发展农业经济、林下经济、乡村旅游、服务经济、物业经济和创新经营形式六种发展路径，实施集体经济薄弱村产业发展项目46个，集体经济薄弱村减少90个。

（孙猛）

都市型现代农业

【高标准农田建设】 年内，编制并印发实施《北京市延庆区高标准农田建设规划（2021—2030）》。在大榆树、沈家营、康庄、井庄、香营五个乡镇启动577.54公顷（8663.11亩）高标准农田新建和提升改造项目。

（孙猛）

【市农业科技示范基地建设】 年内，北京丰森源农业发展有限公司生猪养殖场、北京东祥环境科技有限公司、北京鲟龙澎湃科技发展有限公司、碧森低碳农业技术及循环经济示范园4家农业企业入选第二批北京市农业科技示范基地。

（孙猛）

【国家级生猪产能调控基地建设】 年内，挂牌北京丰森源农业发展有限公司和北京首农种猪科技有限公司2家企业为国家级产能调控基地，配合开展产能调控，保障生猪产业长期稳定高质量发展。

（孙猛）

【蛋鸡产业集群建设】 年内，第一批良种蛋鸡产业集群建设项目建成， 5家中小型企业新建现代化鸡舍，总体产能提升20%，质量效益提升15%；培育地方品牌2个，在永宁开设鸡蛋专营店1家；“中农榜样”作为种禽场，良种供应能力提升5%。

（孙猛）

【一产农业试点建设】 年内，一产农业试点示范项目15个，北京绿富隆蔬菜产销专业合作社、八达岭里炮村股份经济合作社入选北京市一产农业试点示范项目，北京茂源广发合作社入选一产农业试点示范项目库。

（孙猛）

【农民专业合作社和家庭农场】 年内，全区共有农民专业合作社示范社51家。其中国家级示范社13家、市级示范社7家、区级示范社31家。全区共有家庭农场示范户35家，其中市级示范户20家、区级示范户15家。

（孙猛）

【“北京优农”品牌达到14个】 年内，茂源广发企业品牌、龙海源草莓产品品牌纳入“北京优农”品牌目录，全区“北京优农”品牌达14个。组织2家特色企业参展2022年中国国际服务贸易交易会，组织区7家农业企业（合作社）参展第十九届广州国际农交会。组织参加第八届“北京草莓之星”评比，获得1个五星奖、4个四星奖、2个三星奖。

（孙猛）

【新型村邮站建设和农产品流通】 年内，完成全区376个村新型村邮站建设，整合区域内行政村邮站和益农信息社资源，实现邮政普遍服务全覆盖。截至年底，农邮通共计运输农产品3965车次，1.2万余吨。其中商超3600车次，宅配订单36495单；货运通行证申报30车次、发证18张，办理应急物资通行证197张。

（孙猛）

【特色产业首席专家聘任】 1月25日，召开农业特色产业首席专家聘任仪式暨产业发展座谈会。探索建立首席专家制度，聘请国家菌草工程技术研究中心、中国农业科学院、北京农林科学院等领域10名专家，组建32人区级支撑团

1月25日，区农业特色产业首席专家聘任仪式（区农业农村局供稿）

队，形成“1+1+1+X”产业服务体系，重点围绕鲜食玉米、绿色有机蔬菜（生菜）、食用菌等8个特色产业，发展产业项目。

（孙猛）

【11人入选“头雁”人才培训项目】 3月31日，农业农村部首批乡村振兴带头人“头雁”人才培训项目启动。延庆区北京金粟种植专业合作社总经理朱小华、北京华海田园农业科技有限公司总经理田海涛等11人入选，全市共100名。

（侯海清）

【第一届延庆鲜食玉米节】 8月9日，“2022年中国（京津冀）鲜食玉米大会分会暨第一届延庆鲜食玉米节”在区举行。大会以“旧县玉米，领鲜未来”为主题，在全国范围内征集并展出京科糯2000、万糯2000、农科糯336等113个国内鲜食玉米主流品种。

（侯海清）

8月9日 延庆鲜食玉米节在旧县镇市级现代农业产业园举办（旧县镇供稿）

【金粟休闲园区入选农耕文化实践营地】 11月22日，农业农村部、共青团中央、全国少工委联合评选国家级农耕文化实践营地推荐名单，延庆区金粟休闲园区入选。全国共60家，全市共5家。休闲园持续立足资源禀赋和产业基础，创新实践方式，为少先队员搭建学习三农知识、传承农耕文化、厚植三农情怀的重要平台。

（侯海清）

【绿惠种植合作社获评国家级生态农场】 12月28日，农业农村部农业生态与资源保护总站公布2022年度国家级生态农场名单。延庆区大榆树镇高庙屯村北京绿惠种植专业合作社获得国家级生态农场称号，全市共6家农业园区入选。

（侯海清）

新农村建设

【市级示范村和美丽乡村建设】 年内，开展25个市级示范村建设工作，小观头村、下虎叫村、慈母川村、里长沟村、董家沟村、霹破石村完工，累计完工20个村。推进130个美丽乡村建设，截至年底基本完工，全区总数达到260个。

（孙猛）

美丽乡村——岔道（区农业农村局供稿）

【区级精品村建设】 年内，南天门村、帮水峪村完成方案编制，累计7个村完成方案编制；姚官岭村完成招标；下垙村、新庄堡村开工建设。截至年底，完成520户农村户厕改造任务。

（孙猛）

【农业农村信息化建设】 年内，开展2022全国县域农业农村信息化发展水平评价工作，全年财政投入支持农业农村信息化70余万元。

（孙猛）

【山区搬迁工程】 年内，完成刘斌堡乡周四沟村，大庄科乡瓦庙村、黄土梁村，珍珠泉乡南天门村，沈家营镇东王化营村山区搬迁主体工程建设。

（孙猛）

【宅基地审批和政策培训】 年内，全区新批宅基地43宗，批准宅基地建房1974宗。宅基地政策培训方面，全年深入5个乡镇（旧县镇、张山营镇、康庄镇、珍珠泉乡、八达岭镇）培训村镇干部，累计430人次。其中区级培训班1期，70人次。

（孙猛）

【农村人居环境长效管护】 年内，印发《延庆区2022年度农村人居环境长效管护考评工作方案》，持续开展以“六清一改”为重点的村庄清洁行动和每月8日“村庄清洁日”活动，基本完成市、区查出的2.04万余处问题点位整改工作。全市农村人居环境长效管护工作综合考核成绩延庆居全市第二。

（孙猛）

自然保护地管理

【概况】 北京市延庆区自然保护地管理处（简称区自然保护地管理处），挂北京延庆世界地质公园管理处（简称地质公园管理处）牌子，是北京市延庆区人民政府所属公益一类事业单位，归口北京市延庆区园林绿化局管理。年内，完成资源调查、生物多样性保护、生态监测、联合执法、自然教育、野生动物保护救助等本职工作。完成乔木资源、昆虫资源调查，鉴定乔木树种120种、昆虫127种；开展鸟类监测，新增鸟类记录10种；完成野鸭湖湿地市级自然保护区和朝阳寺木化石市级自然保护区科考报告和总体规划；实施野鸭湖湿地自然保护区湿地生态修复工程，恢复湿地6.67公顷；推动野鸭湖湿地纳入国际重要湿地名录。编制完成《自然保护地联合执法各部门职权目录》，开展联合执法102次、生态旅游监管37次、延庆区自然保护地违法违规问题专项调查1次、延庆区自然保护地非法开山采石专项调查1次。建设野鸭湖青少年自然教育观察站，开展自然教育活动22次；建设“互联网+全民义务植树”野鸭湖义务植树基地；开展义务植树尽责活动11场；举办“外交官看湿地”活动。全年共收容救助陆生野生动物134只（其中国家一级3只、国家二级48只、北京市一级26只、北京市二级29只、“三有”28只）；完成2021年野生动物损害补偿资金266.27万拨款发放。完成《延庆世界地质公园行动纲要（2022—2026）》编制工作。联合全国23家世界地质公园，在全国科普日开展“友好姊妹公园联动”科普活动；在国际地质多样性日开展“地质学家带你畅游地质公园”线上直播活动。

单位名称：延庆区自然保护地管理处
地　　址：康庄镇刘浩营村西
电　　话：81181630

（贾寻）

【本底资源调查】 年内，鉴定乔木树种120种、昆虫127种。采集植物标本139种、成品95件；昆虫标本104种、1700件；搜集和整理自然保护地内50株古树基础资料；采集岩矿样品72种、198件；开展大型真菌资源调查，采集并制作标本106种、171件；开展延庆特色乡土物种软枣猕猴桃的繁育和研究工作，利用扦插的方式，成功繁育软枣猕猴桃400株。

（贾寻）

【野生动植物保护】 年内，共收容救助陆生野生动物134只、（其中国家一级3只、国家二级48只、北京市一级26只、北京市二级29只、“三有”28只）；发放2021年野生动物损害补偿资金266.27万元；每日对全区11个监测站点进行疫源疫病巡查监测，共上报监测数据6924条，监测到鸟类236362只。

（贾寻）

【联合执法】 年内，编制完成《自然保护地联合执法各部门职权目录》，建立《联合执法联席会议机制》《区自然保护地联合执法“吹哨报到”工作机制》，同全区8个执法部门、2个乡镇共开展联合执法102次，出动人数1200余人次，劝返非法垂钓、捕捞及水上活动人员1800余人，制止非法采集野生植物、猎捕野生动物行为20余起，共计立案34起，收缴橡皮艇2个、渔具200余个。

（贾寻）

年内，开展多部门联合执法行动
（区自然保护地管理处供稿）

【野鸭湖湿地生态修复】 年内，恢复湿地6.67公顷（100亩），连通相对独立的水系，对林分结构进行优化，湿地修复效果显著。COD含量下降，水质由劣Ⅴ类提升至Ⅳ类；构建植物—昆虫—鸟类湿地生态系统食物链，监测到恢复区域内鸟类数量增加33种、兽类增加4种，为开展华北地区退化湿地生物多样性修复提供技术示范。

（贾寻）

年内，开展野鸭湖湿地生态修复工程
（区自然保护地管理处供稿）

【新增世界濒危物种和北京市新发现物种】 年内，新增鸟类记录10种，其中国家二级重点保护野生动物翻石鹬、赤腹鹰、小杓鹬3种，另有短嘴豆雁、黑眉柳莺、三趾鸥、棕脸鹟莺、灰尾漂鹬、灰树鹊、白喉矶鸫7种，灰树鹊为北京市新发现物种。野鸭湖自然保护区发现2只国家一级重点保护野生动物青头潜鸭。青头潜鸭属于雁形目鸭科潜鸭属，被《世界自然保护联盟濒危物种红色名录》列为“极危”物种。

（贾寻）

【科普宣教活动】 年内，建设青少年自然教育观察站，编写《湿地童话微景观》《寻踪湿地精灵》《自然观察笔记》《植物圆舞曲》教师和学生用书；组织“感受湿地的呼吸”“博物馆奇妙夜”探索，制作自然笔记，制作芦苇画，开展“种下小梦想 团团伴成长”青少年成长营活动等关于湿地、森林、地质等方面的自然教育活动22次。

（贾寻）

【世界湿地日活动】 2月2日，是第26个“世界湿地日”，主题为“珍爱湿地，人与自然和谐共生”。区自然保护地管理处推出“北京市延庆区明星物种推选活动”， 推选出延庆区明星物种灰鹤、苍鹭、黑翅长脚鹬。区自然保护地管理处全体职工作为志愿者在野鸭湖湿地为游客讲解湿地保护的重要意义，介绍野鸭湖湿地以及湿地有代表性的动植物。当天下午，在北京电视台受邀参加“双奥之城·看典”互动展示节目，分享野鸭湖作为北京最大的湿地自然保护区，在湿地保护、物种保护等工作中背后的故事，并通过视频直播方式在各类媒体及海外社交平台上推送推广。

2月2日，世界湿地日活动
（区自然保护地管理处供稿）

（贾寻）

【世界地球日活动】 4月22日，是第53个世界地球日。区自然保护地管理处开展世界地球日科普宣传活动，在千家店中心小学进行“珍爱地球、人与自然和谐共生”主题科普讲座，利用山川模型，向学生展示地球水圈、生物圈和大气圈之间的共生关系，带学生了解常见的地质灾害类型及其防治方法，介绍如何利用太阳、星辰、罗盘和植物生长情况辨别方向，增长学生们的野外生存技能和自然科学文化知识。除了以延庆世界地质公园为依托开展科普活动，在野鸭湖国家湿地公园内也同时开展了爱护野生动物、文明观鸟、植树绿化等活动，践行人与自然和谐共生理念。

（贾寻）

【“互联网+全民义务植树”野鸭湖基地挂牌】 11月10日，延庆区“互联网+全民义务植树”野鸭湖基地挂牌活动在野鸭湖国家湿地公园举行。首绿办义务植树处、北京绿化基金会和区园林绿化局相关负责人等50余人参加揭牌仪式。仪式后参加义务植树尽责活动，首绿办和区绿办领导为参加人员发放尽责证书。自3月12日至9月1日，延庆区野鸭湖互联网+全民义务植树基地先后开展“春天给小树的第一杯水”“春分催新绿，植树尽责正当时”等多种尽责形式的主题活动11场，其中抚育管护类6场、造林绿化类5场。活动参与人数1000人次，共植树1200株，其中新植树木390株，尽责折算植树810株。

（贾寻）

11月10日，互联网+全民义务植树野鸭湖基地挂牌
（区自然保护地管理处供稿）

（栏目编辑：孙越凡）

工业和信息化建设

概述

北京市延庆区经济和信息化局是负责全区工业经济和信息化领域管理工作的政府工作部门。2022年，延庆区规模以上工业企业有43家，工业总产值133.8亿元，同比下降0.2%（增速全市排名第五、生态涵养区第二）。新能源和环保产业完成产值83.4亿元，同比下降6.3%；食品饮料产业完成产值2.9亿元，同比下降20.3%；纺织服装产业完成产值3.6亿元，同比下降16.7%；基础和新材料产业完成产值27亿元，同比增长28.3%；机械制造产业完成产值2.5亿元，同比下降2.6%；医药制造产业完成产值6.7亿元，同比增长22%。全年实现工业重点产业固定资产投资1.5亿元。疏解一般制造业退出企业4家，完成全年任务的133%，涉及印刷制品、水泥制品、服装及机加工制造等行业。年内，延庆区在工业领域继续优化产业结构，严格按照《北京市新增产业的禁止和限制目录（2022年版）》要求进行项目准入及备案，严格限制不符合生态涵养区功能定位的工业企业落户；同时按照延庆区功能定位、四大主导产业定位以及高精尖指导意见等，引导相关产业到延庆园形成集聚发展态势；并对存量企业进行指导，促使其实施改造升级，提高存量产业效率全年共备案项目15个，答复相关咨询93件。指导企业申报市级政策资金项目20个，已获得支持资金3880.3万元，获得区级规上企业产值规模、产值增速奖励企业7家，总计资金支持130万元。第七届“创客北京2022”创业创新大赛延庆选拔赛圆满收官。两个项目分别摘得企业组和创客组桂冠。

单位名称：延庆区经济和信息化局
（延庆区大数据管理局）
地　　址：延庆区东外大街建业胡同2号
电　　话：69103310

（单荣华）

工业

【一般制造业退出4家】 年内，一般制造业企业退出4家，完成全年任务的133%；转型提质改造企业2家，完成全年任务的200%。占地面积共6287平方米，涉及人员37人，行业涉及印刷制品、水泥制品、服装及机加工制造等。

（阮东丽）

【安全生产】 年内，印发各项安全生产工作方案文件共15件；完成行业安全生产工作提示线上宣传27次，深入工业和软件信息服务业企业进行安全生产指导249家次，督促企业整改安全隐患73项，发放安全生产宣传材料百余份；联合市经济和信息化局安全处领导对规上工业企业开展新版《安全生产法》《北京市经营单位安全生产主体责任规定》等法律法规培训2次；全年召开党组会、安全生产领导小组工作例会、重点时期部署会共21次。

（阮东丽）

【中小微企业帮扶】 年内，加强对市区两级政策宣贯，定期开展政策辅导和优惠政策定向提醒。指导企业申报市级政策资金项目20个，获得支持资金3880.3万元，获得区级规上企业产值规模、产值增速奖励企业7家，总计资金支持130万元。协调解决企业在疫情防控期间遇到的困难和问题，减少外部因素对企业正常生产的影响，为22家重点企业申请物资运输证，为庆和、环都拓普解决原材料采购和运输问题。通过线上、线下方式召开企业座谈会，时代飞鸿、三吉利、中泰邦、中研海康等40家企业参加，了解企业发展规划及当前经营发展中遇到的困难。针对“专精特新”中小企业发展制定鼓励措施，并纳入《关于加快延庆区高新技术企业创新发展支持办法》中，12月征集首次获得专精特新中小企业称号项目，已兑现资金支持380万元，激发中小企业创新创造活力。

（单荣华）

【11个项目进入市级高精尖项目库】 年内，11个项目进入市级高精尖项目库，即智慧医疗协同创新园项目、纳通医疗智慧园区项目、延庆无人机装备产业基地一期建设项目、无人机研发中试厂房项目、中国电力氢能产业园（二期）先进制氢项目、北京美正食品安全与环境保护检测产品生产项目、MEMS传感器垂直产业智能制造项目、压力温度检测仪表智能制造项目、智能校准产品研发中心项目、民机高性能复合材料地板开发项目和药品生产质量体系自动化、智能化、节能环保提升改造项目。

（单荣华）

【项目准入及备案15个】 年内，延庆区在工业领域继续优化产业结构，严格按照《北京市新增产业的禁止和限制目录（2022年版）》要求进行项目准入及备案，严格限制不符合生态涵养区功能定位的工业企业落户；同时按照延庆区功能定位、四大主导产业定位以及高精尖指导意见等，引导相关产业到延庆园形成集聚发展态势；并对存量企业进行指导，促使其实施改造升级，提高存量产业效率。全年共备案项目15个、答复相关咨询93件。

（单荣华）

7月27日，“创客北京2022”创业创新大赛延庆选拔赛圆满收官（区经信局供稿）

【“创客北京2022”创新创业大赛】 7月27日，第七届“创客北京2022”创业创新大赛延庆选拔赛收官。本届大赛由区经济和信息化局主办、八达岭工发科技孵化器公司承办，大赛报名50余个项目，28个项目晋级决赛。“北京中关村智连安全科学研究院有限公司”和“交互式PET成像技术研究团队”项目分别摘得企业组和创客组桂冠。大赛采取“线上+线下”相结合的方式进行，全程云直播。区政府主管领导及市经济和信息化局、市中小企业公共服务平台、延庆区经济和信息化局相关负责人出席。

（单荣华）

信息化

【概况】 2022年，区级政务云平台已会聚19个部门、39个系统。新建50个5G基站，新增4200户千兆固网用户。年内，区直属机关、街道、乡镇及市级直属机构等91家单位完成“京办”系统激活工作，注册人数11868人、激活率100%。在冬奥会开幕式及春节期间，共计派出巡查力量12972人次，出动车辆4830次，卫星通信车138次。对房、基站及全域通信设施进行巡查巡检，保障网络运行稳定。全面组织漏洞扫描、入侵事件防御等手段，春节期间共拦截网络攻击116次，处置政务云及各类网络安全威胁2002个，封堵恶意程序发送端IP地址33个。冬奥会开幕式及春节期间，政务外网信息安全态势总体平稳，重点网站重要系统运行安全稳定，未发现重大安全事件。截至年底，完成全区150个行政事业单位、18个乡镇街道、376个行政村、30个社区的政务外网运维工作。全年累计完成运维工作事件5113起，共检测到政府网站的网络攻击7.6万余次，均已拦截并进行应急处理，封锁恶意IP371个。延庆区公共信用信息服务平台累计归集各类信用信息15万余条。依法依规公示信息15000余条。协助区科委查询41家启迪之星入驻企业、138家双创资金申请企业信用状况。协助区文化和旅游局查询62家延庆区旅游协会旅游饭店分会成员单位信用状况。累计受理行政处罚信用修复申请1000余条，组织50余家企业参加信用修复培训会。协调相关部门依托区属媒体对1个诚信道德模范、22家诚信商户进行宣传，累计曝光失信被执行人16期106人次。

单位名称：北京市延庆区经济和信息化局
（北京市延庆区大数据管理局）
地　　址：延庆区东外大街建业胡同2号
电　　话：69103310

（阮东丽）

【“京办”系统激活率100%】 年内，区委工作机关、纪检监察机关、区政府工作部门、行政执法机构、人大机关、政协机关、群团机关、街道、乡镇、市级直属机构等共计91家单位全部完成“京办”系统激活工作，注册人数11941人、激活率100%。

（单荣华）

【通信保障应急演练和隐患排查】 年内，联合通管办组织通信企业进行重要时期通信保障应急演练，进一步提升突发事件应急通信保障的反应速度和处置能力；部署通信企业全面开展隐患排查工作，日均派出39人、14辆工程车，全天候对通信传输、局所、机房、基站及全域通信设施进行巡查巡检，保障网络运行稳定；按照各阶段疫情防控工作规定，对各运营商严格执行防疫措施提出进一步要求。

（单荣华）

【冬奥会开幕式及春节期间通信保障】 1月至3月，动态部署通信保障力量，每天派出177人，出动工程车65次、卫星通信车2辆、应急发

年内，完成重要时期通信保障工作
（区经信局供稿）

电车1辆、应急发电机16台。全面开展隐患排查整治，全天候对通信传输、局所、机房、基站及全域通信设施进行巡查巡检，保障网络运行稳定。全面组织漏洞扫描、入侵事件防御等手段，春节期间共拦截网络攻击116次、处置政务云及各类网络安全威胁2002个、封堵恶意程序发送端IP地址33个。

（单荣华）

【企业信用体系建设】 11月4日，组织召开2022年延庆区信用修复线上培训会。区市场监管局等30余个部门相关工作人员，以及延庆区50余家企业相关负责人等100余人参加培训。会上，就国家信用体系建设相关政策、失信惩戒措施实施、信用修复机制流程等进行详细的解读，就企业提出的信用修复路径、材料准备等问题进行详细的解答。

（单荣华）

网络安全

【概况】 中共北京市延庆区委网络安全和信息化委员会（简称区委网信委）是区委层面研究决策网络安全和信息化重大问题的议事协调机构，中共北京市延庆区委网络安全和信息化委员会办公室（简称区委网信办）是其常设办事机构，负责区委网信委日常协调服务工作，列入区委工作机关序列，加挂延庆区互联网信息办公室（简称区网信办）牌子，设区互联网管理中心1个事业单位。年内，紧密结合全区工作要求与网信实际，统筹推进网络舆情监管、网络安全保障和网络宣传引导工作。紧紧围绕服务保障党的二十大和冬奥会两件大事，妥处舆情事件13起，针对涉冬奥33家重点单位的网络、系统检查整改问题171项，核查网络安全事件3起，及时发现并处置涉党的二十大不当宣传、不规范表述49处，稳妥处置敏感舆情13件，监测上报涉政有害信息线索152条，上报管

控敏感不实信息233条。加强互联网违法和不良信息举报中心建设，开通区级网络举报系统账号。制发网络安全事件应急预案，开展网络安全工作责任制落实情况检查32家，整改网络安全问题109项。高质量举办网络安全宣传周，统筹协调34家单位开展“十一进基层”相关活动80余次。抓牢网络阵地管理，强化新媒体账号内容监测和人工筛查，管控不当信息60条，约谈违规账号1次，指导服务直播39场。提升网络评论质量，制发骨干网评员队伍建设方案，围绕党的二十大、重要节日发布网评指令56个，撰写网评文章近千篇，转评1800余条次。

单位名称：中共北京市延庆区委网络安全和信息化委员会办公室

地　　址：延庆区湖北东路118号

电　　话：69109927

（赵秀芳）

9月8日，在珍珠泉乡转山子村开展上网助老活动（区网信办供稿）

【“互联网企业学理论”活动】 年内，组织6家互联网企业开展“互联网企业学理论”活动。将习近平新时代中国特色社会主义思想特别是习近平总书记关于网络强国的重要思想确定为重点学习内容，组织企业党建负责人及全体党员聚焦党的二十大精神、十九届六中全会精神，通过线上平台学习、理论书籍诵读等形式开展学理论活动11次。

（刘宁）

【新时代中国特色社会主义思想进网站】 年内，组织开展习近平新时代中国特色社会主义思想进网站宣讲活动6次。活动依托线上会议平台开展，由区委网信办主任、副主任参加活动并授课。延庆文明网、你好延庆等区内网站、互联网企业从业人员参与活动。

（刘宁）

【区内新媒体平台监管】 年内，在原有新媒体监控系统基础上，增配人工力量，特别强化对最有影响力的社会媒体及区内重点官方账号的监管，提升信息监测时效性。学好用好《互联网用户公众账号信息服务管理规定》等法律法规，强化与各账号对接沟通，对发现的8条不当信息，均已及时管控删帖，未引发舆情炒作。全面摸排整改区内涉党的二十大不规范、不准确信息51条，为迎接党的二十大胜利召开营造良好的网络环境。

（刘宁）

【网络安全应急台账优化】 年内，建立完善全区77个业务系统、115个互联网网站、246个网络安全工作联系人、8674个IP地址台账，确保出现问题时第一时间对接、第一时间处置，有效提升网络安全突发事件应对处置效能。

（熊壮）

【党的二十大期间网络舆情服务保障】 年内，建立健全重点时期舆情处置“双督办”机制，将信息流转城指中心督办的同时，对接指导督办涉事单位处理情况，动态更新82家单位舆情工作联系人台账，形成责任闭环，期间稳妥处置涉动物保护等舆情。

（孟硕然）

【网络安全应急指挥中心建设】 年内，持续完善网络安全应急指挥中心各项机制，严格执行每班2人的7×24小时应急值守制度，强化与区内各相关单位的信息对接会商机制，提升对敏感舆情和苗头性倾向性问题的发现力、研判力、处置力，成为全国网信系统第二批应急试点单位。

（孟硕然）

【涉政有害信息专项清理】 年内，开展涉政有害信息专项清理工作，上报涉政、涉市、涉延、涉冬奥等各类敏感不实有害信息线索233条，有力保障网上意识形态安全。

（孟硕然）

【民生诉求流转办理】 年内，切实走好网上群众路线，主动回应区内物资菜品储备情况等群众关切，跟进发布突发事件处置进展，聚焦百姓民生诉求，快速响应、上下联动，推动240余个民生诉求办理解决。

（孟硕然）

【清明节网络文化活动】 3月30日至4月6日，区委网信办组织开展“忆满京城 情思华夏”2022年延庆区清明节网络文化活动。牵头制定《2022年延庆区清明节网络文化活动方案》，组织召开工作部署会，细化方案、明确责任，确保清明节文明祭扫、防火、文化活动等宣传内容在各领域广泛覆盖。组织各单位及延庆传媒联盟成员利用新媒体账号，转发清明节文化活动相关信息进行预热宣传，营造全区文明祭扫、文化清明的良好氛围。活动期间，延庆区内新媒体账号发布信息70篇，微博平台发布信息7篇，总阅读量达6万余次。

（刘宁）

【“全民国家安全教育日”宣传活动】 4月15日，区委网信办开展“4·15全民国家安全教育日”宣传活动。运用楼道电视展示、张贴宣传挂图等形式加强机关内部氛围营造，开展习近平法治思想等内容集中学习。将国家安全教育相关宣传物料共享至互联网企业，通过线上视频会议的形式带领互联网企业学习《中华人民共和国网络安全法》，引导企业强化网络安全意识，规范自身业务行为。

（刘宁）

【互联网企业疫情防控指导】 4月27日，区委网信办指导互联网企业开展疫情防控工作。将最新“阳性人员在延活动范围涉及人员管控口径”分享至互联网企业，组织互联网企业进行排查报备，并向企业科普疫情防控常识，提醒从业人员切实做好个人卫生防护。指导具有互联网新闻宣传属性的企业开展疫情防控志愿宣传，运用新媒体平台广泛发布延庆区疫情防控相关动态、资讯及工作情况，扩大防疫知识群众知晓率，切实营造坚定信心、科学防治、战胜疫情的浓厚氛围。

（刘宁）

【青少年网络安全主题直播】 8月24日，区委网信办联合区教委开展“互联护苗”青少年网络安全主题直播，通过以案说法的形式向学生宣传防范电信诈骗要点，着重分析了网络游戏产品虚假交易、冒充熟人诈骗、网络交友诈骗等各类诈骗形式，提醒广大师生始终提高警惕。概括梳理《关于规范网络直播打赏 加强未成年人保护的意见》等一系列涉未成年人保护的相关规定，教育引导学生学法、懂法、用法，增强用法治思维保护自我的能力。区内各中小学约2万名师生及家长收看直播课，网络收看总人数约19万人次。

（刘宁）

【网络安全“上门”服务】 8月至9月，区委网信办联合延庆公安分局对30家重点党政机关、企事业单位开展网络安全现场检查，出具检查报告，督促完成374项问题整改。

（熊壮）

【网络安全宣传周活动】 9月5日至11日，组织教委、经信、公安等34家单位，深入景区民宿、农村、军营，联合开展“十一进基层”网络安全宣传活动。设立校园日、电信日等6个主题日，线上线下开展网络安全宣传活动，张贴发放宣传物料5000余份，协调机关单位、商场、广场等电子设备播放宣传片及标语，摆设网络安全主题展板，累计发送公益短信10万条。开展“新时代文明实践大讲堂”网络安全直播课堂，共近4万人次收看；依托北京延庆双微宣传网络安全知识，阅读量近2万次；向各单位发放“学习资料包”并开展知识答题。9月8日，延庆区委网信办和延庆公安分局在八达岭长城共同举办2022北京市国家网络安全宣传周——“网络安全为人民 网络安全靠人民”活动。通过发放宣传单、集中讲解、现场咨询等方式向游客普及宣传智能手机操作和反诈知识，加强网络安全和防范电信网络诈骗等安全意识和防护技能，维护国家网络安全和个人信息、财产的安全。

（熊壮　康海涛）

9月9日 网络安全宣传周进军营
（区网信办供稿）

【首支企业网络安全志愿服务队成立】 9月6日，协助八达岭文旅集团成立首支企业网络安全志愿服务队。将北京妫川出租汽车有限公司200余名驾驶员纳入志愿者队伍，举行现场授旗仪式。

（刘宁）

9月6日，在妫川出租汽车公司为首支企业网络安全志愿服务队授旗（区网信办供稿）

【互联网违法和不良信息举报中心建立】 9月，建立互联网违法和不良信息举报中心，组建区内首支举报志愿团队。向社会公布区级违法和不良信息举报电话和邮箱，接听处理涉旅游、民生等相关来电咨询10余次。开通区级网络举报系统账号，专人负责线索上报，共上报有效信息17条。

（孟硕然）

【网络与信息安全专题培训】 9月，组织区内30家有自建信息系统的单位，开展网络与信息安全专题培训和网络安全应急演练，对网络安全法律法规、应急响应体系和安全运营维护技术进行讲解。9月至10月，开展网络发言人团队培训，围绕网络意识形态形势、舆论引导技巧等内容，聘请专业老师开展覆盖1000余人次的网络发言人团队培训7场。

（熊壮 杨策）

【微博大V助力区旅游资源宣传推介】 10月，借助“京彩绽放”微团综市级活动契机，邀请百万级粉丝量微博大V来延拍摄短视频，宣传八达岭长城、延庆奥林匹克园区，总观看量超290万次，点赞1.8万余次。

（刘宁）

（栏目编辑：孙越凡）

商贸服务业

概 述

北京市延庆区商务局（北京市延庆区粮食和物资储备局）于2019年3月正式挂牌成立，负责贯彻落实市委关于内外贸易、外商投资、对外经济合作、粮食和物资储备工作的方针政策、决策部署和区委有关工作要求，在履行职责过程中坚持和加强党对内外贸易、外商投资、对外经济合作的集中统一领导。2022年，受新冠肺炎疫情影响，全区总消费实现210.8亿元，同比增长0.4%，社零额实现104.1亿元，同比增速-4.5%，全市排名第七。年内，区商务局聚焦冬奥盛会，完成赛时餐饮服务保障和“冬奥村”保障任务；高标准、高频次推动“两区”建设更加深入；坚持政策引领，全力以赴稳外资、稳外贸；持续开展促消费工作，助力企业健康发展；有序开展商业设施建设，提升行业管理服务水平；围绕平安建设，切实维护商务行业安全稳定；落实粮食安全管理责任，粮食安全保障能力稳步提升；围绕展会发展，完成服贸会组织参展工作；坚持以人民为中心，推动接诉即办改革发展；全力做好疫情期间各项防控工作，实现新冠疫情防控和经济社会发展同步推进。

单位名称：延庆区商务局
地　　址：延庆区新城街2号
电　　话：69101551

（郭向芳）

商业服务业

【便民商业服务】 年内，提前完成20个基本便民商业网点建设任务。其中蔬菜零售店1个、超市便利店6个、早餐店7个、美容美发店5个、末端配送站1个。“七有、五性”考核中，基本便民商业服务功能社区服务水平得分为95.3分，生态涵养区排名第二，其中基本便民服务功能社区覆盖率得分100分。

（赵智超）

【多措并举促消费】 年内，围绕“长城、世园、冬奥”三张“金名片”，统筹开展促消费系列活动，推出“点亮北京·消夏延庆”“八达岭文旅集团Nice·夏之旅”“全民健身绿色生活”等50余项系列主题活动。出台发布《北京市延庆区商务局商业促消费措施》，兑现37家企业、机构奖励资金444.71万元。发布实施《北京市延庆区餐饮企业房租补贴实施细则》，共计为245家餐饮企业减免5月房租335.2万元，补贴资金100.3万元。持续深化国际消费中心城市建设，完成市级任务3项，持续推进1项，有序推进38项区级任务。推出“商业消费券活动”，聚焦“餐饮、零售、百货”三大板块，面向广大消费者发放“延庆商业消费券”共计22.2万张，总价值840万元。

（赵智超）

【粮食和物资储备】 年内，修订完善延庆区储备粮管理办法，健全储备粮购销轮换制度，印发实施《北京市延庆区粮食安全责任制实施方案》，形成长效机制。完成区级储备玉米5000吨和区级储备小麦3000吨的轮换工作。认真落实收购政策，全年重点涉粮企业收购玉米0.9万吨。持续推进粮食购销领域专项整治工作，取得持久成效。

（席小芳）

10月16日，区商务局开展“保障粮食供给 端牢中国饭碗”主题宣传活动（区商务局供稿）

【行业安全监管】 年内，围绕燃气安全、反恐防暴等方面，组织开展"护航冬奥"安全联合检查、商务行业危险化学品安全风险集中治理等工作，累计检查企业66家次，出动检查人员164人次，发现并整改安全隐患32项。扎实开展安全宣教工作，利用"5·12全国防灾减灾日""安全生产月"等时间节点，组织企业开展应急演练，全年，商务行业未发生安全生产事故、舆情等负面事件。

（王佳）

【消费帮扶】 年内，实地调研摸清市场供需情况，制定工作方案，召开研讨会，广泛动员发动，多措并举开展消费帮扶工作，全年累计销售受援地农副产品5318.27万元，超额完成年度任务指标。发挥行业部门资源优势，做好农林产品销售问题，帮助销售本地蔬菜500余吨。

（王清波）

【会展服务】 年内，完成2022年中国国际服务贸易交易会组织工作，搭建延庆区交易分团线上展位40家；完成2022年成果项目预筹项目2个，执行合同成交额4141.2万美元；推荐2家优秀企业参加服贸会峰会开幕式，组织专业观众630人。因疫情原因，第五届中国国际进口博览会延庆交易团（含前期区内注册企业）未现场参展。

（刘越）

【新冠疫情防控】 年内，向全区各部门、各街乡镇发放口罩、消毒液等防疫物资270万余件。实施生活必需品日监测预警制度，建立区域供应网点帮扶机制，制定应对不同场景的保供措施，确保全区生活必需品市场供应充足、渠道稳定、价格平稳。依托6个疫情防控专项监督服务组，对重点监测的47家商业服务业单位开展"每日巡查"，累计出动检查人员1800余人次，检查重点商业服务业单位2500余家次，发现并整改问题300余起。牵头延庆区邮政快递行业疫情防控专班，从严落实快递行业疫情管控工作，完成检查42轮次，共出动检查人员8787人次，检查点位8004个，发现并整改问题552个。

（郭向芳）

【冬奥会服务保障】 1月1日至3月16日，为42个供餐服务点位，约1.6万涉奥人员提供保障用餐224.24万人次，克服极端天气、交通运输等困难，实现餐饮保障"零断供"；建立温馨、舒适的冬奥村赛时服务保障环境，坚守防疫底线，实现所有保障人员"零感染"。

（刘越）

对外经贸

【外贸外资数据】 年内，进出口企业完成直接进出口总额10.6亿元，同比下降15.1%。其中直接出口总额人民币4.6亿元，同比下降53.5%；直接进口总额人民币6亿元，同比增长135.3%。新增外商投资企业23家，合同外资14202万美元，实际利用外资1172万美元。

（吴广云）

【"两区"建设】 年内，新增"两区"建设成员单位26家，建立32部门18街乡镇7企业的沟通工作群及任务台账，开展集中走访对接13次、空间资源对接3次，主动下沉进行政策会诊4次，梳理政策诉求清单18项，动态更新政策清单17项、空间资源清单37项、目标企业清单36

年内，区商务局（两区办）组织相关企业召开"两区"建设服务需求对接会（区商务局供稿）

项。编发“两区”建设工作简报27期，多条信息被《延庆信息》采纳，3条信息被市“两区”办《信息简报》采纳。2022年新增入库项目184个（含外资项目6个），已落地137个，完成招商引资新增项目数任务指标311.8%。推动《数字化服务新模式赋能全域旅游》案例入选北京市“两区”建设改革创新实践案例。［“两区”建设，即建设国家服务业扩大开放综合示范区、中国（北京）自由贸易试验区。］

（周俊杰）

（栏目编辑：孙越凡）

金融　保险

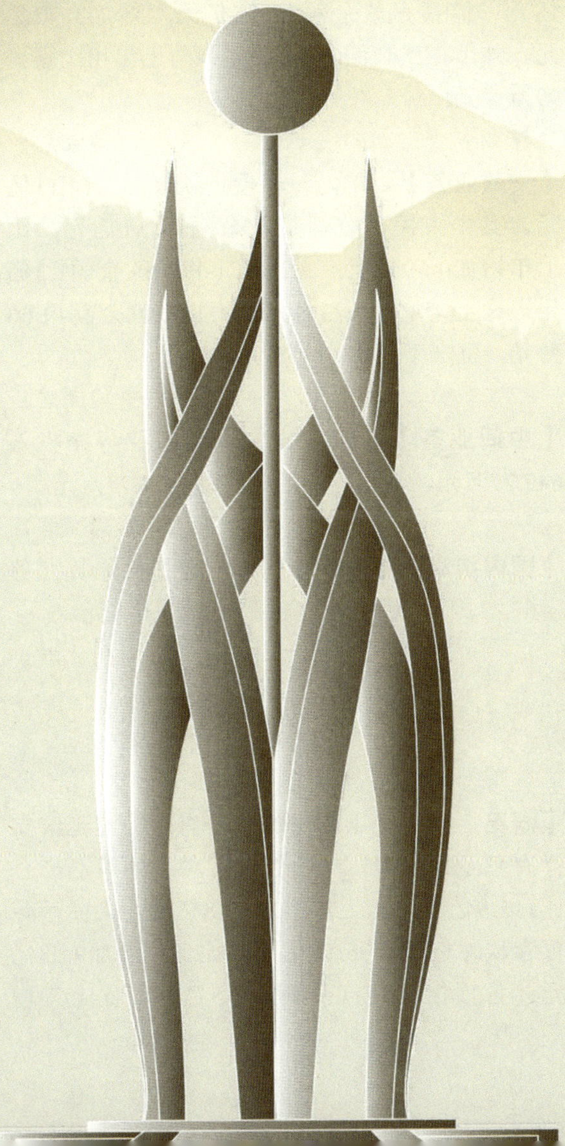

概 述

延庆区共有金融企业9家，其中银行7家、保险公司2家。分别是中国银行延庆支行、中国工商银行延庆支行、中国建设银行延庆支行、中国农业银行延庆支行、中国农业发展银行延庆支行、北京农村商业银行延庆支行、中国邮政储蓄银行延庆支行以及中国人民财产保险股份有限公司北京市延庆支公司和中国人寿保险股份有限公司北京市延庆支公司。年内，修订完善区金融产品服务手册、担保费补贴工作实施方案等文件，联合银行组织实施利用政府资金撬动金融资本工作方案，同步健全完善中小微企业融资需求快速响应服务机制，协调金融机构解决21家企业融资需求16.6亿元，为7家企业减免担保费9.5万元，为中小微企业等贷款2983笔约107亿元。防范化解金融风险方面，制发金融行业领域打击整治养老诈骗专项行动实施方案、金融放贷领域整治工作方案，对3394家类金融公司开展专项排查12次，成功排查并联防联控风险企业23家、立案18家、迁出48家、注吊销385家，同步线上线下组织376个行政村、54个社区宣传工作。截至年底，全区银行贷款余额288亿元，较上年同期增长2.8%；存款余额662.4亿元，较上年同期增长8.4%。

（孙鑫晟）

金 融

中国银行延庆支行

【概况】 中国银行股份有限公司北京延庆支行（简称“中行延庆支行”）有营业机构4个，包括支行本部及所辖高塔街、妫水南街及北京延庆冬（残）奥村经营性网点支行。中国银行作为2022年北京冬（残）奥会官方银行合作伙伴，发挥双奥银行服务优势，配合延庆区政府及冬奥组委，成立中国银行股份有限公司北京延庆冬（残）奥村支行，完成冬（残）奥会延庆赛区的服务保障工作。截至年底，支行人民币存款余额42.81亿元，人民币贷款余额14.11亿元，实现拨备前利润4591.76万元，比上年增加112.72万元。实现净利润3312.49万元，比上年减少331.01万元，完成分行任务指标88.52%。

地址：延庆区庆园街12号

电话：69141843

（闫立君）

【存款业务】 年内，人民币各项存款余额42.81亿元，比上年的38.85亿元增加3.97亿元。其中人民币公司存款余额17.66亿元，增加0.05亿元；储蓄存款余额25.15亿元，增加3.92亿元。外币存款余额678万美元，与上年相比减少99万美元。

（闫立君）

【贷款业务】 年内，各项贷款余额为14.11亿元。其中人民币公司贷款余额12.81亿元，比上年增加0.69亿元；人民币零售贷款余额1.3亿元，比上年增加0.73亿元。不良贷款余额49.66万元，资产不良率0.145%。

（闫立君）

【中间业务】 年内，实现中间业务净收入649.77万元，与上年同期相比减少24.77万元。

（闫立君）

【国内结算业务】 年内，对公国际结算业务量673.12万美元，比上年减少52.54万美元。

（闫立君）

中国工商银行延庆支行

【概况】 中国工商银行股份有限公司延庆支行有营业网点4个。截至年底，本外币资产总计115.9亿元，比上年增加17.8亿元。人民币各项存款时点余额96.57亿元，比上年增加9.98亿元；各项贷款时点余额59.95亿元，比上年增加5.57亿元；净利润9595.35万元，比上年增加1412.26万；拨备前利润11822.8万元，同比减少1590.13万元。

地址：延庆区东街28号

电话：69143392

（王晓媛）

6月23日，工商延庆支行为区域乡镇设立农村普惠金融服务点（工商延庆支行供稿）

【代理国库业务】 年内，办理国库业务87.89万笔，预算收支金额381.68亿元，其中预算收入76.83万笔，金额135.58亿元；预算支出6.92万笔，金额221.95亿元；退库业务3.92万笔，金额共21.73亿元；预算收入更正业务0.03万笔，金额2.42亿元。

（王晓媛）

【存款业务】 年内，人民币对公存款时点余额47.31亿元，比上年增加1.93亿元。人民币储蓄存款时点余额49.26亿元，比上年增加8.05亿元。外币储蓄存款时点余额182.48万美元，比上年增加7.9万美元。

（王晓媛）

【贷款业务】 年内，人民币个人贷款时点余额7.89亿元，比上年增加1.35亿元。人民币公司贷款时点余额52.04亿元，比上年增加4.2亿元。

（王晓媛）

【中间业务】 年内，实现中间业务收入2800.45万元，比上年减少94.67万元。

（王晓媛）

中国建设银行延庆支行

【概况】 中国建设银行股份有限公司北京延庆支行（简称建行延庆支行）下设2个营业中心、2个个人金融中心。年内，严格执行监管部门关于规范银行收费行为的决策部署，做好减费让利政策的落地执行，助力小微企业和个体工商户降低经营成本，全面落实“六稳”“六保”政策措施，不断提升金融服务质效。强化警示教育，累计开展日常观察752次、谈心谈话808次、员工家访247人次，发布各类合规教育97次。截至年底，实现本外币账面利润1.55亿元，本外币全口径存款时点余额80.53亿元，本外币各项贷款时点余额62.43亿元，五级分类不良贷款余额1.52亿元。

地址：延庆区东外大街97号

电话：69101571

（潘颖）

年内，建行延庆支行职工参加公益活动（建行延庆支行供稿）

【存款业务】 年内，企业存款余额16.65亿元，区域四行占比12.74%；储蓄存款余额79.90亿元，区域四行占比21.67%。

（潘颖）

【贷款业务】 年内，贷款余额61.63亿元，区域四行占比28.8%；其中住房贷款余额11.16亿元，区域四行占比37.43%。

（潘颖）

【中间业务】 年内，实现中间业务净收入3064.76万元。其中对公中间业务净收入1526.81万元，对私中间业务净收入1537.95万元。

（潘颖）

中国农业银行延庆支行

【概况】 中国农业银行股份有限公司北京延庆支行（简称农行延庆支行）有营业网点8个，包括支行营业室和7家二级支行。年内，以习近平新时代中国特色社会主义思想为指导，深入贯彻落实党的二十大精神，围绕服务赛会重点工程、支持小微企业发展、民生工程以及区属企业项目等领域，主动服务区域经济建设，支持乡村振兴，各项工作取得了长足发展。

地址：延庆区东外大街73号

电话：69144474

（吴慧晶）

【存款业务】 年内，本外币各项存款时点余额150.30亿元，较上年增加13.95亿元。其中对公存款余额50.51亿元，较上年减少1.47亿元；储蓄存款余额99.79亿元，较上年增加15.42亿元。

（吴慧晶）

【贷款业务】 年内，各项贷款余额78.34亿元，较上年增加15.18亿元。其中对公贷款余额58.07亿元，较上年增加13.35亿元。个人贷款余额20.27亿元，较上年增加1.83亿元。

（吴慧晶）

【中间业务】 年内，实现净利润1.79亿元，较上年减少100万元。实现中间业务收入3724万元，较上年减少514万元。累计向延庆区缴纳各项税款1973.8万元。

（吴慧晶）

【冬奥服务】 年内，在延庆区冬奥PPP项目中组建银团贷款，承贷份额占比最高，为29%，金额7.5亿元。为奥运会闭环区某酒店安装自助设备，配送零钞，冬奥会期间酒店内自助设备共发生取款业务近200笔金额13万元，其中外卡占84%。

（吴慧晶）

【助力乡村振兴】 年内，坚持面向“三农”，支持“小微”企业发展，加大民生金融投入力度，通过投放乡村“振兴e贷”“惠农e贷”等产品，纾缓企业和农户在生产和经营各阶段的融资困难。年内投放“三农”贷款890笔，金额共计2.58亿元；投放小微企业贷款837笔，金额共计5.71亿元。

（吴慧晶）

【服务客户】 年内，设立8个消费者权益保护专区，投入18.5万元专项资金打造“浓情暖域”品牌专区，配备充电器、雨伞、老花镜等。关爱特殊群体，对行动不便的老人提供上门服务101次，对因疫情不便返京客户提供远程视频服务。

（吴慧晶）

中国农业发展银行延庆支行

【概况】 中国农业发展银行北京市延庆区支行（简称农发行延庆区支行）1997年成立。主要职责是按照国家的法律法规和方针政策，以国家信用为基础筹集资金，承担农业政策性金融业务，代理财政支农资金的拨付，为农业和农村经济发展服务。2022年，以稳经济大盘为重点，抓好贯彻落实；树立合规意识，做实中央巡视整改，狠抓工作落实，聚焦工作主线，聚力主责主业，完成分行下达目标任务。截至年底，各项存款余额8.41亿元，各项贷款余额15.95亿元，贷款利息收入6423万元，较上年同期减少177万元，降幅2.68%。全年实现账面利润3274万元。2022年纳税总额为295万元。

地址：延庆区妫水南街33号

电话：69188337

（姬凤琴）

【政策性粮油贷款管理】 年内，不断加大对储备粮库存监管的力度，严格执行定期查库、季度交叉查库制度，认真核实粮食企业库存，确保农发行政策性信贷资金安全。全年累计发放中央储备粮流动资金贷款2.98亿元、粮棉政策性财务挂账贷款46万元、地方储备粮贷款2523万元。

（姬凤琴）

【贷款管理】 年内，支行累计发放贷款3.73亿元，包括中央储备粮流动资金贷款2.98亿元、粮棉政策性财务挂账贷款23万元、粮食最低收购贷款累计投放23万元、地方储备粮贷款2523万元、城乡一体化项目贷款4159万元、农业小企业流动资金贷款820万元；累计收回贷款4.88亿元，包括中央储备粮流动资金贷款1.85亿元、粮棉调控账贷款23万元、地方储备粮贷款1812万元、城乡一体化项目贷款2.80亿元、农业小企业流动资金贷款450万元。

（姬凤琴）

【存款管理】 年内，支行各项时点存款余额8.41亿元，较上年增加2.23亿元；日均存款余额13.63亿元，比上年增加3.98亿元。

（姬凤琴）

【支农资金筹集】 年内，以抓好资金筹集工作为重点，通过优质服务吸引和留存客户，全年累计营销各类支农资金新客户9户，开立新账户14个，其中日均超20万元以上客户7户。营销定期支农资金项目和延庆区重大项目协调服务中心活期存款采购项目，截至年末，累计营销各类存款15.94亿元。

（姬凤琴）

【服务地方经济】 年内，针对管理中存在的薄弱环节，从严要求，从细入手，完善各项管理措施，着力筑牢发展根基。加大服务政府的工作支持，东晨阳光（北京）太阳能科技有限公司无人机组装车间及配套设施项目（一期）已完成。

（姬凤琴）

北京农村商业银行延庆支行

【概况】 北京农村商业银行股份有限公司延庆支行（简称北京农商银行延庆支行）有营业网点20个。年内，加强“立足城乡、服务三农、服务中小企业、服务市民百姓”的市场定位，坚持党的领导，坚持稳中求进工作总基调，完整、准确、全面贯彻新发展理念，积极推动各项业务高质量发展。

地址：延庆区东外大街109号

电话：69147141

（翟方豪）

2月，农商行延庆支行员工参加冬奥会志愿服务
（农商行延庆支行供稿）

【存款业务】 年内，各项存款余额187.05亿元，较上年增加11.82亿元，增长6.75%，占全区市场份额的28.24%，在全区金融机构中排名第一。其中对公存款余额73.05亿元，降低5.8%；储蓄存款余额114亿元，增长18.28%。

（翟方豪）

【贷款业务】 年内，各项贷款余额33.29亿元，较年初增加8.89亿元，增长36.43%，占全区市场份额的11.6%，在全区金融机构中排名第四；存量不良贷款0.63亿元。

（翟方豪）

【服务实体经济发展】 年内，为北京延隆商业发展有限公司发放贷款2400万元，帮助其集团内部多家企业在疫情期间渡过难关；为“菜篮子”重点保障企业绿富隆、北菜园和茂源广发3家公司发放贷款1780万元；全年实现科创、文创类贷款投放19户，金额共计3.83亿元。

（翟方豪）

【推进“三信工程”】 年内，推进农村信用环境体系建设，共开展3场入村宣讲活动，累计评选信用户251户；联合农担公司分别与区内康庄镇政府、井庄镇政府签约“银政担”协议，初步探索多机构合作模式。

（翟方豪）

【中间业务】 年内，实现中间业务收入1006.31万元，同比下降120.32万元，降幅10.68%。

（翟方豪）

【便民服务】 年内，加强普惠金融服务下沉力度，新增乡村便利店2家，总量达到131家，全区行政村覆盖率达35.12%，其中乡村便利店130家、社区便利店1家；加强支付环境场景搭建力度，新增自收单商户105户，布放收款二维码493个，新增信用卡特惠商户20户，持续开展存量低效能商户清退工作，累计清退无交易自收单商户251户。

（翟方豪）

【冬奥服务】 1月至2月，制定冬奥会期间现金服务工作方案，为辖内冬奥签约酒店配备各面额现金10万元，投放原封新券5.36亿元，回收残损币411.22万元，设立社区反假货币工作服务站点，人民币宣传7858次，拦截电信诈骗3例，涉案金额15万元，上下联动成功堵截可疑人员异常开户99户；选派5名青年志愿者积极参加冬奥、冬残奥会火炬传递志愿服务。

（翟方豪）

【精准帮扶】 年内，开展走访慰问、调研座谈、捐赠防疫物资等活动，持续推进产业帮扶，通过爱心公益走等活动帮助桃条沟村、仓米道村增收19万余元，助力两个村集体经济收入增量达标，圆满完成年度包村帮扶任务；在5月和11月赴桃条沟村和仓米道村看望慰问村委干部、党员等一线值守人员，并捐赠物资支援村疫情防控工作。

（翟方豪）

中国邮政储蓄银行延庆支行

【概况】 中国邮政储蓄银行股份有限公司北京延庆区支行（简称邮储银行延庆支行）有14个网点。年内，紧紧围绕工作目标和监管部门要求，坚持稳中求进、改革创新，不断增强改革活力，提升发展质量，各项业务稳步推进。全年无任何资金案件和安全事故。截至年底，实现收入6069.93万元，各项存款余额56.31亿元，各项贷款余额5.90亿元。

地址：延庆区东外大街51号院1–5层

电话：69146754

（孟德祥）

【存款业务】 年内，各项存款余额56.31亿元，同比增长13.58亿元。其中居民个人储蓄存款累计48.74亿元，同比增长9.59亿元；对公存款累计7.57亿元，同比增长3.99亿元。

（孟德祥）

【贷款业务】 年内，各项贷款余额5.90亿元。其中个人经营性贷款结余2.27亿元，较上年增长0.27亿元；个人消费类贷款结余2.72亿元，较上年减少0.63亿元；小企业贷款结余0.37亿元，较上年无增长；公司贷款2022年6月结清，较上年减少13.53亿元。

（孟德祥）

【中间业务】 年内，信用卡发卡1365张，保险销量1.46亿元，理财日均保有量3.87亿元。

（孟德祥）

保 险

中国人寿保险北京市延庆支公司

【概况】 中国人寿保险股份有限公司北京市延庆支公司（简称中国人寿保险北京市延庆支公司）成立于1998年3月2日。经营范围包括人寿保险、健康保险、意外伤害保险等各类人身保险业务，人身保险的再保险业务，国家法律法规允许的或国务院批准的资金运用业务，各类人身保险服务、咨询和代理业务，国家保险监管部门批准的其他业务。2022年，中国人寿保险延庆支公司坚持以客户为中心的服务理念，聚焦银发人群、护航幸福晚年，关爱老年人，提供助老设备设施，如血压仪、血糖仪和助听器。主动服务，上门理赔查勘155件，上门保全服务26次，特困家庭服务2次。设置劳动者驿站，为劳动者提供临时休息地和热水服务。建立书香柜面，丰富各类图书100多册，报纸杂志覆盖老、中、少三个层面，并可以免费借阅，广受好评。各渠道组织丰富多彩的客户拜访和联谊活动，参与客户2000余人次。年内，落实中央巡视整改工作，聚焦主责主业，进一步发挥保险央企的经济“减震器”和社会“稳定器”作用，大力推广保障性业务。与区卫健委、区民政局、区红十字会、区林业站协作，落实计生家庭保险覆盖1.5万个家庭，承保6万余人；计生特殊困难家庭津贴护理险，承保182个家庭；90周岁以上高龄老年人、60周岁及以上城乡特困、享受城乡最低生活保障待遇人员等承保3000余人，其他适龄老年人承保2800余人；失独家庭承保182人；护林员保险承保4000余人。

地　　址：延庆区东外大街62号
电　　话：69172770

（王小慧）

中国人保财险北京市延庆支公司

【概况】 中国人民财产保险股份有限公司北京市延庆支公司（简称人保财险北京市延庆支公司）主营车险、家财险、学平险、农险、安责险、意外险等，为区域人民群众提供更大更全的风险保障范围，履行央企政治责任，为进一步稳定延庆经济发展和保障人民生活的安定，发挥了不可或缺的作用。年内，紧跟时代步伐和公司战略，承办多个国际赛事和重要会议活动，特别是为2022年北京冬残奥会各大赛事保驾护航。截至年底，保费收入15863.72万元，同比增长0.47%；车险保费收入12433万元，同比增长3.26%；农险保费收入2330.78万元，同比下降13.33%；实现报表净利润1122.44万元。

地址：延庆区东外大街51号院4号楼
电话：69144641

（王小慧）

（栏目编辑：孙越凡）

旅游

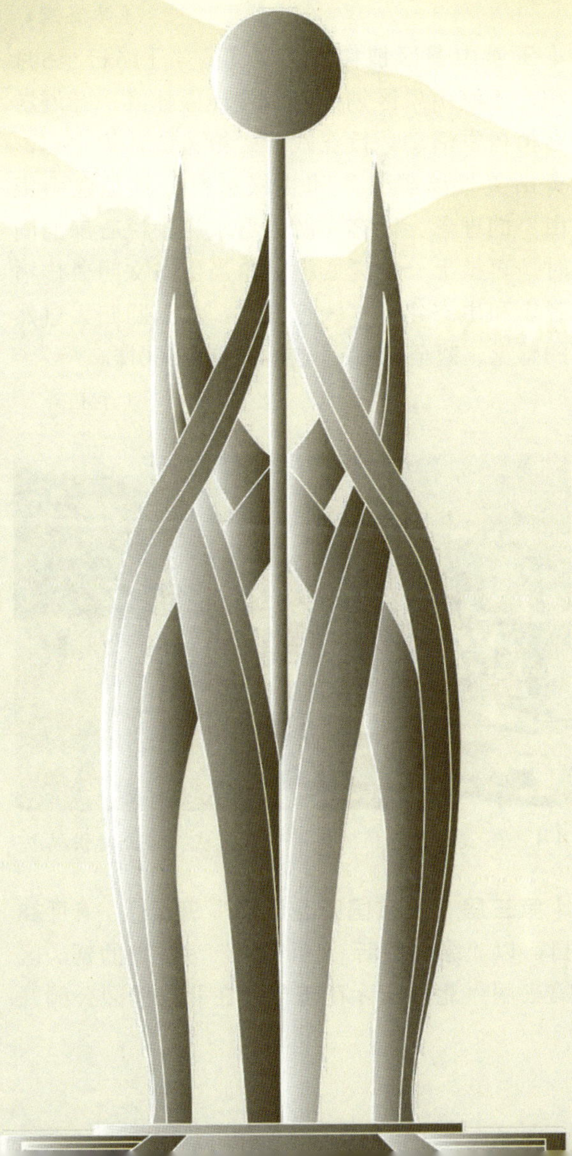

概　述

北京市延庆区文化和旅游局（简称区文化和旅游局），是负责全区旅游发展统筹协调、产业促进和行业管理的区政府工作部门。下属北京市延庆区文化旅游宣传推广中心、北京市延庆区民俗休闲产业服务中心、北京市延庆区全域旅游发展研究中心、北京市延庆区文化馆、北京市延庆区图书馆、北京市延庆区博物馆（北京市延庆区文物管理所）、北京市延庆区综合服务中心7个事业单位。2022年，全区有A级以上旅游景区12家，包括5A级景区1家（八达岭长城景区）、4A级景区6家（龙庆峡、百里山水画廊、北京世园公园、水关长城、野鸭湖湿地公园和世界葡萄博览园）。共有星级以上酒店16家，旅行社及其分支机构37家。有星级民俗村68个、星级民俗户1331户，精品民宿290家、民宿小院560个，10个全国乡村旅游重点村、1个全国乡村旅游重点镇。全年完成11座旅游厕所、2个游客服务中心、472平方米标识牌提升改造。

单位名称：延庆区文化和旅游局
地　　址：延庆区妫水北街72号
电　　话：81191198

（闫吉利）

旅游活动

【龙庆峡冰灯冰雪季开幕】 1月15日晚，以“与冬奥同时 与中国同步”为主题的2022年北京龙庆峡冰灯冰雪季在龙庆峡文化广场正式开幕。20万平方米展区分为彩灯展区、冰灯展区及娱乐区三大区域，以500余件冰建作品、350余件冰雕作品及16组雪雕作品，传递奥运精神、推广冰雪运动、弘扬中华传统文化。其中的“彩龙出岫”山体激光秀、彩冰、天使之翼、击鼓生命树、丘比特灯光隧道等都是创新亮点。冰墩墩、雪容融、高山滑雪奥运火炬等冰雕作品则助力展示冬奥精神和冰雪文化。除冰灯外，还有亲子互动、文创售卖、餐饮美食等多重体验融汇，丰富游客游览的娱乐性、趣味性和参与性。展期从1月15日起到2月底结束。

（李利赛）

【郁金香生态文化节开幕】 4月13日，北京世园公园首届郁金香生态文化节开幕。文化节展示的郁金香分为早、中、晚三个花期，共有红、黄、白、紫四大类，涉及49个品种，总量30万株。公园内设置万花海、天田山等5个核心景观区及3条最佳游览路线。活动持续至5月8日，历时26天。

（侯海清）

【玉渡山景区植树季活动】 4月15日至5月初，玉渡山景区划分出绿化环保林区，开展游客植树季活动。旨在践行“植树造林护生态，青山美景绘画卷”和“绿水青山就是金山银山”的理念。游客在游山看水、愉悦心扉的同时，再植上一株爱心树，争当生态文明“传播者”和生态建设“践行者”，找到回归大自然的感觉。截至5月底，游客共植树500株。

（李利赛）

4月，玉渡山游客植树活动（龙庆峡旅游公司供稿）

【第三届“北京国际花园节”开幕】 4月28日，以“绿色生活 美丽家园”为主题的延庆区第三届“北京国际花园节”在北京世园公园开幕。花园节以13个专类园设计为特色，以郁金香、海棠、牡丹、百合、百草和红叶6个花卉文化节为平台，展现园内春、夏、秋不同特色的景观效果，为游客提供不同的游园体验。花园节期间，园区还开展体育、音乐、科技、研学、露营等500余场“园艺+”主题活动，以全产业布局助推园艺文化进一步传播。花园节活动持续至11月15日，为期162天，70万人次参观游览，40余家媒体报道，大众媒体信息覆盖超过2000万人。

（阎国平　王密）

4月28日至11月15日，第三届北京国际花园节在世园公园举办（世园公司供稿）

【“点亮北京·消夏延庆”系列活动】 7月14日，“点亮北京·消夏延庆”暨2022年北京市“文旅促消费·微度假趣京郊”系列活动启动仪式在世园公园举行。活动现场发布延庆区消夏避暑季、延庆露营季多项旅游产品，并启动“十大网红景点打卡地”“十大网红美食”等“十大品牌”的评选工作。市文旅局和区政府相关领导出席。

（闫吉利）

【世园公园露营文化节开幕】 7月16日，北京世园公园露营文化节开幕。露营文化节共设12个营地，总占地面积28万平方米，可同时为3300名游客提供1096个露营营位。文化节设置户外露营、亲子娱乐、体育运动、生态研学等各类活动30余项，多频次轮番进行。推出单日、多日、暑期档等多种文旅组合产品供游客选择。活动持续至10月底。

（侯海清）

【八达岭夜游长城活动】 7月至10月，八达岭景区举行夜游长城活动。通过亮化升级梦幻街区、互动灯光秀，引入特色美食街区，策划士兵巡游、梦回长城沉浸古装互动、乐队演出、古装快闪、木偶剧巡演和驻演等文化活动，打造长城脚下的吃喝玩乐一站式夜生活方式，助力延庆夜间经济发展，传播古老长城的新时代文化魅力。活动历时3个月，举办31场次。共接待游人52574人，实现收入701.4万元。

（郭丽华）

【“嘻哈包袱铺”相声演出】 8月至9月，区文旅局引入优秀相声演艺团体“嘻哈包袱铺”，以精品演出促进文化消费。活动期间共演出10场，分别在区文化馆、星级酒店、乡村民宿以及夜长城等文旅场所举行。

（侯海清）

【延庆文旅展位亮相服贸会】 9月1日至5日，延庆文旅展位亮相北京服贸会首钢园区，27家文旅企业参展。展区以“建设生态文明幸福最美冬奥城”为主题，立足“长城、世园、冬奥”三张“金名片”，聚焦冬奥遗产后续利用、生态世园促发展、文旅融合促消费等内容进行展示。参展期间，发放各类宣传材料1万余份，吸引1.2万余人参与。

（闫吉利）

【北京世园金蜗牛露营地开营】 9月9日，北京世园金蜗牛露营地正式开营纳客。该项目主题为“从生活中来，到自然中去”，是北京世园公园与首旅集团共同打造的集露营度假、商旅观光、户外体验于一体的综合露营服务区。

（侯海清）

【第六届延怀河谷葡萄文化节开幕】 9月21日，以“展海陀风情，游冬奥小镇，赏金秋果园，享丰收喜悦”为主题的第六届延怀河谷葡萄文化节在世界葡萄博览园开幕。活动现场，北京八达岭文旅集团有限公司与张山营镇签订合作意向书，设置优质葡萄和其他特色农产品展销区，同时举办京津冀协同发展优质晚熟葡萄擂台赛。活动旨在发挥“延怀河谷”品牌效应，促进农旅深度融合，推动京津冀区域协同发展。

（郭丽华）

【金秋文旅推介会暨氧吧景区发布仪式】 9月23日，北京市延庆区2022年金秋文旅推介会暨延庆区氧吧景区、氧吧乡村发布仪式在八达岭长城举行。活动由市文旅局指导、区文旅局主办。活动分为“金秋产品、网红打卡、氧吧发布”3个环节，区文旅局对“乐享金秋 悦游延庆”系列文旅产品进行推介，市文旅局和区政府领导为获得2022年延庆区氧吧景区、氧吧乡村称号的单位进行授牌。各界代表、受邀嘉宾80余人次参加。

（康海涛）

【第三十七届冰雪欢乐季启动】 12月9日，北京市冰雪文化旅游季暨延庆区第37届冰雪欢乐季启动仪式在国家高山滑雪中心举办。冰雪欢乐季以“Hi延庆High冰雪——当燃！最美冬奥城”为主题，持续至下年2月底，旨在推动全市文旅及相关领域全面复工复产。冰雪欢乐季联动冰雪运动、冰雪乐园、民俗非遗、酒店民宿、美食采摘、景区景点等多种文旅要素，推出戏冰雪、享私汤、品暖锅、赏冰灯、乐采摘、微度假共6个板块近60项活动。

（闫吉利）

【世葡园冰雪大世界活动启动】 12月25日，世葡园冰雪大世界活动正式启动。作为2022年北京冬奥会后的首个冰雪季，活动占地5万平方米；分为冰雪体验和休闲娱乐区，可同时容纳近千人；游玩体验项目总数达到20多个。除雪地摩托、雪地坦克、冰上漂移车等传统冰雪项目外，首次推出急速飞跃滑道、超级大滑梯、7D体验馆、房车住宿等项目，以满足不同年龄段、不同人群的娱乐需求。活动持续至下年2月底。

（郭丽华）

景区景点

【八达岭长城】 八达岭长城是万里长城的杰出代表、明长城的精华，位于北京市延庆区南部八达岭镇域内，距北京市区约60千米。始建于明朝弘治十八年（1505），由抗倭名将戚继光、谭纶督建，历经弘治、嘉靖、隆庆、万历四代皇帝（1505—1589），是扼守京西北居庸关—八达岭关沟军事防御体系的重要组成部分。明代《长安客话》中说：“路从此分，四通八达，故名八达岭，是关山最高者。”八达岭长城1958年正式对游人开放，是世界文化遗产、全国重点文物保护单位、国家级风景名胜区和国家5A级旅游景区。八达岭长城景区规划面积70.1平方千米，核心景区面积55.05平方千米。其中国保段全长7441米、开放段全长3741米，有19个敌楼。八达岭水关长城全长约2300米、开放段全长1500米，有城台、附墙台及空心敌台9座。八达岭残长城全长约13534米、开放段全长6120米，有城台、附墙台及空心敌台18座。截至2022年底，累计接待世界各国元首和政府首脑525位。年内，受新冠肺炎疫情影响，八达岭长城景区接待游人总数为124.08万人次，同比减少69.98%；水关长城景区接待3.91万人次；残长城景区接待2.06万人次。

（康海涛）

【中国长城博物馆】 中国长城博物馆坐落于八达岭长城景区内，是一座以长城为主题，全面反映长城历史、军事、建筑、经济、文化艺术及现状的专题性博物馆。1994年9月建成开馆，由时任国家主席江泽民题写馆名。2007年全面改陈，建筑面积4000平方米、展览面积3200平方米。展览主题为“世界奇迹·历史丰碑”。基本陈列由“两千余年·续建不绝”“恢宏巨制·绵亘万里”“长城内外·同是一家”等部分组成。年内，作为长城国家文化公园（北京段）头号建设工程，中国长城博物馆于2022年4月6日实施闭馆，全面启动改造提升工程。截至年底，完成5741件（套）文物藏品撤展搬迁运输存放工作。为留存珍贵完整的影像资料，更为在闭馆期间向社会公众提供参观服务，中国长城博物馆于7月25日正式上线360° 全景VR博物馆，中外观众可通过“中国长城博物馆微信公众号——云展厅”实现线上观展。为营造“喜迎党的二十大”氛围，中国长城博物馆在微信公众号开设专题栏目，系列刊登《外国领导人登长城》微视频，充分展示长城元首文化，受到广泛关注，赢得各界好评。 截至4月6日闭馆，共接待观众1.18万人次，其间举办“辞旧迎新 博物馆里过大年”“认识文物 欢乐寻宝”等主题文化活动6次，为观众提供便民服务93次，完成各类调研考察等接待任务7次，实现零投诉目标。

（吴润泽）

【龙庆峡】 龙庆峡是国家4A级景区，距北京市区70千米，古称“古城九曲”，是一处水绕山环、风光秀丽的峡谷。属于自然水域风光型景区，既有南国山水的妖媚秀丽，又不失北国山水的雄浑壮观。1973年10月，建龙庆峡水库，大坝高70米，坝顶长90米，整个水库流域面积119平方千米、库区面积34万平方千米、库容852立方米。1984年成立旅游公司，开始发展旅游事业。龙庆峡是新北京十六景之一，拥有北京最晚樱花季。每年4月下旬至5月初，峡谷内300余株关山樱在阳光下绽放，粉色的花瓣漫天飞舞、景色迷人。年内，共接待游客50.15万人次，旅游收入5200万元。

（李利赛）

【玉渡山景区】 玉渡山景区为国家2A级景区，隶属于北京龙庆峡旅游发展有限公司，2002年7月正式对外接待游人。景区位于“燕山第一高峰”海陀山脚下，地域面积75平方千米，植被覆盖率90%以上。区内有维管束植物105科380属713种，乔木、灌木种类繁多，覆盖山野。山中溪水长流，春夏秋时节花开不断，空气含氧量比市区高2～3倍，堪称天然“氧吧”。夏季凉爽宜人，最高温度只有28℃， 比市区低5～6℃， 是消夏避暑的佳地。年内，共接待游客30.2万人次，旅游收入1500万元。

（李利赛）

【古崖居景区】 古崖居景区位于八达岭长城西北20千米处，在延庆区张山营镇域内，是华北地区已发现规模最大的崖居遗址。1991年初由张山营镇政府开发并对外开放，1996年由北京八达岭旅游总公司接管，属国家3A级旅游景区。古崖居的来历至今仍是千古之谜，主要有奚人说、长城附属遗迹说、屯军说、避难说、矮人说等观点。在这些假说中，影响最大的是奚人说，即认为古崖居是距今1000多年前的唐至五代时期，生活在延庆北部山区的奚人居住的山寨。现保存下来的石室有137个，分前、中、后三个区域，尽悬挂于10万平方米的崖壁之上，上下分布，错落有致，俨然一座自然山寨；全部石室或圆或方，表现出一种原始的审美情趣。2022年9月，古崖居后山观景台获评“2022延庆网红打卡地”；12月上榜市文化和旅游局发布的人文景观类网红打卡地。年内，共接待游客6.3万人次，实现旅游收入201.84万元。

（郭丽华）

【世界葡萄博览园】 世界葡萄博览园位于延庆区张山营镇东南部，是举办2014年世界葡萄大会的重要场所，2014年7月25日正式对外开放。属国家4A级旅游景区，是集葡萄品种展示、观赏采摘、生态体验、景区游览、科普教育、休闲娱乐等功能于一体的综合性博览园。园区落实“以农业为基础、以教育为支撑、以旅游为补充”的规划目标，打造“四季有花”的农业主题。曾举办过菊花文化节、葡萄文化节、冰雪节及青少年户外拓展培训等多项活动。北京2022年冬奥会火炬在此传递并在冬奥会后首个冰雪季举办冰雪大世界活动。年内，接待游客44201人次，实现旅游收入547.34万元。

（郭丽华）

【万科石京龙滑雪场】 万科石京龙滑雪场位于延庆区张山营镇东北部。始建于1999年，是北京地区首家滑雪场，也是全国首家采用人工造雪的滑雪场。2016年8月，八达岭旅游总公司与北京万科企业有限公司、北京石京龙滑雪娱乐有限公司合资，成立万科石京龙滑雪场，滑雪场重装开业，成为国内首家互联网滑雪场。升级改造后的滑雪场占地面积30公顷，建有10条滑雪道，其中高级道1条、中级道4条、初级道5条。另有娱雪场地1处，雪地面积达到20余万平方米。相应配套设施有四人吊椅缆车1条、双人吊椅缆车1条、魔毯5条。雪具大厅和餐厅面积达到5800余平方米，单双板雪具3000多副。自2017年以来，已接待数十万滑雪爱好者，年承接中小学生滑雪体育课近万人次。年内，新增雪具1000多副，接待游客12.59万人次，总收入2851.35万元。

（郭丽华）

【野鸭湖国家湿地公园】 野鸭湖国家湿地公园位于北京市延庆区西北部、新中国“建国第一库”官厅水库之滨，北依松山、海陀山。是由官厅水库延庆辖区及环湖海拔479米以下淹没区及滩涂、河流、库塘、沼泽组成的自然—人工复合型湿地，是国家4A级旅游景区。公园面积283.4万平方米，位于北京市面积最大、生物多样性最丰富的野鸭湖湿地自然保护区的实验区。是北京地区重要鸟类栖息地，也是国际鸟类迁徙路线东亚—澳大利亚路线的中转驿站。每年迁徙季节，有众多鸟类在此停歇，其中雁、鸭种类和数量最多，野鸭湖由此得名。野鸭湖湿地动植物资源丰富，已经记录到国家一级保护鸟类22种、国家二级保护鸟类68种、植物472种、高等植物456种。其中野大豆（Glycine soja Sieb）、绶草（Spiranthessinensis）为国家二级保护植物。有昆虫182种、鱼类40种。有5公里徒步、自行车骑游、湿地观鸟、湿地科普、千亩荷花园等生态游览项目。2020年3月，八达岭旅游总公司接收野鸭湖景区旅游服务职能。年内，接待游人29.12万人次，实现收入1721.41万元。

（郭丽华）

【九眼楼长城生态展示区】 九眼楼长城生态展示区位于四海镇石窑村，依托长城遗址与森林景观而建。九眼楼地处四海镇火焰山主峰，海拔1141米，是万里长城中规模最大、规格最高的敌楼，为古代军事战略要塞。楼体四面均设九个瞭望孔，为正方双层建筑，边长13米，高7.8米。景区面积112.23公顷，森林覆盖率达94.6%，植被山地垂直分布特征明显，生物与景观多样性高，6.58千米步道沿线可观赏到植物60科119属164种。经过历时2年的文物抢修、基础设施提升、文化氛围营造等工作，2020年9月再度正式对外开放。2022年7月完成长城文化展厅升级改造，同期开展帐篷露营项目；9月获“延庆区氧吧景区”“2022年度网红景点打卡地——九眼楼生态长城景区天下第一楼”美誉；11月获2022北京网红打卡地推荐之“休闲生活类”露营区“松鼠营地”和“人文景观类”九眼楼敌台两项称誉。年内，接待游客3.2万人次，实现收入80.29万元。

（郭丽华）

【北京世园公园】 北京世园公园位于延庆区西南部，是2019年中国北京世界园艺博览会（简称北京世园会）举办地。2020年4月28日，经市政府批准，正式命名为“北京世园公园”。北京世园公园保留北京世园会主要建筑和景观，面积503公顷，其中水域面积132公顷，妫河从中穿过，背靠海陀山脉。北京世园公园划分为世园遗产核心保护区、青少年生态教育基地、园艺小镇综合服务区、产业发展带四大功能区。主要建筑包括中国馆、国际馆、生活体验馆、植物馆、妫汭剧场和永宁阁。中国馆以“锦绣园艺情、如意中国梦”为立意，传承中华建筑智慧，引领绿色创新科技，展现包容自信的国家气质。国际馆由94把花伞组成，以灵活、开放、实用、国际化的设计思想，充分体现世园会办会主题，表达建筑对环境的尊重。生活体验馆以“田园市集”的设计理念、阡陌纵横的建筑形式，体现都市与田园相融之妙。植物馆以“植物的力量”为主线，以“升起的地平线”为立意，表面肌理象征着根系，从体验植物根的力量开始，让游客体会植物的力量。妫汭剧场采用“花开蝶舞”造型，优美舒展、大气开放，梯田状的演艺空间富有东方神韵，宛如一只彩蝶驻足在妫湖之滨，轻盈灵动的建筑造型融入自然之中。永宁阁寓意政通人和、国泰民安；位于园区西北侧的天田山山顶，融合唐辽金楼阁建筑风格；高约27米，是全园的制高点和标志性建筑；登阁可南眺长城、北望海陀，俯视妫水河和整个园区。

2020年11月2日，北京世园公园被北京市生态环境局评为北京市生态环境教育基地。2021年1月6日，北京市旅游景区质量等级评定委员会按程序组织综合评定，确定北京世园公园为国家4A级旅游景区；同年4月，中国馆、国际馆被住房和城乡建设部分别评为2020年全国绿色建筑创新奖一等奖、二等奖；6月，北京世园公园入选“2021北京体育旅游十佳目的地”，其中“世园漫跑之旅项目”入选“北京体育旅游精品项目”。2022年，第二届3E国际青少年智能与创意设计大赛全国总决赛在北京世园公园中国馆举行。世园公司与盛力世家（上海）体育文化发展有限公司签署合作协议，由盛力世家打造的户外运动综合体验项目基地——勇士部落落户北京世园公园。其间举办勇士部落活动44场，涉及五个周末和国庆假日共17天，包含斯巴达、强悍泥人、野放计划以及狗巴迪四个品牌，共34911人参加活动。年内，世园公园获评多项称号。其中，8月8日，获得2022年北京市体育旅游十佳精品景区称号，并入选全国第三批森林疗养师执业场地。9月24日，世园公园旅游度假区被评为北京市旅游度假区。12月12日，北京园被评为人文景观类新晋网红打卡地，园艺小镇被评为街区园区及夜间经济类新晋网红打卡地。12月13日，北京世园公园入选全国关注森林活动组委会发布的“2022年国家青少年自然教育绿色营地名录”，全国共有40家单位入选，北京世园公园是全市唯一入选单位。12月29日，被认定为国家体育旅游示范基地。

（王密）

表4：延庆区旅游景区（点）一览表

名称	等级	电话	
八达岭长城景区	AAAAA	69121225	69121268
龙庆峡景区	AAAA	69191026	69192545
八达岭水关长城景区	AAAA	81181185	81181185
北京延庆百里山水画廊景区	AAAA	60188022	60188022
北京野鸭湖国家湿地公园	AAAA	69131226	69131226
世界葡萄博览园	AAAA	81186018	81185558
北京世园公园	AAAA	—	—
八达岭野生动物世界	AAA	69121842	69121842
古崖居景区	AAA	69119228	69119426
万科石京龙滑雪场	AAA	69190989	69190989
八达岭古长城景区	AAA	69120820	69120990
玉渡山风景区	AA	69195188	69195996

旅游行业管理

【节日旅游接待292.8万人次】 年内，全区重点节日旅游共计接待游客292.8万人次。其中，“元旦”期间全区乡村旅游接待量全市第一，接待游客12.1万余人次，实现旅游收入1601.8万元，同比分别增长2.07倍和2.04倍。全区乡村旅游以领先第二名近5万人次的成绩居全市首位。春节期间全区乡村游接待量蝉联全市第一，接待游客46.7万余人次，旅游收入7233.9万元，同比增长分别为52.5%和103%，占全市乡村旅游人数和收入的一半以上。“清明”全区乡村旅游接待游客30.8万人次，实现旅游收入3114万元，同比2019年分别增长3%和50.4%，同比2021年分别增长25.1%和53%，乡村游接待量全市第一。“五一”期间全区接待游客27.8万人次，旅游收入3327万元。“端午”假日期间全区接待游客12.9万人次，旅游收入1701.5万元，精品民宿前两日平均入住率87%。“中秋”假日期间全区接待游客36.5万人次，实现旅游收入4303.7万元，同比分别增长73%和87%。国庆假日期间全区接待游客126万人次，乡村游游客接待量全市第一，实现旅游收入1.5亿元，同比增长50.9%和77%。其中，旅游景区接待游客45.03万人次，收入2812.4万元，同比增长2.4%和80.9%；60家正常对外经营宾馆酒店接待游客5.65万人次，收入3500.5万元，同比增长48.6%和60.9%；乡村旅游接待游客69.1万人次，收入8681.92万元，同比增长93.7%和83.0%。

（闫吉利）

【旅游市场管理】 年内，围绕旅游秩序、疫情防控、安全生产等检查文旅场所4000余家次。其中安全生产检查企业2400余家次，发现隐患300余处，均整改完毕。4月30日至5月4日，区文旅局制定假日疫情防控和安全秩序工作方案，要求各景区、单位“一区一策”，落实“限量、预约、错峰”，引导游客安全有序游览；针对餐饮单位暂停堂食、文化娱乐场所暂停营业、室内游览为主的景区暂停开放等政策落实情况开展执法检查；鼓励各景区开发野游露营、登高赏花、休闲骑游等户外项目，引导市民多点分散旅游。6月3日至5日，区文旅局要求各景区、单位严格执行“限流、预约、错峰”和常态化疫情防控政策，13家景区、37家宾馆饭店、1200家民宿民俗农家乐有序开放，运行良好。

（闫吉利）

【旅游行业培训】 年内，延续冬奥会期间培训成果，邀请业内专家、院校教授从新媒体营销、安全应急等方面进行课程培训。全年开展线上培训课程60节次，参训学员22000余人次。

（闫吉利）

【多景点入选旅游精品项目】 年内，全区多个景点项目入选“2022年北京市体育旅游精品项目”：“万科石京龙滑雪场、野鸭湖国家湿地公园、北京世园公园”获评十佳精品景区，“北京国际自行车骑游大会”获评十佳精品赛事，“最美冬奥城冰雪体验之旅、妫河骑游、百里山水画廊骑行线路”获评十佳精品线路，“北京延庆奥林匹克园区”获评十佳目的地。12月14日，市文旅局发布“2022北京网红打卡地推荐榜单”，延庆区九眼楼敌台、北京世园公园、延庆奥林匹克园区、野鸭湖湿地公园等15处上榜。

（侯海清）

【世园公园获评多项称号】 年内，世园公园获评多项称号：8月8日，获得2022年北京市体育旅游十佳精品景区称号，入选全国第三批森林疗养师执业场地。9月24日，世园公园旅游度假区被评为北京市旅游度假区。12月12日，北京园被评为人文景观类新晋网红打卡地，园艺小镇被评为街区园区及夜间经济类新晋网红打卡地。12月13日，北京世园公园入选全国关注森林活动组委会发布的“2022年国家青少年自然教育绿色营地名录”，全国共有40家单位入选，北京世园公园是全市唯一入选单位。12月

29日，被认定为国家体育旅游示范基地。

（王密）

【获评“2022年冰雪旅游十佳城市”】 1月5日，以“迎冬奥 上冰雪 美丽中国新内涵”为主题的“2022中国冰雪旅游发展论坛”在北京召开。根据论坛发布的《中国冰雪旅游发展报告（2022）》，延庆区获得“2022年冰雪旅游十佳城市”和“2022年热门冰雪旅游景区（度假区）”两项称号。

（闫吉利）

【入选全国旅游精品线路】 1月18日，文化和旅游部发布“筑梦冰雪·相伴冬奥”10条冰雪旅游精品线路。延庆区石京龙滑雪场、八达岭滑雪场以及北京世园公园冰雪嘉年华、龙庆峡冰灯冰雪季等特色冰雪活动作为主要节点，入选“冰雪京张·冬奥之城”线路。1月27日，国家体育总局、文化和旅游部联合发布“2022年春节假期体育旅游精品线路”榜单。延庆区“最美冬奥城冰雪体验之旅”作为北京市唯一入选线路，位于全国14条入选线路之首。

（闫吉利）

【“长城内外”服务平台入选典型案例】 2月20日，文旅部资源开发司发布2021年全国智慧旅游典型案例27个。其中“智慧旅游公共服务平台建设运营典型案例”12个，八达岭文旅集团的“延庆区打造‘长城内外’全域旅游数字化生活新服务平台”入选案例榜单。

（侯海清）

【中国长城博物馆闭馆】 4月6日，中国长城博物馆闭馆，启动全面改造提升。作为长城国家文化公园（北京段）头号建设工程，改造后将建设长城遗产监测中心、长城学术研究中心、长城文化体验中心、长城非遗展示中心、长城文创研发中心“五大中心”。计划2025年12月展陈布展完成。12月20日，中国长城博物馆改造提升项目计划及遗产影响评估报告获得国际古迹遗址理事会认可。报告认同中国长城博物馆改造提升工程不会对八达岭长城突出普遍价值的真实性和完整性产生负面影响。中国长城博物馆是长城沿线唯一冠名“中国”的长城主题博物馆，其改造提升工程是《长城国家文化公园重大工程建设方案》中确定的北京三大国家级标志项目之一。这是我国第一次在重大工程项目方案确定前向世界遗产组织报告项目计划及遗产影响评估报告，为缔约国履行《保护世界文化和自然遗产公约》树立了典范。

（阎国平）

【京张体育文化旅游带发展论坛】 8月4日，第二届京张体育文化旅游带发展论坛在北京延庆奥林匹克园区举办。论坛以“把握后冬奥 共创新未来”为主题，分为建设成果发布和解读、项目签约、专家研讨、圆桌论坛、项目路演等环节。论坛邀请政府主管部门、行业专家和企业代表等深度谋划“后冬奥”转型发展，共同展望区域协同建设美好前景。国家文化和旅游部资源开发司、国家体育总局体育经济司、北京市文化和旅游局、北京市体育局、延庆区政府等相关领导以及业内专家、企业代表等50余人参加论坛。

（闫吉利）

【世园公园入选市首批旅游度假区】 9月24日，北京市文化和旅游局公布首批市级旅游度假区名单，世园公园入选。此前经北京旅游学会推荐，中国科学院、北京交通大学等单位7位专家教授组成评审专家组，依据国家标准《旅游度假区等级划分》和《旅游度假区等级划分细则》，评定出北京世园公园旅游度假区等3个市级旅游度假区。评审工作为全市首次开展，是北京旅游度假产品的最高等级。

（闫吉利）

【市级红色旅游景区新增2家】 11月25日，北京市文化和旅游局公布的《2022年北京市红色旅游景区（点）名单》中，延庆区玉渡山（平北军区司令部遗址）和延庆奥林匹克园区2家景区被认定为“北京市红色旅游景区”。另有大庄科乡及平北抗日烈士纪念园通过复核。至此全区共有市级红色旅游景区4家。

（闫吉利）

【世园公园入选国家体育旅游示范基地】 12月3日，国家体育总局、文旅部联合评选的2022年国家体育旅游示范基地公示名单正式公布，北京世园公园名列其中。2022年全国入选“国家体育旅游示范基地”的共有14家，北京世园公园成为北京市唯一的入选单位。

（侯海清）

【2村入选全国乡村旅游重点村】 12月7日，国家文旅部公布第四批全国乡村旅游重点村名单，延庆区康庄镇火烧营村和四海镇大吉祥村入选。至此全区共有10个全国乡村旅游重点村，数量居全市第一。

（闫吉利）

【延庆入选首批“北京微度假品牌”目的地】 12月25日，市文旅局依据“复工复产、文旅消费”主题，首批推出6个“北京微度假”目的地品牌。延庆区以“长城、世园、冬奥”三张“金名片”联动为核心，满足公众多层次、个性化、品质化的微度假需求，得以入选市级首批“北京微度假品牌”目的地。

（侯海清）

八达岭长城管理处

【概况】 北京市延庆区八达岭长城管理处是北京市延庆区人民政府直属公益一类事业单位。2022年成立机关党委、机关纪委，选举产生中共北京市延庆区八达岭长城管理处机关委员会委员7名和中共北京市延庆区八达岭长城管理处机关纪律检查委员会委员5名。市台办颁授八达岭长城管理处“北京市京台基层交流基地”牌匾。年内，管理处结合上级关于疫情防控的各项要求，及时发布景区关于疫情防控的各项调整措施。捕捉景区热点，做好全媒体推介，先后有新华社、中新社、人民日报、北京日报、中央广播电视总台、北京广播电视台、人民网、光明网等300余家媒体参与报道，媒体转载1000多万条。在中央电视台、北京电视台等电视新闻播报51条，总时长2小时21分。央视新闻APP、北京日报APP等客户端共发表文章及视频100余条；利用八达岭长城管理处官方新媒体账号平台发布文章和视频277条；新媒体重点宣传的官方微信公众号“八达岭长城”，粉丝量达到110万人次，平均阅读量1.4万次，在延庆范围内微信公众号中排名第一。北京冬奥会和冬残奥会期间，奥林匹克转播服务公司（OBS）通过设置在八达岭长城上的城市风景摄像机，向全球24小时不间断展示长城的历史风貌，受到国际社会广泛关注。截至年底，接待重要媒体和社会组织拍摄56场次，其中组织和协助完成大型活动11场次，受到各界广泛关注。因受新冠肺炎疫情影响，全年八达岭长城景区接待游人总数为124.08万人次，同比减少69.98%；水关长城景区接待3.91万人次；残长城景区接待2.06万人次。

地址：北京市延庆区八达岭长城管理处

电话：69121190

（康海涛）

【旅游服务】 年内，受疫情影响，日常服务量大幅减少。八达岭长城景区服务9.4万人次，其中便民服务2778人次、电话咨询52834人次’广播提示33300次‘广播服务1932人次，组织紧急救助38起；水关景区服务1858人次；古长城景区服务1449人次。接到北京市非紧急救助中心12345转来投诉150件，其中受理77件、退回73 件。通过采取多项管控措施，加强完善“接诉即办”“未诉先办”工作机制，全年9个月“三率”指标均为100%，综合成绩100，全区委办局排名并列第一。

（康海涛）

【文物保护】 年内，八达岭长城北七楼地基危岩体抢险加固工程勘察报告和设计方案获北京市文物局复核通过，并列入区级重点项目。《八达岭长城保护规划》获国家文物局批复并由市文物局正式公布。管理处加大宣传力度，强化日常巡查保护，增强游客爱护文物的意识，长城刻划破坏行为得到有效控制。全年配合执法部门处理长城刻划案件8起，实施行政拘留3人次，批评教育6人次，列入景区不文明行为记录9人次。

（康海涛）

【绿化美化】 年内，在节假日等重要节点，布置立体主题花坛8处，栽植、摆放花卉3.7万盆，修剪树木550株，清理枯枝落叶20吨，清除城墙乱刻乱划10处。开展病虫害防治、杨柳絮专项防治、绿化基地设备检修等相关工作，完成景区12.5万平方米绿地常规养护。开展集中清理22次，清扫清运积雪8次，清理景区内杂草7次、卫生死角20处、垃圾9.5吨，出动机动车58车次。新冠疫情防控期间，专设消杀人员每天对垃圾堆放点、垃圾桶、座椅、扶手、栏杆进行消杀3次，出动保洁员1200余人次，清运固体垃圾386.6吨、液体垃圾约295吨。

（康海涛）

【基础设施建设】 年内，八达岭长城"5G+8K"超高清屏幕项目建成并投入使用，全域客流监测系统项目完成设备的铺设及安装，共维修、更换巡控广播设备及配件124处。对古长城火炬传递范围内增建残疾人坡道，对部分山体增设防护设施；对古长城食堂、办公楼、售检票房和卫生间等屋面漏水较为严重的部位进行防水维修；完成水关长城污水处理站安全维护工程；对八达岭长城景区、水关长城景区、古长城景区内破损标识标牌进行翻新维修、优化提升，制作维修标牌178块，其中维修142块、新制作36块。对长城本体以及景区内道路、公共卫生间、停车场等进行维修维护；完成八达岭派出所餐厅操作间屋面防水维修工程；对八达岭长城景区滚天沟口区域堵塞的污水管道进行疏通、清理，更换破损管道；对八达岭长城区域内的长城天地卫生间、林场卫生间、北兵营游客服务中心和八达岭长城标识标牌进行提升改造；完成北京2022年冬奥会和冬残奥会八达岭长城风景摄像机周边景观照明设施维修维护项目。

（康海涛）

【综合治理】 年内，完成延庆区环境管理体系审核、延庆区创城检查等工作。全年累计开展联合执法行动75次，出动执法力量320人次，查处各类违法扰序人员54人，其中行政拘留4人、警告20人；查处黑车载客、无照经营、广告牌匾、垃圾分类等案件29起，罚款29790元；检查商户立案28起，吊销营业执照25个。通过日常领导带队、专项检查、日常督查等方式，累计开展督导检查145次。在全国"两会""清明节""五一""十一"以及党的二十大等重点时期，协调驻区单位加强社会面整体防控，投入警力65人、景区安保人员200人、武警部队30人、群防群治力量530人，开展社会面矛盾排查、联合执法、重点区域巡逻和社会面巡逻，全力保障景区安保维稳、反恐防恐、疫情防控、道路交通及游览秩序等方面平稳有序。全面对核心景区29个重要节点及城上、城下14个易拥堵点进行重点分析和排查，责成景区管理部安排近200名安保力量对16个执勤防控网格进行管理，14名安保人员执行夜巡；协调八达岭派出所派驻警员在东西门外、南北索道、熊乐园5个安检区域驻点督导。投入安检员88名，全年累计检查106.5万人次，开包检查行李65.2万件，查处违禁品0.3万件，收缴打火机28.1万个，免费存包1.1万个。

（康海涛）

【央视播放八达岭长城景观】 年内，中央电视台多次播放八达岭长城景观。其中，八达岭长城雪景3月中旬在CCTV《新闻联播》开放式结尾首景播放，北京八达岭长城杏花绽放、踏青赏花随之播出；《北京您早》《红绿灯》《大美北京支招出行》等栏目参与报道。3月19日，"央视频"官方账号采用八达岭长城管理处提供素材，通过新浪微博发布3月18日雪后八达岭长城银装素裹的视频，并于19日20:18登上微博热搜榜第47位。"十一"期间，中央广播电视总台文艺节目中心在八达岭长城景区拍摄的《江山如画》系列交响音乐会，连续5天在CCTV-15音乐频道、CCTV-3综艺频道播出，央视频、央视网、经典音乐广播、文艺之声同步上线播出。11月3日，中央电视台新闻联播《大美中国》世界遗产系列景观中，八达岭长城作为首景播放，时长约10秒钟。黄金热点时段的首播，使八达岭长城的金秋盛景得到大力度宣传。

（康海涛）

10月1日，央视总台在八达岭长城录制的《江山如画》系列交响音乐会首播（八达岭长城管理处供稿）

【安全生产】 年内，严格执行值班值守相关工作要求，严格落实门岗管理工作，加强办公区域疫情防控管理工作。召开安全生产、疫情防控工作会13次，制定各类安全生产、消防安全方案预案12项，与景区大型活动主办单位、景区施工单位签订防火、安全生产责任书17份次。部署落实年度安全生产5710档案手册工作，开展领导带队检查、部门联合执法、专项整治、日常巡查检查等各类安全检查350余人次。开展警示教育宣传、演练共计5次，向景区经营商户发送宣传提示信息9次。组织各部门在辖区内开展灭火器年检专项工作，更换灭火器913个，新增40个。

（康海涛）

【《北京的长城》发布活动】 2月4日，《北京的长城》发布活动在八达岭长城关城广场举办。该项目为北京2022年冬奥会和冬残奥会组织委员会批准开展的重要文化项目，由北京国际城市发展研究院、北京国际城市文化交流基金会组织专家团队进行研究、撰写、翻译。在活动现场由主创团队与八达岭长城管理处相关领导为图书揭幕，同时由全国政协委员、北京国际城市发展研究院院长连玉明等向八达岭长城管理处以及现场游客赠送图书。《北京的长城》纳入冬奥会外宣赠书名单，旨在促进长城文化在国际间的交流、推广和传播。

（康海涛）

【“中外媒体北京行”特色采访】 2月5日，2022北京新闻中心主办的“双奥之城新气象——2022中外媒体北京行”城市形象特色采访活动在八达岭长城举行。国内外32家媒体、60余名中外记者参与登长城、吃饺子等活动。

（侯海清）

【“京和一家亲”主题交流活动】 8月10日，由共青团北京市委主办的“‘京和一家亲’团团陪你过暑假融情营”主题交流活动在八达岭长城景区举行。活动旨在进一步促进京和两地交往交流融合，诠释“京和一家亲”。身着民族服装的新疆和田地区小学师生45人登临八达岭长城，体验长城的雄伟壮观和祖国的大好山河，并在八达岭望京广场载舞留念。

（康海涛）

【“夏尽暑消 夜话长城”现场直播】 8月23日，中央广播电视总台新闻中心“夏尽暑消 夜话长城”在八达岭长城现场直播。长城保护专家、冬奥徽章设计师等品茗夜话，在八达岭长城西平台以座谈的方式讲述长城文化。直播期间还通过动态采访的形式，分别与长城文物保护者及长城摄影工作爱好者就夜经济、长城利用及保护等话题进行深入探讨。直播画面在央视新闻APP同步播出。

（康海涛）

【“一丹说节气”在古长城录制】 9月16日，著名主持人敬一丹在八达岭古长城上录制《一丹说节气·长城之秋分》节目。敬一丹与特邀嘉宾倪萍在八达岭古长城上讲述世界非物质文化遗产——二十四节气的中式美学，并重温中华诗意质感生活情趣。录制运用主持人敬一丹+节气+长城实景+特殊嘉宾的形式，打造全新的新媒体IP。节目视频在央视频等平台播出。

（康海涛）

9月16日，著名主持人敬一丹在八达岭古长城录制节目（八达岭长城管理处供稿）

【“法融生态普法驿站”签约及授牌】 11月11日，八达岭长城管理处与延庆区人民法院举行“法融生态普法驿站”签约及授牌活动，双方主管领导参加签约及授牌仪式。“法融生态普法驿站”的设立，旨在为游客提供零距离精准普法和更优质的法律咨询服务，进一步加强八达岭长城区域的矛盾纠纷排查化解，为八达岭长城管理处打造“法融生态”党建特色品牌、提升依法履职能力发挥积极作用。管理处与延庆法院互聘生态法官与文保专家，建立定期联络工作机制，形成“风险隐患共防、突出问题共治、协调机制共立、保护机制共商”的长城文化遗产与八达岭景区保护新格局。

（康海涛）

（栏目编辑：王新华）

交通　邮电

公路建设

【概况】 延庆公路分局是北京市交通委员会的派出机构，负责本行政区域内公路行业管理工作。截至2022年底，管养县级以上普通公路里程765.173千米、桥梁321座、隧道14座。全年完成总投资2.7亿元、实施新改建1项7.3千米，完成大修1项7千米，中修1项5.7千米；完成乡村公路改建及大修18条路35.5千米；实施地灾治理1项，治理隐患点46处；水毁恢复1项，治理点位25处；实施延庆区隧道机电修缮项目1项；治超专项1项。所辖区域路网设备完好率为100%，连续多年在市交通委系统各公路分局中位列第一。获评冬奥保障先进集体、五四红旗团支部、首都文明单位标兵、北京市交通安全先进单位、平安工地等多项市级荣誉，收获交通运输法治政府建设突出个人、冬奥保障市级先进个人、交通运输部宣讲优秀个人等多项个人奖项，在2022年第二届“平安交通奋斗者·北京榜样”活动中获得优异成绩。出台北京市首部乡村公路综合性管理办法，香龙路、营王路获得北京市“最美乡村路”称号，在北京市推进“四好农村路”高质量发展会议分会场参会并交流发言，成功创建“四好农村路”示范县。围绕建团百年创新开展“五个一”青年特色活动，分局青年参与19个项目、跟进办理18件接诉即办案件、参与管养20条道路、形成8篇调研报告、提出23条改革措施。参与交通运输部“强国有我 开路先锋——庆祝建团100周年交通大联播”直播活动，活动总播放量达1153.2万次；参加交通运输部主办的“我是新时代交通人”主题宣讲比赛，获得“优秀交通故事”奖章；作为延庆区直机关工委宣讲团成员，走进机关讲述冬奥故事，营造良好舆论环境。组织青年深入沈韩路修复养护、延康路路面修复工程现场了解施工工艺，组织前往通州区武窑桥、东六环改造工程进行调研，学习先进技术经验，结合利民街隐患治理工程开展青年植树活动；举办“悦读青春”读书交流会活动，青年职工共读《我和我的命》《梁家河》等12本优秀书籍。

单位名称：北京市交通委员会延庆公路分局
地　　址：延庆区东外大街50号
电　　话：69142546

（柴璐琪）

【电子巡查】 年内，在全市公路领域率先探索电子巡查机制，完善电子巡查制度，推行电子巡查试点。冬奥保障期间，保障人员通过视频监控每日开展6次保障路线全路况电子巡查，高效应对53起影响涉奥路线通行安全的交通事故以及雨水篦子破损、路面结冰等突发事件。后冬奥时期，完善公路养护巡查管理办法，明确将电子巡查纳入巡查工作中，将京青线、延康路等9条公路的部分路段作为电子巡查管理工作的试点，及时处理28起影响道路通行安全的涉路事件。探索电子巡查在防汛工作中的新应用，完成21处积水点治理，治理成效创历年之最，顺利度过汛期。

（柴璐琪）

【安全知识宣传教育】 年内，结合宣传日、日常检查、执勤及干部下沉社区等多种形式开展宣传活动，向分局职工、工程项目从业人员、社会大众宣传燃气、用电、消防、应急灯等安全知识，发放材料2000余份，获得北京市安全宣传“五进”工作最佳实践活动奖，被推荐为2022年北京市安全宣传“五进”暨“安全生产月”优秀组织奖。

（柴璐琪）

【普法宣传教育】 年内，开展路政宣传月、送法上门、普法进社区、宪法宣传周等4次专题普法行动。线上推送“一图了解公路行政许可”流程图，线下在政务服务大厅向群众讲解公路行政许可规定。联合北京市交通运输综合执法总队九支队延庆执法队到延庆奥林匹克园区了解企业需求，宣传公路法及公路行政许可规定，为后冬奥时期奥林匹克公园旅游发展提供支持。分局人员进入康安社区，通过发放宣传手册、进行互动讲解等方式，集中进行安全普法活动，组织全体职工在国家宪法日举行宪法宣誓仪式。

（柴璐琪）

【路网信息安全保障】 1月16日，在松闫路终点、京青线西羊坊和上芦凤营、妫川路庆隆路口、G6辅线营城子、世园路等7处不能利用视频实时观测的点位加装临时摄像头，使得所有情报板都可被实时监控。通过增加运维手段及时巡查，保证冬奥期间网络信息安全，提高保障能力，减少运维人员穿越松闫路闭环区域次数。

（柴璐琪）

【党员青年示范岗】 1月20日，成立党员青年示范岗。冬奥赛事期间，开展52次、120余人次、3500余千米重点保障路线巡查，完成3次临时指挥备勤，创造“小循环、多点支撑”“灵活机动、就近支援”除雪新模式。

（柴璐琪）

【冬奥公路保障服务】 1月底至3月中旬，建立1体系4机制，以首善标准完成48天冬奥服务保障任务，获得北京市冬奥会冬残奥会先进集体、先进个人双表彰。赛事期间开展火炬传递、开幕式、闭幕式等保障活动8次，保障涉奥公路20条、161千米，备勤值守、道路保洁、铲冰除雪、电子巡查投入18359人次，机械车辆3336台次，接办临时抢通、封闭任务6次，高效应对60起突发事件，发布情报板141条。

（柴璐琪）

【冬奥期间驰援除雪】 2月13日，延庆赛区出现暴雪天气，公路分局38小时清理完所有冬奥保障路线积雪，调动7个区的养护力量支援东部山区，72小时恢复全区公交路线，支援区城管委、区交通局、北科以及各乡镇11.215千米道路、198个公交站的除雪工作。4月15日，分局收获北科亲致锦旗。冬奥赛事期间，分局建立铲冰除雪联动增效机制，有效应对3场降雪天气，出动1755人次，出动车辆236辆次，出动机械设备399台次，使用固体融雪剂1005吨，液体融雪剂2804吨（含无氯环保融雪剂351吨）。

（柴璐琪）

2月14日，公路分局支援北科除雪
（延庆公路分局供稿）

【延康路开口改造】 2月21至23日，完成延康路开口改造工程。拆除并增设隔离栅23片，安装标志4套，施划并清除标线215平方米。仅用时1天半，解决冬残奥会延庆赛区颁奖广场内（世园公园）奥运专用车辆出入不便问题。

（柴璐琪）

【校园周边专项治理】 3月底，完成刘斌堡中学、刘斌堡小学、井庄小学、井庄中学、延庆体育学校等5所学校周边公路交通设施优化。施划各类标线344平方米，增设标志牌1块，消除学校门前交通安全隐患。

（柴璐琪）

【利民街口隐患治理】 4月14日，昌赤路利民街路口隐患治理工程完工。通过优化路口设计、

4月14日，利民街隐患治理完工
（延庆公路分局供稿）

拆改三角绿化带、增设交通设施、完善慢行系统、新建排水系统、绿化提升改造、设置生态屏

障等措施，解决原“五爪形”路口存在缺少交通信号灯、三角地绿化带遮挡视线、利民街村出口角度小、转弯需逆行等行车安全问题。

（柴璐琪）

【飞絮治理】 4月19日，采用喷水、湿化、清扫等综合方法，出动高压水车16台班，作业人员80人次，作业里程100余千米，对京青线、妫川路、延康路、延下路、兴阳线等重点路段开展为期一周的杨柳飞絮集中治理。

（柴璐琪）

【延康路路面修复】 5月13日，延康路路面修复全面完工。工程全长460米，用时3天完成约8000平方米机动车道原有沥青面层铣刨重新铺筑，并施划标线约670平方米，修复原路面出现的翻浆、车辙和破损等问题。采用全程夜间施工模式，最大限度减少对社会交通的影响。施工管理及交通导改投入机械车辆162台次，人员337人次。

（柴璐琪）

【道路景观提升】 5月中旬，采用绿篱花卉相结合的形式，对管辖的北西路、康张路、妫川路、兴阳线、G6辅路等道路5个重要节点进行绿化改造提升，共栽植地被花卉草坪8800平方米、绿篱1200平方米、月季等花卉2520株。年内，完成62万株乔木灌木整形重修剪，修剪遮挡交通标志牌路树9万株，路树涂白24万株，栽植乔木850株、绿篱地被1万平方米、花卉2520株，砍伐枯死树368株，对2400个步道树池篦子进行扩口。

（柴璐琪）

【“右转必停”优化改造工程】 7月中旬，组织实施的下屯中学东口、下屯南口优化改造工程全面完工。通过在路口设置右转危险区、调整路口导流区、在右转车道内增加停让标志、增加纵横向减速标线、增加地面筑字标志提示等措施，消除路口车流量大、车速快、行人多及大型货车右转视线盲区等因素带来的交通安全隐患。工程增设标志18套，施划热熔标线约410平方米，震荡标线90平方米，弹性分道柱64根。

（柴璐琪）

【路域环境专项整治行动】 7月23日起，开展为期1个月的专项督查整改行动，以城区周边妫川路、滨河北路、滨河南路、兴阳线、延下路、祁付路、延康路共7条、37.41千米道路为终点，对路面、绿化带、边沟等路域范围内的垃圾杂物、裸露荒地、枯死苗木、设施破损等问题进行细致排查。修复步道砖230平方米、路缘石355延米、路口硬化路肩6处，集中清理乱堆乱放点位11处、垃圾36立方，清理隔离带杂草4000平方米，整修护网36米，修剪、补植树木23595棵，修复油饰隔离墩1084米，更换隔离栅柱帽1000个、隔离栅基础3000个、油饰隔离墩基础1000个。

（柴璐琪）

【滨河北路隐患治理】 8月15日，完成滨河北路道路安全隐患治理。拆除隐患路段中央4.5米的隔离带，缝合原有分离式路基，结合骑游路线特点，利用加宽段打造路侧综合休闲区，设置摩托车和自行车停车位，增设休息长凳、挡雨棚、垃圾桶等配套设施。

（柴璐琪）

8月15日，滨河北路改造完成（延庆公路分局供稿）

【山西沟村路段排水系统改造】 8月23日，延庆公路分局收到刘斌堡乡赠送锦旗“披荆通渠解民忧，情系群众办实事”，感谢分局对刘干路山西沟村附近路段边沟排水进行治理。通过伐移树木34株，解决了该路段槐树堵塞排水边沟影响汛期排水问题，消除雨水冲出边沟灌入附近村民家中的安全隐患。

（柴璐琪）

【地灾防治与水毁恢复】 9月14日，完成京青线、大西路、四宝路、千小路等10条道路、46个点位地质灾害防治工程，治理坡面约67152平方米。全面完成刘干路、黑艾路等5条道路、25个水毁点位的水毁恢复工程。通过主动网、被动网、帘式覆盖网等措施对公路沿线岩体进行治理，大幅提高公路行车安全。

（柴璐琪）

【多措并举平安度汛】 9月15日，延庆公路分局顺利实现平安度汛的总体目标，应对降雨天气27次，出动巡查人员920人次、车辆460台次。把握汛前排查整治、汛期备勤值守、汛后复盘总结等重要环节，稳稳抓住指挥协调、应急排水、道路抢险等核心要素，成立防汛分指挥部，牵头编制6项工作方案，完成全区多处公路沿线山体塌方清理、下凹式立交桥积水排除等抢险救灾任务。汛期清理雨水管线36.684千米、道路边沟271.112千米、盖板沟27.727千米、涵洞23.398千米、污染物1349.5立方米。

（柴璐琪）

【乡村公路管理办法印发实施】 9月30日，编制的《延庆区乡村公路管理办法（试行）》（以下简称《办法》）通过三届区委第42次常委会会议和第27次区政府常务会议审议，是为全市首先印发实施的综合性乡村公路管理办法。旨在落实乡村公路建设主体责任，健全乡村公路建设制度体系，弥补乡村公路管护短板。10月28日，公路分局配合《办法》编制出台《延庆区乡村公路行政执法工作协作规定（试行）》《延庆区乡村公路路产损失赔偿费管理细则（试行）》《延庆区乡村公路涉路施工方案论证管理细则（试行）》，为乡村公路执法有序开展提供支撑。

（柴璐琪）

【昌赤路新线建成通车】 9月30日，云龙山隧道及隧道管理站建成，连接延庆区永宁镇、香营乡的昌赤路新线（永偏路—白河堡）开通运营，全线通车里程12.8千米，连通永偏路、延琉路、香刘路、香龙路、昌赤路等道路以及大庄科乡、永宁镇、刘斌堡乡、香营乡等乡镇，为东部山区增添又一交通干线。新线在“公路+”理念引领下，融合旅游、科技、文化、服务等多种元素，连通“百里山水画廊”“燕山天池”“永宁古镇”等旅游景点；探索“科技治超”新模式，以同步设计、同步施工、同步投入运营的方式设置了不停车超限超载检测系统；新线两侧设9处文化宣传栏详细介绍延庆知名旅游景点，1处浮雕景观，将长城、应梦寺、古崖居、雪橇中心赛道、龙庆峡融为一体，因地制宜设有2处休息区、2处停车港湾、1处景观平台，休息区中，“延延”城市logo、停车位、长凳、凉亭一应俱全。

（柴璐琪）

9月30日，昌赤路新线开通运营
（延庆公路分局供稿）

【两路获评“最美乡村路”】 10月26日，北京市交通委员会公布2022年度北京市“最美乡村路”名单，延庆区香龙路、营王路获评2022年度北京市“最美乡村路”。全市共18条公路入选，香龙、营王两条路依托“公路+旅游”“公路+休闲”优势获评。香龙路起点为旧小路龙庆峡路口，终点与刘干路相交，长22.6千米。营王路起点永宁镇营城村南与昌赤路相交，终点与永偏路相交，全长5.5千米。

（柴璐琪）

【信息化系统及设施更新工程】 10月28日，实施完成45套超声波交调、4套微波交调、1情报板、37套视频监控设施的更新工程。为精确统计延庆区境内进出京车流量，在京青线

K99+090下营、G7高速下营、兴阳线K243+698东榆林堡、滦赤路K156+750白河堡检查站、河东路K15+430河北交界、松闫路K17+670闫家坪、黑艾路K1+460黄峪口村7处进出京流量调查设备点位安装14套雷视一体机。

（柴璐琪）

【沈韩路修复养护工程完成】 11月3日，沈韩路修复养护工程完工。工程设计起点为K0+800，终点为旧小路K6+921，修复养护长度6.121千米。工程内容主要包含路面修复、病害处理、排水设施改造、交通工程等。

（柴璐琪）

11月3日，沈韩路修复养护工程完工
（延庆公路分局供稿）

【香龙路交安设施改造】 11月7日，完成香龙路全线524根道口标柱和733根示警的涂漆、除尘及粘贴反光色环。通过在现有警示桩顶端粘贴反光效果和耐久性较好的高强级反光膜，照亮夜间路面，方便群众夜间出行。

（柴璐琪）

【非现场执法建设】 11月25日，非现场执法建设工程完工。建设完成延龙路K6+195韩郝庄村东、四宝路K10+120八亩地、昌赤路K42+705营城村、兴隆街K1+300南康检查站4个点位治超执法基础设施。首次在非分局管养道路建设非现设备，选用环保补光灯设备降低对驾驶员造成的影响，设置ETC设备用于车辆信息采集，全面提升重载货车监测能力。

（柴璐琪）

【永艾路中修】 12月9日，永艾路中修完工。中修实施范围为永艾路K3+000—K8+733（孔化营村—北西路），设计长度共计5.733千米。通过铣刨旧路、基层处理、路面摊铺及附属设施维修更换等方式，解决路面破损、沉陷、裂缝等问题。为此分局组织施工单位、监理单位及乡镇相关人员对王木营村段盖板进行现场施工方案商定，听取属地意见，在更换盖板施工的同时，将路面与边沟盖板的高差降低，妥善接顺，解除了交通安全隐患。

12月9日，永艾路中修完工（延庆公路分局供稿）

（柴璐琪）

【桥隧年检】 12月12日，完成公路网中74座桥梁和14座隧道年度检测工作，全部桥隧运行状况良好，技术状况等级均处于二类及以上，满足现状交通通行需求。

（柴璐琪）

【隧道机电修缮】 12月30日，完成青龙桥左右隧道、陡岭子隧道、山京沟隧道、西沙梁隧道、瓦庙隧道、龙潭湾隧道等6个隧道的设备升级与更换。增加24套洞外照明路灯、186套智能照明灯具设备、8套照明控制设备系统、4套视频监控设备，更换隧道电伴热系统及增加火灾探测系统。

（柴璐琪）

运输管理

【概况】 延庆区交通局简称区交通局。2022年，辖区共有地面公交运营企业1家，涉及运营线路51条，运营线路2123千米，运营车辆380辆，公交场站5个；巡游出租汽车企业3家（含区域纯电动小客车企业1家），出租汽车618辆（含纯电动车辆434辆、个体出租汽车工商户车辆5辆），巡游出租汽车驾驶员480人（含个体出租汽车工商户5户）；旅游客运企业3家，运营车辆235辆，从业人员200人；汽车租赁备案经营企业7家，备案车辆32辆；道路货运经营企业983家，车辆3354辆；危险化学品运输企业1家，运输车辆5辆，从业人员14人；水路运输企业4家，船舶总数105艘，船员45名；全区备案维修企业118户，其中一类企业9户、二类企业27户、二类摩托1户、三类企业81户，从业人员598人；备案机动车停车场52个，备案停车位13872个；停车企业36家，从业人员315人；汽车驾驶员培训学校3家。办理各类行政许可审批业务18067件。

单位名称：延庆区交通局
地　　址：延庆区湖南东路20号
电　　话：81196331

（康寅）

【冬奥交通保障】 冬奥会期间，投入服务保障车辆310辆，开通线路87条，为工作人员发车2.16万车次、接送39.72万人次；为观众发车248车次、接送8012人次。冬残奥会期间，投入赛时服务保障车辆240辆，累计发车0.82万车次，接送工作人员16.76万人次，接送观众1414人次。

（康寅）

2月，区交通局驻店保障小组工作人员在冬奥延庆赛区开展交通服务保障（区交通局供稿）

【169辆氢能源车投入使用】 冬奥会、冬残奥会结束后，169辆氢能源车投入公交运营，其中919路运营114辆、区内公交线路运营55辆，成为北京市首批常态化运营的氢能公交车。

（康寅）

【优化公交线路】 年内，经认真梳理并结合区域公交线路实际运营情况，结合乘客意见，对Y2路、Y9路、Y23路、Y24路、Y31路、Y47路、919路、925路公交线路进行调整，满足群众出行需求。

（康寅）

【双随机行业监管检查】 年内，全面推行“双随机、一公开”监管，共开展行业内“双随机”抽查检查113次，检查企业113家，下发限期改正通知书32份；开展跨行业双随机抽查检查4次，检查企业4家；并将所有检查结果及时公示在区政府双随机一公开专栏中。

（康寅）

【汽修行业日常监管】 年内，汽车维修管理服务全年共入户检查854户次，出动人员2717人次，通过工作群、日常执法等方式，坚持广泛发动，依靠群众，提高知晓率、参与度，形成强大合力，发现并移交执法大队10余家黑维修企业依法处理，均已备案。全年组织开展联合执法行动24次，共组织出动执法人员189人次，检查汽修企业62户次，在联合检查中发现66处违法行为，均已给予处理。

（康寅）

【货运行业监管】 年内，对普通道路货物运输企业实行“双随机”检查、入户检查，出动执法人员370人次，入户检查185户次。跨部门“双随机”出动执法人员2人次，入户检查1户次。采取停业整顿17户。对化危企业入户检查15户次，出动执法人员35人次。

（康寅）

【驾培行业入户检查】 年内，对驾驶员培训行业进行入户检查，共检查驾培企业64户次，出动执法人员132人次。联合区其他部门进行安全生产检查1户次。

（康寅）

【出租行业监管】 年内，对出租行业进行入户检查，共出动检查人员315人次，检查出租汽车企业56户次，汽车租赁企业35户次。

（康寅）

【行政许可和事项办理】 2022年行政审批科共办理业务18067件。其中货运5229件、客运158件、维修37件、驾培14件、租赁11件、从业人员765件、停车场63件、海事6件、出租45件、小客车摇号业务受理查询5660件、小客车打印指标79件、小客车接受电话及现场咨询6000余件。通过信息共享、网络流转现全部实现“一网通办、全程网办、跨区协办、全市可办”的工作目标，办结率和满意率均为100%。

（康寅）

【路外经营性停车管理】 年内，新增经营性停车场8个，新增备案停车位722个；核销2个，核销车位1299个；制发备案证52套。截至年底，共有备案经营性停车场52个、经营企业36家、停车泊位13872个，其中地上非机械式停车泊位11182个、地上机械式停车泊位108个（政务服务局）、地下非机械式2318个、停车楼264个。

（康寅）

【三项疏堵工程完成】 年内，完成三项疏堵工程，包括昌赤路利民街口隐患治理工程、3处违法抓拍设备安装（司家营1处、延庆东桥2处）、8处信号灯改造升级（王泉营路口、佑利街路口、龙顺路南口、龙庆峡路口、永宁北门口、永宁客运站路口、287路口、货场路路口）。

（康寅）

【交通行业执法】 年内，共实施行政检查18.98万件，全市排名第三。行政处罚2432起，全市排名第五。人均执法量2746起，全市排名第一。行政处罚职权履行率14.23%，触发39项处罚职权，全市排名第一。违法行为纳入检查率92.98%，全市排名第一。

（康寅）

【交通综合治理】 年初，制定《2022年北京市延庆区交通综合治理方案》共80条任务分工、13项阶段性任务，其中包括五项疏堵工程、2022年交通基础设施建设项目计划、慢行系统品质提升行动工作、各类交通标示优化整改、优化公交线网、文明交通绿色出行、冬奥交通保障工作，实现新城范围内交通指数保持在2.5以下。

（康寅）

【停车专项治理评价】 年内，延庆区停车专项治理考评成绩为103.33分，其中规划施划10分，电子收费24.6分，严格执法34.73分，路外停车管理30分，加分4分，全市排名第三，生态涵养区排名第一。

（康寅）

【新增有偿错时共享车位872个】 年内，探索区机关、企事业单位、商业设施、写字楼、旅游景区、体育场馆等停车设施资源，制定并下发《延庆区收费错时共享车位工作方案》，推行停车场车位“错峰共享，闲时共用”，盘活闲置资源。累计14家停车场、872个停车泊位参与错时共享停车。

（康寅）

【备案公共停车场动态数据接入】 年内，落实备案公共停车场动态数据接入工作，51个经营性停车场均已接入北京市停车资源管理和综合服务平台，接入率100%。

（康寅）

【行业普法】 年内，开展“学法、普法、执法”大讲堂活动15期，授课58人，参训人员

1200余人次。制作以案释法普法案例24件，开展法治宣传活动10余次，普法1万余人次。

（康寅）

【送法进企业】 年内，交通局各执法站和行业管理科室根据近三年交通运输行业突出问题，结合交通运输行业法律法规，研究制定客运行业“十不准”、旅游客运行业“八不准”、货运行业“十三不准”、驾培行业“十三不准”、水域游船行业“九不准”、机动车维修行业“十不准”、经营性停车场行业“十不准”、出租车行业“九不准”和汽车租赁行业“九不准”以及进站车辆“十不准”，涉及10个交通行业，共计101项不准规定，并指导企业将以上规定张贴在明显位置，引导企业积极学习行业“几不准”制度，做到“学法”“懂法”“守法”“普法”，纠正交通运输行业突出问题，持续优化法治化营商环境。

（康寅）

6月，区交通局工作人员在京张高速运输执法站宣传进站车辆“十不准”（区交通局供稿）

【交通行业接诉即办】 年内，共接到乡镇、街道吹哨21次，全部报到。共接到区城指中心转派投诉工单469件，包括公共交通服务类、停车管理类、限行政策类问题，总体响应率100%、解决率90%、满意率91%，综合成绩在全区委办局中排名中等。公交运营调度优化和停车管理两项“每月一题”专项治理任务按照制定目标顺利推进。

（康寅）

【结对扶贫】 年内，向大庄科乡河北村拨付环境整治资金8万元，推动乡村精神文明建设；向内蒙古兴和县冯字号村拨付帮扶资金5万元，慰问20户困难户1万元，共计6万元。

（康寅）

【常态化疫情防控】 年内，区交通局牵头疫情防控交通保障组，严格负责落实交通行业及外围检查站疫情防控各项措施。开展货车检查、入京人员信息排查等，累计检查车辆480万余辆，人员540万人次；督促客运、驾校、汽修企业、各经营性停车场、施工工地有效落实疫情防控责任，严密部署公交、火车站、出租车、汽车租赁、旅游客运行业疫情排查防控工作，累计排查各类从业人员约3000人，服务乘客、顾客约2000万人次。

（康寅）

【下营物资保障中转站设立】 10月12日20时，由110高速公路综合检查站建设的下营物资保障中转站正式启用。中转站占地约2.5万平方米，单日可同时为80辆大型货车提供服务，按照疫情防控要求，分区分流线划定干净区、脏区、消杀周转区，配备水电、通信等基础设施及相关物资。中转站实行24小时电话或公众号预约，实施进出场站作业闭环管理，免费提供核酸、抗原检测及口罩等防疫物资，采取“换人不换车”的方式，提供代驾司机服务，确保车辆严消毒、作业不交叉、人员不接触、货物快装卸，实现涉疫地区重点物资安全有序中转。截至年底，中转站累计检查车辆10278辆，核录人员12553人，劝返2100辆，进入中转站车辆203辆，中转物资3805.43吨，安装门磁194套，人员核酸检测均为阴性。

（康寅）

【重点项目档案归档】 6月至7月，交通局对冬奥会、冬残奥会、延庆综合交通服务中心等涉冬奥档案进行统一集中规范化管理，共整理文书档案430件、基建档案766卷、图纸465张。

（康寅）

【交通运输综合行政执法大队揭牌】 9月24日，延庆区交通运输综合行政执法大队在湖南东路20号举行揭牌仪式。交通运输综合执法大队为副处级单位，为区交通局管理的副处级行政执法机构，内设综合科、案件管理科、应急队、直属队；下设张山营公路交通运输执法站、110 高速公路交通运输执法站、康庄公路交通运输执法站、京张高速公路交通运输执法站、白河堡公路交通运输执法站、张伍堡交通运输执法站。主要职责为负责集中行使法律、法规、规章规定，由交通行政主管部门行使行政处罚权以及与之相关的行政检查、行政强制权；负责乡村公路路政及相应工程质量监督管理方面的行政执法工作；负责道路、水路、客货运输管理、运输汽修行业管理、地方海事行政、渔船检验监督管理等方面的行政执法工作；完成区委、区政府和区交通局交办的其他任务。

（康寅）

邮　政

【概况】 中国邮政集团有限公司北京市延庆区分公司（简称延庆邮政区分公司），隶属中国邮政集团有限公司北京市分公司，受北京市分公司和区委、区政府的双重领导，以快递物流、金融、电子商务、报刊、集邮、函件等为主业，实行多元化经营。延庆区邮政分公司承担着延庆区34.5万常住人口、1995平方千米的邮政通信服务，实现延庆全境普遍服务全覆盖。全区邮政网点23个，其中城区网点7个、农村网点16个，邮政网点覆盖辐射全区。全区邮政金融网点12个。机动车辆59辆，投递电动三轮车59辆，电动两轮车10辆。城区每日投递2个频次，山区投递1个频次。邮政信筒信箱120个，村邮站376个，建设京邮驿站3个，自提代投点69个。投递员99人，日均投递快递包裹7500余件，日均投递各类报刊、信函2.4万份。2022年，业务总收入11118.08万元，企业利润总额2103.81万元。

单位名称：中国邮政集团有限公司
**　　　　　北京市延庆区分公司**
地　　址：延庆区庆园街16号
电　　话：69102695

（邵雪娇）

【冬奥会服务保障】 年内，赛会期间成立冬奥临时党支部，派出2个团队20名员工分别入驻延庆冬奥村、阪泉服务区两个闭环临时邮局，封闭服务83天，涉及运动员、随队官员和志愿者近万人次，收到表扬感谢信28件。赛后在延庆冬奥村设立主题邮局，为游客提供邮政特色文创服务。

（邵雪娇）

【农产品助农销售】 年内，与30余家合作社建立合作，实现寄递收入193万元，宅配订单3.65万件，商超配送2989车次；在农产品助农销售方面，与15家属地合作社建立对接，组织全市线上团购活动，销售生菜、娃娃菜、柴鸡蛋、红薯、鲜食玉米等延庆特色农产品71万斤、207万元。销售助农纾困球生菜214吨，安排冷链车83趟次发运北京市区和河南、江西等省市，得到区委区政府的表扬。

（邵雪娇）

【抗疫保供】 年内，疫情期间协助区内大型商超完成百姓生活必需品配送400人次；克服员工感染、人员短缺问题，支撑区内市场监管局、卫健委、各大药房等疫情防控药品配送16车次、40余吨。

（邵雪娇）

【仓配一体化库房建成】 年内，在大榆树租建600平方米仓配一体化供应链库房，新配堆垛机、高位货架、皮带机、自动贴单机等现代化设备，实现邮件仓储、分拣、发运一体化服务。

（邵雪娇）

【全区行政村均设村邮站】 年内，完善区、乡镇、村三级物流体系，全区376个行政村均设立村邮站；千家店镇通过“邮快合作”帮助社会快递进驻偏远山区，助力打通配送最后一公里。

（邵雪娇）

【招聘应届大学生25名】 年内，单独申请、开办延庆地区邮政正式工招聘专场，解决25名延庆当地应届大学生就业问题。

（邵雪娇）

【金融服务】 年内，在庆园街邮局开设延庆地区第一家银行财富中心，提升服务高端金融客户能力；推出助农惠农信贷服务，为合作社、农户提供便捷、高效的信用贷款。

（邵雪娇）

【组建直播团队】 年内，在抖音、微信视频平台对延庆农产品、延庆特色文旅资源、延庆民宿、酒店、餐饮资源进行直播探店，讲好延庆故事，推广延庆文化。

（邵雪娇）

【党报党刊发行和寄递服务】 年内，做好党报党刊发行工作，完成中央第九轮巡视首次在延庆区设置的巡视信箱寄递服务保障任务，机要通信连续33年实现“万无一失”。

（邵雪娇）

通　信

【概况】 中国联合网络通信有限公司北京市延庆区分公司，隶属中国联合网络通信有限公司北京市分公司，下设4部室2中心10网格。网格包括政务行业网格、创新网格、城市管理行业网格、接入网支撑网格、动力专业及综合巡检网格，以及城关、永宁、康庄、龙庆峡、大榆树综合网格。年内，完成冬奥会和冬残奥会延庆赛区的通信保障工作，结合区域特点，落实以客户为中心的服务理念，做好区域内客户服务工作，全力以赴推进区域经营良性发展。

单位名称：中国联通延庆区分公司
地　　址：延庆区东外大街107号
电　　话：69141003

（窦文艳）

【防汛期网络安全保障】 年内，防汛期间严格落实领导带班和7×24小时值班制度，全力做好汛期维护工作；组织分公司各专业部门在综合办公楼五楼会议室采取桌面推演方式进行防汛演练；开展安全检查及预检预修工作，共计处理固网故障65次，处理OLT故障17次；更换OLT光模块64块，专线故障处理106次。

（窦文艳）

【冬奥通信保障】 2月4日至3月13日，完成冬奥会和冬残奥会延庆赛区的通信保障工作。组建六支场馆保障团队、一支流动支撑团队，实现2022年冬奥会和冬残奥会“网络保障零失误、信息安全零事故、重要客户零投诉、疫情防控零感染”的四零目标，完成通信保障工作。

（窦文艳）

【农村数字化建设】 6月至12月，将农村市场攻坚作为战略任务推进，助力乡镇政府做好乡村建设、乡村治理。全面赋能农村数字化建设，推进乡村企业向智能化数字化发展。推动农民数字化应用普及，完成15个乡镇376个村数字乡村签约工作。

（窦文艳）

（栏目编辑：孙越凡）

生态环境

概 述

北京市延庆区生态环境局（简称区生态环境局）是区政府正处级工作部门，负责本区生态环境保护和污染防治的相关工作，承担区委生态文明建设委员会办公室职能。2022年，生态环境局深入贯彻习近平生态文明思想，践行“绿水青山就是金山银山”理念，立足生态涵养区功能定位，以减污降碳协同增效为总抓手，以改善生态环境质量为根本，加快推动延庆高质量绿色发展，全面建设生态文明幸福最美冬奥城。主要大气污染物浓度再创新低，河湖水质稳定达标，土壤环境质量稳定。污染防治攻坚战成效考核连续三年优秀等级。履行区委生态文明建设委员会办公室职责，高位统筹全区生态文明及“两山”基地建设。结合《国家生态文明建设示范市县建设指标》《“两山”实践创新基地建设管理规程》，制定并完成区委生态文明委2022年工作要点，共8个方面72项任务。召开全体会议1次、办公室联席会5次，推进落实“两山”基地建设三年行动方案重点工程。成立延庆区碳达峰碳中和工作领导小组，完成《森林、草原碳汇核算》《延庆区高精度温室气体排放清单》编制研究，全区5家重点碳排放单位完成履约，履约率100%。配合冬奥组委落实《北京冬奥会低碳管理方案和碳中和实施方案》各项任务，完成北京冬奥会碳中和目标。落实《北京市“十四五”时期低碳试点工作方案》，选取北京世园公园和张山营镇作为低碳试点建设项目。参加“北京国际大都市清洁空气与气候行动论坛”。利用“低碳日”开展宣传活动，推广绿色低碳的生活方式。履行生态文明体制改革专项小组职责，落实并完成各项改革任务5项。编制并印发实施《延庆区生态文明建设规划（2021—2035）》《北京市延庆区生物多样性保护规划（2022—2035）》。中共北京市延庆区生态环境局党组，将思想政治工作与生态环境保护工作有机融合，创建“‘党建红’引领‘生态绿’‘小行动’绘就‘大生态’”党建品牌。区域生态环境质量全市领先，公众生态环境满意度连续五年全市第一，获得北京市思想政治工作优秀单位称号。

单位名称：延庆区生态环境局
地　　址：延庆区香苑街102号
电　　话：69104090

（齐立涛）

【建设项目环境影响评价审批】 年内，持续优化营商环境，深化“放管服”改革，共完成环评许可11件、排污许可83件、辐射安全许可21件、环评登记表备案249件、排污登记31件、畜禽养殖备案34件、非道路移动机械编码审核552台。完成细化“三线一单”成果。

（齐立涛）

4月，建设项目环境影响评价审批现场
（区生态环境局供稿）

【环境信访】 年内，通过12345市民热线服务系统接到信访件201件，其中大气污染类112件、水污染类26件、噪声污染类29件、其他类34件；通过网上信访信息系统收到信访件3件，2件为张山营搅拌站违规生产，1件为大榆树污水问题；通过12369平台收到信访件25件，其中水污染类6件、大气污染类9件、其他类10件，全部信访件均已办结。

（齐立涛）

【环保宣传】 年内，在国家级、市级、区级媒体共刊发生态环保新闻169篇（期）。主动公开政府信息共计95条。新媒体平台微信、微博共发布及推送2834期（条），根据区委网信办一季度监测分析报告：冬奥会期间，新媒体账号传播影响力趋近于区级新媒体，围绕冬奥进行了重点发布，开展了卓有成效的宣传，为冬奥会的成功举办营造了良好的网上舆论氛围。牵头拍摄15分钟大型生态纪录片《生态看中国·延庆》暨《生态延庆 冰雪夏都》，在中央广播电视台发现之旅栏目播出。联合“环保奶奶”贺玉凤、区音乐协会筹划拍摄《让中国更美丽》MV，在党的二十大期间推出。注重培育和扶持生态环保公益组织，墨墨祝福志愿者协会负责人孙艳萍获评2022年度全国百名最美生态环境志愿者。结合六五环境日、全国低碳日等主题日，举办“共建清洁美丽世界”六五世界环境日主题活动、“落实‘双碳’行动 共建美丽家园”全国低碳日主题活动、中小学生“我爱地球妈妈——低碳行动向未来”生态环保主题演讲比赛和“生态环保一日研学”等活动，引导全社会践行绿色生产和生活方式，助力现代环境治理体系建设。

（齐立涛）

【环境应急】 年内，圆满完成2022年北京冬奥会、冬残奥会等重大活动期间延庆辖区环境应急保障任务，扩大突发环境事件应急预案备案范围，对辖区内存在环境风险源的单位，要求编制突发环境事件应急预案并向我局备案，新增备案单位4家。冬奥前邀请市局专家开展全局突发环境事件应急处置培训，模拟交通事故化学品泄漏开展突发环境事件应急演练桌面推演1次，完成市局2022年“以案促建”突发环境事件检验性应急演练1次。进一步修订《北京市延庆区突发环境事件应急预案》《北京市延庆区突发水环境应急预案》。落实《北京市突发水环境事件环境应急“南阳实践”工作方案》，完成白河延庆段、黑河、菜食河延庆段三条河流的“南阳实践”“找空间”“定方案”工作，在前期资料收集、实地踏勘的基础上编制完成白河流域“一河一策一图”环境应急响应方案。

（齐立涛）

【环境管理体系建设】 年内，组织各部门对环境因素法律法规进行评审及更新，制定年度环境目标指标，组织各牵头单位制定管理方案并积极落实。开展年度ISO14001环境管理体系审核，保持体系顺利运行。

（齐立涛）

【新冠肺炎疫情防控】 年内，125名干部职工参与下沉国润家园、山水名院小区和夏都大桥常规核酸检测点核酸检测服务保障工作。参与核酸检测保障1604人次，累计志愿服务时长约3200小时。

（齐立涛）

5月3日，干部职工参与基层疫情防控
（区生态环境局供稿）

环境质量

【全区环境基本数据】 年内，全区大气污染物浓度再创新低，PM2.5年均浓度降至26微克/立方米，降尘量3.1吨/平方公里·月，实现全市“双第一”，PM10、二氧化硫、二氧化氮、一氧化碳、臭氧平均浓度分别为46、2、15、0.8、177微克/立方米。

（齐立涛）

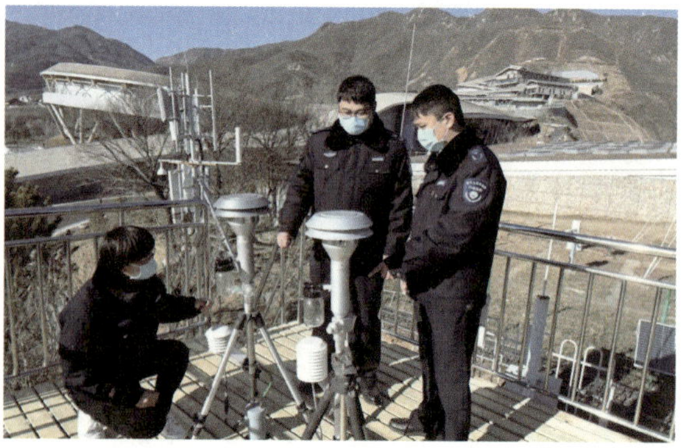

2月，冬奥空气自动站运维保障（区生态环境局供稿）

污染防治

【大气污染防治】 年内，严格管控施工扬尘，加强清扫道路积尘，分类治理裸地扬尘，针对不同部门制定扬尘管控工作建议，开展道路走航监测37次，全年月均降尘量为3.1吨/平方千米，排名全市第一，道路尘负荷均值0.38克/平方米，排名全市第三。强化重点行业VOCs全流程管控。对重点行业30家企业的关键环节开展VOCs排查问题整改。出台全市唯一区级鼓励高排放机动车报废方案，完成集中化钣喷中心VOCs减排“绿岛”项目建设。开展文明祭祀宣传，烟花爆竹全区禁放。

（齐立涛）

【水污染防治】 年内，多措并举打赢碧水保卫战，完成集中式饮用水水源地环境保护状况调查评估，白河堡水库水源地一级保护区完成封闭管理。深化水环境治理，累计新建污水收集管线379公里，全年污水处理量为1917万立方米，污水处理率达到93%。完成3次大规模“清管行动”，完成41个村的污水收集处理设施建设，农村污水处理设施覆盖率61%，完成国家下达的农村环境综合整治工作。完成74家排污许可证和74家排污登记企业质量核查，发证复核率达100%，整体复核率超30%；持排污许可证排污单位执行报告提交率100%。完成四个入河排口整治。全面落实河长制，狠抓小微水体整治。深化“两市三区”密云水库上游流域联防联建联治，轮值组织召开联席会。

（齐立涛）

【土壤污染防治】 年内，强化建设用地风险防控，两家重点监管单位完成隐患排查、自行监测和排污许可证更换。严格管控风险房建项目相关风险，污染地块安全利用率动态达到100%。推进农用地安全利用，持续开展农药、化肥减量增效，通过开展植保工作，全区农药利用率达到45%，绿色防控覆盖率67.9%，统防统治覆盖率51.1%，单位耕地面积农药用量为161.93克/亩，农药总用量为32.71吨。回收废弃地膜、棚膜、穴盘等270吨，无害化处置230吨。完成9个乡镇290个农田灌溉井水质监测。强化执法监管，会同规划自然部门开展两次土地用途变更联合专项执法，检查土地用途变更为“一住两公”地块4处，未发现问题。

（齐立涛）

【噪声污染防治】 年内，按照区城指“每月一题”要求，编制《北京市延庆区环境噪声污染防治工作方案（2021—2025）》，以区委生态文明建设委员会办公室名义发布实施；编制了《北京市延庆区声环境功能区划分调整实施细则（2022）》，以区政府办公会名义发布实施。

（齐立涛）

年内，环境执法检查（区生态环境局供稿）

（齐立涛）

环境监测

【区域生态环境监测】 年内，编写《2021年北京市延庆区环境质量报告书》。制定《北京2022年冬奥会及冬残奥会延庆赛区环境监测工作方案》，抽调专人开展赛区和城区空气自动站运维129次，国、市控空气和水质自动站巡检108次，对重点断面水质开展加密预警监测463项次。为赛时科学评价空气、地表水环境质量和空气质量预测预报提供重要支撑。继续开展国家重点生态功能区县域生态环境质量监测、

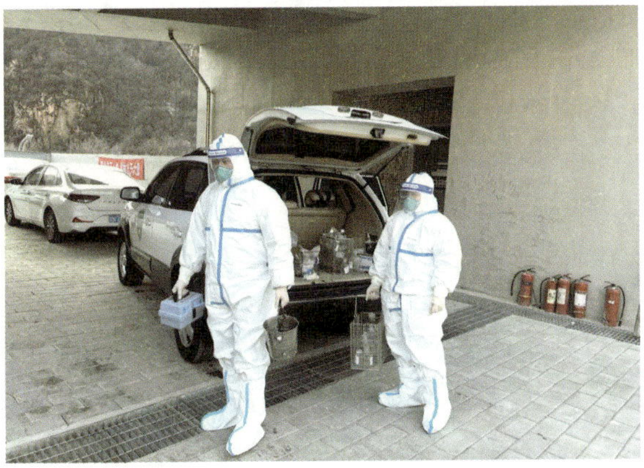

2月11日，工作人员在冬奥赛区污水站采样
（区生态环境局供稿）

评价和考核工作，2021年度国家考核结果为变好等级。开展北京市、河北省地表水跨界断面联合监测工作。进一步完善辖区生态环境监测网络，完成290个单位、点位697次环境质量监测，657家次污染源监督和执法监测，对15家排污单位开展“双随机”自行监测监督检查。全年出具各类监测报告487份，上报监测数据10009个。

（齐立涛）

环境监察

【环保督察】 年内，完成第二轮中央生态环境保护督察整改4项任务。印发并实施《北京市延庆区环境噪声污染防治工作方案》《噪声功能区划分方案》，八达岭镇里炮村、大庄科乡暖水面村、官厅水库岸边3处废弃矿山生态修复点位通过专家组验收；野鸭湖、朝阳寺2个市级自然保护区总体规划通过市园林绿化局、市规划自然资源委评审；生活垃圾填埋场处理设施改造提升项目已完成，新增渗沥液实现日产日清。围绕道路积尘、建筑垃圾处理场站、施工扬尘等开展区级督查检查50余次，反馈问题150余个，均已整改。对旧县镇东龙湾村污水处理站、八达岭里炮村废弃矿山修复点位等疑难问题召开现场办公会，推进工作开展。

（齐立涛）

【环保执法检查】 年内，综合执法大队共出动执法人员28506人次，检查各类固定源11820家次；移动源检查机动车48.54万辆次，非道路移动机械1259台次。共发现并处罚环境违法行为917起，罚款283.0964万元。354项职权的违法行为纳入检查率为100%；人均执法量1449.92，全市排名第四。辐射环境监管方面，全年检查射线装置单位48家次（无涉源单位），未发现环境违法问题。

（齐立涛）

年内，辐射环境监管（区生态环境局供稿）

环境保护

【冬奥环境保障】　年内，高质量兑现“冬奥蓝”承诺，2月4日至2月20日，延庆区PM2.5平均浓度22微克/立方米，同比下降58.5%；延庆赛区PM2.5平均浓度15微克/立方米。开、闭幕式当天延庆区PM2.5日均浓度为5微克/立方米和9微克/立方米，同比分别下降68.8%和76.3%。开、闭幕式当天延庆赛区PM2.5日均浓度为3微克/立方米和5微克/立方米，圆满完成冬奥会空气质量保障任务。选拔5名优秀干部（魏康巍、李旭、齐立涛、贾梓硕、闫嵩）参与冬奥闭环服务保障。

（齐立涛）

年内，施工现场宣传大气污染防治
（区生态环境局供稿）

【固体废物管理】　年内，对辖区内工业固体废物、危险废物、医疗废物的产生、收集、运输等实施统一监管。开展工业园区危险废物收运试点工作，协助卫健委完善小微医疗机构收运体系建设。重点检查涉废企业的环评及环评批复、危险废物暂存设施和场所建设、危险废物转移联单、分区分类贮存情况、标志标识等，共发现3起环境违法行为，均责令停止违法行为并处罚，共计罚款80.1914万元。

（齐立涛）

【自然保护地监管】　年内，结合“绿盾2021”开展自然保护区专项行动，就上级部门下发的卫星遥感点位，会同有关部门对我区10个自然保护区进行现场核查。重点针对自然保护区内采矿采砂、工矿企业和自然保护区核心区缓冲区内的旅游开发等进行监督，督促属地部门、乡镇落实绿盾台账内问题点位整改，开展区级督查2次。

（齐立涛）

【化学品调查处理】　年内，为减少六溴环十二烷生产、使用带来的环境和健康风险，促进化学品环境国际履约，完成了聚贝嘉新型建材有限公司六溴环十二烷淘汰替代。

（齐立涛）

（栏目编辑：池尚明）

城乡建设与规划

规划和自然资源管理

【概况】 北京市规划和自然资源委员会延庆分局（简称市规划自然资源委延庆分局）为市规划自然资源委设在延庆区负责本区域规划和自然资源管理的派出机构，同时作为延庆区政府依法履行相关职责的工作部门。下设7个行政执法机构：北京市延庆区规划和自然资源执法队、6个规划和国土资源管理所。下设2个事业单位：北京市延庆区不动产登记中心、北京市延庆区规划和自然资源综合事务中心。年内，编制完成《2021年度延庆区城市体检报告》并通过区政府常务会审议。在构建1个区级+7个街乡（镇）两级联动的责任“妫画师”团队的基础上，更新2支乡镇责任规划师团队。建立《妫画行动手册》《妫画画像手册》《妫画工作总结》责任规划师工作体系。责任规划师通过大数据支撑，将专业知识引进社区和乡村，组织群众参与，打通规划实施的“最后一公里”。截至年底，市规划自然资源委延庆分局收到“接诉即办”工单450件，其中不属于分局职责的58件。分局自办393个工单，共涉及19个承办部门（科室）。收到行政诉讼案件20件，办理信访诉求425件次。其中办理来信119件、接待来访126批次。受理依申请政府信息公开220件，全部按时办结。延庆区完成市级下发的0.3平方千米城乡建设用地净减量任务。

单位名称：北京市规划和自然资源委员会延庆分局
地　　址：延庆区香苑街6号
电　　话：69101119

（毛婧瑶）

【综合审批业务89件】 年内，市规划自然资源委延庆分局服务大厅收件窗口共受理行政审批业务89件。核发建设工程规划许可证60件，其中城镇建筑工程类17件（包含低风险项目7件），总建筑规模15.91万平方米；市政交通基础设施工程类15件，线性工程总长度2.63万延米；核发城镇临时建设工程规划许可证4件，建筑规模6434平方米；核发乡村建设低风险规划许可证19件，总建筑规模3391平方米；核发临时乡村低风险项目建设规划许可证5件，建设规模1996平方米。核发建设项目选址意见书与用地预审合并办理8件，其中城镇建筑工程类1件、市政交通基础设施工程类7件。核发国有建设用地划拨批准15件，总划拨面积87.21公顷。核发建设项目施工和临时用地批准1件。核发地名命名、调整5件。

（毛婧瑶）

【出具项目会商意见43个】 年内，市规划自然资源委延庆分局共出具“多规合一”协同平台意见43个，其中，房建类项目25个、市政交通基础设施类项目18个。房建类项目包括：为北京市八一实验学校建设项目、辉煌云栖谷项目及延庆无人机装备产业基地等18个项目出具会商意见；为延庆区第三小学改扩建项目、小营石河营YQ00-0006-0029地块住宅项目及冬奥气象雷达站等6个项目出具初审意见；为小营石河营棚改项目YQ00-0006-0007、0011、0012、0013地块供地项目出具供地审核意见。市政交通基础设施类项目包括：为美丽乡村污水处理站二期、汇通路等4个项目出具初审意见；为南山环线三期、耿家营输变电工程、延庆区环卫车辆综合管理中心、公路应急保障项目、延庆液化石油气充装站项目等14个项目出具会商意见。

（毛婧瑶）

【低风险工程规划许可证完成31件】 年内，市规划自然资源委延庆分局完成低风险工程规划许可证31件，总建筑规模约12762平方米。其中，城镇建筑工程低风险规划许可证7件，建筑规模约7375平方米；乡村建设低风险规划许可证19件，建筑规模约3391平方米；临时乡村低风险项目建设规划许可证5件，建筑规模约1996平方米。

（毛婧瑶）

【建设项目规划验收21件】 年内，市规划自然资源委延庆分局核发规划核验意见21件，总建筑面积约51.66万平方米，其中低风险项目联合验收5件。完成地下管线规划核验备案4件，共10.06万延米。完成规划核验档案整理和移交。

（毛婧瑶）

【自然资源资产管理】 年内，市规划自然资源委延庆分局编制完成《2021年度国有自然资源资产专项报告》，纳入区财政局综合报告，通过第三届区人大常委会第6次会议审议。完成延庆区“十三五”时期区级耕地保护责任目标履行情况暨2021年度耕地保护目标考核的自查工作。完成9个土地整治项目立项，项目建设规模150.7801公顷（2261.7015亩）。根据废弃矿山现场实际情况，采用自然恢复、综合利用等方式完成矿山生态修复图斑3个，图斑面积共计约11.20公顷（168亩）；完成12个土地整治项目立项，项目建设规模189.508公顷（2842.62亩）；完成1个土地整治项目新增耕地验收，共新增耕地5.281公顷（79.22亩）；完成表土剥离验收1个；完成设施农业备案审查82宗；组织实施34个地质灾害治理项目。

（毛婧瑶）

【自然资源督察问题整改】 年内，在延庆区2019年度自然资源督察工作需整改1730件问题中，整改到位1042件，未整改到位688件。其中，限期整改类问题515件，整改到位514件；持续整改类问题1215件，整改到位528件。在延庆区2020年度自然资源督察工作需整改110件问题中，整改到位80件，未整改到位30件。其中，限期整改类问题20件，整改到位20件；持续整改类问题90件，整改到位60件。在延庆区2021年度自然资源督察工作需整改98件问题中，整改到位92件，未整改到位6件。

（毛婧瑶）

【违法建设查处】 年内，市规划自然资源委延庆分局为区城管部门及各乡镇政府出具规划违建认定函98件，涉及总建筑面积2.5万平方米；进行立案查处1件。全年土地违法立案查处139宗，其中下达行政处罚决定书8宗，未实施处罚决定131宗，结案135宗；矿产违法立案查处3宗，其中下达行政处罚决定书3宗，结案3宗；规划违法共计立案查处1宗，其中下达行政处罚决定书0宗，未实施处罚决定1宗，结案1宗。

（毛婧瑶）

【不动产登记业务办理】 年内，延庆区不动产登记中心受理各类业务30124笔，其中受理不动产登记业务10556件， 受理查询19568件。权属审查46件，面积229.62公顷；权籍调查85件，面积113.82公顷。历史遗留项目不动产登记问题办理方面，打通2个历史遗留项目不动产登记路径，涉及房屋1919套，完成年度任务目标比例为191.9%（年度任务为1000套）。

（毛婧瑶）

【土地征收】 年内，市规划自然资源委延庆分局完成征地批准4个，批准用地面积129.6356公顷，其中，延庆公交停保中心项目，批准用地面积5.7507公顷；延庆区中医医院迁建一期工程项目，批准用地面积11.7682公顷；延庆区南辛堡村、民主村、百眼泉村棚户区改造项目，批准用地面积69.6916公顷；延庆区康庄镇一街村、二街村、三街村棚户区改造和环境整治项目，批准用地面积42.4251公顷。征地前期工作1个，为耿家营110千伏输变电工程项目拟批准用地面积0.6951公顷。完成农转用批准2个，批准用地面积8.4257公顷，其中，八达岭华融商旅服务区（长城文化广场A区农转用），批准用地面积7.1138公顷；程家窑村京张高铁拆迁安置项目，批准用地面积1.3119公顷。完成农转用前期1个，拟批准用地面积0.3277公顷，为延庆区康庄镇东红寺村拆迁集中安置项目。

（毛婧瑶）

【土地储备和土地供应】 年内，市规划自然资源委延庆分局完成协议出让项目5个，供地面积15.65公顷。其中高精尖项目2个。延庆无人机装备产业基地二期建设项目，供地面积4.38公顷；延庆无人机装备产业基地一期建设项目，供地面积6.18公顷。安置房配套项目3个。延庆区张山营镇西大庄科村安置房建设项目配套服务设施，供地面积0.25公顷；延庆区小营村、石河营村棚户区改造和环境整治项目配套服务设施，供地面积4.06公顷；延庆区南菜园1-5巷棚户区改造项目安置房地块（北区）配套服务设施，供地面积0.78公顷。共完成划拨供地项目15个，供地面积共计87公顷。其中包括冬奥A包范围内所有体育场馆及配套设施划拨手续办理，实现应划尽划；完成西大庄科安置房、小营石河营棚改安置房及延庆一职新校区市政配套南半幅道路工程、石河营中街等道路工程的供地手续。

（毛婧瑶）

【新城街区控制性详细规划获批】 3月，《延庆区新城YQ00-0307、YQ00-0309街区控制性详细规划（街区层面）（2020—2035）》（以下简称《延庆0307、0309街区控规》）获得市规划自然资源委批复。规划街区以打造生态文明发展典范绿色转型先行区为发展目标，明确功能定位为绿色生态产业及服务配套区、延庆区旅游集散中心和旅游服务核心区、京张高铁延庆站综合服务区及延庆新城南部的服务核心。

（韩丹）

行业管理

【概况】 北京市延庆区住房和城乡建设委员会（简称区住建委）是负责全区住房和城乡建设行政管理的区政府组成部门。区住建委所属事业单位有区住房和城乡建设综合执法大队（执法专项，副处级）、北京市延庆区住房保障事务中心（副处级事业单位）、北京市延庆区建设工程安全质量监督站、北京市延庆区建筑节能和建筑材料管理服务中心、北京市延庆区物业服务指导中心、北京市延庆区房屋安全管理中心、北京市延庆区建设工程招投标管理服务中心。区政府直属公益一类事业单位北京市延庆区重大项目协调服务中心归口区住房城乡建设委管理。年内，办理信息公开申请30件、行政诉讼8件，行政机关负责人出庭应诉率100%；全年通过重大事项法制审核的处罚案卷共42卷；落实“谁执法谁普法”责任，对建筑工地、经纪机构等企业开展普法宣传90余次。冬奥专班共出动检查点位36处，工地检查682项次，巡查房地产经纪机构门店144家次；开展“4·15”第6个全民国家安全教育日宣传活动，发放宣传海报百余份，组织答题人数共210余人，其中机关干部70余人、一线从业人员140余人；推进《反恐怖主义法》网上宣传及答题活动。完成农村危房改造54户，全部完成竣工验收，竣工率100%。完成农村抗震节能农宅建设2432户，全部完成竣工验收，竣工率100%。完成商品住宅专项维修资金使用审核52件，使用金额331.17万元。开展4次公租房配租，204户轮候家庭选房入住。中交富力·雅郡共产房项目现房销售130套。完成商品住宅专项维修资金使用审核52件，金额331.175141万元。完成2020—2021年度老旧小区综合整治工程18个小区，41万平方米竣工验收。完成既有住宅加装电梯15部并交付业主使用。办理预售许可3件，现售备案73件，批准入市供应商品房129套，建筑面积1.8万平方米。完成购房资格审核2843笔，存量房网上签约1481笔。办理建设工程公开招标入场登记16项，合计中标价66050.27万元，建筑面积64.7万平方米。完成29个项目的房产实测绘成果审核工作，涉及129栋楼，建筑面积61.25万平方米。办理施工许可证62项，建筑面积89.61万平方米、线性工程长度90.07千米。办理竣工验收备案23项，建筑面积48.75万平方米。实施建筑工程质量监督项目79项，其中房屋建筑工程76项，总建筑面积292.75万平方米；市政基础设施工程3项，总施工长度4.53千米。实施行政处罚160起，罚款187.02万元。协调解决拖欠建筑业农民工工资涉及4568人，金额1.29亿元。完成农村危房改造54户建设任务，全部竣工验收，竣工率100%。存量房地产开发企业40家，建筑业企业172家，劳务备案企业374家。重点工程开复工60项，其中续建项目复工27项，新建项目开工33项，完工8项。牵头固定资产投资项目24

项，全年累计完成固定资产投资49.93亿元，完成建安投资36.5亿元。完成米家堡110千伏输变电站、西白庙220千伏输变电站等6条路网架结构完善工程、2017配网改造项目的拆迁补偿工作。取得兴延高速、延崇高速征地批复；完成昌赤路、小大路等6条道路工程的征地拆迁补偿工作。在监项目获得中国建设工程鲁班奖5项、国家优质工程奖1项、北京市结构长城杯金奖2项、北京市结构长城杯银奖3项、第四届“共创杯”智能建造技术创新大赛二等奖1项。连俊超获评北京市接诉即办工作先进个人；樊刚获评北京2022年冬奥会、冬残奥会北京市先进个人；宋雪莲获评北京市国家安全先进个人。

单位名称：延庆区住房和城乡建设委员会
地　　址：延庆区东外大街89号
电　　话：69103689

（熊于男）

【施工许可证及竣工验收备案】 年内，办理施工许可证62项，建筑面积89.61万平方米，线性工程长度90.07千米。办理竣工验收备案23项，建筑面积48.75万平方米。

（朱琳）

【建设工程招标投标管理】 年内，办理建设工程招标投标入场登记16项，均为公开招标，完成招投标情况书面报告备案12项，合计中标价66050.27万元，建筑面积64.7万平方米。

（齐家正）

【建筑工程质量监管】 年内，全区纳入监管的在施房屋建筑和市政基础设施工程共计79项，其中房屋建筑工程76项，总建筑面积292.75万平方米；市政基础设施工程3项，总施工长度4.53千米。合计开展日常质量监督检查653项次，发现问题945项，累计立案处罚46起，处罚金额71.4万元。开展预拌混凝土质量专项检查1项次，抽检资质、检验、管理资料8份，未发现重大质量问题。全年完成竣工验收工程21项，总建筑面积47.4万平方米，受理各类工程质量投诉849起，办结率100%。

（郎媚）

【建设工程消防验收及备案】 年内，受理办结建设工程消防验收及备案23项，其中消防验收项目8项。消防备案项目总计15项，包含备案抽中项目3项，其中含住宅工程2项。消防备案抽中及验收现场评定11项，总建筑面积77.1万平方米，消防备案抽查及验收合格率100%。

（郎媚）

【建设工程安全监管】 年内，全区安全监督在监项目38项，总建筑面积199.87万平方米。其中房屋建筑工程33项，总建筑面积199.87万平方米；市政基础设施工程5项，总长度25.51千米。5项工程获评“北京市绿色安全工地”，6项工程获评“北京市绿色安全样板工地”。累计出动安全监督检查人员3600余人次，检查建设工程项目1200余项次，排查并消除各类安全隐患895项。实施施工安全类行政处罚62起。

（马骁雄）

儒林苑小区商业写字楼（区住建委供稿）

【施工现场扬尘专项治理】 年内，召开各类施工现场扬尘治理工作会议15次。累计出动扬尘治理执法检查人员360余人次，检查工程1200余项次，发放责令改正通知书800余份，约谈告诫144起，移交区城管执法局处罚9项。实现全区细颗粒物（PM2.5）累计平均浓度26微克/立方米，同比下降10.3%，完成2022年市级年度任务目标。

（马骁雄）

【综合执法行政处罚】 年内，开展在监建设工程质量、安全生产、绿色文明施工、建筑市场行为、房屋市场、物业服务以及房屋租赁等领域的行政执法工作。全年行政检查3017项次，责令改正88件，行政处理36家企业记77

分，相关直接责任人68人次记134分，实施行政处罚160起，罚款187.02万元。其中，简易处罚54起，罚款10.30万元；一般处罚106起，罚款176.72万元。A岗人员执法量625.2件，全市排名第二，生态涵养区排名第一。

（雷灵艾）

【施工现场劳务管理】 年内，检查总承包企业75家、监理单位75家、劳务分包单位300家，涉及工人约1.9万人，发放责令整改通知书44份、约谈49次。协调解决拖欠建筑业农民工工资涉及4568人、金额1.29亿元，协调落实劳务费1.03亿元。

（雷灵艾）

【物业服务企业管理】 年内，组织全区物业企业安全生产培训会2场，培训物业企业从业人员130余人次。对物业企业未履行合同、未按规定公示等违法行为，开展物业企业执法检查414项次，约谈物业企业52次，处罚14起，累计金额3.5万元。完成12个住宅小区物业服务市场化建设，全年物业收费上涨共计138.36万元。

（贾晓静）

【企业资质管理与建造师注册】 年内，完成建筑业企业资质审批103项、房地产开发企业资质审批12项。受理二级建造师业务311人次，包括二级建造师初始注册26人、变更注册106人、延续注册123人、注销36人、重新注册20项。

（朱　琳）

【房地产及建筑业企业资质管理】 年内，启动2轮建筑业企业资质专项核查工作。共核查建筑业企业32家，其中13家企业达标、19家企业不达标，核查达标率40%。19家不达标企业年底前完成复查，3家不达标企业注销企业资质，16家企业整改完成。全区有存量房地产开发企业40家、建筑业企业172家、劳务备案企业374家。

（朱　琳）

【建筑节能管理】 年内，开展建材、禁止现场搅拌、建材采购备案、建筑节能及热计量装置、建筑节能与钢管扣件等专项检查192次，纠正不按施工图纸设计标准施工、不按规定使用合格建筑材料及降低节能标准等行为，实现新建民用建筑施工阶段100%执行节能设计标准。

（朱存）

【预拌混凝土管理】 年内，出动检查人员376人次对全区4家具有资质的混凝土搅拌站开展持续督导检查，督促其严格执行《2022年度北京市预拌混凝土绿色生产管理规程》有关规定，抓好规程常态化落实工作。在市住建委、区住建委对4家混凝土搅拌站的绿色生产联合专项检查中，4家单位获评良好站点。

（朱存）

【群众诉求办理】 年内，累计受理网上信访系统信访件73件，受理群众来电252次，来访101批次，办理区长信箱1件；“接诉即办”受理工单2291件，全部办结；吹哨报到71件，全部响应。

（宋雪莲）

房屋管理

【城镇房屋安全检查】 年内，完成全区国有土地上城镇房屋安全检查，合计建筑面积510.13万平方米。其中，完好房建筑面积382.69万平方米，基本完好房建筑面积127.33万平方米，一般破损房建筑面积0.06万平方米，严重破损房建筑面积0.05万平方米。

（马卫志）

【老旧小区综合整治】 年内，实施2020—2021年度老旧小区综合整治工程，涉及三里河温泉小区、莲花池小区、胜芳园小区、温泉南区东里、新华书店家属楼、温泉西里甲1号、党校家属楼妫水南街26号院、前门鞋厂家属楼1号楼和2号楼、莲花苑小区、东外小区、公路大院和妫12号楼、南双路小区、川北西小区、八达岭住宅小区、岔道小区、康庄小区16号楼，总建筑面积41万平方米，2022年10月完成竣工验收。完成既有住宅加装电梯15部并交付业主使用。

（马卫志）

【普通地下室管理】 年内，组织人防办、消防支队进行联合检查24家次、日常检查460家次，出动执法人员213人次，查出安全隐患91处，整改安全隐患50处。

（马卫志）

【**保障性住房受理与备案**】　年内，受理公租房申请并取得市级备案资格家庭138户，受理公租补贴申请并取得市级备案资格家庭66户，受理市场租房补贴申请并取得市级备案资格家庭91户。共发放租房租金补贴410.6万元。

（刘元庆）

【**超期公共建筑排查**】　年内，排查超过合理使用期的公共建筑7处，分别为千家店2处、延庆镇2处、八达岭2处、沈家营1处。

（马卫志）

【**城镇房屋防汛**】　年内，制定并印发《2022年延庆区城镇房屋安全迎汛工作要点》《2022年延庆区城镇房屋防汛应急预案》，面向社会公开发布《2022年延庆区房屋防汛公告》。全区城镇未发生房屋倒塌情况。

（马卫志）

【**自建房安全整治**】　年内，编制完成《北京市延庆区自建房安全专项整治实施方案》，成立延庆区自建房安全专项整治工作领导小组，排查经营性自建房11502栋，建筑面积199万平方米；排查非经营性自建房85016栋，建筑面积共计812万平方米。开展经营性自建房排查整治复核，复核率100%。农村房屋安全隐患排查整治方面，完成安全隐患整治2040户，整治完成率为总量3032户的67.2%。

（马卫志　朱存）

【**住房租赁中介行业管理**】　年内，累计开展房地产经纪机构、住房租赁企业执法检查1852家次，联合区市场监管局开展跨部门双随机检查58家次，下架互联网平台不具备发布条件的房源信息24条，约谈经纪机构9家，行政处罚2起。

（高扬）

【**群租房专项整治**】　年内，“一户一档”建立出租房屋管理台账8850户，牵头组织各街道乡镇排查出租房屋24484户次，组织专班成员单位开展联合执法检查15次，抽查出租房屋86处，对5个无群租房示范小区进行考核挂牌，持续保持高压态势，实现动态清零。结合《北京市住房租赁条例》实施，组织延庆区11个部门、18个街乡镇，对辖区所有在营房地产经纪机构、住房租赁企业和互联网房源信息发布平台共计400余人，开展培训普法活动，印发宣传品2000份。

（高扬）

【**房地产交易市场管理**】　年内，开展房地产交易市场执法检查147次，发放责令改正通知书5件，约谈房地产开发企业、预售资金监管银行6次，对开发企业行政处理3家次。

（张双镇）

【**新建项目入市供应**】　年内，办理预售许可3件，现售备案73件，批准入市供应商品房129套，建筑面积1.8万平方米。

（张双镇）

【**存量房交易网签**】　年内，完成购房资格审核2843笔，存量房网上签约1481笔，建筑面积132803.27平方米。其中住宅签约1457笔，建筑面积130830.90 平方米；非住宅签约24笔，建筑面积1972.37平方米。

（张双镇）

【**房产实测绘成果审核**】　年内，完成29个项目的房产实测绘成果审核工作，涉及129栋楼，建筑面积61.25万平方米。

（朱琳）

【**房屋征收拆迁补偿**】　年内，积极推进延庆区房屋征收拆迁工作。推进南菜园1-5巷棚户区改造二期项目非住宅腾退工作，完成羊毛衫厂剩余房屋拆除及注销产权，完成仁泰公司签约及部分交付房屋拆除；组织下屯棚户区改造项目最后一处国有非住宅征收工作，5月实现净地，确保682套回迁安置房顺利开工；完成2022年“疏解整治促提升”清理任务（逾期未安置清理任务）京张高铁项目程家窑村和大浮坨村标段2个项日任务销账；完成中国长城博物馆改造提升工程腾退补偿方案初稿，完成用地范围内房地权籍核查、入户调查等腾退签约工作。承办区住建委及区政府征收拆迁类行政复议、行政诉讼69案次，均已胜诉。有效应对年内新冠疫情暴发，对全区5个棚改项目14个施工标段进行精准、全覆盖巡查，累计巡查216项次。

（吴申潇）

建筑工程

【重点工程项目推进】 年内，区级重点工程共95项，其中计划开复工60项（续建27项、新建33项），推进前期35项。实现年度开复工41项，开复工率68.3%，截至年底，有8项工程完工，5项工程完成竣工验收。固定资产投资项目共24项，全年完成全口径投资49.93亿元，占全区全口径固投任务102亿元的48.8%；完成建安投资36.5亿元，占全区建安投资任务76亿的48%。

（张泽华）

区档案馆新馆（区住建委供稿）

【线性工程征拆】 年内，完成米家堡110千伏输变电站、西白庙220千伏输变电站、大路110千伏输变电站、10千伏小川路等6条路网架结构完善工程和2017年配电网改造工程拆迁补偿工作，为满足经济社会发展电力需求，加快电力项目顺利实施，提供了重要保障。取得兴延高速、延崇高速征地批复，完成昌赤路、小大路、东姜路、百康路、延康路提级改造和南山环线（一期）道路工程的征地拆迁补偿工作，完善了延庆区域路网结构，促进全域旅游协同发展。

（李凤丽）

桑普新源延庆厂区（区住建委供稿）

【棚户区改造】 年内，积极推进延庆区棚户区改造工作，其中南菜园1-5巷一期（南区）安置房（435套）完成封顶、二次结构，已开展全装修施工，二期规划综合实施方案完成审议，多规合一平台完成意见征询；小营—石河营项目，一、二标段（1670套）进行全装修施工，三标段（1294套）完成封顶。下屯项目安置房地块（共3个）的023地块（660套）、026地块（534套）完成封顶，025地块（682套）开工建设（已施工至±0）；康庄项目安置房地块（共2个，1999套）完成封顶；南三村项目，完成3006套住宅、8条支路建设；完成1069户村民回迁。

（韩英杰）

C-1老年服务用房（区住建委供稿）

（栏目编辑：池尚明）

城乡管理

6月，完成东外大街和妫川路交叉口通信架空线入地（区城管委供稿）

6月30日，三里河道路扩建工程完工（区城管委供稿）

8月18日，延庆夏都书屋揭牌（区园林绿化局供稿）

9月9日，庆园加氢站正式投运服务冬奥会（区城管委供稿）

市政管理

【概况】 北京市延庆区城市管理委员会（简称区城市管理委）是负责全区城市管理、城乡环境建设的综合协调和市容环境卫生管理、能源日常运行管理、相关市政公用事业管理的区政府工作部门。加挂北京市延庆区城乡环境建设管理委员会办公室（简称区环境建设管理办）牌子。2022年，区城市管理委坚持以习近平新时代中国特色社会主义思想为指导，深入学习贯彻党的二十大精神和总书记视察北京系列重要讲话精神，严格落实疫情防控，完成北京2022年冬奥会、冬残奥会及党的二十大等重大活动服务保障任务。完善城市道路、老旧供热管网建设和升级改造，补齐环卫基础设施短板，城市综合承载力不断提升。聚焦城市运行安全主线，统筹煤电气氢和地下管线等运行保障，做好极端天气应对处置，保障城市运行安全。严格落实城市精细管理水平，强化执法检查，落实月检查，加强垃圾渣土、广告牌匾的管理，2022年首都环境建设管理考评，延庆区排名全市第一名，连续七年排名生态涵养区第一名。

单位名称：延庆区城市管理委员会
地　　址：延庆区东外大街89号
电　　话：69103648

（刘健）

【背街小巷环境整治】 年内，区城市管理委按照《延庆区背街小巷环境精细化整治提升三年（2020—2022）行动方案》，对115条街巷的环境进行精细化整治提升和动态管护，针对杨家胡同、三清观街架空线凌乱问题，以桥架方式进行治理，安装桥架988米。

（刘健）

【垃圾分类】 年内，全区全品类垃圾处理体系基本建立，垃圾终端处理设施实现全品类100%全覆盖，初步建立可回收物三级回收体系。区城管执法系统全年共查处垃圾类违法行为3422起，罚款31.6735万元。家庭厨余垃圾分出率保持在18%以上，全区生活垃圾无害化处理率100%，回收再利用率达到37.5%以上。全区3个居住小区、9个行政村获得“北京市垃圾分类示范小区（村）”称号，2个楼宇获得“北京市垃圾分类示范楼宇”称号。延庆区在北京市生活垃圾分类推进工作综合考评中排名生态涵养区第二。

（刘健）

【路灯工程完成5.6千米】 年内，完成大莲路、999县道、益祥南街路灯工程。大莲路设计道路全长约2.7千米，新建10米灯杆38套、11米灯杆61套、15米灯杆2套，配有3台100千伏安变压器。999县道设计道路全长约1.2千米，新建10米灯杆28套、15米灯杆2套，配有1台100千伏安变压器。益祥南街设计道路全长约1.7千米，新建11米灯杆70套、15米灯杆12套，配有1台200千伏安变压器、1台160千伏安变压器。

（刘健）

【公厕指示牌安装138块】 年内，全区15个乡镇共安装新版公厕指示牌138块，对村民居住区、重要道路沿线等区域重点摸底排查，梳理出公共旱厕6座，均已拆除。

（刘健）

【景观环境布置】 年内，在15家涉奥签约酒店、29条道路以及多个景观节点，安装道旗1900组，加装中国结灯饰400组、红灯笼100组。美化9条道路两侧灯杆和电箱5600平方米，更换320个公交站亭的宣传画面，在重要保障道路沿线张贴冬奥主题宣传画面8000余平方米，完成“海陀塔”“京礼高速冬奥LOGO”2处大型景观建设。二十大期间，在城区主要道路插挂国旗606面，设置灯笼灯饰4600组，重要点位悬挂硬质横幅20条，摆放各类花卉绿植100万盆，5块电子显示屏断网滚动播放宣传标语和画面；按“重大节日”级别开启夜景照明；设置景观运行保障备勤点2个；出动巡查队6支共计

20人、巡查车5辆，开展全方位巡查。在八达岭会展广场建设冬奥火炬台1座，高10米，底座为圆形，直径22米，约160吨，延庆区将其作为永久设施保留于会展广场。

（刘健）

【共享单车管理】 年内，共享单车停车点位由241个增长至278个，投放车辆由上年的1500辆增至3820辆。累计服务市民出行232万次，日均服务市民出行7043次。8月19日突破历史骑行峰值，当天服务市民13061人次。

（刘健）

【“每月一题”专项整治】 年内，开展城乡环境“每月一题”专项整治，以“12345”市民热线所反映的环境问题为切入点，将“接诉即办”和主动治理相结合，列出非法小广告、门前责任区、城乡环境综合整治、垃圾分类、公服设施等12个项目，每月以一个项目作为专项治理内容，将活动开展情况纳入城乡环境综合考评。全年发现和整改各类问题5万余处。

（乔路）

5月7日，米家堡—庆园街段疏整促环境提升工程竣工（区城管委供稿）

【京银路两侧整治】 1月14日至2月3日，区城管委对京银路米家堡到辉煌国际段进行精细化治理，包括树木刷漆、树木及绿篱修剪、墙面修复、平整土地、清理树叶杂草等，平整场地50余万平方米，清理树叶、杂草50余万平方米，清运渣土550立方米。

（乔路）

城管执法

【概况】 北京市延庆区城市管理综合行政执法局（简称区城管执法局）为北京市延庆区城市管理委员会管理的副处级行政执法机构，负责全区城市管理综合行政执法工作。年内，区城管执法局以服务保障二十大胜利召开为主线，以法治政府建设为统领，以维护城市环境秩序、保障城市运行安全为目标，统筹抓好疫情防控、拆违控违、创城复审、占道经营、大气污染防治等重点执法工作，努力推动队伍管理水平取得新提升，综合执法效能得到新提高，基层综合执法实现新发展。2022年，全区城管执法系统共处罚案件8971起，罚款330.8683万元。其中一般程序案卷1724起，罚款319.4918万元，简易程序案卷7247起，罚款11.3765万元。

单位名称：延庆区城市管理综合行政执法局
地　　址：延庆区京张路口北
电　　话：69174116

（徐秀丽）

【疫情防控督察】 年内，对18个街乡进行多轮次督察，出动执法人员2.98万余人次，检查3类场所4.8万余家次，发现问题1891家次，公示1139家次，责令整改752家次。

（纪谋）

【冬奥保障执法】 年内，区城管执法局成立冬奥专班，按照“一区一案一账”工作要求，制定冬奥保障方案，梳理冬奥保障责任台账，加大对涉奥点位、沿线的督察力度。采取局领导带队包片督查、局督察队日常督查督导、冬奥专班人员重点督查检查的三级督查机制，对保障中存在的问题及时督促整改。冬奥会举办期间，区城管执法系统纠正相关违法行为203起，查处216起，罚款2.39万元。

（纪谋）

【占道经营集中整治】 年内，研究制定《延庆区集中治理占道经营违法行为联合执法工作机制》等一系列机制措施，开展延庆区集中整治无照经营“小脏摊”专项行动，查处占道经营违法行为3655起，罚款21.4353万元。

（邢思琪）

【创城迎检督察】 年内，开展“占道经营、门前三包、非法小广告、不文明行为、居住小区内违法行为”5类突出问题专项整治。8月创城迎检期间，出动执法人员1658人次、车辆483车次，检查点位3684个，责令改正问题2047起。

（邢思琪）

【城管执法进社区】 年内，区城管执法局成立10个专项督察组，开展走街下队，精准业务指导行动。各街乡综合行政执法队聚焦本辖区社区村生活垃圾分类薄弱环节，开展“城管执法精准进社区”执法检查，共立案处罚涉及生活垃圾类违法行为3407起，罚款31.71万元。

（邢思琪）

【大气污染治理】 年内，按照违法形态季节性特点和工程施工情况，分阶段突出重点，指导调度各街乡镇综合执法队严查重罚施工扬尘、建筑垃圾、夜施扰民、运输车辆违规、三烧等违法行为。针对秋冬季大气污染防治攻坚任务进行专题部署，局领导带队开展专项督察，严防问题反弹。共立案处罚环境污染类违法行为567起，罚款216.38万元 。

（邢思琪）

【燃气安全执法】 年内，按照市区两级的总体部署，调度18个街乡镇执法队动态更新本辖区液化石油气非居民用户台账，每季度开展一轮次非居民用户燃气安全全覆盖执法检查。区局直属队和相关属地执法队定期对燃气供气企业开展全覆盖执法检查，共立案处罚燃气安全类违法行为92起，罚款30万元。

（邢思琪）

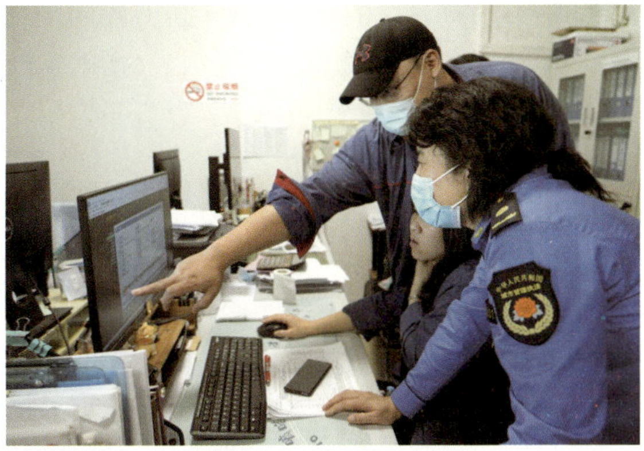

9月27日，城管执法局检查永宁盛世液化气有限公司（区城管执法局供稿）

【垃圾分类专项执法】 年内，区城管执法局对全区4个建筑垃圾消纳处理企业开展执法检查。对偷倒建筑垃圾的行为加大巡查力度，共查处建筑垃圾违法行为138起，罚款36.2万元。

（邢思琪）

【施工扰民专项执法】 年内，将夜间施工扰民与大气污染防治一体推进，调度各执法队参与住建委组织的联合执法，共查处夜施违法行为30起，罚款37万元。

（邢思琪）

【非法小广告整治】 年内，针对非法小广告违法行为的重点区域加强巡查力度。各综合执法队强化与物业、居委会的联动，对发现的非法小广告，第一时间联系执法队开展执法。共立案处罚非法小广告违法行为177起，罚款4.62万元。

（邢思琪）

【非法运营专项执法】 年内，全区按照区级统筹、属地主责、部门联动、重点督办的原则，对非法运营行为进行全面排查、联合整治，共立案处罚非法运营类违法行为9起，罚款5.5万元。

（邢思琪）

【首批维护员协管员118人上岗】 4月1日，全区首批公共设施维护员、城管协管员118人正式上岗。围绕建成区内主次干道、背街小巷的环境管理、秩序维护、文明引导开展工作，为持续深入推进全国文明城区创建工作注入新力量。

（侯海清）

园林绿化

【概况】 延庆区园林绿化局（简称区园林局），挂北京市延庆区绿化委员会办公室（简称区绿化办）牌子，是负责全区园林绿化工作的政府部门。主要负责全区营林造林、推进林业产业发展、森林防火、林政资源管理、林业有害生物防控和城镇绿化美化管理等工作。年内，完成《建成区绿色隔离体系规划》编制工作，推进2022年国家森林城市复审准备工作，完成七一、国庆等重要节点城区公园绿地环境布置和保障任务。承办区政府折子工程13项、民生实事2项。 平原生态林养护面积1.1867万公顷（17.8万亩），结合龙庆峡森林公园建设、延海花园建设、平原生态林养护工程，建成19个村头公园。完成新一轮百万亩造林绿化任务0.107万公顷（1.6万亩），完成总任务的100%。完成留白增绿专项工程1.01公顷（15.15亩）。完成“延海花园”建设总工程量的79%。永宁镇、康庄镇等6个乡镇的建设已完工，并进行预验收工作。开展果树修剪与技能培训36次，培训果农636人次，培养技术骨干6人。推广果树花果管理高效技术2项，应用面积26.67公顷（400亩）；向甘肃武威地区推广葡萄优新品种2个，推广设施葡萄栽培面积4公顷（60亩）。区级林长巡林25次，乡镇（街道）级林长巡林1687次，村（社区）级林长巡林11768次；排查整改侵占林地、林地内堆放垃圾等各类问题点位2393个。全区森林面积达到12.329万公顷（184.9万亩），活立木蓄积量达到636万立方米，森林覆盖率达到61.8%，人均公园绿地45.78平方米，公园绿地500米服务半径覆盖率增加到97.72%。

单位名称：延庆区园林绿化局

地　　址：延庆区京张路口北粮食大厦院内

电　　话：69103770

（刘艳萍）

年内，东门营村延海花园落成
（区园林绿化局供稿）

【杨柳飞絮治理】 年内，杨柳雌株喷水湿化3.1万株，雌株修剪818株，药剂注射5014株，出动水车680车次。做到“应湿尽湿，应扫尽扫”，未出现飞絮中度以上情况。

（刘艳萍）

【城区绿化】 年内，更换行道树1400株，补植绿篱7.05万株，栽植地被花卉81万株，铺草坪4万平方米。整治黄土露天树池铺碎石6122个。完成“七一”“十一”“二十大”等重要节点城区公园绿地环境布置和保障任务。

（刘艳萍）

【自然保护地管理】 年内，编制《延庆区自然保护地整合优化预案》，开展日常管理检查指导 80余次，开展联合执法行动10次。开展野生动物疫情监测检查100余次，劝阻500余人，立案12起。完成百康湿地生态修复项目总任务的70%；举办自然保护地宣传10场，发放宣传材料4000余册，发放宣传品1000余份。

（刘艳萍）

【野生动物保护】 年内，设立国家级野生动物疫源疫病监测点1个、市级监测点4个，重点对野猪进行巡查防控。加大对湿地公园、森林公园、动物园（野生动物园）、花鸟市场等人与野生动物密切接触区域的巡查力度。结合北京市“爱鸟周”“湿地日”等活动，开展野生动物宣传活动，发放宣传材料和纪念品等2000余份。

（刘艳萍）

【全民义务植树】 年内，开展义务植树活动200余场，参加义务植树人数27.5万人，累计完成义务植树任务82.5万株，其中新植树木9万株。

（刘艳萍）

【园艺推广活动】 年内，创建绿色时蔬特色驿站“绿富隆园艺驿站”1处；推进“园艺进生活”系列活动，开展少儿插花系列、手工创作系列、森林体验系列等室内外体验活动100场次，5350人参与；举办生态文化创意大赛，40个获奖作品在夏都公园展出。

（刘艳萍）

【古树名木保护】 年内，完成《延庆区古树名木2022—2035年保护规划编制》。完成古树水泥填补树洞治理项目，开展古树复壮18株。开展执法检查行动2次，下发整改通知书15份，进行普法宣传2场，发放宣传材料500余份；完成下花园古树村庄创建，获评延庆十大古树村落。

（刘艳萍）

【绿化资源监测】 年内，开展样地监测、图斑监测、林业资源调查工作，完成外业调查及数据上传工作；完成一张图林地与国土差异图斑核实工作；完成湿地资源本地资源数据复核工作。

（刘艳萍）

【园林绿化行政执法】 年内，办理林业行政案件9起，其中滥伐林木案件1起、毁坏林地案件4起、拒不服从自然保护区管理案件2起、森林防火案件1起、猎捕杀害野生动物案件1起。收缴罚款88272元，责令补种树木14株。

（刘艳萍）

【龙庆峡森林公园景观提升工程】 年内，实施龙庆峡森林公园景观提升工程，补植彩色树种，建设轻、慢行道路系统和休闲空间。工程面积459.33公顷（6890亩），涉及张山营、旧县、沈家营3个乡镇。

（刘艳萍）

【外来入侵物种普查】 7月至10月，开展外来入侵物种及草原有害生物普查工作，踏查面积11.3397公顷（170.096万亩）。发现外来入侵植物116种，包括牵牛、药用蒲公英、圆叶牵牛、大麻、曼陀罗、意大利苍耳、苘麻、原野菟丝子等。

（刘艳萍）

水务

【概况】 北京市延庆区水务局（简称区水务局）是延庆区人民政府的水行政主管部门。年内，延庆区全年新水用量4235万立方米，完成新水用量控制在5646万立方米以内的市级任务。截至12月底，完成全年固定资产投资6.38亿元，完成市级固投任务159.5%，区级任务的127.6%。完成冬奥会供水保障任务。农村供水提升改造（一期）工程，完成10个村的净水设备安装。平原区地表水供水二期工程完成总工程量的81%，城区地表水供水比例由上年的50%提升至70%。建设污水管线379.12千米，完成41个村生活污水收集处理设施，整改11个农村污水处理设施，完成6个镇级污水处理厂站退水口湿地建设，农村地区污水处理率达到84%；通过节水型区复验。创建节水型单位20家、村庄20个。完成4600套节水器具安装。推进2处再生水加水设施建设，全区共建成7处加水设施、21个加水口。完成23条山洪沟道洪水淹没二维模型图，清除22处阻水片林，督导完成26处农村积水点治理，完成2座下凹式立交桥地下排水泵站方案编制。镇村级河长累计开展巡河3.5万次，完成市区两级巡查1200余处问题整改，整改率100%。河道有水河流由10条增加至29条，水环境质量保持全市 流。2022年获得国务院落实河湖长制真抓实干成效明显督查激励（北京市唯一），张山营镇镇级河长获评全国“最美河湖卫士”称号。对接市水务局推进官厅水库库滨带生态修复工程，进一步优化延庆区域内生态边界及湿地建设方案；对官厅水库周边 55.79 平方千米土地进行地类调查，为水源保护提供数据支撑。在全国"两会"、北京 2022 年冬奥会及冬残奥会召开、党的二十大召开等重点时期，开展安全生产检查 241 家次，出动检查人员 486 人次，下发执法文书 5 份，发现隐患 252 项，整改隐患 252 项，整改率 100%。行政处罚 1 起，罚款金额 1 万元。开展"遵守安全生产法，当好第一责任人"主题安全月活动，宣传延庆区安全生产 15 条硬措施，对照 15 个方面 45 项具体举措，逐条逐项落实工作措施，落实安全生产责任。摸排 7 家涉危企业危险化学品生产、经营、使用、储存情况，强化 2 家有林单位消防安全，下发《中华人民共和国反有组织犯罪法》《常态化开展扫黑除恶斗争知识手册》100 余份。

单位名称：延庆区水务局
地　　址：延庆区龙庆南路6号
电　　话：69101385

（霍静宇）

【水资源管理】 年内，全区平均降水量为383.5毫米（上年全区平均降水量746.6毫米）。全区平原区地下水平均埋深2020年末7.2米，2021年末6.42米，2022年末6.43米。2022年白河堡水库向密云水库输水3720万立方米，向十三陵水库补水1955万立方米，向官厅水库补水4709万立方米。

（霍静宇）

【水政执法】 年内，开展涉水执法检查469次，参加街乡部门吹哨报到、双随机等联合执法检查20余次，共计出动执法人员1400余人次、出动执法车辆500余车次、巡查长度13405千米。区水务局全年完成行政执法检查量4140件，立案查处水事违法案件194件，其中一般程序案件30件、简易程序案件164件，罚款总额46.65万元。A岗人均执法量619件，全市排名第八、在5个生态涵养区排名第二；人均处罚量27.71件，全市排名第六、在5个生态涵养区排名第一。

（霍静宇）

【供水管理】 年内，全区总用水量4686.49万立方米。其中农业用水1847.98万立方米、工业用水83.98万立方米、居民家庭生活用水1365.84万立方米、公共服务用水1010.11万立方米、生态环境用水378.58万立方米。完成冬奥会和冬残奥会城市供水运行保障工作。对全区6座乡镇级以上水厂、5座自建供水设施和15个乡镇的390个村级供水站，按照供水标准对标对表进行全面的督查抽检，确保供水设施的稳定运行。

（霍静宇）

【排水管理】 年内，全区污水处理总量1929.25万立方米，其中城区污水处理量为1126.15万立方米、镇级污水处理量为305.73万立方米、村级污水处理量为497.3679万立方米，污水处理率为94.2%。再生水泵送利用量为450.9万立方米。处理污水厂污泥3.349778吨，使用污泥转运联单2258份。截至年底，共检查城镇污水处理厂及污泥处置厂159次、村级污水处理站283次。

（霍静宇）

【水利工程建设与管理】 年内，完成冬奥会延庆赛区造雪引水及集中供水设施安保项目建设及验收工作。质量监督注册在建水利工程16项，水利工程安全监督注册16项。完成229个分部工程、20个单位工程的验收质量结论核备。质量监督检查124家次，形成质量监督检查记录75份，发现隐患126项，下达体系监督检查结果通知书9份、质量监督检查结果通知书9份，出动检查人员246人次。水利工程建设安全检查124家次，形成安全监督检查记录102份，发现隐患124项，下达安全监督检查结果通知书5份，出动检查人员188人次，约谈参建单位24家次。组织开展教育培训2次、安全评估1次，迎接市水务局督查和考核2次。全年在建水务工程质量与安全处于受控状态。

（霍静宇）

【水土保持】 年内，投资1833.125万元，完成30平方千米生态清洁小流域综合治理任务。涉及延庆区马鹿沟和沙梁子2条小流域5平方千米、对臼石和榆林堡2条小流域15平方千米、延庆区国家水土保持重点建设工程八里店小流域10平方千米。

（霍静宇）

【河湖安全管理】 年内，制发《2022年延庆区河长制工作要点》，落实巡查制度及河湖长效管护机制，完成市区级巡查河湖问题清理1189处，问题数量同比下降49%；清理雨污设施1.8万处、管线边沟345.5公里；强化河湖安全管理，增设防溺水安全警示标识132处，配套救生设备232件，引导上万名市民安全文明有序游河湖；落实《延庆区河长制工作奖惩办法》和考核细则，对5个乡镇进行2次集中约谈。经国家水利部、全国总工会、全国妇联三部门审定，区张山营镇镇级河长郁世民获评全国“最美河湖卫士”称号，全国共计60名（北京市2名）。

（霍静宇　侯海清）

【水环境治理与水生态建设】 年内，新建污水收集管线379千米；完成1个再生水加水站点建设；完成41个村的农村生活污水收集处理设施建设工程，农村地区污水处理设施覆盖率达到61%；完成千家店镇、珍珠泉乡、四海镇、大庄科乡、刘斌堡乡、张山营镇6个乡镇的污水处理厂退水口的湿地建设。对全区94处污水在线监测设施进行集中管理，在线率100%。

（霍静宇）

【水库移民后期扶持】 年内，延庆区核定登记农业户口水库移民22952人，发放农业户口水库移民直补资金1377.36万元；核定登记农转非水库移民3141人，发放无固定职业就业培训补贴175.952万元；登记总人数为26093人，发放资金为1553.312万元。完成教育补贴、大病救助2个项目。其中，核定教育扶持人员601人，发放扶持资金108.4万元；核定大病救助人员73人，发放救助资金59.12万元。开展大中型水库移民后期扶持中央资金项目11个，投资11625.54万元。沈家营镇香村营村污水管道应急维修项目、沈家营镇东王化营村污水管网项目、井庄镇水源井更新工程项目、沈家营镇东王化营村水库移民及美丽乡村建设项目以及康庄镇小丰营、榆林堡、大营、马营村综合环境整治项目和西羊坊村污水管网工程6个项目完工，总投资4016.60万元。在建的5个项目，总投资7608.94万元。完成大中型水库移民后期扶持专项资金项目34个，以工程建设形式对水库移民村的产业经济、基础设施、环境建设、居住安全等各方面进行扶持，总投资4800万元。建立移民项目储备库，2023年储备项目31个，投资约1.8亿元。

（霍静宇）

【水务行政审批】 年内，区水务局受理全程办事代理事项263件。其中审批事项212件、服务事项51件，全部办结。受理全区建设项目水影响评价文件48个，河道管理范围内建设项目工程方案审批4个。受理水影响评价事项咨询55次，全部予以答复。办理和更换到期《排水许可证》83份，办理接口手续10份。

（霍静宇）

供电

【概况】 国网北京延庆供电公司是北京市电力公司直属供电企业，负责延庆地区的电网规划建设、运行管理、电力销售和供电服务工作，肩负着为延庆地区经济发展、政治供电和人民生活提供安全供电的重要责任。年内，公司依托“绿色、实干、创新”的企业文化理念，完成冬奥会和党的二十大供电保障任务。聚焦二十大保障、北京冬奥会、建企60周年等开展主题宣传，在央视、人民日报、学习强国等媒体刊发稿件24篇，其他媒体发稿100余篇。公司持续保持“全国文明单位”称号，连续16年获评“首都文明单位标兵”，获得北京市冬奥保障先进集体、国家电网公司北京2022年冬奥会和冬残奥会电力保障先进集体称号。三支场馆保障团队获得北京公司冬奥会保障突出贡献团队称号，王瑞获评北京市冬奥保障先进个人。

单位名称：国网北京延庆供电公司

地　　址：延庆区庆园街53号

电　　话：69101219

（屈恒）

【供电保障】 年内，延庆公司完成冬奥会、二十大、中高考等各类供电保障任务37项，累计保电210天。2150人参与冬奥赛时保障，全程封闭70余天，完成保障任务，形成冬季高海拔户外国际赛事保障典型经验。

（屈恒）

3月13日，延庆供电圆满完成冬奥会、冬残奥会供电保障任务（国网延庆公司供稿）

【电网规划与建设】 年内，公司与区政府对接，签订“煤改电”投资划分协议，促进中关村延庆园2座规划变电站落地。耿家营110kV输变电工程取得立项核准，发布征地补偿安置预公告。永东110kV变电站扩建、光谷220kV输变电工程等4项工程取得前期手续，依法合规开工建设。

（屈恒）

8月4日，延庆公司在世园变电站开展设备状态检测工作（国网延庆公司供稿）

【营销与优质服务】 年内，新建充电桩764台、覆盖充电站54个，充电设施数量翻四番。地区新能源接入增长48.86%，绿电占比攀升至90.81%。建成国网首座群充群控充电站，落地发充储放工程，冬奥赛区实现100%绿电供应。完成高低压接电4386户，接电容量19.13万kVA。

（屈恒）

供　暖

【供暖供热】 年内，全区有供热单位13家，供热总面积931.48万平方米。其中居民供热面积645.16万平方米，占总面积的69.26%，非居民供热面积286.32万平方米，占总面积的30.74%。主城区有居民50649户，均由京能延庆热力公司集中供暖。完成城东一次供热管网改造和供热设施“冬病夏治”工作；完成延庆区充电基础设施建设管理工作方案编制工作；在部分社区、乡镇、机关单位新建充电桩87个，新增充电接口7508个。

（刘健）

燃　气

【液化石油气送气下乡】 年内，液化石油气新开户5005户、退户514户、净发展用户4491户，销售388776瓶。累计开户90538户，累计销售2262782瓶。

（刘健）

防震减灾

【概况】 北京市延庆区地震局承担区地震监测预报和地震灾害预防等职责，是区政府负责管理地震工作的职能部门。区地震局下属地震观测台点有松山地震观测站、南老君堂观测点、旧县盆窑地震观测点、新庄堡地震观测点和15个地震宏观观测点（震情灾情速报点）。下属台站主要针对首都圈地区尤其是京西北延怀盆地、晋冀蒙交界地区开展地震前兆观测，对观测数据进行处理和分析，及时落实地震异常情况。年内，根据巡察反馈意见，区地震局震灾防御科更名为震害防御科。收集完成518处房屋设施加固数据系统填报，累计完成1334栋房屋信息采集录入工作。北京市松山塘子浴城建技术培训有限公司的遗留问题得到解决：区地震局退出所持股份，塘子浴公司注销。按照疫情防控工作安排，组织全体干部下沉基层，参与卡口执勤、核酸点外围保障等工作累计200余次。区地震局科普队获得“京津冀公民科学素质大赛总决赛三等奖”。全年完成地震会商52期。区地震局参与“双随机一公开”，与区应急局、区市场监管局对延庆区域内的29家危险化学品经营单位开展联合检查，与区教委对延庆区25家学校培训机构的办学情况开展联合抽查。

单位名称：延庆区地震局
地　　址：延庆区西街1号
电　　话：69144269

（尤美倩）

【地震台网建设】 年内，在松山台安装1000M宽带网络，安装4路监控探头。配合市地震局对八亩地地震台院墙进行维修，配合市地震局推进“延庆区地震监测能力提升项目”的规划审批工作。全年辖区范围内的强震观测台网运行良好，无数据中断现象，观测数据完整有效。

（尤美倩）

【冬奥会应急保障】 年内，制定《北京2022年冬奥会和冬残奥会延庆区外围保障地震应急预案》《延庆区地震应急指挥部冬奥会专项应急演练脚本》。协助市地震局完成“北京2022年冬奥会赛区及周边建设工程地震灾害风险评估”工作，协助冬奥延庆运行中心制定相关应急预案，协助市地震局完成冬奥会延庆赛区地震预警终端运行工作。

（尤美倩）

【地震基础研究】 年内，区地震局会同北京市京津冀地震预测研究中心杨明波博士对松山地热井开展“北京地区黄庄高丽营断裂和延矾盆地北缘断裂断层气观测研究”流体地震监测研究。与市地震局中心站陈宇轩博士合作开展三结合科研课题“北京延庆松山泉主微量元素年变化背景场调查”的研究，通过研究松山泉主微量元素年变化背景场调查，为松山泉地下流体前兆观测服务于地震预报提供帮助。

（尤美倩）

【地震公共安全宣教】 3月，联合旧县镇大柏老中心小学组织全校师生收看“地震科普携手同行”。5月，印制防灾减灾日“减轻灾害风险，守护美好家园”宣传海报400张，为全区21所小学发放地震科普知识短片优盘40个，惠及全区13230名小学生。8月，在中关村科技园开展小型科普知识讲座及展览。9月，在大庄科乡汉家川河南村开展防震减灾进农村活动。

（尤美倩）

【自然灾害风险普查】 4月22日，完成房屋承灾体抽样详查成果专家验收并编制成果报告；10月底，形成延庆区1：5万活断层分布图编制、延庆区1：25万地震构造图、延庆区1：25万场地类型分区图等成果，建立区级基础数据库。

（尤美倩）

【市局督导检查】 10月14日，北京市地震局党组书记、局长孙建中，党组成员、副局长刘桂萍一行到延庆区程家窑、郭家堡和延庆地震台，对宽频带地震观测样板站点基墩建设、机柜安装、供电系统、通信系统、仪器设备布设等情况进行现场检查，并针对项目管理、质量控制、监理重点、细节完善等方面提出指导意见。

（尤美倩）

10月14日，市地震局督导检查延庆地震观测点（区地震局供稿）

气象

【概况】 北京市延庆区气象局（简称区气象局）受北京市气象局及区政府的双重领导，负责区气象工作及气象行政管理，同时负责协助管理国家气象局档案馆延庆分馆和北京市人影办炮械库。主要工作职能为气象观测业务类（地面观测、区域气象站观测、生态气象观测、设施农业观测、卫星接收与雷达）、气象预报预警服务类（常规天气预报预警服务、决策气象服务、公众气象服务、专项气象服务）、农业气象服务、气象防灾减灾服务、人工影响天气服务、气象行政执法。辖区内有2部天气雷达、2个国家级站、82个区域自动气象站、20个负氧离子监测站（12套固定，8套便携）、2个土壤水分站、3个设施农业观测站、9个GNSS/MET水汽站、1部风廓线雷达、1部闪电定位仪、10个防雹增雨站和16个高山地基增雪烟炉。年内，全区平均累计降水量为383.5（单位：毫米，下同），较去年同期741.5偏少48%。延庆本站2022年累计降水量为356.1，较常年同期449.2偏少21%，较去年同期605.3偏少41%。年平均气温10.0℃，年日照时数2589.9小时。由区气象局起草、延庆区政府印发《延庆区落实〈北京市人民政府关于加快推进气象事业高质量发展的意见〉的实施方案》，明确构建符合延庆区功能定位的气象业务、气象服务、气象科技创新三大体系，到2035年，气象服务全面融入和支撑延庆区高质量发展。

单位名称：延庆区气象局
地　　址：延庆区湖南西路12号
电　　话：81196359

（杨航）

【固定站和便携站建设】 年内，区气象局在延庆区20个景区建设12套固定站和8套便携站，观测要素包括负氧离子、气温、气压、相对湿度、风向、风速等，对20个景区防灾减灾提供数据服务。

（杨航）

年内，区气象局在8个乡镇的20个景区完成负氧离子监测站网建设任务（区气象局供稿）

【气象服务保障】 年内，汛期延庆地区出现57次降雨过程，其中有“6·12”“7·3”“8·4”“8·13”4次重大降雨过程。全年制作发布各类气象灾害预警信号148期、地质灾害气象风险预警7期、《天气情况》38期、《重要天气报告》44期、节假日气象服务专报10期、决策气象服务信息4000余期、公众气象服务信息1700余期。区气象局完成冬奥气象服务保障及灾害预警。赛事举办期间，区气象局场馆预报员每日参加气象联动会商、运行团队例会提供全程跟进气象服务，提供12类气象服务专报1500余期。2人接受连续58天闭环管理，开展气象设备巡检维护和维修工作110站次，保障核心区气象探测设施平稳运行。

（杨航）

【氧吧景区（乡村）评选】 年内，区气象局联合区文化和旅游局、区生态环境局、区园林绿化局、区农业农村局等5部门联合制定氧吧景区、氧吧乡村评选标准，评选出5个氧吧景区和5个氧吧乡村。分别是北京世园公园、延庆奥林匹克园区、野鸭湖国家湿地公园、世界葡萄博览园、九眼楼生态长城景区以及八达岭镇石峡村、旧县镇盆窑村、井庄镇碓臼石村、康庄镇火烧营村和千家店镇大石窑村。

（杨航）

【气候品质认证】 年内，区气象局协调北京气象服务中心对八达岭镇里炮果品专业合作社80公顷（1200亩）富士苹果进行气候品质认证，为八达岭镇里炮果品专业合作社颁发“农产品气候品质评价证书”，该专业社富士苹果获得“特优”级气候品质认证。

（杨航）

11月1日，区气象局、区园林绿化局向里炮果品专业合作社颁发“农产品气候品质评价证书”
（区气象局供稿）

【人工影响天气作业】 年内，区人影办根据天气过程积极开展人工影响天气工作，组织防雹作业20天次，实施作业85轮次，发射防雹炮弹3183发。组织增雨作业24天次，实施作业115轮次，发射火箭增雨弹342枚。

（李存新）

【气象行业监管】 年内，区气象局以发起部门的身份，纳入全区“双随机一公开”监管工作平台，联合区应急局、城管委、文化和旅游委围绕防雷装置安全检查实现跨部门联合抽查，同时运用该平台开展部门内的双随机气象执法检查。全年执法115次。联合区应急管理局、文旅局、市政管委执法38次。全年受理雷电防护装置设计审核许可17项、雷电防护装置竣工验收许可8项。开展普法活动15场次。

（宋楠）

【气象专家调研】 3月5日，中国气象科学研究院研究员、中国工程院院士张小曳及国家气象中心、中国气象局数值预报中心、北京大学、中国21世纪议程管理中心的多位气象及相关领域专家到冬奥延庆气象服务分中心调研，深入了解冬奥气象服务保障工作，指导冬奥气象科技总结工作。中国气象局科技司、北京市气象局以及延庆区政府相关领导一同调研。

（杨航）

【中国国际服务贸易交易会参展】 9月1日至5日，2022年中国国际服务贸易交易会在北京举办，延庆区作为“中国天然氧吧”创建地区，在国家会议中心参加“创‘双碳’示范城市展暨中国天然氧吧第四届文化旅游节”，向全国人民展示延庆区丰富的旅游资源、优质的农副产品及优美的城市风貌。会展期间，延庆区围绕“争创‘双碳’示范城市，氧吧赋能绿色发展”主题设置展区，结合《“中国天然氧吧”助力延庆绿色发展三年行动计划》重点任务，融入氢能源、旅游、生态、文创、农产品等众多延庆特色，划分出绿色低碳、生态文明、旅游产业、乡村振兴等不同板块，展示近几年来全区绿色高质量发展的新业态、新亮点、新成果。邀请氢动力（北京）科技服务有限公司参展，推介氢能技术应用，延续绿色冬奥理念。通过宣传图册、文创产品展现延庆区特色景点、精品民宿、品牌活动等特有的旅游资源，突出长城、世园、冬奥三张“金名片”。乡村振兴板块以延庆明星企业“绿富隆”为主体，精选7家特色品牌农产品代表到场展示。

（杨航）

市容环卫

【概况】 北京市延庆区环境卫生保洁中心（简称区环卫中心）隶属于北京市延庆区城市管理委员会，负责城区清扫保洁、垃圾清运、公厕运维、垃圾处理等工作。下设清扫保洁队、清运队、公厕保洁队、小张家口垃圾卫生填埋场和粪便消纳站、永宁垃圾卫生填埋场、收费室、维修队7个业务队。年内，完成小张家口粪便消纳站粪便站絮凝脱水、固液分离系统升级改造。完成永宁垃圾卫生填埋场地磅更换工程。完成创城复审期间环境卫生保障工作，出动4400人次、894车次，用水3159.5吨。保证垃圾当日清运。完成东外大街道路大修工程，重新铺装沥青混凝土3万余平方米，重新施划各类标线3921平方米。完成湖南路口、外贸路口、高塔街路口铺设沥青混凝土约1.5万平方米及右转弯车道拓宽工程。对高塔街、玉皇阁大街、新城街等城区主要街道和医院及万达、金锣湾等商圈周边进行改造，拆改交通标志135套、垃圾桶35处，拆除交通护栏1300余米、阻车桩500余根、废弃电线杆46根。

单位名称：延庆区环境卫生保洁中心
地　　址：延庆区广兴街72号
电　　话：69103800

（刘健）

【冬奥期间环境保障】 年内，制定《冬奥会及冬残奥会期间空气重污染城市道路清扫保洁工作方案》《2022年冬奥会及冬残奥会涉奥场所周边道路扫雪铲冰保障力量统计表》，成立冬奥清废专项工作小组，负责冬奥赛场、板泉服务区等涉奥场所的垃圾清运、粪污抽运等清废工作。其中1月21日至3月24日，共计清运重点管控垃圾1825.86吨，清运医疗废物11.51吨，抽运粪污2673吨；为点位发放重点管控垃圾纸箱13.3万余个、垃圾袋43万余个。1月21日起，闭环外点位陆续启用，区环卫中心采取专人专车的作业模式，分别对厨余垃圾、其他垃圾和可回收垃圾进行清运。1月21日至3月24日，共计清运厨余垃圾349.99吨，清运其他垃圾107.3吨，清运可回收垃圾0.05吨，抽运粪污、污水902吨。冬奥会期间完成扫雪铲冰任务3次，出动9248人次、545车次；应对空气重污染天气1次，出动620人次、78车次。

（刘健）

【涉疫垃圾管控】 年内，区环卫中心制定《延庆区应对30例以上规模性新冠病毒疫情垃圾处置和环境消毒工作方案》。自4月25日至年底，清运重点管控生活垃圾416.3吨、涉疫垃圾医疗废物31.8吨。为疫情防控各点位发放纸箱7万个、垃圾袋20.7万个。

（刘健）

【公厕管理】 年内，对辖区40座公厕进行全面排查，集中粉刷暖气80组，加装公厕指示牌13个，更新温馨提示牌38块，更新禁烟标识58个。11月，配合经信委对辖区38座公厕安装防疫一体化皮基站，为疫情防控提供数据支持。

（刘健）

【环卫清扫清运】 年内，城市道路机械化作业率和“冲、扫、洗、收”组合作业率达94%。人工清扫保洁范围达377.87万平方米，机械化作业面积达170.75万平方米。拆除果皮箱835组，管理果皮箱达810组，更新果皮箱标识1168张，负责156处公交站台的清擦保洁任务，根据季节变化进一步精细作业，对春季杨毛柳絮、夏季槐花花瓣、秋季枯枝落叶等季节性垃圾进行针对性清理，清理落叶224吨。完成扫雪铲冰任务4次，出动11478人次、638车次；完成空气重污染天气环境保障6次，出动7740人次、1218车次，用水量1570.6吨；大风天气应对工作1次，出动320人次，清理残枝落叶4吨；清理卫生死角84处、大面积遗撒共100处，出动155人次，清理垃圾杂物、沙石等2.5吨；清理小广告69处；寒衣节清理祭祀物品214个点位、1536处。负责城区53个居民区、217家沿街门店、6座垃圾中转站、641家社会单位及驻延部队的其他垃圾收运工作；负责城区56个小区、延庆镇22个村、542家涉及餐饮的单位和4个乡镇的厨余垃圾收运工作；负责城内所有小区及三街一镇机关事业单位的有害垃圾清运工作。全年共清运其他垃圾20228.44吨、厨余垃圾7550.21吨、有毒有害垃圾45余桶，抽运粪污16442吨。全年新增委托垃圾清运单位39家，签订生活垃圾委托清运协议637份、餐厨垃圾委托清运协议542份、粪污委托抽运协议72份。

（刘健）

【垃圾处理】 年内，安排专人对进场垃圾进行检查和指导垃圾分类工作，严格垃圾进场检查标准，拒收违规垃圾，垃圾进场量同比减少42.59%。全年两座垃圾填埋场填埋垃圾6.09万吨、处理渗滤液2.24万吨、填埋气15.48万立方米，粪便消纳站共处理粪便7528.19吨。

（刘健）

【危废品暂存转运】 年内，根据《中华人民共和国危险化学品安全管理条例》《危险废物贮存污染控制标准》规定及场站实际制定危险废物管理制度，全年接收全区各单位的硒鼓、废灯管、电池、农药瓶等危废品5983.34千克，转运5985千克（包括2021年剩余部分）。

（刘健）

【环境治理】 年内，区环卫中心联合区交通局、香水园街道办事处对恒生市场周边环境进行集中治理，重新铺设步道砖，施划8个自行车停放区、2个共享单车停放区、2个外卖临停区和28个三轮车车位。对恒生市场及绿韵广场北侧的机动车停放区进行治理，将架空线入地，将原有停车区改为行车通道和停车位。为第八幼儿园、第九幼儿园、第四幼儿园分园、第一小学西校区共施划标线871平方米、安装标志牌73块、安装护栏54米、拆除护栏90米、铺设步道砖407平方米、安装隔离桩6根。

（刘健）

（栏目编辑：池尚明）

科技

概　述

北京市延庆区科学技术委员会（简称区科委）是区政府工作部门，挂中关村科技园区延庆园管理委员会牌子。主要承担贯彻落实国家和北京创新驱动发展战略和科技工作方面的法律法规、规章和政策，组织拟订科技发展、科技促进经济社会发展的规划、政策并组织实施；落实北京市全国科技创新中心建设工作任务；统筹推进延庆创新体系建设和科技体制改革，会同有关部门健全技术创新激励机制，优化科研体系建设，指导科研机构改革发展，推动企业科技创新能力建设，承担推进科技军民融合发展相关工作等18项职责。2022年，区科委研究制定延庆园改革发展提升方案、延庆园发展三年行动方案，编制《中关村延庆园（康庄、八开片区）城市设计》，园区规划体系进一步完善。强化管委会统筹协调作用，理顺“三驾马车”职能。完成指标任务，园区企业全口径税收72.3亿元，同比增长4.7%，形成区级财政收入16.5亿元，同比增长13.2%；全年新设、引进企业3109家，同比增长280%，引入京外企业16家，同比增长200%；高新技术企业总数459家，同比增长17.4%；技术合同成交额16.5亿元，同比增长189%；大中型企业研发投入1.4亿元，同比增长48%。无人机、体育科技、新能源与节能环保、园艺科技4个特色产业全年新增企业202家，累计集聚企业1051家。无人机龙头企业航天时代飞鸿项目签约落地，年内产值6.8亿元。创新家园土地一级开发项目基本完成。桑普新源、美正生物科技园、中泰邦等重点项目竣工。中关村延庆园生态园区提升项目顺利实施，影院、超市、健身房等配套服务设施投入使用。全年完成固定资产投资3.85亿元。出台支持高新技术企业创新发展政策“延十条”、三大工程实施方案等一批助力企业创新发展的措施办法。为153家企业兑现双创补贴资金831万元，争取市级资金近4000万元。格灵深瞳智能、增材智造等一批高科技头部企业落户延庆。

单位名称：延庆区科学技术委员会

（中关村科技园区延庆园管理委员会）

地　　址：延庆区康庄镇紫光东路1号

电　　话：69142014

（闻多）

科技管理

【“服务包”企业服务】 年内，通过线上线下相结合方式与企业沟通对接270余次。其中区领导线上走访22次、线下实地走访18次。召开区级协调会3次，解决企业诉求27项。实地发放《延庆区服务重点企业政策集成册》25本，线上推送助企纾困政策10余次。

（闻多）

【设置开放式企业服务窗口7个】 年内，区科委出台《中关村延庆园发展三年行动（2023—2025）》，培育体育科技体验示范产业链1条。在中关村延庆园企业之家设置开放式企业服务窗口7个、集中办公区5处、自助服务区1处。在园区设置1块道路指引标识、4块园区显著标识。

（闻多）

【支持高新技术企业发展】 年内，出台《延庆区关于加强高新技术企业认定事中事后监管工作方案》《关于加快延庆区高新技术企业创新发展的支持办法》《延庆区关于实施“三大工程”进一步支持和服务高新技术企业发展的工作方案》，印制《延庆区惠企政策汇编》并发放到园区企业。落实研发费用加计扣除等普惠性政策，辅导171家企业申报科技型中小企业，入库企业享受100%研发费用加计扣除。对150家高新技术企业进行补助支持，涉及奖补资金共计831万元。认定国高新企业达到211家、村高新企业达到401家。7家“小升规”企业获得140万元市级资金。

（闻 多）

【创新创业发展资金支持153家企业】 3月17日，延庆园管委会落实《中关村国家自主创新示范区延庆园促进创新创业发展支持资金管理办法（修订稿）》，启动2022年征集兑现工作，重点支持企业获得高新技术企业认证、开展科技研发费用补贴2个方向，共支持153家企业。7月，延庆园管委会出台《关于加快延庆区高新技术企业创新发展的支持办法》，在原有政策基础上进一步简化政策征集兑现流程。

（闻 多）

【延庆园成立法治工作站】 4月13日，区科委在中关村延庆园企业服务大厅举办“驻中关村科技园区延庆园法治工作站揭牌仪式暨国家安全进企业宣传活动”。延庆公安分局、区检察院、区法院、区司法局、延庆园管委会联合签署《法治工作站共建协议》；区委政法委书记刘瑞成为“法治工作站”揭牌并讲话；区公检法司主要领导以及延庆园管委会相关负责人出席。截至年底，延庆园法制工作站共组织线下活动4场，覆盖园区高新技术企业450余家，开展企业专题走访调研1次，有效解决法律诉求3条。“延庆园法治工作站”被列入区级营商环境创新加分项。

（闻 多）

4月13日，中关村延庆园法治工作站揭牌（区科委供稿）

科技活动

【第28届科技活动周启动】 8月22日，北京市延庆区第28届科技活动周启动仪式在中关村延庆园孵化器园区举行。科技周展出活动共有35家企业参加，其中12家企业开展路演。延庆区科普联席会成员单位、市区两级科普基地及无人机、体育科技、新能源和新能源互联网、现代园艺、医药健康、天文科普等产业的企业代表200余人参加。在启动仪式上，区科委、区科协按照《延庆区科普基地管理办法》，为首次评选的马铃薯博物馆、北京市水生野生动植物救护中心、詹天佑纪念馆等10家延庆区科普基地授牌。

（闻 多）

8月22日，延庆区第28届科技活动周启动仪式在中关村延庆园举行（中关村延庆园供稿）

中关村科技园区延庆园

【概况】 北京市延庆区中关村科技园区延庆园服务中心（北京市延庆区投资促进服务中心）简称中关村延庆园服务中心（区投资促进服务中心），为区政府直属公益一类相当于正处级财政补助事业单位，归口区科委（中关村延庆园管委会）领导。主要负责全区投资促进、招商引资工作，为园区企业提供全生命周期服务。2022年，坚持规划引领产业发展，根据“一核四区多点”产业空间布局，聚焦“无人机、新能源与节能环保、体育科技、园艺科技”四大重点培育产业，培育龙头企业，优化产业环境，细分产业领域中的重点发展方向，探索园区特色化、差异化发展路径，形成可视化成果。重点项目创新家园一期土地一级开发基本完成，中心公园、道路和市政设施完成移交。新成立2个独立的非公企业党支部。新成立1个体育联合党支部。指导4个非公企业党支部完成换届、2个党支部增补3名委员、4个非公企业党支部完成支部规范化建设。推荐提名北京市出席党的二十大代表候选人4名。推荐提名出席中共北京市第十三次代表大会代表推荐人选20名。组织所辖32个基层党支部完成组织生活会、民主评议党员工作。组织开展基层党组织书记党务工作培训会22人次，学习习近平新时代中国特色社会主义思想专题培训2次、党员轮训1次，组织基层党支部书记、党务工作者开展党支部云课堂学习3次。延庆园新设、引入企业3085家，完成全年任务指标的220%（全年任务目标为1400家），总注册资本为138.5亿元，有税企业超500家。4个特色产业企业数累计达到1034家，年内新设、引入185家，其中包括无人机类企业12家（累计71家）、体育科技类企业68家（累计365家）、新能源与节能环保类企业45家（累计306家）、园艺科技类企业60家（累计292家）。培育高新技术企业449家，其中国家高新技术企业160家、中关村高新技术企业395家。全年市级媒体报道65次、区级媒体报道55次。

单位名称：中关村科技园区延庆园服务中心
（延庆区投资促进服务中心）
地　　址：康庄镇紫光东路一号
电　　话：61164927

（王小丽）

【无人机产业】 年内，航天九院“飞鸿”无人机装备产业基地项目签订土地出让合同，筹备各项开工手续。承担工信部《低空智联网通用航空器含无人机的应用演示验证》课题，重点围绕应急救援、重大活动安保、城市物流三个课题开展演示验证任务，通过专家评审，开始组织实施。举办第二届人民安防（八达岭）低空安全峰会，发布试验区建设成果，举办合作项目和入园企业落地签约。成立5亿元规模的无人系统与智能检测基金。无人系统检测中心取得CMA认证和CNAS实验室认可资质。

（王小丽）

【体育产业项目落实】 年内，中国国际露营大会北区服务中心项目完成对延庆重要地标和景区的考察工作，初步选定首农延庆农场或世园公园开展中心的建设。燕羽山精品滑雪场项目初步选址延庆井庄镇燕羽山，企业已初步踏勘。西班牙自行车赛北京赛区项目已完成赛事IP代理公司和服务公司的注册，完成外资企业的迁址。延庆奥莱综合体项目，完成“国际体育文化旅游奥莱综合体—延庆冰雪产业基地”初步策划方案。

（王小丽）

【园艺科技产业】 年内，“首农延庆农场农业航天育种”项目，首农集团延庆农场与国家航天育种成果转化中心、航科慧农（北京）农业科技发展有限公司签署《延庆农场航天种都建设战略协议》，先期航天育种成果展示已经种植完成。中草药标准化种植示范项目，四季林草公司已与康庄镇政府签署合作协议，种植林地面积约3.33公顷（50亩），一般农用地66.67公顷（1000亩）。延彩芍药种苗生产示范项目，初步形成产研销一体化模式，每亩收入3.5万元至5万元。北京市农林科学院与北京夏都园林绿化有限公司共建球宿根花卉种（球）苗扩繁基地。北京未来农场自然农法产业链综合体项目，已在延庆农场开展非转大豆新品种试验、试种工作。

（王小丽）

【新能源与节能环保产业】 年内，氢能创新产业园70MPa加氢站，为2022北京冬奥会、冬残奥会的氢燃料公交和丰田氢燃料车辆提供加氢测试服务。延庆测试中心项目已完成立项备案。完成联想绿色云计算中心项目设计方案。延庆智能配电网增量配电试点项目完成110KV变电站供电报装，获批多规合一协同意见，完成社会风险稳定评价备案审批，正在办理项目水评、环评及项目立项手续。落实2019年延庆区与中电国际签署《绿色氢能产业合作框架协议》，协助配合中电国际旗下中电智慧（绿氢科技）公司加快推动氢能产业园项目建设。对接氢动力（北京）科技有限公司开展氢燃料电池汽车宣传示范应用接驳工作，定制2辆氢燃料电池车，用于延庆城区至延庆高铁站、中关村延庆园定制路线应用场景。延庆智能配电网增量配电业务试点项目正在进行变电站建设工作，已完成设备基础施工，同时进行10kV预制舱体组合安装、站内弧形隧道挖基坑土方、主变基础养护等工作。氢能产业园燃料电池测试厂房建设工作，已完成延庆测试中心项目区经信局备案，完成规自委延庆分局“多规合一”平台会审意见，并取得国管局人防办异地人防建设意见，项目建设规模1500平方米，总投资约7600万元。联想云领绿色云计算中心项目，目前完成项目楼体结构建设95%，完成内部装修施工55%，完成外部市政配套施工35%，完成设备配套施工60%，IT机柜施工安装300余台，累计投入约4亿元。

（王小丽）

【企业扶持资金申请】 年内，共为103家企业申请扶持资金13218.09万元，为67家满六年企业申请2022年度扶持资金5469.44万元，为7家企业52名高管申请高管奖励1251.59万元。对园区企业统计数据进行深度加工和分类汇总，形成延庆园主要经济指标完成情况汇总表，形成《延庆园经济运行情况分析》10期。

（王小丽）

【人才引进服务】 年内，协助园区26家企业引进1名博士、42名硕士、6名本科共计49名非京生源应届毕业生。协助银通投资等5家企业报送5名成熟人才引进申请，协助国药器械等8家企业报送9名留学归国人员引进申请，5名往年申请人员获批落户。协助指导中石油勘探、航天飞鸿、必胜体育、氢动力、中盾创新、雪帮雪业等7家企业重点人才破格办理北京市工作居住证。协调解决7家园区企业7名重点人才子女转学、入学和入园问题。退出天成家园72套房源，新筹集百眼泉小区80套房源，延庆园企业人才公租房数量达到212套。新申报16个人才资助项目，为19个企业人才个人项目兑现人才资助培养支持资金。举办第二期延庆园科创型人才培训班，开展8次专业讲座，培训学员1000余人次。联合区委组织部组织招商部门开展人才政策培训，为华体体育、嘉洋智慧等20多家重点企业和在谈企业进行人才政策解答。联合区人力社保局职业能力建设科定期到园区企业宣讲鹊桥培训、新型学徒制等政策，组织环都拓普、铠钺防护等园区企业开展技能提升培训10个班次1148人次，发放培训补贴48.65万元。定期征集园区企业招聘需求，联合区人力社保局通过网络招聘、定向培养、专项对接、反向推荐等方式，协助66家园区企业招录872名新职工，其中延庆籍人员202人。新建2个妫川人才驿站，投入专项资金建成延庆园电影院、零售超市、美容美发店、健身房、洗车房等配套服务设施。

（王小丽）

【“服务包”企业服务】 年内，统筹全区“服务包”企业集中走访服务活动，利用北京市服务包服务企业平台为全区“服务包”企业提供服务事项全流程网上办理服务，录入并及时更新216家服务包企业基本信息，依托平台系统跟踪督办企业诉求。截至目前，全区累计走访回访“服务包”企业1486家次，其中区领导走访企业324家次，累计召开“服务包”企业协调会119次，开展“服务包”企业政策规划解读培训131次，为89家“服务包”企业提供“双创”、奖励扶持政策资金支持8143万元。企业提出262项诉求，已全部办结。

（王小丽）

【冬奥延庆赛区接驳服务】 年内，冬奥赛事接驳任务包含闭环内接驳及闭环外接驳，接驳人员包括赛事观众、场馆工作人员，接驳线路涉及15家酒店。氢动力科技相关服务人员严格实施北京冬奥会的防疫要求，在整个冬奥服务期全程闭环，同时做好高山滑雪中心缆车因天气等原因停运的应急接驳准备工作。氢动力科技为北京赛区服务90辆，应急备用50辆。氢动力科技为北京赛区和延庆赛区累计减排二氧化碳1260吨。

（王小丽）

【无人装备产业基地落地延庆】 年内，国务院国资委重点项目和北京市军民融合“十四五”重点产业项目“中国航天科技集团九院无人装备产业基地”项目落地延庆区。项目建设主体为航天九院旗下的航天时代飞鸿技术有限公司，总投资超12亿元，分两期建设“1个数字化制造管理平台+4条无人机数字化制造生产线+5个共性能力中心”。其中项目一期新建数字化柔性制造厂房、数字化脉动制造厂房、无人机综合试验中心、无人机装备培训中心和配套设施，打造具有柔性、智能、精细化生产能力的无人机生产线。6月8日，项目土地出让合同正式签订，标志着航天时代飞鸿技术有限公司延庆无人机装备产业基地项目正式进入建设前筹备阶段。

（王小丽）

6月8日，中国航天科技集团九院无人装备产业基地项目落地延庆（中关村延庆园服务中心供稿）

【产业项目合作协议签署10家】 8月24日，“科技赋能园艺，产业助推种业创新发展2022年园艺企业新优产品推介与本地园艺人才学艺展示活动”在中关村延庆园企业之家举行。10家园艺企业、科研院所签署产业项目合作协议。中关村园区中首个园艺板块创新平台——中关村现代园艺产业创新中心落户延庆。

（王小丽）

8月24日，多家园艺企业与中关村延庆园签署合作协议（中关村延庆园服务中心供稿）

【全球创业者峰会延庆参展】 8月26至28日，在中国国际展览中心（新馆）举行HICOOL2022全球创业者峰会。延庆展区以“一核四区”“体育科技”“产业带动人才高地”为主题，介绍延庆区区位优势、产业政策、营商环境、资金支持政策及企业配套服务等，中关村延庆园共8家入驻企业参展，

（王小丽）

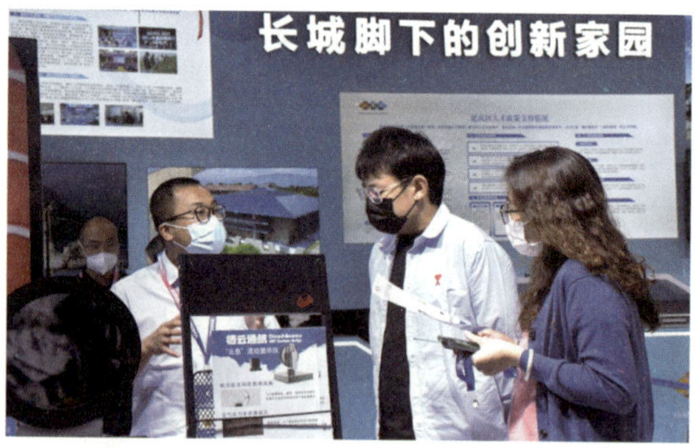

8月26至28日，HICOOL 2022全球创业者峰会延庆展区（中关村延庆园服务中心供稿）

【第二届低空安全峰会在区举行】 9月16日至17日，第二届人民安防（八达岭）低空安全峰会在延庆区举行。此次峰会由延庆区人民政

府、北京安全防范行业协会主办。峰会设主论坛、第四届低空安全高峰论坛和政企对接会3个环节，近100家企业参与。峰会主要内容有：成立新一届无人机专家委员会，汇集10名无人机产业专家，为延庆无人机产业发展提供智力支持。《无人机+产业》新书发布，工信部无人机智联网项目启动、民航低空公共航路应用示范之天路工程项目启动，其中，延庆区联合民航低空地理信息与航路重点实验室共同打造《中关村延庆园低空航路应用》项目，将在全国率先开展低空航路的规划运行及场景开发工作。与驭剑实验室、中国移动成都研究院达成战略合作，将围绕首都低空安全科普教育基地建设、首都特色试飞空域划设、5G网联无人机研发与应用等方向深化合作，共建首都无人机产业生态圈。小鹏汇天、长捷航空、拓扑联创、山东龙翼等10家无人机企业签约落地延庆，预计投资总额3.4亿元。

（王小丽）

9月16至17日，第二届人民安防（八达岭）低空安全峰会在区举行（中关村延庆园服务中心供稿）

【3家企业获市科学技术奖】 11月23日，中关村延庆园3家企业获2021年度北京市科学技术奖。该奖项由北京市人民政府设立，重点奖励为建设国际科技创新中心做出贡献的科技工作者和科技成果。其中，北京美正生物科技有限公司凭借果蔬真菌毒素防控关键技术创制及应用项目，获得技术发明奖二等奖；北京北控京奥建设有限公司、航天时代飞鸿技术有限公司2家企业获得科技进步奖二等奖。

（侯海清）

【15个重点项目落地延庆】 12月9日，“聚力谋远，乘势笃行”中关村延庆园重点项目落地暨“两区”建设签约仪式在企业之家举办，15个重点项目落地延庆，预计形成产值30余亿元。此次签约包括杰诺医学研究（北京）有限公司、北京摩登天空文化发展有限公司等10家优质企业以及尽调云（北京）信息咨询有限公司、北京华彩中延运营管理有限公司等5家优质平台企业。

（王小丽）

12月9日，延庆园重点项目落地暨“两区”建设签约仪式（中关村延庆园服务中心供稿）

【航天宏图信息技术股份有限公司】 航天宏图信息技术股份有限公司（股票代码：688066）成立于2008年，是国内领先的卫星互联网企业，是科创板首批上市企业。公司研发具有完全自主知识产权的遥感与地理信息一体化软件PIE（Pixel Information Expert），拥有国内首个遥感与地理信息云服务平台PIE-Engine，实现遥感基础软件的国产化替代，为政府、企业、高校以及其他有关部门提供基础软件产品、系统设计开发、遥感云服务等空间信息应用整体解决方案。公司总部位于北京，在全国设有150余个分支机构，在西安、成都、武汉、南京、长沙等地建立研发中心。公司现有员工3500余人，其中博士150余人、硕士1300余人、海外留学归国人才及行业专家200余人，工程技术人员占80%以上。拥有国家重点高新技术企业、双软企业、CMMI L5、测绘甲级、系统建设和服务能力评估4级等资质。拥有150余项发明专利和800余项软件著作权。公司基于自有基础软件平台和核心技术，独立承担和参与一系列国家重大战略工程。服务自然资源、生态环境、应急管理、气象、海洋、水利、农业等多个行业部门，提供系统咨询设计、全流程全要素遥感信息分析处理，支撑政府机构实施精细化监管和科学决策；服务金融保险、精准农业、能源电力、交通运输等企业用户，提供空天大数据分析和信息服务；还为其他有关部门提供目标自动识别、精确导航定位、环境信息分析等服务。航天宏图以“科技改变世界 遥感走进生活”为核心使命，秉承“全心服务客户同心共展宏图”核心价值观，科学管理，创新发展，不断提升核心竞争力，实现多领域创新突破。设立奖学金、助学金等方式，推动高校人才培养，用爱心践行企业价值，用行动回报社会。

地址：中关村延庆园风谷四路8号院27号楼6层

电话：13261295752

（朱亚鹏）

【斯贝福（北京）生物技术有限公司】 斯贝福（北京）生物技术有限公司成立于2010年，位于中关村延庆产业园，是由拥有几十年实验动物专业经验的资深专家团队创立，致力于高品质实验动物的生产和开发工作，专业从事生物医学动物模型开发、实验动物微生物和遗传检测、实验动物生物净化和胚胎冻存、实验动物新品系培育等研究工作，为高校、科研院所、医院、生物医药企业等提供一流品质的实验动物和技术服务。公司在北京延庆和江苏太仓分别设有生产和研发基地，设施面积20000余平方米，具有先进水平的隔离与屏障生产车间；拥有研究生学历的核心技术研发团队40余人；专利34件，成功制备新冠模型鼠，拥有成熟的IVF技术，建有自发病基础数据库，具备较强的研发能力。2022年度，公司营收为1.7亿元，纳税702.28万元，年化增长率40%。先后为军事医学研究院生物工程研究所、科兴生物、国药集团北京生物制品等多家部队和地方科研单位供应总量达436万只的实验动物，为新型冠状病毒疫苗研发、药物研发评价、诊断试剂研发提供及时与有力保障。年内，获得北京市专精特新中小企业、北京市专精特新“小巨人”企业、北京市知识产权试点单位、博士后科研工作站、北京市企业创业创新信用领跑企业等资质。与中央民族大学药学院建立教育实践基地。斯贝福共有职工437人，其中延庆籍员工227人，占公司总人数的半数以上。公司获得“中关村瞪羚企业”“中关村高新技术企业”“国家高新技术企业”“中关村百家最具发展潜力与信用企业”“北京市高精尖产业”“北京市医药健康领域重点企业”“北京实验动物行业协会先进集体”“北京市专精特新‘小巨人’”等多项商誉。公司具有北京市科委颁发的《实验动物生产许可证》《实验动物使用许可证》，通过了ISO9001、ISO14001、ISO45001、GB/T 27922—2011以及GB/T29490—2013五体系认证及AAALAC International认证。斯贝福以“奋斗为本，品质至上”为宗旨，秉持“爱信勤和，行学悟成”理念，助力中国科技创新与研发，与中国生命科学共同进步。

地址：延庆区中关村延庆园西康路23号

电话：61160889

（李慧）

【北京九龙制药有限公司】 北京九龙制药有限公司始建于1983年，于1997年入驻开发区，是集研发、生产、营销为一体的高科技企业。注册资金2040万元，占地面积54711平方米。生产车间完全按照GMP标准设计施工。生产设备均为国内的先进制药设备；检验及试验的仪器设备齐全；生产过程中采用了先进的生产监控系统及计算机管理系统，可实现生产的可视监控及自动化管理。公司为GMP认证企业、中关村高新技术企业、ISO9000和ISO14000认证企业。九龙制药拥有国内一流的中药提取设备和技术，可进行高温溶剂提取、低温浸渍、低温梯度渗滤、真空减压浓缩、双效蒸发浓缩、醇沉、乙醇回收、乙醇蒸馏、真空减压烘干等多种方法的中药有效成分的提取。公司现有4种剂型的生产线，即滴丸剂、片剂（薄膜衣）、颗粒剂、口服溶液剂（10ml~200ml）、合剂，共28个品种，其中有12个品种的中药提取。同时，北京九龙制药有限公司与北京中医药大学合作建立研究生培养基地，并合作开发具有自主知识产权的创新药物。2022年上缴税收139.17万元，完成产值达2540.53万元。北京九龙制药有限公司的理念是“诚信、务实、拼搏、奋进”，本着对产品精益求精、对社会承诺负责的态度，做好人，做好药，全力打造“北京药、品质药、放心药”。

地址：延庆区妫水南街13号

电话：69182080

（强振君）

【金果园老农（北京）食品股份有限公司】

金果园老农（北京）食品股份有限公司成立于2006年，是一家集食品深加工、专卖店连锁、OEM品牌运作及产品代理为一体的专业休闲食品加工、销售型企业。公司注册资本6545.22万元，资产总额近3亿元，拥有北京市著名商标“果园老农”自有品牌系列休闲干果食品。2008年、2012年分别在中关村科技园—延庆园、永宁农副产品加工基地，建立2个深加工基地，占地面积约8.67公顷，总建筑面积约30000平方米，引进了世界一流的全自动深加工流水线，其中现代化立体库房12000平方米、具备制药GMP标准的净化车间3000平方米。17年来，累计解决当地就业3100余人次，企业累计纳税总额约3.7亿元。公司已经通过ISO9001质量管理体系认证、ISO22000食品安全管理体系认证、ISO14001环境管理体系认证、HACCP体系认证、职业健康安全管理体系认证、能源管理体系认证及食品工业企业诚信管理体系。公司以果仁、蜜饯、果干三大类为主打产品，主要产品甄选国内外原产地最高品级的新鲜原料，坚持采取“不染色、不漂白、非油炸”的工艺技术，产品秉承“原色、原香、原味”的产品特点。公司产品在北京及北方果仁休闲产品市场中占有较大市场份额，销售渠道已经覆盖到北京98%以上的KA卖场、连锁综超和百货商场，以及近2000家中小型C、D类超市，团购客户1800余家，有100多个外埠市场，线上渠道已覆盖所有主流电商平台（如天猫、京东等）。公司连续17年参加“手拉手·心连心”大型公益活动，每年向希望工程、延庆区爱心专项基金捐款，慰问孤寡老人、残障儿童，帮扶贫困村、抗击疫情医护人员、冬奥保障人员等，已累计捐款捐物1110余万元。公司在“万企帮万村”精准扶贫工作中，深入康庄镇、大庄科乡、千家店镇等12个乡镇，针对农民增收、农产品滞销、剩余劳动力就业等问题进行交流与探讨。与旧县镇签署战略合作协议，形成“农户+经济合作社+龙头企业”的运行模式。针对剩余劳动力就业，拟定出10余种就业岗位。2022年，实现产值9800万元，实现销售额1.58亿元，缴纳税金328万元，精准帮扶就业100余人。

地址：延庆区八达岭镇飞东路1号

电话：84598760转8056

（何子豪）

【北京启迪之星创业加速科技有限公司】

2018年，启迪之星在延庆设立启迪之星·延庆，先后建立启迪之星（延庆）孵化器113区、加速器129区、体育科技创新园177区。结合延庆区域特色、产业定位和启迪之星发展战略特色，建立了“孵化器+加速器”的服务模式，“众创空间—孵化器—加速器—体育科技创新园”全链条的孵化载体，为入驻企业拓展了更广阔的创业空间。启迪之星（延庆）获得北京市级众创空间、北京市科技企业孵化器、北京市创业孵化示范基地、北京市中小企业知识产权集聚发展示范区、国家级众创空间资质认定、中关村高新技术企业等多项挂牌、资质及荣誉奖项。启迪之星（延庆）参与延庆区第支科创基金、第一家院士专家工作站、第一个无人机专家委员会等近10项“第一”的机构设立，累计孵化企业330家，累计带动就业近3000

人，其中延庆籍近600人。

地址：北京市延庆区妫水北街5号院1号楼2号楼启迪之星

电话：61115686

（吴彩云）

【北京胖龙丽景科技有限公司】 北京胖龙丽景科技有限公司成立于2002年，在北京顺义区、通州区和延庆区共有约333.33公顷（5000亩）基地，其中规模化苗圃247.07公顷（3706亩）。引进优良乔灌草植物1500余个品种，拥有智能化温室15000平方米。以24节气72物候自然植物生态规律为指导，以物种多样性促进自然生态健康可持续发展、城市自然生态建设为目标，以提升林木产业科学生产水平为己任，攻克优秀乡土植物的驯化、繁育难题，培育生态功能显著的优质观赏苗木。2016年，北京胖龙丽景科技有限公司被国家林业局纳入国家林木种质资源库体系，定名为北京市海棠国家林木种质资源库，该库是海棠种质资源的异地保存库，占地面积43.3公顷（649.5亩）。主要收集保存国内外野生、栽培、珍贵的苹果属海棠种质资源，并对其植物学特征、物候表现、应用价值进行系统研究和分析，培育拥有自主知识产权的新品种。截至2020年，共收集保存以苹果属观赏海棠为主的种质资源114份，申请良种9个，是国内收集保存观赏海棠品种最丰富的基地。2018年被授予全国中小学生研学实践教育基地、国家高新技术企业。受北京世界园艺博览会邀请进驻并建成“胖龙谧园”，占地30亩。2019年，成立北京胖龙谧园科技有限公司，入驻中关村延庆园。延庆胖龙谧园以国际环球四区植物在北方山区气候环境应用展示为主，建园遵循24节气72物候植物自然生长规律。园区内物种多样，乔木25大类68品种、灌木40大类110品种、宿根87大类160品种、草3大类6品种。物种的多样性有效地促进自然生态建设，筛选优质北方山区气候环境观赏植物，为城市生态文明建设提供有效数据。2020年，胖龙在延庆唐家堡村建立“食花君”农场，对乡土药食同源植物、芳香植物开发引种、展示示范，占地120亩。加强国人对拓荒本草、救荒本草、中草药传统文化的认识，为中小学生及市民面对疫情和灾情实施自救提供基础教育。

地址：北京市延庆区中关村延庆园风谷四路8号院27号楼2473

电话：60481743

（杨晓娟）

【北京远度互联科技有限公司】 北京远度互联科技有限公司成立于2018年，核心团队来自清华大学，致力于成为全球顶尖的工业无人机解决方案供应商。公司研发团队具有15年关键技术积累，是工业及特种无人机赛道唯一完整掌握无人机全产业链关键技术且具备芯片级“智能无人机”研发实力的团队。公司自主掌握飞行控制系统、光电吊舱（EO/IR）、远程数据链、AI机器视觉等关键核心技术，在复合翼无人机领域，长期以来持续引领技术变革和行业应用方向。公司现已形成航电产品、复合翼、直升机、仿真系统等多类成熟产品线，累计为超过20万架无人机提供核心技术支撑，其中复合翼安防巡检类无人机年飞行里程超过200万公里，在包括公安、应急、环保、石油、电力等行业均占据主要市场份额。2022年，公司累计研发投入超3亿元，累计申请知识产权320余项，已授权240余项，其中授权专利190件、发明专利84件、软著22件、商标36件。

地址：延庆区中关村延庆园风谷四路8号院27号楼1916

电话：57784888

（王妍）

（栏目编辑：池尚明）

教育

3月7日，第三中学开展禁毒宣传进校园活动（团区委供稿）

6月26日，全区中考结束（区教委供稿）

6月27日，延庆全区小学复课（区教委供稿）

概 述

北京市延庆区教育委员会（简称区教委）是主管全区教育事业的职能部门。区教委与区委教工委合署办公，代管延庆区人民政府教育督导室。2022年，延庆区教委辖属教育单位82个。其中，幼儿园30所（教育部门办园15所、民办园15所）、小学21所、初级中学9所、完全中学2所、高级中学2所、九年一贯制学校6所、特殊教育学校1所、中等职业学校1所、其他法人单位10个。招生8259人，毕业6837人，在校生33486人。教职工5148人，其中高级职称452人、中级职称1132人。北京市特级教师17人、北京市骨干教师59人、北京市学科教学带头人9人。中小学固定资产总值192420.64万元。设立学区12个（幼儿园4个、小学4个、初中3个、高中1个）。年内，整合延庆第三中学和延庆第四中学优势资源，成立"延庆四中教育集团"；整合3所职成学校，成立延庆区职业学院。推进冰雪运动普及，掌握滑冰滑雪基本技能学生累计3.2万人。9所学校获评国家级、市级冰雪运动特色学校，14所学校获评奥林匹克教育示范学校。评选认定社会大课堂实践基地42家、劳动教育基地10家。联合区公安分局、区交通局、区城管委等部门开展校园周边交通安全设施排查整改工作，聘任公检法系统109名法治副校长，56所中小学、幼儿园实现法治安全教育全覆盖。

单位名称：延庆区教育委员会
地　　址：延庆区高塔街51号
电　　话：69143122

（张美丽　吕少明）

学前教育

【概况】 2022年，延庆区有幼儿园30所（教育部门办园15所、民办园15所）。招生2783人，毕业2381人，在校生9539人。教职工1413人（含民办园465人）。设立学区4个。

（张美丽）

9月15日，延庆八幼正式开园（区教委供稿）

【生态课程研究】 年内，延庆区生态课程以一幼为牵头园，由15所直属园副园长和学前教研室主任16人组成"生态课程项目研究小组"，进行专题培训和行动研究，专题培训活动分为4个专场11个专题，隔周进行，全区幼儿园干部、教师330人参加培训，全年形成11个研究成果。

（李丽华　王尊利）

【全员线上培训】 1月17日至18日，延庆区教委举办"2021年延庆区幼儿园教师全员线上培

3月21日，旧县幼儿园幼儿一日活动（区教委供稿）

训活动”。活动邀请国家级、市级学前教育专家7人，围绕本学期幼儿园课程建设、幼小科学衔接工作、幼儿园一日活动组织与实施以及家园共育4项重点工作开展培训。培训分为“幼儿园骨干教师专业素养提升培训组”“幼儿园教师专业素养及岗位胜任力提升研修班”两组，同时段进行培训，开展7场专题讲座，全区50所幼儿园教师1000人参加活动。

（王尊利）

【幼儿园线上专题会】 12月2日，区教委召开幼儿园线上工作专题会。4个学区牵头园分别汇报新一期学前教育发展提升行动计划中“生态课程建设”“家园共育”“幼小衔接”“一日生活规范”四个专题项目推进情况，区教委相关科室对幼儿居家生活指导、疫情防控、民办园管理等近期重点工作提出建议和要求。全区直属园、校办园以及民办园园长、教学干部、学前研训员100人参加。

（张美丽）

【居家指导优秀案例分享】 12月16日，延庆区教委开展线上“‘疫’路陪伴 赋能成长”幼儿园居家指导优秀案例经验分享活动。8名教师分别进行案例分享。全区幼儿园干部教师以及北京市特级专家300人参加活动。

（李丽华 王尊利）

中小学教育

【概况】 2022年，全区有小学21所、初级中学9所、完全中学2所、高级中学2所、九年一贯制学校6所。招生小学2322人、初中1703人、普通高中1264人，毕业生小学1611人、初中1715人、普通高中993人，在校生小学13837人、初中5597人、高中4079人。教职工小学1469人、中学2024人。中小学固定资产总值192420.64万元。设立学区小学4个、初中3个、高中1个。

（张美丽）

【班主任基本功大赛】 年内，举办第五届延庆区中小学班主任基本功大赛。活动由延庆区教委中教科、延庆区教科研中心德育教研室主办，延庆区中小学9个学区承办。3月21日，以线上方式举办启动会，延庆区中小学41所学校801名班主任全员参加培训。按照学校培训、学区评比、区级选拔3个环节，各学校按照班主任总数的20%比例，推荐优秀班主任到学区参加培训和评选活动。5月，9个学区120名班主任通过线上线下相结合方式参加比赛，比赛分为主题班会方案、带班育人方略、教育故事、情景问答4个环节，共评出一等奖33人、二等奖39人、三等奖48人。

（王尊利）

【优秀班主任培训】 年内，延庆区小学30名优秀班主任参加北京师范大学举办的“心理健康教育能力提升项目”培训。培训围绕“读懂学生成长规律、培养积极心理品质、关注学生心理问题、家校合作协同育人”四个模块进行，共计培训120学时。

（王尊利）

【线上教学】 5月5日，云端开课，延庆区45所中小学22600余名学生全面启动居家线上学习，一线教师利用腾讯会议、钉钉班级群等网络平台线上教学。小学每节课不超30分钟，每天在线时长不超过半天。中学每节课不超45分钟，每天线上教学不超过8节课。

（刘长旺）

【青海玉树学生返乡备考】 5月19日，玉树班39名高三学生和1名藏文教师离开延庆，返乡备考。区教委组织师生于5月16、17、18日连续3天进行核酸检测，配备充足手消液、N95口罩、普通外科口罩、手提袋等防疫物资。延庆五中为学生准备校园生活光盘、毕业照以及各科纸质复习材料，全面做好返乡后的备考工作。

（刘长旺）

【艺术课程标准学习】 5月25日，全区小学音乐教师66人通过腾讯会议方式，进行《义务教育艺术课程标准》（2022版）学习，聘请北京教育科学研究院教师担任主讲专家，10名骨干教师借助思维导图进行分享与交流。

（王尊利）

【特级校长工作室开班】 6月29日，陶汪来、段金星特级校长工作室开班。特级校长工作室以“导师引领做示范，团队合作创特色”为主题，为18名副校级干部开展为期2年的专业培训。

（刘长旺）

6月29日，延庆区特级校长工作室开班
（区教委供稿）

【延庆四中教育集团成立】 7月18日，延庆区第四中学教育集团正式成立。区教委对第三中学、第四中学进行整合，并将第八中学、刘斌堡中学纳入成员单位，组建延庆四中教育集团。延庆四中教育集团是延庆区深化集团办学改革的首个案例。集团强化对人、财、物等优质资源的统筹与共享，促进校际间优质均衡发展。

（刘长旺）

7月18日，延庆四中教育集团成立（区教委供稿）

【中学干部培训】 9月20日，延庆区教委开展中学教学干部培训。围绕“学校如何落实新课标”主题，分5个小组进行研讨交流，中学教学干部40人参加培训。

（张美丽）

职业与成人教育

【概况】 2022年，全区职业成人学校学历教育招生3112人，其中，全日制中职学历教育423人，非全日制学历教育学员2689人（成人中专1076人、成人专科本科1613人）。面向全区开展各类培训8687人次，累计服务1649学时。组织教师参与2个项目90人线上培训活动18次，组织干部、教师继教培训3场。区委教育两委对延庆区第一职业学校、延庆区成人教育中心、北京开放大学延庆分校3所职成学校进行统筹整合，成立“北京市延庆区职业学院”。年内，延庆一职签约3家无人机产业科技公司，在“产教融合、人才培养、课程开发”等方面达成合作协议。北京市依托5所职业院校，建成首批中小学生职业体验中心（劳动教育基地），北京市延庆区第一职业学校为5所院校之一，北京市延庆区第一职业学校《延庆火勺制作》视频获得北京职业院校劳动教育优秀课程资源，《构建“六环节”教学模式，助力区域中小学劳动教育》获得北京职业院校劳动教育典型案例。成教中心在首届北京市老年教育系统文化艺术节文艺作品、书画艺术比赛中获得二等奖和三等奖，延庆一职康柏利老师获得首都精神文明建设委员会举办的第八届首都道德模范提名奖。

（翟爱华）

【课程体系改革线上培训】 3月11日，延庆教委举办职业教育高质量发展背景下的模块化课程体系改革的线上培训会。邀请湖南铁道职业技术学院副院长张莹，从职教改革新要点和提质培优新举措、人才培养方案和“1+X”改革、“书证融通”模块化课程体系构建和课程建设等方面进行讲授。职成教教师138人参加。

（宋佳）

【国际技能大赛获奖】 6月28日，延庆一职5名学生（含2名留学生）参加第二届“丝路工匠”国际技能大赛，在幼儿歌曲表演唱、中文+职业技能比赛和幼儿主题画3个比赛项目中获得特、一、二、三等奖共9个奖项。此赛事由中国、俄罗斯、白俄罗斯、哈萨克斯坦4国教育部门联合主办。

（卫秀宗）

【职业学院成立】 7月20日，北京市延庆区职业学院成立。学院现有在编教职工287人，其中副校级及以上干部9人、学生1416人，其中全日制中等学历在籍生423人、成人非全日制中等学历在籍生1076人、成人非全日制高等学历在籍生917人。学院开设中西餐烹饪、幼儿保育、汽车运用与维修、冰雪体育服务、无人机操控与维护等专业53个。确定4类8个模块58个培训项目，为北京市中小学生提供劳动教育服务。主校区占地6万平方米，建筑面积5.7万平方米，年内为一校3址办学。

（高寒）

青少年课外活动教育

【概况】 2022年，延庆区有校外教育机构2个，即延庆区青少年活动中心和延庆区科学技术馆，两个单位合署办公，占地面积1.58万平方米，建筑面积10755平方米。延庆区青少年活动中心图书馆藏书 2604册，固定资产总值 3322.88 万元。全年教育经费投入 1586.72万元。学校信息化经费投入9.66 万元，拥有计算机101台、网络多媒体教室19 个，校园网出口总带宽 800 Mbps，数字资源量200 GB。开设舞蹈、书画、器乐、体育等 54个专业，招生4500人次。教职工 45人，其中，本科及以上学历43人；副高级职称 1 人、中级职称 17 人。专任教师 26 人，其中，北京市骨干教师1人。延庆区科学技术馆图书馆藏书3991册，电子图书1.2万册。固定资产总值108.6万元。全年教育经费投入561万元。拥有计算机37台、网络多媒体教室2个，校园网出口总带宽100Mbps，数字资源量1070GB。内设展教部门、办公室部门。教职工17人，其中，本科及以上学历17人；副高级职称4人、中级职称8人。专任教师16人，其中，区骨干教师1人。

（赵静　郑艳玲）

【《冬奥有我 志向未来》大赛获奖】 年内，北京市教育学会中小学综合实践活动研究会举办《冬奥有我 志向未来》师生作品大赛，延庆区126份作品参赛。其中学生作品84份、教学设计28份、教学论文14篇。延庆一中马育红、延庆三中石泽北等9名教师获论文一等奖，延庆科学技术馆史霄燕、延庆三小吴双玲等17名教师获教学设计一等奖，延庆八中王凯蓝、延庆五中韩思彤等48名学生获制作类一等奖。

（郑艳玲）

【《国画宫本教材》出版】 年内，北京市延庆区青少年活动中心编写的《“绘雪景 助冬奥 赞延庆”国画宫本教材》由天津人民美术出版社出版。教材内容包括作品欣赏、雪景技法、实践活动、成果展示等。由教师吴建革担任主编。

（赵静）

【校外教师课后服务】 2月24日至4月21日，25名校外教师参与到18所中小学，每周四下午开展课后服务，服务内容包括绘画、书法、合唱、电子琴、舞蹈等13类课程。

（赵静）

【综合实践研讨会】 3月1日，延庆区综合实践专家工作室在延庆区三中召开题为“双减”与综合素质提升——延庆区综合实践工作研讨会。研讨会总结上年活动开展情况，形成2022年综合实践专家研究室工作思路和计划。北京市综合实践专家陶礼光以及延庆科学技术馆、延庆三中、延庆教育科学研究中心、旧县学校相关领导，综合实践课教研员及各校负责综合实践工作的主管干部、教师共82人参加。

（郑艳玲）

【软陶作品大赛】 3月24日，延庆区科学技术馆开展软陶嘉年华中小学生软陶作品大赛。全区21所学校上交作品57件，中学组5件作品获一等奖、6件作品获二等奖、13件作品获三等奖；小学组10件作品获一等奖、8件作品获二等奖、15件作品获三等奖。

（郑艳玲）

【金鹏科技论坛17名师生获奖】 3月26日至5月9日，延庆区科学技术馆组织5所学校参加第22届北京市中小学生金鹏科技论坛，21名学生提交作品。金鹏科技论坛分为作品初评、作品复审、终评答辩三大板块。1名同学获二等奖、10名同学获三等奖、6名教师获优秀辅导员奖、延庆区科学技术馆获优秀组织奖。

（郑艳玲）

【太空种子接收】 4月11日，延庆区科学技术馆在延庆第一中学举行太空种子搭载接收仪式，延庆第一中学、延庆第五中学、延庆第八中学、延庆第二小学部分师生参加。4所学校组成的太空种子实验联盟将在太空种子种植实验中观察记录，进行科学研究。

（郑艳玲）

【线上科技教育辅导】 5月5日至6月1日，延庆区科学技术馆推出“延期返校心不慌，科技活动伴成长”线上科技教育辅导活动。教师结合自己所负责的市区级主题教育活动及兴趣小组课程，围绕人工智能、风筝、创意构建、趣味软陶、种植、观鸟等主题，在科学技术馆微信公众号推出14 期主题活动辅导内容，指导学生利用课余时间自行开展动手实践活动，制作科技作品。

（郑艳玲）

【“加油！小达人”活动】 5月10日至10月28日，延庆区科学技术馆组织全区3077名中小学生，参加“加油！小达人”青少年科学素质竞答主题活动。活动依据《北京市全民科学素养行动规划纲要（2021－2035）》开展。其中小学生参与率83%、初中生参与率17%，308人获奖。第一小学、第二小学、八里庄中心小学、十一学校、小丰营中心小学、第二中学、第八中学、张山营学校获优秀组织学校奖，延庆区科学技术协会、延庆区教育委员会获优秀组织单位奖。

（郑艳玲）

【“科学建议奖”培训】 5月18日，延庆区科学技术馆组织全区26所学校60名科技教师参加“科学建议奖”线上培训。市学管中心高付元教师从设计思路、内容及方法等方面，结合实例讲解科学建议奖项目。

（郑艳玲）

【航空航天模型锦标赛获奖】 7月18日至8月12日，延庆区科学技术馆组织3名学生参加全国青少年航空航天模型锦标赛。比赛前期邀请国际级航空模型世锦赛冠军盛新蒲为主教练、盛昭阳为队伍教练，在延庆世界葡萄博览园开展为期12天的赛前集训。延庆一中曹洵、徐嘉誉、焦佳乐在全国青少年航空航天模型锦标赛3个项目的比赛中获得10个奖项，包括1金、3银、1铜和5块奖牌。

（郑艳玲）

【40名营员参加高校科学营开营式】 7月20日，由中国科协和教育部联合组织开展的2022年青少年高校科学营活动在线上正式开营。延庆区科学技术馆组织全区40名学生参加北京营活动，活动以“科技梦 · 青春梦 · 中国梦”为主题，清华大学分营和北京师范大学分营以线上方式带领营员参观科学博物馆、艺术博物馆，观看原创电影《大学》、原创话剧《马兰花开》、纪录片《张厚粲教授》。40名营员走进中国科学院自动化研究所模式识别国家重点实验室和复杂系统国家重点实验室，参与星际争霸2—AI初探、奇妙计时器、DIY护手霜等实践活动。

（郑艳玲）

【科技展览教育】 8月17日，延庆区科学技术馆开展暑期科技展览教育活动，展览分为《神奇宇宙，探索之旅》天文展、《百年京张，历史跨越》百年京张铁路展、《无人机》航模展和《传承中医国粹，中医药文化浸润青少年心灵》中草药展。科学技术馆、青少年活动中心各兴趣小组2000名学生参观。

（郑艳玲）

【科普进社区】 9月23日，延庆区科学技术馆在格兰一期社区开展“喜迎二十大 科普向未来——科普进社区活动”。活动内容包括展板讲解、科技项目展示、居民现场体验等，参展教师向居民展示软陶、机器人、创意搭建、无人机和玉蝶心语项目。230名社区居民参加。

（郑艳玲）

【中小学生象棋比赛】 9月29日，在延庆区青少年活动中心举行“喜迎二十大 棋坛展风采”2022年延庆区中小学生象棋比赛。活动由教委体美科主办、青少年活动中心承办，全区26所学校256名中小学生参加。延庆第四小学获得小学组第一名、延庆第二中学获得中学组第一名。

（赵静）

【第二十五届学生艺术节合唱比赛】 11月2日，在延庆区青少年活动中心，举办北京市第二十五届学生艺术节集体项目合唱比赛（延庆赛区）和艺术节戏剧（曲）展演活动。合唱比赛各学校以视频展示方式参赛，共有39所学校1324名学生参加。永宁学校、第二小学、第一小学、第四中学等获得一等奖。

（赵静）

【中小学生啦啦操（视频）比赛】 12月3日，延庆区青少年活动中心举办了“2022年延庆区中小学生啦啦操（视频）”比赛活动，全区18所中小学360名学生参加。延庆第二小学获得小学组第一、延庆十一学校获得中学组第一。

（赵静）

特殊教育

【概况】 2022年，延庆区特殊教育中心占地面积1.98万平方米，校舍建筑面积0.40万平方米，运动场地面积1.04万平方米，绿化用地面积4000平方米。图书馆（室）藏书2.32万册、电子图书1万册。固定资产总值2314.80万元，全年教育经费投入170.77万元。学校信息化经费投入15万元，拥有计算机110台、网络多媒体教室1个，校园网出口总带宽100Mbps，数字资源量300GB，“信息技术”课程2课时/周。开设教学班8个（小学阶段6个、初中阶段2个）。毕业6人（小学阶段0人，初中阶段6人）；招生8人（全部为小学阶段）；在校生85人（小学阶段51人、初中阶段34人），其中，听力残疾2人、肢体残疾2人、智力残疾63人、多重残疾18人。年内，延庆区特殊教育中心以“为孩子的自食其力奠基，为孩子的一生幸福铺路”为办学宗旨，以“实施个性化教育，让每个生命都精彩”为办学目标，开展回合制教学、综合实践活动、校本课程纲要的撰写和微景观制作等主题培训。4名教师参加市级特殊教育作业设计评比；1名教师参加全国特殊教育基本功展示活动；“如何落实学生个别化教育计划”论文，刊登在《延庆教育》中。中心组织推门课、展示课、人人献课、研究课100节。推进《包班制下综合课程实施的实践研究》《农村培智学校综合实践活动课程的设计与实施》《培智学校课堂教学中学生沟通策略的实践研究》等科研工作。组建种植小组、环保小组、志愿服务队，参与学校种植活动、废品回收变卖活动、卫生打扫活动；组织学生到北京世园公园、延庆区南山健源、延庆归原有机奶、延庆万达电影、延庆野鸭湖等资源单位参加社会大课堂活动。巡回指导教师对全区30余所学校63名随班就读学生巡回指导，进行评估、课程跟踪、居家训练、教师干预技能、融合宣导等融合教育支持服务。审核并认定16名随班就读学生，其中小学5人、中学8人、幼儿园3人。对8名问题学生进行学习障碍专题案例研究。聘请特教专家开展线上培训，对学区资源中心和资源教室巡视指导。4名专任教师为全区22名重度学生提供送教上门服务。

（周英杰）

【教师培训】 年内，特教中心开展教师培训2次。培训以“心理学知识在生活与工作中的应用”为主题，开展心理健康培训和消防安全培训。全体教师80人次参加。

（周英杰）

【回合制教学培训】 年内，特教中心开展回合制教学系列培训活动。培训内容包括回合制教学的不同阶段、回合制教学中辅助及撤销、如何记录回合制教学训练数据、观摩回合制教学视频等。全体专任教师200人次参加。

（周英杰）

【学生社会实践】 年内，特教中心组织学生参加社会实践活动。走进北京世园会、南山健源、万达影院、野鸭湖湿地公园、归园有机奶庄、湿地公园博物馆，开展采摘蔬菜、品尝水果、绘画制作、观看电影、冰皮月饼制作、爱绿护绿活动。参加区图书馆组织的“家书情长，添彩冬奥”展演活动，在北京世园公园1号门点火处参加冬残奥会火炬接力活动。300余人次参加。

（周英杰）

【新冠防疫培训】 4月7至8日，特教中心组织开展疫情防控培训活动。培训内容包括解读最新《北京市中小学校新冠疫情防控重要事项工作手册》、讲解消毒配比、演练呕吐包的使用。开展发生发热病例的应急处置以及对教室消毒、呕吐物处理等进行全程演练。全体教职工40人参加。

（周英杰）

【书法绘画作品征集】 9月14日，特教中心开展“喜迎二十大，教师展风采”特教教师书法绘画作品征集活动。评出一等奖3人、二等奖5人、三等奖7人。

（周英杰）

【残疾人运动会获奖】 9月16日，特教中心学生代表延庆队参加北京市第十一届残疾人运动会智力障碍组的旱地冰壶、桌上迷你冰壶比赛，分别获得团体第四名和第六名，8名学生参加此次比赛获奖。

（周英杰）

【实践课观摩】 9月30日，特教中心组织31名教师观摩“丰收了”“着火了怎么办”“剪窗花”“动作训练”4节综合实践引路课，课后进行研讨，从目标的把握、方法的选择、实施过程、目标达成等角度进行评课。

（周英杰）

教育管理

【中小幼配备法治副校长】 年内，区委教育工委、区教委、区委政法委、区法院、区检察院、区公安分局和区司法局等部门共同制定法治副校长工作联席会议制度，统筹做好法治副校长的推荐、聘任、培训、考核、评价、奖励等工作。全区56所中小学、幼儿园配备109名法治副校长。法治副校长负责协助学校开展法治教育、法治实践、学生保护、安全管理、预防犯罪、依法治理等工作，每年在任职学校承担或者组织不少于4课时的法治实践教育活动，聘期三年，期满可续聘。

（张美丽）

【新冠肺炎疫情防控】 年内，第八中学、第四幼儿园、沈家营中心小学、北京邮电大学世纪学院、永宁幼儿园、第二小学、姚家营中心小学、西屯中心小学、珍珠泉中心小学、大庄科中心小学多所学校开展疫情防控应急演练，实现校园“零感染”目标。3～11岁人群第一针接种率96.52%、全程接种率91.91%，12～17岁人群全程接种率98.47%，教职工加强针接种率98.34%，60岁以上退休教师第一针接种率89.5%。

（张美丽）

【“双减”落实】 年内，全区无证学科类培训机构动态清零，学科类培训机构由56址压减至11址，非学科类机构由137址规范至117址；各校分别与教师、学生、家长签订“双减承诺书”，通过会议、调研、微信、致家长一封信等多种途径进行100%全覆盖“双减”政策宣传；出台课堂教学、作业、手机、睡眠和读物“五项管理”办法，建立考试评价等8个长效机制；开展课后活动200余项，学生参与率100%，保证学生每天1小时体育锻炼和不少于1课时的答疑辅导；义务教育学校均设置“作业公示栏”，作业统筹更加合理，作业数量大幅减少，学生、家长作业管理满意度98.72%；4所城区小学为全区有需求小学生提供暑期托管服务。区人大常委会对延庆区贯彻落实“双减”政策工作开展专项评议，学生、家长、教师等社会各界问卷调查整体满意度98.8%。

（张美丽）

【师资队伍建设】 年内，延庆区教委引进优秀干部教师24人，精准补充紧缺师资153人，教师全职交流轮岗345人，调整校级干部121人，编外用工由上年563人压减至418人，与北京教育学院、北京第二外国语学院等首都高校合作，年度培训干部教师8000人次。1人入选教育部乡村优秀青年教师培养奖励计划，1人入选国家“万人计划”教学名师。评选区级优秀教师、优秀教育工作者171人，10人获评北京市优秀教师、优秀教育工作者称号。

（张美丽）

【教师资格认定】 年内，延庆区教委认定教师资格364人，其中初级中学教师资格认定36人、小学教师资格认定195人、幼儿园教师资格认定133人。

（张美丽）

【教师招聘153人】 年内，录用教师153人（京籍108人、非京籍45人）。其中高中教师28人、初中教师20人、小学教师47人、幼儿教师57人、直属单位1人。

（张美丽）

【重点工程建设】 年内，完成刘斌堡中学、八幼、庆园分园、四幼分园、旧县幼儿园、永宁和平街分园新建、改扩建项目并投入使用，增加学位1500个，满足适龄儿童少年入园入学需求。一职新校区和4所学校风雨操场建设项目完工；太平庄小学附属幼儿园完成主体结构施工；北京市八一实验学校、一中宿舍楼及食堂、四中体育馆、三中改扩建项目实现开工建设；世园小学、一幼分园新建和第三小学改扩建等项目正在办理前期手续。

（张美丽）

【接诉即办】 年内，共接工单1006件，解决率94.02%，满意率96.24%，在全区委办局中平均排名第十七名，在全市教育系统平均排名第六名。

（张美丽）

【市教委领导到区调研】 1月13日，市教委主任刘宇辉带队到区调研教育教学工作。强调，延庆作为冬奥会三大赛区之一，要在扎实扎牢立德树人根本任务的同时，紧紧抓住历史机遇，充分挖掘自身资源、潜力、特色，大力发展奥林匹克教育和青少年冰雪运动，树立延庆自己的教育品牌。区领导于波、马红寰陪同调研。

（韩丹）

【延庆教师参加国务院座谈会】 1月21日，延庆区八里庄中心小学教师王小苹参加国务院教科文卫体界人士和基层代表座谈会。座谈中，王小苹汇报区域教育工作，围绕学生心理健康教育、为教师减负、教师编制管理等方面提出建议。

（张美丽）

【平安校园建设】 9月，全区各中小学、幼儿园开展平安校园建设工作。对校内大型广告牌、大型设施设备和水电气进行专项安全检查，利用班队会对班级管制刀具等危险物品进行全面排查。开展“我眼中的火焰蓝”消防安全系列活动。开展应急安全疏散、阳性病例应急处置桌面推演等活动。

（张美丽）

【师生收看党的二十大直播】 10月16日，延庆区教育系统干部师生通过多种形式收看中国共产党第二十次全国代表大会直播盛况。教工委机关党委组织机关党员和“两代表一委员”在教委报告厅集中收看直播，其他基层党组织采取适当方式自行安排党员干部教师收看，学习领会党的二十大精神。全系统5000人参加。

（张美丽）

【第四届工间操比赛】 10月，延庆教委举办第四届工间操比赛。以“喜迎二十大 教师展风采”为主题，设广播体操、花样滑冰操和创编操3项比赛，各单位自愿参加，自选其中一项，上交参赛视频。教育系统53个单位参赛，其中40个单位参加广播体操比赛、4个单位参加花样滑冰操比赛、9个单位参加创编操比赛，评选出一等奖10个单位、二等奖12个单位、三等奖13个单位。

（宋佳）

教育督导

【概况】 2022年，延庆区人民政府教育督导室有专职责任督学50名。督导室加强督学队伍建设，组织责任督学进行业务培训。按照各项要求严格对学校进行督导，帮助学校发现问题，督促学校整改，切实发挥督导作用。完成市区两级经常性督导工作、幼儿园办园质量督导评估、春季和秋季开学专项督导、学前教育发展状况监测等工作。协助市教委完成2022年教育工作满意度调查。

（康艳宁）

【幼儿园办园质量督导评估】 年内，延庆教委开展2022年幼儿园办园质量督导评估工作。对第一轮评估未认定等级的9所幼儿园进行评估。第一轮评估时间为2019至2021年，2022年全市要求各区对第一轮未认定等级的幼儿园开展复评工作。专家组参照园所自评材料及家长满意度调查结果，对照评估标准与评价要点进行实地评估，于12月底初步确定9所幼儿园的评估等级，认定4所合格，仍有5所不合格。2023年1月初将区级工作报告及评估结果拟认定等级上报至市教委。

（康艳宁）

【疫情防控和“双减”督导】 年内，依据国家、市级相关文件要求及督导任务，32名中小学挂牌责任督学通过实地巡视、查阅档案、走班听课、随机访谈等方式，对全区中小学职业学校进行入校实地督导，共进行20轮次“疫情防控”和“双减”督导检查。发现问题883个，全部完成整改。

（康艳宁）

【学前教育监测统计】 4月，延庆教委依据相关文件精神，统筹协调安排教委、公安局、卫计委等单位开展学前教育发展状况数据采集工作，根据北京市学前教育发展状况监测统计表的具体分工填报数据。区教委、区政府教育督导室完成数据的核对、汇总、审核、上报工作。

（康艳宁）

表5：延庆区学校和幼儿园一览表

序号	名称	地址	办公电话
幼儿园			
1	北京市延庆区第一幼儿园	北京市延庆区西街11号	69103284
2	北京市延庆区第二幼儿园	北京市延庆区百莲路10号	61117601
3	北京市延庆区第三幼儿园	北京市延庆区延庆镇新城街133号	69172957
4	北京市延庆区第四幼儿园	北京市延庆区高塔街49号	69101580-8218
5	北京市延庆区第五幼儿园	北京市延庆区百泉街道舜泽园小区内	81197900
6	北京市延庆区第六幼儿园	北京市延庆区延庆镇西关村北	60166646
7	北京市延庆区第七幼儿园	北京市延庆区庆园街82号院23号楼	69106211
8	北京市延庆区第八幼儿园	北京市延庆区功德巷6号	61118022
9	北京市延庆区第九幼儿园	北京市延庆区大榆树镇博园东路4号	69106465
10	北京市延庆区庆园幼儿园	北京市延庆区香水园街道庆园街65号	69103258

续表

序号	名称	地址	办公电话
11	北京市延庆区永宁幼儿园	北京市延庆区永宁镇东街14号	60192005
12	北京市延庆区康庄幼儿园	北京市延庆区康庄镇文汇街1号	61163651
13	北京市延庆区旧县幼儿园	北京市延庆区旧县镇北门外大街13号	61151965
14	北京市延庆区沈家营幼儿园	北京市延庆区沈家营镇冯庄路口北	61183898
15	北京市延庆区八达岭幼儿园	北京市延庆区八达岭镇西拨村北	69129964
16	北京市延庆区司家营幼儿园	北京市延庆区延庆镇司家营村	69108697
17	北京市延庆区博苑幼儿园	北京市延庆区东外大街68号	81196292
18	北京市延庆区人文大学附属幼儿园	北京市延庆区康庄镇西官路1号	61169882
19	北京市延庆区五星幼儿园	北京市延庆区延庆镇东屯村东	81179628
20	北京市延庆区诚远幼儿园	北京市延庆区延庆镇孟庄村建东小区甲3号	61122569
21	北京市延庆区育才幼儿园	北京市延庆区康庄镇商业街51号	61168608
22	北京市延庆区红苹果幼儿园	北京市延庆区新城街10号	69189962
23	北京市延庆区三育幼儿园	北京市延庆区延庆镇西街2号	69182437
24	北京市延庆区丫丫幼儿园	北京市延庆区旧县镇商业城C区123号	61151069
25	北京市延庆区小枫树幼儿园	北京市延庆区妫水北街22号二层三层	61118480
26	北京市延庆区博雅世园幼儿园	北京市延庆区世园村北一街5号院1号楼	56821073
27	北京市延庆区博雅万科幼儿园	北京市延庆区沈家营镇天成中路1号院18号	15011468749
28	北京市延庆区泛美幼儿园	北京市延庆区新龙中街6号	69106365
29	北京市延庆区园博幼儿园	北京市延庆区康庄镇天庆路287号	81196292
30	北京市延庆区莲花池幼儿园	北京市延庆区延庆镇莲花池村东	69184485
小学			
1	北京市延庆区西屯中心小学	北京市延庆区延庆镇新白庙村北	61111890
2	北京市延庆区八里庄中心小学	北京市延庆区延庆镇八里庄村南	61121811
3	北京市延庆区小丰营中心小学	北京市延庆区康庄镇小丰营村	81187470
4	北京市延庆区太平庄中心小学	北京市延庆区康庄镇马营村东	69130174
5	北京市延庆区大柏老中心小学	北京市延庆区旧县镇大柏老村村西	61151980
6	北京市延庆区姚家营中心小学	北京市延庆区张山营镇姚家营村	69110567
7	北京市延庆区四海中心小学	北京市延庆区四海镇四海村	60187283
8	北京市延庆区千家店中心小学	北京市延庆区千家店镇后沟村33号	60188403
9	北京市延庆区沈家营中心小学	北京市延庆区沈家营镇冯庄路口北	61132021
10	北京市延庆区大榆树中心小学	北京市延庆区大榆树镇大榆树村259号	61182347
11	北京市延庆区井家庄中心小学	北京市延庆区井庄镇井庄村	61191704
12	北京市延庆区西二道河中心小学	北京市延庆区井庄镇西二道河村南	61180360
13	北京市延庆区大庄科中心小学	北京市延庆区大庄科乡大庄科村东	60189814
14	北京市延庆区刘斌堡中心小学	北京市延庆区刘斌堡乡刘斌堡村东	60181013
15	北京市延庆区珍珠泉中心小学	北京市延庆区珍珠泉村村东	60186413
16	北京市延庆区第一小学	北京市延庆区延庆镇杨家胡同42号	69108972
17	北京市延庆区康庄中心小学	北京市延庆区康庄镇一街村南	61164741
18	北京市延庆区第二小学	北京市延庆区高塔街62号	69175158
19	北京市延庆区第三小学	北京市延庆区延庆镇东外大街66号	69103581
20	北京市延庆区第四小学	北京市延庆区延庆镇南菜园二区	81198749
21	北京市延庆区靳家堡中心小学	北京市延庆区张山营镇靳家堡村	69190712
中学			
1	北京市延庆区康庄中学	北京市延庆区康庄镇榆林堡村东	61164849
2	北京市延庆区体育运动学校	北京市延庆区延庆镇赵庄村北	69101175

续表

序号	名称	地址	办公电话
3	北京市延庆区八达岭学校	北京市延庆区八达岭镇西拨子村北	69129508
4	北京市延庆区旧县学校	北京市延庆区旧县镇旧县村西	61152127-8246
5	北京市延庆区沈家营中学	北京市延庆区沈家营镇冯庄村北	61133071
6	北京市延庆区大榆树中学	北京市延庆区大榆树镇大榆树村30号	61183693
7	北京市延庆区下屯学校	北京市延庆区大榆树镇下屯村北	61110495
8	北京市延庆区井庄中学	北京市延庆区井庄镇艾官营村南	61191948
9	北京市延庆区刘斌堡中学	北京市延庆区刘斌堡乡刘斌堡村东	01060180629
10	北京市延庆区十一中学	北京市延庆区延庆镇西关村北	69140195
11	北京市延庆区香营学校	北京市延庆区香营乡香营村西	60161845
12	北京市延庆区第四中学	北京市延庆区香苑街110号	69149438
13	北京市延庆区第八中学	北京市延庆区延庆镇广积屯村甲5号	69175356
14	北京市延庆区永宁学校	北京市延庆区永宁镇东门外	60171305
15	北京市延庆区张山营学校	北京市延庆区张山营镇下卢凤营村	69113386
16	北京市延庆区第三中学	北京市延庆区香苑街106号	69149438
17	北京市延庆区第二中学	北京市延庆区延庆镇菜园南街19号	81196606
18	北京市延庆区第一中学	北京市延庆区高塔路5号	69182699
19	北京市延庆区第五中学	北京市延庆区湖南东路10号	81198943
特殊教育			
1	北京市延庆区特殊教育中心	北京市延庆区张山营镇中羊坊村西	81183889
职业教育			
1	北京市延庆区第一职业学校	北京市延庆区湖南东路8号	69185797

（栏目编辑：池尚明）

文化

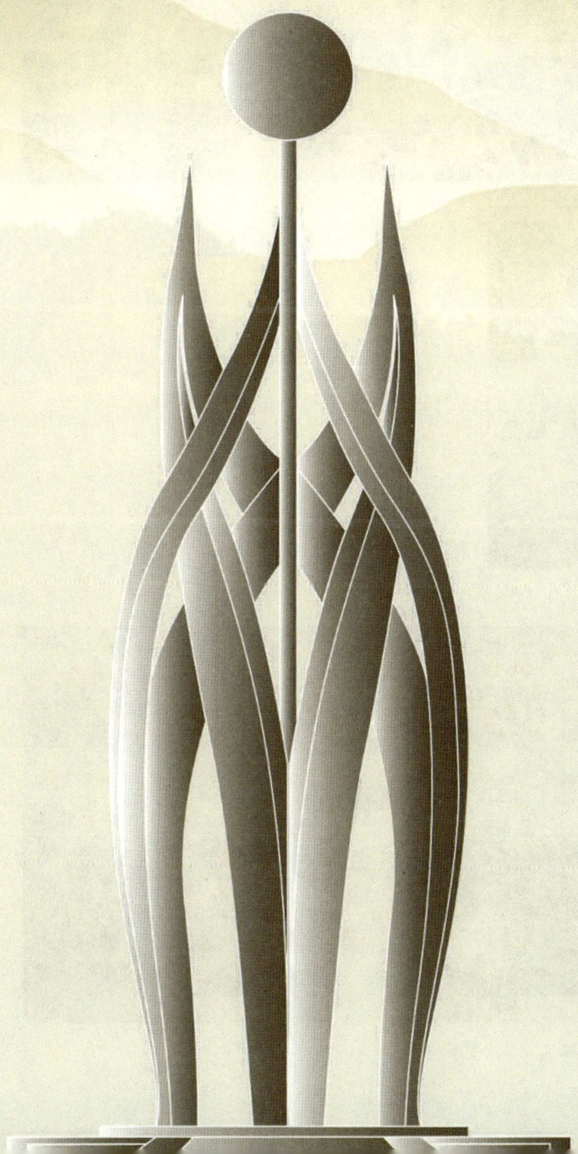

1月1日至2日，区文联组织摄影家协会会员对延庆赛区形象景观进行拍摄（区文联供稿）

9月1日至5日，服贸会文旅服务专题延庆展区在首钢园2号馆开展（区委宣传部供稿）

9月9日，举办“喜迎二十大 欢度中秋节”书法笔会（区文联供稿）

10月16日，区文联组织13家文艺协会代表观看党的二十大开幕式（区文联供稿）

概 述

2022年，全区各类文物遗存点486处，其中国家级文物保护单位4处（长城延庆段、万里长城八达岭段、京张铁路南口至八达岭段、古崖居）、市级文物保护单位9处［玉皇庙山戎墓遗址、永宁天主教堂、木化石群、北关龙王庙、灵照寺、花盆村戏台及关帝庙、大庄科辽代矿冶遗址群、八达岭士陵园、北京长城及其遗迹（延庆区八达岭镇北齐段）］、区级文物保护单位115处。年内，全力做好冬奥会服务保障工作，编制发布《延庆区落实〈长城国家文化公园（北京段）建设保护规划〉实施方案（征求意见稿）》《居庸路及黄花路重点组团延庆片区详细规划》。推进京张铁路康庄站文物保护和展示利用工程，根据专家意见修改完成文物保护方案和资金评审，完成设计、施工、监理单位招标工作，确定具体实施单位并安排现场会审。截至年底，全区累计修缮城堡19座（包括南寨坡）、墙体21892.23延米（包括水关长城）、敌台103座（1—13号、14—55号、65—88号、106—107号、东红山敌台）、烽火台10座。安装技防项目19项，涉及46座敌台、10989延米墙体及109508余平方米城堡。完成图书流转60余万册、农村公益电影放映1.5万余场；举办公益性惠民文化演出、展览、培训等各类群众文化活动2500场；完成65个村级文化活动室修缮；创编《让冰雪照亮梦想》《冰在舞 雪在烧》等70余个精品舞蹈节目。

单位名称：延庆区文化和旅游局
地　　址：延庆区妫水北街72号
电　　话：81191198

（闫吉利）

文化活动

【全民阅读活动】 年内，区图书馆开展全民阅读活动372场、37992人次参与。其中线上活动274场、23748人次参与，线下活动92场、4580人次参与，线上线下相结合活动6场、9664人次参与。

（闫吉利）

【八达岭长城数字纪念票上线】 1月1日，八达岭长城数字纪念票上线。纪念票为全国首款数字纪念票，以八达岭长城为主体，描绘“北国风光，千里冰封，万里雪飘”的壮观画面。当日通过支付宝小程序发售纪念票10万张。

（侯海清）

【第二届“绿美京华”主题摄影展】 1月20日，以“为冬奥加油，展首都风采”为主题的第二届“绿美京华”主题摄影展在世园公园中国馆开展。展品是从12000余幅来稿中精选的200幅优秀作品。主题摄影展紧扣“共建美丽北京 共享绿色生活”的主题，从全民义务植树、新农村建设、城市风貌、风景园林、野生动植物及人与自然和谐共生等不同角度，用丰富的摄影语言和技巧，充分展现全市的绿化成就和首都日新月异的生态文明建设成果。

（王密）

【冬奥会期间延庆文化表达】 1月至2月，在冬奥会筹办举办期间，延庆在火炬传递、冬残奥颁奖广场主舞台设计等关键环节融入“旱船、竹马”等延庆文化元素；举办“长城脚下过大年”活动，高标准制作轮播5集中英文年文化视频；向冬奥村等涉奥点位制作选送百幅延庆优秀长城主题摄影作品和1000套冬奥主题剪纸窗花；在25个涉冬奥点位设置“长城礼物”角并展销632款延庆特色文创产品，展现传统文化魅力；推出的冬奥礼物——“明小兵长城滑雪笔筒”等文创产品受到广泛关注。

（阎国平）

【《登上长城的100位外国元首》视频第一期发布】 2月11日，《登上长城的100位外国元首》系列微视频第一期15集，经由外交部审核通过后，在北京新闻中心举办发布仪式。该系列微视频由市委宣传部联合中国公共外交协会、延庆区委宣传部、八达岭长城管理处自2020年8月开始制作。主要依托八达岭长城近70年的视频资料，以及外事接待中的珍闻逸事，计划拍摄100集。首批发布的15集人物短片，全部场景选取自八达岭长城接待印度尼赫鲁、美国尼克松、英国伊丽莎白二世、巴基斯坦马姆努恩·侯赛因等15个外宾的视频资料。通过中央和市级媒体的Facebook、Twitter、YouTube、ins等海外账号，泰国、捷克、土耳其、埃及和巴基斯坦等国际传播渠道，以及中央媒体全媒体平台，进行多语种、全球化宣传推广。

（阎国平）

【线上元宵节花会展演】 2月15日，延庆区线上元宵节花会展演活动在北京世园公园举办。活动以“福满京城 春贺九州”为主题，通过与八达岭长城休闲街区、世界葡萄博览园、阪泉体育公园、珍珠泉村文化广场4个分会场的连线互动，集中展示区内17支花会节目。活动通过央视频、中国网、今日头条等近20家知名新媒体平台直播，513万人次线上观看。

（闫吉利）

【“世园杯”鸟类生态摄影公开赛】 3月18日，2022北京世园公园观鸟季暨“世园杯”鸟类生态摄影公开赛在世园公园开幕。比赛面向社会大众，由北京世园公园与鸟网共同举办。旨在为全民享受观鸟乐趣、感受自然之美搭建交流平台，提供适宜环境和场地，同时为北京世园公园留下真实的生态影像资料与记录。

（王密）

【世界读书日活动】 4月20日，“4·23”世界读书日暨2022年延庆区全民阅读活动启动仪式举行，2大板块11项重点阅读活动正式启动。活动以“书香延庆·阅向未来”为主题，邀请著名作家曹文轩老师做主旨演讲并开展线上直播互动，现场发布《妫川文集》，组织行业代表发出全民阅读倡议。在冬奥文化广场开设书香市集，设置数字阅读、换书大集、迷你阅读等专区，换出图书、刊物200余本。打造互动和沉浸式阅读体验，在街乡分馆、基层图书室、中小学、实体书店及特色阅读空间，通过阅读分享、互动体验、讲座诵读等特色活动，立体化传播延庆书香文化，提升“书香延庆”品牌影响力。北京出版集团及区相关领导出席，首都图书馆及区相关部门、乡镇街道、延庆乡亲志愿服务代表、实体书店代表、作家协会代表等70余人参加。活动覆盖18个街乡分馆、405个代表基层图书室。活动当天，通过“北京延庆APP”直播线上观看人数24768人次。区图书馆18个街乡分馆开展主题活动41场，14家实体书店和特色阅读空间开展各类阅读活动28场。

（阎国平 闫吉利）

【北京端午文化节线上活动】 5月31日至6月5日，以“和满京城 奋进九州”为主题的北京端午文化节线上活动在延庆区文化馆微信公众平台举办。端午文化节以“‘粽’情端午 线上过节”为特点，开展涵盖民俗知识、手工技艺及旅游资源等内容的线上推广传播活动。活动邀请民俗专家等各界知名人士，讲述端午背后的历史文化；开展包粽子、制香囊、制五彩绳等民俗教学；推出线上龙舟竞赛和知识竞答；全面展示端午节的爱国情怀和传统习俗。活动期间吸引近万个家庭、2万余人次关注或参与。

（闫吉利）

【首届露营文化节】 7月16日至10月8日，以“绿色生活、美丽家园”为主题的首届露营文化节在北京世园公园举办。其间共设12个以“十二星座”命名的营地，总占地面积28万平方米。公园推出各类活动30余场，包括房车、木屋、自助、音乐营地、湿地等特色露营住宿旅游产品，露营+景区（+酒店、+研学、+体育、+音乐、+购物）等复合型业态集中呈现，可同时为3300名游客提供1096个营位。8月7日，2022全国露营大会北京世园公园站开幕。

大会旨在打造“创新露营+运动时尚”的新型旅游休闲产业，把户外露营和体育运动体验等内容结合在一起，让游客感受到集“生态、体育、旅游”为一体，并且高度融合的“露营+体育”盛会。

（王 密）

【中国长城博物馆“以展代存”】 7月，中国长城博物馆5741件（套）文物搬迁完毕，并“以展代存”展览百余件重点文物。其中区博物馆临展厅约100平方米，共有长城博物馆37件三级以上精品文物展出；区灵照寺有神威大将军炮等79件重量级文物展出。观众可通过数字化VR全景影像线上参观中国长城博物馆重点文物陈列。

（阎国平）

【“勇士部落”落户世园公园】 8月4日，在第二届京张体育文化旅游带发展论坛上，世园公司与盛力世家（上海）体育文化发展有限公司签署合作协议，由盛力世家打造的户外运动综合体验项目基地——“勇士部落”落户北京世园公园，为包括斯巴达勇士赛在内的多项户外运动提供落地平台，标志着斯巴达勇士赛成为北京世园公园的固定项目。8月至10月期间，在北京世园公园举办勇士部落活动44场，涉及5个周末和国庆假日共17天，包含斯巴达、强悍泥人、野放计划以及狗巴迪4个品牌，34911人参加活动。

（王 密）

【3E智能设计全国总决赛在世园公园举办】 8月7日，第二届3E国际青少年智能与创意设计大赛全国总决赛在北京世园公园中国馆开幕。赛项包括创意设计与智能应用两个大类，重在考察智能应用与创意设计两大未来智能时代人才发展的核心能力。300余位各年龄段的选手在总决赛中比拼功能设计、智能处理、创意拼装等素养和技能。

（王 密）

【区首座公园内书屋开放】 8月26日，全区首座公园内书屋——夏都书屋开放。书屋位于延庆区夏都公园内，占地面积10000平方米，建筑面积560平方米，现有各类藏书3000余册。设置功能性阅览室5个，面向市民提供免费阅读服务。夏都书屋是由区园林绿化局园林管理中心投资建设的常年性、公益性阅览书屋，为广大市民提供阅读休闲的优美环境，成为延庆文旅融合新名片。

（侯海清）

【八达岭长城民俗文化节】 8月28日，以“传承民俗文化 印象长城脚下”为主题的首届长城民俗文化节在八达岭镇石佛寺村开幕。石佛寺舞龙、旱船、坠胡等延庆非遗项目精彩亮相，国家级非遗项目“八达岭长城传说”北京市传承人池尚明老师现场讲述长城民俗。活动现场设置民俗展览、民俗市集、民俗体验、民俗美食四大板块24个展位，展销延庆特色美食火勺、火盆锅、豆腐宴；传统手工艺品毛猴、堆绣、面人，还有长城文创产品以及当地特色农产品等，让当地群众和游客感受长城民俗的知识性、趣味性和长城文化的丰富内涵。人民网、北京日报、BRTV北京新闻等媒体进行报道，微博百万级网红博主现场直播，83.2万人次线上观看。

（阎国平）

8月28日，2022八达岭长城民俗文化节在八达岭镇石佛寺村举办（区委宣传部供稿）

【八达岭长城高峰论坛】 8月28日至29日，2022八达岭长城高峰论坛活动在延庆奥林匹克园区举办。作为2022北京长城文化节的重要组成部分和收官活动，论坛在市委宣传部、中国长城学会指导下，由市文物局、延庆区政府共同主办。活动以“保护、传承、发展、共生”为主题，由“主题论坛、高山对话、圆桌对话和夜访长城”四个部分组成。突出成果展示、交流互鉴、文旅融合，充分展现北京市长城文化带和长城国家文化公园建设成果。市委宣传部、市文物局以及相关领域知名学者、长城沿线各省市驻京代表、全市各区代表等近100人参加活动，共同为国家文化公园背景下的长城保护与发展建言献策。

（阎国平）

8月28日，八达岭高峰论坛在延庆奥林匹克园区开幕，图为高山对话现场（区文旅局供稿）

【区文创企业亮相海淀文创市集】 8月30日至31日，第27期海淀文创市集在768创意产业园举办。文创市集活动是第十届北京惠民文化消费季的重要内容之一，也是延庆区深化延海合作的重要举措。区4家文创企业携长城文创、艺术版画等精美物品进行展销。

（阎国平）

【2022“独山夜月”中秋文化节】 9月9日，延庆区2022年“独山夜月”中秋文化节活动举办。活动以“月圆京城 情系中华”为主题，用极具传统节日文化内涵及延庆文化特色的古典歌舞朗诵，融合现代潮流电音表演，体现“独山夜月”古典与现代、温婉与激昂的诗画之美。活动过程中设置传统月饼制作、盆窑陶艺、“妫水农耕”品牌展示、文旅推介等环节，宣传展示传统民俗文化，助推农业产业与区域旅游融合发展。活动在北京日报、北京青年报、北京延庆客户端等平台同步直播，在线观看量突破500万人次。

（阎国平）

9月9日，延庆区2022年“独山夜月”中秋文化节在妫州牡丹园举办（区委宣传部供稿）

【“抗战时期党风廉政建设展”专家审展通过】 9月27日，区退役军人事务局在平北抗日烈士纪念园筹办的《光辉典范——抗日战争时期党风廉政建设展》通过中国抗战史研究会专家审展。展览分为“积基树本 赓续前行、臻于至善 光辉典范、常抓不懈 警钟长鸣”三个部分，全面展现抗战时期中国共产党党风廉政建设的艰辛路程和光辉成就。

（侯海清）

【《江山如画》北京专场在八达岭长城录制】 10月1日，由延庆区委宣传部参与、在八达岭长城录制的《江山如画》系列交响音乐会北京专场正式播出。北京专场在长城脚下奏响恢宏乐章，带领观众感受音乐的魅力和长城的雄浑壮阔。著名指挥家余隆携中国爱乐乐团以《今天是你的生日》和《红旗颂》拉开《江山如画》系列交响音乐会的序幕，并作为第一期在央视音乐频道和综艺频道播出。

（夏超）

【重阳文化活动】 10月3日，“孝满京城 德润人心”延庆区新时代文明实践2022年重阳节文化活动在百里山水画廊举办。开展“情满重阳节、百年老树祈福、体验汉服文化、登高赏景林间品茶、网红打卡拍照”五大主题活动。设置1个主会场、2个分会场和3个网红打卡地。北京榜样和延庆榜样代表、千家乐助老志愿服务队代表、当地村民以及游客欢聚一堂，共同感受浓厚的重阳文化。

（兰玉芳）

10月3日，“孝满京城 德润人心”新时代文明实践2022重阳节文化活动（区委宣传部供稿）

【首届文创市集】 10月，延庆与海淀两区联手打造“潮玩有约”北京世园公园首场文创市集。聚合两区体验类、文创类、传统非遗类等文化文艺精品，推广长城礼物、红楼梦、纳兰性德等文化品牌，旨在促进两区文化交流、助推中小微文化企业稳步发展。活动中，八达岭长城文创、中国邮政、红楼梦精雅生活馆、豫游纪、美研君等11家文化企业展销百余种文创精品，为游客带来文化消费新体验。

（阎国平）

【2人获评“金牌讲解员”称号】 12月7日，市文旅局2022年北京红色故事讲解员大赛“金牌讲解员”10人名单正式公布。平北抗日烈士纪念园选送的讲解员黄珊珊和少先队员志愿讲解员王家卫获评“金牌讲解员”称号。

（侯海清）

文化行业管理

【文化市场管理】 年内，区文旅局共检查文化娱乐、文物宗教、旅游市场4081家次，双随机703家次，立案11起，罚款3.2万元。

（闫吉利）

【行政审批】 年内，区文旅局共受理行政审批事项27项。包括娱乐场所设立变更延续4家，营业性演出审批4项，文艺表演团体设立变更延续10项，有线电视站、共用天线设计、安装经营单位变更延续2家，有线广播电视传输覆盖网工程建设及验收审核4家，艺术品经营单位备案3家。

（闫吉利）

【基础文献资源建设】 年内，区图书馆图书文献资源总藏量为612646册件。其中总馆459954册件、分馆152692册件。总馆新增图书文献资源22798册件，流转到分馆图书文献资源201879册件。订报刊52种59份，全年报纸入藏登到9413份、期刊入藏登到3512册。

（闫吉利）

【基层图书馆建设】 年内，区图书馆共为社会图书室服务47次，借书22756册，还书34357册，新建社会图书室10个。全年共向分馆调拨图书201879册。全年完成辅导培训480人次。

（闫吉利）

【村级文化设施建设】 年内，区文旅局为全区村级文化设施进行修缮维护，以较小投入有效解决65个文化活动室面临的地面破损、屋顶漏雨、门窗陈旧等急难问题，显著改善设施使用现状。

（闫吉利）

【区文化馆获评国家一级馆】 1月24日，文化和旅游部公共服务司发布第五次全国文化馆评估定级上等级文化馆名单。北京市共计13家文化馆获评国家一级馆，延庆区文化馆名列其中。

（闫吉利）

【17家书店入选市扶持项目】 1月，市新闻出版局公布2021年北京市实体书店扶持项目入选名单。延庆区中信自然书店、芒果24h文创书店等8家实体书店上榜，并获得扶持资金99.89万元。12月22日，市新闻出版局公布2022年北京市实体书店扶持项目入选名单。延庆区新华书店、年轻之光共享书店等9家实体书店榜上有名。年内，在市区两级政策支持下，实体书店建设成效显著。全区每万人拥有实体书店0.95家，全年开展线上+线下阅读活动300余场次。

（阎国平）

【三件文化大事入选推荐案例】 6月29日，市委宣传部举办“全国文化中心建设2021年度十件大事”评选活动。共征集160个案例，其中28个案例入围网络投票。延庆区的“八达岭长城遗产评估入选世界遗产保护管理示范案例、八达岭镇及岔窑村入选全国乡村旅游重点村镇名录、延庆奥林匹克园区正式落户”等3件文化大事入选28个推荐案例。

（阎国平）

【4家企业获评市级版权保护示范单位】 6月29日，市委宣传部举行北京市版权保护示范单位授牌仪式，为获得北京市2021年版权保护示范单位的12家单位授牌。区延广融媒文化发展有限公司、阳光与海音乐文化传播有限公司和北京睿德布克文化传播有限公司等3家企业获得授牌。10月，北京市2022年16家版权保护示范单位名单公布，延庆区阳光芒果教育咨询有限公司名列其中。

（阎国平）

【《行走妫川·乡村记忆》摄影展】 9月30日，区文化馆举行“喜迎二十大·影像话妫川”暨《行走妫川·乡村记忆》摄影展。摄制组历时五年，走进全区各行政村、自然村，行程5万余里；拍摄照片12万余张，留存各角度照片1万余张、航拍照片和视频资料1500余份；完成村介文字版175个、录像版125个；为记录延庆乡村发展变化留下大量珍贵的影像资料。此次展出作品140余幅，展期17天。集中展示延庆农村历史人文和发展成就，展现乡村美好记忆和人民幸福生活。

（阎国平）

文　物

【明万历垛顶砖在国家版本馆展出】 年内，中国长城博物馆文物藏品——明万历垛顶砖，在中国国家版本馆中央总馆展出。中国国家版本馆是国家版本资源总库和中华文化种子基因库，全面履行国家版本资源保藏传承职责，于2022年7月30日开馆。垛顶砖为长城专家成大林捐赠，长37厘米，底边长29厘米，高16厘米。

（阎国平）

【长城石碑数字化保护】 年内，北京长城文化研究院等研究团队对延庆区54块长城石碑进行数字化保护，应用微痕提取数字识别技术对10块石碑开展微痕提取，共采集长城碑刻54块、数据约924GB、基础文件23000多条，形成研究报告7万余字，涉及城工碑、阅视鼎建碑、诗碑等多种类型。

（闫吉利）

【文物档案数字化管理】 年内，区博物馆对区级以下不可移动文物进行档案信息化管理，规范保护标志标识体系及属地管理规章制度等相关工作，数字化管理平台可实现线上管理和统计。

（闫吉利）

【长城抢险加固工程】 年内，全区4项抢险加固工程全面完成。包括延庆长城71号、104号敌台，105号（鸳鸯楼）、40号城堡（双营城）以及八达岭长城附属建筑（水关、岔道城）工程。其中的双营城堡始建于明代，占地面积7万余平方米，由土夯构筑而成，四周城墙总长1124米。是延庆域内现存较为完整的长城防御军堡，曾是电影《地道战》《三进山城》的取景地。城堡历经多年风雨侵蚀，墙体部分残缺开裂，存在安全隐患。经抢险加固后消除险情。

（闫吉利　阎国平）

【长城保护员培训】　年内，区文旅局组织长城保护员业务培训。围绕长城植被处理、游客不安全的拍照和乱扔垃圾、长城本体相关知识等15个板块内容，以视频课形式开展线上、线下专题培训，134人参训并通过考核。

（闫吉利）

【文物工作会】　1月25日，延庆区2022年文物工作会在区博物馆召开。会议对2021年文物工作进行总结，对2022年特别是冬奥会冬残奥会期间文物工作进行部署，提出建立向区政府定期汇报文物巡查整改情况工作机制、加强重点长城遗产保护、加强文物信息向基层传递、文物资源活化利用等要求。区委宣传部、区政府相关领导出席会议。

（阎国平）

【区文物局挂牌】　1月26日，北京市延庆区文物局挂牌仪式在区文化和旅游局举行。根据北京市委编办精神，北京市延庆区文化和旅游局加挂北京市延庆区文物局牌子，承担全区文物保护规划管理相关工作。北京市文物局和区政府相关领导为延庆区文物局揭牌。

（闫吉利）

【八达岭长城保护方案和规划获批】　7月，八达岭长城北七楼地基危岩体抢险加固工程勘察报告和设计方案获北京市文物局复核通过（京文物〔2022〕853号）。项目被列入《延庆区落实〈长城国家文化公园（北京段）建设保护规划〉实施方案（2021—2023）》中区级重点项目。10月27日，《八达岭长城保护规划》获国家文物局批复并由市文物局正式公布。规划范围70.4平方千米，规划期限14年（2022—2035），全文共16章。性质属于全国重点文物保护单位专项规划，作为国家级长城重要点段规划，也是世界文化遗产的保护管理规划，是指导八达岭长城文物及世界文化遗产保护管理工作的法规性文件。

（康海涛）

【市文物局领导调研】　11月3日，市文物局党组书记、局长陈名杰到区调研中国长城博物馆改造提升工程国际方案征集工作，了解改造提升工程进展和国际方案征集工作开展情况，并重点听取3家公司关于设计方案的汇报。区领导于波、叶大华等参加。

（阎国平）

表6：全国文物保护单位一览表

序号	名称	年代	地点	批次	公布时间
1	长城八达岭	明	八达岭镇	第一批	1961年3月
2	延庆境内明长城	明	八达岭等11乡镇	第七批	2013年3月
3	古崖居遗址	不详	张山营镇东门营	第七批	2013年3月
4	京张铁路八达岭段	1909年	八达岭镇青龙桥	第七批	2013年3月

表7：北京市文物保护单位一览表

序号	名称	年代	地点	批次	公布时间
1	玉皇庙山戎墓遗址	不详	张山营镇玉皇庙村	第五批	1995年10月1日
2	永宁天主教堂	清	永宁镇阜民街村	第六批	2001年7月12日

续表

序号	名称	年代	地点	批次	公布时间
3	木化石群	侏罗纪	千家店镇辛栅子村东	第六批	2001年7月12日
4	北关龙王庙	清	延庆镇北关村	第七批	2011年3月7日
5	灵照寺	清	儒林社区湖北西路7号	第七批	2011年3月7日
6	花盆关帝庙建筑群	清	千家店镇花盆村	第七批	2011年3月7日
7	大庄科辽代矿冶遗址群	辽	大庄科乡	第九批	2021年8月28日
8	八达岭士陵园	1954年	八达岭镇岔道村	第九批	2021年8月28日
9	北京长城及其遗迹（延庆区八达岭镇北齐段）	北齐	八达岭镇	第九批	2021年8月28日

表8：延庆区文物保护单位一览表

序号	名称	年代	地点	批次	公布时间
1	西五里营龙王庙	清	张山营镇西五里营	第一批	1984年6月16日
2	西五里营西楼	清	张山营镇西五里营	第一批	1984年6月16日
3	西阳坊惨案纪念碑	1995年	张山营镇西阳坊	第一批	1984年6月16日
4	胡家营戏楼	清	张山营镇胡家营	第一批	1984年6月16日
5	中阳坊戏楼	清	张山营镇中阳坊	第一批	1984年6月16日
6	二毛子坟	1900年	延庆镇老白庙	第一批	1984年6月16日
7	积善桥	清	延庆镇三里河	第一批	1984年6月16日
8	杜家坟	清	延庆镇上水磨村	第一批	1984年6月16日
9	赵庄关帝庙	清	延庆镇赵庄	第一批	1984年6月16日
10	李四官庄石刻	明	延庆镇李四官庄	第一批	1984年6月16日
11	李尚书坟	明	延庆镇二区北	第一批	1984年6月16日
12	东红寺戏楼	清	康庄镇东红寺	第一批	1984年6月16日
13	东红寺戏楼	明	康庄镇东红寺	第一批	1984年6月16日
14	岔道烈士陵园	1954年	八达岭镇岔道	第一批	1984年6月16日
15	岔道万人坑	1943年	八达岭镇岔道	第一批	1984年6月16日
16	营城子龙王庙	民国	八达岭镇营城子	第一批	1984年6月16日
17	分修边墙题名碑	明	八达岭镇水关长城	第一批	1984年6月16日
18	石佛寺石雕造像群	元明	八达岭镇石佛寺村	第一批	1984年6月16日
19	五桂头及弹琴峡	明	八达岭镇三堡村北	第一批	1984年6月16日
20	望京石及天险	明	八达岭镇八达岭村	第一批	1984年6月16日
21	分修长城题名碑	明	八达岭镇长博等	第一批	1984年6月16日
22	清水河分界碑	明	八达岭镇岔道	第一批	1984年6月16日
23	石佛洞石佛	明	八达岭镇岔道东沟村	第一批	1984年6月16日
24	狮子营石刻	清	永宁镇狮子营	第一批	1984年6月16日
25	山戎墓葬群	西周	永宁镇罗家台等	第一批	1984年6月16日
26	莲花池石刻（石狮）	唐	文物所	第一批	1984年6月16日
27	平北疗养所遗址	1941年	大庄科乡车岭村西	第一批	1984年6月16日

续表

序号	名称	年代	地点	批次	公布时间
28	莲花山八仙庙	清	大庄科乡莲花山	第一批	1984年6月16日
29	延庆西街石刻（石狮）	明	文物所	第一批	1984年6月16日
30	儒学训导碑	明清	文物所	第一批	1984年6月16日
31	缙阳寺功德碑	辽	文物所	第一批	1984年6月16日
32	石峡石刻（石狮）	元	文物所	第一批	1984年6月16日
33	姚家营戏楼遗址	清	张山营镇姚家营	第一批	1984年6月16日
34	永宁旧城遗址	明	永宁镇永宁	第一批	1984年6月16日
35	黑龙潭及其览胜碑	明	八达岭镇岔道	第二批	1985年1月1日
36	小寺遗存（上卢凤营铁钟）	清	张山营镇上卢凤营	第二批	1985年1月1日
37	白马泉	不详	延庆镇三里河	第二批	1985年1月1日
38	八仙洞	不详	张山营镇松山林场	第三批	1993年2月1日
39	应梦寺	辽	文物所	第三批	1993年2月1日
40	姚家营洞穴遗址	不详	张山营镇姚家营	第三批	1993年2月1日
41	平北司令部遗址	1941年	张山营镇海沟村	第三批	1993年2月1日
42	路家河遗址	旧石器	张山营镇路家河村	第三批	1993年2月1日
43	藏文摩崖石刻	元	八达岭镇特区院内	第三批	1993年2月1日
44	窑湾烈士纪念碑	1984年	井庄镇窑湾	第三批	1993年2月1日
45	白河堡分界碑	清	香营乡白河堡水库西壁	第三批	1993年2月1日
46	出入民人恩准碑	清	四海镇印刷厂内	第三批	1993年2月1日
47	四海革命烈士碑	1949年	四海镇四海中学	第三批	1993年2月1日
48	天门关摩崖石刻及碑	明	四海镇天门关村	第三批	1993年2月1日
49	珍珠泉	不详	珍珠泉乡珍珠泉村	第三批	1993年2月1日
50	金刚寺	元	龙庆峡管理处	第三批	1993年2月1日
51	神仙院	明	旧县镇龙庆峡	第三批	1993年2月1日
52	烧窑峪摩崖造像	明	旧县镇烧窑峪村	第三批	1993年2月1日
53	菜木沟遗址	旧石器	千家店镇菜木沟村	第三批	1993年2月1日
54	滴水壶	不详	千家店镇沙梁子村	第三批	1993年2月1日
55	沙梁子龙王庙	清	千家店镇沙梁子村	第三批	1993年2月1日
56	文昌宫碑	清	千家店镇千家店小学	第三批	1993年2月1日
57	山南沟胡家坟	清	刘斌堡乡山南沟村	第三批	1993年2月1日
58	孔化营菩萨庙	明	永宁镇孔化营	第三批	1993年2月1日
59	古家窑新石器遗址	新石器	千家店镇古家窑村	第三批	1993年2月1日
60	董家沟佛爷庙	明	大庄科乡董家沟村	第三批	1993年2月1日
61	劈破石	不详	大庄科乡劈破石村	第三批	1993年2月1日
62	白龙潭纪念碑	1988年	大庄科乡白龙潭	第三批	1993年2月1日
63	孙庄地堡	1937年	沈家营镇孙庄村	第三批	1993年2月1日
64	沈家营21号地堡	1937年	沈家营镇	第三批	1993年2月1日
65	沈家营1号地堡	1937年	沈家营镇	第三批	1993年2月1日
66	上花园地堡	1937年	沈家营镇上花园村	第三批	1993年2月1日
67	黄龙潭龙王庙	明	永宁镇上磨村	第三批	1993年2月1日

续表

序号	名称	年代	地点	批次	公布时间
68	韩郝庄一号地堡	1937年	张山营镇韩郝庄	第四批	1995年11月10日
69	韩郝庄二号地堡	1937年	张山营镇韩郝庄	第四批	1995年11月10日
70	古城口地堡	1937年	旧县镇古城村	第四批	1995年11月10日
71	巾帼英雄纪念碑	1990年	井庄镇柳沟村	第四批	1995年11月10日
72	果树园烈士纪念碑	1966年	井庄镇果树园村	第四批	1995年11月10日
73	平北抗日纪念碑	1989年	平北抗日战争纪念馆	第四批	1995年11月10日
74	上花园地堡	1937年	沈家营镇上花园村	第四批	1995年11月10日
75	91917部队地堡	1937年	151部队	第四批	1995年11月10日
76	佛峪口七孔洞遗址	不详	张山营镇佛峪口村	第五批	1998年12月8日
77	狐狈沟洞穴遗址	不详	张山营镇水峪村	第五批	1998年12月8日
78	商周村落遗址	周商	张山营镇胡家营村	第五批	1998年12月8日
79	石佛寺	清	八达岭镇水关长城	第五批	1998年12月8日
80	金鱼池	不详	八达岭镇	第五批	1998年12月8日
81	五桂头山洞	清	八达岭镇三堡村北	第五批	1998年12月8日
82	五郎影摩崖造像	不详	八达岭镇三堡村北	第五批	1998年12月8日
83	六郎像摩崖造像	元	八达岭镇青龙桥	第五批	1998年12月8日
84	八达岭碉堡	1939年	八达岭镇林场一带	第五批	1998年12月8日
85	香村营遗址	商周	沈家营镇香村营村	第五批	1998年12月8日
86	李明英雄纪念碑	1984年	旧县镇白草洼村	第五批	1998年12月8日
87	榆林堡古城遗址	明	康庄镇榆林堡村	第五批	1998年12月8日
88	千家店革命烈士碑	1967年	千家店镇桥南路边	第五批	1998年12月8日
89	千家店朝阳寺	清	千家店镇千家店村	第五批	1998年12月8日
90	烂角朝阳洞遗址	不详	张山营镇大庄科村	第五批	1998年12月8日
91	烂角焦家洞遗址	不详	张山营镇大庄科村	第五批	1998年12月8日
92	永宁南关关帝庙	清	永宁镇南关	第六批	2003年12月29日
93	东屯真武庙	清	延庆镇东屯村	第六批	2003年12月29日
94	下营崇善寺	清	张山营镇下营村	第六批	2003年12月29日
95	南寨坡遗址	明	大榆树镇南寨坡	第六批	2003年12月29日
96	大营烽火台	明	康庄镇大营村	第六批	2003年12月29日
97	和平街火神庙	清	永宁镇和平街	第六批	2003年12月29日
98	永宁南关龙王庙	清	永宁镇南关	第六批	2003年12月29日
99	西五里营关帝庙	清	张山营镇西五里营	第七批	2010年7月1日
100	岔道戏楼	清	八达岭镇岔道村	第七批	2010年7月1日
101	岔道关帝庙	清	八达岭镇岔道村	第七批	2010年7月1日
102	朝阳寺石佛	明	张山营镇西阳坊村	第七批	2010年7月1日
103	中羊坊龙王庙	清	张山营镇中羊坊村	第七批	2010年7月1日
104	中羊坊关帝庙	清	张山营镇中羊坊村	第七批	2010年7月1日
105	寺沟摩崖造像	不详	张山营镇张山营村北	第七批	2010年7月1日
106	岔道城隍庙	清	八达岭镇岔道村	第七批	2010年7月1日
107	香村营土地庙	清	沈家营镇香村营村	第七批	2010年7月1日

续表

序号	名称	年代	地点	批次	公布时间
108	四司青龙潭	不详	永宁镇四司村	第七批	2010年7月1日
109	黄龙潭	不详	永宁镇上磨村	第七批	2010年7月1日
110	和平街三义庙	清	永宁镇和平街	第七批	2010年7月1日
111	延庆基督教堂	清	延庆镇解放街	第七批	2010年7月1日
112	丁香谷观音摩崖石刻	元	八达岭林场	第七批	2010年7月1日
113	丁香谷三世佛摩崖石刻	元	八达岭林场	第七批	2010年7月1日
114	释迦牟尼佛摩崖造像	不祥	张山营镇佛峪口村	第七批	2010年7月1日
115	东门营泰山庙	清	张山营镇东门营村	第七批	2010年7月1日
116	东门营关帝庙	清	张山营镇东门营村	第七批	2010年7月1日
117	西五里营三义庙	清	张山营镇西五里营	第七批	2010年7月1日

文学艺术

【概况】 延庆区文学艺术界联合会（简称区文联）是区委、区政府联系全区广大文艺家和文艺工作者的桥梁和纽带，履行“团结引导、联络协调、服务管理、自律维权”基本职能。年内，区文联组织摄影家协会会员对延庆冬奥村，延庆赛区高山滑雪、雪车雪橇中心的形象景观及夜景进行为期2天的拍摄，总计拍摄照片2000张。区舞蹈家协会参加第九届北京国际标准舞大赛，28名代表入围市级决赛，区舞蹈家协会荣获优秀组织奖。北京市延庆区、西城区和河北张家口市三地文联共同策划，在北京民族文化宫展览馆举办“一起向未来·走进北京2022冬奥会”第五届书画摄影作品交流展，展出270余幅美术、书法、摄影作品。在永宁泽润公益图书园，举办“缙山文脉”许复之先生书法纪念展。在2022年第2期《妫川》杂志，集中刊登抗“疫”文艺作品。北京作家协会组织小说创作委员会作家40余人来延庆采风，区作家协会做好接待工作，协调组织部分会员参加采风活动。举办“喜迎二十大 欢度中秋节”书画笔会。区文联音乐家协会合唱部成立“延庆区妫川爱乐合唱团”。

单位名称：延庆区文学艺术界联合会
地　　址：延庆区西街1号
电　　话：69101291

（郭强）

【生态环保主题摄影大赛】 年内，举办“打造生态宜居地，建设最美冬奥城”2021年度生态环保主题摄影大赛。活动由区文联、区环保局主办，区摄影家协会承办。收到作品616幅，30幅作品进入线上展，由网友进行投票，共14848人参加投票，投出选票18926张。1月20日，评选出一等奖1名、二等奖2名、三等奖3名、优秀奖10名。

（郭强）

【书法家协会迎冬奥送“福”下乡】 1月8日至春节前夕，区文联组织书法家协会会员，分成5组，分赴全区18个街乡，开展迎冬奥送“福”下乡活动，为全区各乡镇社区居民书写春联5000余副。

（郭强）

1月8日，区书法家协会迎冬奥送“福”下乡活动（区文联供稿）

【三地文联作品交流展】 1月11日，由延庆区、西城区和河北张家口市三地文联共同策划的“一起向未来·走进北京2022冬奥会”第五届书画摄影作品交流展，在北京民族文化宫展览馆开幕。参展作品以冰雪题材为主，弘扬中国传统文化和奥运精神，展示中国冰雪运动发展成果。活动持续至2月6日，共计展出美术、书法、摄影作品270余幅。

（侯海清）

【书画摄影展】 1月21日，北京市文联区（局）、产（行）业文联品牌活动引导项目——北京市延庆区委宣传部主办，北京摄影家协会、延庆区文联、延庆区文化馆协办，延庆区摄影家协会承办的“大美长城·助力冬奥”摄影展在延庆区文化馆展厅展出，展期28天。此次展览精选48位会员的120幅作品，长城题材和冬奥题材各占一半。1月，区文联和中国文化产业促进会科技文化委员会合作推出“艺润妫川 助力冬奥”3D线上书画艺术展，展出10期，展期1个月。2月18日，由区委宣传部主办，延庆区文联携手西城区文联共同推出“庆冬奥”书画摄影展，展览汇集两区美协、书协、摄协艺术家们的实力作品，并邀请少年儿童参与书画创作，共200余幅美术、书法、摄影作品入围参展。7月1日，区文联组织“喜迎二十大·赞歌献给党”主题创作线上展览，区书法家协会、美术家协会、摄影家协会、诗词楹联学会展示各类作品160余幅（首）。展览分4期展出。12月，区文联连续推出6期《聚焦冰雪欢乐季，打卡最美冬奥城——延庆区文联摄影家协会冰雪摄影作品展》。

（郭强）

【“妫川文集”做客北京电台】 2月16日，“妫川文集”责任编辑及区作家协会负责人做客北京人民广播电台《读书俱乐部》节目，从“妫”字的渊源与延庆、多彩地域文化孕育出多元文学、妫川文学发展现状等5个方面畅谈妫川文学。

（郭强）

【区文联收到冬奥委感谢信】 3月24日，区文联收到北京2022年冬奥会和冬残奥会组织委员会发来的感谢信，信中说：“在冬奥筹办举办工作中，贵单位连续五年为广大机关工作人员送福字、送楹联，送上满满的新春祝福，为办好冬奥会和冬残奥会提供了有力支持、做出了重要贡献。”

（郭强）

【文艺进校园活动】 4月1日，区作家协会、区美术家协会与八达岭中学联合开展“小手牵大手，共绘美好家园”文艺进校园活动。由区内艺术家授课，通过看动漫、放幻灯片等形式，讲授绘画色彩知识、创作与生活的关系。

（郭强）

【《妫川文集》新书发布会】 4月21日，“书香满京城，一起向未来”暨《妫川文集》新书发布会在京版大厦D座12A想心空间举行。发布会由北京出版集团北京伦洋图书出版有限公司主办，伦洋公司总经理刘仑向国家图书馆、百万庄图书大厦各捐赠一套《妫川文集》。全民阅读倡导者、领读人聂震宁从全民阅读角度对《妫川文集》予以肯定。北京老舍文学院常务副院长周敏从文学评论角度肯定《妫川文集》的高水准创作。区作协主席周诠讲述延庆作家的写作初衷。《妫川文集》展现延庆作家群坚守文化传承、扎根故乡土壤，从文学与影像角度传播北京文化，着力书写长城文化带上

“最美冬奥城”的当代故事。全书共十二卷，涵盖诗歌、散文、小说、报告文学、摄影艺术等多种体裁，是近年来延庆区优秀文学艺术作品的集中呈现。北京出版集团、国家图书馆、百万庄图书大厦相关负责人以及房山、昌平区文联，密云、延庆区作协等代表参加活动。

（郭强　阎国平）

【组织观看“与人民同行”特别节目】 5月23日，区文联组织全区各文艺家协会的会员居家观看由中国文联主办的“与人民同行”——纪念毛泽东同志《在延安文艺座谈会上的讲话》发表80周年特别节目。区文联协调区融媒体中心下载相关视频并签署版权保护协议，于5月23日在延庆电视台综合频道和北京延庆APP同步播出。

（郭强）

【文艺下乡志愿服务系列活动】 8月，区文联派出由作家协会、摄影家协会、民间文艺家协会和文化艺术交流促进协会会员组成的文艺志愿者小分队共计15人，走进张山营镇开展“到人民中去”文艺下乡志愿服务系列活动，历时7天，完成各类演出培训活动30余场。

（郭强）

【文艺助力创城】 8月，区文联开展“文艺助力文明城区创建”活动，组织区内各文艺家协会和广大文艺工作者创作摄影作品50余幅、书法40余幅、美术40余幅、诗词100余首、散文10余篇，通过《延庆报》和“北京延庆”新媒体陆续刊发。

（郭强）

【《妫川》季刊走进夏都书屋】 10月19日，区文联发挥资源优势，将《妫川》文艺季刊送进夏都书屋，同时将区文联编辑出版的诗歌、小说、散文等多种文学体裁，书画、摄影作品集等10余种书籍赠送夏都书屋。

（郭强）

融媒体建设

【概况】 北京市延庆区融媒体中心（简称区融媒体中心）是区政府直属事业单位，归口区委宣传部领导。年内，区融媒体中心创建“红色示范”“融媒示范”“科技示范”“传承示范”4个示范党支部。《延庆报》全年刊发155期654个版面，包括专版278个、增刊49个。重点报道了冬奥会和冬残奥会举办、疫情防控工作、党的二十大等。其中，北京冬奥会和冬残奥会新闻宣传共1068条次，开设“冬奥有我”“冬奥来了”等专栏，疫情防控宣传共刊发新闻545条次，开设“打赢疫情防控阻击战　延庆在行动”专栏。学习宣传贯彻落实党的二十大精神等相关报道20余篇，开设“喜迎二十大”“学习二十大”“二十大精神在延庆”等专栏。对标市级媒体开设“奋进新征程 建功新时代”“奋斗者正青春”以及两区建设、疏整促、创城等专栏，及时报道全区重点工作和中心工作的最新进展。延庆电视台综合频道全年播出《延庆新闻》《天气预报》《聚焦时分接诉即办特别节目》《最美冬奥城》《一周新闻综述》《延庆人说延庆事》《印象妫川》《追寻红色印记》《消费GOGOGO》《健康延庆》《法庭内外》《中医话健康》《延庆教育》等节目。其中，《延庆新闻》播出365期，推出了《主播说冬奥》版块。开设74个专栏，包含“学习宣传贯彻党的二十大精神”“创建全国法治政府建设示范区”“优化营商环境 延庆在行动”“乡村振兴新气象”“我为群众办实事”“站在文明新起点 共建最美冬奥城”“党建引领促发展 凝心聚力谱新篇”“文明城区在行动 创城为民办实事”“聚焦‘两区’建设”等多个方面，播出各类挂牌新闻近2000条，总计播出3500余条。延庆电视台综合频道自制和征集播出公益广告达80余部，播放1700条次。内容涉及创建文明城区、创建全国健康促进区、乡村振兴、抗疫、环保、孝老敬亲、光盘行动、垃圾分类、消防安全、地质灾害安全预防、电信诈骗、依法纳税、人口普查、交通安全等众多方面。延庆人民广播电台FM92.8全年播出13档栏目，其中，原创节目《延庆新闻》《快乐调频928》《生活导航》《美丽延庆新农村》《佳作欣赏》《大东说消费》《长耳朵听故事》《最美冬奥城》8档，联办栏目《市场监管进万家》1档，引进节目《广播剧场》《小说连续广播》《百家评书》《名家讲坛》4档；原创及引进公益广告共32条，内容涵盖创建文明城区、创建全国健康促进区、乡村振兴、社会主义核心价值观、孝老敬亲、文明出行等。北京延庆APP推出"交通动态"专题，及时发布雨雪后公共交通通行信息，便于市民第一时间获取公交信息，保障市民安全出行和城市平稳运行。同步联动北京交通广播新媒体以及北京延庆微信、微博，拓宽群众获取信息渠道。"北京延庆"客户端下载量达到134585人，已超过区常住人口的38.9%，活跃粉丝数达到下载总量约10%，总发稿量达到12.99万条；北京延庆微信公众号拥有粉丝17万，同比去年增长21%，日均发布微信约7条；北京延庆微博拥有粉丝26.3万，日均发布信息约4条，全年共发布1377条，总阅读量约1089万；政务号平台发布信息日平均8条，全年总条数为3248条，全年总阅读量71.5万，北京号推端北京日报全年热点80余次；北京延庆抖音号，日均发布视频2条，全年总浏览量1000万；北京延庆快手号，日均发布视频2条，全年发布730余条，总浏览量4500余万；短视频平台汇聚阅读量约5500万。区融媒体中心广播电视发射塔加固维修项目完成竣工验收。区融媒体中心北京新视听小站项目（视听科技体验项目）被北京市广播电视局评为新视听公共服务典型案例；被北京市爱国卫生运动委员会办公室授予北京市控烟示范单位荣誉称号；在新华社新闻信息中心、新华社县级融媒体研究中心组织的2021年度全国县融中心优秀奖项评选活动中，荣获北京地区优秀协作奖；在2021年度北京市区级融媒体中心收听收看优秀作品评选中，《我与冬奥》微纪录片被评为冬奥主题宣传优秀作品；在"四季旅行"2021年活动中荣获"美好生活记录者"特别奖项；在新华社新闻信息中心、新华社县级融媒体研究中心组织评选发布的全国县融中心2022年第三季度优秀案例中入选主题报道板块优秀案例。获评"中国县市报研究会理事单位""2021年度最具影响力县融新华号""2021年快手政务账号优秀创作者"。获"北京2022年冬奥会、冬残奥会北京市先进集体"称号。2022年，区融媒体中心接诉即办工作在全区委办局排名中与其他16家单位并列第一。信息工作排名全区第三。

单位名称：延庆区融媒体中心
地　　址：延庆区高塔街73号
电　　话：69103462

（方佳琪）

4月25日，区融媒体中心记者第一时间深入封控区域一线进行采访报道（区融媒体中心供稿）

【冬奥属地媒体报道】 年内，区融媒体中心完成冬奥会、冬残奥会属地媒体报道工作。赛会期间，中心围绕赛事收看、运行保障、志愿服务、冰雪运动知识、残疾人事业成就、冬奥文化遗产利用等多角度宣传，累计出动记者242组466人次，播发冬奥新闻3179条次。抽调多名骨干记者进入闭环，承担起新闻报道、向上级媒体供稿、资料留存等任务。对接央视、新华社等重要媒体，与东方、澎湃、凤凰等10余家媒体联络，推介延庆最美冬奥城。

（方佳琪）

2月4日，市民通过延庆冬奥城市文化广场大屏幕观看冬奥会开幕式（区融媒体中心供稿）

【党的二十大新闻宣传报道】 年内，区融媒体中心共出动记者50余组100余人次，全平台报道社会各界干部群众收听收看和热议情况，先后刊播《党的二十大代表、延庆区委书记于波：携手绘就绿色发展新篇章》等新闻557条，总阅读量40万；开设8个专栏，创新推出报告解读版块，制作编发《非凡十年看延庆，接续辉煌再起航》等系列短视频，推送外宣100余条次。在人民日报、中央电视台、北京电视台、北京日报等媒体刊播《延庆百眼泉村村民回迁新居里收看党的二十大开幕会》《延庆干部群众热学热议党的二十大报告》等新闻。

（方佳琪）

【固定资产转移划拨完成】 年内，区融媒体中心将包括建筑智能化设备、艺术装饰品、办公家具、通用设备、舞台设备、音视频设备在内的6大项固定资产及视频会议设备1套、全媒体演播室设备共计1900万元的资产划转国资委，再由区国资委以实物注资形式划拨至北京延广融媒发展有限公司。区融媒体中心就动态调整媒体平台使用费、无偿使用视听小站及演播大厅等事项，与北京延广融媒发展有限公司签订协议。

（方佳琪）

【全市首家新视听小站建成】 1月30日，全市首家5G+8K北京新视听小站项目在延庆正式投入使用。项目分为室外和室内两部分，室外新建一座16:9的4K大屏，屏幕面积206平方米，冬奥会期间为延庆市民提供冬奥赛事直播。室内以VR滑雪、虚拟骑行等沉浸式体验为主。7月，延庆区新视听小站被北京市广播电视局评为新视听公共服务典型案例。

（方佳琪）

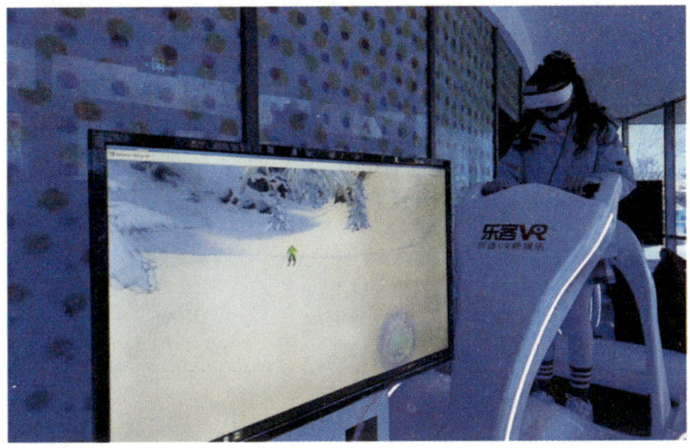

1月30日，全市首家5G+8K北京新视听小站项目在延庆正式投入使用（区融媒体中心供稿）

【《我为冬奥倒计时》微视频制播365期】 2月7日，区融媒体中心圆满完成365期《我为冬奥倒计时》微视频制播工作，共有1240余人次、50支机关单位社会组织参与录制。其中微博话题浏览量220.4万次，抖音快手平台倒计时10天内累计浏览量500万。传播力超3000万。

（方佳琪）

【北京延庆APP推出“冬奥之家”频道】 2月20日，为关心关爱冬奥闭环移出人员，北京延庆APP开通“冬奥之家”频道，为闭环移出人员提供丰富多彩且实用性强的资讯，丰富闭环移出人员隔离期间生活。

（方佳琪）

【延庆电视台综合频道上线IPTV播控平台】 3月9日，延庆电视台综合频道正式在IPTV播控平台成功上线。使用中国移动、中国联通和中国电信的网络用户，通过IPTV机顶盒搜索频道号“305”，即可收看到延庆综合频道的节目内容。

（方佳琪）

【文明城区常态化创建主题宣传】 3月10日，区融媒体中心会同区文明办联合启动文明城区常态化创建主题宣传，明确宣传工作重点选题和实施路径，建立常态沟通的机制，通过新闻报道、公益广告、反面曝光等形式，常态长效开展文明城区创建宣传。

（方佳琪）

【冬奥影像档案整理】 3月25日，区融媒体中心完成冬奥影像拍摄档案整理，移交区史志档案馆。区融媒体中心自2015年申办冬奥会成功后，第一时间成立档案收集专班，留存延庆赛区涉奥影像资料。历时8年，累计派出摄像摄影记者5000余人次，从海量素材中精选出照片129项1006张、重要电视新闻53条、重要视频素材771条，总量超过130GB。

（方佳琪）

【公益宣传创意文案获三等奖】 4月14日，由中共中央保密委员会办公室、国家保密局主办的全国保密公益宣传片创意文案征集活动评选结果揭晓，区融媒体中心职工胡洋报送的作品《坚守》获得三等奖。

（方佳琪）

【一季度收视率居北京各区第一】 4月29日，据北京市广播电视局公布数据显示，延庆电视台全天时段和晚间时段收视率均位居全市各区第一，分别为0.0008%和0.0012%，收视份额为0.0041%。

（方佳琪）

【7件作品获评优秀广播电视节目】 4月30日，北京广播影视协会发布2021年度优秀广播电视节目评选结果。区融媒体中心《H5|1921—2021次开往延庆的红色列车》、电视专题《最美冬奥城》等7件作品获奖。

（方佳琪）

【市局领导调研】 6月15日，市广播电视局党组书记、局长王杰群带队到延庆调研安全播出工作。先后到延庆高山转播站实地察看转播站机房、配电间、管理用房、广播电视发射塔等设备设施运行使用情况，到区融媒体中心、北京延广融媒文化发展有限公司察看演播室、播出机房、发射机房以及视听小站、全媒体演播室、全媒体中央厨房建设运行情况。市广播电视局副局长杨培丽、区委宣传部部长马红寰参加调研。

（方佳琪）

【记者节主题活动】 11月8日，区融媒体中心、北京延广融媒发展有限公司主办“扬帆新时代·我们再出发”记者节主题活动，通过自创改编歌曲、情景剧、诗朗诵等文艺节目，讲述记者工作故事及感悟。

（方佳琪）

11月8日，“扬帆新时代·我们再出发”记者节主题活动现场（区融媒体中心供稿）

档案

【概况】 2022年，延庆区档案局制发《乡镇档案工作实施细则》，作为全区各乡镇档案收集整理归档的重要依据。对上一年度档案检查存在问题的10家单位开展回头看，督促问题整改。实地指导20家涉奥重点单位档案移交进馆，协调对接北京市冬奥组委会将延庆赛区数字档案留存进馆。加强疫情防控档案收集。与防控办对接印发《关于做好疫情防控档案工作的通知》，明确存档标准，做好档案指导服务。开展档案人员初任培训、岗位继续教育、重点建设项目等业务培训，参训人员300余人次。电话、实地培训指导800余次。延庆区档案史志馆完成39家单位重大活动档案接收工作，共接收8946件、81卷。完成12家单位到期进馆档案接收工作，共接收6174卷、7910件。完成6家机构改革单位档案接收工作，共接收452卷、7558件。完成1家临时机构档案接收工作，共接收147件。完成4家单位疫情防控档案接收工作，共接收234件。征集各门类档案共765卷、34979件，其中文书档案765卷200件、实物40件、数码照片27188张、视频6060段、录音1473段，其中北京2022年冬奥会和冬残奥会金银铜牌、颁奖吉祥物、颁奖花束最为珍贵。向全市跨馆利用系统导入26055条招工档案目录、3960条2021年度馆藏婚姻档案目录、56115页原文，实现婚姻、招工档案的跨馆查阅、异地出证服务，共接待跨馆利用者54人次，完成54.23万页档案数字化加工扫描和挂接。建立冬奥会档案专题数据库，收集冬奥照片档案23368条、音视频档案2271条。对1991—1995年度117个全宗档案进行开放鉴定工作，共开放鉴定112705条目，其中，拟开放40125条目，拟延期开放64507条目，开放率35.6%。共接待档案利用者3140人次，提供档案资料10139卷、10633件次。其中，婚姻查档1631人次1341卷、房地照查询351人次277卷、因私查档430人次441卷、因公查档728人次8080卷10633件。通过自主查询等多种形式为机关事业单位提供查询利用服务。全年接待21家单位37人次，提供1.5万件数字档案资源。充分发挥爱国主义教育基地功能作用，以馆藏为依托，利用“北京延庆”公众号线上举办“馆藏档案珍品展”。

单位名称：延庆区档案局、延庆区档案史志馆
地　　址：延庆区湖北西路1号
延庆区妫水北街14号
电　　话：69101133　69144530

（晏博文　王艳）

【筹备世园冬奥档案纪实展展陈工作】 延庆区世园冬奥档案纪实展于2021年11月着手设计，多方广泛征询意见，先后进行26轮设计修改完善，最终于2022年11月完成终审稿，正在筹备布展工作，期间共接收征集涉世园文书档案8401件、科技档案772卷、实物档案186件、字画128幅、图书资料220册、光盘5册85张、传统照片2册120张，涉冬奥文书档案8819件83卷、实物310件、资料37册，为展览设计提供了丰富的素材。12月28日，档案纪实展对外意向公开，进入招标阶段。

（王艳）

【查询利用服务】 在疫情期间照常提供查档服务，成立疫情防控工作领导小组，制定并及时调整疫情防控应急预案、疫情防控管理工作措施。通过免费为查档群众提供口罩、设置窗口一米线、专人维护查档秩序等措施保障查档安全。年内共接待利用者2142人次、5482卷次、6022件次。其中，因农村建房等原因查询房地照档案262人次、203卷次；因办理小客车家庭摇号申请等原因查询婚姻档案1063人次、878卷次；其他因个人事务查档利用343人次、362卷次，以教师资格审定、人员退休审批为主；接待单位查考利用474人次、7009卷次、6022件次。受理跨馆利用21例23人次。

（王艳）

【档案人员初任培训班】 3月14日至16日，区档案局联合区档案史志馆举办档案人员初任培训班。培训采取网上学习和面授辅导相结合的方式，全区共34个单位51人参加，均通过结业考试。

（晏博文）

【档案安全隐患大排查】 5月到6月，区档案局统筹全区各单位开展档案安全风险隐患大排查，要求各单位针对本单位档案室的防火、防盗、防有害生物等档案安全隐患进行全面排查清理整治，并对重点单位进行上门指导，确保全区档案安全保管。6月，区档案史志馆结合机构改革科室调整，对原防汛应急预案进行修改完善，组织应急演练。根据工作需要，提前储备必要的应急救援物资，确保汛期档案安全保管。在加强值班值守的基础上，设立档案安全巡查员，对库房、机房等重点部位24小时盯守，确保遇紧急情况，能迅速反应。组织人员对档案库房防雨情况、馆库排水是否畅通、电线是否老化、档案资料受潮发霉情况、档案数字化设备是否可以正常读取等进行全方位排查，切实清除不安全因素。关注天气预报，领导24小时在岗，做好馆内安全检查工作。

（晏博文）

【国际档案日系列宣传活动】 6月9日，区档案史志馆以“喜迎二十大·档案颂辉煌”为主题，开展2022年国际档案日系列宣传活动。一是线上举办“馆藏档案珍品展”，展出方志、古籍、票据钱币、地契房契、证书证件、红色档案、建置沿革、城乡旧貌、水利建设、综合10个类别120余幅馆藏档案图片。二是组织参与“喜迎二十大·档案颂辉煌”档案征文活动。全区广大档案工作者从档案视角讲述党的重大成就和历史经验。三是以“讲好红色故事、延庆历史文化故事”为主题，开展宣传活动。通过“北京延庆”APP连载《中国共产党北京市延庆区历史》。四是通过张贴国际档案日宣传海报、播放中国档案行业宣传片，不断营造国际档案日良好氛围，提升人们的档案意识。

（王艳）

【接收革命烈士立功档案】 7月13日，区档案史志馆征集到延庆区井庄镇老银庄村民国三十七年革命烈士张进学排长的《立功纪念状》，同时附有东北人民解放军冀热察军区冀察分区——龙崇宣支队队长、政委、副政委给其家族的一封联合署名书信，揭开了中国人民解放军在“龙崇宣一区南窑子战斗”中一段鲜为人知的革命历史。

（王艳）

【怀来县档案局到馆交流学习】 7月27日，河北省张家口市怀来县档案局到延庆区档案史志馆参观交流。实地参观了区档案史志馆查阅大厅、展览大厅、特藏室及档案库房，并通过座谈对档案接收、保管、利用等业务工作和综合档案馆建设经验进行了沟通交流。

（王艳）

【市档案局对延庆区“两馆建设”工作进行“回头看”检查】 8月4日，市档案局检查组实地查看延庆区档案史志馆新馆建设情况，听取档案史志馆新馆建设和数字档案馆建设情况汇报，检查组对延庆区“两馆建设”工作给予肯定，对今后工作提出四点建议。一是压实各方责任，坚持高起点、高标准，继续加快推进档案史志馆新馆和数字档案馆建设。二是加强工程档案管理，依法依规做好档案史志馆新馆建设档案工作，确保工程建设档案真实、准确、完整、有效和安全。三是加强调研和学习。建议到其他区县和地区开展调研，学习相关先进经验。四是统筹推进疫情防控和“两馆建设”。克服疫情影响，在确保安全的前提下，创新工程管理，抢抓施工进度，确保按计划顺利施工推进，并按期竣工验收。

（王艳）

【《延庆区数字档案馆项目建设方案》通过专家技术评审】 8月5日，延庆区档案史志馆提交的《延庆区数字档案馆项目建设方案》通过专家评审组评审。专家一致认为，《延庆区数字档案馆项目建设方案》建设目标明确，架构合理，能够满足全区档案数字资源收集、管理、保存、利用等要求，可以达到永久保存、高效利用、服务发展的技术需求，全部同意《延庆区数字档案馆项目建设方案》通过技术评审。

（王艳）

【接收北京2022年冬奥会和冬残奥会奖牌进馆】 8月10日，区档案史志馆派出工作组到北京奥运城市发展促进中心接收北京2022年冬奥会和冬残奥会专用物资进馆，主要包括冬奥会金银铜牌、冬残奥会金银铜牌冬奥会颁奖花束、冬奥会吉祥物纪念品、冬残奥会颁奖花束、冬残奥会吉祥物纪念品。截至年底，区档案史志馆共征集冬奥实物档案255件、数码照片46108张、视频773段、电子文件1793份，接收北京冬奥组委关于延庆赛区冬奥档案数字化副本进馆，数据容量共1.3TB，电子文件236802件，丰富了馆藏资源，留下了文化遗产。

（王艳）

8月10日，区档案史志馆接收冬奥奖牌、颁奖花束、吉祥物进馆（区档案史志馆供稿）

【完成馆藏1972—1973年到期档案鉴定销毁工作】 8月，严格按照《机关文件材料归档范围和文书档案保管期限规定》，遵从“审查从细，留存从宽”的原则，对馆藏1972年至1973年形成的368卷11258件到期档案进行价值鉴定。经档案史志馆鉴定小组、档案形成单位和鉴定委员会讨论研究后，认为尚有保存价值，不进行销毁，确定为继续长期保存。

（王艳）

【聘任首批荣誉馆员】 9月23日，区档案史志馆举行荣誉馆员聘任仪式，为首批聘任的21名荣誉馆员颁发聘任证书。此次聘任荣誉馆员以“兰台馆藏挹萃存史资政育人”为主题，从7月着手准备，经过宣传动员、组织报名、集中评议、公开公示等环节，从84名报名人员中，精选出21名被聘为首批荣誉馆员。这次选聘荣誉馆员，是为了调动社会各方面力量参与档案史志工作的积极性，以挖掘研究延庆发展史为中心，致力于讲好延庆政治、经济、社会发展历史，充分发挥荣誉馆员各自擅长领域优势，做好民间档案接收、史志编研、历史传承等工作，讲好延庆发展故事，留住延庆记忆。

（王艳）

地方志

【概况】 北京市延庆区地方志工作由北京市延庆区档案史志馆承担。年内，参与冬奥会冬残奥会保障工作，做好疫情防控工作；编纂出版《北京延庆年鉴2022》，完成《北京市延庆区地名志》审校出版及发行工作，继续推进市级传统村落志编纂工作，指导全区地方志编纂；完成《北京年鉴2022》和《中国地方志年鉴2022》供稿任务；做好史志宣传月和精品年鉴品读活动。收集整理地方志资料。完成史志荣誉馆员聘任工作。

（王亚琴）

【《北京市延庆区地名志》出版】 6月，北京市延庆区档案史志馆编纂的《北京市延庆区地名志》由北京出版集团、北京出版社印刷出版。该书首设概述、大事记，末设附录、后记，按地名门类分别设自然地理实体、政区聚落、交通设施、古迹名胜、公共服务设施、历史地名和地名管理共6篇、14章、74节，收录120幅随文图、3幅地图、22张表格，共计90.9万字。该志上限追溯至事物发端，下限至2016年12月31日，主要记录区、镇地名现状和地名变迁，是一部系统了解延庆地名文化、承载乡愁记忆、推动文化传承和保护的重要载体，也是侧面反映延庆经济发展和社会风土人情的重要文献。

（王亚琴）

【《柳沟村志》出版】 8月，由北京市延庆区井庄镇柳沟村志编委会编纂，北京出版集团、北京出版社出版的北京市传统村落志《柳沟村志》出版发行。该村志共设15章44节27.4万字，内容涵盖有村以来至2018年底柳沟村行政区域内自然、政治、经济、文化和社会五大部类，系统地记述村域事物全貌。志首设概述和大事记，志末设附录。该书是延庆区出版的第一部北京市级传统村落志，也是传承柳沟村历史文化、展示乡村形象的重要窗口。

（王亚琴）

【首次研讨《延庆史》编纂工作】 10月14日，延庆区档案史志馆召开“共商延庆史 献礼二十大”研讨会，通报全书的组织设想、难点突破和工作要点，并提出今后的编纂思路和工作流程。与会的社会各界专家就《延庆史》编纂的名称、结构特点、史料来源、编辑流程、机构组建、照片质量等建言献策并进行交流探讨。同时，会上对《延庆图志》系列丛书的编纂工作进行了充分交流研讨。

（王艳）

【《北京延庆年鉴2022》出版】 12月，北京市延庆区档案史志馆编纂的《北京延庆年鉴2022》由中国文史出版社出版。该卷年鉴设区情综述、特载、专文、大事记、专记、冬奥会延庆赛区筹办、中共北京市延庆区委员会、延庆区人民代表大会、延庆区人民政府、政协延庆区委员会、纪检监察、民主党派、人民团体、法治、军事、经济管理、农业农村、工业和信息化建设、商贸服务业、金融、旅游、交通邮电、生态环境、城乡建设与规划、城乡管理、科技、教育、文化、卫生健康、体育、社会民生、人物荣誉、街道乡镇、统计资料、附录35个类目，下设201个分目、1683个条目，收录227幅图片、28张表格，共计78.9万字。卷首设专题图片，卷末附中共延庆区委主要文件目录、延庆区人民政府主要文件目录。该卷年鉴设置冬奥会专题栏目，增加冬奥会彩页专版，直接反映年度冬奥会重要任务，突出中心工作和年度特点。同时，专门设置生态环境栏目，凸显延庆生态建设特色。

（王亚琴）

【推进延庆区市级传统村落志编纂】 年内，多次召开延庆区市级传统村落志编纂工作推进会，部署康庄镇榆林堡村、张山营镇东门营村、珍珠泉乡南天门村三部村志编纂工作。至年底，三部村志均完成初稿。

（王亚琴）

（栏目编辑：池尚明）

卫生健康

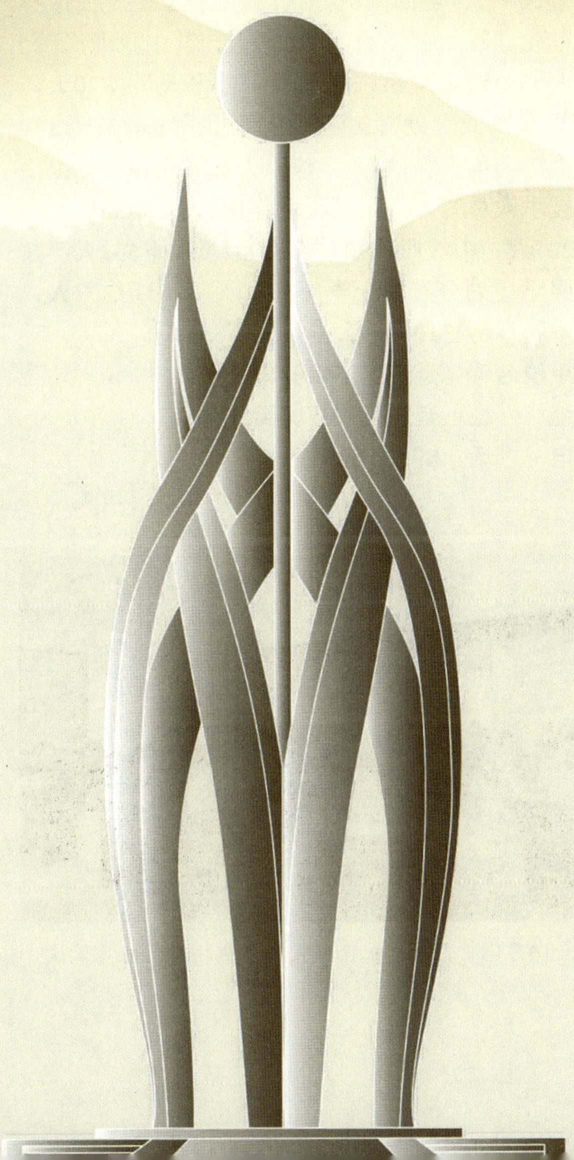

概　述

北京市延庆区卫生健康委员会（简称区卫生健康委）是负责全区卫生健康工作的区政府工作部门。延庆区卫生健康系统有30个单位，其中其他医疗卫生机构9个，包括卫生健康监督所、疾病预防控制中心、北京急救中心延庆分中心、卫生人才教育中心、中心血站、社区卫生服务管理中心、卫生健康宣传中心、健康促进中心、老龄事业发展中心；三级医疗机构1家为区医院，二级医疗机构3家，包括区中医医院、区妇幼保健院（加挂“北京市延庆区牙病防治所”牌子）、区精神病医院。其中区医院、区中医医院2家医疗机构为区域医联体核心医院，共有成员单位19家。年内，完成北京2022年冬奥会和冬残奥会延庆赛区医疗卫生保障工作，实现疫情防控“零感染”、医疗救治“零致残”、安全稳定“零事故”的冬奥保障工作目标。完成多次本土疫情处置，未发生疫情外溢和扩散。区属医院全年出院6936人次，病床使用率为45.59%，平均住院日7.05天（不含精神专科医院），全年住院手术1940人次。举办中医健康养老护理员、中医适宜技术等培训300余人次。建立区级老中医学术传承工作室3个。开展延庆区2022年中医药科技奖评审。实现“三个全覆盖”，即全区18个街乡镇社区卫生服务中心全覆盖，急救站点全覆盖，在全市率先实现基层医疗机构氧疗服务全覆盖。推进公共卫生应急管理体系建设，攻坚完成《北京市延庆区健全公共卫生应急管理体系三年行动计划（2020—2022）》48项任务，健全及时发现、快速处置、精准管控、有效救治的防控机制。千家店镇社区卫生服务中心“千家健”志愿服务队获得“2022北京榜样”提名奖。全区卫生健康系统收入227901.69万元，其中财政拨款基本经费43762.79万元、项目经费36910.27万元、业务收入125470.69万元、其他收入21757.94万元；总支出264650.07万元，其中项目支出96499.73万元。通过公开招聘、定向生分配和区外调入共计40人，其中研究生17人、本科19人、大专4人。全区共有18家社区卫生服务中心，其中政府办16家、社会办2家；60家社区卫生服务站，其中政府办55家、社会办5家；卫生技术人员705人，其中医生403人（包括全科医生数量296人）、护士166人；全年门诊量1358657人次，上门服务83413人次。社区卫生服务中心标准化率12.8%，其中B类1家、C类17家；C类社区卫生服务站52家，达标率0%。家庭医生签约192415人，签约率55.66%，其中重点人群签约92371人，签约率98.78%。二、三级医院向基层医疗机构派出医疗技术和管理人才897人次。建立健康档案276191份，建档率79.90%，使用率70.71%。年内有村级卫生室200个，全部为村办。311个村卫生室完成标准化建设。有乡村医生223人，其中执业医师5人。全区卫生系统在编卫生技术人员1870人，其中执业（助理）医师989人、注册护士557人、药剂人员144人、检验人员98人、其他卫生技术人员82人。正高级职称106人、副高级职称227人、中级职称904人、初级及以下633人；按照学历划分有博士学历3人、硕士学历203人、本科学历1310人、大专及以下354人。

单位名称：延庆区卫生健康委员会
地　　址：延庆区东顺城街26号
电　　话：69101695

（闫玉娇）

10月13日，全区社区卫生服务机构岗位练兵笔试
（区卫健委供稿）

【对口支援】 年内，选派6名援派干部赴受援地开展对口支医、带教工作。紧急选派2名核酸检测人员赴内蒙古兴和县支援核酸检测实验室工作。为88名援疆干部和东西部扶贫协助人才申请待遇146余万元。

（闫玉娇）

【工程建设】 年内，完成区中医医院迁建一期工程并正式启用，建筑面积7.3万平方米。311个村卫生室完成标准化建设，实现村级医疗机构全覆盖。永宁镇东灰岭村、四海王顺沟村卫生室正式纳入医保。

（闫玉娇）

【国务院联防联控机制综合组到区检查】 7月9日，国务院联防联控机制综合组北京组组长、国家癌症中心党委书记张勇带队到区指导疫情防控工作，强调管控要尽可能前移，进一步加强集中隔离点管理，避免交叉感染。区领导于波、叶大华、李志遂、刘瑞成、许杰、任江浩、卫洪英等参加。

（侯海清）

【“中国医师节”庆祝活动】 8月19日，区卫健委举行第五届“中国医师节”庆祝活动，评选表彰“卫健之星”23名、“优秀医师”100名。

（侯海清）

【北医三院延庆医院第二届理事会召开】 9月6日，北京大学第三医院延庆医院召开第二届理事会第一次会议。北京大学第三医院院长乔杰，区领导于波、卫洪英参会。会议选举产生新任执行院长、新任执行副院长等，对医院五年来持续健康发展、筑牢党组织战斗堡垒等方面工作进行总结，并研究未来五年工作计划。

（侯海清）

【第五届本草文化节】 9月28日，在世园公园中国馆广场举行以“弘扬中医文化，关注全民健康”为主题的延庆区第五届本草文化节开幕式。活动由北京市延庆区卫生健康委员会、北京市延庆区爱国卫生运动委员会办公室共同举办。活动内容包括开幕式、科普宣传、法制宣传、中医药展示、中医药学术论坛、中医适宜技术体验、传统制药工艺体验、健康大讲堂、功法表演、专家义诊、咨询、中医药文化基地参观、中医达人表彰12大板块组成，有1个主会场、8个分会场。延庆区卫健委、延庆区教委、千家店镇政府、北京中医医院延庆医院相关领导、专家、工作人员90余人出席。

（闫玉娇）

9月28日，区第五届本草文化节在世园公园举办（区卫健委供稿）

疾病防控

【传染病防治】 年内，全区无甲类传染病报告。乙类传染病发病8种1343例（不含新型冠状病毒肺炎无症状感染者），死亡3例（肝炎2例，肺结核1例）；发病人数居前三位的是新型冠状病毒肺炎、肺结核和梅毒。性病新发病75例；艾滋病患病72例，其中新增6例，无死亡。登记管理肺结核患者67例，布鲁氏菌病发病7例。丙类传染病发病4种487例，无死亡；发病人数居前三位的是流行性感冒、流行性腮腺炎和其他感染性腹泻病。

（闫玉娇）

【新冠肺炎疫情防控】 年内，新冠肺炎发病人数1614人，其中确诊病例1183人（其中普通型163人、轻型891人、中型96人、重型28人、危重型5人）、无症状感染者431人；境外输入101例；涉及新冠肺炎死亡病例31人；判定密接4911人、次密接2238人。核酸检测3163.67万人次。新冠疫苗接种总数90212剂次，其中第一剂接种17514人、第二剂接种17432人、第三剂接种48875人、第四剂接种6391人。

（闫玉娇）

【中医防疫】 年内，为集中隔离点、方舱医院、居家观察、冬奥外围保障人员420人开展预防性投药6538副。为疫情防控卡口人员、社区居民、就诊患者1000余人次发放代煎饮、中草药香包。名中医身边工程到社区卫生服务中心出诊医生257人，出诊860次，累计诊治患者13119人次，开具处方17156张。

（闫玉娇）

【慢性病防治】 年内，成立高血压自我管理小组20个、糖尿病同伴支持小组6个。培养全民健康生活方式指导员200人。脑卒中高危人群随访975人。户籍肿瘤患者随访1111例。

（闫玉娇）

【计划免疫】 年内，接种第一类疫苗12种49999人次、第二类疫苗26种59191人次。共接种流感疫苗32859人，其中学生14444人、60岁及以上老年人16781人、保障人员114人、医务人员529人、中小学教师267人、自费724人。接种不良反应发生率12.06/10万针次，调查处理疑似预防接种异常反应28例，其中一般反应12例、异常反应2例、偶合症13例、心因性反应1例。参与中国疾病预防控制中心评估不同技术路线新型冠状病毒疫苗序贯或同源加强免疫的安全性及有效性的临床试验；组织延庆镇、南菜园社区卫生服务中心为65名受试者接种新冠病毒疫苗并定期随访，采集受试者血液样本进行检测6次，未接到不良事件报告。

（闫玉娇）

医疗服务

【生命统计】 年内，辖区户籍人口出生率6.18‰、死亡率8.73‰、自然增长率-2.55‰。因病死亡人数2404人，占死亡总人数的94.98%，死因顺位前十位的疾病构成为：脑血管病、心脏病、恶性肿瘤、呼吸系统疾病、损伤和中毒、内分泌及营养和代谢的其他疾病、神经系统疾病、消化系统疾病、传染病和寄生虫病、精神和行为障碍。户籍人口期望寿命80.61岁，其中男性78.57岁、女性83岁。

（闫玉娇）

【职业卫生】 年内，全区接触毒害物质单位93家。全年监督检查110户次，给予警告的行政处罚13户次；新发职业病1人，为尘肺病。

（闫玉娇）

【精神卫生】 年内，全区在册精神障碍患者1874人，其中6类严重精神障碍患者1629人、其他精神障碍患者245人。强制报告6类严重精神障碍以外病种的患者29人。全区报告患病率4.7‰，享受免费服药政策患者1220人，免费服药惠及率73.58%。享受监护人补贴政策1444人，补贴申领率90.08%。

（闫玉娇）

【生育服务】 年内，婚检率42.33%，疾病及异常情况检出率18.5%。免费孕前优生健康检查定点医院1家，孕前优生检查、咨询619人。开展育龄妇幼生殖健康教育10万人次。全年符合计划生育奖励扶助政策21271人，奖励总额13469460元。其中独生子女父母奖励15540人932400元；独生子女父母一次性奖励1852人185.20万元；独生子女意外伤残、死亡一次性经济帮助20人20万元；独生子女死亡特别扶助206人2002320元；独生子女伤残特别扶助138人1101240元；农村部分计划生育家庭奖励扶助3515人7381500元。参保计划生育家庭综合保险3.9万份，参保金额228万余元。落实沈家营镇、张山营镇4个幸福工程项目点，利用116万资金帮扶47户计生家庭增收致富。与区红十字会合作，为182名符合条件的失独人员投保住院津贴保险，春节慰问27位失独人员。

（闫玉娇）

【血液管理】 年内，区内有采血点1个、采血车1辆。全年采血4231.5单位，比上年增加530单位，增长14.32%；其中机采血小板1285单位。供血3953单位，比上年增加248.5单位，增长6.71%，其中机采血小板352单位。成立熊猫血“爱心之家”志愿者队伍，采集Rh阴性血液3800毫升。

（闫玉娇）

妇幼健康

【妇幼保健】 年内，辖区常住孕产妇建档1894人，无死亡，初产剖宫产率42.67%，活产数1201人。新生儿死亡1例、死亡率0.52‰，婴儿死亡1例、死亡率0.52‰，5岁以下儿童死亡5例、死亡率2.79‰。新生儿出生缺陷发生率27.3‰，出生缺陷病种前三位为副耳、多指、先天性心脏病。

（闫玉娇）

综合管理

【食品卫生及生活饮用水监测】 年内，检测生活饮用水样品330件，2件锰超标不合格，合格率99.4%。检测食品化学污染物及有害因素、微生物及其致病因子及食源性疾病监测样品共计666件，其中1件鸡蛋样品中检出强力霉素、28件食源性疾病监测样本中检出致病菌。

（闫玉娇）

【卫生监督】 年内，辖区有公共场所1031个，量化分级700个，其中A级416个、B级266个、不予评级18个。监督检查2243户次，监督覆盖率97.17%，合格率97.37%。处罚27件，罚没款0.74万元。医疗卫生监督检查2254户次，监督覆盖率100%，合格率88.3%。处罚46件，罚款15万元；对42家医疗机构下达不良执业行为积分通知书。计划生育服务监督检查8户次，监督覆盖率100%，合格率100%。

（闫玉娇）

【老龄服务】 年内，全区户籍人口290343人，其中60周岁及以上老年人78592人，占户籍人口的27.07%；65周岁及以上老年人55924人，占户籍人口的19.26%；80周岁及以上老年人10988人，占户籍人口的3.78%；百岁以上老年人15人。区内有运营养老服务机构19家、养老服务驿站27家；养老服务机构与医疗机构签约服务率100%。老年友善医疗机构21家，公立医疗机构创建率100%；“北京市社区老年健康服务规范建设”单位16家；2家医养结合机构（养老机构内设医务室）。区内有97家老年幸福餐桌、22个社区老年配餐站、50家农村邻里互助点。为185371人次老年人发放高龄津贴、困难老年人服务补贴、失能老年人护理补贴等养老服务补贴5197.99万元；为9名大病老人发放“绿水青山助老基金”12.5万元；为3610名城乡特困、低保、独居老年人购买意外伤害保险；为1669名有需求老年人开展能力综合评估。评选“诚孝之星”6名、敬老爱老助老为老服务示范单位6家。

（闫玉娇）

医疗机构选介

【延庆区医院】 延庆区医院为延庆区卫生健康委直属单位，差额拨款全民所有制事业单位，是全区集医疗抢救、教学科研、预防保健为一体的综合性三级医院。占地6.8万平方米，开放床位629张，在职职工1276人，硕博研究生130人。专业技术人员中，高级职称177人、中级职称436人、初级职称558人。全院设22个职能科室、30个临床科室、8个医技科室、1个健康体检中心、1个120分中心。拥有磁共振成像系统、全身螺旋式CT机、新型数字减影血管造影机、电生理及血流动力学记录系统、心脏电生理刺激仪、冠状动脉血流储备分数测定系统、心脏射频消融仪、电子支气管镜、肺功能仪、高压氧舱、彩色超声诊断仪、全自动生化分析仪、免疫测定仪、肾透析机、CR/DR影像处理系统、移动C型臂、G型臂X 射线机、乳腺X射线摄影设备、数字化遥控胃肠机、心脏彩色多普勒超声仪、经颅多普勒脑血流检查仪TCD、肌电图、脑地形图仪、电子胃肠镜、腹腔镜、宫腔镜及各种内窥镜等大型医疗设备器械。全年门诊700703人次、急诊125934人次、出院16576人次、住院手术5762例，病床使用率62.04%。体检站共接待体检17119人次，其中，高考体检1214人。年内，特级护理合格率96%、护理技术操作合格率98.6%、护理文件书写合格率96.1%、急救物品完好率100%、基础护理合格率99%。共开展新技术、新项目97项。

地址：延庆区东顺城街28号

电话：69103020（总机）69144448（值班室）

（闫玉娇）

年内，延庆医院组建方舱医疗队（区卫健委供稿）

【延庆区中医医院】 延庆区中医医院始建于1994年12月，是一所中医特色突出、中西医并重，集医疗、教学、科研、预防保健、康复为一体的综合性二级甲等中医医院，承担着延庆地区中医医、教、研、预防和基层指导任务。医院为国家级县级公立医院改革试点单位、国家中医药管理局第四批“治未病”预防保健服务试点单位、国家中医药管理局针灸理疗康复重点建设单位、“北京市示范中药房”单位、北京市中医皮肤特色诊疗中心协作单位，延庆区老年护理保健院，2015年被国家中医药管理局确定为全面提升县级中医院综合能力单位之一，2020年获批成为河北北方学院教学医院。2022年9月12日新院区正式运行，新院区占地面积73393平方米，开放病床200张，日均门诊量1781人次，年出院病人3520人次。医院有在职职工367名，其中正、副主任医师50人，双高人才5名，博士生3名，硕士研究生58名。有25个临床医技科室，包括3个北京市重点专科、2个北京市中医管理局国家中医重点专科（1+X+N）辐射工程首都区域专科、2个基层老中医传承工作室，设有专病专台。有多排螺旋CT、全自动生化分析仪、体外冲击波碎石机、彩色多普勒超声诊断仪、大型X光诊断仪、腹腔镜、宫腔镜、电子胃肠镜等大型设备55台件，中医诊疗设备300件。中药房常备中药饮片530余种、袋颗粒386种、配方颗粒363种，能够提供普通饮片、小包装饮片及中药配方颗粒剂。

地址：延庆区汇川街9号

电话：69146621

（闫玉娇）

年内，延庆中医院医疗队支援顺义方舱医院（区卫健委供稿）

表9：延庆区卫生机构一览表

名称	地址	电话
延庆区卫生健康委员会	延庆镇东顺城街26号	69101695
延庆区医院	延庆镇东顺城街28号	69144448
延庆区中医医院	延庆镇新城街11号	69146621
延庆区妇幼保健院	延庆镇庆园街8号	69101275
延庆区疾病预防控制中心	延庆镇百泉路39号	69188100
延庆区卫生健康监督所	延庆镇新城街96号	69141173
延庆区卫生人才教育中心	延庆镇东顺城街27号	69171388
延庆区精神病医院	张山营镇张山营村	69111206
北京急救中心延庆分中心	延庆镇东顺城街28号	69101271
延庆区社区卫生服务管理中心	延庆镇东外大街98号	69175279
延庆区中心血站	延庆镇西街13号	69183866
八达岭镇社区卫生服务中心	八达岭镇西拨子村东	69120365
大庄科乡社区卫生服务中心	大庄科乡大庄科村	60189817
大榆树镇社区卫生服务中心	大榆树镇大榆树村	61182983
永宁镇社区卫生服务中心	永宁镇东街	60171487
张山营镇社区卫生服务中心	张山营镇张山营村	69111163
井庄镇社区卫生服务中心	井庄镇井家庄村	61191705
旧县镇社区卫生服务中心	旧县镇旧县村	61151602
康庄镇社区卫生服务中心	康庄镇文汇街2号	61161313
刘斌堡乡社区卫生服务中心	刘斌堡乡刘斌堡村	60181714
千家店镇社区卫生服务中心	千家店镇千家店村	60188440
沈家营镇社区卫生服务中心	沈家营镇沈家营村	61132245
四海镇社区卫生服务中心	四海镇四海村	60187205
香营乡社区卫生服务中心	香营乡香营村	60162454
延庆镇社区卫生服务中心	延庆镇公安医院西侧	69172966
珍珠泉乡社区卫生服务中心	珍珠泉乡珍珠泉村286号	60181068
南菜园社区卫生服务中心	延庆区妫水南街功德巷0号	69181772

（栏目编辑：池尚明）

体育

概　述

北京市延庆区体育局（简称区体育局）是负责全区体育工作的行政职能部门。下设社会体育管理中心、青少年体育和场馆服务中心2个事业单位。全区有43个体育生活化社区、1个全民健身示范街道、14个体育特色乡镇、23个体育单项协会。年内，举办区级及以上全民健身活动44次，其中市级赛事活动9次、京津冀赛事1次、国家级比赛3次、区级赛事活动31次，活动参加人数达3.5万人次。组织冰雪赛事活动12场，其中国家级1场、京津冀2场、市级3场、区级6场，带动2.2万人次上冰上雪。完成2022年冬奥会、冬残奥会火炬传递保障任务，获北京市先进集体称号。1名同志被中共中央、国务院授予北京冬奥会、冬残奥会突出贡献个人；2名同志被授予2022年冬奥会、冬残奥会北京市先进个人。北京市延庆区新时代体育健身志愿服务队志愿服务活动项目入选2021全民健身志愿服务项目库。10个项目获评北京市体育旅游精品项目。全年审批二、三级裁判员104人，二、三级社会体育指导员247人。为3000人开展国民体质监测，为816人开展国家锻炼标准达标测验。健身体育服务志愿团队完成有效点单175次，1万人次参与。选派150余人参加田径、乒乓球、举重、短道速滑锦标赛和十六届市运会7个项目的比赛，取得11金5银8铜的成绩，12人达到二级运动员等级标准；204名群众代表参加十六届市运会12个项目的比赛。全区共有14所学校被命名为体育传统项目学校。其中市级体育传统项目学校5所、区级体育传统项目学校10所（1所既为市级也为区级）。有青少年体育俱乐部1所。全区有电脑体育彩票专营店30家，体彩总销售量4644.6万元。北京市延庆区全民健身中心（体育馆、游泳馆）实现对外开放，11月改建方舱医院。开展公共体育设施建设，维护更新100处公共体育设施，建设完成4处体育运动专项场地。国民体质监测累计采集有效数据3188条，超额完成既定任务。区人均公共体育用地面积2.21平方米，人均体育场地面积7.54平方米，均位居全市第一，区体育场全年接待健身人群约36万人次，全区经常参加体育锻炼人数比例占全区总人口的51.32%。

单位名称：延庆区体育局
地　　址：延庆区湖北东路118号
电　　话：69144456

（张小利）

【“相约看冬奥 一起向未来”观赛】 2月13日，区体育局组织滑冰协会、滑雪协会、海陀农民滑雪队、长跑协会、绿手环志愿者协会近150人到国家雪车雪橇中心参加“相约看冬奥 一起向未来”现场观赛活动。

（张小利）

2月13日，区体育局组织5支单项协会共150余人到国家雪车雪橇中心现场观赛（区体育局供稿）

【体育产业扶持资金发放90.51万元】 3月，按照《延庆区体育产业发展资金管理办法（试行）》，基于深度学习的雪上运动项目基础体能训练考核系统、基于混合现实的滑雪运动全民科普体验系统、冬季两项冬奥会冬残奥会比赛技术统计服务、国家重点研发计划“科技冬奥”重点专项智慧冰雪场关键技术研究、eROCK智慧球场系统5个项目符合延庆区体育产业发展资金扶持方向，发放项目支持资金共90.51万元。

（张小利）

【10个项目获评市体育旅游精品项目】 4月，

区体育局联合区文旅局进行北京市体育旅游精品项目申报。“万科石京龙滑雪场、野鸭湖国家湿地公园、北京世园公园”获评十佳精品景区；“北京国际自行车骑游大会”获评十佳精品赛事；“最美冬奥城冰雪体验之旅、妫河骑游、百里山水画廊骑行线路”获评十佳精品线路；“北京延庆奥林匹克园区”获评十佳目的地；“北京八达岭全程教学滑雪场、玉龙大峡谷穿越之旅”获评体育旅游精品项目。

（张小利）

【疫情纾困房屋租金补贴15.9万元】 6月10日，区体育局根据《延庆区关于〈北京市统筹疫情防控和稳定经济增长的实施方案〉的落实指引》，制定《延庆区关于对体育项目经营单位疫情纾困房屋租金补贴的实施细则》，对受疫情影响的重点领域中小微企业和个体工商户的非国有房屋业主或经营管理主体，给予5月房租费用的30%作为补贴。共计减免房屋租金金额15.90万元，惠及小微企业户数21家。

（张小利）

【校外体育培训机构疫情防控】 6月27日，区体育局组织召开青少年校外体育培训机构疫情防控工作部署会。传达《北京市体育局关于有序恢复青少年校外体育培训活动的通知》及《北京市青少年校外体育培训机构疫情防控指引（第二版）》，要求各经营单位落实“四方”责任，加强从业人员管理，建立各类人员常态化基础信息台账；落实人员查验排查制度，设置防疫检查岗和防疫督导员；建立定期核酸检测机制，从业人员每2天至少核酸检测1次；强化疫情应急处理能力，坚持常态化防控不放松，确保防疫工作无死角。

（张小利）

【国家马拉松队驻训服务保障】 6月21日，国家马拉松男子、女子队20余人入驻北京市冰上项目训练基地进行训练，区体育局支持国家马拉松队开展各项训练，提供防疫、场地及交通工具等方面的帮助。一是强化疫情防控安全，协调第三方核酸检测公司每隔三天为国家马拉松队20余人提供上门核酸检测。二是协调训练场地使用，提供全民健身中心田径场作为场地；协调北京世园公园提供园内柏油道路进行公路训练。三是提供山地车4辆，协调世园公园提供电瓶车2辆，全程随队保障用水补给。

（张小利）

【世园公园获批国家体育旅游示范基地】 6月，区体育局按照《关于开展2022年国家体育旅游示范基地申报工作的通知》要求，做好国家体育旅游示范基地的组织申报和推荐。联合相关部门确定北京世园公园进行申报。经北京市体育局推荐，进入国家体育旅游示范基地考察名单。12月，经专家评审和现场评估，认定北京世园公园为国家体育旅游示范基地。

（张小利）

【游泳场所联合检查】 7月27日至28日，区体育局联合区卫健委、区应急管理局、区市场监管局、区消防支队开展联合检查。对北京奥飞智慧场馆运营管理有限公司、北京绿韵斯达特体育发展有限公司等7家游泳场所的疫情防控、证照资质、水质卫生、人员配备、危化品存储、特种设备使用、配套设施管理以及日常安全管理情况等进行全覆盖检查。检查发现，部分游泳场所存在疫情防控措施落实不严、危化品存储不规范等情况。针对发现的问题，执法人员现场提出整改意见，要求各单位立行立改、限期整改，并对经营者进行约谈。

（张小利）

【市第十六届运动会赛前部署】 7月，北京市第十六届运动会各项比赛陆续举行，延庆区116名运动员参加举重、田径、足球、篮球、武术套路、乒乓球及跆拳道7个项目比赛。7月15日，区体育局召开赛前工作部署会，区教委相关人员、相关业训单位及获得2021年竞技体育奖励的教练员参加。工作会部署相关工作及介绍参赛政策；各参赛项目单位介绍备战情况及集训计划；表彰2021年北京市竞技体育比赛中取得优异成绩的运动员；开展市运会反兴奋剂相关培训，部署反兴奋剂教育参赛资格准入工作。7月27日至29日，区体育局对跆拳道、足球、田径、篮球等项目备战、集训情况进行检查，了解训练进度，着重关注重点队员的训练情况。

（张小利）

【安全生产工作会】 8月4日，区体育局线上召开2022年第三季度安全生产工作会，各体育运动项目经营单位负责人和工作人员参会。会议向大家传达陈吉宁市长在全市安全生产电视电话会议上的讲话精神并部署下半年安全生产工作，针对《新型冠状病毒肺炎防控方案（第九版）》进行疫情防控工作培训，为大家讲解核酸比对相关流程和操作方法，督促各单位尽快完成核酸比对录入登记簿工作。

（张小利）

【与安踏集团座谈交流】 8月18日，区体育局与安踏集团进行座谈交流。听取安踏体育奥运事业部总经理介绍安踏集团全国业务布局、核心体育产品及装备等，并就延庆体育产业发展、资金扶持政策、园区配套服务设施等进行全方面了解。北京市体育局、中关村延庆园投资公司相关人员参与座谈交流。

（张小利）

【体育场所安全检查】 9月8日，区体育局开展体育场和全民健身中心节前安全检查工作。检查区域涉及体育场、住房单位训练生活区域和全民健身中心（体育馆、游泳馆）3处，对重点点位消防栓、场馆专业技术人员和急救人员配备情况、场地设施维护保养及运转情况、安全设施设备设置情况等进行检查，检出问题2项并限时整改。要求住房单位和全民健身中心开展安全自查，整理台账，上报自查结果。9月22日，区体育局对北京奥飞智慧场馆运营管理有限公司游泳馆和体育场馆进行安全检查。通过现场检查，发现该单位存在以下几点问题：一是在疫情防控方面，部分人员未按照要求佩戴口罩，预约台账记录不规范，个别员工未按时进行核酸检测；二是在安全生产方面，现场救生员、消防中控室人员配备不足，危险化学品存放不规范，消防通道未按要求打开，救生用品随意摆放；三是在场馆卫生环境方面，地面积水未及时清理。针对以上问题，执法人员现场对奥飞发出限期整改通知书，并进行复查。

（张小利）

【冰雪产业调研座谈】 9月22日，区政协调研团到体育局进行专题调研，区委常委、统战部部长索铁军出席并主持座谈。体育局主管领导就延庆国际滑雪度假旅游胜地建设进展、冬奥遗产赛后利用、体旅融合及营商环境等方面进行汇报，政协委员们从不同角度建言献策。索铁军指出，区委高度重视延庆冰雪产业发展，将冰雪产业纳入“1+4+1”重点发展产业，冬奥会举办过后，延庆冰雪产业有了长足发展，今后首要工作一是做好冰雪产业相关产业规模、资源状况、从业人员摸排统计；二是明确冰雪产业未来发展方向和发展空间，抓准优势短板及产业内部重点方向。

（张小利）

【石京龙滑雪场调研】 10月12日，区领导任江浩带队，区体育局、区文旅局等相关部门对石京龙滑雪场进行实地调研，查看雪道、雪具大厅等点位雪场准备情况，了解企业存在问题，并提出五点要求：一是加强工作人员疫情防控培训，严格落实疫情防控政策；二是建立安全救援队伍，提升安全救援能力；三是落实企业主体责任，加强食品安全工作；四是加强区域联动，做好今冬雪季的接待工作；五是积极谋划开展体育赛事，做好大众冰雪运动。

（张小利）

【北京冬奥组委捐赠冬奥AED】 10月16日，北京冬奥组委医疗防疫组将首批2套从冬奥赛事场馆撤出的AED一体机捐赠给区体育馆，用于体育赛事及参与体育运动民众的应急救护和生命健康服务。

（侯海清）

【滑雪场雪季运营及安全生产工作会】 10月20日，区体育局召开雪场雪季运营及安全生产工作会，进行安全生产工作部署。国家高山滑雪中心、石京龙滑雪场、八达岭滑雪场运营、安全生产相关负责人汇报运营及准备情况。区体育局提出要求：滑雪场之间应加强联动，发挥各自资源优势，深度挖掘冰雪娱乐项目，共同做好营销推广和市场预热。针对近期疫情反复、客流量短时段激增等情况，滑雪经营单位要严格落实疫情防控措施，履行行业防控责任，做好大客流、消防等应急预案及相关资料存档工作，加强员工及返岗人员健康监测管理，对可能存在的突发情况进行提前预演，切实提升应急处置能力。

（张小利）

【青少年反兴奋剂宣传教育拓展】 10月27日，区体育局在延庆区体育运动学校举办反兴奋剂教育拓展活动，150名青少年运动员、教练员和工作人员参加。拓展内容包括针对各运动项目特点，重点普及反兴奋剂的重大意义、运动员禁用清单及兴奋剂的危害等知识。

（张小利）

【青少年短道速滑赛疫情防控检查】 11月4日，区体育局联合区疾控中心和延庆镇疫情防控负责人，对在北京市冰上项目训练基地举办的“2022年北京市青少年短道速滑锦标赛”进行疫情防控检查。检查人员重点对入口处测温、扫码、验码、一米线、戴口罩、人员健康管理等措施的落实情况进行指导检查，督导赛事疫情保障组加强疫情防控和应急处理能力，确保赛事活动安全有序开展。

（张小利）

【台球行业疫情防控座谈会】 11月7日，区体育局组织全区台球行业开展疫情防控座谈会。会议要求各台球厅落细疫情防控各项措施，落实“一店一码”并配备防疫督导员，严格要求入场人员佩戴口罩，进行扫码测温、查验核酸阴性证明。会上解读了生产经营场所常态化疫情防控措施“十查”通知，各单位经过讨论达成一致，并签署疫情防控承诺书。

（张小利）

【万科石京龙滑雪场赠送锦旗】 11月21日，万科石京龙滑雪场为区体育局送上写有“责任担当，无私奉献”字样的锦旗，对区体育局协助其复工复产、确保雪季如期开业表示感谢。11月初，区体育局了解到石京龙滑雪场技术人员因健康宝弹窗无法返京从而影响正常造雪的问题，立即向区政府汇报，并制定相关人员返京与集体留观方案，协调安排其点对点转运至石京龙酒店留店观察。同时，选派专人赴石京龙滑雪场酒店防疫一线，与留观人员同吃同住，协助督导雪场严格落实管控措施，保障80余名相关人员有序返岗，帮助雪场迅速实现正常经营。

（张小利）

竞技体育

【延庆运动员获冬残奥会轮椅冰壶决赛冠军】 年内，延庆区残疾人运动员陈建新在北京2022年冬残奥会轮椅冰壶决赛中，与队友共同战胜瑞典队夺得金牌，这是陈建新第二次站上奥运赛场并获得奥运金牌。依据《关于对在奥运会、残奥会、冬奥会、冬残奥会及全运会上取得优异成绩的延庆籍运动员的奖励办法》，给予陈建新奖金107万元（含特殊贡献奖励7万元）。

（张小利）

【组队参加市运会（群众组）比赛】 年内，延庆区组队参加北京市第十六届运动会（群众组）12个项目比赛，204名群众代表参赛。轮滑项目获得速度过桩成年组第三名；乒乓球项目获得高中组女子单打第一名、男子团体第八名；气排球项目获得女子中年组第四名、男子中年组第七名、男子青年组第八名；围棋项目获得青少年男子团体第七名；足球项目甲组获得第七名；象棋项目获得女子团体第四名、男子团体第十名；羽毛球项目获得成年组混合团体第八名；健身气功、毽球、篮球、桥牌、马拉松项目均顺利完成比赛。

（张小利）

【“奔跑吧·少年”暑期集训营】 7月15日至8月27日，延庆区体育局举办2022年“奔跑吧·少年”暑期集训营活动，51名青少年运动员参加。本次暑期集训营分为前三周本地训练和后三周异地集训。异地集训阶段，区短道速滑队和双板滑雪队分别前往天津市和哈尔滨市开展集训，采取“半封闭式管理”，按照“训练学习两不误”的原则制定时间表并严格执行，每日训练时间不少于6小时。由专门配备的生活老师负责学生作业辅导，并适时安排视频讲解，领队、教练和生活老师每周进行总结，及时掌握运动员训练情况和心理变化。集训期间，短道速滑运动员参加“北京市青少年短道速滑联赛”，取得3金1银1铜的好成绩；双板滑雪运动员参加“青少年滑雪积分赛”，包揽男女组冠亚季军。

（张小利）

【参加市农民乒乓球比赛获奖】 7月22日，“裕农通杯”北京市第二届农民乒乓球比赛在朝阳区中地天怡体育中心举办，16个区100余名运动员参加混合团体比赛。延庆区选派康庄镇5名乒乓球运动员参赛，获得团体三等奖、优秀领队奖、体育道德风尚奖3项奖项。

（张小利）

【市青少年短道速滑联赛获3金】 8月6日至7日，延庆区选派13名运动员参加由北京市体育总会主办的为期2天的“2021－2022年度北京市青少年短道速滑联赛”第二站比赛。比赛设男子和女子U16组、U14组、U12组、U10组、U8组等共10个竞赛组别。延庆区获得3金、1银、1铜。其中，王瀚一获得U12组男子500米金牌、王梓萌获得U10组女子500米金牌、袁榕璟获得U10组女子500米铜牌、U12组男女混合接力获得金牌、U10组男女混合接力获得银牌。

（张小利）

【市运会田径举重比赛获3枚金牌】 8月10日，北京市第十六届运动会田径比赛在平谷体育中心开赛，延庆区38名运动员参赛，小将刘文杰获得男子丙组跳高金牌，为延庆区摘得本届市运会首枚金牌。8月11日，周娜获得女子甲组1500米冠军，曹佳俊获得男子乙组举重55公斤第一。

（张小利）

【“中国体育彩票杯”公路自行车赛在区举办】 8月16日至18日，“中国体育彩票杯”北京市第十六届运动会公路自行车比赛（青少年竞技组）在北京世园公园举办。赛事设男子甲乙组、女子甲乙组共4个竞赛组别。项目有200米、500米、1公里、5公里个人计时赛，20公里、30公里、40公里个人赛以及1公里个人障碍计时赛。来自东城区、朝阳区、通州区、昌平区、怀柔区、密云区6个区的82名运动员参赛。最终24枚金牌全部产生，其中密云区队揽10金，怀柔区队获6金。

（张小利）

【“北京世园公园杯”桥牌锦标赛举行】 8月16日至8月23日，“北京世园公园杯”2022年全国桥牌俱乐部锦标赛在延庆举办，来自全国各地共98支参赛队600余名运动员参加。先锋国际队获得公开组甲级冠军，锦烁桥牌俱乐部队获女子组冠军。此次比赛是延庆区年内举行的首个线下全国性大型桥牌赛事，赛事带动5000余人次在延庆食宿，决赛直播167.07万人观看。国家体育总局、中国桥牌协会、北京市体育局、市桥牌协会相关负责人以及区领导叶大华出席开赛仪式。

（张小利）

8月16日，“北京世园公园杯”2022年全国桥牌俱乐部锦标赛现场（区体育局供稿）

【市青少年公路自行车锦标赛在区举行】 8月19日，“2022北京市青少年公路自行车锦标赛”在北京世园公园举办，比赛由北京市体育局主办，北京市体育竞赛管理和国际交流中心、北京市延庆区体育局、北京市自行车运动协会、北京世园投资发展有限责任公司承办。来自东城区、通州区、怀柔区、密云区4个区的22名运动员参赛。此次比赛为甲组比赛，设男、女两个竞赛组别。项目覆盖200米、500米、1公里、5公里个人计时赛，30公里、40公里个人赛以及1公里个人障碍计时赛。

（张小利）

【北京自行车联赛（延庆站）举办】 8月21日，2022年北京自行车联赛（延庆站）在延庆区国家高山滑雪中心举办，共有200余名骑行爱好者参加。比赛以“耐力爬坡赛”的形式进行，赛道全程约6.6公里，累计爬升500米。设男子精英组、男子大师组和女子组3个组别。李沛林、王伟、叶振超获得男子精英组前三名，崔力坤、黄任华、赵英军获得男子大师组前三名，张好、杨玉、郑颖获得女子组前三名。

（张小利）

8月21日，北京自行车联赛（延庆站）在延庆区国家高山滑雪中心举办（区体育局供稿）

【市十六届运动会获4金1铜】 8月24日，区代表团赴国家体育馆参加北京市第十六届运动会开幕式。区领导于波、叶大华、任江浩参加。区运动员在青少年竞技组的比赛中取得4金1铜的优异成绩。

（侯海清）

【组队参加市运会乒乓球比赛】 8月27日，区体育局组织12名选手参加“北京市第十六届运动会乒乓球比赛”，取得男子团体第八名、高中组女子单打第一名的好成绩，获得历史性突破。其中，贺佳获得高中组女子单打第一名、姚焕海获得40～59岁男子组单打第七名、谢瑶获得20～39岁女子组单打第八名。

（张小利）

【“和谐杯”乒乓球比赛总决赛】 9月17日至18日，延庆区参加北京市第十六届“和谐杯”乒乓球比赛系列活动总决赛。36名运动员参加了公开组单打淘汰赛、团体对抗赛，郊区组团体、综合组团体等项目比赛。以张超、姚焕海、岳淑芳、贺佳领衔的香水园街道代表队获得郊区组团体一等奖，以王立军、张黎明、谢瑶、袁红岩领衔的儒林街道代表队获得郊区组团体二等奖，旧县镇王海波在先输两局的情况下，通过顽强拼搏获得残疾组冠军。

（张小利）

【青少年短道速滑锦标赛获奖】 11月4日至6日，延庆区短道速滑队参加2022年北京市青少年短道速滑锦标赛取得历史突破。本次比赛是北京市短道速滑最高规格的比赛，也是北京市第二届冬季运动会短道速滑比赛的资格赛。延庆区选派40名运动员参赛，获得3金2银7铜，名列金牌榜第3名。

（张小利）

【全国航空模型邀请赛在区举办】 11月5日，以“天空很辽阔，我们一起飞”为主题的2022年全国航空模型邀请赛（北京世园公园站）在北京世园航空科技体育运动公园举行，由国家体育总局航空无线电模型运动管理中心、中国航空运动协会、北京市延庆区人民政府主办，北京市延庆区体育局、北京世园文旅发展有限责任公司承办，北京市模型运动协会、北京势至山水文化传播有限公司协办。比赛设置2个参赛组别7个竞赛项目，300余名选手参赛。

（张小利）

【国际航空航天模型邀请赛在区举办】 11月6日，2022年北京国际航空航天模型邀请赛暨北京市青少年航空航天模型比赛在延庆区世界葡萄博览园举行，近600名青少年选手参赛。赛事由北京市体育总会、延庆区人民政府主办，北京市体育总会秘书处、北京市模型运动协会、延庆区体育局承办，北京八达岭文旅集团有限公司、北京八达岭景区运营管理有限公司和北京八达岭景区运营管理有限公司世葡园分公司共同协办，并得到体育彩票基金的支持。比赛分甲、乙2个组别，共设置13个单项。

（张小利）

群众体育

【国际象棋网络等级赛】 4月17日，延庆区举办第五届“澜弈”杯国际象棋网络等级赛、北京市延庆区2022国际象棋网络等级赛，两场赛事均为通过智赛网开展的线上赛事，共366名棋手参加，比赛为期2天。两场比赛均采取积分制，即每名选手进行5轮对决，但由于两场比赛级别不同，晋级分数也不相同，分别为1.5分晋一级，2.5分及以上跳二级与1分晋一级，2分及以上跳二级两种晋级模式。339名棋手晋级，54名棋手获得奖牌和奖状。

（张小利）

【篮球裁判员培训班】 4月21日，延庆区举办篮球裁判员培训班，培训为期3天，国家级篮球裁判员张俊担任授课教师。此次培训从理论课程、实操课程两方面展开。理论课程讲授篮球竞赛规则、裁判法及竞赛组织编排；实操课程以开展篮球实战比赛的方式，让参训学员轮流担任裁判，加深对裁判法、竞赛规则的学习。60余名参训学员均完成结业考核。

（张小利）

【国际象棋裁判员培训】 4月30日，延庆区举办线上国际象棋裁判员培训。由国家级裁判姚振章老师授课，共13名学员参与。培训结束后采用线上视频进行考核，8人获得国际象棋项目三级裁判员资格，2人获得晋升为国际象棋项目二级裁判员资格。

（张小利）

【科学健身指导大讲堂】 6月2日，区委宣传部、区体育局、延广融媒利用线上直播的方式开展科学健身指导大讲堂——“在科学跑步中遇见健康的自己”延庆区新时代文明实践志愿服务总队医疗健身志愿服务活动。活动邀请延庆区长跑协会会员林益涵授课，授课内容包括初识跑步、跑前准备、正确跑姿及力量训练4个方面。 7月28日，在香水园街道、儒林街道、延庆镇、张山营镇举办全民健身科学指导大讲堂进街道（乡镇）活动，200余名社区乡镇居民参加培训活动。北京体育大学侯世伦教授和首都体育学院刘平江副教授结合运动健康专业知识，指导乡镇社区居民科学健身。

（张小利）

【“澜弈杯”“端午杯”国际象棋赛事】 6月4日至5日，延庆区举办第六届“澜弈杯”国际象棋网络等级赛、延庆区2022“端午杯”国际象棋网络等级赛。两场赛事均为通过国象联盟开展的线上赛事，共375名棋手参加，336名棋手成功晋级，其中54名棋手获得奖牌和奖状。

（张小利）

【体育协会防汛抗旱专题培训】 6月22日，区体育局组织召开2022年延庆区单项体育协会防汛抗旱专题培训会，自行车协会、高尔夫球协会、体育志愿者协会、钓鱼协会、长跑协会、足球运动协会的防汛负责人参加。培训以甘肃白银马拉松事件为例，结合《2022年延庆区体育局防汛应急预案》，强调汛期防汛工作的重要性与赛事活动中极端天气的防范与各单项协会汛情防范要求。

（张小利）

【奥林匹克日线上跑活动】 6月23日，延庆区举办“畅跑天然氧吧 秀最美冬奥城”2022奥林匹克日线上跑活动。活动设置6.23奥林匹克日纪念跑、10公里、图形趣味跑组别。线下跑步打卡延庆冬奥广场、世园公园、长城等地标，并以“畅跑天然氧吧”为话题在各自社交媒体进行分享传播，发送个人参赛数据的选手获得个人电子完赛证书。来自全区的200名跑步爱好者参加。

（张小利）

【新时代文明实践志愿服务培训】 7月7日，区体育局利用线上直播的方式开展延庆区新时代文明实践志愿服务线上培训活动，3个街道、15个乡镇的健身爱好者们通过腾讯会议平台积极参与培训。本次培训包含广场舞、健身操两部分，分别邀请广场舞国家级社会体育指导员刘纪英老师、健身操一级社会体育指导员李晶玉老师进行授课。广场舞培训以学习规定动作《草原醉》为主要内容，分为整体展示和慢动作讲解两部分；健身操培训从上肢运动、耸肩运动及扩胸运动三套动作进行指导。

（张小利）

【延海杯桥牌个人网络赛】 7月30日，在新睿桥牌APP平台举办“喜迎二十大”暨第二届“延海杯”“全民健身日”桥牌个人网络赛。赛事由海淀区体育总会、延庆区体育总会支持，海淀区桥牌协会、延庆区桥牌协会共同主办。来自海淀区、延庆区的300名桥牌爱好者参赛。经过7天7轮角逐，延庆区任秀峰获得个人冠军。

（张小利）

【八人制足球赛延庆赛区预赛】 7月30日至8月21日，延庆区举办北京市第二届社区杯八人制足球赛延庆赛区预赛。赛事分为青年组和中年组，共15支球队参赛。康庄镇足球队获得青年组冠军，小营村足球2队获得青年组亚军，小营村足球1队获得中年组冠军，旧县镇足球队获得中年组亚军，永宁镇足球队获得中年组季军。获得冠军的康庄镇足球队与小营村足球1队代表延庆区参加“北京市第二届社区杯八人制足球赛”决赛阶段比赛。

（张小利）

【社会体育指导员培训】 8月3日至4日，在延庆区体育中心综合馆，举办2022年广场舞项目社会体育指导员培训。国家级社会体育指导员仲晓浩作广场舞《草原醉》与《珊瑚颂》分解动作讲授，并进行示范教学，全区3个街道15个乡镇的200余人参训。10月31日，延庆区体育中心综合馆举办2022年延庆区太极拳项目社会体育指导员培训，全区100余名太极拳健身爱好者参加。培训授课教师为国家级社会体育指导员池深、刘晓文、宋怀琴，培训内容为太极拳《八法五步》。

（张小利）

【延庆区第十六届青少年围棋赛】 8月6日，在延庆区体育中心篮球馆，举办2022年延庆区第十六届青少年围棋赛，全区60余名青少年围棋爱好者参赛。比赛采用电脑积分编排赛制，按照年龄分为5个组别。秦靖获男子甲组冠军，张迈伦获男子乙组冠军，陈心桐获女子乙组冠军，谢昊然获男子丙组冠军，赵怡然获女子丙组冠军，李金泽获男子丁组冠军，阮梓麒获男子戊组冠军，高伊杉获女子戊组冠军。

（张小利）

【第十六届妫川象棋俱乐部联赛】 8月6日，在延庆区体育中心象棋室举办第四届“新宇园杯”暨第十六届妫川象棋俱乐部联赛。共12支队伍48名队员参加，历经两天比赛，新宇园队荣获团体冠军，百泉青年队、王者荣耀队分获亚、季军。

（张小利）

【延庆区国际象棋等级赛】 8月6日至7日，在井庄镇中心小学举办2022年延庆区国际象棋等级赛，比赛特邀国家级裁判员姚振章老师担任裁判长、姚垚老师担任编排长。参赛运动员均遵守疫情防控规定，全程佩戴口罩，保持安全距离。来自北京各区的490名棋手参加，其中371名棋手晋级。

（张小利）

【全国露营大会（世园公园站）举办】 8月7日，在北京世园公园举办“2022全国露营大会（世园公园站）”。营会为期2天，内容为“主题露营活动、运动休闲体验、徒步定向体验”三部分，开展科技体育、户外体育、娱乐体育3

类10余项主题运动健身项目。

（张小利）

【全民健身日世园公益跑】 8月8日，在北京世园公园举办“2022北京市体育公益活动社区行暨延庆区‘8·8全民健身日’世园公益跑”活动和“全民健身 绿色生活”2022全民健身日世园夜跑活动。世园公益跑活动设置5公里彩虹步道跑以及旱地冰球、陆地冰壶、冰蹴球以及冰球射门等趣味冰雪运动项目体验区。来自全市的260名自闭症、心智障碍等弱势群体及其家庭参加。世园夜跑活动共吸引300余名群众参与。

（张小利）

【2022年徒步京津冀活动】 8月13日，在北京世园公园举办2022年徒步京津冀活动，活动线路全程约7千米，700名来自北京、天津、河北的徒步爱好者参加。

（张小利）

8月13日，徒步京津冀活动在北京世园公园举行
（区体育局供稿）

【暑期少儿围棋级位赛】 8月13日至14日，在区体育中心篮球馆举办2022年延庆区暑期少儿围棋级位赛。全市110余名青少年围棋爱好者参赛。比赛采用电脑积分编排赛制，按照级别分组，分为定级组、5级组、4级组、3级组和2级组5个组别。其中，有4人升至1级、9人升至2级、14人升至3级、7人升至4级、26人升至5级。

（张小利）

【第二十二届农民象棋赛】 8月17日至19日，在延庆区旧县镇自游自在汽车主题民宿举办北京市第二十二届农民象棋赛，来自京郊的16支队伍90余人参赛。怀柔区、海淀区、通州区获得团体一等奖，延庆区3支代表队分获二、三等奖。

（张小利）

【北京自行车联赛（延庆站）举办】 8月21日，2022年北京自行车联赛（延庆站）在国家高山滑雪中心举办。活动由北京市社会体育管理中心、区体育局共同主办。旨在充分发挥冬奥会延展效应，进一步推动我区体育文化旅游产业全季候、全区域、一体化发展。

（侯海清）

【第九届北京延庆徒步大会】 9月15日，以“喜迎党的二十大 健步最美冬奥城”为主题的2022（第九届）北京延庆徒步大会在延庆奥林匹克园区成功举办，徒步大会起点为延庆冬奥村广场，选手沿国家高山滑雪中心盘山路，至高山集散广场折返，最终返回，线路长度约10公里。活动现场开展“喜迎党的二十大”主题活动，路线沿途摆放19块一大到十九大展板。来自首都各界的800余名市民代表参加。

（张小利）

【第六届北京市钓鱼比赛在区举办】 9月17日，在北京世园公园举办第六届北京市钓鱼比赛，全市各区120名垂钓爱好者参加。比赛项目为手竿钓混养鱼，共赛2场，每场70分钟，以参赛选手的鱼获总重量确定名次，宋振峰、汤磊、张学雷分获比赛前三名。

（张小利）

【“玉皇山庄杯”象棋团体邀请赛】 9月18日，2022年延庆区“玉皇山庄杯”象棋团体邀请赛在延庆区大榆树镇阜高营村玉皇山庄举办，来自各乡镇的8支代表队32名队员参赛。赛事得到玉皇山庄、春艺达、阜高营村党支部村委会和牡丹园支持。阜高营村代表队荣获团队冠军；永宁镇代表队和康庄镇代表队分获团队亚军、季军。张磊、王建利、刘雷、李景山获最佳棋手荣誉。

（张小利）

【国家锻炼标准达标测验活动】 9月23日，区体育局在田径场举办国家体育锻炼标准达标测验活动。根据《北京市体育局关于广泛开展国家体育锻炼标准达标测验活动的通知》要求，针对18～59岁身体健康的居民，按照青年组和壮年组两个组别分别从速度、耐力、力量、灵敏和柔韧5方面进行测验，并为完成测验活动的群众评定等级，发放等级证书及奖章。检测活动为期4天，816人参与。

（张小利）

【第七届北京国际钓鱼友谊赛在区举办】 9月24日，“北京世园公园杯”第七届北京国际钓鱼友谊赛在北京世园公园为蓝营地举办，来自30个国家的100名垂钓爱好者同场竞技交流。本届赛事为团体赛，每队2人，由中国选手和国外选手联合组成。比赛项目为手竿钓混养鱼。刚果（布）选手达尼和中国选手王锡友组成的跨国组合夺得冠军。

（张小利）

【市第十三届登山大会在区举办】 9月30日，在延庆区井庄镇柳沟村举办“九九重阳”北京市第十三届登山大会，活动由北京市社会体育管理中心、延庆区体育局主办，北京市徒步运动协会、延庆区井庄镇人民政府承办。登山路线从柳沟文化广场出发，全长约5公里，最高海拔480米，沿途经过古长城、柳沟城门洞、柳沟城隍庙，在山顶观景台设置打卡点，参与者完成打卡后最终返回到柳沟文化广场。来自全市各区及社会招募的市民代表700名参加活动

（张小利）

【庆祝党的二十大骑游宣传】 10月24日，延庆区自行车协会开展庆祝党的二十大闭幕骑游宣传活动。骑行路线从体育局出发，途径延农路、润川路，最终到达会展中心，全程15公里。参与活动人员自行车上插有“喜庆党的二十大 奋发向未来”“不忘初心 牢记使命”“民族复兴 承载梦想”“发展为了人民 发展依靠人民”等宣传小旗帜，骑行过程中捡拾沿途垃圾。100名会员参加活动。

（张小利）

【科学健身预防慢性病大讲堂】 11月2日，区体育局利用线上直播的方式开展2022延庆区线上科学健身预防慢病大讲堂活动，3个街道、15个乡镇通过腾讯会议平台参与。培训邀请延庆区疾病预防控制中心副书记、主任医师闫丽艳老师进行授课。课程以贯彻党的二十大报告中指出的推进健康中国建设为出发点，通过不同年龄段健康需求变化，针对科学健身和提升健康素养的重要性，围绕科学健康观、慢性疾病防治、安全与急救等方面进行授课。

（张小利）

【第十二届北京国际自行车骑游大会在区举办】 11月5日，2022第十二届北京国际自行车骑游大会在北京世园公园举办，500余名自行车选手和骑行爱好者参与。大会以“休闲延庆、骑乐无穷、乐享氧吧、美丽世园”为主题，包括健身骑游、公路自行车赛、儿童平衡车三大部分。健身骑游线路从国际馆旁妫汭东路出发，一路绕行至中国馆前广场，全程4千米。儿童平衡车体验赛环节，100余组家庭参加。2022中国公路自行车公开赛（北京世园公园站）也在当天开赛，赛事设置男子公开组（42km）、女子组（24km）大组赛、男子公开组（6km）团体计时赛3个竞赛项目。苏浩钰获男子公开组冠军，张好获女子组冠军，北京高校联队获团体计时赛冠军。

（张小利）

11月5日，中国公路自行车公开赛北京世园公园站比赛现场（世园公司供稿）

【“延海协作”科学健身大讲堂】 11月17日至18日，延庆区体育局、海淀区体育局联合举办2022“延海协作”延庆区线上科学健身大讲堂系列活动。开展科学健身知识讲座3场，分别

邀请北京体育大学教授白震民针对中老年人居家康养指导——中医运动按摩进行讲解，邀请北京大学第三医院主任医师赵威针对分析体检报告、科学出具运动处方进行讲解，邀请北京市海淀医院主任医师王志潮针对脑血管病与主动健康进行讲解。18个街道乡镇500余名群众在线观看。

（张小利）

【冬季国际象棋网络等级赛】 11月19日至12月4日，举办澜弈国际象棋等级赛、2022延庆区冬季国际象棋网络等级赛和延庆区第八届“澜弈杯”国际象棋网络等级赛，3场赛事均在线上举行，359名棋手参与，261名棋手晋级。

（张小利）

【延庆2022冬季线上跑活动】 12月20日至30日，举办“云跑冰雪延庆 畅跑天然氧吧”延庆2022冬季线上跑活动，活动共设置5km长城跑、10km冬奥跑、21km世园跑3个组别，打卡地标涉及延庆冬奥广场、北京世园公园、长城等地标。全区的200余名跑步爱好者参与活动。

（张小利）

【庆元旦国际象棋等级赛】 12月31日，延庆区举办庆元旦国际象棋网络等级赛，全市各区243名棋手参赛。比赛采取积分制，每名选手进行5轮对决，213名棋手晋级。

（张小利）

冰雪运动

【冬奥会和冬残奥会火炬传递保障】 年内，北京2022年冬奥会和冬残奥会火炬在八达岭长城、八达岭古长城、世界葡萄博览园、北京世园公园4个点位进行传递。此项活动涉及延庆区220余项具体任务。区体育局协调区属30余家行政单位对传递点位进行30余次实地踏勘，修改完善工作方案和流程表，开展3次桌面推演、2次核心要素演练、5000余人的2次全要素演练，完成火炬传递服务保障任务。

（张小利）

【延庆区大众滑雪赛、农民滑雪赛】 1月3日，在北京万科石京龙滑雪场举办2022年北京市延庆区大众滑雪比赛、农民滑雪比赛，各乡镇100余名滑雪爱好者参加。赛事包含单板滑雪大回转及高山滑雪大回转2个竞赛项目5个组别。每名选手有两次比赛机会，两次滑行成绩的时间总和即为最终成绩。李崭、王飞鹏、赵静怡、赵岳、田园分获各组别冠军。

（张小利）

1月3日，区大众滑雪比赛、农民滑雪比赛在万科石京龙滑雪场开赛（区体育局供稿）

【区第五届青少年速度滑冰赛】 1月22日，在延庆妫河东湖户外滑冰场举行延庆区第五届青少年速度滑冰赛，各学校及俱乐部100名运动员参赛。竞赛项目分为200米、500米、1000米，竞赛组别分为幼儿组、少年组、青年组，男女共计9个组别。王广煜夺得幼儿组冠军，刘紫睿、杨梓鑫、王司涵、李梓梁、张持、宋雨萱、林佳宇分获各少年组冠军。

（张小利）

【“小手拉大手”亲子滑冰培训班】 8月10日，“奔跑吧·少年”2022年延庆区“小手拉大手”亲子滑冰培训班开课。培训采取“7+1”授课形式，即7次课程、1次冰上趣味活动。经过培训，大部分孩子基本掌握滑冰技能，家长达到在冰上自由滑行的水平。

（张小利）

【区滑雪队赴崇礼参赛】 12月23日，延庆区双板滑雪队赴崇礼参赛。国益霖和王思博分别获得由中国滑雪协会主办的“明日之星·2022—2023中国青少年滑雪公开赛”U12男子高山大回转第八、九名的成绩；王思博和国益霖分别获得由全国体育运动学校联合会主办的“FILA KIDS全国青少年高山滑雪公开赛”青少年U10男子组第一、二名的成绩；国益霖获得由张家口市体育局主办的“雪耀中国高山滑雪积分赛”青少年U11男子大回转、回转双料冠军。

（张小利）

【第九届全国大众冰雪季分会场活动】 12月24日，在北京市冰上项目训练基地举办第九届全国大众冰雪季北京分会场暨第九届北京市民快乐冰雪季系列活动启动仪式。两支北京青年女子冰球队展开对抗赛。在石京龙滑雪场开设“滑雪公开课”。“北京冰雪消费券”通过“北京健身汇”微信小程序向市民同步发放，市民使用冰雪消费券可享受北京地区部分冰雪场馆门票优惠并抵扣消费券面值的门票费用。活动将持续到下年4月。

（张小利）

【三场滑雪比赛获3金1银】 12月31日，在崇礼参加中国滑雪协会主办的“2022—2023中国青少年滑雪公开赛”、全国体育运动学校主办的“全国青少年高山滑雪公开赛”、张家口市体育局主办的“雪耀中国高山滑雪积分赛”3场滑雪比赛中，延庆第二小学学生王思博、国益霖获得3金1银的优异成绩。

（侯海清）

（栏目编辑：池尚明）

社会民生

居民收支

2022年全年全区居民人均可支配收入41206元，比上年增长2.6%，人均生活消费支出25825元，下降2.8%。其中，城镇居民人均可支配收入55451元，增长2.3%，人均生活消费支出32202元，下降2.5%。

（司润芯）

人力资源

【概况】 北京市延庆区人力资源和社会保障局（简称区人力资源社会保障局）有促进就业、统筹建立覆盖城乡的社会保障体系、指导事业单位人事制度改革等职能11项，行政权责事项139项。主要工作职能包括6个板块，即就业工作、社会保障工作、人才工作、人事工作、收入分配（工资）工作和劳动关系工作。2022年，坚持以习近平新时代中国特色社会主义思想为指导，牢固树立以人民为中心的发展思想，突出稳就业保民生工作主线，聚焦服务保障赛会和地区高质量绿色发展，全力做好就业增收、技能培训、社会保险、人事人才、根治欠薪等各项工作，有力服务和保障了统筹疫情防控和稳定经济增长大局。年内全区招聘事业单位工作人员363人。

单位名称：延庆区人力资源和社会保障局
地　　址：延庆区高塔街53号
电　　话：69181846

（林萍）

【人事代理和档案管理】 年内，区人力资源社会保障局代缴社会保险1270人、办理退休173人、办理医疗费用手工报销32人次。各类存档32234份，其中集体存档4248份、个人存档20397份、大中专毕业生暂存档案3684份、街道失业人员存档3905份。数字化扫描人事档案2509份。收缴档案管理费11.03万元。

（林萍）

【退休人员管理】 年内，区人力资源社会保障局审批企业退休人数1670人，其中正常退休1538人、特殊工种提前退休97人、病退11人、职工保险转居民保险24人。行政审批补缴养老保险45人，个人账户补填3人，延期退休备案355人。审批机关事业退休人数297人，其中公务员70人、事业管理人员22人、专业技术人员170人、工人35人。全区实行社会化管理人员20816人，管理科级及以下退休干部5754人。

（林萍）

【人才引进和服务】 年内，落实《北京市引进非北京生源毕业生工作管理办法》要求，引进非北京生源毕业生100人。推进积分落户工作，25人获得落户资格。

（林萍）

【支农高校毕业生管理】 年内，全区招录乡村振兴协理员37人，其中硕士2人、本科35人。全区在岗支农高校毕业生累计111人，其中男51人、女60人。

（林萍）

【人事考试】 年内，区人力资源社会保障局组织9项15221人次的人事考试。其中，组织192人次参加区执法改革过渡人员笔试；组织4944人次参加我区事业单位公开招聘工作人员笔试；组织10085人次参加一级建造师等7项职业资格考试。

（林萍）

【城乡劳动力就业】 年内，区人力资源社会保障局促进城乡劳动力就业11494人。其中，城镇登记失业人员就业5052人、农村劳动力转移就业6442人。帮扶城乡就业困难人员就业8890人，其中城镇就业困难人员就业2448人。城镇登记失业率3.77%，城镇登记失业人员就业率64.82%。对困难失业人员、困难企业职工和安置农民工较多的企业进行了两节期间走访慰问。社会公益性就业组织安置城乡就业困难人员3146人。

（林萍）

【就业补贴补助】 年内，组织实施《延庆区关于加强失业人员服务管理的若干措施》和《延庆区关于企业职工继续留用享受社会保险补贴的实施办法（试行）》，宣传落实市级用人单位岗位补贴和社会保险补贴、灵活就业（自谋职业）社会保险补贴、公益性就业补助、城市公共服务类岗位补助、援企稳岗等政策。全年共落实促进就业资金7.65亿元，其中市失业保险基金6.69亿元、区财政0.96亿元，惠及3.66万家企业20.65万人次。

（林萍）

【城市公共服务类岗位对接】 年内，推进城市公共服务类岗位安置，加大公交乘务管理、安保辅警、环卫作业等岗位开发，与13家企业签订合作协议；对接海淀区召开招聘会18场；落实补贴办法，保障每人每月2500元补贴资金，输送农村劳动力282人。

（林萍）

【创业带动就业】 年内，创业带动就业中新增参保创业单位1771户，带动就业岗位4410个。健全创业扶持体系，推动创业孵化示范基地发展，新增1家市级示范基地。发挥返乡青年、退役军人、女性和残疾人创新创业基地作用，提供工位134个，入驻企业26家。搭建创业实践舞台，区级选拔赛获奖项目9个，指导4个项目获得市级大赛奖项、1个项目获得国家级二等奖。落实创业担保贷款政策和一次性创业补贴政策，向12家企业发放创业担保贷款2730万元。

（林萍）

9月16日，在延庆镇社保所开展送岗下乡招聘活动（区人力社保局供稿）

【高校毕业生就业】 年内，接受2425名延庆籍北京高校毕业生档案。通过摸查就业需求、就业去向和求职意愿，建立实名制台账，推进青年就业见习，“一对一”提供岗位推荐、政策咨询、职业指导等服务，实现就业率97%，14名困难家庭毕业生100%得到就业帮扶。

（林萍）

【公共职业介绍和职业指导】 年内，区人力资源社会保障局采集空岗信息7690个，办理求职登记15376人，推荐成功就业109人次，开展职业指导6476人次。组织线上线下招聘会166场，提供岗位4.49万个次，参会求职3463人次，达成就业意向1094人次。

（林萍）

【基层公共就业服务平台建设】 年内，区人力资源社会保障局健全“三级管理、四级服务”体系，优化就业服务指导员、就业服务专员、企业联络员的“三员”队伍615人，打造一刻钟就业服务圈。

（林萍）

【扶贫协作与支援合作】 年内，区人力资源社会保障局与内蒙古、河北省等对口帮扶地区合作，建立跨区就业协作机制，从促进就业政策、人力资源供求信息资源共享、联合招聘、劳务输出、职业技能培训、劳动维权、工作经验交流等方面开展协作。联合开展招聘会38场，组织培训574人次，促进125人到东部地区就业、32人到其他地区就业、2147人就近就地就业。

（林萍）

【鹊桥培训】 年内，制定“鹊桥培训”计划，共开展培训1.04万人次，实现培训后就业1318人。其中通过培训推动精准就业一批，围绕后冬奥世园、中关村延庆园等重点领域用工需求，通过“靶向培训+定岗招聘”培训5322人次，培训后就业1214人；提升取证一批，围绕电工、消防中控、保育师等30余个高技术含量工种，通过“取证奖励+薪酬提升”培训1096人次，取证709人，发放补贴65.6万元；超前储备一批，围绕精品民宿、养老护理、月嫂、防疫人员等热门紧缺职业和岗位，通过“菜单式+订单式+轮作式”，开展网约厨娘、养老护理、防疫保障等培训3985人次，培训后就业104人。

（林萍）

11月2日，在井庄镇开展网约厨娘培训
（区人力社保局供稿）

【创建技能大师工作室】 年内，在全市率先启动区级“冰雪技能大师工作室”工作，打造高技能人才系统培训模式，聚焦冰雪园艺、无人机等特色产业，创建技能人才创业培训基地（技能大师工作室）7个，其中冰雪类5家、园艺类1家、餐饮类1家。

（林萍）

【职业技能等级认定】 年内，北京延隆商业发展有限公司、北京市延庆区第一职业学校和航天时代飞鸿技术有限公司3家社会机构申报职业技能等级认定资质，具备中式烹调师、中式面点师、花卉园艺工、无人机装调检修工4个工种的职业技能等级认定资格。

（林萍）

社会保障

【工伤认定】 年内，区人力资源社会保障局强化对交通事故、意外伤害事故、因工死亡事故以及建筑施工等重点案件的核实，办理工伤认定541例，认定工伤473例，工伤认定时限内办结率达100%。工伤职工康复治疗17人次。以建筑业为重点推动工伤保险扩面，全区26个项目按建设项目参保，其中新开工项目21个，参保率100%。

（林萍）

【劳动能力鉴定】 年内，区人力资源社会保障局落实鉴定工作标准化建设，通过硬件设施建设、窗口服务建设、开辟绿色通道组织专场鉴定和视频鉴定。组织劳动能力鉴定303人，其中工伤评残292人（已达到伤残等级245人、未达到伤残级别35人、配置辅助器具确认2人、停工留薪期确认10人）；因病鉴定人数11人（达到完全丧失劳动能力10人），病退率91%。组织视频鉴定8人。

（林萍）

【劳动合同管理】 年内，区人力资源社会保障局监测全区44家企业劳动合同签订情况，劳动合同签订率达100%。推进各项劳动关系审批备案工作，集体合同备案568份，覆盖区内企业439家，涉及职工1.8万人；综合计时工时工作制单位133家，涉及7186人；不定时工作制单位23家，涉及588人。

（林萍）

【劳动监察】 年内，区人力资源社会保障局联合执法检查用人单位1647户次，行政执法1729次，处理农民工工资结算纠纷案件1256件，追偿1035人725.31万元，国务院欠薪平台线索办结率为95.47%。严格依法惩处、行政处罚20家单位，处罚金额429.97万元，重大劳动保障违法行为社会公布1家，人均执法量全市排名第一。

（林萍）

【劳动人事争议调解仲裁】 年内，区人力资源社会保障局全面优化仲裁办案环境，推行“案前调解+速裁”办案模式，指导全区49个基层调解组织开展争议预防和调解工作。全年共受理各类争议案件786件、审结777件，结案率98.85%，调解成功率62.78%，仲裁终结率80.31%，为申请人追回劳动报酬及赔偿2282.09

万元。

（林萍）

【工资及津贴补贴】 年内，调整公务员、事业单位工作人员基本工资标准，离休干部离休费、生活补贴标准和去世离休干部无工作配偶生活困难补助费标准。落实事业单位管理岗位职员等级工资政策。规范统一区内“涉及改革”事业单位绩效工资。核定2022年度事业单位绩效工资总额11.91亿元。完成1.27万人次工资正常晋升工作，其中机关晋升级别工资409人，晋升级别工资档次、工勤晋升岗位工资2126人，正常调整工作性津贴124人，事业单位晋升薪级工资10080人。为194名享受生育津贴职工核算产假工资。审批享受农林一线科技人员、乡以下卫生技术人员浮动工资9人，浮动工资转固定9人。完成密码人员岗位津贴、纪检监察办案补贴等特岗津贴按月审批和区县保留津贴按季度核准工作。开展事业单位清理规范津贴补贴工作，优先落实义务教育教师和医务人员岗位绩效标准调整补发资金1.6亿元。每月按时完成全区240家机关事业单位1.35万人工资统发工作。

（林萍）

【奖金及福利待遇】 年内，审批机关事业单位各项奖金合计4.52亿元。福利费提取标准调整为月人均220元。为区教委等15家单位拨付福利费集中使用部分50万元。为124名去世人员审批丧葬费62万元、一次性抚恤金2236.4万元，为58名去世人员的63名遗属办理生活困难补助手续。为农业农村局等5家单位41人审批援派干部人才待遇113.5万元。

（林萍）

【企业收入分配宏观调控指导】 年内，会同区国资委办做好国有企业工资内外收入调查工作，完成市局四大类样本企业薪酬调查，严格执行2320元最低工资标准。

（林萍）

【城镇居民增收】 年内，发挥居民增收工作领导小组作用，完善城镇居民增收工作考核指标体系，突出问题导向和目标导向，强化部门联动，落实15项促进增收措施，全区城镇居民实现人均可支配收入55451元，名义增长2.3%。

（林萍）

【社会保险基金】 年内，全区三险（养老保险、工伤保险、失业保险）累计收缴167212.80万元，比上年增加22498.12万元，增幅15.55%，三险累计发放208315.47万元，比上年增加34288.50万元，增幅19.70%。社保稽核受理投诉案件117件，办结率100%，补缴金额201.87万元。

（林萍）

【社会保险待遇调整】 年内，调整企业退休人员基本养老金，增幅4.59%左右；城乡居民基本养老保险基础养老金增幅4.4%，城乡居民老年保障福利养老金增幅4.8%；调整工伤保险待遇，包括伤残津贴、供养亲属抚恤金和生活护理费增幅分别为5.30%、6.99%和5.54%。

（林萍）

【工伤保险医疗费用审核】 年内，审核结算工伤保险医疗费9427人次，同比增长49.18%，其中工伤保险门诊费用结算9319人次，同比增长50.72%；工伤保险住院费用结算108人次，同比减少20.59%。工伤保险基金支付金额1413.29万元，同比增长13.22%，其中门诊基金支付1102.14万元，同比增长78.74%；住院基金支付金额311.15万元，同比减少50.74%。

（林萍）

【福利养老金】 年内，全区城乡无社会保障老年人享受福利养老金人数1.82万人，累计发放福利养老金18116.92万元，上调基础养老金标准后每人每月最低802元。

（林萍）

【城乡居民养老保险】 年内，全区参加城乡居民养老保险人数3.99万人，收缴金额4152.49万元（税务部门提供）。领取养老金人数3.94万人，领取保险金额43727.92万元。上调基础养老金标准后每人每月最低887元。

（林萍）

【社会保险参保】 年内，全区基本养老保

险参保11280户，同比增长19.99%；参保11.58万人，同比增长4.52%。失业保险参保11145户，同比增长19.89%；参保9.92万人，同比增长6.25%。工伤保险参保11153户，同比增长16.53%；参保9.85万人，同比增长0.67%。

（林萍）

医疗保障

【概况】 北京市延庆区医疗保障局（简称区医保局）为区政府工作部门，负责贯彻落实国家医疗保障方针政策和市、区有关决策部署，主要工作职能涉及医疗保障基金监督、城乡居民医保参保、医保费用审核支付、医疗救助、定点医药机构管理等方面。下辖副处级事业单位北京市延庆区医疗保险事务管理中心（简称区医保中心）。2022年10月31日，区医保局及区医保中心办公地址由延庆区高塔街40号迁至延庆区新城街2号行政办公楼。年内，区医保局以习近平新时代中国特色社会主义思想和党的二十大精神为指引，坚持以人民为中心，按照“为群众服务、保基金安全”的发展理念，统筹疫情防控和医保发展，落实北京市十四五时期医疗保障发展规划，推动医保改革落地实施，促进管理服务提质增效，确保群众待遇水平稳步提升，医保基金安全可持续。

单位名称：延庆区医疗保障局
地　　址：延庆区新城街2号
电　　话：69145896

（李晶）

【城乡居民医保参保】 年内，延庆区城乡居民医保参保131283人，其中学生儿童42266人、老年人66288人、劳动年龄内居民22729人。16971人享受财政资助参保，实现应保尽保。

（李晶）

【基本医疗（生育）保险审核支付】 年内，区医保局审核医疗费用481.62万人次，支付基金6.89亿元（按审核地统计），其中实时结算费用480.76万人次，基金支付6.75亿元；手工报销费用0.49万人次，基金支付0.14亿元。核准生育津贴1207笔，基金支付4043.57万元。

（李晶）

【大病医疗保障】 年内，区医保局审核城乡居民大病保险1298人次，基金支付1432.06万元，个人最高支付34万元。审核城镇职工大病保险160人次，基金支付263.3万元，个人最高支付36.4万元。审核2021年度城乡居民医保特殊病区级差异化补助112人，支付补助资金24.18万元。

（李晶）

【医疗救助】 年内，区医保局持续开展社会救助对象医疗救助一站式结算工作，审核社会救助对象医疗费用19648人次，支付救助资金1033.08万元。审核社会救助对象住院押金减免和出院即时结算费用402人次，支付救助资金280.87万元。救助2020年度因病致贫家庭227个，救助家庭成员249人，支付救助资金181.47万元。

（李晶）

【定点医药机构动态管理】 年内，全区新增5家定点医疗机构、13 家定点零售药店。5月1日，好益生医院、北京市延庆区温泉西里社区卫生服务站、北京市延庆区香水园社区卫生服务中心纳入医保定点管理，实现全区18个街乡镇社区卫生服务中心医保定点全覆盖。10月10日，北京市延庆区四海镇王顺沟村卫生室和北京市延庆区永宁镇东灰岭村卫生室正式纳入医保定点管理，实现全区村卫生室纳入医保定点“零”突破。12月31日，13家零售药店纳入医保定点管理。截至年底，全区共有定点医疗机构79家、定点零售药店30家。

（李晶）

【医保专家团队建设】 年内，区医保局启动区级医保专家团队建设工作。专家范围覆盖临床各学科专家，医学影像、医学检验、病理、药剂、病案、器械管理等专业人员，医保管理主管院长及医保工作负责人，以及与医保基金监管密切相关的卫生健康、市场监管、公安、财政、人力社保、审计、纪检监察、司法、检察等部门主管领导及科室业务骨干。区级专家主要参与医保基金监管各类检查、疑难问题研判、业务培训及经验交流，充分发挥行业主管部门和执法部门职能优势，畅通案件移交渠道，形成联合监管合力。截至年底，共有专业技术类专家114人、管理类专家13人、特聘专家12人。

（李晶）

【定点医药机构监督检查】 年内，区医保局完善医疗费用日常审核及疑似违规费用外审机制，加强费用实时审核和监管。现场检查辖区内定点医药机构143家次，先后开展打击诈骗医保基金定点医药机构全覆盖检查、高值耗材专项治理、中医诊疗项目、基因检测、血液透析等重点领域专项整治、基金监管跨区交叉互查、违规收取门诊医事服务费专项核查、使用他人医生工作站问题专项核查、医药产品集中采购专项检查、医保数据安全专项检查、耗材阳光平台采购专项检查、中药饮片和配方颗粒专项检查、第三方会计师事务所开展医保基金专项审计等12项监督检查工作。拒付追回不合理医疗费用71.12万元，约谈1家医疗机构主管院长，对6家定点医疗机构下发限期整改通知书。

（李晶）

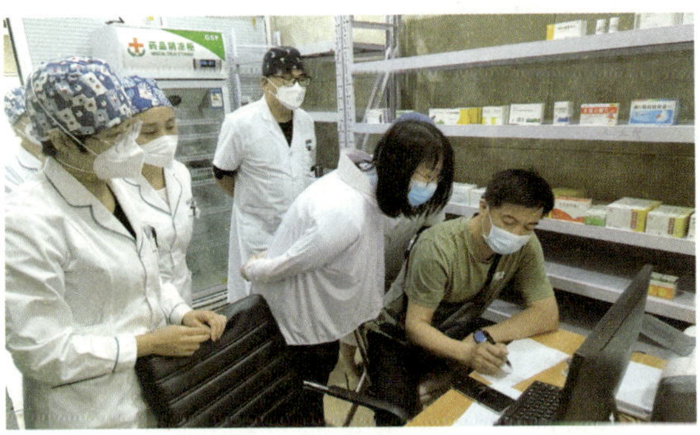

5月30日，区医保局开展好益生医院现场检查
（区医保局供稿）

【个人异常数据筛查处理】 年内，区医保局筛查异常就医数据2709人次，涉及金额7034.95万元，下发个人告知书17份，约谈17人，追回违规费用6.54万元，停卡处理1人，锁卡处理2人。结合历年个人违规处理情况，撰写20例违法违规使用医保基金典型案例，主动公开曝光，强化基金监管威慑力。

（李晶）

【异地就医直接结算】 年内，区医保局推进门诊慢特病跨省直接结算试点工作，延庆区医院、永宁镇社区卫生服务中心开通门诊慢特病直接结算业务。完成新增定点医疗机构跨省异地就医直接结算系统改造、验收。加强系统监控和医疗费用审核，全年审核跨省异地就医直接结算医疗费用8643笔，医保基金支付1045.77万元，同比分别增长93.66%、73.57%。

（李晶）

【商业补充医疗保险推广】 年内，区医保局落实市级工作要求，多渠道全方位宣传推广北京普惠健康保，提高产品知晓率和公信力。联合中国人寿、人保财险等商业保险公司对区内企事业单位、学校、医院、街乡镇开展培训宣导，提升群众对北京普惠健康保的认识。动员全区各机关单位及街乡镇引导职工、家属及辖区居民积极参保，着力提升重特大疾病和多元医疗需求保障水平。截至年底，共有45519人参保，其中职工参保率18.11%，全市排名第三，居民参保率16.75%，全市排名第九。

（李晶）

【医保政策宣传】 年内，区医保局组织开展“小亮说医保”微视频大赛，收到参赛作品37个，内容涉及持卡及医保电子凭证就医流程、更改定点医疗机构、异地就医备案、门诊共济保障机制改革、北京普惠健康保、打击欺诈骗保等多方面的内容，30个团体及个人获奖。开展医保宣传“五进”工程，联合墨墨祝福志愿者协会在全区范围内开展医保政策宣传进社区、进学校、进企业、进机关、进医院的“五进”工程，覆盖全区376个行政村、32个社区居委会以及定点医疗机构、大型企业、机关单位等，将医保惠民政策送到群众家门口，落实到田间地头。

（李晶）

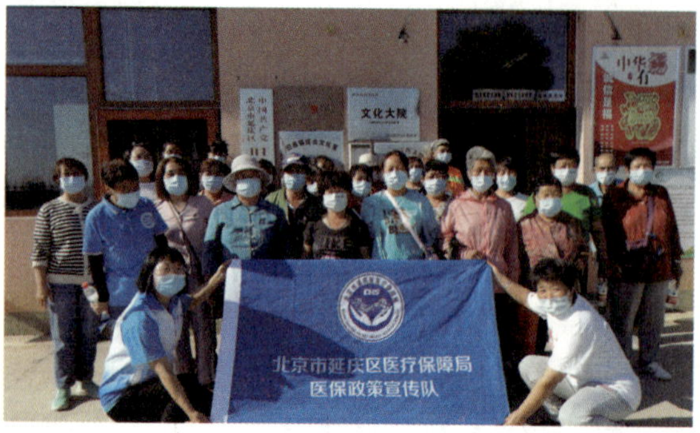

8月17日，区医保局联合墨墨祝福志愿者协会开展医保政策宣传“五进”工程（区医保局供稿）

【医保支付方式改革】 3月15日，北京市二级及以上定点医疗机构实行国家医疗保障疾病诊断相关分组（CHS-DRG）数据模拟，延庆区4家定点医疗机构申报模拟运行医疗费用10092人次，模拟结算总金额1.97亿元，基金实际支付1.11亿元。7月15日，北京市推广CHS-DRG髋、肩、膝、肘和踝关节置换术等病组实际付费，全区结算实际付费的晶体手术、永久性起搏器、除颤器置入置换更新、经皮冠状动脉支架植入及髋、肩、膝、肘和踝关节置换术4个病组的费用607人次，基金实际支付2271.41万元。

（李晶）

【职工门诊共济保障机制改革】 8月19日，北京市医保局发布消息，为贯彻落实国家关于门诊共济保障机制改革的要求，经市政府同意，

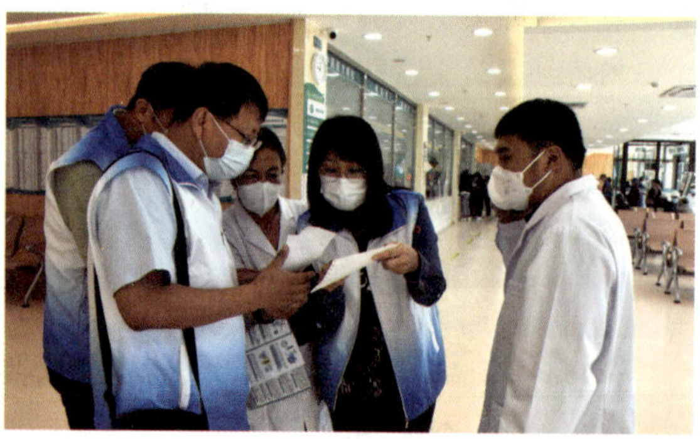

9月1日，区医保局开展职工门诊共济保障机制改革定点医药机构巡查（区医保局供稿）

市医保局印发《关于调整本市城镇职工基本医疗保险有关政策的通知》（京医保发〔2022〕28号）。9月1日，北京市推出职工基本医疗保险门诊共济保障机制改革，提高职工门诊待遇，不再设置职工医保门诊最高支付限额；提升职工大病保障水平，降低职工大病医疗保障起付标准；改进医保个人账户计入办法，实现个人账户资金定向使用。12月1日实现参保人员医保个人账户家庭成员共济。

（李晶）

社会建设

【概况】 北京市延庆区民政局（简称区民政局）是区政府工作部门，中共北京市延庆区委社会工作委员会（简称区委社会工委）是区委派出机构，区委社会工委与区民政局合署办公。区委社会工委承担研究提出本区社会建设的总体规划、重要政策和方案职责；承担宏观指导、统筹协调和督促检查全区社会建设重点任务落实职责；承担拟定延庆区社会管理体制改革和社会领域社会动员体制机制建设的规划和政策措施并组织实施职责；承担协调指导社区党建、社会组织党建和社工人才队伍建设等职责。区民政局承担困难群众救助、养老、残疾人和儿童服务保障、接济救助等基本民生保障职责；承担社区治理、基层政权建设、社会动员等基层社会治理职责；承担殡葬、婚登、慈善捐赠、行政区划等基本社会服务职责。2022年，完成6个乡镇社会心理服务中心建设、李四官庄谷家营撤村建居工作等8项市政府绩效任务和区政府折子实事。督导社区防控，统筹安全与发展。强化社会救助审批权下放后督导，“政府+慈善”救助融合发展，1.2亿救助资金惠及困难群众20万人次，精准帮扶困境儿童2380人次，确保“应保尽保”。制定《加强基层治理能力和治理体系现代化实施方案》及

任务清单，协调解决社区卡口值守资金、社区办公用房达标等难点问题。解决街道社区停车、物业管理等问题126件。新建2家养老照料中心、6家养老驿站，基本养老服务对象签约率达到80.64%。规范公益性公墓建设运营管理，深化殡葬改革。社会工作、慈善工作、社会心理服务三大体系初步建立，社会服务供给显著提升。“接诉即办”8个月排名第一。行政执法检查2207件、行政处罚20件，人均执法量全市第一。年度开展内部审计检查工作11项，涉及资金7632万元，盘活结余资金460万元。彻底整改历史遗留问题，促进审计整改情况落实到位。积极参加“学习宣传贯彻党的二十大精神 建设最美冬奥城”百姓宣讲汇讲活动，宣讲团获团队“十佳”，2名宣讲员获“十优”百姓宣讲员称号。

单位名称：延庆区民政局（中共延庆区委社会工作委员会）
地　　址：延庆区东外大街59号
电　　话：69141405

（周冉）

【社会组织党建】 年内，对业务主管的22家社会组织开展党建工作指导，开展党建知识培训，将党建工作与日常工作相结合，将社工机构社会组织党建情况纳入年检，实行常态化管理。

（周冉）

年内，区民政局实地督导社区党建工作
（区民政局供稿）

【延庆首例撤村建居完成】 年内，延庆镇李四官庄、谷家营村正式撤销村委会建制，成立博园雅居东区、西区社区居委会，实行社区居委会建制。11月，2个居委会选举工作完成。

（周冉）

【城乡社区建设】 年内，完成5个城乡社区议事厅示范点建设，分别为振兴南社区、姚官岭村、平台子村、临河村、后黑龙庙村。完成9个楼门院（村组）治理示范点建设，分别为燕水佳园社区26号院、兴运嘉园社区1号楼、康安社区37楼门院、永宁社区缙阳小区8号楼、旧县社区建雄小区东区11号楼、小观头村小组、平台子村自然村民小组、临河村村南小组、后黑龙庙村一区。完成7个社区服务空间开放式示范点建设，分别为振兴南、舜泽园社区、温泉东社区、胜芳园社区、川北东社区、庆隆社区、天成家园南社区。完成1个“社区之家”示范点建设，为延庆区南菜园社区卫生服务中心。

（周冉）

【社区服务站规范化建设】 年内，制定《关于进一步加强社区服务站建设的工作方案》，完成45个成建制社区服务站规范化建设，新增5名专职站长和40名专职副站长岗位。

（周冉）

【《延庆区行政区划手册》编制完成】 年内，编制完成《延庆区行政区划手册》。手册包含延庆区总体概况、街道乡镇具体情况、村居委会基本信息，详细标注各社区、村和重要地标分布情况，呈现清晰的三级治理体系框架，后附行政区划相关政策法规，为基层开展行政管理、推动改革发展、维护社会稳定和更好地服务群众提供支持。

（周冉）

【“第七届北京社工宣传周”活动】 年内，以“五社联动聚合力，社工服务暖基层”为主题，开展“第七届北京社工宣传周”活动。3个街道15个乡镇及全区14家社工机构参加，活动内容包括入户发放社工周宣传手册、开展扶弱济困活动、宣传优秀社工事迹等。

（周冉）

【三级社会工作服务体系建设】 年内，建成区级社会工作指导中心，推进香水园街道、百泉街道、儒林街道、永宁镇、康庄镇、大榆树镇、八达岭镇、沈家营镇、延庆镇9个街镇社会工作服务中心建设，在香水园街道、百泉街道、儒林街道、永宁镇、延庆镇建立29个社区（村）级社会工作服务站点。

（周冉）

【“优才计划”专项培养9人】 年内，在百泉街道、儒林街道开展第三批北京市优秀社区社会工作专业人才培养试点（“优才计划”），对2个街道9名社区工作者开展专项培养。完成第二批北京市优秀社区社会工作专业人才培养试点（“优才计划”）考核。终期考核中，延庆区优才学员曹玉环的“楼门管家志愿者能力提升，助力社区治理精细化社会工作服务案例”和解云卓的“残疾老人陪伴个案工作服务案例”被市委社会工委市民政局评为“优秀社会工作服务案例”。

（周冉）

【社会工作者职业水平考试】 年内，共有203人报名参加助理社会工作师考试、84人报名参加社会工作师考试、6人报名参加高级社会工作师考试。

（周冉）

【社工培训及继续教育】 年内，开展2022年度社会工作者职业水平考试考前培训及持证社工继续教育。全区共有432人参加助理社会工作师和社会工作师考前培训。74名持证社工参加了本年度的网上继续教育。

（周冉）

4月14日，社区工作者减压沙龙活动
（区民政局供稿）

【新入职社区工作者培训】 年内，组织开展2期新入职社区工作者“阳光成长”小组活动，通过相识与破冰、了解沟通与信任、自我探索、生涯规划及增强团队凝聚力等主题，帮助新入职的社区工作者逐步迈向社区社会工作专业人才轨道。

（周冉）

【社区党建工作协调委员会解决实事142件】 年内，43个社区党建工作协调委员会共征集资源清单141条、需求清单122条、项目清单72条，通过社区党建工作协调委员会为群众解决实事142件。共有218个驻区单位参与协调议事。

（周冉）

【社区书记工作室试点建设】 年内，按照市级要求，指导完成香水园街道东外社区、百泉街道振兴南社区2个市级社区书记工作室示范点建设。

（周冉）

【社会心理服务站点建设】 年内，完成张山营镇、延庆镇、井庄镇、大榆树镇、大庄科乡、珍珠泉乡6个社会心理服务中心建设。全区累计建成18家社会心理服务中心。

（周冉）

【社区疫情防控】 年内，组建3个检查组，不间断督导社区疫情防控，针对人员排查、重点人员管控、卡口值守等常态化疫情防控问题进行每日检查；督导完善街道社区核酸检测方案，推进封控方案落地。

（周冉）

【志愿服务】 年内，全区实名注册志愿者87217人，志愿团体总数2811个。其中法人登记组织19个、未登记的志愿服务组织2792个。

（周冉）

【社会组织管理】 年内，登记在册社会组织264家，其中社会团体145家、民办非企业单位119家。在社会团体中，农业及农村发展领域29家，社会服务领域47家，卫生领域3家，体育领域11家，文化领域6家，工商服务领域10家，职业及从业者领域5家，法律、宗教、生态环境及科学研究领域8家，其他领域26家。在民办非企业单位中，社会服务类56家、法律类2家、教育类34家、职业及从业者组织6家、科学研究类4家、生态环境类1家、体育类2家、卫生类9家、文化类4家、农业及农村发展类1家。办理社会团体成立登记4家、变更登记8家、注销登记10家；民办非企业单位成立登记6家、变更登记12家、注销登记8家。对社会组织行政检查651次。对12家社会组织违法行为进行立案调查，分别给予10家社会组织警告、2家撤销登记行政处罚。

（周冉）

【社会组织年检】 年内，区委社会工委区民政局对230家社会组织进行2021年度年检（年报），社会团体132家，合格120家，基本合格12家；民办非企业单位98家，合格87家，基本合格9家，不合格2家。

（周冉）

【社会组织扶贫协作】 年内，区委社会工委区民政局动员16家社会组织与内蒙古兴和县16个村签订巩固扶贫成果结对帮扶协议，对16个村的因病致贫、孤寡老年人、困难家庭进行精准帮扶，帮扶资金共计2.6万元。

（周冉）

【政府购买社会组织服务】 年内，面向全区社会组织购买服务3项。对区社会组织发展服务中心功能场所进行设置，引导10家社会组织入驻；新建乡镇社会组织培育孵化中心15家，培育孵化品牌社区社会组织61家。

（周冉）

【基层干部培训】 1月，区民政局（区委社会工委）邀请中央党校、市委党校、北京高校和政府部门等基层治理领域的专家学者、领导干部对各街道（乡镇）、各社区（村）共计96名基层干部进行线上授课。11月，举办2022年社区党组织书记、居委会主任能力提升培训班，邀请市委社会工委市民政局、北京工业大学、区委党校学者围绕党的政治理论、党建引领群众工作、社区工作方法等方面进行理论授课，借助“延海协作”契机，邀请海淀区优秀社区党组织书记进行现场经验交流。

（周冉）

【行政区域界线联合检查】 4月至10月，延庆区联合河北省怀来县、河北省赤城县、北京市怀柔区完成第四轮省级、区级行政区域界线联合检查工作，巩固界线勘界成果，促进边界地区稳定。

（周冉）

【第四届社区邻里节】 9月17日，延庆区第四届“社区邻里节”启动仪式在夏都公园音乐广场举行。活动采取“主会场+分会场”联动、“线上+线下”并行的方式，现场发布倡议书，开展形式多样、内容丰富的邻里节嘉年华系列活动。各相关单位及社区居民150余人现场参加，全区427个新时代文明实践站4万余群众线上参与。至23日，围绕“共建和谐美好家园 喜迎党的二十大召开”主题，区3个街道和康庄镇38个社区组织开展文艺汇演、趣味活动、邻里互动等活动96场，辐射居民3万余人。

（兰玉芳　周冉）

9月17日，第四届社区邻里节在夏都公园水上广场开幕（区民政局供稿）

【基层治理体系建设】 12月，印发《北京市延庆区关于加强基层治理体系和治理能力现代化建设的实施方案》，配套制定147条任务清单，加强党对基层治理的领导，夯实基层治理基础。

（周冉）

民 政

【两节走访慰问】 年内，区民政局（区委社会工委）慰问困难群众、福利机构等4大类13小项共3854人（户），慰问标准为175～1000元/人；慰问福利机构1家，慰问标准为40000元/家。共安排慰问资金267.9万元。其中，市级下拨资金102.55万元，区级财政承担资金163.85万元，自筹资金1.5万元。

（周冉）

【低保特困人员补贴发放】 年内，为城乡低保和城乡特困人员发放电价补贴25.36万元、一次性生活补贴162.76万元。为城乡低保、城乡特困人员和城乡低收入家庭发放价格临时补贴71.3万元。

（周冉）

【困难家庭采暖救助】 年内，对燃煤自采暖的700户低保家庭和分散供养特困人员给予采暖补助67.42万元；对1882户清洁能源自采暖的低保家庭和分散供养特困人员给予采暖补助325.73万元；对130户集中供热采暖的低保家庭和分散供养特困人员发放集中供热采暖补助21.62万元。

（周冉）

【精准救助项目】 年内，新建 57 个帮扶档案，对 35 名分散特困人员照料人开展技能培训，组织特困人员参与社会融入活动 4 次。

（周冉）

【定期生活救助】 年内，为1358名征地超转人员发放生活补助费共计4639.61万元；为300名白河伤残民工发放救助金187.92万元；为8名定期救助人员发放救助金0.72万元。

（周冉）

【临时救助】 年内，解决城乡群众突发性、紧迫性、临时性基本生活困难。为15户27名困难群众发放临时救助资金10.34万元。为21名低保、低收入家庭大一新生发放高等教育救助金9.33万元。

（周冉）

【对口帮扶】 年内，投入项目帮扶资金10万元，专项用于内蒙古兴和县城关镇杏花沟村小田士沟自然村人居环境整治项目。

（周冉）

【困境儿童关爱】 年内，精准认定10名事实无人抚养儿童、3名低保重残儿童，共为84名困境儿童发放生活费159.84万元；落实医疗费按月报销政策，为33人次儿童报销医药费1.87万元；实施事实无人抚养儿童助学、“福彩圆梦孤儿助学”项目，累计为13名孤儿、事实无人抚养儿童发放助学金4.87万元。链接小米基金会公益资源，接受爱心捐赠资金12.5万元。“六一”前夕，对471名困境（留守）儿童走访慰问，分层分类为其购买学习、生活用品，强化儿童关心关爱；投入54.9559万元，实施困境（留守）儿童关爱项目，帮助困境（留守）儿童解决生活缺助、心理缺疏、教育缺导等问题，助力困境（留守）儿童健康成长。

（周冉）

【健全未成年人保护机制】 年内，督导18个街乡健全基层未成年人保护工作机制，推动428个社区（村）实现儿童主任全覆盖，补齐基层未成年人保护工作短板。制定未成年人保护考评细则，将未成年人保护工作纳入“平安延庆”绩效考核，推动各单位履职尽责。制发《关于做好暑期未成年人安全保护工作的通知》，部署16项暑期任务，加大对网吧、KTV、食品药品等领域执法检查，净化未成年人成长环境。

（周冉）

【儿童福利】 年内，为21名孤残儿童发放生活费61.7万元，价格补贴3564元。为市属儿童福利机构、第三方公司拨付儿童代养经费81.5万元。疫情期间，加强寄养儿童健康监测、核酸检测排查、离延路径统计等工作，与学校疫情管理形成闭环，保障寄养儿童健康安全。在“六一”儿童节、春节期间，走访慰问寄养家庭，解决儿童生活、学习、娱乐等多方面需求。开展儿童福利院排查管理工作，建立孤残儿童DNA数据库，进一步完善儿童档案资料，加强规范化管理。

（周冉）

【残疾人两项补贴】 年内，共为9.44万人次发放困难残疾人生活补贴资金2918.24万元，重度残疾人护理补贴资金375.41万元。

（周冉）

【精神患者监护人补贴】 年内，共为1610名严重精神障碍患者监护人发放2021年度看护管理补贴373.79万元。

（周冉）

【智力障碍人员服务机构设置】 年内，委托延庆区寸草春晖养老服务中心分区设立一所智力障碍人员服务机构，床位50张，用于满足延庆户籍智力障碍人员入住福利机构需求。

（周冉）

【流浪乞讨人员救助】 年内，出动救助车辆500车次，巡查人员3000人次，对延庆城区主要街道、城中村、冬奥场馆周边等15个重点区域进行巡查。站内长期滞留流浪乞讨人员14人，临时救助流浪乞讨人员29人次。救助女受助对象4人次、未成年1人次、老年人9人次、残疾人（智力残疾、肢体残疾）3人次。医疗救助27人次（临时救助13人、长期滞留14人）。自行离站23人次，亲属接领1人次，宣化救助站接领1人，救助站护送4人（跨省护送1人）。全年受助人员在站接受救助5292天，其中长期滞留人员5110天，临时救助182天。

（周冉）

【社会捐赠】 年内，开展“首善有我”社会捐赠活动，接收社会捐赠款104.065341万元。区慈善协会联合区委组织部开展“共产党员献爱心”捐献活动，接收226个单位、431个村（社区）的26676名党员和1404名非党员捐款2185008.8元。接收北京八达岭金宸建筑有限公司、湖北慈善总会等10家单位、10名爱心人士捐款共2254200元。接收北京三吉利新材料有限公司捐赠饮料、环都拓普空调有限公司捐赠新风净化换气机、北京市慈善协会捐赠杀菌灯等物资共2821件。

（周冉）

【慈善救助】 年内，区慈善协会开展大病和突发事件救助项目，救助大病人员73人，支出1505000元。开展社会爱心专项基金救助项目，对支出型大病困难群众实施再救助，共5人，支出332000元。开展“SOS”紧急救助项目，救助急难群众5人，支出25000元。开展“妫川希望”助学项目，资助低保家庭在读高中生、大学生149人，支出519000元。开展绿水青山助老基金项目，救助60岁以上的支出型大病困难群众9人，支出125000元。开展劲牌慈善阳光班助学项目、北京市慈善协会大病集中救助慰问等10个项目，救助854人次，支出2735772.98元。

（周冉）

【慈善工作站试点建设】 年内，以康庄镇为试点建立慈善工作站，搭建集慈善捐赠、帮扶救助、志愿服务、活动开展、互助互济等功能于一体的基层慈善服务平台，开展疫情防控、助老助残等慈善活动，惠及群众500余人。巩固康庄镇刁千营村、王家堡村、许家营村3个试点建设成果，开展志愿服务、慰问等公益活动，惠及群众200余人。

（周冉）

【慈善救助专项基金】 年内，推动香水园街道、儒林街道、百泉街道注入慈善救助专项基金30000元，救助困难群众14人，支出233490元。

（周冉）

【延海结对协作】 年内，区民政局（区委社会工委）协调海淀区民政局向延庆区13个养老机构捐赠价值4万元的米、面、油，用于养老帮扶。

（周冉）

【落实惠老政策】 年内，为18.5371万人次发放5197.99万元养老服务补贴津贴。为1808名有需求的老年人开展能力综合评估。为3020名享受城乡特困和城乡低保待遇老年人及90岁以上高龄老年人统一购买意外伤害保险。在百岁生日、重阳节、春节期间，对全区百岁老人开展走访慰问活动，发放慰问金3.7万元及米面油等慰问品。截至年底，全区有百岁老人17人。

（周冉）

【养老服务机构建设】 年内，建成并运营沈家营镇、香营乡养老照料中心。建成上虎叫村、白河堡村、西关村、珍珠泉村、望都家园社区、国润社区6家养老服务驿站。对养老服务机构开展行政检查403家次，联合消防支队、区城管委、区应急局、属地街乡等单位开展联合检查5次，出动检查人员800余人次。

（周冉）

【养老服务队伍建设】 年内，落实养老护理员岗位奖励津贴政策。举办养老服务人才能力提升培训班，对300余名养老护理员和老年社会工作者开展培训，提升养老护理员参加职业技能等级认定应试能力，培训内容涉及职业道德、基础照护、失智照护、安宁服务、康复服务、心理支持、消防安全等。

（周冉）

【养老服务机构疫情防控】 年内，成立区级工作专班，建立沟通联系机制。落实“三握手”机制，着重做好老年人等重点群体防疫保障。制定《延庆区关于规模性疫情场景下社会福利机构应急预案》，建立区级养老服务集中健康监测点，联合属地街道乡镇成立17个驻场工作组，在养老服务机构外24小时驻场，每日全面跟踪掌握机构情况。争取市级、区级部门支持，协调发放各类防疫物资，包括口罩、防护服等防疫物资20000余份、物资包27份、布洛芬等药品620盒、消毒灯49台、抗原38400个、血氧仪73台、防疫医药包500个、药品医疗包380份，满足养老机构防疫物资、药品需求。

（周冉）

【养老服务部门联席会】 年内，召开养老服务部门联席会2次，审议通过《延庆区养老服务部门联席会议议事决策实施办法》等文件，商议大榆树镇夕阳红养老院申请使用运营管理发展金的相关问题。

（周冉）

【居家养老服务】 年内，50家农村邻里互助点142名志愿者为478名老人提供兜底保障服务。疫情期间，协调区市场监管局、区卫健委为独居老人发放医疗包和血氧夹。

（周冉）

【智慧助老行动】 年内，根据老年人需求，在社区、村、养老服务机构等场所为老年人开展智能手机使用培训，重点讲解智能手机基础及常用知识、社交软件的使用、上网查资料、视频通话、网上支付、网上打车、网上挂号、搜索路线图等内容，帮助老年人快速融入智能社会新生活。年内累计开展培训36次。

（周冉）

【婚姻登记】 年内，办理婚姻登记业务7482件。其中，结婚1607对、离婚643对、申请离婚登记898对、补领婚姻登记证件868对、小客车配发指标夫妻关系核验3466件。

（周冉）

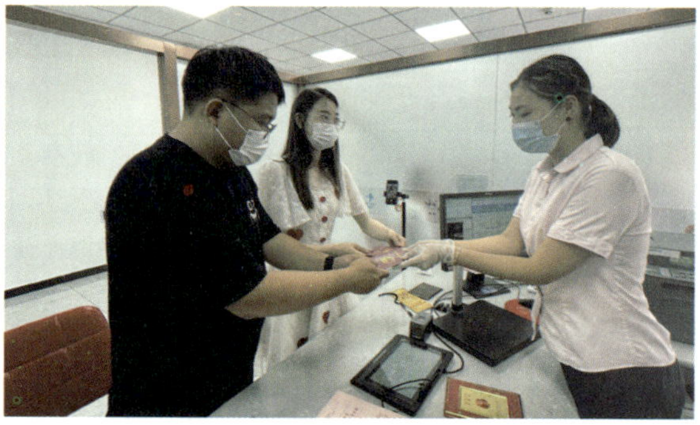

8月4日七夕节，新人甜蜜领证（区民政局供稿）

【婚俗改革宣传】 年内，采取大屏幕播放宣传片、发放宣传资料和致新婚夫妇一封信等形式，宣传婚事简办、禁止大操大办、摒弃恶俗封建仪式、杜绝攀比和高价彩礼等，利用婚姻登记高峰日对婚俗改革工作进行宣传。

（周冉）

【见义勇为权益保护】 年内，对全区27名见义勇为人员进行慰问，每人发放1000元慰问金和米面油等慰问品。组织全区见义勇为人员进行体检。对1名见义勇为致残人员进行残疾等级评定，发放伤残抚恤金1.34万元；向2名见义勇为人员遗属发放定期抚恤金4.03万元。

（周冉）

【殡葬管理】 年内，区殡仪馆接运遗体2258具，火化遗体2631具（本区2062具、本市其他区457具、外埠112具），办理骨灰寄存644份。年内，土葬区安葬遗体330具。累计发放丧葬补贴23.5万元；审批外地来京人员遗体运回原籍申请2件；开展殡葬行业行政执法检查399次，查处案件7件，累计没收封建迷信殡葬用品1268.86公斤，罚款630元。累计整治集中埋葬点142处、散坟188个，下发散坟治理补贴资金29.3万元。

（周冉）

【城乡最低生活保障】 7月1日起，城乡低保标准从家庭月人均1245元调至1320元。全区共有城乡低保对象1781户3032人，累计支出低保金4773.22万元；城乡特困人员955户959人，累计支出资金3064.34万元；城乡低收入家庭97户228人，累计支出资金29.01万元。

（周冉）

【审批权下放】 11月17日起，城乡低保和城乡低收入家庭的审核确认、动态管理等工作正式由乡镇街道负责。12月27日，特困人员认定工作正式由乡镇街道负责。

（周冉）

退役军人事务

【概况】 北京市延庆区退役军人事务局（简称区退役军人局）是区政府工作部门，主要负责全区军队转业干部、复员干部、离休退休干部、退役士兵和无军籍退休退职职工的移交安置工作和自主择业、就业退役军人服务管理工作。下设4个事业单位：北京市延庆区退役军人服务中心、北京市延庆区军队离休退休干部安置事务中心、北京市延庆区平北抗日烈士纪念园服务中心、北京市延庆区光荣院。2022年，为2144名优抚对象发放定期抚恤、补助资金3480余万元，为163名困难优抚对象发放救助金13万元；为1名病故军人遗属发放一次性抚恤金38余万元；为175名优抚对象报销2021年超支医疗费165万元，为15家卫生院下达2022年基本医疗费预算120万元；发放2021—2022年采暖季部分优抚对象供热采暖补助318万元；为55名义务兵发放一次性经济补助金55万元。完成287名退役军人及优抚对象信息采集。平北抗日烈士纪念园服务中心组建志愿服务队，开展冬奥服务保障、红色展览讲解、交通秩序维护和疫情防控消杀工作。截至年底，悬挂光荣牌10553块，为荣立二等功的现役军人岳景宏、张来有、魏磊3人家属发放奖金12000元。

单位名称：延庆区退役军人事务局
地　　址：延庆区高塔街58-1号
电　　话：69102571

（李双成）

【烈士纪念设施管理】 年内，完成八达岭烈士陵园、刘斌堡烈士陵园、佚永杰烈士纪念碑、旧县村烈士纪念碑等4处烈士纪念设施整体提升改造工程。完成烈士迁葬2个，为烈士立碑1座。

（刘倩倩）

3月31日，在八达岭烈士陵园举行烈士迁葬仪式
（区退役军人局供稿）

【退役军人志愿服务】 年内，138支退役军人志愿服务队的1800名队员，开展各类服务保障冬奥、冬残奥专项志愿服务活动560场，参与扫

雪铲冰、冬奥宣传、疫情防控等志愿服务，服务量达30.5万人次。延庆区培育挖掘服务保障冬奥、冬残奥退役军人典型210人。

（刘倩倩）

【退役军人服务保障】 年内，完成7家服务对象100人以上的社区（村）退役军人服务站分级验收工作。按照规范政治文化环境建设的通知要求，组织完成各基层服务站场所氛围的优化升级。落实2022年退役军人服务体系保障经费266.37万元，其中为乡镇街道退役军人服务站拨发资金223万元。

（刘倩倩）

【退役士兵安置】 年内，区退役军人局接收计划分配军队转业干部以及符合政府安排工作条件退役士兵，全部安置到相关单位。接收2022年夏秋季退役士兵，发放自主就业一次性经济补助782.5万元。组织退役士兵线上专场招聘会1次，举办自主就业退役士兵适应性培训1次。

（刘倩倩）

【退役军人就业创业】 年内，区退役军人局争取公益性岗位12个，面向退役军人及随军家属等就业困难人员进行招录。为1名退役军人和2名随军家属解决就业。联合区人保局等部门组成专家组，建立评审考核机制，通过对2022年新申请的军创项目进行评审，年内新增3家企业入驻。

（刘倩倩）

【延庆区第六届清明诗会】 4月1日，由延庆区退役军人事务局主办，平北抗日烈士纪念园服务中心承办的“赓续百年史、忠诚颂英魂”延庆区第六届清明诗会在平北抗日战争烈士纪念碑前举行。诗会以诗朗诵、情景剧、合唱等形式缅怀先烈。驻延部队、中小学生代表、干部群众代表等100余人到现场观看演出。

（李子璇）

【清明节缅怀先烈】 4月，区退役军人局组织各界群众赴全区22处烈士纪念地，共接待现场祭扫2374人，擦拭纪念碑、墓、墙803个，敬献花篮81个。

（刘倩倩）

【延庆区第一届红色讲解员大赛】 4月14日，由区退役军人事务局、区文旅局、团区委、区融媒体中心主办，平北抗日烈士纪念园服务中心承办的延庆区第一届红色讲解员大赛在平北抗日战争纪念馆开幕，全区120名选手报名参赛。通过初赛、复赛、决赛，最终评选出成人组和少儿组“金牌讲解员”各5名，于8月26日在区文化馆小剧场举行颁奖仪式。

（李子璇）

8月26日，区第一届红色讲解员大赛颁奖典礼
（区退役军人局供稿）

【平北抗日烈士纪念园官方网站上线】 6月22日，平北抗日烈士纪念园官方网站正式上线。官网可查看平北抗日烈士纪念园园内信息、园区发展历史、延庆红色资源，并同步发送平北抗日烈士纪念园服务中心最新消息。同时设置线上参观预约、线上博物馆和线上祭扫功能。

（李子璇）

【《平北记忆》系列专访】 7月1日，平北抗日烈士纪念园推出《平北记忆》系列专访栏目，主持人夏霖与革命后代直接对话，为观众讲述平北抗战历史。每期20分钟，到年底播出7集。

（李子璇）

【全民族抗战爆发85周年纪念活动】 7月7日，以“铭记历史 珍爱和平”为主题的延庆区纪念全民族抗战爆发85周年活动举办，在延庆区千家店镇花盆村“三同红色教育基地”，干部群众共同上微党课，聆听平北红色故事宣讲，参观花盆村革命斗争纪念馆、“三同”教育展厅和讲习所。党员群众60余人参加。

（李子璇）

7月7日，在花盆村红色教育基地开展抗战85周年纪念活动（区退役军人局供稿）

【“八一”双拥特色活动】 7月29日，在八达岭长城举办“八一”双拥特色活动。活动由区委宣传部、区人武部、区退役军人局、八达岭文旅集团联合主办，以“弘扬双拥光荣传统、军民共筑钢铁长城”为主题，以节目表演与夜长城旅游相结合的方式，把舞台拓展到室外区域，让登长城的游客参与其中，形成军民共庆“八一”的良好氛围。区四套班子领导、市退役军人局以及驻延部队领导、立功受奖军人家属、优秀退役军人代表等300余人参与。

（韩丹）

【“重走平北抗战路”活动】 9月3日，平北抗日烈士纪念园服务中心组织驻延某部队官兵、退役军人代表、社会群众等近百人开展“重走平北抗战路”活动。参加活动的人员来到平北抗日战争烈士纪念园，瞻仰平北抗日战争烈士纪念碑，重温入党誓词，向烈士敬献花篮，缅怀革命先烈。随后全体人员来到八达岭古长城，实地了解长城抗战和八路军挺进延庆的历史，聆听红色金牌讲解员讲述延庆革命故事。

（李子璇）

【军队转业干部专题培训班】 9月14日，由区委组织部、武装部和区退役军人局主办，区委党校承办，举办为期3天的军队转业干部专题培训班，全区54名来自党政机关、企事业单位的军转干部参加。

（刘倩倩）

【延庆区第九个国家烈士纪念日活动】 9月30日，延庆区在平北抗日烈士纪念园举行向烈士敬献花篮仪式，深切缅怀革命先烈的丰功伟绩，弘扬革命先烈的崇高精神。区委、区人大、区政府和区政协领导、区法检两院领导和老战士、烈属代表、驻延部队官兵代表、全区各界群众及学生代表等240余人参加。

（李子璇）

9月30日，在平北抗日烈士纪念园举行向烈士敬献花篮仪式（区退役军人局供稿）

【八件文物入选北京市第二批革命文物名录】 12月27日，北京市文物局公布北京市第二批革命文物名录，其中平北抗日战争纪念馆馆藏的徐万满交通员手章、抗战报、田玉亭烈士皮印章等八件文物入选。

（李子璇）

【新接收军休干部和退休士官39人】 年内，延庆区军休安置事务中心陆续接收陆军、海军、空军、战略支援部队、武警、联勤保障部队移交的军休干部和退休士官共计39人。其中师职19人、团职13人、营职3人、连职1人、士官3人。军休中心工作人员严格依据相关政策规定，及时安排京内京外的部队和接收人员三方见面、认真完成三方协议签署，积极做到“应收尽收，服务国防”，完成2022年军休干部和退休士官的接收安置工作。

（蒲玉）

民族宗教事务

【概况】 北京市延庆区民族宗教侨务服务中心，是中共北京市延庆区委统一战线工作部（简称区委统战部）的事业科室，负责全区民族宗教事务管理工作。年内，民族宗教侨务服务中心以习近平新时代中国特色社会主义思想为指导，深入学习贯彻习近平总书记在中央民族工作会议、全国宗教工作会议的讲话精神，依法管理民族宗教事务。利用好民族乡村经济发展专项扶持资金，实施好民族乡村经济项目，稳步推进民族村经济发展。线上线下相结合举办民族团结进步教育知识答题活动，举办民族团结进步宣传展板巡展等活动。积极筹备北京市第十一届民族传统体育运动会，按照时间节点推进各项筹备工作。新冠疫情期间，各宗教活动场所严格落实“宗教活动场所暂停对外开放、暂停集体宗教活动”要求。重大宗教节日期间，做好宗教活动场所服务保障工作。

单位名称：延庆区民族宗教侨务服务中心
地　　址：延庆区城隍庙街2号
电　　话：81195636

（张莹）

【区民族宗教工作措施印发】 年内，根据北京市委市政府下发的推进新时代首都民族工作高质量发展和做好新时代北京宗教工作的实施意见，起草延庆区贯彻落实民族、宗教工作措施，分别于8月15日第27次区政府常务会、8月24日区委第41次常委会讨论通过，经区委办公室主任、区委有关领导审批同意后，由区委书记签发。

（张莹）

【新冠肺炎疫情防控】 年内，全区各宗教活动场所严格落实双暂停（暂停对外开放、暂停集体宗教活动）要求，区委统战部不定期进行现场督导检查，实施宗教活动场所“日报告”“零报告”制度，为宗教活动场所送去口罩、抗原试剂等防疫物资，疫情缓解之后，逐一研判宗教活动场所情况，符合要求后，有序恢复开放。

（张莹）

【宗教团体自身建设】 年内，各宗教活动场所有序恢复开放后，严格落实各项防疫措施，开放首日举行升国旗仪式，教职人员进行国旗下讲话，对信教群众进行爱国主义教育。各宗教团体组织开展庆祝党的二十大胜利召开、观看党的二十大开幕会、开展书画笔会、观看爱国主义题材电影等活动。

（张莹）

10月16日，区宗教界代表观看中共二十大开幕会
（区委统战部供稿）

【民族传统体育运动会筹备】 年内，制定筹备工作总体方案（草案）和一办七部分方案，召开1次区长办公会、4次专题会研究部署运动会筹备工作，积极组队训练，推进LOGO设计、开闭幕式准备、经费预算等相关工作。

（张莹）

11月7日，召开参加市民族传统体育运动会筹备会
（区委统战部供稿）

【非法宗教活动专项整治】 年内，制定工作方案，开展非法宗教活动专项整治工作，联合相关部门开展医疗养老和儿童福利等领域专项检查，经排查，未发现相关情况。

（张莹）

【民族乡村经济发展项目】 年内，延庆区共获得北京市农业农村铸牢中华民族共同体意识项目专项扶持资金400万元，确定实施民族乡村经济发展项目2个，分别为康庄镇东官坊村冷库项目、井庄镇南老君堂村葫芦工坊项目。会同区财政局、区农业农村局、有关乡镇完成民族经济发展项目库建设，推进民族经济项目备案及专项资金绩效管理工作。

（李占利）

【铸牢中华民族共同体意识“延庆行动”】 年内，以铸牢中华民族共同体意识为主线，开展民族团结进步创建活动。到井庄镇、大庄科乡12个民族村开展民族工作课题大调研。线上线下结合开展民族团结知识答题活动，1万余人参与。制作民族团结进步宣传展板并走进机关、乡镇街道、学校、宗教活动场所、民族村等36个单位开展民族团结进步“九进”巡展活动，发放宣传海报890套。

（李占利）

10月14日，民族团结展板巡展进校园（区委统战部供稿）

【民族宗教工作会】 5月31日，延庆区民族宗教工作会议召开，传达学习中央及市委民族工作会议、全国及全市宗教工作会议精神，部署我区贯彻落实工作，交流民族宗教工作经验。于波主持会议并讲话。

（张莹）

【石榴籽工作站揭牌】 8月2日，全市首个铸牢中华民族共同体意识石榴籽工作站在永宁镇揭牌启动。石榴籽工作站是促进依法治理民族事务、开展民族团结进步创建活动的公益性社会组织，通过法律服务、心理咨询、文化宣传等多领域活动，促进各民族团结进步。

（张莹）

8月2日，铸牢中华民族共同体意识石榴籽工作站揭牌（区委统战部供稿）

【宗教中国化交流研讨会】 8月31日，延庆区举办宗教界坚持宗教中国化方向交流研讨会，收到书面交流材料20份，其中5人进行现场交流发言，全区宗教团体、宗教活动场所负责人及宗教骨干40余人参加交流研讨会。

（张莹）

【宗教界培训班】 8月31日，举办宗教界培训班，市民族宗教委刘武刚解读关于实施《宗教团体管理办法》的若干规定，傅欣讲解互联网宗教信息服务监管要点，全区宗教团体、宗教活动场所负责人及宗教骨干40余人参加培训。

（张莹）

【宗教领域维稳】 9月，区委统战部领导带队到岔道清真寺活动点、天主教北京教区永宁教堂、永宁泽润寺、北京市基督教会延庆堂开展安全和疫情防控工作检查。受疫情影响，开斋节、浴佛节等宗教节日未开展宗教活动，节日当天，引导信教群众居家过好宗教生活，会同公安、属地等相关部门到现场进行维稳疏导工作。

（张莹）

9月9日，永宁镇泽润寺举行书画笔会
（区委统战部供稿）

红十字事业

【概况】　北京市延庆区红十字会（简称区红十字会）是区委、区政府领导下从事人道主义工作的社会救助团体。以弘扬“人道、博爱、奉献”精神、保护人的生命和健康、维护人的尊严、促进和平进步事业为宗旨。下属事业单位应急救护指导中心，全区有红十字会基层组织87个、会员8632人、志愿服务队5支。年内，区红十字会选举产生新一届机关党支部委员会。以新时代中国特色社会主义思想为指引，

1月13日，八达岭镇程家窑村举行“红十字村”揭牌仪式（区红十字会供稿）

坚持“党政所需、群众所盼、红会所能”的工作思路，秉持“不因单位小就降低标准，不因人员少就放松要求”的工作理念，聚焦主责主业，实现红十字与冬奥同行，开展常态化疫情防控，打造“百姓身边的红十字会”。冬奥服务保障工作收到2022年北京冬奥组委运动会服务部致延庆区红十字会的《感谢信》，被北京2022年冬奥会和冬残奥会组织委员会运动服务部和北京2022年冬奥会和冬残奥会组织委员会疫情防控办公室授予“服务保障贡献集体”。

单位名称：延庆区红十字会
地　　址：延庆区西街1号
电　　话：69104066

（曹军娟）

【募捐筹资】　年内，区红十字会开展“博爱在京城”募捐活动，开通扫码捐赠渠道、施行电子票据，首次完成全程线上募捐工作，全年共接收捐款133.03万元、物资价值 119.4万元。组织参与首届“5 · 8人道公益日——延庆区博爱送温暖”网上众筹活动，动员社会449人份捐款46856元。9月7日至9日，通过腾讯公益平台开展“99公益日”线上筹资，共筹集资金26733.9元。

（曹军娟）

【冬奥应急救护知识培训】　年内，为冬奥场馆员工、涉奥酒店员工、救援队、志愿者等3300余人开展应急救护知识培训。在冬奥延庆赛区安装24台AED（体外心脏除颤器），同步完成现场工作人员使用体外心脏除颤器的技能培训。将智能测温贴、讯飞翻译机、检查手套以及医用外科口罩等捐赠物资，第一时间发放到位。联合北京冬奥组委医疗防疫组将首批2套“冬奥遗产”红十字冬奥AED捐赠区体育局。

（曹军娟）

8月23日，区红十字会为延庆二中高一新生开展应急救护知识和技能培训（区红十字会供稿）

【人道救助】　年内，支出募捐救助款103.78万元，全区775户家庭受益。筹措54.9万元资金开展两节送温暖活动，慰问489户；开展“人道惠民——关爱计划生育特殊困难家庭”公益项

目，支出18.2万元；开展日常大病救助以及突发事件家庭人道救助101户次，支出救助金27.9万元；其他定向支出2.78万元。

（曹军娟）

【新冠肺炎疫情防控】 年内，区红十字会第一时间将N95口罩和消毒液等捐赠物资发放给街道乡镇核酸检测人员、外卖快递配送员以及政务服务窗口人员。防控政策调整之后，将1.1万个“爱心健康包”发放给养老院老人、一线环卫工人、文明引导员、快递外卖人员、“延庆乡亲”志愿者、保安人员等群体。区红十字会领导与党员回社区报到下沉一线，全体人员参与东外社区疫情值守、辅助核酸检测、路口文明引导等志愿服务活动。

（曹军娟）

【应急救护“五进”培训】 年内，开展应急救护培训进机关、进学校、进企业、进社区、进农村的“五进”工作，打造“红十字‘救’在身边”品牌项目，营造“人人学急救 急救为人人”的社会氛围。为冬奥场馆志愿者、重点行业从业人员、学校师生以及社区村居民举办应急救护培训班120场，培训5454人。

（曹军娟）

【红十字城市志愿服务站设置】 1月25日到3月13日，组织选拔50名红十字城市志愿者，在延庆冬奥文化广场设置市级红十字志愿服务

1月25日，延庆冬奥文化广场市级红十字志愿服务站点启动仪式（区红十字会供稿）

站点，开展宣传普及应急救护知识、进行文明引导指路帮扶等具有红十字特色的志愿服务工作。开展冬奥城市志愿服务活动48天，发放宣传册6000余册、宣传折页2500余张、“三献”宣传页2500余张，服务群众近8000人次，服务累计时长近600小时，参与执勤志愿者200人次，涌现出王黎黎、王婧等一批优秀志愿者。

（曹军娟）

【红十字博爱周宣传】 5月8日至15日，以“生命教育，人道伴行”为主题，结合2022年全国防灾减灾日，开展“红十字博爱周”宣传活动。通过微信、北京延庆、视频会议等新媒体开展线上宣传；通过专家授课、发放宣传材料、手抄报、张贴防灾避险知识海报，宣传红十字运动知识。利用腾讯平台组织开展首届“5·8人道公益日——延庆区博爱送温暖”筹资活动。

（曹军娟）

残疾人事业

【概况】 延庆区残疾人联合会（简称“区残联”）是区委、区政府领导下残疾人自身代表组织、社会福利团体和事业管理机构的残疾人事业团体。2022年，区残联切实提升残疾人生活质量，助力冬奥会、冬残奥会平稳运行，全面促进延庆区残疾人事业健康发展。3名残疾人、残疾人工作者代表成为冬残奥火炬手，167人次观看开闭幕式及比赛，延庆区运动员陈建新卫冕冬残奥轮椅冰壶比赛冠军。春节、元旦走访慰问残疾人3634户，发放慰问品及慰问金279.09万元。发放养老助残券14234人次。举办6期残疾人职业技能培训班，涵盖茶艺、插花、中式面点等课程，累计培训120人次；区残联领导班子分别带队，到18个乡镇（街道）温馨家园及职康站检查疫情防控工作。依托第三方机构帮扶就业基地，安置928名残疾人就业。完成300例免费白内障手术。为3958名残疾人进行辅助器具申请审批，康复服务覆盖率94%。新建3家村级温馨家园，温馨家园联系服务覆盖率100%。完成100户居家无障碍改造，创建2个

“一刻钟便民服务圈”。

单位名称：延庆区残疾人联合会
地　　址：延庆区百泉路37号院
电　　话：69102602

（徐航）

【无障碍环境建设检查】　2月10日，由主管副区长带队的区检查组到世园公园周边、延庆高铁站、迎宾环岛公共卫生间、城区公交站、东外大街示范街、张山营镇卫生服务中心等地检查体验缘石坡道、盲道、无障碍停车位、无障碍卫生间等无障碍设施的使用和管理情况，在区残联观看无障碍工作纪实片，了解三年来全区无障碍环境建设情况。检查组对全区无障碍环境建设成果给予肯定，强调要加强无障碍设施的日常监督和后期维护管理，做好应急保障工作，更好地为冬奥会、冬残奥会服务。9月26日，延庆区残联党组到儒林街道实地调研“一刻钟无障碍便民服务圈”创建工作推进情况，对格兰山水二期南区社区到区医院“服务圈”进行实地察看，现场进行自查自纠、实地测绘，逐一明确具体点位的改造方案，制定详细整改计划。

（徐航）

【冬残奥会服务培训】　2月21日，区残联邀请中国残疾人体育专家冯希杰老师，开展冬残奥会相关知识、助残志愿服务知识培训，区体育局、区卫健委和区残联500名冬残奥会保障人员参加培训。

（徐航）

【残疾人体育集训】　2月，区残联在石京龙滑雪场举办残疾人初级道自由滑行技巧集训，为期20天。12名残疾人参加，其中有2名下肢残疾队员采用坐式滑雪。3月1日，残疾人放飞梦想滑雪队进行了集训成果展示。

3月1日，残疾人滑雪队进行集训成果展示
（区残联供稿）

（徐航）

【残疾人服务】　3月23日，区残联联合区医院为21名肢体残疾人进行护理用品评估，对部分不方便到场的残疾人，区医院闫长红大夫通过视频方式进行远程评估，确保残疾人的需求得到及时响应。8月，区残联与区医院、区中医院组成两个评定小组，深入18个乡镇街道为49名长期瘫痪在床行动不便的重度残疾人进行入户评定，服务好残疾人评残的“最后一公里”。

（徐航）

【业务培训】　5月13日，区残联残疾人就业服务中心对区政务中心10名综合窗口人员进行《北京市残疾人自主创业补贴实施细则》业务培训，通过培训，提高综合窗口及导服台人员业务能力。

（徐航）

【第六次全国残疾预防日活动】　8月25日，全区各级残联组织围绕“普及残疾预防知识，建设健康中国”主题，在各街道乡镇开展疾病预防知识讲座、发放宣传资料等活动。在延庆区

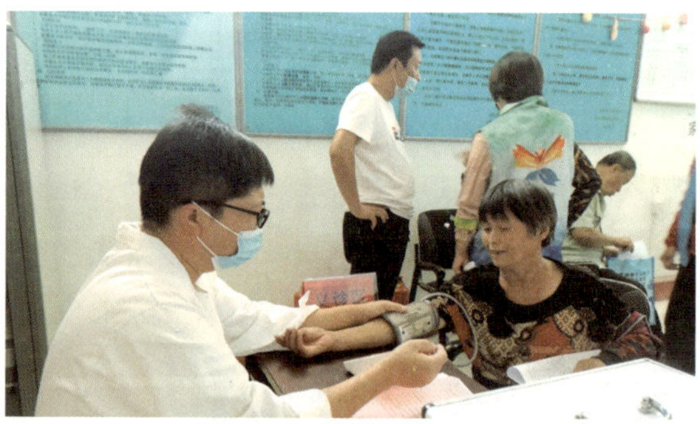

8月25日，第六次全国残疾预防日宣传义诊活动
（区残联供稿）

残联永华职业康复指导中心，延庆区医院5名医护人员为30余名群众、部分残疾人开展“重视残疾预防 关爱生命健康”义诊、咨询活动，发放健康宣传折页50余份。在延庆区医院门诊楼，康复医学科医护人员组织开展主题为“重视残疾预防 关爱生命健康”的义诊、咨询活动，义诊10

人，咨询20余人，发放疾病预防手册50余份，现场给予康复指导、血压测量15人次。

（徐航）

【中国残疾人艺术团演出】 8月29日至9月1日，中国残疾人艺术团到延庆区进行《我的梦》专场演出，以献礼二十大“共享芬芳·共铸美好”为主题，在千家店镇、珍珠泉乡、四海镇、井庄镇巡回演出4场，500名残疾人及家属观看。

（徐航）

【残疾人主题活动】 8月1日，为庆祝建军95周年和迎接党的二十大，儒林街道温馨家园组织钉子画制作活动。9月27日，为庆祝2022年国际聋人节，区聋协举办“喜迎二十大 永远跟党走 协会在行动 一起向未来”主题活动，组织残疾人到延庆区奥林匹克园区参观冬奥展示中心和各场馆。11月10日，儒林街道温馨家园邀请延庆区暖心之家社会工作事务所的心理健康咨询师到温馨家园开展心理疏导专题讲座，残疾人及亲属共20余人参与。

（徐航）

【区残联第三次代表大会召开】 12月26日，在延庆希尔顿逸林酒店召开北京市延庆区残疾人联合会第三次代表大会。市残联党组书记郭旭升、区领导于波、吕桂富等出席开幕式。大

12月26日，区残联第三次代表大会召开
（区残联供稿）

会选举产生延庆区残联第三届主席团委员及出席北京市残联第八次代表大会代表。延庆区残疾人5个协会分别选举产生各协会主席、副主席及委员。区残联第三届主席团第一次会议，选举产生第三届主席团主席、副主席，推举产生执行理事会理事长、副理事长、理事。并通过了各专门协会主席、副主席名单及出席市残联第八届主席团委员候选人建议人选。

（徐航）

（栏目编辑：池尚明）

精神文明建设

【全国文明城区创建专题会】 年内，区领导召开区委常委会、区政府常务会、区文明委扩大会及专题会、文明办主任专题会等创城工作会议52次，实地调研60余次，累计解决台账问题1.2万余个。

（李维娜）

【“30+”重难点问题整改】 年内，围绕“30+”重难点问题、网申难点指标等工作，组织召开区文明办主任专题会43次。通过专题会议调度、常态化检查、实地指导督促等方式，落实重难点问题整改，共整改设施问题35107个。完成架空线整治5.3万余处，新建充电桩5500余个、停车场5处，增加停车位800余个，修复墙面8829平方米、路面2704平方米，补植更换行道树1400株，清理楼道乱堆乱放2.1万余处。

（李维娜）

【不文明行为专项整治】 年内，每月双主题开展“不文明行为”专项整治工作，通过正面引导与反面曝光相结合，持续加大对不文明交通、不文明养犬、乱停车等问题的整治力度。依托新时代文明实践大讲堂，开展“以案释法”线上直播，覆盖市民30万余人次；组织1.5万名市民参加“礼让斑马线”问卷调查，处罚不文明交通行为2.2万起、不礼让斑马线专项处罚7000余起；依托“双报到”“周末卫生大扫除”等机制，持续开展“废旧物品置换”“低头一秒捡文明”等活动，各单位党员带领群众参与志愿服务活动12万余次，置换大件废旧物

品6000余件，清理各类垃圾400余吨，捡拾烟头1万余斤。

（李维娜）

【周末卫生大扫除】 年内，全面清除卫生死角，维护“门前三包”环境秩序，抓好公共设施维护。在全区范围内组织开展周末卫生大扫除活动150余次，全区各单位、各街乡镇、各商户50余万人次参与。其中7月29日至30日，区四套班子领导到延庆镇莲花池村北口的莲花池公园、儒林街道康安社区、龙庆南路和双路南街等，同镇村两级干部、村民一起清理杂草，开展大扫除。

（李维娜　侯海清）

7月29日至30日，全区开展“创文明城区 建美好家园”周末卫生大扫除活动（区融媒体中心供稿）

【文明创建氛围营建】 年内，规范做好全区2800余处公益宣传设施的管理工作。设计制作景观小品10余处，更换花箱、车架广告100余处，灯杆道旗800面，各类宣传展板900块，

（李维娜）

【文明实践品牌活动】 年内，持续策划组织新时代文明实践品牌活动。围绕文明城区创建、防疫政策知识、家庭教育促进法、北京市文明行为促进条例、文明祭扫等群众关注重点，开办新时代文明实践大讲堂直播课18期；围绕冬奥会筹办举办、党的二十大精神学习宣传贯彻等主题，开展“新时代文明实践推动日”活动12期；组织三个街道开展“践行光盘行动”新时代文明实践大集活动；累计覆盖群众134万人次。

（兰玉芳）

【独居老人防疫志愿服务】 年内，聚焦疫情流行期间关心关爱独居老人群体，充分发挥“延庆乡亲”志愿服务品牌作用。组织各级各类志愿服务队伍，为60岁以上独居老人开展志愿服务2万余次，并陆续发放药物、口罩、抗原等医疗包2000余份，用暖心的志愿服务为老人送上关爱和温暖。

（兰玉芳）

【文明实践获市级荣誉】 年内，在市委宣传部、首都文明办开展的市级新时代文明实践基地和“2021年度新时代文明实践创新案例”推荐和征集活动中，延庆区平北抗日烈士纪念园服务中心、延庆区平北红色第一村、中国长城博物馆3家文明实践基地获评北京市第二批市级新时代文明实践基地，《“我为群众办实事”新时代文明实践大集》获优秀创新案例，《“冬奥业校”特色志愿服务项目推动“文明延庆与冬奥同行”》获提名创新案例。

（兰玉芳）

【2021“北京榜样”和特别奖各获1项】 1月4日，“2021北京榜样”颁奖典礼主题活动隆重举行，全市共表彰10名年度榜样人物和3个年度特别奖。北京2022年冬奥会和冬残奥会延庆赛区核心区联合党委获得2021年度特别奖，延庆区百泉街道湖南社区党委书记、居委会主任马里当选2021年度“北京榜样”。

（兰玉芳）

【2个组织3个项目入选市学雷锋志愿服务先进典型】 1月，首都精神文明建设委员会公布2021年宣传推选首都学雷锋志愿服务“五个100”先进典型名单。延庆区“首都老兵”退伍军人冬奥志愿服务队、“文明香水园、花开新时代”香水园街道志愿服务协会2个组织获得首都最佳志愿服务组织称号，长城蓝文艺文化宣传志愿服务项目、“传承百年记忆 致敬抗战老兵”志愿服务项目、延庆“山里人”爱环保志愿服务项目3个项目获得首都最佳志愿服务项目称号，百泉街道湖南社区获得首都最美志愿服务社区称号。

（兰玉芳）

【新时代文明实践新春活动】 1月至2月，全区开展“长城脚下过大年 一起向未来”新时代文明实践新春活动。通过益智翻牌方式，兴起全民学习党的十九届六中全会、区第三次党代会、冬奥会及创城知识热潮。活动历时14天，参与者累计43万人次。

（兰玉芳）

【冬奥志愿服务关爱行动】 1月至3月，冬奥会和2022年春节期间，区委宣传部聚焦“疫情防控、邻里关爱、文明过节”等6个方面，组织开展“文明实践温暖过大年、筑梦冬奥一起向未来”志愿服务关爱行动，广泛汇聚社会共识。

（兰玉芳）

【“学雷锋纪念日”系列活动】 3月5日，区委宣传部组织开展“学雷锋精神、做志愿服务”新时代文明实践推动日活动。以理论宣讲、文化文艺等八支区级专业志愿服务队为先锋，开展“合唱雷锋歌曲、学习身边榜样、践行志愿条例”志愿服务。面向冬奥闭环工作人员和服务保障人员开展延庆元素VR云展和心理关爱等志愿服务，面向空巢老人、贫困农民工、残疾人开展孝老敬亲、邻里守望、文明新风等1400余项志愿服务项目。

（兰玉芳）

【妇女节文明实践活动】 3月7日，区委宣传部、区妇联开展“平衡家庭事业 铸就幸福人生”主题实践活动，面向区委办、政府办、组织部、编办、国资委等10余个部门近100名女性干部，邀请中华女子学院管理学院院长、教授张丽琍作专题辅导报告，号召女性正确认识自我，深刻领悟“延庆是属于未来的”丰富内涵，做伟大事业的建设者、文明风尚的倡导者、敢于追梦的奋斗者，为延庆区建设生态文明幸福最美冬奥城贡献巾帼力量。同时，组织新时代文明实践所、站，开展手工艺制作、美容护肤、家庭讲座、心理辅导等文明实践活动，丰富女性生活，培育自强自立精神。

（兰玉芳）

【精神文明建设暨背街小巷整治部署会】 3月11日，精神文明建设工作暨背街小巷环境精细化整治提升动员部署大会召开。会议传达全国、市级会议精神，通报延庆区获得第八届首都道德模范提名奖及2021年度背街小巷环境精细化整治提升和深化文明创建先进典型称号情况，就精神文明建设、争创全国文明典范城区、背街小巷精细化整治提升和城乡环境重点工作进行部署。交通局、康庄镇等5家单位进行发言。区委区政府主要领导参会。

（李维娜）

【文明祭扫主题活动】 4月，区委宣传部于清明节期间举办“推动殡葬改革、文明绿色祭扫”主题新时代文明实践大讲堂，为3.8万名群众在线普及文明祭扫法律法规。制作文明祭扫主题“延延提示”和H5小程序，依托427个新时代文明实践站、95个农村精神文明视屏、100余个城区电子屏和500余个村（社区）和单位微信群广泛传播。在18个文明实践所举办革命烈士纪念碑祭扫活动，推广鲜花、植树祭扫，在各个公墓、陵园开展免费送鲜花活动。组织公共文明引导员和4000余名志愿者，在城区34个路口、15个车站、1处人民公墓及农村地区，开展文明祭扫劝导志愿服务，助推移风易俗。

（兰玉芳）

【入选“中国好人榜”】 5月30日，中央文明办发布2022年第一季度“中国好人榜”。冬奥延庆赛区气象保障6年的“先锋者”高猛入选，并受邀参加2022年第二季度“中国好人榜”发布仪式暨全国道德模范与身边好人现场交流活动。

（兰玉芳）

【“最美家庭”展示活动】 6月2日，延庆区“弘扬冬奥精神 展示家庭风采 建设最美冬奥城”——2021年“最美家庭”“文明家庭”展示活动举行。活动现场讲述申广华、王月华、安亚雷等“最美家庭”的动人故事，展示家教家风在基层社会治理中发挥的作用。相关领导部署2022年“最美家庭”“文明家庭”工作，启动“清风北京廉洁齐家”家风作品征集活动。

（兰玉芳）

【区新时代文明实践百姓宣讲报告会】 6月

13日，“弘扬北京冬奥精神 喜迎党的二十大”延庆区新时代文明实践首场百姓宣讲报告会举办。6名宣讲员从赛前、赛时和赛后三个维度，聚焦医疗保障、综合保障、冰雪普及等角度，讲述亲身参与冬奥、奉献冬奥、服务冬奥、保障冬奥的事迹，展现延庆人民的责任与担当。区委、区人大、区政协相关领导参加活动，5.2万人次线上观看。

（兰玉芳）

【获“最美退役军人”称号】 7月，北京市举行2022年度“北京榜样·最美退役军人”发布仪式。延庆区北京八达岭畅安地面缆车运营有限公司安全运营部经理秦志伟获得“最美退役军人”称号。秦志伟2005年底从部队退役，在北京冬奥会闭环期间担任国家雪车雪橇中心场馆运行分中心经理。在运行时间长、工作强度大、防疫任务重的情况下，夜以继日带领团队完成《场馆运行手册》和《场馆运行计划》编制工作，并牵头做好小闭环及场馆移出等工作方案。在100余天的闭环管理中，带领同事共接收并发放各种慰问物资2800余箱，发放注册卡及粘贴防伪标识1546张，办理临时入场审批手续2587次，签署各类保密协议3075份，参与各类考察踏勘29次，收集各类照片1598张。2022年4月，秦志伟被党中央、国务院授予“北京冬奥会、冬残奥会突出贡献个人”称号。

（兰玉芳）

【“中华美德少年行”系列活动】 7月6日，区委宣传部围绕贯彻落实未成年人思想道德建设工作的整体部署，启动2022年“中华美德少年行”系列活动，引导动员广大未成年人增强文明意识、提升文明素养，以实际行动打造和谐美丽家园。活动以“小手拉大手 共创文明家园”为主题，面向全区57所中小学校，陆续开展故事征集、线上线下展评、读书分享等多种形式活动200余场，覆盖2万余名中小学生。

（兰玉芳）

【区文明委第二次全体会议】 7月14日，区精神文明建设工作委员会2022年第二次全体（扩大）会议召开。会议播放区全国文明城区创建情况视频短片，通报6月专项测评情况，总结上半年创建工作并部署“创文明城区 建美好家园”百日攻坚行动。区四套班子领导及全区处级班子单位主要领导、社区（村）负责人参加会议。7月28日，区委书记于波组织召开区文明委2022年第三次全体（扩大）会议，具体部署创城迎检工作。相关单位表态发言，区四套班子领导参会。会议要求在常态长效的基础上坚决抓好集中攻坚，对于“门前三包”、私拉飞线、架空线、路面破损、绿地缺失、乱堆乱停等问题，要挂图作战、对账销号，确保提质增速、落地见效。

（李维娜）

【2名学生获评“新时代好少年”】 7月28日，首都文明办、市教委、团市委、市妇联、市关工委联合举办“筑梦新时代 争当好少年——首都未成年人思想道德建设展示活动”。延庆区第四小学王瀚一和第一中学张艾佳获得首都“新时代好少年”荣誉称号。

（兰玉芳）

【2021延庆榜样颁奖典礼】 8月23日，延庆区举办“德耀妫川献礼党的二十大 踔厉奋发建设最美冬奥城”延庆区新时代文明实践“2021延庆榜样（道德模范、身边好人）”颁奖典礼活动。10人获“2021延庆榜样（道德模范、身边好人）”称号、20人获提名奖、3个团队获“2021延庆榜样（道德模范、身边好人）”特别奖。活动现场播放延庆榜样宣传片《平凡之光》，并组织榜样人物和中小学生代表开展“以榜样之光照亮复兴征程”新时代文明实践大讲堂。区四套班子领导、市委宣传部（首都文明办）有关负责人，以及全区处级班子代表、“延庆乡亲”代表近100人现场参加。活动同时在北京延庆客户端、微赞等平台进行直播，15万余人次线上观看。

（兰玉芳）

8月23日，延庆区新时代文明实践“2021延庆榜样”颁奖典礼（区委宣传部供稿）

【区志愿服务项目获奖】 8月23日，首都志愿服务项目大赛组委会公布2022年首都志愿服务项目大赛获奖项目。延庆区6个志愿服务项目分别获得1个金奖、2个银奖、1个铜奖、2个提名奖，获奖总量创历史新高。大赛由共青团北京市委员会、北京市志愿服务联合会主办，全市16区和民政、卫健、残联等领域的1443个项目参赛。延庆区“邻里守望齐参与‘三微’行动暖人心”志愿服务项目荣获金奖（全市20个），金牌数量和获奖总量均在生态涵养区中排名第一。

（兰玉芳）

【新时代文明实践大集】 10月25日，新时代文明实践大集活动——“倡导绿色生活 践行光盘行动”在香水园街道新时代文明实践所举办。活动深入学习宣传贯彻党的二十大精神，向广大延庆乡亲发出“制止餐饮浪费 践行光盘行动”倡议。20余支新时代文明实践志愿服务队通过变废炫宝、垃圾分类互动、旧物置换、“美食不浪费”小讲堂等志愿服务活动，用群众喜欢的方式把服务送到群众身边。活动旨在让勤俭节约的优秀品质在美丽延庆蔚然成风，为延庆高质量绿色发展积极努力、做出贡献。区委宣传部及区融媒体中心、区文联、区机关事务中心等相关单位，各街乡镇主管领导，香水园街道各社区党委书记及部分居民群众参加活动。

（兰玉芳）

10月25日，市民参与垃圾分类知识宣传活动（《延庆报》）

（栏目编辑：王新华）

人物荣誉

先进人物

表10：全国及市级先进称号获得者一览表

序号	奖项名称	姓名	单　位
1	全国五一劳动奖章	武培丽	北京市延庆区疾病预防控制中心
2	首都劳动奖章	黄坚翔	中国共产党北京市延庆区纪律检查委员会
3	首都劳动奖章	郝立坤	北京市延庆区应急管理局森林消防大队
4	首都劳动奖章	宋艳华	北京市延庆区卫生健康委员会
5	北京市妇女儿童工作先进个人	王宏云	北京市延庆区教育科学研究中心
6	北京市妇女儿童工作先进个人	李志玲	北京市延庆区经济和信息化局
7	北京市妇女儿童工作先进个人	段丽宏	北京市延庆区卫生健康委员会
8	北京市妇女儿童工作先进个人	杜亚会	北京市延庆区儒林街道办事处
9	北京市妇女儿童工作先进个人	崔燕英	北京市延庆区张山营镇人民政府
10	北京市妇女儿童工作先进个人	赵秀梅	北京市延庆区妇女联合会
11	北京市妇女儿童工作先进个人	张　娜	北京市延庆区妇女联合会
12	北京市妇女儿童工作先进个人	张　赛	北京市延庆区教育委员会
13	北京市妇女儿童工作先进个人	刘艳华	北京市延庆区人力资源和社会保障局
14	2022年北京市最美妇联执委称号	徐恩霞	北京市延庆区儒林街道
15	2022年北京市最美妇联执委称号	延　红	北京市延庆区八达岭镇东沟村
16	2022年北京市最美妇联执委称号	郭乐秦	北京市延庆区张山营镇辛家堡村
17	2022年北京市最美妇联执委称号	王金兰	北京健龙祥合生态农庄
18	首都最美“巾帼奋斗者”	李卉冉	北京市延庆区城市管理指挥中心
19	首都最美“巾帼奋斗者”	王　薇	北京市延庆区人民法院立案庭（诉讼服务中心）
20	首都最美“巾帼奋斗者”	李海英	北京市延庆区儒林街道格兰山水二期社区
21	全国五好家庭	杨凤兰家庭	北京市延庆区珍珠泉乡八亩地村
22	全国最美家庭	纪璇家庭	北京市延庆区儒林街道格兰山水二期社区

先进集体

表11：全国及市级先进集体获奖情况一览表

序号	奖项名称	单　位
1	北京市妇女儿童工作先进集体	北京市延庆区妇女联合会
2	北京市妇女儿童工作先进集体	北京市延庆区康庄镇屯军营村

续表

序号	奖项名称	单　位
3	北京市妇女儿童工作先进集体	北京市延庆区民政局
4	北京市妇女儿童工作先进集体	北京市延庆区百泉街道振兴北社区妇联
5	首都劳动奖状	中国农发重点建设基金有限公司
6	北京市工人先锋号	北京市延庆区城市管理综合行政执法局督察队
7	北京市工人先锋号	北京清航紫荆装备科技有限公司研发部

（栏目编辑：孙越凡）

街道 乡镇

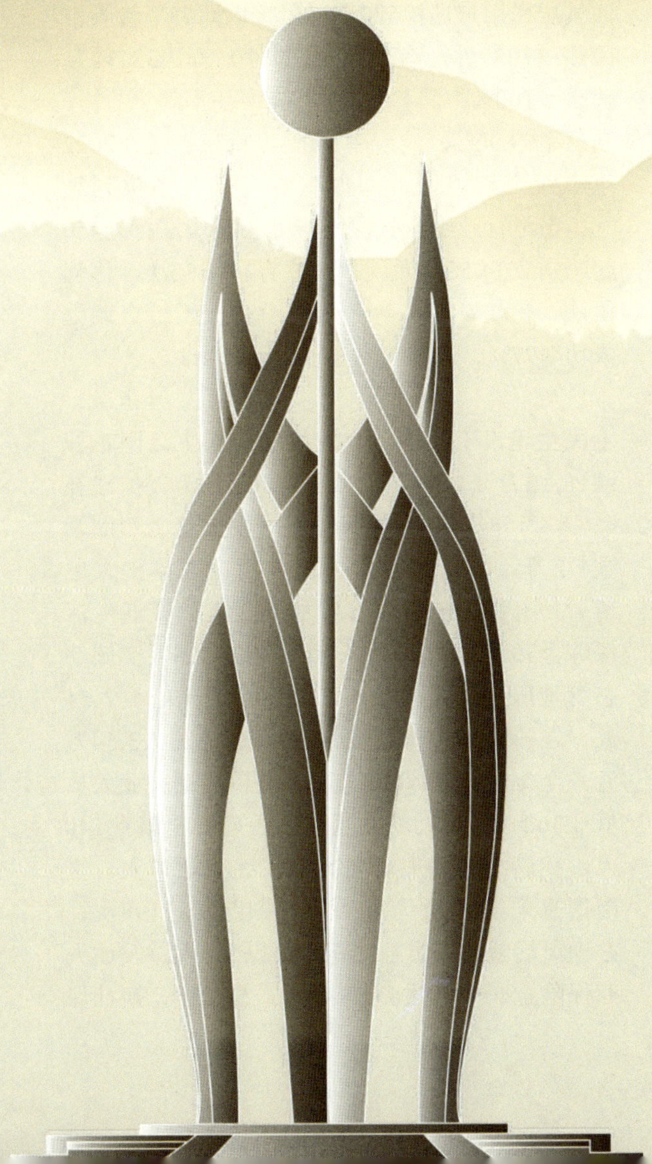

百泉街道

【概况】 2022年，百泉街道辖区面积10平方千米，辖社区居委会9个，居民楼房234栋，常住人口约3.6万人，流动人口3600人。有满族、蒙古族、回族、维吾尔族和壮族5个少数民族。年内出生人口72人，出生率2.9‰；死亡人口45人，死亡率1.5‰；人口自然增长率1.4‰。辖区有企事业单位1500家，北京世园公园1座，贯培学院1所，中小学4所，幼儿园4所，社区卫生机构1家，药店、诊所10家。

单位名称：延庆区百泉街道办事处
地　　址：延庆区鸿川北路6号
电　　话：69186601

（张涵）

【环境建设】 年内，制定《百泉街道办事处关于各小区物业服务考核实施意见》，实现物业“三率”（物业覆盖率、业委会覆盖率、党组织覆盖率）100%全覆盖。开展绿化美化活动，捡拾绿地垃圾2000余平方米，清理堆积物12处，修剪遮光树4株，栽种树木128株，清理高大枯死树（枯枝树）30余株，清理树墩67个，补植花草苫盖黄土裸露地面5395米。施划停车位2300米、自行车车标1250米，修补、粉刷楼道破损墙面1100平方米。对4条背街小巷开展整治提升工作，规范不文明行为5000余起，处罚80起，罚款10230元。拆除违法建设并完成销账4处696.23平方米，腾退面积696.23平方米。第三季度实现首环办检查零问题点位。1月、3月、5月、8月及9月在区级城乡环境综合考评中位列城区组第一。

（张涵）

10月16日，振兴北社区西门乱停车纠纷调解现场
（百泉街道供稿）

【平安建设】 年内，百泉街道全方位做好重大活动服务保障工作。发动群防群治力量30万人次，完成冬奥会、冬残奥会、党的二十大服务保障等社会面防控任务。检查企业1252家次，排查各类安全隐患466项。配合完成液化石油气居民用户巡检520家。“接诉即办”接收市民热线1033件，有效回访331件，解决331件，解决率100%；满意331件，其中基本满意3件，满意率99.96%，响应率100%。百泉街道在2022年市级全年“接诉即办”综合排名中位列第一。街道行政综合执法队查处各类违法行为450起，罚款34.58万元。参加联合执法52次，化解司法、信访、劳动等各类纠纷38起，综合调处成功率97%。开展法治宣传活动96场。

（张涵）

【民生建设】 年内，发放残疾人生活困难补助16.12万元、养老助残券30.67万元、护理补贴6.82万元。为3名低保家庭学生申请妫川助学金1.2万元，为39名重性精神病患者监护人申请看护补贴8.66万元，发放低保人员最低生活保障金39.05万元。对低保家庭12户28人实施动态管理服务。慰问残疾、大病、低保低收入51人。发放老年人养老服务补贴津贴323人3.54万元。全年技能培训129人次。城镇登记失业人员就业362人，帮助就业困难对象就业再就业140人，招聘会帮助失业人员公益性就业47人，空岗信息采集473个，企业用工跟踪回访198次，办理灵活就业人员社会保险补贴236人，发放失业保险金2095人次431.8万元。发、补、换社保卡352张，办理城乡医保139人，现管城乡医保人员1689人，手工报销药费140人次33.5万元，定点医疗机构变更70人次。受理公租房申请6户，市场性住房补贴申请3户，公租房租金补贴3户，公租房资格终止19户，市场租房补贴资格终止4户，公租房复核64户，市场租房补贴复核16户，公租房租金补贴复核4户，廉租房复核1户。退役军人建档立卡467人，申请优待证380人，发放光荣牌713个，为33位军人优抚对象办理取暖费补差手续。疫情防控期间，为辖区内73名独居老人发放血氧夹及医疗包，每日安排专人一对一巡访，掌握独居老人的健康状况，为有需要的独居老人提供就医及生活帮助。慰问辖区内计划生育特殊家庭老人18户29人。审核通过18周岁以内独生子女父母570人，一次性奖励45人。核查户籍一胎生育服务登记42例，审核通过二胎生育服务登记29例，办理流动人口生育服务登记20例，为154名无业育龄妇女进行健康体检。

（张涵）

3月，百泉街道就业困难人员专场招聘会
（百泉街道供稿）

【社区建设】 年内，完成2022年社区工作者招聘工作，招录3名社区工作者并完成入职培训。完成为民办实事项目10个，涵盖辖区所有社区。开展社工社区治理培训活动12场。垃圾分类技能培训1656人次，设置大件垃圾围挡18处，垃圾投放站138个，19个桶站安装视频监控系统，检查垃圾分类投放责任人、垃圾分类管理责任人3007家次，涉及生活垃圾分类的立案处罚153起，罚款0.06万元。完成对振兴南社区、舜泽园社区2个社区服务空间开放式示范点的建设升级改造，打造燕水佳园社区“楼门院治理”示范点1个。初步建立百泉街道社会工作服务中心及3个社区服务站点，标识铜牌、门牌和各项管理制度规范上墙。百泉街道社会工作服务中心运营项目整体完成进度90%，活动参与人数1980人次，活动覆盖街道9个社区1万余名居民。形成服务案例23个，完成54小时的专业督导，开展4项特色服务。

（张涵）

【新冠肺炎疫情防控】 年内，根据全区统一部署，百泉街道多措并举落实疫情防控工作，第一时间封堵卡口31个，开放卡口41个，布置防控力量328人，主动下沉一线党员8000人次。社区入口安排人员24小时值守，落实“查证、验码、测温、登记”等措施。落实疫情防控“四方责任”，印制《百泉街道疫情防控操作手册》，动态摸排更新各类人员底数，组织疫情防控培训，联合属地派出所、社区卫生服务中心开展封控管控实战演练，制作疫情防控政策学习包，及时将最新防疫政策传达给一线工作人员。设立防疫专班，落实24小时值守制度，各居委会通过入户走访和打电话等方式，对社区居民进行全方位摸排，累计排查3万余户19万人次，所有风险及涉疫人员管控率达到100%，组织进行核酸检测60余万人次，新冠疫苗接种6.53万人次。

（张涵）

【基层党建和精神文明建设】 年内，百泉街道工委下辖基层党组织39个，包括5个社区党委、2个社区党总支部、25个基层社区党支部、3个“两新”组织党支部、4个机关党支部，有中共党员1287名。发展党员6名、转正党员4名，完成党组织关系转接141人次，建立流入流出工作台账，流出53人，流入6人。在职党员“双报到”接收报到党员3318人，报到党组织64个，组织活动120场。为辖区18名党龄在50年以上的老党员颁发“光荣在党50年”纪念章，帮扶慰问困难党员66名，慰问离退休老干部17人，发放慰问金10.9万元、慰问品17份，献爱心捐款36813元。

（张涵）

表12：2022年百泉街道社区基本情况统计

序号	居委会名称	党支部书记	居委会主任	户数（户）	人口（人）
1	燕水佳园社区	李旭阳	李旭阳	1203	3318
2	上都首府家园社区	王　帅	王　帅	467	1252
3	振兴北社区	郭　栋	郭　栋	1860	5246
4	舜泽园社区	刘金洁	刘金洁	818	2273
5	颍泽洲社区	赵志强	赵志强	1882	5270
6	莲花苑社区	张　龙	张　龙	1484	4495
7	国润家园社区	鲁　菲	鲁　菲	1123	2864
8	湖南社区	马　里	马　里	1989	5312
9	振兴南社区	王冬华	王冬华	2065	5983

儒林街道

【概况】　2022年，儒林街道辖区面积14.26平方千米，辖社区居委会10个，居民楼房166栋，常住人口约2.53万人，流动人口0.21万人。汇聚29个少数民族。年内出生人口64人，出生率2.34‰；死亡人口25人，死亡率0.91‰；人口自然增长率1.43‰。辖区有企事业单位606家、中小学3所、幼儿园2所、社区卫生机构3家。

单位名称：延庆区儒林街道办事处

地　　址：延庆区康安小区16-2

电　　话：69100237

（赵越）

【环境建设】　年内，制定《儒林街道物业项目考核细则考评表》进行精细化管理，实现物业“三率”（物业覆盖率、业委会覆盖率、党组织覆盖率）100%全覆盖。施划机动车停车位、非机动车停车区域共4.78万米；修补、粉刷楼道破损墙面1230平方米；修复街面台阶539.5平方米。对东顺城街、胜芳园路、医孟路、城隍庙街、下湾子街5条背街小巷开展整治提升工作。对康安、永安、悦安居、格兰二期北区、格兰二期南区5个社区绿化3985平方米。全年立案处罚相关违法行为157起，罚款8.75万元。拆除违法建设并完成销账12处466.1平方米。

（肖丽娜　哈英俊）

【平安建设】　年内，儒林街道全方位做好重大活动服务保障工作。发动群防群治力量10万余人次，完成冬奥会、冬残奥会、党的二十大服务保障等社会面防控任务。检查企业1200余家次，排查各类安全隐患287项。配合完成液化石油气居民用户巡检226家。“接诉即办”接收市民热线962件，有效回访833件，解决795件，解决率95.44%；满意795件，满意率95.44%，响应率100%。街道行政综合执法队查处相关违法行为7起，罚款0.05万元。参加多种形式联合执法155次。开展矛盾纠纷排查252场，化解司法、信访、劳动等各类纠纷140余起，综合调处成功率85%。开展法治宣传活动180余场。

（吴琼）

【民生建设】　年内，儒林街道完成2022年区级社会工作服务中心建设试点工作。发放残疾人生活困难补助31.62万元，助残券2.12万元，护理补贴8.93万元，发放残疾人自主创业社会保险补贴25.52万元。为1名残疾人大学生申请教育救助0.42万元，为2名低保家庭学生申请妫川助学金0.6万元，为45名重性精神病患者监护人申请看护补贴9.59万元，发放低保人员最低生活保障金62万元。对低保家庭21户37人实施动态管理服务。医疗救助90人次，报销药费12.23万元。慰问残疾、大病、低保低收入125人。全年开展技能培训67人次。城镇登记失业人员就业306人，帮助就业困难对象就业再就业108人，招聘会帮助失业人员公益性就业67人，空岗信息采集489个，企业用工跟踪回访106次，办理灵活就业人员社会保险补贴70人，发放失业保险金1196人次247.19万元，发、补、换社保卡264张，办理城乡医保116人。手工报销药费68人次33.37万元，受理公租房申请9户，市场性住房补贴申请6户，公租房资格终止16户，公租房复核67户，廉租房复核3户。采集现役军人信息2人，为26位军人优抚对象办理取暖费补差手续。发放老年人养老服务补贴津贴3268人次70.15万元。审核通过18周岁以内独生子女父母416人，一次性奖励35人。核查户籍一胎生育服务登记42例，审核通过二胎生育服务登记20例，办理流动人口生育服务登记9例，为864名无业育龄妇女进行健康体检。

（孟嵩　秦育）

【社区建设】 年内，儒林街道完成为民办实事项目179项，涵盖辖区所有社区。完成康安社区“北京市楼门院示范点”建设，完成胜芳园、温泉南区东里“公共空间开放式试点”建设。开展“奋进新征程　建功新时代”参观等活动520场。垃圾分类技能培训630人次。设置大件垃圾围挡11处，制作垃圾分类背板189个，11个桶站安装视频监控系统。涉及生活垃圾分类的立案处罚45起，罚款2.16万元。2022年度，儒林街道“接诉即办”工作全市排名第三。街道综合执法队荣获北京市“人民满意的公务员集体”称号；儒林街道温馨家园评为2022年度“北京市温馨家园服务典型案例”；永安社区荣获“全国示范性老年友好型社区、北京市民主法治示范社区”称号；温泉馨苑荣获“2022年冬奥会、冬残奥会北京市先进集体”称号；悦安居社区人民调解委员会荣获“北京市司法行政系统先进集体”称号。

（沈妍　肖丽娜）

9月27日，在悦安居社区开展人民调解进社区活动
（儒林街道供稿）

【新冠肺炎疫情防控】 年内，根据全区统一部署，儒林街道多措并举落实疫情防控工作。设卡口43个，布置防控力量356人，主动下沉一线党员917人。各社区全部封闭式管控，各卡口安排人员24小时值守，落实“查证、验码、测温、登记”等措施，各居委会通过入户走访和打电话等方式，对辖区居民进行全方位摸排，筑牢疫情防控第一线。累计排查9900户24400人，组织进行核酸检测120万人次，新冠疫苗接种9636针次，为45户符合补贴条件的餐饮企业发放房租补贴20.02万元。

（张志辉）

5月6日，胜芳园社区开展核酸检测
（儒林街道供稿）

【基层党建和精神文明建设】 年内，儒林街道工委下辖基层党组织14个，包括3个社区党

委、3个社区党总支、4个社区党支部、1个“两新”组织党支部、3个机关党支部，有中共党员1098名。发展党员6名、转正党员5名，完成党组织关系转接110人次，建立流入流出工作台账，流出9人，流入101人。在职党员“双报到”接收报到党员3504人，报到党组织42个，组织活动100余场。评选出优秀基层党组织5个、优秀党务工作者23名，慰问党员189名，发放慰问金12.2万元、慰问品121份，献爱心捐款3.9万元。建设康安社区党建教学基地、格兰山水二期南区人大代表联络站试点。开展“党课开讲啦”等学习110次。开展“第四届邻里节”“第十三届灯展灯谜会”等群众性文化活动60余场。新时代文明实践站（所）发布点单派单活动341次、40余场。优化升级便民服务大集。开展冬奥服务保障、疫情防控等志愿服务活动400余次。宣贯五个条例，开展“文明养犬在行动”等宣传活动70余次。开展文明劝导、周末卫生大扫除等志愿服务160余次。

（沈妍　吴琼）

表13：2022年儒林街道社区基本情况统计

序号	居委会名称	党支部书记	居委会主任	户数（户）	人口（人）
1	康安社区	安尚丽	安尚丽	2043	5174
2	永安社区	陈文琪	陈文琪	1030	2355
3	格兰山水二期南区社区	李瑞森	李瑞森	1750	4552
4	格兰山水二期社区	李海英	李海英	1267	3078
5	温泉南区东里社区	李景全	李景全	1785	4451
6	温泉南区西里社区	于　敏	于　敏	646	1845
7	胜芳园社区	尹晓临	尹晓临	606	1561
8	儒林苑社区	张　晶	张　晶	370	1203
9	温泉馨苑社区	李雅丽	李雅丽	271	697
10	悦安居社区	蔡佳琪	蔡佳琪	682	1781

香水园街道

【概况】 2021年，香水园街道辖区面积7.5平方千米。辖社区居委会16个，居民楼房347栋，总人口1.8万户4.9万人。辖区有企事业单位948家、中小学4所、幼儿园7所（公立3所、民办4所）、社区卫生机构2家、社区卫生服务中心1家、社区卫生服务站4家、卫生室2家。

单位名称：延庆区香水园街道办事处
地　　址：延庆区妫水北街70号
电　　话：69177807

（宋玉霞）

【环境建设】 年内，香水园街道完成川北西社区3栋楼房外墙保温修补工程。东外、南双路、南泰安3个老旧小区硬化路面1.1万平方米，更新绿化面积9000余平方米，补植月季等花灌品种5万余株，新增机动车停车泊位151个。完成东外社区5栋楼房21个单元楼内上下水主管道改造工程。完成双路南街、双路北街、金宸西街等10条背街小巷环境精细化整治提升工程。

2月14日，街道组织清扫道路积雪
（香水园街道供稿）

完成架空线整治1.2万米，包括32条主次干道、13个社区270条小区内部道路（楼栋间）以及背街小巷109处。对319栋楼房1321个单元门楼道架空线进行拆除、并线捆绑整治。依托背街小巷整治提升工程，组织2支抢修队伍，完成破损路面、墙面、台阶126处问题点位的销账工作。50余名城管协管员和公共设施维护员，对32条主次干道、背街小巷以及700余家商铺“门前三包”、无照游商进行常态化巡查和维护。

（宋玉霞）

【社区建设】 年内，香水园街道培育6个“品牌”社区社会组织，完成每个社区打造不少于2个“品牌”社区社会组织的指标。全年开展协商400余次，解决高大树木安全隐患、老旧小区改造、停车位不足、路面破损等影响居民生活的难题。建设5个社区服务站，开展相关活动25场。个案服务1户8次服务、志愿理发100人次、垃圾分类监督指导100次、健康调理26次、公益日活动1场次，受众1500余人次。完成第二批北京市优秀社区社会专业人才培养试点工作。社会心理服务中心开展心理知识宣传讲座10次、团体辅导10次、居民心理问卷调查200余人次，建立居民心理档案100人，受众2000余人次。举办“第四届社区邻里节”活动，15个社区开展“社区邻里节”活动30场，受众3000余人。完成石河营西社区老旧小区服务管理试点项目，安装电动自行车充电桩5台，建自行车车棚3处30平方米，修补破旧路面170平方米，更换坏旧井盖14个，修剪高大树木10棵以及平整绿地杂草约1300平方米。开展社区大课堂活动24节，覆盖香水园街道14个社区，课程分为4大主题，分别为“垃圾分类”“走进故宫”“健康讲座”“非暴力沟通”，总计491人次参与，收回满意度调查表480份，满意度100%。

（宋玉霞）

9月17日，参加社区邻里节活动的观众
(香水园街道供稿)

【新冠肺炎疫情防控】 年内，香水园街道完成大规模核酸检测90次，累计检测186.9万人次。全年累计接到电子围栏派单212批次1090人，接到普通大数据派单共3335批次27659人，接收其他街道（乡镇）横转派单共1435人，横转给其他街道（乡镇）1237人。累计核实3547批次28749人，经核实后分派到各社区共3547批次20314人。疫情期间，街道综合执法队全员停休，每日不间断对辖区“三类场所”开展疫情防控专项执法检查，对220家“三类场所”开展三天一轮次全覆盖检查，对疫情防控不到位的场所进行现场公示并上报。明和堂医药公司党支部、天佐恒口腔医院党支部党员带头支援乡镇、学校核酸检测，树立了良好的企业形象和党建品牌。全年累计集中隔离1106人，居家隔离人员2766户6314人，居家健康监测768户1921人，普通健康监测872户2181人，核酸筛查787人，社区登记报备管理9111人，协调区中医院为居家户预约上门入户核酸14136户次，32940人次。通过京办、办公内网、微信群等不同工作渠道，累计向区级各部门报送工作情况1825次，其中包括人员管控情况、社区基础数据、服务保障情况、转运情况、核酸结果二次核查、阳性人员落位情况、风险人员摸排数据等。累计接收居民和社区管控政策咨询2万余人次。

（宋玉霞）

【平安建设】 年内，香水园街道全方位做好重大活动服务保障工作。完成冬奥会、冬残奥会、党的二十大服务保障等社会面防控任务。推进全民反诈APP安装注册12293人，开展宣传活动260余次、发放宣传品7800余份。检查生产经营单位1838家次，覆盖率100%，责改文书下达率31.71%，发现隐患339项，整改339项，隐患核销率100%；完成城市安全隐患治理三年行动信息系统检查记录录入405家次；挂账隐患63家次，消除隐患63家次，消隐率100%。上报工作信息24条、总结6篇、案例12篇。按照“街乡吹哨、部门报到”和联合执法相关要求，开展安全生产联合执法检查行动20次，安全生产标准化创建完成小微企业23家、三级企业12家，完成率100%；安全生产主体责任示范企业创建完成20家，完成率100%。安全风险辨识评估系统小微企业每月更新，非小微企业每季度更新，全年月审核率95%。完成风险辨识企业506家，评估出2404个风险源信息，其中较大风险3条、一般风险1165条、低风险1236条。企业安责险投保完成79家，配合安责险保险机构走访企业615家，组织召开宣导会6场，完成率100%。完成北京市安全社区复评工作。开展“5·12全国防灾减灾日”“安全生产月”“消防宣传月”“11·9全国消防日”等主题宣传教育活动，组织培训、演练20余次，线上直播1次。开展专项隐患排查行动19次，整改安全隐患1000余项。电动自行车安全充电数量2818辆，更新灭火器1493具，拆除15个社区内“飞线”748条。开展应急演练4次，建立街道应急救援队伍1支，队员25人；建立社区应急救援队伍15支，每支队伍队员人数均在10人以上。应急救援队参与处置突发事件5次。街道应急志愿服务队新招募志愿者29人，共有志愿者65人，开展应急志愿活动2次。完善街道应急值守综合能力，开展防汛演练1次，清理雨水管563根，清理雨箅子627处，抢修供暖地面塌陷2处，修剪高大树枝20处，清理阻碍排水垃圾7处，建立问题隐患台账，积极协调相关部门解决，同时在隐患处张贴温馨提示。组织汛期巡查布控16次。在春运、节假日等重点时期，开展交通安全主题宣传，宣传普及2万余人次。开展预防煤气中毒温暖行动4次，对辖区10户燃煤取暖户进行安全巡查3次。全年行政处罚658起（一般行政处罚175起、简易行政处罚483起），罚款126790元。街道执法队员每人包片协助社区，对辖区700余家“七小场所”无缝隙进行防疫指导督查，同时对存在的其他违法行为进行处罚。共检查9209家次，其中公示曝光298家次，处罚25家商户，罚款39500元。开展违法建设执法工作，对新生违法建设坚持发现一起治理一起，拆除违法建设建筑面积120平方米，完成全年任务的400%。全年处罚垃圾分类相关违法行为431起，罚款42500元；处罚大气污染类违法行为13起，罚款36500元；查处占道经营类问题163起，罚款30690元；全年共拆除、整改各类违规广告牌匾230块，处罚非法小广告26起，罚款3900元。对131家燃气非居民用户开展全面摸排，建立台账，检查燃气非居民用户1445家次，整改安全隐患105起。“接诉即办”全年受理热线举报、处理监管通知单、督办单、首环办台账等共计480余起，均按时高质量进行回复和办结。全年共参加区宣传部、区城管委、区城管局、公安局、交通局、民政局、环保局、文旅局等部门联合执法110余次，参加执法人员410余人次。协助社区解决问题120余起。

（宋玉霞）

【文化建设】 年内，香水园街道以综合文化中心效能提升工作为重点，围绕“我们的节日”“六个北京”等主题，开展文化活动108次；举办书法、绘画等公益培训60次；组织群众观看专业文艺演出9场。完成北京市公共文化服务管理平台系统录入，实现公共文化服务和设施运营管理数字化。通过“我家香水园”公众号、各类文化活动共开展旅游宣传推广活动16次。完成满家福、白夜网咖等7家文旅企业房屋租金补贴申报80662.77元。申请资金3万元，完成兴运嘉园、高塔社区文化室修缮。参加延庆区群众文化系列活动荣获一等奖9个、二等奖9个、三等奖8个，街道荣获“优秀组织奖”。图书馆分馆新增图书12378册、盲人听书机20台、盲文书20册、书架73个、刊架5个。完成电子书借阅机数字资源更新服务，流转图书2.8万册。全年开展世界读书日、“阅读北京”诵读大赛、“书香京城系列评选活动”等各类阅读、宣传活动20余场。荣获区图书馆“声动北京 城暖情长”诵读大赛集体组一等奖、个人组三等奖。集体组代表区图书馆参加市级比赛，荣获三等奖。通过线上+线下形式，开展讲座、培训、健身等活动，组织冰雪培训30余次，400余人参加；举办冰蹴球、冰壶挑战赛，180人参赛；举办国民体质监测活动，220人参加。联合区体育局举办体医结合、慢病预防全民健身科学指导大讲堂活动。举办第四届太极大赛线下录制、线上评选活动。完成240人社会体育指导员年度注册工作。街道妫川英姿健身队、百合空竹队等5支健身团队被评为北京市星级全民健身团队。街道荣获市级奖项8个，其中，街道乒乓球队获北京市第十六届“和谐杯”乒乓球赛郊区组一等奖，同时街道获优秀组织奖；东外柔力球队获市集体单拍套路项目一等奖、市第六届公开赛三等奖、第六届京津冀交流项目二等奖。妫川英姿健身队获市第十七届民族健身操舞大赛银奖，第九届广场舞蹈大赛预赛二等奖、决赛三等奖。

（宋玉霞）

10月25日，“光盘行动大集”之书法宣传活动（香水园街道供稿）

【民生建设】 年内，市中心共考核香水园街道群众诉求1091件，年均响应率99.95%，解决率97.58%，满意率98.07%，综合成绩98.14分。便民服务中心办理《就业失业登记证》209个，核发失业保险金2543人次525万元；为342名灵活就业人员申请社会保险补贴337万余元；为3020人办理大病医疗参保、续保手续；为399名无保障人员发放福利养老金，为231人办理城乡养老保险参保续保手续；为446人次办理申领、补办社保卡；为28户家庭办理申请保障性住房补贴；为4525名社区管理退休人员、1209名退役军人进行管理服务。全年综窗系统接件1700件、网上预审接件3件。公共服务事项在用实施清单82项，延伸到社区26项，实行“一门进，一门出”的工作方法，方便群众各项业务的反馈和办理。建立14个社区政务服务站，全部安装综窗系统设备并投入使用。在北京市企业服务E窗通平台启用一网通办。街道退役军人服务站开展春节走访慰问活动，为辖区内1249人发放“福”字对联，对一等功、二等功、三等功、80周岁以上老人、最美退役军人、烈士子女等275人进行春节前慰问。为3名优抚对象申请丧葬补贴。为“首都老兵”志愿服务队发放手套148副。入伍新兵信息采集共5人，发放光荣牌22个，并为荣获“四有”优秀士兵的刘健送去喜报，为退役军人服务站1名退役军人申请困难资金补助。香水园退役军人服务站与中国人民武警部队军犬基地进行共建。街道符合办理优待证的退役军人共有1209名，退役军人优待证申领1010人，发放优待证600余张。为6名身体不便、年龄大、病故军人家遗属上门采集信息。组织100名退役军人以上的5个社区和兴运嘉园社区（红色阵地）开展创建工作。对100名优抚对象完成年度确认工作。为符合条件的46名优抚对象申领供热采暖补助。街道服务包企业4家。每月按时走访企业，了解工作进展情况，及时收集办理企业诉求，了解企业疫情期间经营状况、存在困难等问题，为企业赠送口罩、手套、消毒液等防疫物资。8月征求并解决办理企业4个诉求，在全市239个参加考评街乡中排在第九十四名，区级考评并列排名第一。12月份完成征集并解决4个企业诉求。截至12月，便民服务中心登记失业人员就业573人，指标257人，完成全年指标的223%；控制登记失业人数（标准线）398人，完成指标400人，完成全年指标的100.5%；登记失业人员就业率65.13%，指标63%，完成全年指标的103%；职业指导914人次，指标300人，完成全年指标的305%；求职登记人数1758人次，指标800人次，完成全年指标的220%；职业介绍空岗采集567个，指标450个，完成全年指标的126%；用工要求档案跟踪回访45家135次，指标35家105次，分别完成全年指标的129%和129%。街道劳动监察工作人员深入企业走访宣传保障农民工工资，未发生拖欠农民工工资案例。

（宋玉霞）

【基层党建和精神文明建设】 年内，香水园街道新成立集贤、庆隆2个社区党组织，完成街道下辖13个社区27名“两委”干部届内调整工作，指导3个社区二级支部完成补选委员工作，完成执法队党支部换届选举工作。成立火车站小区业主委员会临时党支部。起草《香水园街道工委2022年度党建工作要点》，组织召开“2022年度党建工作会”及“党务工作例会”。在冬奥服务保障期间，成立中交富力专班临时党支部，4个涉奥酒店所在社区设立40个党员先锋岗。2022年，香水园街道工委下辖基层党支部80个，接收预备党员8名，预备党员转正9名。慰问党员311名，发放慰问金17.6万元，慰问品201份。发放“光荣在党50年”纪念章53枚。组织在职党员服务社区活动，每天做好30余家下沉单位、200余名下沉干部和20余名志愿者的统计上报工作。全年14个社区党建工作协调委员会共征集资源清单44条、需求清单42条、项目清单25条。开展“党群阵地@你”系列活动，走访了解非公党支部、新就业群体情况，中秋、国庆期间，街道工委对外地在延庆过节群体进行慰问，包括菜鸟驿站快递小哥、邮政快递员以及辖区内明和堂医药公

9月17日，兴运嘉园邻里节活动（香水园街道供稿）

司、万达广场的职员代表，依托邻里节开展有针对性的志愿服务活动，对外地在延过节群体进行理发、义诊、磨菜刀等活动。街道将党建协调委员会与“吹哨报到”工作相结合，共“吹哨”45次，联合相关部门逐步有序推进33件实事。引导团员青年积极践行志愿精神，参加捡拾垃圾、疫情防控卡口值守等志愿服务活动；建立冬奥城市志愿服务站点，22名志愿者轮流上岗，累计服务720小时，完成外围服务保障任务。开展网上青年大学习、纽扣画制作等活动20余次，恒安社区获年度“青年文明号”称号。

（宋玉霞）

【新时代文明实践所站建设】 年内，香水园街道邀请区委党校、五老宣讲团开展线下理论宣讲，开展“冬奥英语进社区”“捡起来是美德”主题宣讲活动，组织学习贯彻党的二十大会议精神。组建宣讲队伍，开展“强国复兴有

10月25日，新时代文明实践所“光盘行动大集”演出活动（香水园街道供稿）

我”宣讲活动。依托“志愿者之家”，每月5日开展“志愿服务文明实践大集”。采用定点

服务、上门服务与网络服务相结合的方式，为冬奥闭环保障工作人员家属提供志愿服务。完成北京延庆APP平台志愿者注册7299人，“凹凸”“小马哥”“夕阳传递”等47支志愿服务队参与疫情防控、冬奥保障等志愿服务，发布志愿服务项目2141次，参加志愿服务52323人次。开展文明实践推动日活动12期，组织近5000名党员群众观看区新时代文明实践中心“法律大讲堂”。以新时代文明实践中心“点单派单”平台为抓手，开展体育健身、中医养生、科普宣传、文化培训活动598次，受益人群5000余人次。

（宋玉霞）

表14：2022年香水园街道社区基本情况统计

序号	居委会名称	党支部书记	居委会主任	户数（户）	人口（人）
1	川北东社区	曹艳华	曹艳华	1706	4610
2	川北西社区	王　硕	王　硕	1288	3805
3	石河营东社区	杨晓润	杨晓润	1030	2865
4	石河营西社区	李　燕	李　燕	1030	2865
5	新兴东社区	张　猛	张　猛	990	3868
6	新兴西社区	彭永军	彭永军	3000	8827
7	高塔社区	马立新	马立新	1930	4510
8	恒安社区	于辰洋	于辰洋	1371	3803
9	东外社区	李　霞	李　霞	895	2345
10	双路社区	邹晓辉	邹晓辉	1023	3056
11	泰安社区	李怀滨	李怀滨	709	2238
12	兴运嘉园社区	王　倩	王　倩	218	545
13	和润社区	郭庆波	郭庆波	1300	3200
14	庆园社区	乔书红	乔书红	700	1652
15	集贤社区	邱鹏飞	邱鹏飞	995	1861
16	庆隆社区	纪艳蕊	纪艳蕊	686	1048

延庆镇

【概况】　2022年，延庆镇镇域面积43.932平方千米，辖43个建制村和3个社区。全镇户籍数21560户，户籍总人口41695人。其中男性20464人、女性21231人。年内出生人口259人，出生率6.2‰；死亡人口355人，死亡率8.5‰；人口自然增长率－2.3‰。镇域内有中学2所、小学2所、幼儿园5所、镇级社区服务中心1所、村级卫生服务站5家、村级卫生室33家、健身广场37处。

单位名称：延庆区延庆镇人民政府

地　　址：延庆区湖北东路109号

电　　话：69101687

（李晗）

【环境建设】　年内，延庆镇对12条背街小巷开展整治提升工作，对火车站小区东路绿化130平方米。拆除东关养殖小区连片违法建设，共拆除违法建设并完成销账149处4.85万平方米，腾退面积5.88万平方米。按照“户分类、村收集、镇运输、区消纳”管理体系进行垃圾分类管理，安装垃圾分类设施530套，建设分类亭277组，配备清运车2辆。全镇日产垃圾总量约35吨。镇、村两级河长巡河率100%，累计发现问题105处，整改率100%，新增造林面积21.65公顷（326.69亩）。开展环境卫生、堆物堆料、店外经营、无照游商、非法小广告等专项整治行动，处罚占道经营790起，罚款5.22万元。全年重点工程完成南三村3373套房源的选取和交房工作，李谷回迁小区房产证办理480套。完成延庆镇上水磨敬老院装修和消防工程。完成大秦铁路沿线5.7万方渣土筛分和清运工作。完成南三村棚改项目、京张高铁项目和延庆综合交通服务中心（换乘中心）、延崇高速、米家堡110千伏变电站和延庆综合交通服务中心（停保中心）6个重点工程项目涉及的15个村823人的征地转非安置工作。

（李晗）

6月17日，延庆镇启动拆除东关养殖小区连片违法建设（延庆镇供稿）

【平安建设】 年内，延庆镇全方位做好重大活动服务保障工作。发动群防群治力量10万余人次，完成2022年北京冬奥会和冬残奥会、全国“两会”、党的二十大等社会面防控任务。检查生产经营单位1983家次，排查各类安全隐患267项，检查覆盖率100%；完成23家小微企业的安全生产标准化创建和20家示范企业创建工作。完成液化石油气居民用户安全巡检8700余户，更换安全型配件8700余个。安装电动自行车充电口1386个。镇行政综合执法队查处各类违法行为1174起，罚款59.82万元。城管执法检查7134次，参加联合执法210次。开展矛盾排查550余次，调解矛盾纠纷30起，解答咨询1536件，代写法律文书352件，诉讼代理229件，提供法律援助8件，挽回损失100万余元。开展“法律门诊我来选”村居法律顾问服务2000次，法制宣传活动13场，受教群众3万余人。出租房屋2675户，安置流动人口10489名。

（李晓波　刘志明）

【经济建设】 年内，全镇粮食作物播种面积386.89公顷（5803.3亩），亩产508千克，总产量294.83万千克。蔬菜作物播种面积264.21公顷（3963.1亩），总产量1102.76万千克。果园面积40.27公顷（604亩），果品产量37.03万千克。全年畜牧业产值10224.36万元。羊、牛、家禽存栏量分别为2125只、2260头和1.46万只。全年植树0.8万株，五河十路管护面积222.79公顷（3341.8亩）。截至年底，固定资产投资完成0.42亿元，比上年增长3%。全年接待游客52.37万人次，旅游综合收入5877.4万元。全镇财政收入28373.64万元；农村经济总收入41.24亿元，人均劳动所得29468元。

（黄荣　时金鑫）

【民生建设】 年内，发放困难残疾人生活补贴6754人次321.36万元、重度残疾人护理补贴3416人次43.99万元、助残券1643人次16.43万元，延海合作项目救助困难残疾人10人，救助金5万元。为1名残疾人学生申请助学补贴4500元，为2户低保家庭学生申请高等教育新生入学救助0.87万元，为169名重性精神病患者监护人申请看护补贴38.23万元。对特困家庭55户55人、低保家庭195户287人、低收入家庭2户6人实施动态管理服务。医疗救助1280人次，报销药费103.5万元。慰问残疾、大病、低保低收入594人次。发放老年人养老服务补贴津贴870人次24.97万元。全年开展技能培训408人次。城镇登记失业人员就业983人，帮助就业困难对象就业再就业493人，招聘会帮助失业人员公益性就业82人，空岗信息采集779个，企业用工跟踪回访138次，办理灵活就业人员社会保险补贴248人，发放失业保险金950人次2003万元，发、补、换社保卡1566张，办理城乡医保452人，手工报销药费146人次132.2万元，定点医疗机构变更126人次。采集现役军人信息11人，为149位军人优抚对象办理取暖费补差手续。镇域内有规范民宿18家，民宿166家，新增规范民宿11家。民俗民宿接待52.37万人，经营收入5877.4万元。审核通过18周岁以内独生子女父母奖励费2180人，一次性奖励374人。核查户籍一胎生育服务登记270例，审核通过二胎生育服务登记37例，三胎生育服务登记2例。办理流动人口生育服务登记15例，为6737名镇域妇女进行两癌筛查。全年延庆镇与内蒙古自治区乌兰察布市兴和县城关镇人民政府进行扶贫协作对接，捐赠15万元用于脱贫工作，购买9万元扶贫产品，慰问困难党员10人。加强自建房管理，备案审批263户。

（黄荣）

9月25日，百眼泉村村民现场办理交房手续（延庆镇供稿）

【新冠肺炎疫情防控】 年内，第一时间封堵路口194个，设卡路口80个，布置防控力量690人，主动下沉一线党员140余人。各村全部封闭式管控，进村路口安排人员24小时值守，落实“查证、验码、测温、登记”等措施。各村委会通过入户走访和打电话等方式，对在村内居住的村民进行全方位摸排，筑牢疫情防控第一线。累计排查25000余户39900余人，组织进行核酸检测205.6万人次，新冠疫苗接种9513人，为32家小微企业和个体户发放疫情防控期间租金补贴12.53万元。

（闫宏讯）

【基层党建和精神文明建设】 年内，延庆镇党委下辖基层党组织68个，其中农村党支部43个。发展中共党员22名，全镇中共党员2293名。年内慰问困难党员168名，发放慰问金31.7万元。“七一”党员献爱心活动捐款9.33万元。完成全区首例“撤村建居”工作，新成立博园雅居东区和博园雅居西区2个社区。新时代文明实践站开展活动5656场，开展文体活动687场。

（于琮　王莹莹）

10月10日，延庆镇博园雅居西区社区党员重温入党誓词（延庆镇供稿）

表15：2022年延庆镇各村（社区）基本情况统计

序号	村委会名称	党支部书记	村委会主任	户数（户）	人口（人）	经济总收入（万元）	人均所得收入（元）
1	解放街	王海军	王海军	200	375	3144.7	35451
2	自由街	王　平	王　平	897	1718	22270.8	35455
3	民主街	宋全顺	宋全顺	408	752	15911.0	30911
4	胜利街	赵利萍	赵利萍	923	1600	30867.1	39836
5	东　关	黎兴虎	黎兴虎	952	1737	25031.2	33066
6	西　关	张印明	张印明	497	963	11064.4	25277
7	北　关	鲁桂平	鲁桂平	776	1685	16624.2	28831

续表

序号	村委会名称	党支部书记	村委会主任	户数（户）	人口（人）	经济总收入（万元）	人均所得收入（元）
8	蒋家堡	唐瑞云	唐瑞云	272	520	4445.4	25498
9	双　营	翟恒娟	翟恒娟	279	544	3407.8	25010
10	广积屯	李永明	李永明	510	966	12645.9	27740
11	王泉营	李广华	李广华	659	1259	12125.3	26805
12	司家营	马计民	马计民	827	1643	19341.1	24813
13	百眼泉	杨幸福	杨幸福	608	1099	8886.9	35373
14	民主村	郭　庆	郭　庆	389	656	11332.4	33955
15	南辛堡	闫　伦	闫　伦	659	1165	16800.4	39126
16	小　营	范焕江	范焕江	739	1698	21555.5	39341
17	石河营	朱孟霞	朱孟霞	955	1937	7694.0	29401
18	莲花池	房文生	房文生	582	1201	18571.1	24304
19	上水磨	杜宁宁	杜宁宁	265	643	3952.6	24892
20	下水磨	潘富利	潘富利	292	577	4126.2	32203
21	王　庄	车记娥	车记娥	191	397	1609.8	28742
22	三里河	赵静云	赵静云	473	1007	5688.3	26361
23	赵　庄	赵立锋	赵立锋	464	884	3274.4	17507
24	八里庄	史瑞华	史瑞华	634	1125	6651.0	26472
25	孟　庄	马　海	马　海	720	1305	7568.0	24844
26	老仁庄	—	—	190	365	1890.8	26642
27	祁家堡	郝东长	郝东长	101	183	3169.2	33969
28	米家堡	张立艳	张立艳	279	539	12910.9	23705
29	唐家堡	吴建军	吴建军	230	418	3888.8	26263
30	卓家营	鲁振忠	鲁振忠	337	630	28108.1	33462
31	陶　庄	王建梅	王建梅	218	391	2483.5	21982
32	鲁　庄	鲁红兵	鲁红兵	210	367	2813.0	22899
33	郎　庄	郎永福	郎永福	307	579	2884.7	23744
34	张　庄	张东富	张东富	181	330	2527.5	31000
35	西辛庄	王　波	王　波	584	1093	7280.6	33175
36	小河屯	贺　伟	贺　伟	187	327	1827.6	22422
37	付余屯	—	—	470	835	3754.6	23513
38	东五里营	吴国珍	吴国珍	624	1147	2696.6	25387
39	新白庙	李建军	李建军	452	911	9250.2	25832
40	东　屯	—	—	292	547	3701.3	23718
41	中　屯	段明晨	段明晨	396	740	5655.1	25452
42	西　屯	姬顺杰	姬顺杰	716	1359	5913.9	27651
43	老白庙	于宗乐	于宗乐	615	1171	8699.4	25675
44	博园雅居东区社区	胡　征	胡　征	362	819	2859.2	35073
45	博园雅居西区社区	林忠生	林忠生	638	1488	5546.0	35298
46	延庆镇社区	李　彤	李　彤	2042	5041	—	—

永宁镇

【概况】 2022年，永宁镇镇域面积146.5平方千米，辖36个行政村。全镇户籍数14547户，户籍总人口27242人。镇域内有中学1所、小学1所、幼儿园3所、镇级社区服务中心3所、村级卫生室28家、健身广场42处。

单位名称：延庆区永宁镇人民政府

地　　址：永宁镇永宁大街39号

电　　话：60171784

（罗宏鹏）

【平安建设】 年内，永宁镇全方位做好重大活动服务保障工作。发动群防群治力量5200人次，完成冬奥会、冬残奥会、全国两会、党的二十大等社会面防控任务。检查企业670家次，排查各类安全隐患90项。配合完成液化石油气居民用户巡检3651家。"接诉即办"接收市民热线3318件，解决率96.94%，满意率97.05%，响应率99.68%。街道行政综合执法队查处各类违法行为494起，罚款98320元。化解司法、信访、劳动等各类纠纷225 起，综合调处成功率100%。开展法制宣传活动60余场。全年城管执法检查8255次，处罚494件，罚款98320元。

（罗宏鹏）

【经济建设】 年内，全镇粮食作物播种面积1023.89公顷（15358.3亩），亩产462.12千克，总产量709.74万千克。蔬菜作物播种面积786.45公顷（11796.8亩），总产量2.31万千克。果园面积82.77公顷（1241.5亩），果品产量313.2吨。全年畜牧业产值3044.98万元。羊、牛、家禽存栏量分别为4220只、379头和16.43万只。全年观光休闲农业接待游客20.4万人次，接待收入2902.5万元。

（罗宏鹏）

【民生建设】 年内，发放助残券17.76万元，为1名残疾人大学生申请教育救助0.01万元，为1名低保家庭学生申请妫川助学金0.01万元，发放低保人员最低生活保障金517.54万元。对特困家庭1454户1454人、低保家庭2425户2425人、低收入家庭244户244人实施动态管理服务。医疗救助4123人次，报销药费190.98万元。慰问残疾、大病、低保低收入828人。全年开展技能培训258人次。城镇登记失业人员就业402人，帮助就业困难对象就业再就业83人，招聘会帮助失业人员公益性就业7人，空岗信息采集505个，企业用工跟踪回访108次，办理灵活就业人员社会保险补贴59人，发放失业保险金5359人次1104.8万元，发、补、换社保卡566张，办理城乡医保463人，手工报销药费146人次84.63万元，定点医疗机构变更73人次。为153位军人优抚对象办理取暖费补差手续。审核通过18周岁以内独生子女父母1717人，一次性奖励174人。核查户籍一胎生育服务登记106例，审核通过二胎生育服务登记56例，办理流动人口生育服务登记3例。表彰考上本科学生35名，每人奖励2000元。

（罗宏鹏）

表16：2022年永宁镇各村基本情况统计

序号	村委会名称	党支部书记	村委会主任	户数（户）	人口（人）	经济总收入（万元）	人均所得收入（元）
1	河　湾	张　栋	卫兴云	151	359	875.3	21988
2	北　沟	张振宗	张振宗	29	54	208.3	18222
3	清泉铺	池春红	池春红	252	548	1234.6	21300
4	罗家台	周保锁	周保锁	135	220	570.7	19910
5	王家堡	孙维珍	孙维珍	75	150	403.3	30313

续表

序号	村委会名称	党支部书记	村委会主任	户数（户）	人口（人）	经济总收入（万元）	人均所得收入（元）
6	水口子	李志宝	李志宝	40	60	468.3	44115
7	偏坡峪	钱志龙	钱志龙	35	52	552.2	54710
8	二　铺	吕淑春	吕淑春	132	236	1277.2	28414
9	营　城	刘仲臣	刘仲臣	138	334	847.9	21573
10	马蹄湾	巴士义	巴士义	53	119	406.7	22796
11	西山沟	连爱军	连爱军	128	330	962.0	21533
12	永新堡	李秀环	李秀环	150	345	801.1	20777
13	狮子营	韩　颖	韩　颖	99	276	823.9	24058
14	上　磨	訾景成	訾景成	180	400	2174.7	41158
15	吴坊营	吴春瑞	吴春瑞	392	1250	5182.8	27190
16	小庄科	魏石兰	魏石兰	206	505	1773.7	28354
17	前平坊	韩贵洲	韩贵洲	136	286	953.0	19547
18	孔化营	梁志鑫	梁志鑫	449	1115	6249.1	35455
19	新华营	朱正喜	朱正喜	743	1700	8581.4	31596
20	左所屯	张　恒	张　恒	950	1960	6322.6	26497
21	北关村	苏金全	苏金全	866	2600	6074.0	54143
22	西关村	钱永青	钱永青	601	1714	4889.9	26866
23	小南元	闫占江	闫占江	140	332	1007.7	20773
24	盛世营	李　森	李　森	156	330	881.5	24730
25	南　关	田秀梅	田秀梅	278	690	1506.8	20532
26	太平街	杨金禄	杨金禄	507	1241	2616.6	23228
27	利民街	盛长栓	盛长栓	839	1699	4278.2	21458
28	和平街	颜铁柱	颜铁柱	339	779	2878.3	20435
29	阜民街	李顺来	李顺来	564	1407	3428.4	23508
30	王家山	张留柱	张留柱	348	705	2006.0	21445
31	南张庄	张振林	张振林	125	370	1807.5	35505
32	东灰岭	赵金柱	赵金柱	362	1017	2593.6	25115
33	彭家窑	彭永强	彭永强	233	533	941.9	18058
34	西灰岭	孙海涛	孙海涛	310	720	2073.9	22085
35	头　司	韩建华	韩建华	34	70	527.0	30922
36	四　司	卫建柱	卫建柱	146	280	841.7	21076

康庄镇

【概况】 2022年，康庄镇镇域面积100.7平方千米，下辖31个建制村、3个社区居委会。全镇户籍数14827户，户籍总人口27497人。其中男性13818人、女性13679人。年内出生人口173人，出生率6.29‰；死亡人口78人，死亡率2.84‰；人口自然增长率3.45‰。镇域内有民办大学3所、中学1所、小学3所、幼儿园6所（公办园1所、校办园2所、民办园3所）；卫生院1所、卫生服务站3所、村级卫生室24所；邮电所2处、电管站1处、通信营业厅1处；农业银行1处、农商银行1处；健身广场1处。

单位名称：延庆区康庄镇人民政府

地　　址：康庄镇政通路2号

电　　话：69131007

（房继欣）

【环境建设】 年内，康庄镇对13条背街小巷开展整治提升工作。规范不文明行为130余起，处罚12起，罚款1950元。拆除违法建设并完成销账38处18014.68平方米，腾退面积19056.83平方米。按照“户分类、村收集、镇运输、区消纳”管理体系进行垃圾分类管理。制定建筑渣土消纳管理办法、垃圾分类管理制度，建设分类亭75组，配备清运车16辆。全镇日产垃圾总量约60吨。其中，其他垃圾约50吨，分出率为100%；厨余垃圾10吨，分出率为100%。镇、村两级林长巡林率100%，累计发现问题214处，整改率100%，新增造林面积93.17亩，新增绿化裸地2万平方米。开展环境卫生、堆物堆料、店外经营、无照游商、非法小广告等专项整治行动，处罚无照经营和擅自摆摊设点行为293起，罚款8725元，引导办证办照5家。

（房继欣）

1月24日，康庄镇开展春联送福活动（康庄镇供稿）

【平安建设】 年内，康庄镇全方位做好重大活动服务保障工作。发动群防群治力量7600余人次，完成冬奥会和冬残奥会、全国两会、党的二十大等重大会议活动社会面防控任务。检查企业2400余家次，排查各类安全隐患564项。“接诉即办”接收市民热线3387件，有效回访2913件，解决1953件，解决率67.04%；满意2180件，满意率74.84%，响应率100%。街道行政综合执法队查处各类违法行为845起，罚款22.25万元。参加联合执法110次。化解司法、信访、劳动等各类纠纷160起，综合调处成功率98%。开展法治宣传活动115场。

（房继欣）

9月，康庄镇全民健身趣味运动会（康庄镇供稿）

【经济建设】 年内，全镇粮食作物播种面积1106.95公顷（16604.3亩），亩产596千克，总产量989.11万千克。蔬菜作物播种面积480.19公顷（7202.9亩），总产量1917.44万千克。果园面积49.57公顷（743.5亩），果品产量378.7吨。全年畜牧业产值2763.7万元。羊、牛、家禽存栏量分别为1995只、572头和91098万只。全年植树3.5万株，国家重点林管护完成林木抚育面积1公顷（15亩），五河十路管护面积219.28公顷（3289.26亩）。截至年底，固定资产投资完成2085.8万元，比上年增长4.29%。全年接待游客13.47万人次，旅游综合收入3821.4万元。农村经济总收入12.52亿元，人均劳动所得29481元。

（房继欣）

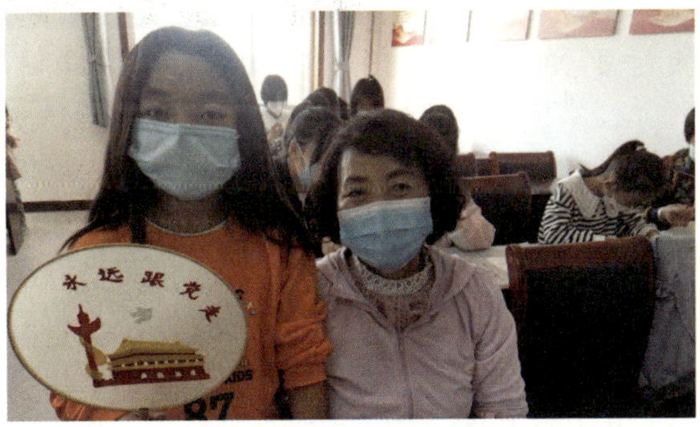

9月，在小丰营村举办团扇堆绣红色文化创意手工制作培训活动（康庄镇供稿）

【民生建设】 2022年内，发放残疾人生活困难补助51.94万元，助残券13.49万元，护理补贴72.85万元。为1名残疾人大学生申请教育救助0.45万元，为18名低保家庭学生申请妫川助学金6万元，为134名重性精神病患者监护人申请看护补贴31.18万元，发放低保人员最低生活保障金435.01万元。对特困家庭23户23人、低保家庭187户280人、低收入家庭1户3人实施动态管理服务。医疗救助7人次，报销药费12.1万元。慰问残疾、大病、低保低收入752人。发放老年人养老服务补贴津贴62人次18.96万元。镇全年开展技能培训184人次。城镇登记失业人员就业482人，帮助就业困难对象就业再就业20人，招聘会帮助失业人员公益性就业17人，空岗信息采集577个，企业用工跟踪回访140次，办理灵活就业人员社会保险补贴223人，发放失业保险金605人次124.69万元，发、补、换社保卡728张，办理城乡医保10841人，手工报销药费167人次46.1万元，定点医疗机构变更124人次。采集现役军人信息14人，为154位军人优抚对象办理取暖费补差手续。镇域内有高端民宿44家，

9月7日，海淀蓟门里社区、康庄社区卫生服务中心到小曹营村义诊服务（康庄镇供稿）

升级改造民俗户15家，新增民俗户45家。审核通过18周岁以内独生子女父母1878人，一次性奖励218人。核查户籍一胎生育服务登记55例，审核通过二胎生育服务登记35例，办理流动人口生育服务登记25例。表彰优秀高考学生57名。其中考上985、211学生5名，每人奖励3000元；考上其他本科学生52名，每人奖励2000元。康庄镇与内蒙古自治区乌兰察布市兴和县进行扶贫协作对接，捐赠价值4万余元的防疫物资、购买24600元的扶贫产品用于脱贫工作。加强自建房管理，入村实测宅基地230户，备案审批210户。

（房继欣）

【新冠肺炎疫情防控】 年内，根据全区统一部署，康庄镇多措并举落实疫情防控工作，第一时间封堵路口178个，设卡路口65个，部署防控力量450人，主动下沉一线党员1500人。取消农村大集等人员聚集性活动。各村全部封闭式管控，进村路口安排人员24小时值守，落实“查证、验码、测温、登记”等措施。各村委会通过入户走访和打电话等方式，对在村内居住的村民进行全方位摸排，筑牢疫情防控第一线。累计排查62000余人，组织进行核酸检测1625705人次，新冠疫苗接种18岁以上人群接种26342人，60岁以上接种6252人，为29家小微企业和个体户发放疫情防控期间租金补贴87824元。

（房继欣）

【基层党建和精神文明建设】 2022年，镇党委下辖基层党组织43个，其中农村党支部31个。发展中共党员12名，培训入党积极分子12名，全镇中共党员1841名。年内慰问党员181次，发放慰问金32.994万元、慰问品138份。献爱心捐款5.05975万元。康大姐志愿服务队参与创城、疫情防控值守、垃圾分类等志愿服务1325次。新时代文明实践站开展活动447场，完成点单派单1000余次，开展群众健身操培训等文体活动157场。

（房继欣）

9月10日，康大姐志愿者协会“情暖中秋节喜迎二十大”主题志愿服务活动（康庄镇供稿）

表17：2022年康庄镇各村基本情况统计

序号	村委会名称	党支部书记	村委会主任	户数（户）	人口（人）	经济总收入（万元）	人均所得收入（元）
1	榆林堡	陈淑春	陈淑春	1127	2250	9740.30	26786
2	一街	马红宝	马红宝	385	1200	3778.90	28568
3	二街	马志刚	马志刚	171	400	3077.10	31700
4	三街	宋文柱	宋文柱	151	398	3722.20	30975
5	四街	梁　磊	梁　磊	382	838	5559.30	26042
6	刁千营	张玉华	张玉华	330	870	4837.60	28494
7	马坊	王春利	王春利	249	530	4681.40	28632
8	西桑园	谢春秀	谢春秀	376	530	3150.90	29370
9	西红寺	罗贵存	罗贵存	446	798	3829.80	32934
10	郭家堡	王青艳	王青艳	448	836	5854.90	31740
11	小北堡	李艳军	李艳军	178	325	2802.30	32052
12	大丰营	赵　波	赵波	255	496	1670.10	29409
13	大营	宁学义	宁学义	852	1496	7136.40	32199
14	火烧营	王桥海	王桥海	104	216	763.10	29870
15	太平庄	徐海珠	徐海珠	408	688	2842.70	29946
16	张老营	张文利	张文利	424	590	2003.30	28632
17	许家营	吴　波	吴　波	305	581	3342.50	28293
18	马营	孙金文	孙金文	666	1100	4799.90	28045
19	苗家堡	胡爱民	胡爱民	260	530	2067.60	27804
20	刘浩营	张树山	张树山	320	620	2324.50	30152
21	屯军营	王　健	王健	420	1300	7299.20	27092
22	小曹营	王艳波	王艳波	205	379	1338.80	28364
23	大王庄	程　民	程民	650	1220	5576.10	28852
24	北曹营	曹艳永	曹艳永	182	297	2242.90	26953
25	南曹营	曹合新	曹　婷	156	300	1570.80	28780
26	小王庄	张进军	张进军	247	400	2151.20	29318
27	小丰营	张建军	张建军	1240	2205	18018.50	34941
28	东红寺	谢文美	鲁玉柱	437	901	4251.90	27234
29	王家堡	李晓宾	李晓宾	258	320	1627.10	27578
30	东官坊	哈玉民	哈玉民	243	350	2207.90	32686
31	大路	张旭军	张旭军	181	283	957.80	25625

张山营镇

【概况】 2022年，张山营镇镇域面积267平方千米，辖32个行政村。全镇常住户籍数9265户，常住户籍总人口21339人。镇域内有九年义务教育中小学1所、附属幼儿园3所、特殊教育学校1所、镇级社区服务中心1所、村级卫生室26家、健身广场32处。

单位名称：延庆区张山营镇人民政府

地　　址：张山营镇佛峪口村南

电　　话：69111051

（贺宇琦）

【环境建设】 年内，张山营镇对全镇垃圾分类基础设施进行更新维护，新增及更换垃圾桶794个，更新更换垃圾分类驿站公示牌70个、垃圾分类宣传展板589块、语音提示器60个、拉环65套。镇域内共有垃圾分类桶站110组、垃圾分类亭35个。全镇日产生垃圾总量约48.5吨，其中其他垃圾约45吨，分出率为 94.2%，厨余垃圾3.5吨，分出率为18.3%。拆除违法建设并完成销账73处39219.75平方米，腾退面积35570.25平方米。镇、村两级河长巡河率100%，累计发现问题1100处，整改率100%，通过播撒麦种草籽等复绿72处，约48.26公顷（724亩）。开展环境卫生、堆物堆料、店外经营、无照游商、非法小广告等专项整治行动，处罚占道经营456起，罚款12065元，取缔无证无照经营商户1768家。

（贺宇琦）

1月29日，张山营镇青年志愿者在涉奥闭环点位外围24小时值守（张山营镇供稿）

【平安建设】 年内，张山营镇全方位做好重大活动服务保障工作。发动群防群治力量2300余人次，完成北京2022年冬奥会冬残奥会服务保障工作任务、党的二十大等社会面防控任务。检查企业928家次，排查各类安全隐患331项。配合完成液化石油气居民用户巡检9653家。“接诉即办”接收市民热线3998件，解决率99.08%，满意率98.18%，响应率98.87%。街道行政综合执法队查处各类违法行为1118起，罚款45.36万元。参加联合执法123次。化解司法、信访、劳动等各类纠纷98起，综合调处成功率100%。开展法制宣传活动53场。全镇“吹哨”2次，出动执法力量15人次，检查企业及商户341家，消除安全隐患331处。全年城管执法检查8647次，处罚1118件，罚款45.36万元。

（贺宇琦）

1月31日，冬奥会外围保障团队集体办公，处理赛区外围各类突发事件（张山营镇供稿）

【经济建设】 年内，张山营镇粮食作物播种面积965.4公顷（14481亩），亩产516.51千克，总产量747.96万千克。蔬菜作物播种面积98公顷（1470.1亩），总产量202.67万千克。果园面积461.95公顷（6929.2亩），果品产量300.17万千克。全年畜牧业产值11149.9万元。羊、牛、家禽存栏量分别为3322只、560头和57.79万只。全年植树6.4386万株，完成林木抚育面积90.06公顷（1350.89亩），五河十路管护面积2233.98公顷（33509.7亩）。截至年底，固定资产投资完成7.63亿元。全年接待游客2.9万人次，旅游综合收入5434.4万元。全镇税收完成

2256.65万元，比上年增长66%；农村经济总收入10.7亿元，人均劳动所得26757元，同比增长15.3%。

（贺宇琦）

9月20日，第二届京津冀晚熟葡萄擂台赛，专家对三地选送的葡萄进行评定打分（张山营镇供稿）

【民生建设】 年内，张山营镇发放残疾人生活困难补助318.68万元、助残券21.36万元、护理补贴41.18万元。为1名残疾人大学生申请教育救助3200元，为10名低保家庭学生申请妫川助学金3.6万元，为172名重性精神病患者监护人申请看护补贴39.27万元，发放低保人员最低生活保障金385.63万元。对特困家庭101户102人、低保家庭188户274人、低收入家庭9户13人实施动态管理服务。医疗救助981人次，报销药费59.41万元。发放老年人养老服务补贴津贴18246人次59.41万元。全年开展技能培训325人次。城镇登记失业人员就业401人，帮助就业困难对象就业再就业740人，招聘会帮助失业人员公益性就业21人，空岗信息采集551个，企业用工跟踪回访135次，办理灵活就业人员社会保险补贴159人，发放失业保险金569人次1044.6万元，发、补、换社保卡958张，办理城乡医保388人，手工报销药费111人次42.2万元，定点医疗机构变更102人次。采集退役军人及其他优抚对象信息856人，为133位优抚对象办理取暖费补助手续。镇域内有高端民宿22家，2022年新建民宿小院23个，总投资额5635万元，新增民俗户128家。民俗民宿接待23.69万人，经营收入4296万元。镇域有宾馆酒店9家，旅游景区5家，乡村旅游接待户704户，其中精品民宿22个品牌共80个小院、星级民俗户144家、非星级旅游接待户538家。接待游客29.2676万人次，旅游收入5434.4万元。2022年10月1日，张山营镇后黑龙庙村乡村集市正式开集，村民将自己产出的各色农产品在集市上进行售卖，游客们在入驻高端民宿的同时，也能够品尝到当地的特色农产品。全年审核通过18周岁以内独生子女父母1928人，一次性奖励188人。核查户籍一胎生育服务登记88例，审核通过二胎生育服务登记79例，办理流动人口生育服务登记12例，为3370名无业育龄妇女进行健康体检。加强自建房管理，备案审批239户。表彰优秀高考学生65人。其中，考上985、211院校2人，每人奖励5000元；考入普通本科43人，每人奖励3000元；考入重点高中20人，每人奖励1000元。

（贺宇琦）

10月1日，后黑龙庙村乡村集市正式开集（张山营镇供稿）

【新冠肺炎疫情防控】 年内，张山营镇多措并举落实疫情防控工作，第一时间封堵路口194个，设卡路口46个，布置防控力量557人。取消花会等人员聚集性活动。各村全部封闭式管控，进村路口安排人员24小时值守，落实“查证、验码、测温、登记”等措施。各村委会通过入户走访和打电话等方式，对在村内居住的村民进行全方位摸排，筑牢疫情防控第一线。组织核酸检测192.74万人次，新冠疫苗接种21062人。

（贺宇琦）

【基层党建和精神文明建设】 年内，张山营镇党委下辖基层党组织44个，其中农村党支部32个。发展中共党员25名，培训入党积极分子30名，全镇中共党员1616名。慰问党员441名，发放慰问金43.6万元，献爱心捐款6.4968万元。新时代文明实践站开展活动4410场，开展文体活动60余场。

（贺宇琦）

2月4日，延庆赛区所在地西大庄科村村民观看冬奥会开幕式（张山营镇供稿）

表18：2022年张山营镇各村基本情况统计

序号	村委会名称	党支部书记	村委会主任	户数（户）	人口（人）	经济总收入（万元）	人均所得收入（元）
1	下　营	袁迎春	袁迎春	790	1886	12562	29011
2	东门营	孙铁合	孙铁合	275	690	4974.6	25651
3	姚家营	马树荣	马树荣	459	1086	6174.8	28246
4	胡家营	胡顺泉	胡顺泉	238	641	3063.6	25747
5	水　峪	刘忠诚	刘忠诚	147	341	1657.8	28050
6	佛峪口	杨根山	杨根山	125	400	2107.8	36452
7	西大庄科	徐建喜	徐建喜	0	0	395.6	35726
8	西五里营	闫　磊	闫　磊	566	1143	5818.9	24413
9	前黑龙庙	王合亮	王合亮	176	472	3141.4	25354
10	后黑龙庙	杜皂银	杜皂银	142	280	1742.9	26232
11	西卓家营	吴立华	吴立华	153	371	1703.2	26597
12	马　庄	马海山	马海山	55	140	924.5	30276
13	张山营	卢兴民	卢兴民	610	1458	8158.6	29220
14	上芦凤营	卢瑞明	卢瑞明	76	178	1507.2	28910
15	下芦凤营	刘继芳	刘继芳	170	327	1549.6	26180
16	小河屯	曹艳华	曹艳华	560	1422	3594.5	24410
17	玉皇庙	李迎军	李迎军	61	178	1605.6	34061
18	上板泉	任丽霄	任丽霄	507	1142	3622.3	25343
19	下板泉	刘志涛	刘志涛	563	1354	3761.6	24352
20	西羊坊	李海深	李海深	272	590	2483.4	25963
21	辛家堡	郭燕虎	郭燕虎	164	365	2230.1	27703
22	丁家堡	丁书星	丁书星	246	465	1857.4	24873
23	田宋营	徐宇亮	徐宇亮	421	1031	3620.2	25667
24	吴　庄	卢铁墩	卢铁墩	90	215	616.9	24644
25	靳家堡	段立军	段立军	398	812	4092.6	24707
26	晏家堡	晏留昌	晏留昌	378	687	1851.3	26578
27	龙聚山庄	赵洪杰	赵洪杰	380	800	9323.7	32304
28	中羊坊	许跃斌	许跃斌	509	1210	4432.7	26738
29	黄柏寺	石志军	石志军	151	432	3047.6	24533

续表

序号	村委会名称	党支部书记	村委会主任	户数（户）	人口（人）	经济总收入（万元）	人均所得收入（元）
30	韩郝庄	刘浩江	刘浩江	298	510	2333.5	24350
31	上郝庄	万铁忠	万铁忠	158	366	536.6	26205
32	苏　庄	古文叶	古文叶	127	347	2133.1	28831

八达岭镇

【概况】 2022年，八达岭镇镇域面积96平方千米，辖15个建制村、1个社区居委会。全镇户籍数3818户，户籍总人口8633人。其中男性4722人、女性4476人。年内出生人口55人，出生率6.7‰；死亡人口72人，死亡率8.8‰；人口自然增长率-2.1‰。镇域内有中学1所、小学1所、幼儿园1所、社区卫生服务中心1家，卫生服务站3家、卫生室12家、健身广场16处。

单位名称：延庆区八达岭镇人民政府

地　　址：八达岭镇西拨子村

电　　话：69120356

（杨琳）

【环境建设】 年内，对49条背街小巷开展整治提升工作。新增绿化面积26.67公顷（400亩）。规范不文明行为800起，处罚71起，罚款7435元。拆除违法建设并完成销账50处9710.95平方米，腾退面积15582.45平方米。参加联合执法20次，检查企业20家次，整改隐患5项。创建“户分类、村收集、镇运输、区消纳”管理体系。安装垃圾分类设施61套，建设分类亭15组，配备清运车40辆。全镇日产垃圾总量约2吨。其中，其他垃圾约1.9吨，分出率为82%；厨余垃圾0.1吨，分出率为18%。镇、村两级河长巡河率100%，累计发现问题10处，整改率100%，新增造林面积11.57公顷（173.57亩）。开展环境卫生、堆物堆料、店外经营、无照游商、非法小广告等专项整治行动，处罚乱堆物料2起，罚款1000元；处罚占道经营1起，罚款1000元；取缔无证无照经营商户269家，罚款5140元。

（杨琳）

【平安建设】 年内，八达岭镇全方位做好重大活动服务保障工作。发动群防群治力量1600人次，完成冬奥会、冬残奥会、党的二十大等社会面防控任务。检查企业614家次，排查各类安全隐患242项。“接诉即办”接收市民热线2109件，有效回访1958件，解决1365件，解决率69.71%；满意1436件，满意率73.34%，响应率100%。街道行政综合执法队查处各类违法行为480起，罚款43.225万元。参加联合执法80次。化解司法、信访、劳动等各类纠纷8起，综合调处成功率100%。开展法制宣传活动100余场。全镇“吹哨”20次，出动执法力量100人次，检查企业及商户65家，消除安全隐患30处，责令整改30家。全年城管执法检查1820次，处罚480件，罚款43.225万元。

（杨琳）

【经济建设】 年内，全镇粮食作物播种面积79.987公顷（1199.8亩），亩产0.26吨，总产量314.8吨。蔬菜作物播种面积23.12公顷（346.8亩），亩产4.49吨，总产量1503.2吨。果园面积244.6公顷（3669亩），果品产量330.8吨，采摘产量是9.1吨，产值是413.2万元。全年畜牧业产值727.86万元。羊、牛、家禽存栏量分别为887只、30头和1470只。全年植树1.145万株，国家重点林管护完成林木抚育面积230.96公顷（3464.43亩），五河十路管护面积111.34公顷（1700.08亩）。截至年底，固定资产投资完成5.71亿元。全年接待游客32.7169万人次，旅游综合收入5501.9万元，同比增长15.47%。全镇财政收入604万元；农村经济总收入10.68亿元，人均劳动所得3.68万元，同比增长6.45%。

一般公共预算收入2538.06万元，同比增长1.2%。石峡集体经济薄弱村年收入21.4万元，顺利“脱薄”。

（杨琳）

【民生建设】 年内，发放残疾人生活困难补助768422.95元、助残券43000万元、护理补贴118700元。为7户低保家庭学生申请妫川助学金2.3万元，为42名重性精神病患者监护人申请看护补贴9.7万元，发放低保人员最低生活保障金102万元。对特困家庭22户23人、低保家庭43户78人实施动态管理服务。医疗救助290人次，报销药费11万元。慰问残疾、大病、低保低收入100人。发放老年人养老服务补贴津贴7人次1.7万元。全年开展技能培训150人次。城镇登记失业人员就业69人，招聘会帮助失业人员公益性就业11人，空岗信息采集332个，企业用工跟踪回访31家121次，办理灵活就业人员社会保险补贴25人，发放失业保险金170人次400余万元，发、补、换社保卡167张，办理城乡医保208人，手工报销药费72人次，定点医疗机构变更113人次。采集现役军人信息1人，为30位军人优抚对象办理取暖费补差手续。镇域内星级民俗户160户，民宿23家，2022年民俗民宿接待32万人，经营收入5500万元。审核通过18周岁以内独生子女父母499人，一次性奖励53人。核查户籍一胎生育服务登记42例，审核通过二胎生育服务登记15例，办理流动人口生育服务登记7例。年内，八达岭镇与内蒙古自治区乌兰察布市兴和县赛乌素镇进行扶贫协作对接，捐赠10.2万元用于脱贫工作。加强自建房管理，翻建房屋21户。解决大浮坨京张高铁安置遗留问题，大浮坨村回迁安置房签约39户。

12月5日，大浮坨村回迁安置房签约（八达岭镇供稿）

（杨琳）

【新冠肺炎疫情防控】 年内，根据全区统一部署，八达岭镇多措并举落实疫情防控工作，设卡路口35个，布置防控力量237人，主动下沉一线党员826人。取消花会等人员聚集性活动。各村全部封闭式管控，进村路口安排人员24小时值守，落实“查证、验码、测温、登记”等措施。各村委会通过入户走访和打电话等方式，对在村内居住的村民进行全方位摸排，筑牢疫情防控第一线。累计排查3818户8719人，组织进行核酸检测998381人，新冠疫苗接种25687人。

（杨琳）

【基层党建和精神文明建设】 2022年，镇党委下辖基层党组织23个，其中农村党支部15个；发展中共党员5名，培训入党积极分子28名；全镇中共党员808名。年内，慰问党员37名，发放慰问金16万元、慰问品1200份。献爱心捐款4.4万元。新时代文明实践站开展活动1246次，开展“八达岭长城民宿文化节”等文体活动62场，组织开展公益培训36场次。

（杨琳）

8月28日，八达岭长城民宿文化节开幕式石佛寺舞龙队表演（八达岭镇供稿）

表19：2022年八达岭镇各村基本情况统计

序号	村委会名称	党支部书记	村委会主任	户数（户）	人口（人）	经济总收入（万元）	人均所得收入（元）
1	石　峡	李汉东	李汉东	111	198	1803.4	31538
2	帮水峪	付卫东	董世武	401	758	3170.3	23951
3	里　炮	张　恒	张　恒	199	410	3362.5	42881
4	外　炮	田　飞	田　飞	192	317	1293.2	26736
5	营城子	詹　凤	—	603	1162	8322.1	32058
6	东曹营	詹志刚	詹志刚	431	743	5927.6	27121
7	大浮坨	耿　雪	耿　雪	426	850	6858.2	29692
8	小浮坨	李宪彬	李宪彬	344	631	5792.1	31403
9	程家窑	王纪春	王纪春	278	489	2245.3	26937
10	岔道村	张宝龙	陈刚	684	1313	38723.5	60561
11	西拨子	康雪生	康雪生	255	414	9826.7	43649
12	南　园	史志刚	史志刚	135	301	1931.0	24399
13	东　沟	李　玲	李　玲	129	253	1307.0	34681
14	石佛寺	高瑞华	高瑞华	175	310	14566.6	64019
15	三　堡	宋海英	宋海英	50	80	1063.4	40477

旧县镇

【概况】 2022年，旧县镇镇域面积107.59平方千米，辖22个行政村。全镇户籍数11765户，户籍总人口23158人。其中男性12053人、女性11105人。年内出生人口174人，出生率7.5‰；死亡人口200人，死亡率8.6‰；人口自然增长率-1.1‰。镇域内有九年一贯制学校1所、小学1所、幼儿园2所、镇级社区服务中心1所、村卫生服务站4所、村级卫生室18所、健身广场1处。

单位名称：延庆区旧县镇人民政府
地　　址：旧县镇旧县村
电　　话：61153447

（郝佳）

【环境建设】 年内，旧县镇镇域绿化面积6095.02公顷（91425.37亩）。规范不文明行为127起，处罚13起，罚款570元。拆除违法建设并完成销账27处7511.7平方米，腾退面积7121.76平方米。参加联合执法25次，检查企业及商户126家次，整改隐患16项。安装垃圾分类设施300套，建设分类亭224组，配备清运车4辆。全镇日产垃圾总量约66吨。其中，其他垃圾约10吨，分出率为15.2%；厨余垃圾2吨，分出率为3%。镇、村两级河长巡河率100%，累计发现问题425处，整改率100%，新增造林面积13.33公顷（200亩）。开展环境卫生、堆物堆料、店外经营、无照游商、非法小广告等专项整治行动，处罚占道经营37起，罚款7820元。

（高峰　田艳玲）

【平安建设】 年内，旧县镇全方位做好重大活动服务保障工作。发动群防群治力量5000人次，完成冬奥会、冬残奥会、全国两会、党的二十大等社会面防控任务。检查企业300家次，排查各类安全隐患25项。配合完成液化石油气居民用户巡检11家。“接诉即办”接收市民热线3033件，有效回访3033件，解决2930件，解决率96.63%；满意2928件，满意率96.55%，响应率99.61%。化解司法、信访、劳动等各类纠纷42起，综合调处成功率100%。开展法制宣传活动60场。全镇“吹哨”21次，出动执法力量49人次，检查企业及商户65家，消除安全隐患7处，责令整改9家。全年镇综合行政执法队执法检查4513次，参加联合执法25次，查处各类违法行为150件，罚款14.005万元。

（王晓燕　栾金伟）

【经济建设】 年内，全镇粮食作物播种面积1344.07公顷（20161亩），亩产471.85千克，总产量951.29万千克。蔬菜作物播种面积121.44公顷（1821.6亩），总产量297.01万千克。2022年，旧县镇创建市级现代农业产业园，种植鲜食玉米200余公顷（3000余亩）。举办2022年中国（京津冀）鲜食玉米大会分会暨第一届延庆鲜食玉米节，在全国范围内征集了113个国内主流鲜食玉米的品种，包括京科糯2000、万糯2000、农科糯336、农科玉368、斯达甜221、京白甜452等。活动现场，专家评审团进行打分，评审出各类型玉米的十佳品种。全镇果园面积239.27公顷（3589亩），果品产量364.1吨。全年畜牧业产值9508.5万元。羊、牛、家禽存栏量分别为3538只、4009头和1.728万只。全年植树6.3万株，国家重点林管护完成林木抚育面积932.13公顷（13982亩），五河十路管护面积1125.77公顷（16886.62亩）。全年接待游客18.58万人次，旅游综合收入3432.4万元。全镇税收完成1030.35万元，财政收入381.75万元，比去年同期增长29%；农村经济总收入15.3亿元，人均劳动所得32526元。

（王震　祁永志）

9月9日，妫州牡丹园“独山夜月”中秋文化活动（旧县镇供稿）

【民生建设】 年内，发放残疾人生活困难补助263.03万元、助残券13.5万元、护理补贴29.59万元。为2名残疾人大学生申请教育救助0.9万元，为19名低保家庭学生申请妫川助学金6.4万元，为153名重性精神病患者监护人申请看护补贴362400元，发放低保人员最低生活保障金434122.03元。对特困家庭94户、94人，低保家庭195户、324人，实施动态管理服务。医疗救助1613人次，报销药费895804.17元。慰问残疾、大病、低保低收入521户。发放老年人养老服务补贴津贴15789人次、447.81万元。全年开展技能培训619人次。城镇登记失业人员就业345人，帮助就业困难对象就业再就业130人，招聘会帮助失业人员公益性就业10人，空岗信息采集563个，企业用工跟踪回访274次，办理灵活就业人员社会保险补贴73人，发放失业保险金4845人次、993.5万元，发、补、换社保卡818张，办理城乡医保12210人，手工报销药费89人次、77.37万元，定点医疗机构变更392人次。采集现役军人信息679人，为161位军人优抚对象办理取暖费补差手续。镇域内有高端民宿17家，民俗户430家，其中星级民俗户200家，升级改造民宿4家，新增民俗户134家。民俗民宿接待14.48万人，经营收入2846.1万元。审核通过18周岁以内独生子女父母1358人，一次性奖励93人。核查户籍一胎生育服务登记107例，审核通过二胎生育服务登记55例，办理流动人口生育服务登记1例，为800名无业育龄妇女进行健康体检。年内，旧县镇与内蒙古兴和县鄂尔栋镇进行扶贫协作对接，捐赠15万元用于脱贫工作，对店子村、三瑞里村的困难群众开展慰问工作，涉及慰问金和慰问品2万元。加强自建房管理，入村实测宅基地222户，备案审批180户。表彰优秀高考学生24名。

（苑稀凤　王连凤）

【新冠肺炎疫情防控】 年内，根据全区统一部署，旧县镇多措并举落实疫情防控工作，第一时间封堵路口22个，设卡路口23个，布置防控力量5000余人次，主动下沉一线党员1200人次。取消花会等人员聚集性活动。各村全部封闭式管控，进村路口安排人员24小时值守，落实“查证、验码、测温、登记”等措施。各村委会通过入户走访和打电话等方式，对在村内居住的村民进行全方位摸排，筑牢疫情防控第一线。累计排查7000户2万人次，组织进行核酸检测85万人次，新冠疫苗接种14397人，为7家小微企业和个体户发放疫情防控期间租金补贴1.3115万元。

（王连凤　王震）

11月，耿家营村经区级研判定为新冠疫情高风险地区（旧县镇供稿）

【基层党建和精神文明建设】 2022年，镇党委下辖基层党组织28个，其中农村党支部22个。发展中共党员8名，培训入党积极分子36名，全镇中共党员1432名。年内，慰问党员112名，发放慰问金25.8万元、慰问品23份。献爱心捐款5.8249万元。新时代文明实践站开展活动756场，开展文体活动270场。

（关坤　姬静怡）

12月12日，区学习贯彻党的二十大精神宣讲团旧县镇报告会（旧县镇供稿）

表20：2022年旧县镇各村基本情况统计

序号	村委会名称	党支部书记	村委会主任	户数（户）	人口（人）	经济总收入（万元）	人均所得收入（元）
1	白草洼	陈进行	陈进行	152	360	2366.4	24589.3
2	白河堡	高　鹏	高　鹏	125	275	834.5	27487.4
3	白羊峪	程学军	程学军	56	128	495.3	22222.2
4	北张庄	高　峰	周占宏	473	1108	2761.2	17920
5	常家营	杜六爱	杜六爱	417	861	3521.1	25418.18
6	常里营	李腾飞	李腾飞	270	498	1619.5	18065.6
7	车　坊	王海龙	王海龙	502	1006	2809	22296.3
8	大柏老	赵红柱	赵红柱	1221	2397	44762	57944.9
9	东龙湾	周新军	周新军	262	516	1613.9	24654.27
10	东羊坊	李德有	李德有	532	1064	3355.3	23545.58
11	耿家营	赵会文	赵会文	440	812	2274.9	22550
12	古　城	李云龙	李云龙	986	1995	13661.5	51594
13	黄峪口	程立存	程立存	171	376	640.4	22282.05
14	旧　县	高华彪	高华彪	1321	2702	19168.4	35961.16
15	米粮屯	王连月	王连月	1004	2017	6513.3	23302.6
16	盆　窑	王海涛	王海涛	310	593	3741.72	36983.1
17	三里庄	贺石磊	贺石磊	520	1087	2435.2	22229.1
18	烧窑峪	李来有	李来有	128	276	861.2	22307.7
19	团　山	闫立民	耿光生	610	1165	4766.1	22766.1

续表

序号	村委会名称	党支部书记	村委会主任	户数（户）	人口（人）	经济总收入（万元）	人均所得收入（元）
20	西龙湾	张　杰	张　杰	418	812	8477.2	39435.79
21	小柏老	吴永新	李春霞	188	410	2650.4	33938.5
22	阎家庄	张艳华	张艳华	994	1874	4366.2	21733.8

大榆树镇

【概况】 2022年，大榆树镇镇域面积60.7平方千米，辖25个行政村。全镇户籍数8699户，户籍总人口15701人。其中男性7929人、女性7772人。年内出生人口112人，出生率7.13‰；死亡人口131人，死亡率8.34‰；人口自然增长率-1.21‰。镇域内有中学2所、小学1所、幼儿园1所、镇级社区服务中心1所、村级卫生室22家、健身广场24处。

单位名称：延庆区大榆树镇人民政府
地　　址：大榆树镇府前街1号
电　　话：61182088

（黎梦婷）

【环境建设】 年内，大榆树镇对1条背街小巷开展整治提升工作。规范不文明行为36起，处罚2起，罚款100元。拆除违法建设并完成销账35处18596平方米，腾退面积18740平方米。参加联合执法27次，检查企业45家次。建成“户分类、村收集、镇运输、区消纳”管理体系，安装垃圾分类设施8485套，建设分类亭32组，配备清运车4辆。全镇日产垃圾总量约432吨。其中，其他垃圾约249吨，分出率为100%；厨余垃圾183吨，分出率为100%。镇、村两级河长巡河率100%，累计发现问题147处，整改率100%，新增造林面积23.43公顷（351.49亩），新增绿化裸地700平方米。开展环境卫生、堆物堆料、店外经营、无照游商、非法小广告等专项整治行动，处罚占道经营224起，罚款7460元。

（黎梦婷）

【平安建设】 年内，大榆树镇全方位做好重大活动服务保障工作。发动群防群治力量十余万人次，完成冬奥、冬残奥国家赛事等社会面防控任务。检查企业515家次，排查各类安全隐患154项。配合完成液化石油气居民用户巡检4369家。“接诉即办”接收市民热线3105件（日常工单2625件、疫情480件），与去年同比下降23.5%；年度纳入市级考核777件，响应率100%，同比上升6.6%，解决率97.73%，同比上升1.7%，满意率97.92%，同比上升1.2%。综合成绩98.1分，同比上升2.3%。化解司法、信访、劳动等各类纠纷53起，综合调处成功率85%。开展法制宣传活动67场。全镇“吹哨”21次，检查企业及商户510余家，消除安全隐患154处，责令整改154家。全年城管执法检查3000余次，处罚497件，罚款24.815万元。

（黎梦婷）

6月26日，大榆树镇在小张家口村开展防汛演练（大榆树镇供稿）

【经济建设】 年内，全镇粮食作物播种面积872.65公顷（13089.8亩），总产量955.04万千克。蔬菜作物播种面积308.12公顷（4621.8亩），总产量1285.67万千克。果园面积56.87公顷（853亩），果品产量56.57万千克。全年畜牧业产值2369.8万元。羊、牛、家禽存栏量分别为3814只、761头和2.2万只。全年植树3.8万株，国家重点林管护完成林木抚育面积661.6公顷（9924.01亩），五河十路管护面积1865.78公顷（27986.7亩）。全年接待游客9.2万人次，旅游综合收入1413.5万元。农村经济总收入5.19187亿元，人均劳动所得26633元。

（黎梦婷）

【民生建设】 年内，大榆树镇发放残疾人生活困难补助155.8万元、助残券11.46万元、护理补贴24.1万元。为8名低保家庭学生申请妫川助学金2.9万元，为87名重性精神病患者监护人申请看护补贴18.65万元，发放低保人员最低生活保障金295.81万元。对特困家庭53户53人、低保家庭108户182人、低收入家庭3户6人实施动态管理服务。医疗救助1268人次，报销药费67.39万元。慰问残疾、大病、低保低收入220人。发放老年人养老服务补贴津贴1247人次286.7万元。全年开展技能培训194人次。城镇登记失业人员就业222人，帮助就业困难对象就业再就业101人，招聘会帮助失业人员公益性就业4人，空岗信息采集429个，企业用工跟踪回访60次，办理灵活就业人员社会保险补贴36人，发放失业保险金391人次611.2296万元，发、补、换社保卡666张，办理城乡医保8800人，手工报销药费76人次15.826303万元，定点医疗机构变更265人次。为81位军人优抚对象办理取暖费补贴手续。镇域内有高端民宿5家，精品民宿290家，升级改造民俗户10家，新增民俗户32家。民俗民宿接待9.2万人，经营收入1413.5万元。审核通过18周岁以内独生子女父母949人，一次性奖励103人。核查户籍一胎生育服务登记66例，审核通过二胎生育服务登记75例，办理流动人口生育服务登记3例。年内，大榆树镇与人同天乡进行扶贫协作对接，捐赠23万元用于脱贫工作。加强自建房管理，入村实测宅基地185户，备案审批127户。表彰优秀高考学生20名。其中，考上一本学生16名，每人奖励2000元；考上二本学生4名，每人奖励2000元。

（黎梦婷）

【新冠肺炎疫情防控】 年内，封堵路口89个，设卡路口39个，布置防控力量337人，主动下沉一线党员120人。取消花会等人员聚集性活动。各村全部封闭式管控，进村路口安排人员24小时值守，落实“查证、验码、测温、登记”等措施。各村委会通过入户走访和打电话等方式，对在村内居住的村民进行全方位摸排，筑牢疫情防控第一线。累计排查8640户15183人，组织进行核酸检测904885人，新冠疫苗接种14435人。

（黎梦婷）

【基层党建和精神文明建设】 2022年，镇党委下辖基层党组织34个，其中农村党支部25个。发展中共党员9名，培训入党积极分子26名，全镇中共党员1218名。年内，慰问党员104名，发放慰问金19.8万元，献爱心捐款4.65万元。新时代文明实践站开展活动963场，开展“喜迎党的二十大 创城歌曲大家唱”等文体活动104场。

（黎梦婷）

9月8日，大榆树镇“喜迎党的二十大 创城歌曲大家唱”合唱大赛（大榆树镇供稿）

表21：2022年大榆树镇各村基本情况统计

序号	村委会名称	党支部书记	村委会主任	户数（户）	人口（人）	经济总收入（万元）	人均所得收入（元）
1	大榆树	张　俊	张　俊	379	709	1861.9	27391
2	东桑园	申玉昆	申玉昆	362	623	3425.1	29138
3	大泥河	赵春生	赵春生	867	1634	4824.3	25026
4	小泥河	李秀珍	李秀珍	132	221	731.2	26236
5	刘家堡	蒋来英	蒋来英	198	366	1059.4	25215
6	小张家口	刘　永	刘　永	285	532	1173.1	21175
7	北红门	邹文成	邹文成	211	386	717.6	20521
8	南红门	宋宝良	宋宝良	232	394	690.2	19504
9	宗家营	李建宾	李建宾	509	893	2329.5	26644
10	姜家台	吴国庆	吴国庆	390	651	2405.6	29730
11	陈家营	张淑兰	张淑兰	280	514	1890.0	27599
12	高庙屯	李宝财	李宝财	509	895	1608.3	18102
13	下辛庄	李宪哲	李宪哲	306	536	2963.4	29313
14	杨户庄	张　京	张　京	337	658	1567.9	27351
15	奚官营	张红岩	张红岩	113	222	453.6	19942
16	上辛庄	杨土来	杨土来	159	296	618.5	21241
17	阜高营	路凤山	路凤山	350	616	2867.9	29007
18	下　屯	朱占文	朱占文	733	1369	4786.1	32312
19	西杏园	闫三平	闫三平	250	452	890.6	27378
20	东杏园	李利明	李利明	452	814	1508.5	28068
21	簸箕营	王京友	王京友	490	838	6383.5	30306
22	新宝庄	康国余	康国余	319	560	2498.2	28945
23	岳家营	高凤兴	高凤兴	218	386	763.5	28147
24	程家营	段成功	段成功	272	481	2210.2	29432
25	军　营	张景义	张景义	346	625	1690.6	22448

沈家营镇

【概况】　2022年，沈家营镇镇域面积37.30平方千米，辖22个行政村、2个成建制社区。全镇户籍数6553户，户籍总人口12905人。其中男性6560人、女性6345人。年内出生人口87人，出生率6.7‰；死亡人口116人，死亡率9‰；人口自然增长率-2.3‰。镇域内有初级中学1所、小学1所、幼儿园1所、镇级社区服务中心1所、村级卫生室（站）21家、健身广场25处。

单位名称：延庆区沈家营镇政府

地　　址：沈家营镇冯庄村北

电　　话：61131575

（王兰）

【环境建设】　年内，沈家营镇对天成中路背街小巷开展整治提升工作。规范不文明行为517起，处罚279起，罚款56620元。拆除违法建设并完成销账26处5196.99平方米，腾退面积7186.42平方米。参加联合执法50次，检查企业603家次，整改隐患120项。沈家营镇建成“户分类、村收集、镇运输、区消纳”管理体系，更新完善社区及村庄分类设施，安装垃圾分类桶2100个，更新村级桶站语音播报设施10处，修理、喷漆村级使用垃圾大箱60余个，配备清运车4辆。全镇日产垃圾总量约15吨，其中，其他垃圾约12.8吨，分出率为100%；厨余垃圾2.2吨，分出率为100%。完成后吕庄建筑垃圾临时堆放点建筑垃圾清运，共清运建筑垃圾5万余吨。镇、村两级河长巡河率100%，累计发现问题415处，整改率100%。新增造林面积32.33公顷（484.93亩），选定马匹营和后吕庄平原造林40.43公顷（606.46亩）地块作为示范区，打造市级示范性林场。开展环境卫生、堆物堆料、店外经营、无照游商、非法小广告等专项整治行动，处罚占道经营88起，罚款2925元，取缔无证无照经营商户3家。

（王兰）

10月15日，沈家营镇八里店沿线环境整治（沈家营镇供稿）

【平安建设】 年内，沈家营镇全方位做好重大活动服务保障工作。发动群防群治力量6000余人次，完成冬残奥会、两会、党的二十大等社会面防控任务。检查企业603家次，排查各类安全隐患120项。“接诉即办”接收市民热线3279件，有效回访2880件，解决2762件，解决率95.90%；满意2773件，满意率96.28%，响应率100%。行政综合执法队查处各类违法行为399起，罚款94145万元，开展联合执法148次。化解司法、信访、劳动等各类纠纷43起，综合调处成功率97%。开展法制宣传活动55场。全镇“吹哨”14次，出动执法力量2863人次，检查企业及商户1599家，消除安全隐患53处，责令整改53家。全年城管执法检查2713次，处罚399件，罚款9.4万元。

（王兰）

1月22日，沈家营镇召开服务冬奥誓师大会（沈家营镇供稿）

【经济建设】 年内，全镇粮食作物播种面积1026.94公顷（15404.1亩），亩产596千克，总产量918.08万千克。蔬菜作物播种面积305.87公顷（4588亩），总产量827.58万千克。果园面积39.63公顷（594.5亩），果品产量6000千克。全年畜牧业产值5063.7万元。羊、牛、家禽存栏量分别为713只、2653头和10.5万只。全年植树1.28万株，国家重点林管护完成林木抚育面积32.33公顷（484.93亩），五河十路管护面积399.58公顷（5993.74亩）。截至年底，固定资产投资完成6900万元，比上年增长100%。镇域内有高端民俗户23家，精品民宿7家，民俗民宿接待22.6万人，经营收入1550.8万元。全年接待游客22.74万人次，旅游综合收入1689.9万元。全镇税收完成603.9万元，比上年增长0.88%。农村经济总收入10.04亿元，人均劳动所得29248元。全年新设企业640家，指标完成率426.7%。

（王兰）

【民生建设】 年内，沈家营镇发放残疾人生活困难补助146.97万元、助残券8.26万元、护理补贴18.83万元。为4户低保家庭学生申请妫川助学金1.5万元，为97名重性精神病患者监护人申请看护补贴22.78万元，发放低保人员最低生活保障金191.04万元。对特困家庭31户31人、低保家庭81户114人、低收入家庭1户3人实施动态管理服务。医疗救助543人次，报销药费23.81万元。慰问残疾、大病、低保低收入343

人。发放老年人养老服务补贴津贴8557人次247万元。全年开展技能培训231人次。城镇登记失业人员就业率63.75%，帮助107名就业困难人员实现就业，帮助失业人员公益性就业17人，空岗信息采集335个，企业用工跟踪回访159次，办理灵活就业人员社会保险补贴34人，发放失业保险金4675人次884.75万元，发、补、换社保卡350张，办理城乡医保236人，手工报销药费32人次，定点医疗机构变更37人次。采集现役军人家属信息4人，为86名优抚对象办理采暖补助手续。审核通过18周岁以内独生子女父母829人，一次性奖励95人。核查户籍一胎生育服务登记52例，审核通过二胎生育服务登记43例，办理流动人口生育服务登记10例。圆满完成2022年延兴协作任务，向内蒙古乌兰察布市兴和县大库联乡捐赠资金10万元，同时统筹片区6家企事业单位对接大库联乡实际需求，片区共支持40余万元帮助大库联乡提升基础设施、发展特色产业、实施乡村振兴战略。加强自建房管理，入村实测宅基地198户，备案审批101户。

（王兰）

10月29日，沈家营镇“党群连心”冰糖葫芦制作亲子活动现场（沈家营镇供稿）

【新冠肺炎疫情防控】 年内，沈家营镇多措并举落实疫情防控工作。各村、社区全部封闭式管控，进村路口安排人员24小时值守，严格落实“四件套”查验措施。制定完善全镇疫情防控应急处置机制，指导各村、社区制定疫情防控全员核酸检测、封控管理等方案，发挥85名机关干部督查指导作用，开展大数据派单核查，开展进（返）京和外区返延风险人员排查，动态更新常住人口、出租房屋人员等10项风险台账，对7464名阳性确诊病例、密接、高风险等人员落实居家隔离、居家健康监测等管控措施。组织大规模集中核酸检测85次，覆盖68万余人次。常态化检测点完成检测26万余人次。60岁以上老人疫苗接种第一剂次3358人，接种率92.76%，第三针加强免疫接种89.37%，疫苗接种率位列全区前列。全面摸排镇域独居老人情况，形成26本动态台账，成立基层支部“帮帮团”，为70余名独居老人、困难群众提供代买药品、配送抗原、采购采买、消毒消杀等暖心服务。

（王兰）

【基层党建和精神文明建设】 年内，镇党委下辖基层党组织35个，其中农村党支部22个；发展中共党员7名，培训入党积极分子33名；全镇中共党员1069名。慰问党员51名，发放慰问金12.7万元、慰问品14份。七一党员献爱心捐款36981.7元；“首善有我”捐赠活动捐款4980元；“博爱在京城”活动捐款8600元；机关党员献爱心活动捐款10400元。优化“党群一家”基层治理服务项目，通过“5+X”模式实施村级事务积分管理，有效提升基层治理水平。坚持党建引领基层治理，实施“54321”基层党建提升计划，抓好6个软弱涣散村整顿转化，打造“党群连心”服务项目品牌，组织活动23场，服务868人次，探索构建以党支部为核心、多元参与的共建共治共享基层治理格局。新时代文明实践站开展活动850场，文体活动135场。

（王兰）

10月21日，沈家营镇开展“党群连心”寻找最美庭院活动（沈家营镇供稿）

表22：2022年沈家营镇各村基本情况统计

序号	村委会名称	党支部书记	村委会主任	户数（户）	人口（人）	经济总收入（万元）	人均所得收入（元）
1	沈家营	冯永红	冯永红	397	755	8038.2	35853
2	东王化营	段振忠	段振忠	146	381	2483.5	29399
3	冯　庄	王怀礼	王怀礼	72	210	1542.2	30381
4	曹官营	马立红	马立红	260	750	8989.8	31463
5	新合营	徐桂莲	徐桂莲	130	350	2092.3	28720
6	临　河	宋兰根	宋兰根	268	760	5557.8	29554
7	前吕庄	张书亮	张书亮	253	739	4806.4	27892
8	连家营	郑宏伟	郑宏伟	143	307	2701.8	26466
9	魏家营	路　广	王　微	145	345	3348.8	32206
10	兴安堡	强艳华	强艳华	240	647	11572.8	27338
11	北老君堂	李海旺	李海旺	216	622	8110.5	30723
12	香村营	李　壮	李　壮	466	1250	11713.8	30773
13	后吕庄	刘春旭	刘春旭	211	613	2838.8	26325
14	马匹营	侯春栓	侯春栓	128	353	2738.9	28057
15	孙　庄	程海军	程海军	122	282	1895.6	28848
16	下郝庄	丁　锐	丁　锐	53	149	1592.9	23698
17	北　梁	孙占奎	孙占奎	84	221	758.8	21611
18	西王化营	王　军	王　军	215	542	2298.8	26841
19	八里店	林永顺	林永顺	439	1116	12096.1	29668
20	下花园	郭振远	郭振远	117	263	1414.0	28932
21	上花园	郭玉滨	郭玉滨	46	135	1460.0	26141
22	河　东	房永魁	房永魁	153	432	2302.5	25632

井庄镇

【概况】 2022年，井庄镇镇域面积126.75平方千米，辖31个行政村。全镇户籍数7496户，户籍总人口13125人。其中男性6822人、女性6303人。年内出生人口69人，出生率5.3‰；死亡人口80人，死亡率6.1‰；人口自然增长率-0.8‰。镇域内有中学1所、小学2所、幼儿园2所、镇级社区服务中心1所、村级卫生室26家、健身广场31处。

单位名称：延庆区井庄镇政府

地　　址：井庄镇井家庄村

电　　话：61192367

（王欢欢）

【环境建设】 年内，井庄镇对京银路南段和滨河南路镇域路段2条背街小巷开展整治提升工作。规范不文明行为37起。拆除违法建设并完成销账23处7395.4平方米，完成率160.7%，腾退9096.68平方米。井庄镇建成“户分类、村收集、镇运输、区消纳”管理体系。安装垃圾分类设施1029套、户分类桶5000套，设立居住类垃圾临时堆放点29个，配备清运车8辆。全镇日产垃圾总量约38.2吨。其中，其他垃圾约10.8吨，厨余垃圾6.8吨。镇、村两级河长巡河率100%，累计发现问题7500处，整改率100%，新增造林面积70.5公顷（1058亩），新增绿化裸地70.5万平方米。开展环境卫生、堆物堆料、店外经营、无照游商、非法小广告等专项整治行动，处罚占道经营18起，罚款2100元。

（王欢欢）

7月29日，井庄镇三司村开展暑期垃圾分类活动（区城管委供稿）

【平安建设】 年内，井庄镇全方位做好重大活动服务保障工作。发动群防群治力量1万余人次，完成党的二十大、全国“两会”、冬奥、冬残奥会等社会面防控任务。检查企业420家次，排查各类安全隐患300余项，整改率100%；检查非居民液化石油气、天然气用户259户，发现隐患并整改71户。“接诉即办”接收市民热线2273件，有效回访2186件，解决1820件，解决率83.3%；满意1820件，满意率83.3%，响应率100%。化解司法、信访、劳动等各类纠纷20起，综合调处成功率100%。开展法制宣传活动180场。全年城管执法检查10018次，处罚836件，罚款14.265万元。

（王欢欢）

9月30日，重阳节登山大会（井庄镇供稿）

【经济建设】 年内，全镇粮食作物播种面积1312.6公顷（19689亩），亩产588.3千克，总产量1158.2万千克。蔬菜作物播种面积74.75公顷（1121.3亩），总产量332.2万千克。果园面积72公顷（1080亩），果品产量242吨。全年畜牧业产值2696.9万元。羊、牛、家禽存栏量分别为2908只、1131头和2.6万只。全年植树2.1万株，国家重点林管护完成林木抚育面积190.87公顷（2863亩），五河十路管护面积256.35公顷（3845.3亩），平原造林面积194.41公顷（2916.2亩），绿建下沉面积189.6公顷（2844亩）。截至年底，固定资产投资完成5842万元，比上年增长8%。全年接待游客63.2万人次，旅游综合收入4639.5万元。全镇税收完成492.2万元；财政收入2178.5万元，比上年增长45.8%，财政收入超收和财源建设奖励资金57.02万元；农村经济总收入4.8亿元，人均劳动所得23690.1元。

（王欢欢）

9月15日，美食节+乡村旅游推介会（井庄镇供稿）

【民生建设】 年内，井庄镇发放残疾人生活困难补助152.7万元、助残券10.5万元、护理补贴24.7万元。为2名残疾人大学生申请教育救助0.9万元，为11名低保家庭学生申请妫川助学金4万元，为82名重度精神病患者监护人申请看护补贴19.1万元，发放低保人员最低生活保障金323.1万元。对低保家庭132户180人实施动态管理服务。医疗救助1360人次，报销药费61.3万元。慰问残疾人员168人、大病人员2人。发放老年人养老服务补贴津贴34人次12.1万元。全年开展技能培训783人次。城镇登记失业人员就业171人，帮助就业困难对象就业再就业7人，招聘会帮助失业人员公益性就业7人，空岗信息采集257个，企业用工跟踪回访84次，办理灵活就业人员社会保险补贴27人，发放失业保险金245人次49.9万元，发、补、换社保卡306张，办理城乡医保182人，手工报销药费76人次，定点医疗机构变更25人次。采集现役军人信息4人，为78位军人优抚对象办理取暖费补差手续。镇域内有高端民宿47家，精品民宿140家，升级改造民俗户29家，新增民俗户14家。民俗民宿接待63.2万人次，经营收入4639.5万元。审核通过18周岁以内独生子女父母713人，一次性奖励78人。核查户籍一胎生育服务登记54例，审核通过二胎生育服务登记29例，办理三胎生育服务等级3例。井庄镇与内蒙古自治区乌兰察布市兴和县店子镇进行扶贫协作，对接协作资金10万元。加强自建房管理，入村实测宅基地128户，备案审批128户。奖励考入延庆一中21人，每人奖励500元；表彰优秀高考学生36名，985/211院校2名，每人奖励2000元；本科36人，每人奖励1000元。

（王欢欢）

1月25日，美食过大年（井庄镇供稿）

【新冠肺炎疫情防控】 年内，根据全区统一部署，井庄镇多措并举落实疫情防控工作，第一时间封堵路口97个，设卡路口46个，布置防控力量195人，主动下沉一线党员31人。取消花会等人员聚集性活动。各村全部封闭式管控，进村路口安排人员24小时值守，落实“查证、验码、测温、登记”等措施。各村委会通过入户走访和打电话等方式，对在村内居住的村民进行全方位摸排，筑牢疫情防控第一线。累计新冠疫苗接种8066人。

（王欢欢）

【基层党建和精神文明建设】 年内，井庄镇党委下辖基层党组织36个，其中农村党支部31个。发展中共党员10名，培训入党积极分子24名，全镇中共党员1157名。年内，慰问党员109名，发放慰问金34.484万元。献爱心捐款3.4万元。开展井庄镇“学习贯彻党的二十大精神”宣讲比赛，14名青年干部参赛。举办“美食过大年”文旅活动，活动分为“舌尖年味儿、冰雪年味儿、烟火年味儿、非遗年味儿”四大板块。举办“北京市2022年国际象棋登记赛”全市500名棋手参赛，371名棋手晋级。举办“畅游金秋”延庆区井庄镇第二届丰收美食节，全方位提升井庄全域旅游示范镇建设。举行“九九重阳”北京市第十三届登山大会，全市700名市民参加。新时代文明实践站开展活动1100场，开展文体活动420场。

（王欢欢）

年内，贯彻党的二十大精神宣讲比赛（井庄镇供稿）

表23：2022年井庄镇各村基本情况统计

序号	村委会名称	党支部书记	村委会主任	户数（户）	人口（人）	经济总收入（万元）	人均所得收入（元）
1	南老君堂	孟亚超	孟亚超	678	1171	4071.5	29973
2	艾官营	王秀琴	—	347	621	1680.7	21018
3	王木营	胡连平	胡连平	806	1339	4317.8	20876
4	井家庄	徐瑞林	徐瑞林	530	921	3569.7	21757
5	三　司	张永田	张永田	331	587	1704.2	22436
6	柳　沟	胡宝祥	胡宝祥	660	1150	6322.2	27134
7	房老营	房书明	房书明	261	451	1544.4	21685
8	东小营	李　钢	李　钢	507	900	3446.4	21530
9	宝林寺	罗　森	罗　森	163	303	1201	22333
10	小胡家营	张玉清	张玉清	157	310	922.1	24000
11	东石河	郭兰虎	郭兰虎	263	439	1239.5	22461
12	二　司	高来所	高来所	144	250	1245.1	25608
13	果树园	张玉明	张玉明	165	292	2506.9	26014
14	王仲营	王秀苹	王秀苹	94	177	1614.9	29884
15	东红山	陈合平	陈合平	158	298	3446.4	21530
16	老银庄	王海龙	王海龙	240	413	1074.5	21463
17	张伍堡	韩维江	韩维江	80	138	413.8	23392
18	西红山	张土山	张土山	193	354	1131	20311
19	八　家	张爱宁	张爱宁	199	343	981.4	22306
20	西二道河	陈建国	陈建国	240	404	910.7	22301
21	东　沟	任月连	任月连	191	314	865.6	21621
22	窑　湾	崔永启	崔永启	202	387	1452.7	20994
23	冯家庙	孙石根	孙石根	210	377	1306.1	29728
24	孟家窑	马爱城	马爱城	205	346	935.7	21571
25	莲花滩	沈晓峰	沈晓峰	142	273	680.8	22075.0
26	箭杆岭	王国丽	王国丽	62	116	681.8	22076.0
27	曹　碾	高落实	高落实	34	60	682.8	22077.0
28	碓臼石	王　伟	王　伟	101	176	492.6	20105
29	门泉石	朱怀荣	朱怀荣	45	76	430.8	23655
30	北　地	张学余	张学余	69	108	326.1	27861.1
31	西三岔	丁春宇	丁春宇	10	23	327.1	27862.1

千家店镇

【概况】 2022年，千家店镇镇域面积371平方千米，辖19个行政村。全镇户籍数5749户，户籍总人口11492人。其中男性5889人、女性5603人。年内出生人口56人，出生率4.9‰；死亡人口118人，死亡率10.3‰；人口自然增长率-5.4‰。镇域内有小学1所、幼儿园1所、镇级社区服务中心1所、村级卫生室18家、健身广场21处。

单位名称：延庆区千家店镇政府
地　　址：千家店镇后沟村32号
电　　话：60188345　60188048

（赵劲松）

【环境建设】 年内，千家店镇对2条背街小巷开展整治提升工作。规范不文明行为80余起，处罚2起，罚款70元。拆除违法建设并完成销账29处2908.5平方米，腾退面积3324.82平方米。参加联合执法90余次，检查企业200余家次，整改隐患60余项。千家店镇建成“户分类、村收集、镇运输、区消纳”管理体系，安装垃圾分类设施181套，建设分类亭34组，配备清运车9辆。全镇日产垃圾总量约4.84吨。其中，其他垃圾约4.78吨，分出率为100%；厨余垃圾0.06吨，分出率为100%。镇、村两级河长巡河率

1月25日，千家店镇新春联欢会（千家店镇供稿）

100%，累计发现问题2169处，整改率100%，新增造林面积3.96公顷（59.45亩），新增绿化裸地3.7万平方米。开展环境卫生、堆物堆料、店外经营、无照游商、非法小广告等专项整治行动，处罚占道经营11起，罚款1900元。

（赵劲松）

【平安建设】 年内，千家店镇全方位做好重大活动服务保障工作。发动群防群治力量503人次，完成冬奥会、冬残奥会、全国两会、党的二十大等社会面防控任务。检查企业646家次，

9月27日，千家店镇健身操舞蹈大赛
（千家店镇供稿）

排查各类安全隐患65项。配合完成液化石油气居民用户巡检210家。“接诉即办”接收市民热线2508件，有效回访726件，解决1544件，解决率97.97%；满意714件，满意率98.3%，响应率100%。街道行政综合执法队查处各类违法行为7起，罚款12600元。参加联合执法80余次。化解司法、信访、劳动等各类纠纷13起，综合调处成功率100%。开展法制宣传活动66场。全镇“吹哨”20余次，出动执法力量40余人次，检查企业及商户500余家，消除安全隐患40处，责令整改21家。全年城管执法检查120次，处罚79件，罚款55870元。

（赵劲松）

【经济建设】 年内，千家店镇粮食作物播种面积810.79公顷（12161.8亩），亩产240.88千克，总产量292.96万千克。蔬菜作物播种面积57.93公顷（868.9亩），总产量104.55万千克。果园面积3.6公顷（54亩）。全年畜牧业产值534.2万元。羊、牛、家禽存栏量分别为3773只、108头和3.69万只。全年植树0.4984万株，国家重点林管护完成林木抚育面积519.27公顷（7789亩），森林健康经营管护完成林木抚育

面积975.4公顷（14631亩）。截至年底，固定资产投资完成0.8亿元，比上年增长85%。全年接待游客20.57万人次，旅游综合收入390.57万元。全镇税收完成182万元，财政收入22800万元，比上年增长64.9%；农村经济总收入6.35亿元，人均劳动所得28993元。

（赵劲松）

【民生建设】 年内，千家店镇发放残疾人生活困难补助151.7万元、助残券0.55万元、护理补贴20.19万元。为7名低保家庭学生申请妫川助学金2.75万元，为78名重性精神病患者监护人申请看护补贴17.43万元，发放低保人员最低生

8月26日，千家店镇政府表彰优秀学子
（千家店镇供稿）

活保障金244.86万元。对特困家庭80户80人、低保家庭90户162人、低收入家庭3户5人实施动态管理服务。医疗救助1326人次，报销药费55万元。慰问残疾、大病、低保低收入197人。发放老年人养老服务补贴津贴443人次12.36万元。全年开展技能培训410人次。城镇登记失业人员就业71人，帮助就业困难对象就业再就业33人，招聘会帮助失业人员公益性就业5人，空岗信息采集268个，企业用工跟踪回访118次，办理灵活就业人员社会保险补贴22人，发放失业保险金235人次，发、补、换社保卡180张，办理城乡医保194人，手工报销药费77人次 55万元，定点医疗机构变更57人次。采集现役军人信息268人，为268位军人优抚对象办理取暖费补差手续。镇域内有高端民宿27家，星级民宿210家，新增民俗户19家。民俗民宿接待7.8万人，经营收入1650万元。审核通过独生子女父母一次性奖励95人。核查户籍一胎生育服务登记50例，审核通过二胎生育服务登记21例，三孩网上登记审核2人。加强自建房管理，入村实测宅基地32户，备案审批32户。表彰优秀高考学生38名，发放奖金48500元。统考成绩600分以上的奖励2000元；统考成绩500～599分的奖励1500元；统考成绩499分以下被本科录取的奖励1000元。

（赵劲松）

【新冠肺炎疫情防控】 年内，第一时间封堵路口56个，设卡路口56个，布置防控力量665人，主动下沉一线党员86人。取消花会等人员聚集性活动。各村全部封闭式管控，进村路口安排人员24小时值守，落实“查证、验码、测温、登记”等措施。各村委会通过入户走访和打电话等方式，对在村内居住的村民进行全方位摸排，筑牢疫情防控第一线。累计排查1400户3875人，组织进行核酸检测483462人，新冠疫苗接种4999人，为300家小微企业和个体户发放疫情防控期间租金补贴30万元。

（赵劲松）

【基层党建和精神文明建设】 年内，千家店镇党委下辖基层党组织26个，其中农村党支部19个。发展中共党员10名，培训入党积极分子17名，全镇中共党员1138名。年内，慰问党员95名，发放慰问金23.8万元、慰问品95份。献爱心捐款4.88万元。开展创城工作活动4场，参与人数350人次；主题宣传活动4场，参与人数

9月8日，千家店镇党史知识竞赛（千家店镇供稿）

500人次；新时代文明实践所站开展活动1440场，参与人数3万人次。镇文化综合服务中心、20个村社区开展文体活动300场，参与人数2.4万人次。

（赵劲松）

表24：2022年千家店镇各村基本情况统计

序号	村委会名称	党支部书记	村委会主任	户数（户）	人口（人）	经济总收入（万元）	人均所得收入（元）
1	河　口	贾祥山	贾祥山	172	389	2051.9	32255
2	石　槽	高　嵩	胡书兰	70	143	821.4	35033
3	红石湾	昝书连	昝书连	362	733	2817.9	26863
4	千家店	葛娅惠	葛娅惠	868	1709	11989.4	32227
5	河　南	张晓辉	张晓辉	413	829	3644.8	28905
6	下德龙湾	成　军	成　军	387	774	4792.4	37369
7	水　头	焦玉海	焦玉海	146	292	1887.9	38600
8	大石窑	侯文会	侯文会	155	294	2171.2	31670
9	红旗甸	韩志国	韩志国	207	394	2292.4	26240
10	六道河	刘秀国	刘秀国	416	855	4416.3	29338
11	大栜树	葛凤军	葛凤军	487	966	4108.2	24288
12	沙梁子	张春和	张春和	366	753	3433.2	23536
13	四潭沟	刘玉栋	刘玉栋	192	385	1915.3	23230
14	下　湾	纪文里	纪文里	167	339	3033.8	33794
15	菜木沟	刘玉富	刘玉富	306	620	3686.8	30547
16	牤牛沟	郭海英	郭海英	89	163	833.4	26748
17	水泉沟	御凤元	御凤元	186	359	2461.2	23673
18	花　盆	张书有	张书有	491	929	3669.3	22183
19	平台子	白广辉	白广辉	269	566	3491.1	29787

四海镇

【概况】 四海镇位于延庆城东46千米处，镇域面积115.7平方千米，下设18个行政村。全镇户籍总人口6917人。年内出生率3.4‰，死亡率6.9‰，人口自然增长率-3.5‰。镇域内有小学1所、幼儿园1所；社区卫生服务中心1所，医务人员65名，床位15张，村级卫生室18家。

单位名称：延庆区四海镇人民政府
地　　址：四海镇东一街70号
电　　话：60187798

（张爽）

【环境建设】 年内，四海镇换购优质燃煤2441.3吨，PM2.5全年累计浓度为22.88微克/立方米，完成区级低于26微克/立方米任务目标。拆除违法建设5处1159平方米，腾退土地1191平方米，实现减量521平方米。整治环境问题1971处，生活垃圾无害化处理率达到100%。完成“百万亩造林”97.53公顷（1463亩），延海花园二期造林50.29公顷（754.29亩），退耕还林区级验收125公顷（1875亩），森林覆盖率82.93%。镇、村两级河长巡河率100%，累计发现问题3000余处，清理垃圾1万余立方米。完成污水收集处理管网工程，农村地区生活污水处理率达到80%。开展环境卫生、堆物堆料、店外经营、无照游商、非法小广告等专项整治行动，处罚占道经营20起，罚款4000元。

（张爽）

3月15日，四海镇开展文明城区常态化建设（四海镇供稿）

【平安建设】 年内，四海镇全方位做好重大活动服务保障工作。完成冬奥会、冬残奥会、全国两会、党的二十大等社会面防控任务。开展综合执法1729起。深入开展“八五普法”活动，持续推动扫黑除恶斗争常态化。加大安全生产、森林防火、矛盾纠纷隐患排查整治力度，开展防汛应急演练2场，主动摸排取暖风险887户，发放一氧化碳报警器873个。开展禁毒宣传活动18次。四海镇“延庆乡亲”志愿者开展“学雷锋志愿服务项目月”活动。大吉祥村被评为“北京市民主法治示范村”。统筹推进“吹哨报到”和“接诉即办”两个平台建设，召开接诉即办专题会30余次。辖区未发生重大案件和重大责任事故。

（张爽）

【经济建设】 年内，四海镇经济总收入26960万元，同比增长5%；实现农民人均所得20650元，同比增长6%。打造优质农产品生产基地和“四海农业”品牌，农林牧渔总产值2328万元。新设企业41家，完成财源储备任务量205%。完成4家民宿评星定级，大吉祥村入选第四批“全国乡村旅游重点村”和延庆区村级景区村庄。旅游接待7.5万人，旅游收入1884万元。

（张爽）

【民生建设】 年内，四海镇发展乡村旅游、集体林场等促农民增收项目，用工2万余个，收益850万元，7个薄弱村全面“消薄”。完成宅基地翻建审批97户，危房改造申请21户。建立镇村就业服务管理平台，完成农民培训415人次，解决就业128人次。开展医疗救助“一站式”服务，救助13户，城乡医疗参保100%。开展健康宣讲、星火工程演出300余场。

（张爽）

【新冠肺炎疫情防控】 年内，对照市、区部署，抓实任务分解，主要领导亲自牵头，成立专项工作组，制定新冠疫苗接种方案和疫情处置应急预案，举办防疫培训4场，组织桌面推演18次、实战演练1次，妥善处置海字口村阳性病例，实现“0密接”。累计入户排查3000余人次，批评教育公示“七小场所”及重点行业问题300余次。全镇60岁以上疫苗接种1561人，接种率93.03%。

（张爽）

【基层党建和精神文明建设】 年内，四海镇党委下辖基层党支部25个，其中，镇机关党支部2个、城管党支部1个、退休党支部1个、种植合作社党支部1个、村级党支部18个、社区党支部1个，培训入党积极分子11名，发展党员8名，全镇中共党员774名。全年研究党建议题62个，组织党委理论中心组学习51次，点单派单服务群众2300余人次。3名宣讲员参加延庆区“学习宣传贯彻党的二十大精神 建设最美冬奥城”百姓宣讲活动。建立村级后备人才库，引导9名第一书记驻村开展党建工作，拓展新时代文明实践所站建设。西沟外村获得“首都文明村”称号。

3月7日，四海镇“延庆乡亲”志愿者学雷锋志愿服务月系列活动启动（四海镇供稿）

（张爽）

表25：2022年四海镇各村基本情况统计

序号	村委会名称	党支部书记	村委会主任	户数（户）	人口（人）	经济总收入（万元）	人均所得收入（元）
1	西沟里	潘自荣	潘自荣	49	121	809.1	20992
2	西沟外	张树平	张树平	119	240	1141.5	21667
3	四　海	巩长海	巩长海	259	564	4073.4	20996
4	椴木沟	赵久满	赵久满	141	338	1551.3	19198
5	菜食河	任正顺	任正顺	146	332	1139.9	19247
6	海字口	喻永才	喻永才	303	705	3259.6	21177
7	岔石口	吴怀英	吴怀英	209	488	1622.5	20225
8	永安堡	赵桂梅	赵桂梅	154	316	1583.2	20016
9	郭家湾	任淑凤	任淑凤	136	310	1370.0	22261
10	石　窑	王金莲	王金莲	85	180	656.2	19789
11	大胜岭	翟洋（包村组长代）	—	138	286	1553.3	19825
12	南　湾	李书春	李书春	245	453	2181.4	22166
13	黑汉岭	—	史云龙	209	454	2217.9	23731
14	大吉祥	葛　良	葛　良	195	382	2035.1	22953
15	上花楼	胡　旺	胡　旺	51	95	465.5	21747
16	王顺沟	韩成强	韩成强	127	234	768.2	18598
17	前　山	王　燕	王　燕	69	157	646.7	21752
18	楼　梁	田淑凤	田淑凤	71	163	486.9	19325

香营乡

【概况】 2022年，香营乡乡域面积120平方千米，辖20个行政村。全乡户籍数4680户，户籍总人口8865人。其中男性4617人、女性4248人。年内出生人口59人，出生率10.79‰；死亡人口97人，死亡率17.75‰；人口自然增长率-6.96‰。乡域内有九年一贯制学校1所、幼儿园1所、乡级社区卫生服务中心1所、卫生服务站2家、村级卫生室19家、敬老院1家、文体中心1家、休闲广场1处。

单位名称：延庆区香营乡人民政府

地　　址：香营乡香营村西

电　　话：60161043

（*罗姗姗　武晨璐*）

【环境建设】 年内，香营乡严守生态保护红线，持续推进农村人居环境整治和提升。1200余处乱堆乱放整改，整治公共服务设施问题443处。全乡生活垃圾无害化处理率达到100%。发现并立即整改垃圾分类问题18处，垃圾分类处罚14起、罚款6450元。拆除违法建设3938.86平方米，腾退面积1963.06平方米，超额完成指标任务。裸地苫盖、耕地复绿面积200公顷（3000亩），苫盖率、复绿率100%，区级裸地治理排名全区靠前。乡村两级林长巡林1000余次，发现问题点位220个。完成新一轮百万亩造林任务4.48公顷（67.2亩）。累计打防火隔离带3000平方米，割坟院打割坟头3100个，清理林下可燃物30处。配送型煤685吨，秸秆收集清运500.88公顷（7513.2亩）。处罚大气污染类违法行为17起，罚款35510元。PM2.5、TSP平均浓度达到年度目标。乡、村两级河长巡河1786人次5937千米，区级巡查问题59处，整改59处，整改率100%。开展环境卫生、堆物堆料、店外经营、无照游商、非法小广告等专项整治行动，共查获占道经营、无照无证经营64起，罚款

2050元。处罚未落实门前三包责任制4起，罚款900元。

（罗姗姗　武晨璐）

【经济建设】 年内，全乡粮食作物播种面积689.37公顷（10340.55亩），总产量4860.8吨。蔬菜作物播种面积202.6公顷（3039亩），总产量2787.7吨。果园面积285.52 公顷（4282.8亩），果品产量855.5吨。全年畜牧业产值2690万余元。羊、牛、家禽存栏量分别为1709只、1205头和7925只。五河十路面积93.24公顷（1398.63亩），补植裸根乔木7701株、土球苗木2126株、裸根灌木510株，共计10337株。种植鲜食玉米2600亩，进入新发地批发市场销售，以香龙路为轴，打造海棠源、快乐乡居、山下居等精品民宿。围绕资产、经营、消费、就业、环境等因素，探索共生社区新模式，带动周边农民开办民宿16家，海棠源民宿获评2022年十大网红民宿，两棵枣树民宿获2021—2022年度国际环艺创新设计作品大赛金奖。对接谋划重大产业项目36个。举办“丰美延香 金秋海棠”丰收节暨延香系列品牌推介会，发布香营乡特色农产品“延香”系列品牌及7个子品牌，其中为海棠商标“延香脆”设计的尊选八角礼盒被评为延庆区2022年度网红旅游伴手礼；海棠果由新华社、新华网、央视、北京日报等宣传推广，登上央视农业农村频道“好物节”栏目。农村经济总收入63929.8万元，人均收入25821元。

（罗姗姗　武晨璐）

【民生建设】 年内，香营乡发放残疾人生活困难补助149.29万元、助残券7.8万元、护理补贴13.13万元。为3名残疾人大学生申请教育救助1.5万元，为10名低保家庭学生申请妫川希望助学金3.6万元。为69名重性精神病患者监护人申请看护补贴16.08万元。对低保家庭101户167人、五保户59户59人、低收入家庭24户55人实施动态管理服务。因病致贫临时救助6人，普通困难家庭救助17户，申请慈善大病救助3户。慰问残疾、低保、五保、低收入389人。发放老年人养老服务补贴津贴379人次，发放金额10.15万元。全年开展技能培训164人次。城镇登记失业人员就业103人，帮助就业困难对象就业再就业47人，空岗信息采集230个，企业用工跟踪回访84次，办理灵活就业人员社会保险补贴62人次。办理城乡医保93人，手工报销药费56人次，共计28.4万元。办理保障性住房申请5户，入户核实13户，新申请住房补贴8户，办理公租房补贴复核16户，公租房人员终止申请8户，公租房合同到期家庭复核6户，到期终止2户。采集现役军人信息3人，为115位军人优抚对象办理取暖费补差手续。审核通过独生子女一次性奖励74人。核查户籍一胎生育服务登记45人，审核通过二胎生育服务登记17人。推进美丽乡村建设，完工10个村。争取资金463.16万元，推进下垙村和新庄堡村美丽乡村深化项目，完成下垙村和新庄堡村416户农房质量提升，实现整体村庄环境和谐统一，农村居住条件改善。推动山底下村山区搬迁工程，38户村民签约选房。

（罗姗姗　武晨璐）

9月23日，在延广融媒公司演播大厅举行香营乡丰收节暨延香系列品牌推介会（香营乡供稿）

9月22日，在山底下村开展“庆丰收 迎国庆”钓鱼比赛（香营乡供稿）

【新冠肺炎疫情防控】 年内，以党组织为中心构筑起疫情防控的严密防线，发挥20个村级网格、32个村级卡口、1个社区卫生服务中心、2个卫生服务站、19个村级卫生室和1个药店的哨点和阵地作用，多渠道、多形式、全范围开展疫苗接种宣传动员，全乡60岁以上老人接种率92.76%，全区排名第一；加强针接种率91.05%，全区排名第三。开展全员核酸79次，检测419342人次，常态化核酸检测107497人次。组建乡疫情防控工作专班，抽调精干力量，全力做好派单落位、流调溯源、封控管控、社会面风险排查、环境消杀、无疫村创建等工作，做到底数清、情况明，累计完成大数据派单1018单，累计摸排17882人次。

（罗姗姗　武晨璐）

1月25日，在聂庄村开展核酸检测演练活动
（香营乡供稿）

【平安建设】 年内，发动治安志愿者等群防群治力量561人，乡村两级21支应急抢险队伍全天在岗，各村云视讯调度系统全天启用，完成冬奥会、冬残奥会、全国“两会”、党的二十大等社会面防控任务。推进“向日葵工程”建设，将9名社戒社康人员作为重点管控对象，定期进行评估、尿检、家访、谈心谈话、帮扶救助。制定《扫黑除恶工作要点》，开展线索核查，推进扫黑除恶工作常态化。排查化解安全隐患问题236处，隐患排查化解率100%。组织辖区群众安装全民反诈APP 3000余个。接到12345工单1517件，纳入市级考核290件，响应率99.905%，解决率99.3%，满意率99.105%，综合成绩99.305分，12月综合成绩进入全市前10名。规范违法行为205起，下发责令改正通知书、谈话通知书75次，立案处罚128件，罚款48300元。开展法律法规、预防煤气中毒、禁放烟花爆竹、反恐、反邪教、预防电信诈骗、禁毒等宣传81场。

（罗姗姗　武晨璐）

【基层党建和精神文明建设】 年内，香营乡下辖基层党组织23个，其中农村党组织20个。发展中共党员5名，确定入党积极分子7人，全乡有党员628名。慰问党员99人次，发放慰问金26万元。爱心捐款3.21万元。组织开展“同心迎冬奥 一起向未来”群众文艺大会演、“唱响新时代 共筑中国梦”合唱比赛等乡村两级文体活动73场。组织“庆丰收 迎国庆”钓鱼比赛活动、“千岁足球队VS 香营蓝色力量”城乡联谊足球比赛活动、“运动促健康”村级运动会等乡村两级大型体育活动共23场。参加“学习宣传贯彻党的二十大精神 建设最美冬奥城”百姓宣讲汇讲活动，参赛选手获得个人宣讲第一名，香营乡获得团体总分第一名。

（罗姗姗　武晨璐）

11月4日，参加百姓宣讲汇讲活动获奖（香营乡供稿）

表26：2022年香营乡各村基本情况统计

序号	村委会名称	党支部书记	村委会主任	户数（户）	人口（人）	经济总收入（万元）	人均所得收入（元）
1	八道河	柳艳云	柳艳云	27	63	462.6	25683
2	屈家窑	屈金安	屈金安	86	158	793.5	19000
3	黑峪口	刘付昆	刘付昆	107	223	1467	20789
4	上垙	卢六来	卢六来	76	148	771.2	19514
5	下垙	郭磊	郭磊	106	198	810.9	19798
6	山底下	赵小朋	赵小朋	54	138	762.5	23674
7	东白庙	李玉石	李玉石	575	1228	11234.1	26180
8	孟官屯	聂致健	聂致健	390	748	6559.4	27357
9	小堡	乔书明	乔书明	320	680	5399.3	24025
10	香营	吕墩成	吕墩成	547	1066	7400.7	26066
11	新庄堡	王德喜	王德喜	430	839	4522.8	27353
12	后所屯	康瑞民	康瑞民	621	1120	11548	25972
13	里仁堡	巩建财	巩建财	465	1040	7457.5	26998
14	聂庄	张永健	张永健	152	289	2904.3	31450
15	庄科	薛进良	薛进良	22	53	170.2	19000
16	高家窑	高小亮	高小亮	29	58	355.4	22759
17	小川	闫皂荣	闫皂荣	20	25	324	35880
18	三道沟	李桂海	李桂海	28	56	274.2	22339
19	南窑	邱书月	邱书月	18	35	298.7	21629
20	东边	王金燕	王金燕	16	26	413.5	38269

刘斌堡乡

【概况】 2022年，刘斌堡乡域面积116.2平方千米，辖16个行政村。全乡户籍数3804户，户籍总人口7334人。其中男性3809人、女性3525人。年内出生人口54人，出生率7.36‰；死亡人口68人，死亡率9.3‰；人口自然增长率-1.94‰。乡域内有中学1所、小学1所、幼儿园1所、乡级社区服务中心1所、社区服务站2家、村级卫生室14家、健身广场19处。

单位名称：延庆区刘斌堡乡人民政府

地　　址：刘斌堡乡刘斌堡村

电　　话：60181699

（卫宏英）

【平安建设】 年内，刘斌堡乡全方位做好重大活动服务保障工作。发动群防群治力量10000余人次，完成冬奥会、冬残奥会、党的二十大等社会面防控任务。检查企业484家次，排查各类安全隐患94项。配合完成液化石油气居民用户巡检847家。“接诉即办”接收市民热线1799件，有效回访1746件，解决1219件，解决率67.76%；满意1277件，满意率67.76%，响应率100%。街道行政综合执法队查处各类违法行为243起，罚款4.646万元。参加联合执法1550次。化解司法、信访、劳动等各类纠纷11起，综合调处成功率100%。开展法制宣传活动78场。全乡“吹哨”2次。全年城管执法检查4070次，处罚243件，罚款4.646万元。

（卫宏英）

【环境建设】 年内，刘斌堡乡对36条背街小巷开展整治提升工作。规范不文明行为160起，处罚25起，罚款760元。拆除违法建设并完成销账16处1180.73平方米，腾退面积1471.93平方米。参加联合执法1550次，检查企业4070家次，整改隐患760项，责令整改38家。全乡日产垃圾总量约2.5吨。其中，其他垃圾约1.2吨，分出率为100%；厨余垃圾0.9吨，分出率为100%。乡、村两级河长巡河率100%，累计发现问题393处，整改率100%，新增造林面积132.35公顷（1985.32亩），新增绿化裸地3.4万平方米。开展环境卫生、堆物堆料、店外经营、无照游商、非法小广告等专项整治行动，处罚占道经营29起，罚款2795元。

（卫宏英）

2月，大观头村民春节联欢活动（刘斌堡乡供稿）

【经济建设】 年内，全乡粮食作物播种面积772.66公顷（11589.9亩），亩产439.69千克，总产量509.6万千克。蔬菜作物播种面积111.18公顷（1667.7亩），总产量240.3万千克。果园面积19.8公顷（297亩），果品产量74吨。全年畜牧业产值389.7万元。羊、牛、家禽存栏量分别为1554只、17头和0.9284万只。全年植树9.1万株，国家重点林管护完成林木抚育面积248.4公顷（3726亩），五河十路管护面积346.37公顷（5195.5亩）。截至年底，固定资产投资完成916万元。全年接待游客11.0649万人次，旅游综合收入1677.3万元。全乡财政收入13424.92万元，比上年增长81.45%；农村经济总收入2.26亿元，人均劳动所得25710元。

（卫宏英）

【民生建设】 年内，刘斌堡乡发放残疾人生活困难补助99.85万元、助残券3.91万元、护理补贴10.54万元。为1户低保家庭学生申请妫川助学金0.4万元，为57名重性精神病患者监护人申请看护补贴12.91万元，发放低保人员最低生活保障金204.96万元。对特困家庭64户64人、低保家庭76户142人、低收入家庭15户46人实施动态管理服务。医疗救助1310人次，报销药费73.641238万元。慰问残疾、大病、低保低收入374人。发放老年人养老服务补贴津贴7人次5.7万元。全年开展技能培训127人次。城镇登记失业人员就业率66.36%，帮助就业困难对象就业再就业1人，招聘会帮助失业人员公益性就业4人，空岗信息采集166个，企业用工跟踪回访115次，办理灵活就业人员社会保险补贴15人，补、换社保卡127张，办理城乡医保116人，手工报销药费59人次98439.93万元，定点医疗机构变更47人次。采集现役军人信息4人，为35位军人优抚对象办理取暖费补差手续。全年发放失业金1414人次，发放金额291.9338万元。乡域内有高端民宿14家，精品民宿27家，新增民俗户7家。民俗民宿接待11万人，经营收入1677万元。审核通过18周岁以内独生子女父母397人，一次性奖励35人。核查户籍一胎生育服务登记40例，审核通过二胎生育服务登记20例，为895名无业育龄妇女进行健康体检。加强自建房管理，入村实测宅基地86户，备案审批86户。表彰优秀高考学生29名。其中，考上本科学生21名，每人奖励1000元；考上专科学生8名，每人奖励500元。

（卫宏英）

2月23日，组织残疾人制作花灯活动（刘斌堡乡供稿）

【新冠肺炎疫情防控】 年内，第一时间封堵路口24个，设卡路口30个，布置防控力量237人，主动下沉一线党员65人。取消花会等人员聚集性活动。各村全部封闭式管控，进村路口安排人员24小时值守，落实“查证、验码、测温、登记”等措施。疫情防控办公室通过对外省返京人员线上登记和区防控中心派单，对每个到访过延庆的人员逐一进行电话核实，对落位到本乡辖区人员落实管控措施。各村委会通过入户走访和打电话等方式，对在村内居住的村民进行全方位摸排，筑牢疫情防控第一线。累计排查1747户2643人，常态化核酸检测点共检测9736管89886人次，“愿检尽检”大规模核酸检测共检测23688管234270人次。新冠疫苗接种3888人。

（卫宏英）

【基层党建和精神文明建设】 本年，乡党委下辖基层党组织20个，其中农村党支部16个。发展中共党员8名，培训入党积极分子18名，全乡中共党员781名。慰问党员200名，发放慰问金38.9万元。献爱心捐款3.1923万元。开展残疾人花灯制作等新时代文明实践站活动150余场，文体活动60余场。

（卫宏英）

4月23日，世界读书日全民阅读活动
（刘斌堡乡供稿）

表27：2022年刘斌堡乡各村基本情况统计

序号	村委会名称	党支部书记	村委会主任	户数（户）	人口（人）	经济总收入（万元）	人均所得收入（元）
1	刘斌堡	卢兴勇	卢兴勇	867	1798	9377.7	25710.6
2	大观头	魏金波	魏金波	345	756	3141.8	26050.3
3	周四沟	刘长锁	刘长锁	191	439	1343.5	25353.1
4	红果寺	韩建民	韩建民	105	215	685.3	25581.4
5	上虎叫	张有德	张有德	46	77	306.5	26103.9
6	下虎叫	时　强	时　强	64	141	488.4	25964.5
7	营　盘	许秀华	许秀华	158	362	1210.9	25254.1
8	营东沟	李燕霞	李燕霞	22	49	183.7	25938.8
9	马道梁	徐瑞华	徐瑞华	161	393	1375.5	25356.2
10	山西沟	裴迎娟	裴迎娟	175	340	1226.8	25117.6
11	山东沟	赵瑞云	赵瑞云	96	188	667.1	27170.2
12	山南沟	赵志忠	赵志忠	64	131	641.5	29276.3
13	小观头	贾雪林	贾雪林	60	121	491.7	23479.3
14	观西沟	周言迎	张和亭	84	189	680.2	25711.6
15	姚官岭	张晓静	张晓静	50	101	354.3	25128.7
16	小吉祥	宋兰坤	宋兰坤	47	97	434.3	25103.1

珍珠泉乡

【概况】 2022年，珍珠泉乡域面积144平方千米，辖15个行政村、29个自然村。全乡户籍数2088户，户籍总人口3863人。其中农业人口3003人、非农业人口860人。年内出生人口14人，出生率3.62‰；死亡人口44人，死亡率11.39‰；人口自然增长率-7.77‰。乡域内有小学1所、幼儿园1所、乡级社区卫生服务中心1所、健身广场16处。

单位名称：延庆区珍珠泉乡人民政府

地　　址：珍珠泉乡珍珠泉村

电　　话：60186546

（黎新悦）

【环境建设】 年内，珍珠泉乡对1条背街小巷开展整治提升工作。对八亩地村、庙梁村、南天门村、上水沟村、水泉子村、下水沟村、珍珠泉村、转山子村绿化36285.32平方米。整治全国文明城区建设、城乡环境建设、农村人居环境建设等问题点位5135处。全年拆违2084.7平方米，完成年度任务的130.7%。全乡森林覆盖率75.13%，林木绿化率88.26%。乡、村两级河长巡河率100%，累计发现问题99处，整改率100%，珍珠泉村、八亩地村、水泉子村、小川村4名村级河长四个季度均获市级慧眼河长称号，地表水水质达Ⅱ类以上，南天门村国考断面水质稳定达标。完成4个空气监测子站周边环境提升工程，全年PM2.5均值浓度24微克/立方米，同比下降7.7%；TSP累计平均浓度61微克/立方米，同比去年下降14.1%；降尘累计平均浓度3.5吨/（平方千米·月），同比上年下降20.5%。

（黄文华）

【经济建设】 年内，珍珠泉乡粮食作物播种面积128.3公顷（1924.6亩），亩产392.9千克，总产量75.63万千克。蔬菜作物播种面积34公顷（510.7亩），总产量87.13万千克。全年植树5.0947万株，国家重点林管护完成林木抚育面积1078.77公顷（16181.6亩）。全年接待游客4.1万人次，旅游综合收入484.1万元。全乡税收完成17.26万元，农村经济总收入1.26亿元，人均劳动所得20917元。

（李美玲）

8月，珍珠泉乡八亩地村大榛子丰收
（珍珠泉乡供稿）

【民生建设】 年内，珍珠泉乡发放残疾人生活困难补助83.22万元、助残券3.24万元、护理补贴8.36万元。为1名残疾人大学生申请教育救助0.45万元，为6名低保家庭学生申请妫川助学金1.9万元，为29名重性精神病患者监护人申请看护补贴6.65万元，发放低保人员最低生活保障金162.88万元。对特困家庭71户72人、低保家庭57户95人、低收入家庭5户9人实施动态管理服务。医疗救助964人次，报销药费52.38万元。慰问残疾、大病、低保低收入141人。发放老年人养老服务补贴津贴160人次3.92万元。全年开展技能培训80人次。城镇登记失业人员就业5人，帮助就业困难对象再就业10人，招聘会帮助失业人员公益性就业5人，空岗信息采集244个，企业用工跟踪回访73次，办理灵活就业人员社会保险补贴3人，发放失业保险金81人次167万元，发社保卡7人，补、换社保卡76张，办理城乡医保66人，手工报销药费22人次60717.12万元，定点医疗机构变更22人次。采集现役军人信息1人，为14位退役军人优抚对象办理取暖费补差手续。乡域内有高端民宿6家，特色业态9家，升级改造民俗户1家，新申请农家院营业执照15家。民俗民宿接待4.1万人，经营收入484.1万元。审核通过18周岁以内独生子女父母163人，一次性奖励28人。核查户籍一胎生育服务登记13例，审核通过二胎生育服务登记10例，办理流动人口生育服务登记0例，为894名无业育龄妇女进行健康体检。加强自建房管理，入村实测宅基地77户，备案审批82户。表彰优秀高考学生17名。其中考上本科学生12名，每人奖励3000元；考上专科学生5名，每人奖励1000元。

（刘庆梅　郝丹阳）

9月6日，专业讲师在双金草村开展关节保护讲座
（珍珠泉乡供稿）

【基层党建和精神文明建设】 年内，珍珠泉乡党委下辖19个基层党支部，其中包括2个机关党支部、15个村党支部、1个社区党支部、1个社区卫生服务中心党支部。发展中共党员8名，培训入党积极分子8名，全乡中共党员524名。年内，评选出优秀基层党组织3个，慰问党员44名，发放慰问金16.8万元。献爱心捐款2.8万元。

（秦颖）

【平安建设】 年内，珍珠泉乡全方位做好重大活动服务保障工作。发动群防群治力量2500人次，完成冬奥会举办、全国“两会”、党的二十大等重要时期服务保障及社会面防控任务。汛期内，组织包村干部、村干部在水泉子村实地开展防汛应急演练。全年检查企业200余家次，排查各类安全隐患64项。“接诉即办”接收市民热线692件，解决率97.76%，满意率98.89%，响应率100%。乡行政综合执法队查处各类违法行为60起，罚款18405元。参加联合执法36次。化解司法、信访、劳动等各类纠纷26起，综合调处成功率100%。开展法制宣传活动48场。全乡检查企业及商户29家，责令整改33家次。全年城管执法检查1258次，处罚60件，罚款18405元。

（郭俊青）

6月25日，珍珠泉乡在水泉子村组织防汛应急演练
（珍珠泉乡供稿）

【新冠肺炎疫情防控】 年内，第一时间封堵路口30个，设卡路口22个，取消花会等人员聚集性活动。各村全部封闭式管控，进村路口安排人员24小时值守，落实“查证、验码、测温、登记”等措施。各村委会通过入户走访和打电话等方式，对在村内居住的村民进行全方位摸排，筑牢疫情防控第一线。新冠疫苗接种2197人，为1家小微企业和个体户发放疫情防控期间租金补贴0.15万元。

（郝丹阳）

4月28日，珍珠泉乡开展第一轮全员核酸检测
（珍珠泉乡供稿）

表28：2022年珍珠泉乡各村基本情况统计

序号	村委会名称	党支部书记	村委会主任	户数（户）	人口（人）	经济总收入（万元）	人均所得收入（元）
1	珍珠泉	于甫琴	于甫琴	288	532	1980.5	21143
2	秤沟湾	闫金萍	闫金萍	111	210	607.6	18068
3	庙　梁	于凤华	于凤华	313	596	2144.3	23268
4	下水沟	尤　存	尤　存	56	114	476.6	20322
5	上水沟	张树合	张树合	114	211	615.5	21172
6	下花楼	周汉兴	周汉兴	138	271	782.6	20305
7	八亩地	刘满民	刘满民	114	212	836.6	22251
8	转山子	姜亦成	姜亦成	178	352	913.8	19882
9	水泉子	王永山	王永山	282	520	1634.6	21000
10	双金草	蔡宝苹	蔡宝苹	95	151	522.8	23140
11	小　川	崔　勇	崔　勇	186	307	898.9	20397
12	小　铺	罗光超	罗光超	56	88	359	19545
13	仓米道	刘玉臣	刘玉臣	28	54	175.4	19418
14	南天门	于亚全	于亚全	75	143	439	17500
15	桃条沟	翟永亮	翟永亮	54	102	239.4	18660

大庄科乡

【概况】 2022年，大庄科乡域面积126.5平方千米，下辖29个行政村、40个自然村。全乡户籍户数2932户，总人口5845人，其中农业人口4707，城乡居民人口1138人。出生人口45人，出生率7.77‰；死亡人口52人，死亡率8.90‰；人口自然增长率-1.13‰。全乡有企业142户、个体355户、农专28户、中心小学校1所、幼儿园1所、乡级卫生院1所、敬老院1所、文体中心1处、村级文化大院29个。

单位名称：延庆区大庄科乡人民政府

地　　址：大庄科乡大庄科村南

电　　话：60189429

（吴丹）

【环境建设】 年内，大庄科乡完成优质燃煤配送1409.5吨。瓦庙村、黄土梁村山区搬迁工程主体竣工，其中瓦庙村通过区级验收。里长沟村房屋主体完成。慈母川村山区搬迁工程有序推进。完成香屯、东太平庄、车岭、西沙梁、松树沟5个村庄美丽乡村主体工程建设；完成2021年抗震节能工程验收及资金拨付，共拨付抗震节能资金164万元；完成危房改造12户，拨付补贴资金829000元；完成宅基地审批85处，验收11处；完成无违建乡镇创建，拆除违法建设5处，拆除面积2336.54平方米。全年开展公路沿线专项整治行动24次，清理乱堆乱放3652处、建筑垃圾2700方、非法小广告216处；整治公路沿线小公园6个，增加绿化美化面积30000平方米；拆除私搭乱建 12处；乡域绿化30000平方米。规范不文明行为20起，处罚5起，罚款250元。拆除违法建设并完成销账27650平方米，394处。参加联合执法415次，检查企业496家次，整改隐患26项。垃圾分类具体管理办法：大庄科乡建成“户分类、村收集、乡运输、区消纳”管理体系。安装垃圾分类设施12套，配备清运车1辆。全乡日产垃圾总量约7吨。其中其他垃圾约5吨，分出率为100%；厨余垃圾0.24吨，分出率为100%。镇、村两级河长巡河率100%，累计发现问题38处，整改率100%，新增造林面积600亩，新增绿化裸地0.3万平方米。参加联合执法360余次，检查餐饮企业500家次，整改隐患20项。开展环境卫生、堆物堆料、店外经营、无照游商、非法小广告等专项整治行动，处罚占道经营25起，罚款1788元。

（吴丹）

昌延联合县政府旧址（大庄科乡供稿）

【平安建设】 年内，大庄科乡全方位做好重大活动服务保障工作。发动群防群治力量8000人次，完成北京冬奥、冬残奥会测试赛、全国“两会”、党的二十大等重要节点服务保障工作。检查企业248家次，排查各类安全隐患55项。配合完成液化石油气居民用户巡检1938户。“接诉即办”接收市民热线992件，纳入市级考核250件，响应率100%，同比上升0.3%，解决率97.53%，同比上升1.52%，满意率97.50%，同比上升0.33%，荣获北京市“接诉即办”工作先进集体荣誉称号。行政综合执法队查处各类违法行为103起，罚款39788元。参加联合执法415次。化解司法、信访、劳动等各类纠纷38起，综合调处成功率100 %。开展法制宣传活动152场。全乡“吹哨”7 次，检查企业及商户248家，消除安全隐患55处，责令整改17家。开展法制宣传活动40场。全年城管执法检查2932次，处罚103件，罚款39788元。

（吴丹）

【经济建设】 年内，大庄科乡粮食作物播种面积100.71公顷（1510.7亩），亩产272.32千克，总产量41.14万千克。蔬菜作物播种面积17.79公顷（266.9亩），总产量29.1万千克。果园面积370.87公顷（5563亩），果品产量78.32万千克。全年畜牧业产值167.18万元。羊、家禽存栏量分别为237只、0.66万只（毛驴存栏14头，家兔40只）。全年植树664株，国家重点林管护完成林木抚育面积435.87公顷（6538亩），森林健康经营1056.93公顷（15854亩）。截至2022年底，固定资产性投资6354.13万元，比2021年的8258.55万元增长-23.06%。全年接待游客65857人次，旅游综合收入1168.3万元。全乡税收完成111.72万元，比上年增长18.35%；财政收入27.93万元，比上年增长18.35%。农村经济总收入19407.9万元，同比增长8%。农民人均劳动所得25267元，同比增长26.40%。

（吴丹）

大庄科明长城遗址（大庄科乡供稿）

【民生建设】 年内，大庄科乡发放低保金1100人次147.78万元、特困461人次114.7万元、低收入129人次6120元。为165名一户多残、以老养残、孤残、重度残疾人家庭、困境残疾人家庭发放慰问金15.65万元。为76户发放采暖补贴9.4万元。特困药费个人负担部分补贴9人次6207.31元，特困住院陪护报销12人次11.2万元。危房改造2户14.9万元。高龄补贴发放3353人次55.20万元；养老补贴发放248人次6.76万元；失能护理补贴1757人次93.44万元；生活补贴172人次93.2万元；护理补贴58人次9.6万元。红十字两节慰问27人，发放慰问金2.7万元；市红十字救助2人，发放慰问金6000元。慈善大病救助2人次，救助金额共4.2万元。白河伤残24人次发放补贴1.6万元。事实无人抚养50人，发放补贴78.7万元。助学6人次6.2万元。全年开展技能培训196人次。城镇登记失业人员就业27人，帮助就业困难对象就业再就业6人，空岗信息采集147个，企业用工跟踪回访140次，办理灵活就业人员社会保险补贴13人，发放失业保险金471人次96.9 万元。发、补、换社保卡121张，办理城乡医保108人，手工报销药费42人次20.5万元，定点医疗机构变更64人次。乡域内有民俗民宿179家。其中，民俗农家餐厅159家、民宿20家。全年旅游接待65857人次，旅游收入1168.3万元。审核通过18周岁以内独生子女父母4人。发放独生子女父母一次性奖励29人29000元。审批办理一孩40人、二孩8人。为1296名无业育龄妇女进行健康体检。加强自建房管理，入村实测宅基地96户，备案审批85户。表彰高考学生13名，发放奖励5.6万元。

（吴丹）

大庄科双秀峰雄姿（大庄科乡供稿）

【新冠肺炎疫情防控】 年内，大庄科乡以包村包片为单位全面落实疫情防控工作要求，每日下村协助督导疫情防控工作。各村成立“两委干部+志愿者”队伍为主的常态化疫情防控工作组，统筹协调村常态化疫情防控工作。设置卡口41处，物理封堵16处，建立出入村台账，落实“查证、验码、测温、登记”等措施。针对辖区独居老人、困境儿童，发放医疗包113个、血氧仪123个。18岁及以上人群应接种疫苗人口2744人，实际接种3165人，按常住人口接种比例为115.34%。加强针接种2472人，接种率为81.16%。60周岁以上老人接种1248人，接种比例为88.14%。北京市大数据派单965单，共16556人。落实管控995人，其中，居家隔离医学观察209人、居家健康监测114人、健康监测305人，社区登记367人。

（吴丹）

【基层党建和精神文明建设】 年内，乡党委下辖基层党组织33个，其中农村党支部29个、机关党支部2个、社区党支部1个、卫生院党支部1个。发展中共党员2名，培训入党积极分子2名，全镇中共党员754名。慰问党员42名，发放慰问金10.2万元、慰问品29份。献爱心捐款4.2139万元。2022年创城工作、主题宣传、新时代文明实践所、站开展活动358场，文体活动121场。汉家川河南村评为北京市民主法治示范村；景而沟村入选全国民主法治示范村；铁炉村被评为首都森林村庄；景而沟村评为延庆区创建古树村庄。

（吴丹）

沙塘沟村英雄广场（大庄科乡供稿）

表29：2021年珍珠泉乡各村基本情况统计

序号	村委会名称	党支部书记	村委会主任	户数（户）	人口（人）	经济总收入（万元）	人均所得收入（元）
1	车　岭	张　玉	张　玉	35	56	157.1	24161
2	慈母川	王九叶	王九叶	199	396	1452	32846
3	大庄科	张宏宇	张宏宇	155	335	1327.2	31821
4	东二道河	郭双柱	郭双柱	169	324	599.2	14435
5	东三岔	付景飞	付景飞	129	254	858.7	18181
6	东太平庄	刘殿群	刘殿群	51	176	457.7	21369
7	东王庄	王有军	王有军	45	104	379.9	28423
8	董家沟	胡瑞山	胡瑞山	104	215	1563.7	55256
9	汉家川河北	赵有刚	赵有刚	104	226	454.8	16071
10	汉家川河南	王长合	王长合	223	526	1709.1	29173
11	黄土梁	刘　钊	刘　钊	45	113	613.7	32363
12	解字石	王振良	王振良	79	163	605.2	24669
13	景而沟	杨秀云	杨秀云	72	121	295.1	21132
14	里长沟	赵文海	赵文海	125	251	914.4	31777
15	龙泉峪	王建国	王建国	41	68	201.4	17132
16	暖水面	宋立荣	宋立荣	127	264	1246	27678
17	霹破石	杨忠云	杨忠云	105	203	490.2	16852
18	沙　门	闫贵发	闫贵发	25	57	253.6	24175
19	沙塘沟	张红霞	张红霞	143	314	1007.7	21500
20	水泉沟	闫海明	闫海明	142	311	924.8	22855
21	松树沟	刘士林	刘士林	86	186	424.9	20070
22	台自沟	王德红	王德红	106	218	645.3	22390
23	铁　炉	韩台山	韩台山	174	338	697.7	17979
24	瓦　庙	王海霞	王海霞	44	88	566.2	55989
25	旺泉沟	于守利	于守利	59	114	282.8	19816
26	西沙梁	韩艳波	韩艳波	45	98	351.9	23316
27	香　屯	王俊清	王俊清	41	76	219.4	22053
28	小庄科	杜　彪	杜　彪	130	254	569.3	18764
29	榆木沟	刘造环	刘造环	27	41	138.9	24098

（栏目编辑：池尚明）